KB038860

심리치료에서
지혜와 자비의 역할

Wisdom and Compassion in Psychotherapy

Christopher K. Germer · Ronald D. Siegel 편저
서광스님, 김나연 공역

학지사

역자 서문

　지금껏 명상과 심리치료에 관한 수많은 책이 나왔지만, 국내외를 통틀어서 한 권의 책이 불교심리학과 명상의 치료기제, 명상을 구체적 증상에 적용하며 종합적으로 다룬 경우는 이 책이 거의 유일하지 않나 생각된다. 그러므로 명상과 심리치료의 통합, 적용에 관심이 있는 사람들에게는 이 책이 특별한 선물이라 믿는다.

　본문에 언급되어 있듯이 이 책에서 다루고 있는 많은 주제는 2009년 5월 하버드 의과대학에 소속된 명상과 심리치료 연구원의 주최로 달라이 라마를 모시고 진행된 2박 3일간의 콘퍼런스에서 발표된 것이다. 이후에 책이 발간된 2012년까지 수정·보완되면서, 관련 분야의 다른 저명한 학자나 임상가들의 글이 추가되어 있다. 개인적으로 박사학위 논문위원이기도 했던 이 책의 책임 편저자인 크리스토퍼 거머는 그의 동료와 함께 이 콘퍼런스를 위해서 3년간 준비했다. 명상과 심리치료에 관심 있는 전문가들이 미국 전역과 유럽으로부터 1,200명이나 참가했고, 다수의 사람이 대기자 명단에 올라 있던 것으로 기억한다. 나는 행사를 준비하면서 이 콘퍼런스를 기점으로 앞으로 미국에서 심리치료는 명상심리치료가 될 것이라며 힘주어 말했던 거머 박사의 열정, 그리고 실제로 심리치료의 역사적 순간을 선언했던 개회식의 감동을 생생하게 기억하고 있다. 또 5년이 지난 지금은 갈수록 심리치료에서 명상의 힘을 실감하고 있다.

　명상심리치료의 출현은 새삼스럽게 미국 심리학의 아버지로 불리는 윌리엄 제임스가 하버드 대학교에서 자신의 강의를 청강하던 스리랑카 출신 스님에게 불교에 대한 설명을 듣고, 향후 25년간 미국 심리학은 불교를 공부해야 한다고 말했던 사건을 떠올리게 한다. 그러나 과학적 방법과 실용주의를 표방하는 행동주의 심리학에 밀려 그의 예언과는 달리 불교가 지향하는 궁극의 깨달음이나 지혜, 자비와 같은 최상의 인간능력은 과학적 방법으로 연구될 수 없는 주관적 경험으로 밀쳐져서 오랫동안 심리학에서 멀어져 있었다. 비록 1세기가 훌쩍 지난 시점이기는 하지만, 이제 그의 예언이 이 책을 통해서 현실로 드러나고 있다. 게다가 명상과 뇌 과학의 만남은 당시 행동주의자로서는 감히 상상할 수도 없을 정도로, 명상의 치료효과를 입증하는 엄청난 과학적 방법론의 발달을 제공하면서 말이다.

그뿐만이 아니다. 이제 명상은 개인의 치료를 넘어서서 교육, 경제, 문화, 예술, 군사, 의학, 스포츠 등 우리 인간의 행복과 웰빙에 영향을 미치는 사회 전반의 체계, 자연, 우주에 이르기까지 일체 생명, 무생물을 치유 대상으로 확대하면서 그야말로 하나의 거대한 힐링 바람을 일으키기 시작했다.

이 책에서 심리치료가 다루고 있는 두 가지 주제인 '지혜'와 '자비'[1]는 인간의 궁극적 행복, 평화, 사랑을 위해서 우리 모두가 반드시 지향해야 한다고 믿는 불교수행의 궁극적인 목표다. 어떤 의미에서 이 책은 서양의 정신치료가 불교와의 만남, 통합의 완성을 향한 여정에서 중요한 열매를 선보이고 있다는 생각이 든다. 공백기를 감안하더라도 25년을 예상했던 제임스의 생각보다 훨씬 많은 시간이 소요되기는 했지만, 우리는 이 책을 통해서 정신치료와 명상의 놀라운 변화와 성장을 경험하게 될 것이다. 다만 불교심리학과 명상수행, 정신치료, 심지어 뇌 과학의 영역까지 감당해야 하는 내용인지라 원문의 내용을 전달하는 데 한계가 있음을 인정해야 할 것 같다.

---

1 영문 제목에는 자慈, metta에 해당하는 영어단어인 loving-kindness 없이, 비悲, karuna에 해당하는 compassion 만이다. 단어 그대로 옮기면, 지혜와 연민이 정확하다고 볼 수 있지만, 우리 한국 불교에서는 항상 지혜와 자비가 익숙하기 때문에 제목을 지혜와 자비로 옮겼고, 본문에서는 그대로 연민으로 옮겼다.

　끝으로 전공이 다름에도 불구하고 초벌 번역의 쉽지 않은 작업을 김나연 선생님이 끝까지 포기하지 않고 책임져 준 것에 대해서 이 자리를 빌려 감사를 전한다. 또한 예상보다 긴 시간의 여정을 응원해 준 동하스님, 수인스님, 그리고 여러 인연에게도 고마운 마음을 전한다. 마지막으로 원서와 대조하면서 꼼꼼하게 확인해 주고 시간의 촉박함에도 친절하고 차분하게 좋은 책을 만들어 주신 학지사 김진환 사장님과 관계자 분들께 감사드린다.

서광 두손모음

추천사

누구나 행복을 원합니다. 인류의 진보를 위해서 경제발전과 기술의 발전은 필연적이었기에 물질적 성공이나 신체적 편안함만으로도 우리는 지속적으로 행복할 수 있을 것이라고 쉽게 믿었습니다. 그러나 그건 실수였습니다. 전통적으로 불교의 마음수행과 서구의 심리치료는 우리에게 일어나는 순간순간의 행운이나 불운 그 자체보다는 그러한 경험을 받아들이는 우리의 태도가 우리 자신과 우리 주변의 행복을 위해서 훨씬 더 중요하다고 가르칩니다.

최근 서구의 연구자들과 심리치료사들은 불교 심리치료의 원리와 수행법이 현대인의 삶의 스트레스를 완화시키는 데 아주 많은 도움이 된다는 사실을 발견해 왔습니다. 마음챙김과 수용을 포함하는 치료법들이 신체적·정신적 질병을 치료하는 데 광범위하게, 그리고 성공적으로 사용되고 있습니다. 의학과 심리치료 분야에서 마음의 성장을 위한 불교의 가르침에 대해 관심을 가지면서 수많은 과학자와 심리치료사가 불교교리를 배우고 명상수행을 하고 있습니다. 그들은 불교의 가르침과 수행법이 우리 자신과 타자에 대한 이해를 근본적으로 변화시킬 수 있는 잠재력을 가지고 있고, 우리가 맡은 일을 더욱 효율적으로 수행할 수 있도록 돕는다는 사실을 깨달아 가고 있습니다.

불교 전통에는 우리 자신의 웰빙과 타자에게 적절하게 도움이 되는 필수적인 두 가지 핵심적인 특질이 있습니다. 그것은 연민심과 지혜입니다. 이 둘은 새의 양 날개, 혹은 수레의 두 바퀴에 비유되기도 합니다. 양 날개가 없으면 새는 하늘을 날지 못하고, 두 바퀴가 없으면 수레가 굴러갈 수 없습니다. 연민심은 우리 자신과 마찬가지로 남들도 행복을 원하고, 고통과 불행을 피하고 싶어 한다는 사실을 인식하면서 사람들이 고통에서 벗어나기를 바라는 마음과 관련이 있습니다. 지혜는 사람과 사물, 사건들이 상호 간에 유기적으로 의존되어 있고, 끊임없이 변화하는 본질을 이해하면서 맑고 열린 눈으로 있는 그대로 보는 것과 연관되어 있습니다.

저는 2009년 5월, 하버드 의과대학 주최로 열린 심리치료에서 연민심과 지혜의 역할을 탐색하는 콘퍼런스에 참석했습니다. 우리는 어떻게 연민심과 지혜를 발달시킬 수 있는지, 또 연민심과 지혜가 치료사들의 작업에 어떠한 도움을 줄 수 있는지, 나아가서 환자들이 자신의 문제를 극복하기 위해 이들 스스로가 연민심과 지혜를 어떻게 배양하도록 도울 것인지를 논의했습니다. 이 책은 그러한 논의의 결과이자, 그곳에서 탐구하기 시작한 아이디어를 확장한 것입니다. 또한, 콘퍼런스에 참석한 많은 이들의 기여 이외에도 획기적인 연구자들과 임상가들의 흥미로운 관점을 포함하고 있습니다.

저는 불교전통의 가르침과 수행이 오늘날 서양의 과학자와 치료사에게 적용되면서 다방면으로 유익하게 활용되어 매우 기쁩니다. 요즘 세계적으로 많은 사람들이 자신을 불행하게 만드는 것이 무엇인지 이해하고 더욱 의미 있는 삶을 살아가는 방법을 발견하기 위해서 심리치료에 관심을 돌리고 있습니다. 저는 심리치료사들이 연민심과 지혜를 더욱 깊이 이해할수록 그들의 환자를 더 잘 도울 수 있고, 결과적으로는 세계의 평화와 행복에 더 크게 기여할 수 있다고 확신합니다.

달라이 라마Dalai Lama

감사의 글

이 책을 지혜와 연민의 눈을 통해서 본다면, 다음 부분이 가장 큰 기여를 했다고 볼 수 있다. 한 장의 종이를 만드는 것에도 온 우주의 기여가 있었기에 가능했다. 땅과 태양이 나무에 영양을 공급하기 때문에 종이를 민들 수 있었고, 서유로 전기를 생산해서 인쇄기계를 작동시켰기에 책이 출판될 수 있었으며, 화물차와 운전기사가 당신에게 책을 배달했기에 당신이 이 책을 볼 수 있기 때문이다. 그러므로 우리는 보이는, 혹은 보이지 않는 수많은 도움의 손길에 감사를 드린다.

편집자들은 특별히 우리가 함께 살고 있는 이 세상을 지혜와 연민심으로 채우기 위해 아낌없이 노력하시는 달라이 라마 존자 님께 감사를 전하고 싶다. 2009년 하버드 의과대학 주최로 열린 명상과 심리치료 콘퍼런스에 존자 님께서 참석하셔서서 이 책의 출판에 핵심적인 촉매 역할을 해 주셨다. 콘퍼런스는 또한 우리의 공동 기획자인 주디 라이너 플랫Judy Reiner Platt과 현재 티베트 망명 정부의 수상인 하버드 법대의 롭상 생게이Lobsang Sangay의 뛰어난 능력이 없었다면 불가능했을 것이다.

우리는 도움을 주시는 분들의 테두리 안에서 살고 있다. 모든 편집자에게는 교정자가 필요한데, 우리는 짐 네게떼Jim Nageotte의 비전과 이 프로젝트 전반에 걸친 그의 깊이 있는 느낌과 능숙한 안내, 그리고 길포드 출판사에서 함께 일하는 그의 신뢰로운 협력자들에게 빚을 졌다. 각 장의 여러 저자를 도와주신 각각의 조력자 분들에게도 감사를 표한다. 특히 리처드 데이비드슨Richard Davidson이 학회에서 발표한 내용을 이 책을 위해서 글로 옮겨 준 임상심리치료사 크리스타 스미스Christa Smith에게 감사의 뜻을 전한다. 그리고 이 책의 장을 맡아 주고 우리의 노력을 지지해 준 명상과 심리치료 연구원Institute for Meditation and Psychotherapy의 동료들에게도 감사를 전한다. 그들은 모두 우리의 가슴 한편에서 미소 짓고 있다.

책을 편집하는 일은 모험적인 배움이다. 우리가 처음 편집을 시작했을 때와는 비교할 수 없을 정도로 연민심과 지혜에 대한 이해를 넓힐 수 있었다. 이를 도와준 뛰어난 저자들에게 감사한다. 특히, 자신의 동료들과 함께 맡은 장을 완성한 후, 오래지 않아서 세상을 떠난 앨런 말라트Alan Marlatt에게 애도를 표한다. 앨런은 불교 심리치료와 서양의 심리치료를 통합하는 데 선구적인 역할을 했으며, 세상을 바라보는 우리의 관점을 변화시키기 위해서 명상안거와 보다 깊은 수행의 필요성을 주장했다. 그런 의미에서 이 책을 앨런에게 바친다.

우리는 또한 이 책에 스며 있는 지혜와 연민심을 구체화한 우리의 스승—달라이 라마, 틱낫한Thich Nacht Hanh 스님, 샤론 셸즈버그Sharon Salzberg, 조셉 골드스타인Joseph Goldstein, 잭 콘필드Jack Kornfield, 그리고 존 카밧진Jon Kabat-Zinn 등 여러분들에게 감사를 전한다. 또한 우리들로 하여금 심리치료의 기술과 과학을 이해할 수 있도록 도와준 동료 임상가들, 지도자, 슈퍼바이저들에게도 감사한다. 그러나 우리의 진정한 스승은 그 누구보다도 우리의 내담자일 것이다. 그들은 힘겨운 시간을 견디면서 있는 그대로의 자신이 진실로 이해받고, 포용되고, 안내받기를 바라면서 우리를 믿고 일상의 비밀을 함께 나누었다. 그들은 이 책이 고안된 이유이며, 작업을 하는 이면에서 끊임없는 에너지를 주었다. 우리의 내담자는 충분히 주목받을 자격이 있지만, 비밀유지를 위해서 그들의 개인 정보는 편집하였다.

마지막으로 이 책이 나올 수 있도록 많은 것을 제공해 주고, 인내해 준 우리의 가족들에게 따뜻한 포옹과 키스를 보낸다. 헤아릴 수 없을 정도로 날마다 친절했던 우리의 가족에게 어떻게 보답해야 할지 우리는 항상 그 방법을 찾고 있다.

크리스토퍼 거머Christopher K. Germer

로널드 시걸Ronald D. Siegel

차 례

서 문

심리치료사로부터 우리가 기대하는 개인적 미덕과 자질은 무엇일까? 우리가 정신적으로 고통을 받고 있을 때, 그에 대한 해결책을 학문적 지식이나 특정 분야의 훈련, 혹은 인생경험에서 찾을 수는 없다. 그것보다 우리는 아마도 연민심 (선한 의지로 타인의 고통에 공감할 수 있는)이 있고, 지혜로운(어떻게 하면 인생을 잘 살 수 있는가에 대한 깊은 이해를 가진) 누군가를 필요로 할 것이다. 사실 지혜롭지 않거나 연민심이 없는 치료사로부터 도움을 받는다는 것은 상상하기 어렵다. 비록 정신건강 전문가들이 일반적으로 연민심과 지혜에 대해 논의하거나 자기 자신이나 환자에게 드러내 놓고 그런 특질을 배양하라고 하지는 않지만, 우리는 연민심과 지혜가 모든 치료에 중요한 요소라는 사실을 막연하게나마 알고 있다.

그런데 연민심이라는 것이 정확히 무엇인가? 지혜는 무엇인가? 2009년 5월, 하버드 의과대학 주최로 '심리치료에서 연민심과 지혜 배양하기'라는 주제를 가지고 달라이 라마와 미국 전역에서 온 저명한 치료사들, 과학자들, 그리고 학자들이 모여서 획기적인 콘퍼런스를 개최했다. 콘퍼런스는 선한 가슴으로부터의 웃음, 혼란의 순간, 그리고 심리치료의 필수조건인 고통스러운 삶을 사는 방식에 대한 깊은 통찰이 오가는 놀라운 교환이었고 강렬함이었다. 그러한 만남에서 답이 주어지기보다는 많은 질문이 제기되었다. 예를 들어,

- 심리치료사에게 연민심과 지혜는 정말로 가치 있는 특질인가?
- 지혜와 연민심은 노력으로 길러질 수 있는 것인가? 길러질 수 있다면, 그 방법은 무엇인가?

- 연민심과 지혜를 발달시킨 고대의 전통은 현대 임상가들에게 제공할 수 있는 무엇인가를 가지고 있는가?
- 연민심과 지혜가 정신적 웰빙에 중요한가? 중요하다면, 연민심과 지혜가 치료계획과 목표설정에 포함되어야 하는가?
- 심리치료 과정 중에 환자들이 연민심과 지혜를 배우는 것이 가능한가?
- 연민심과 지혜에 대한 심리치료적 연구 상태는 어느 정도의 수준에 와 있으며, 임상가들은 그것으로부터 무엇을 배울 수 있는가?
- 연민심과 지혜에 관한 두드러진 신경생물학이 있는가?
- 연민심과 지혜를 측정할 만한 객관적인 방법, 혹은 상담실에서 그러한 특질을 알아볼 수 있는 방법이 있는가?
- 연민심과 지혜가 심리치료적 변화에 매개 역할을 하는가? 한다면, 그것은 어떻게 작용하는가?
- 임상가들이 연민심과 지혜를 그들의 작업에 표현하고 실천할 때, 방해받는 것은 무엇인가? 환자들이 자신의 삶에서 연민심과 지혜의 특질을 배양할 때, 그들이 방해받는 것은 무엇인가?
- 연민심과 지혜가 우울, 불안, 외상, 약물남용, 갈등관계 등과 같은 특정한 임상조건과 어떻게 관련되어 있는가?

이 책은 앞의 질문에 대한 답을 찾아가는 과정이다. 글쓴이는 각자의 분야를 대표하는 사람들이다. 그들은 비교적 짧은 분량으로 연민심과 지혜에 대한 자신의 통찰을 담는 도전적인 과제를 맡았다. 그들은 자신을 연민심과 지혜에 대한 '전문가'라는 생각 없이 서로 소통하려고 애썼다. 이 과제에 진실한 영혼으로 임하면서 누구도 스스로 충분한 자격이 있다고 느끼지 않았다. 편저자로서 우리는 각 장의 저자들이 경이롭게도 그들의 목표를 달성했다고 독자 여러분이 동의해 주기를 희망한다.

연민심과 지혜는 고통에서 벗어나는 데 핵심이 되는 이론과 실천 수행방법으로서 적어도 지난 2,500년간 불교 심리치료와 그 외의 내적 성찰 전통들의 근간이 되어 왔다. 지난 20년간 불교 심리치료는 현대 심리치료와 놀라울 정도로 통합되어 왔는데, 일차적으로는 경험적으로 검증된 마음챙김과 수용에 근거한 치료형태로 만나 오고 있다. 마음챙김에 대한 개인적·전문적 수행이 많은 치료사들에게서 성숙되어 갈수록 복잡한 생활환경 속에서 우리의 길을 이해하고, 볼 수 있고(지혜), 또 고통을 향해 우리의 가슴을 열 수 있는(연민심) 새로운 방법을 발견하는 데 대한 관심이 커지고 있다. 사실 연민심과 지혜는 마음챙김 수행의 열매라고 볼 수 있다.

달라이 라마는 하버드 심리치료 콘퍼런스뿐만 아니라 이 책을 만드는 데도 영감이 되었다. 그는 연민심과 지혜에 대한 뛰어난 스승일 뿐만 아니라 그의 삶 속에 그러한 자질이 내재화되어 있다. 콘퍼런스에서 "존자께서는 우리들로 하여금 우리가 인간인 사실에 자부심을 갖게 해 주셨다."라고 지적하였다. 또한 달라이 라마는 전 세계의 과학자들과 함께 연민심과 지혜가 어떻게 하면 이 시대의 개인적·집단적 고통을 완화시키는 데 도움을 줄 수 있는지를 탐구하기 위해서 지치지 않는 노력을 하고 있다. 그의 접근은 종교 지도자로서의 관습에 얽매이지 않았다. 2005년 발표에서 그의 언급을 보면 알 수 있다.

······경험적 증거는 교리서(성서, 경전 등)가 얼마나 깊이 숭배받고 있는가와 관계없이 교리서의 권위를 능가해야만 한다. 심지어 이성과 추론을 통해서 도출된 지식이라 할지라도 그 타당성은 궁극적으로 관찰된 경험적 사실에 근거해야 한다.

이 책은 불교 심리치료와 수행만 아니라 서양의 심리치료와 과학적 발견에 의해 밝혀진 내용을 담고 있다. 우리가 콘퍼런스에서 경험했던 것처럼 서로 다른 세계관을 가진 불교 심리치료/수행과 서양의 심리치료/과학적 발견, 이 양자 간의 교환은 흥분과 당황, 결실이 교차될 수 있다.

심리치료와 불교의 마음수행은 정서적 고통을 극복하려는 하나의 공통된 목적을 가지고 있다. 연민심과 지혜는 우리들로 하여금 고통을 인내하고, 수용하고, 심지어 고통으로부터 성장하도록 하는 마음의 특질이다. 예를 들어, 우리가 환자들의 고통에 공감하면서, 동시에 긍정적이고 이타적인 연민심의 태도를 키우지 않는다거나 연민심의 대상에서 우리 자신을 제외시키게 된다면, 우리는 연민심피로compassion fatigue 현상을 발달시키게 된다. 지혜 또한 도움이 된다. 지혜는 문제를 다양한 각도에서 볼 수 있게 해 주고, 조건이 지속적으로 변화한다는 사실을 깨닫게 해 준다. 또 경험과 연결되어(부드럽게-거칠게, 수용적-거부적, 호기심 어린-회피적) 있는 방식이 우리가 처한 삶의 조건보다 훨씬 더 우리의 웰빙 감각에 영향을 미친다는 사실을 이해할 수 있도록 만든다.

연민심과 지혜는 또한 분리될 수 없다. 어느 하나가 나머지 하나 없이 존재할 수 없다. 우리가 환자의 문제를 다각도로 이해할 때, 우리의 가슴이 열린다는 것을 우리들 대부분은 알고 있다. 역으로, 우리가 내담자를 향해서 따뜻한 마음을 가질 때, 우리의 마음은 더 많은 치료의 가능성을 보게 된다. 이 책은 상대적 수준—심리치료의 일상적 경험—과 절대적 수준—근본적이고 무조건적인 본질—의 두 수준 모두에서 연민심과 지혜를 어떻게 혼합할 것인가를 탐색할 것이다. 관점에 따라 연민심을 통해서 지혜가 나온다거나 지혜를 통해서 연민심이 나온다고 말할 수 있다. 그러나 어느 쪽이든 간에 이 두 특질은 아주 깊은 이해와 경험 수준에서는 구별되지 않는다.

많은 사람이 가장 많이 놀라워하는 것은 연민심과 지혜가 실제로 의도적으로 배양할 수 있는 기술임을 발견하는 것이다. 예를 들어, 마음챙김 명상으로 우리의 내적인 삶을 고요하게 들여다보면, 우리는 우리의 개인적인 특징뿐만이 아니라 마음이 작용하는 방식에 대한 지혜를 개발시킬 수 있다. 우리는 우리의 특정한 생각과 정서가 어떻게 우리의 자각을 방해하고, 우리를 무의식적이고 자주 스트레스를 유발하는 생각으로 끌고 가는지 알아차리게 된다. 우리는 또한 이 책 여러 곳에서 설명해 놓은 특정한 훈련을 실천함으로써 자기비판에서 자기격려로 대화를 이동하는 연민심을 개발할 수 있다. 흥미롭게도, 공감적으로 조율하는 친밀한 치료관계에서 지혜와 연민심은 흔히 치료사와 내담자의 마음과 가슴에서 동시에 일어난다. 그러한 능력의 본질과 그것을 개발하는 방법을 탐색함으로써 나아가 우리의 개인적 · 전문적 삶에서 그것을 배양하는 방법을 배울 수 있다.

   불교 마음수행의 독특한 특징은 보살bodhisattva의 이상이다. 보살은 타자의 평안을 위해서 헌신하는 사람이다. 대부분의 심리치료사들도 적어도 어느 한순간은 이 범주에 속한다. 전통적인 보살의 '서원vow'은 자신뿐만 아니라 모든 존재들이 고통으로부터 해방될 때까지 깨달음을 구하겠다는 약속이다. 그러니 우리가 고통을 겪는 사람과 대면하고 있을 때, 어찌 우리가 고통으로부터 자유로울 수 있겠는가? 그러므로 연민심과 지혜의 길은 하나의 집단적 노력이다. 그러한 마음에서 우리는 전 세계에 있는 우리의 친구와 동료들에게 이 책을 전하고자 한다.

크리스토퍼 거머Christopher K. Germer

로널드 시걸Ronald D. Siegel

우리가 연민심과 지혜로서 고통에 열려 있기를.
있는 모습 그대로 나 자신과 타자를 받아들일 수 있기를.
우리의 깊은 본성을 알 수 있기를.
우리가 자유로울 수 있기를.

PART 1

무엇이 지혜와 연민심인가?
왜 우리가 관심을 가져야 하는가?

최근 들어서 많은 임상가들은 마음챙김에 대해서 어느 정도 이해하고 있다. 비록 그것이 본질적으로는 일종의 편견적인 경험임에도 불구하고, 마음챙김을 정의하고 측정하려는 노력은 진단과 이론적 경계를 넘어서 왕성한 연구에 기여했다. 시간이 지나고, 수행이 깊어지면서 마음챙김에 대한 직접적 경험은 지혜와 연민심에 관련된 경험을 얻었다. 비록 오랜 역사를 통해서 이들 개념을 설명하려는 노력이 있어 왔지만, 잘 이해되지는 않고 있다. 연민심과 지혜는 임상연구와 심리치료에 정보를 제공할 수 있다.

1장은 동서양에서 쓰이는 연민심과 지혜의 의미를 탐색하고, 아울러서 연민심과 지혜의 친밀한 관계, 또 이들과 마음챙김과의 친밀한 관계를 탐색하는 것으로 시작할 것이다. 2장에서는 삶이 힘들어질 때조차도 치료사가 마음챙김의 현존—지혜와 연민심의 보관창고—을 수립하는 모델을 제공할 것이다. 그런 다음, 3장에서 우리는 사랑이나 연민심과 같은 긍정적인 정서들이 어떻게 마음을 열고, 자각을 확장하고, 성격 특성으로서의 지혜와 연민심의 수립을 유도하는지 그 방법을 보게 될 것이다.

우리는 여러분이 각 장과 책 전반에 소개되고 있는 훈련을 실습하고, 자신의 경험에 근거해서 부딪치는 생각을 검토해 주기 바란다.

1장. 지혜와 연민심: 새의 양 날개

로널드 시걸Ronald D. Siegel
크리스토퍼 거머Christopher K. Germer

> 궁극적으로 사랑과 연민심이 가장 큰 행복을 가져다주는 이유는 우리의 본성이 다른 어떤 것보다도 그것을 소중하게 간직하고 있기 때문이다. 사랑에 대한 욕구는 인간 존재의 가장 근원에 놓여 있다. 그것은 우리 모두가 서로 공유하고 있는 깊은 상호의존성에서 비롯된다.
>
> -텐진 갸초(Tenzin Gyatso), 14대 달라이 라마(2011)

카멘Carmen은 아홉 살 때부터 불안에 시달렸다. 학교에서 과학시간에 발표를 할 때, 그녀는 공황상태에 빠졌고, 사람들 앞에 선다는 생각만으로도 메스꺼움을 느꼈다. 그녀는 스물일곱 살이 되었을 때, 치료를 받으러 왔는데 그녀의 사정을 잘 아는 부모(그들 또한 불안으로 고통받고 있었다.)는 가능한 모든 약물치료와 심리치료를 시도했다. 카멘은 구토에 대한 공포로 인해서 집 밖을 나가지 못했다. 미용실조차 가기 힘들었고 자기 친구들이 개인적으로나 직업 면에서 자기보다 앞서 나가는 것을 보면서 매우 우울해했다.

마음챙김을 지향하는 치료사와의 심리치료에서 카멘은 단순히 메스꺼운 느낌과 싸우는 것만으로도 사람들 앞에서 토할 수 있는 가능성을 증가시킨다는 사실을 발견했다. 그녀는 상담실에서 사교적인 만남을 예상하는 순간, 자기의 두 발이 땅에 닿고 있는 느낌에 주의를 집중하여 버팀목으로 삼으면서 몸에서 일어나는 불안의 파도를 타는 법을 배웠다. 그러나 그것이 실제 사회적 삶의 현장에서는 별 효과가 없었다. 카멘은 매번 메스꺼운 감각에 사로잡혀서 고갈되었다. 유전적으로 불안을 타고났고, 일생 동안 그렇게 살아온 상태를 극복할 수 없었다. 카멘과 그녀의 치료사는 카멘의 상태가 거의 절망적이라는 데 서로 동의했다.

카멘은 사회 공포증과 패닉장애로 힘들어하는 자신에 대해서 솔직하게 말하기 시작했다. "난 망가졌어. 난 한심해!" 누군가에게 자신이 처한 조건에 대한 수치심을 구토에 대한 두려움으로 뒤집어서 말을 하는 것이 너무나 놀랍지 않은가? 다급해진 카멘은 기회를 잡아서 미용사에게 말을 했다. 카멘은 자신의 두려움이 빠르게 녹아서 사라지는 것에 놀라워했다. 그러나 한 달 뒤, 두려움과 메스꺼움은 그대로 되돌아왔다. 왜냐하면 카멘은 미용사에게 자기가 공황으로 여전히 고통받고 있다는 사실을 말하는 것이 너무 창피했기 때문이다. 그 후 우울증에 빠진 카멘은 몇 달간 치료를 중단했다.

카멘이 다시 치료를 받으러 왔을 때, 그녀는 치료에서 자기가 원하는 것을 적어 왔다. 그것은 세 가지 측면의 접근, ―노출, 마음챙김과 수용, 그리고 자기연민―을 포함하고 있었다. 집을 떠나 여행을 하는 것은 두려움의 조건반응을 소거시켰다. 발바닥이 땅에 닿는 것과 같은 현재 순간에 일어나는 감각적 경험에 주의의 닻을 내리고 있으면, 메스꺼운 감각이 오가는 것을 내버려 두면서 그것을 견디어 내는 데 도움이 되었다. 그리고 사람들에게 자신의 어려움을 이야기함으로써 부끄러움을 누그러뜨리는 데 도움이 되었다. 카멘은 그러한 전체 계획을 '내면의 수용internal acceptance'이라고 불렀는데, 자기가 어디를 가든 자기 자신과 자신의 경험을 수용하는 것을 배우는 것이다. 카멘의 치료사는 지난 몇 년간 거의 진전이 없는 상태였던 카멘이 어느 부분인가는 치료사의 말을 듣고 있다는 것을 알고 기쁨을 느꼈다.

그다음 주, 카멘은 다른 어느 때보다도 완전히 노출된 경험(쇼핑, 친구 방문, 조깅)을 하고는 자랑스럽게 돌아왔다. 그 후 2년 동안 카멘은 점차적으로 많은 공포를 극복해 갔다. 그것은 험난한 길이었지만, 카멘은 자기가 계획한 목표를 달성하지 못할 때마다 스스로에게 '원망하지 않을 것'을 상기시켰다. 메스꺼움이 느껴지기 시작하면 그녀는 봉투를 꺼내 놓고 그 느낌이 지나가기를 기다렸다. 마침내 그녀는 교회 무료 급식소의 일을 자원하면서 새로운 인생을 설계하는 첫걸음을 시작했다.

　여기서 무슨 일이 일어난 것일까? 이 사례는 심리치료에서 연민심과 지혜의 힘을 보여 준다. 카멘은 구토에 대한 공포증과 싸우는 것을 멈추지 못했고, 그것이 상황을 더 악화시켰다. 그런데 자기가 처한 상황에 대해서 좌절감을 느끼고, 자신의 불행에 대해서 자기비판, 수치심, 물러남으로 반응하는 대신에, 따뜻함과 격려로 대함으로써 구토의 공포와 싸우는 것을 멈출 수 있었다. 허약하고 결함이 있다고 느끼는 모든 환자와 마찬가지로, 자신이 사회적 상황에서 겪는 공황과 구토에 대한 두려움과 맞서기 전에 제일 먼저 필요로 하는 것은 자신의 결함을 받아들이는 것이었다. 연민심은 잃어버린 연결고리다. 좌절과 절망의 한가운데에서 카멘은 자신을 향한 치료사의 연민적인 태도를 느꼈다. 그것이 공감적으로 반응해 주는 미용사에게 자기가 겪고 있는 공황장애에 대해서 말할 수 있는 용기를 얻었던 것이다. 그 결과 카멘은 자기 자신에게 이해와 친절함을 줄 수 있게 되었다.

　지혜 역시 중요한 역할을 했다. 지혜는 카멘의 치료사로 하여금 스스로를 나쁜 치료사라는 생각 없이 카멘의 절망을 그대로 느끼고, 카멘의 아픔에 공명하면서도 균형감과 희망을 가지고 너무 많이도 너무 적게도 관여하지 않은 채 카멘이 자신의 삶에 전문가가 될 수 있도록 도왔다. 치료사는 호기심, 불확실성에 대한 편안함, 상호관계에 대한 분위기를 창조하도록 도왔다. 카멘의 지혜는 다방면으로 드러났다. 그녀는 자신의 문제를 새롭고 넓은 관점에서 바라보기 시작했다. 구토에 대한 비극적이고 비현실적인 의미들을 알아차렸다. 두려움과 자기비판적인 생각을 덜 심각하게 받아들였고, 자기 자신과 불편함을 분리시킴으로써not me 견디어 냈으며, 걸림돌과 실패를 삶의 일부로 받아들이면서 타인과 함께하는 의미 있는 활동에 전념했다.

그런데 지혜와 연민심은 정확하게 무엇인가? 심리치료에서 이들이 왜 중요한가? 이 장에서 우리는 그와 같은 파악하기 어려운 개념들을 정의하는 시도를 해 볼 것이다. 서양과 불교 전통에서 이들 용어들이 가지고 있는 개념적, 과학적, 그리고 역사적 맥락에 대해서 대략적인 윤곽을 파악할 것이다. 그리고 연민심과 지혜가 어떻게 서로 밀접하게 관계되어 있는지를 논의할 것이다. 우리는 또한 임상작업을 위해서 이들이 가지고 있는 특질의 타당성 검증을 시작할 것이다. 그것이 이 책의 나머지 부분의 주제다.

마음챙김: 지혜와 연민심의 기초

심리치료 훈련에서 마음챙김을 결합하는 것에 대한 관심은 지난 25년간 꾸준히 늘어났다. 마음챙김과 수용에 기초한 치료는 행동과 인지접근에 이어서 행동치료의 '제3의 물결'로 받아들여지고 있고(Baer, 2006; Hayes, Follette & Linehan, 2004; Hayes, Villatte, Levin & Hildebrandt, 2011; Hoffman & Asmundson, 2008), 마음챙김은 정신역동(Epstein, 1995; Hick & Bien, 2008; Safran, 2003), 인본주의(Johanson, 2009; Khong & Mruk, 2009), 그리고 가족치료 접근(Carson, Carson, Gil & Baucom, 2004; Gambrel & Keeling, 2010; Gehart & McCollum, 2007)을 포함한 여러 치료모델에 광범위하게 영향을 주고 있다. 마음챙김을 지향하는 치료는 개인의 경험 내용을 바꾸려 하기보다는 우리의 감각, 생각, 정서, 행동과의 순간순간의 관계를 변화시키는 데 더 관심을 둔다. 이와 같이 마음챙김에 의한 새로운 관계는 '수용과 함께 지금 이 순간에 대한 자각'(Germer, 2005b, p. 7) 또는 '순간순간 전개되는 경험을 판단하지 않고 의도적으로 주의를 집중함으로써 일어나는 자각'(Kabat-Zinn, 2003, p. 145)으로 특징지어진다. 마음챙김은 특히 '지금 여기에서의 경험을 판단하지 않고 적극적으로 포용'하는 수용acceptance을 강조한다(Hayes, 2004, p. 21). 마음챙김과 수용의 반대는 저항 혹은 경험의 회피다. 몸을 긴장시켜 불쾌한 경험을 피하려고 하고, 생각에 갇혀 버리며, 고통스런 상황을 피하거나 심리적 방어기제로 느낌을 차단하는 것이다. 비록 그러한 반응들이 짧은 기간 동안의 정서적 불편함을 감소시켜 줄 수는 있지만, 장기적으로 보면 괴로움을 증폭시키는 경향이 있다(Fledderus, Bohlmeijer & Pieterse, 2010; Kingston, Clarke & Remington, 2010).

　마음챙김에 관한 연구는 기하급수적으로 증가하고 있다. 1985년까지만 하더라도 심리학 관련 학술지PsycINFO에 게재된 전문가 리뷰 논문에 '마음챙김' 단어가 겨우 24번 인용되었는데, 2000년에는 125번, 2005년에는 364번, 2011년 겨울에는 무려 1,760번이 넘게 언급되었다. 마음챙김에 관한 대부분의 연구는 마음챙김에 기초한 스트레스 감소 프로그램 MBSR(Kabat-Zinn, 1990; Stahl & Goldstein, 2010) 에 관한 것이었다. 그 외 MBSR에서 파생된 마음챙김에 근거한 인지치료MBCT(Segal, Williams & Teasdale, 2002; Williams, Teasdale, Segal & Kabat—Zinn, 2007)를 포함하여 변증법적 행동치료DBT(Linehan, 1993a, 1993b, 15장 참조), 그리고 수용과 전념치료ACT(Harris, 2009; Hayes, Strosahl & Wilson, 1999) 등이 경험적 지지를 받으면서 광범위한 분야에서 채택되고 있다. 마음챙김과 수용에 기반을 둔 치료의 효능에 대한 경험적 증거가 증가할수록 그들의 인기가 올라가면서 마음챙김은 이제 광범위한 조건의 다양한 치료 형태 이면에 있는 기본적인 행동기제로서 초이론적·초진단적 변화과정으로 인식되고 있다(Baer, 2010a; Hölzel, Lazar, et al., 2011). 마음챙김은 다양한 치료 학파들 사이를 연결해 줄 뿐만 아니라 임상 연구와 실습 사이에 다리를 놓아 주고, 그리고 치료사들의 개인적 삶과 전문가로서의 삶을 통합시켜 주는 잠재력을 가지고 있다(Germer, Siegel & Fulton, 2005).

　앞에서 언급한 마음챙김 훈련 프로그램은 자신과 타인을 향해 더욱 친절하고 연민적인 관계를 드러나게 또 암시적으로 배양하는데, 많은 연구들이 마음챙김 훈련이 자기연민self-compassion을 증가시켜 준다는 사실을 입증해 왔다(Birnie, Speca & Carlson, 2010; Krüger, 2010; Shapiro, Astin, Bishop & Cordova, 2005; Shapiro, Brown & Biegel, 2007). 마음챙김 훈련이 지혜를 발달시키는 데 영향을 미친다는 경험적 연구는 아직 없지만, 불교 전통에서 마음챙김 훈련의 일차적 목표는 마음의 본질을 관통하는 통찰력을 발달시키는 것이고, 그것을 일상의 삶으로 확장시키는 데 있다(9장 참조). 사실 서양 심리치료사들이 말하는 '마음챙김명상'은 불교 전통에서는 '통찰명상'으로 알려져 있다. 이는 우리 자신과 타인을 고통에서 자유롭게 해 주는 지혜로 이끄는 통찰력을 기르기 위해서 고안된 것이라고 명시되어 있다. 그리스의 철학자 헤라클리터스Heraclitus는 "지혜를 구하는 자는 자기가 해 오던 일을 하는 것이다. 그 안에서 찾아라."라고 말했다(Hillman, 2003, p. xiii). 부처님은 "와서 너 스스로를 보라.고대 팔리어 ehipassiko"라고 했다. 지혜가 생겨나게 하려면 우리는 순간순간 일어나는 경험에 대해서 깊이 수용하는 자세가 필요하고, 고통받는 개인으로서의 우리 자신을 향한 연민심이 필요하다. 그러한 자세로 내면을 보기 위해 마음챙김 훈련을 적용한다면, 우리는 우리가 느끼는 것을 더욱 분명하게 볼 수 있고, 부드럽고 편안하게 받아들이며, 일어나는 삶의 상황에 효과적으로 대응할 수 있는 마음과 가슴, 즉 지혜와 연민심의 특질을 발달시킬 수 있다.

세 가지 마음챙김의 기술

마음챙김과 지혜, 그리고 연민심은 경험적으로 연결되어 있고, 배양하는 방법이 중복되어 있다고 하더라도, 그 개념적인 특징에 차이가 있고, 서로 다른 심리적 과정이나 기술이 관련되어 있다.

대부분의 마음챙김 훈련 프로그램에서 가르치고 있는 세 가지 핵심적인 기술은 집중(하나에 초점을 맞추는 자각), 마음챙김 자체(개방적인 자각), 그리고 연민심(자애와 연민심)(Salzberg, 2011)이다. 최근까지 집중과 마음챙김의 두 심리적 과정들은 마음챙김과 수용에 기초한 심리치료에서 강조되어 왔다. 이 두 기술은 또한 불교 심리학에서 우리의 마음과 자아의 본질을 꿰뚫는 통찰로 이해되고 있는 지혜를 배양하는 일차적 수단들이다. 세 번째 기술인 자애와 연민심은 우리 자신과 타인을 배려하는 태도를 배양하는 데 도움을 준다. 특히 고통의 한가운데에서 순간순간의 경험을 더 적게 저항하면서 더 크게 마음챙김을 할 수 있도록 해 준다.

주의와 정서 조절하기

윌리엄 제임스(William James, 1890/2007)는 다음과 같이 썼다. "산만한 주의를 자발적으로 반복해서 집중하는 능력은 바로 판단력과 인격, 의지의 뿌리다." (p. 424) 명상에서 주의를 호흡이나 발바닥에 가져가는 집중명상은 우리가 스트레스 상황에 있을 때, 마음을 차분하게 해 준다(R. D. Siegel, 2010). 우리의 자각영역에서 일어나는 것이 무엇이든 알아차리는 개방된 자각기법open-field awareness techniques은 삶에서 일어나는 변화들을 평정심과 통찰력을 가지고 수용할 수 있도록 우리의 마음을 훈련시킨다. 이 두 훈련법으로 주의를 조절하는 방법을 배우는 것은 우리의 정서를 조절하는 데 도움이 된다.

반면, 자애명상metta이나 주고받기 명상tonglen과 같은 명상기법도 있는데, 그러한 방법들은 특별히 어려운 정서를 다스리기 위해서 수천 년을 거쳐서 개발되어 왔다(4장과 7장 참조). 달라이 라마가 언급하기를,

> 불교는 오랫동안 인간의 마음에는 변화를 위한 엄청난 잠재력이 선천적으로 존재한다는 사실을 논의해 왔습니다. 그러한 논의의 끝에는 광범위한 묵상기법들, 혹은 명상수행들이 연민적인 가슴의 배양과 현상의 본질에 대한 깊은 통찰의 배양, 즉 연민심과 지혜의 합일이라는 두 가지 목적을 위해서 개발해 왔습니

다. 그러한 명상수행의 핵심에는 한편으로는 주의를 정제해서 지속적으로 적용하는 것과 다른 한편으로는 정서를 조절하고 변환시키려는 두 가지의 주요 기법들이 놓여 있습니다(Society for Neuroscience, November 12, 2005).

이 책에서는 마음챙김과 연민심에 관한 이론과 수행이 어떻게 심리치료와 기타 영역에서 지혜와 연민심을 꽃피울 수 있는가를 탐색할 것이다. 우리는 다소 난해한 개념인 지혜를 뒤로하고, 임상의에게는 조금 더 친숙하고, 연구자들에 의해서 좀 더 널리 조사되어 온 연민심부터 시작해 볼 것이다.

연민심이란 무엇인가

영어로 연민심이란 단어는 '고통하는'이라는 뜻을 가진 pati의 라틴어 어원과 pathein의 그리스 어원과 '함께'라는 뜻을 가진 라틴어 com의 합성어로, 타인과 '함께 고통하기'라는 뜻을 의미한다. 옥스퍼드 영어 사전에 연민심compassion이라는 단어는 '다른 사람들의 고통과 불행에 대한 공감적인 애민심과 염려'라고 정의되어 있다(p. 291). 2009년에 전 세계에 있는 수천 명의 종교지도자들은 연민심에 관한 헌장Charter for Compassion에서 연민심을 '우리 자신이 대우받기를 원하는 것과 같은 방식으로 다른 모든 이들을 대하는 것'으로 정의했다(Armstrong, 2010, p. 6). 심리학자들과 과학자들 사이에서 연민심을 이해하려는 욕구는 특히 흥미롭고 미묘한 차이가 있다.

요약하면, 연민심의 작용적인 정의는 아마도 고통이 완화되길 바라는 마음에서 고통하는 경험일 것이다. 비슷한 정의들은 다음과 같은 내용을 포함한다.

- '자신과 다른 생명체들의 고통에 대한 깊은 자각과 더불어 그러한 고통이

완화되기를 원하고 노력하는 기본적 친절'(Gilbert, 2009c, p. xⅲ)

- '타인의 고통을 목격하는 순간에 일어나는 느낌과 이어서 돕고자 하는 욕구를 동기화시키는 느낌'(Goetz, Keltner & Simon-Thomas, 2010, p. 351)

- '모든 존재들이 고통에서 자유로워지길 바라는 마음'(Dalai Lama, 2003, p. 67)

- 세 단계의 과정: '당신을 느끼고'(정서), '당신을 이해하고'(인지), 그리고 '당신을 돕고 싶다.'(동기적)(Hangartner, 2011)

지난 10년까지 연민심은 실험 심리학자들(Davidson & Harrington, 2001; Goetz et al., 2010; Goleman, 2003; Pommier, 2010)과 심리치료사들(Gilbert, 2005, 2009a; Glaser, 2005; Ladner, 2004; Lewin, 1996)에 의해서 두드러진 정서, 또는 태도쯤으로 여겨지면서 상대적으로 관심을 받지 못했었다. 그러한 무관심은 부분적으로는 공감empathy(Batson, 1991; Hoffman, 1981)이나 동정심sympathy(Shaver, Schwartz, Kirson & O'Connor, 1987; Trivers, 1971), 사랑love(Fehr, Sprecher & Underwood, 2009; Post, 2002), 측은심pity(Ben Ze'ev, 2000; Fiske, Cuddy, Glick & Xu, 2002), 이타주의altruism(Monroe, 2002; Oliner, 2002)와 중첩되는 데서 기인한다. 연민심은 이러한 단어들과 어떻게 관련되어 있을까? 연민심에 대한 정확한 이해는 치료에 관한 이론, 평가도구, 적용을 발달시키는 데 유용할 뿐만 아니라 우리 자신 안에 있는 연민심을 알아차리고 배양하는 데도 유용하다(심도 깊은 분석은 Eisenberg & Miller, 1987; Goetz et al., 2010 참조).

공 감

칼 로저스(Carl Rogers, 1961)는 공감empathy을 '내담자의 세상을 마치 그 안에 들어가서 보는 것처럼 정확하게 이해하는 것, 내담자의 세계를 마치 자신의 것처럼 감지하는 것'(p. 284)이라고 정의했다. 그것은 '타인이 반응하는 것과 비슷한 정서적 반응을 하는 것'이다(Bohart & Greenberg, 1997, p. 23). 공감은 인지적 평가를 넘어서서 타인이 경험하고 있는 것에 대한 일종의 느낌감각felt sense을 포함한다(Feshbach, 1997; Lazarus, 1991). 공감은 심리치료에서 '구체적으로 개입하는 것보다 더 많은 결과를 내는 변수를 설명하는' 공통요인으로 여겨진다(Bohart, Elliott, Greenberg & Watson, 2002, p. 96).

우리는 인간의 모든 정서—기쁨, 슬픔, 흥분, 지루함 등—에 공감할 수 있다. 그러나 연민심은 고통에 대한 공감(고통이 완화되기를 바라는)이라는 점에서 공감의 한 특수한 형태다. 고통은 연민심의 선행조건이다. 치료의 목적이 정서적 고통을 완화시키는 데 있기 때문에 연민심은 심리치료의 역사를 통해서 아마도 공감이라는 우산 아래 숨겨져 왔는지도 모른다. 공감을 배양하려는 체계적인 노력은 임상장면에서 여전히 상대적으로 드물지만(Shapiro & Izett, 2007), 불교의 연민심 수행이 현대 심리치료에 통합되면서 앞으로 변화가 올 것으로 기대된다.

측은한 마음

측은한 마음sympathy은 '타인의 정서적 상태나 조건에 대한 불안에 근거하거나 타인에 대한 염려와 슬픔의 느낌과 관련된 정서적 반응'이다(Eisenberg et al., 1994, p. 776). 측은지심은 이전의 경험에 기초한 반응적 요소를 포함하는 반면, 공감은 타인의 정신적 상태를 거울처럼 비추어 주는 것이다. 따라서 공감이 동정에 비해 보다 더 마음챙김이 있는 자각으로 나타난다.

사 랑

치료사는 사랑Love이라는 단어를 피하는 경향이 있는데, 특히 환자와의 관계에서 그렇다. 왜냐하면 사랑은 부모의 사랑, 보편적 사랑, 로맨틱한 사랑 등 여러 의미를 가지고 있어서 오해를 불러일으킬 수 있기 때문이다. 그러나 사랑이라는 단어는 여전히 연민심의 의미를 더욱 이해하기 쉽게 도와주는 풍부한 요소를 가지고 있다. 린 언더우드(Lynne Underwood, 2009)는 연민심보다는 연민적 사랑compassionate love이라는 단어를 더 좋아했는데, 그 이유는 연민적 사랑이 보다 더 정서적 연대감을 함축하고 있기 때문이다.

불교적 맥락에서의 연민심은 외부인들이 보기에 흥미롭기보다는 생소하게 보일 수도 있다(Goetz, 2010). 그렇게 보이는 이유는 열린 가슴으로 자각함으로써 정서생활에서 기분이 고조되거나 저하되는 상태에서 균형을 유지할 수 있는 능력인 평정심equanimity의 자질에 기인하기 때문이다. 예를 들어, 십 대의 딸이 사회생활을 시작하기 전에 독립심을 기르기 위해서 자신의 어머니를 일시적으로 거부하는 것이 필요할 수도 있다. 어머니가 이 과정을 깊이 이해하면 과잉반응을 하지 않고 자신의 고통과 공포, 분노를 느낄 수 있다. 평정심은 우리로 하여금 급작스럽게 기뻐하거나 눈물을 흘리지 않게 해 주면서 정서적으로 타인과 연결된 상태를 유지하고, 효율적인 방법으로 서로 다른 입장에 있는 자신의 정서를 표현할 수 있는 자유를 준다.

자애loving-kindness는 '모든 존재가 행복과 기쁨으로 가득하기를 바라는 마음의 상태'이고, 연민심은 '모든 존재가 고통에서 벗어나기를 바라는 마음'이다(Dalai Lama, 2003, p. 67). 불교에서 보통 자애수련은 연민심 수련을 하기 전에 가르치는데, 이는 연민심이 보다 더 힘들기 때문이다. 고통에 직면했을 때, 피해자를 비난하거나 우리의 기분이 나아지려고 상대가 눈앞에서 사라지길 바라는 마음 없이 열린 가슴을 유지하는 것이 더 어려울 수 있다.

동 정

연민심은 동등한 선상에 있는 정서인 반면에, 동정pity은 약간의 우월의식을 가지고 타인의 역경을 염려하는 것이다(Fiske et al., 2002). 우리는 모두 고통을 겪으면서 살아가고 있기에 고통은 우리를 하나로 묶어 주는 공통된 위협이다. 연민심 어린 방법으로 고통에 대해 개방적일 때, 우리는 좀 덜 외로울 수 있다. 고통을 차단할 때, 우리는 고통에 분투하고 있는 타자와 다소 거리감을 느끼게 되는데 그것이 동정이다. 동정은 연민심의 선행경험—초기개방—으로 간주되기도 하지만, 만약 알아차리지 못한다면 연민심과 온전하게 연결되는 경험을 하는 데 방해가 될 뿐이다.

이타적 행위

> 연민심은 누군가에 대한 느낌일 뿐 아니라 그 상황을 바꾸려는 추구이기도 하다.
> 사람들은 연민심과 사랑이 한낱 감상에 불과하다고 생각하곤 한다.
> 그렇지 않다! 그것은 매우 필요한 일이다.
> 만약 당신이 연민의 길을 걷고자 한다면, 행동으로 실천할 준비를 하라!
>
> —데즈먼드 투투Desmond Tutu(Barasch, 2005)

이타주의Altruism는 공감이나 측은심과는 구분되는 특질이다. 이타주의는 '개인적 이득과는 상관없이 타인을 돕는 일에 관여하는'(Kristeller & Johnson, 2005, p. 394) 동기(Batson, 2002), 혹은 행위(Monroe, 2002)다. 공감과 측은심은 이타주의로 이어질 수 있으나, 반드시 그렇지만은 않다. 연민심은 언제나 이타적 행위를 포함한다.

자기연민

일반적으로 연민심은 타인을 향한 정서나 태도로 여겨지지만, 불교에서 연민심의 정의는 자기 자신을 포함해서(6장과 7장 참조) 모든 존재를 포함한다. 달라이라마(2000)는 다음과 같이 말했다.

> ······ 타자를 향한 진실한 연민심을 발달시키고자 하는 이는 우선적으로 자신의 정서와 연결되고, 자신의 안녕을 돌보는 능력을 바탕으로 연민심을 배양하는 근간을 마련해야 한다. ······ 타인을 돌보기 위해서는 우선 자신을 돌볼 줄 알아야 한다.

많은 사람은 그들 자신보다 애완동물, 어린이, 사랑하는 사람 등 특정한 대상을 향해 연민심을 내는 것이 더 쉽다는 사실을 발견하기 때문에 현재의 연구는 자기연민과 타인을 향한 연민심과의 분명한 직접적 관계성을 보여 주지 못한다(Neff, Yarnell & Pommier, 2011). 그러나 타인을 향해 연민심을 내기 위해서는 원하지 않는 우리 자신의 모습을 포함해서 다양한 우리의 모습을 수용할 필요가 있다(13장 참조). 그렇지 않으면 우리는 우리 자신에게 있는 싫은 요소를 가진 타인을 거부하게 될 수도 있다.

연민심은 내적 작업이다. 우리가 만일 고통을 받고 있는 사람이 도움을 받을 자격이 없다고 생각한다면, 연민심은 분노로 바뀔 수도 있다. 도움을 줄 여력이 없으면 연민심은 괴로움으로 바뀔 수도 있다. 고통받는 사람이 자신의 행복에 방해가 된다고 생각한다면, 타인의 불행을 좋아할 수도 있다. 그리고 때로는 고통하는 당사자가 자기 자신인 경우에 분노나 부끄러움으로 바뀔 수도 있다(Goetz et al., 2010). 따라서 우리는 타인에 대한 연민심을 유지하기 위해서는 우리의 내면세계에 대한 균형 잡힌(마음챙김) 자각과 자신에 대한 친절함이 필요하다.

연민심에 대한 간단한 역사

연민심은 세계 종교의 핵심이다. 예를 들어, 공자孔子는 "타인이 나에게 하지 않기를 바라는 것을 절대로 타인에게 하지 마라."라는 황금률의 효시를 보인 중요한 스승이었다(Armstrong, 2010, p. 9). 힌두교의 화신 크리슈나Krishna는 "그들을 향한 연민심에서 나는 그들 안에 머물면서 무지로 인한 어둠을 파괴했다."라고 말했으며(Shankaracharya, 2004, p. 264), 예수는 "네 이웃을 네 몸과 같이 사랑하라." 라고 가르쳤다(마가복음 12:31). 부함마느는 "이웃이 자신에게 의지해서 위험으로 부터 안전하다고 느끼지 않는다면 그는 진정한 신자가 아니다."(Taymiyyah, 1999, p. 262)라고 하였으며, 유대교에는 "인자하신 하나님은 그 끝이 없으시며, 그의 축복은 한량없으시다. 하나님의 은혜는 매일 아침 새롭다."(예레미야애가 3:22~23; 혹은 Berlin, Brettler & Fishbane, 2004, p. 1596 참조)라고 쓰여 있다. 모든 종교적 전통은 인간의 고통에 관한 문제를 다루고 있다. 불교의 가르침에서 고통은 '첫 번째 거룩한 진리'라고 하며, 붓다는 개인적 고통을 완화하고, 평화로운 협력을 촉진시키는 수단으로 연민심을 가르쳤다.

서양 철학에서 아리스토텔레스Aristoteles는 연민심을 동정으로 자세하게 다루었던 최초의 인물이다(Cassell, 2005). 그 이후에 칸트Kant나 니체Nietzsche 등의 철학자는 정서를 경계하면서 연민심과 같은 느낌은 이성을 위협하므로 억압되어야만 한다고 경고했다(Nussbaum, 1996, 2001). 그러나 홉스Hobbes(1651, 1962), 흄 Hulme(1888, 1978), 쇼펜하우어Schopenhauer(1844, 1966)와 같은 다른 서양 사상가들은 그들과는 달리 그 가치를 알아보는 듯 했다(Pommier, 2010 참조).

어쩌면 연민심이 종교와 밀접하게 연합되어 있었기 때문에 심리학과 같은 신생 과학 분야에서 연민심을 좀 더 철저하게 탐색하려는 마음을 낼 수가 없었는지도 모른다. 그럼에도 불구하고 연민심은 공감empathy, 치료적 동맹, 무조건적인 긍정적 관심과 수용 등의 치료적 개념에 친숙하게 내포되어 있음을 발견할 수 있다.

심리치료에서 '수용'에 관한 역사적 개관을 살펴보면, 존 윌리엄스와 스티븐 린(John Williams & Steven Lynn, 2010)은 붓다Buddha(BCE 563~483)가 수용에 대한 개념을 처음으로 상세하게 다루었다는 사실을 발견했다. 붓다는 인간 고통의 대부분은 순간순간의 경험이 다른 것이기를 바라는 욕망, 즉 거부에서 비롯되었다고 보았다. 이런 경향성에 대한 대비책으로 붓다는 탐욕이 사라진 마음, 증오가 사라진 마음, 마음챙김, 연민심, 지혜, 그리고 고통을 완화하는 여러 정신적 요소들을 배양하는 방법을 가르쳤다(4장, 9장 참조).

수용에 대한 흥미로운 점은, 특히 '자아'와 '타자'에 대한 수용이 수백 년간 심리치료 분야에 존재했다는 사실이다. 윌리엄 제임스William James, 지그문트 프로이트Sigmund Freud, 그리고 B. F. 스키너Skinner 등은 수용이 심리학적으로 유용하다고 보았다. 칼 로저스(1951)와 그의 동료인 인본주의와 실존주의 치료사들은 수용이 변화의 핵심과정이라고 보았다. 흥미롭게도, 프로이트(1913, 1957)와 로저스는 타인의 수용에 앞서 자기수용self-acceptance이 선행되어야 한다고 보았으며, 그러한 관점은 1980년대에 이르러 경험적 연구의 초점이 되었다. 1990년대에 와서는 불교에서 영감을 받은 마음챙김과 수용에 기반한 치료(Kabat-Zinn, 1990; Linehan, 1993a; Segal et al., 2002)가 소개되면서 순간순간의 경험에 대한 수용으로 연구의 초점이 옮겨졌다.

지혜와 함께 연민심에 대한 다음 단계의 탐색은 불교 심리치료와 현대 심리치료의 수렴으로 나타나고 있다. 친숙한 주제가 다시 검증되기 시작했고, 새롭게 개척되기 시작했다.

- 자기연민은 자기수용의 새로운 형태로 일어나고 있다.
- 연민심은 선한 의지로 고통을 조절하는 것을 강조하는 공감의 형태로 탐색 되어지고 있다.

- 연민심피로는 우리가 자기에 대한 연민심이나 평정심이 없이 공감하려고 할 때 발생하는 것으로 이해된다.
- 연민심 중심의 치료는 정서적 통증을 다루기 위한 기술로서 연민심을 배양하는 시도에 초점을 맞추어 발달되고 있다.
- 뇌과학 연구들은 연민심이 가득한 마음의 상태가 타인의 고통과 교감하는 능력을 높여 준다는 사실을 보여 주고 있다.

앞의 주제들이 이 책에서 중점적으로 나루어질 내용이다.

연민심은 타고나는 것인가

어쩌면 우리 안에는 투쟁-도피(fight and flight)반응 뿐 아니라 연민심도 내제되어 있는지도 모른다. 우리의 원시사회를 보면 자기보존 본능이 매우 빠르고 자동적으로 발생하지만, 또한 협동과 이타적인 행동도 자연스럽게 작용한다(Keltner, 2009; Sussman & Cloninger, 2011). 그리고 다른 모든 정신적 습관이 그러하듯이 연민심에 대한 본능 역시 연습을 통해서 강화될 수 있다. 타고난 연민심에 대한 증거는 진화와 신경생물학적 영역에서 찾아볼 수 있다.

진 화

대중적인 믿음과는 달리, 찰스 다윈Charles Darwin은 "측은심이 강한 구성원을 많이 포함한 집단일수록 가장 번창하고, 자손도 가장 많이 남겼다."라고 하면서 측은심이 강력한 본능 중 하나라고 여겼다(1871, 2010, p. 82; Ekman, 2010). 아이가 성인이 될 때까지 부모가 아이를 기르기 위해서는 연민심이 필요하며, (경제적 변영과 외모를 넘어서) 다정함은 남녀 모두에게 배우자를 선택하는 가장 중요한 기준임이 증명되었다(Keltner, 2009). 우리는 심지어 다시 만나지 않을지도 모르는 사람들과도 자연스럽게 협동할 수 있는 능력을 타고났다(Delton, Krasnow, Cosmides & Tody, 출판 중).

신경생물학

신경해부학적으로 연민심과 같은 사회적 정서는 기초 신진대사 과정과 진화적으로 두려움과 같은 오래된 정서에 관여하는 뇌의 시상하부와 뇌간을 포함하는 대뇌피질 하부의 특정 부분이 관여한다(Immordino—Yang, McColl, Damasio & Damasio, 2009; 8장 참조). 연민심이 가득할 때 뇌의 상태를 보면 대뇌변연계의 신경시스템이 활동하는 것을 알 수 있으며, 이는 연민심이 내재적으로 보상받고 있음을 설명해 준다(Kim et al., 2011).

뇌에서 투쟁-얼어붙음-도피(fight-freeze-flight)와 경쟁보상의 하부시스템은 '안전성'의 하부시스템에 의해 균형을 유지하고 있다(Depue & Morrone-Strupinsky, 2005; Gilbert, 2009b; 18장 참조). 안전성 시스템은 연민심—부양과 위로—과 관련이 있는데, 이는 신경전달물질인 옥시토신과 바소프레신과 연관되어 있다. 연민심의 마음상태는 전형적으로 차분해지고, 낮은 심장박동(Eisenberg et al., 1988), 낮은 피부전도율(Eisenberg, Fabes, Schaller, Carlo & Miller, 1991), 미주신경활동(Oveis, Horberg & Keltner, 2009; Porges, 1995, 2001)으로 특징지어지는데, 이는 슬프거나 괴로울 때와는 반대되는 현상이다(Goetz et al., 2010).

우리는 또한 지속적으로 다른 사람의 생각과 느낌을 감지하여 반영하는 거울뉴런mirror neurons을 가지고 있다(Rizzolatti & Craighero, 2004; Rizzolatti & Sinigaglia, 2010; Siegel, 2007). 이것은 우리가 타인의 고통을 감소시켜 줌으로써 우리의 기분이 좋아지게 만든다. 마지막으로 다수의 개인들, 특히 여성들은 스트레스에 투

쟁과 도피반응을 보이기보다는 '도움을 주고 친구가 되어 주는' 반응을 하게 된
다(Taylor et al., 2000). 요컨대, 우리 신경구조에 있는 수많은 요소들은 우리가 연
민심을 느끼도록 하는 경향이 있다.

수행을 통한 배양

지난 수천 년 동안, 헤아릴 수 없이 많은 명상수행자들과 기도하는 사람들
의 노력은 연민심을 습관으로 만들 수 있다는 가능성을 확인해 왔다. 연민명상
이 뇌에 미치는 장기적인 효과는 현재 뇌영상과 다른 방법들을 사용해서 탐색되
고 있다(8장 참조). 우리는 신피질을 사용하여 편도체의 자동적인 공포 활성화 작
용과 자아보존시스템으로부터 연민심의 상태와 종족보호시스템으로 이동하는
것을 점차적으로 배울 수 있다는 증거들이 있다(Wang, 2005). 하루 평균 27분, 단
8주간의 마음챙김명상으로 자각, 연민심 그리고 내적 성찰과 연관된 뇌의 구조
에 변화를 일으킬 수 있다(Hölzel, Carmody, et al., 2011).

마음수련은 의도적으로 눈을 감고 앉아서 명상을 할 때만 일어나는 것이 아
니라 태어난 이후로 쭉 다른 사람들과 교류하면서 일어난다(Siegel, 2007). 어린아
이 시절의 애착 형태는 어른이 된 이후의 연민심의 역량에 영향을 줄 수 있으나
(Gillath, Shaver & Mukilincer, 2005), 불안이나 회피성의 애착 형태를 가진 사람일지
라도 안전한 애착과 관련된 사랑의 말, 기억, 또는 이야기를 듣는 것으로 연민
심의 수준을 끌어올릴 수 있다(Carnelley & Rowe, 2007, 2010). 특별히 연민심(Miller,
2009)과 자기연민(6장, 18장 참조)을 수련하기 위해 고안된 프로그램들이 현재 개발
중이다.

연민심과 웰빙

불교에서 사랑, 연민심, 기쁨, 그리고 평정심은 '사무량심', 혹은 신들의 거처로 알려져 있다(4장 참조). 이 네 가지 자질을 내재화할 때, 고통이 사라진다는 의미다.

과학자들은 연민심이 정신적, 신체적 건강에 주는 이점을 연구하기 시작했다(Hofmann, Grossman & Hinton, 2011; Wachholz & Pearce, 2007). 예를 들어, 연민심이 높은 사람은 다른 사람의 연민심을 더 잘 받아들이고, 스트레스에 덜 반응하는 경향이 있다(Cosley, McCoy, Saslow & Epel, 2010). 연민심 수행은 또한 행복감과 자기존중감을 지속적으로 향상시킨다(Mongrain, Chin & Shapira, 2011). 대부분의 연민심에 관한 연구에서는 연민심과 상관관계가 있는 이타심, 공감, 용서 등을 포함한 긍정적 정서는 물론이고, 연민심과 반대되는 분노, 스트레스, 외로움, 연민심 피로와 같은 주제를 다루고 있다. 예를 들어, 이타심은 스트레스를 줄이고, 면역 반응을 향상시킴으로써 신체 및 정서 건강에 긍정적인 영향을 주고(Sternberg, 2011), 수명을 늘려 준다(Brown, Nesse, Vinokur & Smith, 2003).

자기연민에 대한 연구는 심리적 웰빙과의 상관성을 명백하게 입증해 준다(6장 참조). 지금 이 글을 쓰고 있는 현 시점까지도 자기연민 수련이 정신건강에 미치는 영향을 밝히는, 임의적으로 통제된 연구들이 발표된 적은 없지만, 다양한 증거에서 연민심 수행이 정신건강에 긍정적인 영향을 미친다는 것을 암시하고 있다(Adams & Leary, 2007; Gilbert & Irons, 2005a; Kuyken et al., 2010; Raque-Bogdan, Ericson, Jackson, Martin & Bryan, 2011; Schanche, Stiles, McCollough, Swartberg & Nielsen, 출판 중; Shapira & Mongrain, 2010; Thompson & Waltz, 2008; Van Dam, Sheppard, Forsyth & Earleywine, 2011). 예를 들면, 자기연민이 높은 사람과 낮은 사람이 동시에 우울한 일을 겪었을 때, 5개월 후에 그 두 사람의 우울의 정도가 의미 있는 차이를 보였는데, 이것은 자기연민이 정서적 문제에 대한 완충작용을 한다는 것을 알 수 있다(Raes, 2011).

'고통을 포용하는 마음상태가 정신건강에 좋을 수 있는가?'와 같은 질문이 필
연적으로 떠오른다. 수행 중에 우리의 주의가 그다지 오랫동안 고통에 머물러
있지 않는다. 연민심을 일으키기 위해서 고통이 필연적이지만, 고통받는 사람에
대한 박애의 마음으로 전환하고, 도움을 주고자 하는 마음을 일으키기 전에 아
주 짧은 시간 동안에 그것에 접촉할 뿐이다. 연민심을 경험하는 동안에는 긍정
적인 정서가 고통에 비해 지배적이다. 이 같은 이유로 연민심피로는 실제로는
'공감피로'다(Ricard, 2010; 7장과 19장 참조). 연민심 어린 마음을 가진 사람은 부드러
움, 희망, 그리고 선한 의지가 있는데, 이 모든 요소들은 정신적, 신체적 건강을
뒷받침한다.

지혜란 무엇인가

모든 언어권에는 '지혜'라는 단어가 있다. 지혜는 다양한 문화에서 인간의 가
장 높은 덕목으로 묘사되고 있으며, 고대부터 문서로 남겨지거나 구전된 것이
아주 많다. 지혜는 또한 심리치료사에게서 우리가 보고 싶어 하는 특성이기도
하다. 그러나 최근까지도 현대 심리치료사들은(심지어 철학자들까지도) 이 주제를
다루기 어려워했다. 심지어 이것에 대한 정의조차도 하나의 의견으로 모아지지
않고 있다. 미국의 대법관인 포터 스티와트Potter Stewart가 "노골적인 외설물을 정
의하기는 어렵다. (그러나) 그것을 보면 무언지 안다."(1964)라고 논평했듯이, 지혜
가 드러나면 우리는 그것을 인지할 줄 알고, 없으면 아쉬워할 줄 알면서도 지혜
에 대한 대략적인 정의조차 파악하기가 어렵다.

지혜wisdom의 영어 단어는 '보다to see' '알다to know'라는 뜻을 가진 인도―유
럽 어족의 단어wede에서 왔다(Holliday & Chandler, 1986). 영어 사전에 지혜는 '삶

또는 행동과 관련된 사건에서 올바르게 판단하는 능력: 목적과 수단을 선택할 때의 건강한 판단, …… 깨우침, 배움, 박식함'(옥스포드 영어 사전, 2010) 혹은 '지식 …… 배움을 적용하는 지능, 내적인 자질이나 본질적인 관계들을 알아차리는 능력: 통찰, 총명함, …… 판단, 신중한 …… 온전한'(Merriam—Webster, 2011) 등으로 다양하게 정의되어 있다. 이와 같이 중복되는 정의들은 다차원적이며, 지혜를 단순히 하나의 덕목으로 볼 것이 아니라 차라리 다양한 인간 능력의 묶음으로 이해하는 것이 낫지 않을까 하는 의문이 든다. 그럼에도 불구하고 시대와 문화를 넘어서 '지혜'가 사람들에게 높은 가치로 평가되는 것은 그 구조에 뭔가 의미 있는 것이 있다는 사실을 의미한다. 지혜를 구성하는 다양한 능력은 아마도 상호 간에 밀접한 관계가 있으며, 각 요소들이 더해졌을 때보다 더 큰 전체를 만들 수 있을 것이다. 이 책을 통해서 알 수 있듯이, 우리 가운데 누구도 지혜의 나머지 요소를 무시한 채 일부 요소만을 사용한다면 그다지 지혜롭게 행동할 수 없다.

지혜에 대한 작용상의 정의는 그 구조가 매우 다차원적이므로 단순하게 정의 내릴 수 없을지도 모른다. 우리가 지혜를 실험적으로 연구할 수는 없다고 하더라도 지혜의 본질을 특징적으로 정의할 필요가 있다. 심리치료 맥락에서 우리는 지혜를 간단하게 '어떻게 살아야 할지 깊이 있게 아는 것knowing deeply how to live'으로 간주할 수 있다. 그러나 그것이 수반하는 실제적 의미를 설명하기는 쉽지 않다.

특히 지혜의 구조를 정의하는 것이 어려운 이유 중 하나는 정의에 이르는 모순된 방법들이 존재한다는 것이다(Staudinger & Glück, 2011). 어떤 심리치료사들은 '지혜로운' 사람들에 대해서 일반 사람들이 기술하는 내용에 함축된 지혜의 모델을 알아내기 위해서 전 세계를 돌아다니기도 했다(예, Bluck & Glück, 2005). 또 다른 연구자들은 전 세계의 철학적, 종교적 서적에서 되풀이되는 테마를 찾기도 했다(예, Birren & Svensson, 2005; Osbeck & Robinson, 2005). 반면 어떤 사람들은 그들 스스로 깊은 반추를 통해서 다양하고 폭넓은 수확을 얻기도 했다. '(아마도) 전문적인 이론가와 연구자들의 구조'(Sternberg, 1998, p. 349)가 그 예다. 그러나 아직까지 어떠한 합의도 드러나지 않았다. 지혜에 관한 가장 주요한 심리치료 교재를 든다면, 로버트 스턴버그Robert Sternberg가 편집한(Sternberg, 1990a; Sternberg & Jordan, 2005) 것으로, 지혜에 관한 많은 정의가 여러 장에 걸쳐 소개되어 있다. 그러나 다행히도 지혜에 대해 정의하려는 수많은 노력으로 마침내 그 본질이 밝혀지기 시작했다. 지혜에 대한 많은 구성 요소들의 신비가 밝혀짐으로써 우리는 지혜를 어떻게 배양해야 하며, 심리치료에서 그것을 어떻게 적용해야 할지에 대한 힌트를 얻고 있다. 곧 알게 되겠지만 지혜에 대한 임상적 접근은 연민심에 비해 다소 빈약하다.

하향식 과정A Top-Down Process

현대 신경과학자는 상향식bottom-up 과정과 하향식top-down 과정을 구분하고 있다. 상향식 과정은 뇌가 기본적인 감각정보를 받아들이고, 그것을 지각으로 구성하며, 그 기본적인 구성요소로부터 현실에 대한 경험을 구성하는 방법을 기술한다. 장미의 향기를 즐길 때가 그 예다. 하향식 과정은 이성, 판단, 그리고 과거 경험으로부터 개념적 틀의 뼈대와 같은 대뇌피질의 고등 능력을 사용하여 감각구조에서 수집된 정보를 끊임없이 우리의 뇌로 흘려보내어 해석하고 반응하는 과정을 포함한다. 환자와 민감한 주제에 대해서 어떻게 말할 것인가를 선택할 때 우리가 하는 것처럼 행동하기 전에 생각하고, 균형 있는 결정을 하는 것은 하향식 과정이다. 따라서 지혜는 하향식 과정일 가능성이 매우 높다. 지혜는 많은 구성요소를 가지고 있지만, 모두 심사숙고, 정서조절, 관점선택과 같은 작용과 관련이 있다. 다른 많은 하향식 과정과 마찬가지로, 몸과 머리, 가슴 간의 의

사소통에 관여하는 통합적 과정이다.

비록 이론가들이 지혜의 특정한 특질에는 의견 일치를 보이지 않지만, 지혜가 충동, 습관, 혹은 조절되지 않은 열정으로 인해서 충동적으로 표출되는 것과 반대되는 것이라는 사실에는 거의 모두가 동의한다(Sternberg, 2005a, 11장 참조).

최근까지 지혜가 학문이나 임상심리학에서 그다지 주목받지 못했던 이유 중 하나는 지혜가 하나의 복잡한 하향식 과정이기 때문이다. 1800년대 후반부터 심리학의 이론이 지각이나 행동조건과 같이 조작적이고 실험적으로 쉽게 정의될 수 있는 심리과정에 초점을 맞추기 시작했다(Birren & Svensson, 2005). 심리치료사들은 지혜에 대한 조사를 꺼려했는데, 아마도 지혜는 철학이나 종교 분야에서 다루어지는 것이 더 옳다고 보았기 때문일 것이다. 심지어 현대 철학자들은 역사적 고찰은 커녕 이렇게 다차원적인 구조를 가진 것에 많은 시간을 소비하고 싶지 않았기 때문에 이를 외면해 왔다(Smith, 1998). 그렇다고 세계의 뛰어난 사상가들이 늘 지혜에 무관심했던 것은 아니었다.

지혜의 간략한 역사, 서양과 동양

지혜에 관한 기록 중 가장 오래된 일부는 5,000년 전 메소포타미아 시대의 진흙 조각 파편에서 찾을 수 있다. 여기서 우리는 다음과 같은 현자의 조언을 찾을 수 있다. "어차피 죽게 될 운명이라면 다 쓰고 가리라." "은을 많이 소유한 사람은 행복할 것이다. 보리를 많이 소유한 사람은 행복할 것이다. 그러나 아무것도 없는 사람은 편히 잠들 수 있다."(Hooker & Hooker, 2004)와 같이 '선하고 이로운' 행동에 관한 충고들이 있다(Baltes, 2004, p. 45). 기원전 2,000년에 쓰여진 고대 이집트의 지혜로운 기록은 그 이후로 지혜에 대한 개념적 전조가 되었는데, 이는 어떤 것이 지혜롭다고 얘기하기보다는 오히려 지혜롭지 못한 사람들의 생각이 어떤 것인지에 관한 내용이다. "네 지식을 자랑하지도 말고, 너 스스로 현명하다고 우쭐대지 마라."(Readers Digest Association, 1973)

수세기 동안 서양 사상을 지배해 왔던 특질에 대해서 지적인 틀을 수립했던 사람은 바로 '지혜의 애호가'인 고대 그리스 철학자들이었다. 소크라테스(470~399 BCE)에서부터 플라톤(428~322 BCE)과 아리스토텔레스(384~322 BCE)에 이르기까지 지혜로운 사상들, 혹은 소피아(지혜)sophia는 마침내 지식, 장인정신, 그리고 다른 자질과 차별적으로 진화해 왔다. 소크라테스는 "편협한 지식은 영리한 사기꾼의 예리한 눈에서 빛난다."와 같이 지혜와는 거리가 있는 모습을 묘사하면서 개인의 한계를 깨닫는 것의 중요성을 거듭 강조했다(Osbeck & Robinson, 2005, p. 65). 그의 제자인 플라톤은 지혜의 배양은 '온 진심을 다해' 우리의 영혼과 욕망을 제어하기 위해 '이성'을 발달시키는 '일상의 훈련'이라는 사실을 강조했다. 아리스토텔레스는 '중용'이라는 표현을 즐겨 언급하면서 우리가 가진 다양한 측면을 표현하는 정도에서 균형을 찾으라고 했다(Center for Ethical Deliberation, 2011). 이러한 모든 고대의 주제가 지혜에 대한 현대적 정의를 내리는 방식에 나름의 역할을 하고 있다.

이후 히브리인과 기독교 문헌에서 지혜는 하나님으로부터 내려오는 계시가 되었다(Birren & Svensson, 2005). 구약성경에 나오는 욥의 고난에서 볼 수 있듯이, 지혜는 믿음을 끝까지 지키는 것으로, 세상에서 자신의 위치를 알고, 우리가 이해할 수 있는 영역 너머의 것을 받아들이며, 하나님에 대한 믿음을 지키는 것이다(Rad, 1972). 그 이후에 성 아우구스티누스Augustine(354~430 CE)의 가르침에 의해 지혜는 원죄 없는 도덕적 완전함이 되었다(Birren & Svensson, 2005). 당연히 이와 같은 신학적 개념들은 지혜를 연구하는 현대 심리학자들에 의해서 널리 적용되지는 않았다.

서양의 위대한 사상가들은 지혜를 설명할 때, 일반적으로 이성의 중요성(Frances Bacon, 1561~1626 CE; Descartes, 1596~1650; Plato)과 하나님을 아는 것(Locke,

1632~1704), 그리고 실천(Kant, 1724~1804; Montaigne, 1533~1592)의 결합을 강조해 왔다(Birren & Svensson, 2005). 이는 일반적으로 지식의 습득과 그것을 세상 속에 서 효율적으로 사용하기 위한 기술을 발전시키는 인지적 능력을 포함한다.

　　동양에서 지혜에 관한 전통은 이와 다른 느낌이다. 동양에서는 우리의 인지 와 직관, 정서, 대인관계에 관한 경험에 긍정적인 영향을 줄 수 있는 지혜가 가 진 변화의 힘을 강조한다(Takahashi & Overton, 2005). 동양에서 가장 처음 쓰여진 지혜의 가르침에 관한 기록은 우파니샤드Upanishads로, 기원전 800~500년 전에 쓰여졌다(Durant, 1935). 성자와 현자에 관해 수집된 이야기들에서 지혜는 사실에 입각한 지식을 묘사할 뿐 아니라, 우리와 친숙한 감각적 세계 너머의 초월적 영 적 경험을 포함한다. 기원전 600년 즈음에 다양한 가르침을 담은 도교가 부상 했다. 이 전통에 의하면 직관, 연민심, 그리고 무엇보다도 자연의 법칙과 조화롭 고 균형 잡힌 삶을 사는 것이 지혜의 핵심이다. 논리적 사고, 이성, 그리고 관습 은 편협한 사리사욕에 영향을 받기 쉽고, 전체 자연으로부터 소외감을 느끼게 하기 때문에 의심스러운 것이다(Birren & Svensson, 2005). 곧이어 중국에서는 공자 (551~479 BCE)가 도덕적 삶을 살아가는 것과 사회의 질서를 유지하는 것이 지혜 의 특징이라고 가르쳤다(Baltes, 2004; Birren & Svensson, 2005).

　　이와 같이 지혜는 동양 문화를 형성하는 데 영향을 미쳤고, 현재 마음챙김에 기반을 둔 치료를 일차적으로 적용하는 서양의 심리치료 이론과 실습은 붓다의 가르침으로부터 가장 직접적인 영향을 받았다. 우리가 곧 보게 되겠지만, 지혜에 관한 붓다의 가르침은 자연 세계의 패턴과 고통을 창조하는 우리의 습관적인 정 신적 작용에 관한 통찰이다. 도교 전통에 의하면 이성과 축적된 지식은 직관적인 통찰보다 덜 중요하며, 통찰은 우리의 경험과 행동을 근본적으로 전환시킨다.

서양 심리학에서의 지혜

　서양 사상에 미치는 지혜의 중요성에 비하면, 심리학과 심리치료 두 분야의 기초 이론가들은 놀라울 정도로 지혜에 관해서 거의 언급하지 않고 있다. 특히 고대 사람들은 자신의 삶이 힘겨워질 때 조언을 구하기 위해서 일상적으로 만났던 당시의 '지혜로운' 사람들이 고대의 정신건강 전문가였음을 고려하면, 이러한 사실은 더욱더 놀라운 일이다.

　『일반 심리학 안내서』(Wolman, 1973), 또는 『심리학의 지적 역사』(Robinson, 1995)와 같은 서양 지식에 관한 전통적인 개론서에도 그 주제(지혜)에 대한 언급이 없었다. 철학적 방향을 지향했음에도 불구하고, 윌리엄 제임스는 자신의 저서인 『심리학의 원리』(1890, 2007)나 『종교적 경험의 다양성』(1902, 2010)에서 수많은 종교적 문구를 인용했지만, 지혜에 대해서는 다루지 않았다. 지혜로운 스승으로 많은 사람에 의해서 인정받고 있는 프로이트조차 그의 방대한 저서 속에 지혜에 대한 언급은 거의 없다.[2] 지혜로움을 인정받고 있는 융 역시 초월적인 경험에 대해 기술하고, '지혜로운 나이 든 남자'와 '지혜로운 나이 든 여자'의 꿈과 신비적 이미지에 대해서는 논의하고 있지만, 지혜에 대한 설명이나 그것을 어떻게 개발하여야 하는가에 대해서는 전혀 기술하지 않고 있다.

　기초 이론가들 사이에서 처음으로 지혜에 대해서 상세하게 서술한 사람은 에릭 에릭슨Erik Erikson(1950)이다. 그는 인간발달의 마지막 단계인 여덟 번째 단계인 '자아 통합감과 절망감'의 과제를 성공적으로 이루었을 때, 가능한 결과를 지혜라고 설명하고 있다. 그는 이후 저서에서 '삶 그 자체에 대해 잘 알고 있으면서 떨어진 거리에서 객관적인 입장을 유지하는 염려'와 '관여하지 않는 진정한 관

---

2 프로이트 저서들에 대해 인터넷 키워드 검색으로 나온 결과에 기초하고 있다.

여'라고 지혜를 좀 더 자세하게 기술하고 있다(Erikson & Erikson, 1982, 1998, p. 61).
지혜는 발달적인 도전을 성공적으로 안내하는 작업과 관계된 것이라는 에릭슨
의 생각과 관련해 하버드 대학에서 성인 발달에 대한 연구를 하고 있던 조지 바
일런트George Vaillant는 말이 아니라 행동을 반조해 보는 '성숙한 방어들'은 지혜
를 측정하는 최선의 방법이라고 했다(2003, p. 255). 유머, 승화, 그리고 이타적 행
동과 같은 성숙한 방어는 자신과 다른 이들에게 행복감을 주기 쉬운 반면, 불만
의 표출, 병에 대한 염려증, 그리고 수동적이고 공격적인 행동과 같은 미성숙한
방어는 슬픔의 원인이 되기 쉽다.

저명한 심리학자인 에이브러헴 매슬로Abraham H. Maslow는 지혜에 관해 그다
지 세부적으로 논의한 적은 없지만 아마도 지혜에 대한 우리의 이해에 가장 크
게 공헌한 사람일 것이다. 그는 욕구위계설을 발전시키기 위해서 연구했던 '자아
실현'을 이룬 사람들은 진실을 부정하기보다는 실제와 사실을 포용하고, 그들 자
신의 문제를 객관적인 관점에서 자발적으로 바라보며, 단점을 가진 자기 자신의
인간적 본질을 수용할 수 있고, 타인을 수용하고, 편견이 없다(Maslow & Lowry,
1973)고 했다. 우리가 볼 수 있듯이 이것들은 모두 지혜의 중요한 부분으로 널리
인식되고 있다.

서양 심리학에서 역사적으로 오랫동안 지혜에 관한 연구를 방치했음에도 불
구하고, 최근 전 생애 발달에 대한 관심이 증가하고 있고, 그 후속으로 긍정 심
리학(행복에 대한 연구)에서 작게나마 헌신적인 이론가들과 연구자들이 지혜에
대한 연구를 드러나게 고무시키고 있다(Hall, 2007; Sternberg, 1990a; Sternberg &
Jordan, 2005).

실증적 연구

이 영역에 대한 실증적인 연구는 1976년 비비언 클레이튼Vivian Clayton의 박사

학위 논문에서 시작되었는데, 그녀는 지혜가 무엇인지, 과연 연령에 의해 영향을 받는지에 대해 조사하였다(Hall, 2007). 그녀는 지혜를 정의하기 위한 노력으로 고대 서양의 문헌들을 조사하면서 지혜는 일반적으로 지식을 습득하고, 그것을 사회상황에 적용하며 그것을 반추하고 연민심에 의해 영향을 받는 결정을 하기 위해서 판단을 사용하는 것과 관련이 있다는 결론에 이르게 되었다. 그리고 그녀는 기존의 심리검사를 사용해서 지혜를 측정하려고 시도했다. 마지막으로 결론짓기를 다른 많은 인지능력과는 달리, 지혜는 시간에 따라 쇠퇴하지 않고 실제로 나이를 먹을수록 증가할 수도 있다고 했다(Hall, 2007).

1980년대 초반에 전 생애 발달심리치료의 선구자인 폴 발테스Paul B. Baltes는 베를린 지혜 프로젝트를 설립하였는데, 이것은 실험실에서 지혜에 관한 연구로서는 가장 큰 프로그램이다. 그와 그의 동료들은 지혜를 '삶의 의미, 실천과 관련된 근본적인 문제를 다루는 데 필요한 뛰어난 가치이자 전문적인 기술'이라고 정의했다(Kunzmann & Baltes, 2005, p. 117). 그들은 여러 가지 답변이 가능한 가상적 상황으로 피험자들을 초대해서 그들이 어떻게 반응할지에 대한 '생각을 말로 표현'해 보게 함으로써 지혜를 연구했다. 그들은 다른 사람들에 비해서 매우 사실적이고, 절차적인 지식, 관점, 인내, 불확실성의 수용과 같은 지혜의 측면에 반응하는 사람들은 덜 '자기중심적'이며, 즐겁고 안락한 삶을 추구하는 것에 대한 관심이 적다는 것을 알았다. 대신에 '지혜로운' 사람들은 개인의 성장과 성찰, '환경보호, 사회 참여, 친구들의 행복'과 같은 타자중심적 가치에 초점을 두었다(Kunzmann & Baltes, 2005, p. 126). 지혜로운 사람들은 자신이 관심(지배) 있어 하는 분야나 타자의 관심(굴복) 중 어느 한쪽으로 치우친 관심이 아니라, 갈등을 다루는 협력적인 접근을 더 좋아한다(Kunzmann & Baltes, 2005, p. 126). 베를린 그룹은 자신과 타자를 이해하려고 노력하는 훈련과 연습은 지혜에 도움이 되지만(Kunzmann & Baltes, 2005), 그렇다고 지혜가 반드시 나이에 따라서 증가하지는 않는다는 사실을 발견했다(많은 연구자들에 의해 반복적으로 발견) (예, Baltes & Staudinger,

2000; Jordan, 2005; Staudinger, 1999). 또한 그들은 흥미롭게도 지혜가 진실로 개인 안에 위치할 수 없는, 공동체에 의해서 공유되는 사회적 상호작용의 산물이라는 사실을 알게 되었다.

베를린 프로젝트가 지혜에 대한 실증적인 연구결과를 제공해 왔지만, 그에 대한 비평도 있다. 가장 자주 회자되는 우려는 이 연구가 그들이 어떻게 행동하는지보다 어떻게 생각하는가를 측정하고 있고, 정서를 무시한다는 것이다. 1997년 초에 사회학자인 모니카 아델트Monika Ardelt는 인지cognitive, 반영reflective, 정서emotional 영역을 측정하는 '3차원'의 지혜 측정도구 개발을 위해서 노인들을 모집했다. 그녀의 틀에서 정서적인 영역은 타자를 향한 연민심을 느끼고 고난을 건설적으로 다룰 수 있는 능력과 관련되어 있다. 아델트는 정말로 지혜로운 사람이라면 반드시 갖추어야 할 구성요소이기 때문에 연민심을 구성요소에 포함시킨다고 주장한다. 그녀는 철학자 존 케이크John Kakes가 말한 "바보도 지혜로운 사람이 말하는 모든 것을 말하고, 동일한 상황에서 말하는 것을 배울 수 있다." 는 사실을 인용하면서(Ardelt, 2004, p. 262), 그것은 진짜 지혜가 아니라고 했다. 아델트는 예수, 붓다, 마호메트, 간디, 천주교의 성인들, 그리고 선사들 모두가 다른 이들이 간과하는 깊은 진리를 인식하고 있고, 주관적이고 투사적인 것들을 초월해서 사건을 객관적이고 다양한 관점에서 바라보며, 다른 이에게 연민심을 가지고 있다는 사실을 지적했다(Ardelt, 2004, p. 279).

실증적인 지혜연구에 기여를 한 또 다른 저명한 사람은 로버트 스턴버그Robert Stenberg다(11장 참조). 그의 모델에서 지혜로운 사람은 '기존의 환경에 적응하느냐, 기존의 환경을 바꾸느냐, 새로운 환경을 선택하느냐의 사이에서 균형을 이루기 위해서 내적, 대인관계적, 특별관계 사이의 균형을 통해서' 장단기적으로 공동의 선을 향해서 일을 한다(Sternberg & Lubart, 2011, p. 507; 11장 참조). 멍청함은 우리가 균형을 잃었을 때, 즉 우리가 오직 약간의 능력에만 의존하고, 오직 몇 가지의 관심사만을 고려하고, 장단기적인 결과에만 초점을 맞추었을 때 분출되는 것이다(Sternberg, 2005a 11장 참조).

합의점 찾기

그렇다면 심리치료사들이 유용한 지혜를 이해하기 위해서 이 많은 관점 중 우리는 어떤 것을 간추려 낼 수 있을까? 몇몇의 작가는 역사적인 설명과 현대 모델 가운데 공통된 주제를 확인하기 위해 노력해 왔다. 신경생리학자인 토머스 믹스와 딜립 제스트(Thomas Meeks & Dilip Jeste, 2009, 14장 참조)는 지혜가 가지고 있는 여섯 가지 주요한 요소를 확인했다. 이는 친사회적인 태도/행동, 사회적으로 내린 결정/실용적인 삶의 지식, 정서의 항상성, 반조/자기이해, 상대주의적 가치/관용, 그리고 불확실성과 애매함을 수용하고 효과적으로 다루는 것이다. 주디스 글뤽(Judith Glück, 2008; 베를린 프로젝트)과 수잔 블럭Susan Bluck은 또한 기존의 정의를 조사해서 지혜가 가지고 있는 네 가지 구성요소를 확인하고 머리 글자만 따서 MORE로 요약했다. 그것은 숙달mastery, 경험의 개방성openness to experience, 반성적 태도reflective attitude, 그리고 정서조절 기술emotion regulation skills이다. 우리는 여전히 합의점을 찾지 못했지만, 2010년에 이 주제를 연구하는 철학가와 심리치료사들 모임에서도 단순화된 MORE 체계는 다양한 관점을 아우르는 방법으로 몇몇 사람들에게 지지를 받았다(Tiberius, 2010).

신경생물학

지혜를 정의하는 것조차 힘이 든다는 사실을 감안하면, 지혜에 대한 우리의 신경생물학적 이해가 현재로서는 제한적이라는 사실은 그리 놀라울 것이 없다. 믹스와 제스트(Meeks & Jeste, 2009)는 지혜의 다양한 요소들이 활동할 때, 뇌의 각기 다른 영역에서 무엇이 발생하는지 기술하려고 노력해 왔다. 그러나 그들은 지혜를 정의하는 데 합의점을 찾지 못했고, 뇌영상 연구가 지혜에 대한 신경생물학적 측면에 특별히 초점이 맞춰진 것이 아니기 때문에 그 지도는 추측에 근거할 수밖에 없다는 사실에 주의를 기울였다. 그러한 제한점과 다른 한계에도 불구하고, 우리는 각각의 하부요소와 연합된 뇌 활동의 종류를 탐색함으로써 지혜의 역동에 대한 보다 명료한 아이디어를 얻을 수 있다(14장 참조).

임상 탐구들

지혜의 심리적 구조는 임상장면에서 엄청나게 무시되어 왔다. 많은 책과 논문들은 '임상적 지혜' '몸의 지혜' 그리고 '무의식의 지혜'를 논의하고 있지만, 정말로 지혜가 무엇인지, 그것이 심리치료에 어떻게 도움이 되는지에 대한 노력은 상대적으로 거의 없다.[3]

심리치료 맥락에서 본 지혜에 대한 가장 깊이 있는 임상연구는 자아초월 심리학의 영역에서 발견된다. 1960년대에 환각을 일으키는 약물에 대한 연구에서 처음 발전했고, 이후에 아시아의 명상과 요가 수행에서 반문화적 관심을 일으킨 자아초월 심리학은 "인간의 가장 높은 잠재력에 대한 연구와 의식의 직관적이고, 영적이고, 초월적인 상태에 대한 인식, 이해, 깨달음에 관심을 둔다."(Lajoie & Shapiro, 1992, p. 91) 자아초월 심리학의 목표는 "시대를 초월한 지혜와 현대 서양 심리학을 통합하고, 영적 원리를 과학 원리에 기반을 둔 현대의 언어로 전환하는 데 있다."(Caplan, 2009, p. 231) 매슬로의 '자아실현'을 한 개인들에 대한 연구에 더해서, 스타니슬라브 그로프(Stanislav Grof, 1975, 1998)의 LSD의 의식 확장 효과에 대한 연구는 이 분야를 개척하는 데 도움을 주었다. 이 영역이 반문화적인

---

3 2011년 2월 PsycINFO에서 키워드 '지혜'를 사용한 조사에 근거를 둔다.

환경에서 성장했고, 밀교의 영적 전통으로부터 자유롭게 차용하고, 특히 신비주
의적 경험에 관심을 두었기 때문에 주류에 있는 임상가들에게는 큰 주목을 받지
못했다.

우리가 결정할 수 있는 범위 내에서 임상장면에 학문적인 지혜 연구의 결과를
적용하려는 체계적인 시도는 오직 하나뿐이다. 베를린에서 활동하는 정신과 의
사인 마이클 린덴Michael Linden은 그가 명명한 '지혜치료'라 불리는 치료를 발전시
켜 왔다. 지혜치료는 내담자들의 지혜를 배양하기 위해서 베를린 지혜 프로젝트
의 연구원안의 수정안을 사용했다. 내담자들의 유연한 시각, 공감, 정서수용, 상
대적 가치, 불확실성의 수용과 장기적인 관점 등 지혜가 가지고 있는 여러 요소
를 개발할 목적으로 힘든 삶의 상황을 다양한 관점에서 고려하도록 내담자들에
게 질문한다(Linden, 2008).

우리가 이 책을 계획하기 시작했을 때는 지혜를 단순하게 어떻게 살아야 하는
지에 대한 깊은 이해 정도로 생각했다. 그러한 정의가 여전히 지혜의 본질을 점
유하고 있기는 하지만, 우리는 지혜가 다른 환경에서는 다르게 나타나는 고차원
적인 다양한 인간 능력이라는 사실을 알았다. 지혜는 많은 기능 간의 균형과 통
합에 관여하고, 다양한 문화적 · 역사적 맥락에서 다양한 형태를 취해 왔다.

심리치료사를 위한 지혜

우리는 경험 있는 임상의를 대상으로 '지혜로운' 치료사의 구성요소가 무엇인지 묻는 비공
식 조사를 실시했다(10장 참조). 그들의 대답에 근거해서 앞에서 논의했던 역사적, 현대적
모델들과 결합시켰다. 우리는 치료사로서 좀 더 지혜롭게 작업하고, 환자들의 입장에서 지
혜를 배양하는 데 고려해 볼 만한 유용한 다음과 같은 지혜의 속성을 확인했다.

• 당면한 문제와 관련이 있는 사실적 지식

• 추론능력과 문제해결능력

- 전문적인 판단 능력과 상식

- 다양한 관점과 대립적인 가치를 동시에 유지하는 능력

- 지식의 한계에 대한 자각

- 모호함과 불확실함 가운데 편안한 결정을 할 수 있음.

- 모든 생각은 구성된다는 사실에 대한 자각

- 모든 현상은 상호의존적이고, 계속해서 변화하는 성질을 가지고 있으며, 마음이 어떻게 대상이 독립적이고, 안정적인 관습적 '실제'를 구성하는지에 대한 직관적 파악

- 관습적 실제와 함께 절대적(초월적, 자아초월적, 연기적)인 실제를 이해하는 능력

- 우리 자신의 문화적, 가족적, 그리고 개인적 조건과 심리적 역동을 관찰하고, 반조하고, 이해하는 능력

- 개인의 성장에 대한 관심과 경험을 통한 학습

- 경험에 대한 개방성

- 가깝고 넓은 세상에서 장·단기적으로 영향을 미치는 행위에 대한 염려

- 정서와 충동에 따라 행위하지 않고, 인내하고 반조하는 능력

- 신체적·정신적·영적 발전 단계를 통해서 변화하는 인간 본질에 대한 이해

- 인간고통의 원인과 완화에 대한 이해

- 사회적·정서적 지능―타자를 이해하고 그들과 소통하는 능력

- 자아와 타자에 대한 연민심

대량 주문처럼 보이는 긴 목록이 되어 버렸다. 그러나 이러한 역량은 서로 연결되어 있어서 어느 하나를 발달시키면 나머지 다른 특질은 강화되는 경향이 있다.

지혜의 육성

비록 많은 연구들이 지혜는 쉽게 발달되지 않으며, 나이를 먹는다고 반드시 증가하는 것이 아니라는 결론을 얻었지만, 드물게는 나이에 따라 발달하기도 한다(Baltes & Staudinger, 2000; Jordan, 2005; Staudinger, 1999; Vaillant, 2003). 그렇다면 우리는 지혜를 의도적으로 기를 수 있을까? 베를린 학교의 연구에서 임상 심리치료사들이 적어도 복잡한 인간 문제에 대한 해결책을 기술할 때, 일반 사람들보다 더 많은 지혜를 보여 준다는 사실을 암시한다(Smith, Staudinger & Baltes, 1994; Staudinger, Smith & Baltes, 1992). 그러한 발견은 비록 치료사들이 스스로를 연구대상으로 했기 때문에 완전히 일반화하는 것은 무리라고 하더라도, 지혜를 훈련하는 것이 가능하다는 사실을 의미한다. 다른 사람을 이해하고, 전 생애의 과정을 통해 지혜의 측면을 발전시키려는 의도를 갖는 것은 지혜의 발달을 돕는 하나의 요인이다(Jordan, 2005). 지혜에 대한 전통적인 개념들은 이와 같은 견해와 맥락을 같이한다. 플라톤은 지혜의 발달은 '일상의 훈련'을 필요로 한다고 했고, 초기 불교에서도 지혜는 지속적인 '올바른 노력'을 요구하는 팔정도를 실천함으로써 개발된다고 했다.

마음챙김의 역할

대부분의 지혜전통들은 의도적인 명상이나 사색 훈련이 우리가 지혜로워지는 데 도움이 된다고 한다. 불교에서 마음챙김 자각 훈련은 지혜를 배양하는 도구로 명료하게 발달되어 있다. '우리가 보고 싶은 대로 대상을 보려 하지 않고, 있는 그대로의 대상을 보는 것'(Surya Das, 2011, p. 1)이다. 어떻게 그러한 방법이 지혜를 배양할까? 지금부터 마음챙김 수행을 구성하고 있는 몇 가지 요소들을 살펴보고, 이들 각각이 어떻게 지혜의 다양한 구성요소를 발달시키는지 살펴보도록 하겠다.

● 생각의 흐름에서 벗어나기

우리의 주의가 생각에 휘말려서 매몰되지 않도록 순간순간의 감각적 경험에 주의를 되돌림으로써(예, 호흡에 대한 감각들) 우리는 우리의 생각의 흐름에 대한 시각을 얻기 시작할 것이다. 이 수행을 통해서 우리의 생각이 어떻게 가족과 문화에 의해 조건화되고, 기분과 환경에 따라 변하게 되는지를 알게 될 것이다(R. D. Siegel, 2010). 우리는 또한 우리의 지적 방어의 작용—불안정한 생각에 반응하여 저항이 일어나고, 위안을 주는 아이디어나 해석을 유지하려는 충동—을 보게 될 것이다. 그러한 정신과정들이 작용하는 것을 바라보는 것은 다양한 정의를 통해서 발견된 지혜의 중요한 특징—다양한 관점을 받아들이는 능력—을 발전시키는 데 도움을 준다. 불교에서는 그러한 '관점을 취하는 것'이 오히려 더 멀리 나아가서 마음이 끊임없이 변화하는 경험의 흐름 속에서 어떻게 외적으로 안정적인 실제를 구성하는지에 대한 직접적인 통찰을 얻게 한다(9장 참조).

● 불편함과 함께하기

마음챙김 수행은 우리의 주의를 불편한 정서와 신체적 감각으로 돌리고, 열려 있게 함으로써 우리가 신체적 · 정서적 불편을 인내하고 수용하도록 돕는다(Germer et al., 2005; R. D. Siegel, 2010). 지혜에 관한 많은 정의들은 당장의 개인적 편안함에 대한 욕구를 자제하고, 한발 물러서서 더욱 큰 선에 대한 관심으로 행동하게 하는 능력을 의미한다. 이것은 개인적인 안락을 추구하고 고통을 기피하는 본능적인 습관을 초월할 수 있을 때만이 가능하다. 우리의 많은 근육들은 무거운 것을 들어 올리는 훈련을 통해서 강해질 수 있듯이, 우리는 마음챙김 수행을 통해서 고통을 더 잘 견딜 수 있게 될 것이다. 다른 모든 것과 마찬가지로, 그와 같은 인내는 우리의 고통이 스스로 변화하는 것을 지켜보고, 그 불편함을 '나'와 동일시하지 않음으로써 배양될 수 있다(이에 대한 더 많은 내용은 뒤에 다시 언급될 것이다).

● 자동적인 반응에서 해방하기

알아차림이 없을 때 하는 많은 우리의 반응은 충동적이다. 그것은 본능적이거나 보상과 처벌, 모델링이나 고전적 조건화를 통해서 조건화된 것이다. 마음챙김 수행은 우리들로 하여금 자극과 반응의 과정을 미세한 수준에서 관찰하도록 가르친다. 그렇게 함으로써 우리는 자극에 반응해서 행동하고, 과잉행동으로 반응하려는 충동을 유발하는 감각, 생각, 또는 느낌이 발생하는 것을 경험할 수가 있다. 자동적으로 재현되는 일련의 사건을 겪는 대신에, 우리는 수행을 통해서 멈추고, 호흡하고, 그러한 행위들이 실제로 우리가 원하는 결과로 이끌어 줄지 아닐지를 판단하는 능력을 개발할 수 있다. 이와 같은 방식으로 마음챙김 수행은 우리로 하여금 지혜에 대한 대부분의 정의에서 가장 두드러진 특징인 감정이나 충동에 의해 자동적으로 행동하는 것을 자제하는 정서조절 역량을 개발하도록 도울 수 있다.

● 자아 초월적 통찰

고대 불교의 마음수행 전통에서 마음챙김의 주요한 목적은 무아(9장과 13장 참조)에 대한 직접적인 통찰을 얻도록 하는 것이다. 이는 분리되고, 영속적인 자아나 정체성이 결여되어 있다는 통찰을 의미한다. 그러한 통찰은 후기 불교 전통에서 언급하는 공shunyata 또는 emptiness에 대한 통찰과 밀접하게 관련되어 있다.

지각되는 모든 현상은 나머지 모든 현상과 상호의존적으로 발생한다. 그럼에도 불구하고, 외형적으로는 독립적으로 보이는 성질은 우리의 개념적인 마음이 만들어 낸 것이라는 사실을 관찰하는 것이다. 마음챙김 수행은 우리들로 하여금 모든 경험이 지속적인 변화상태임에도 불구하고, 우리는 그것을 고정된 '실제'인 것처럼 습관적으로 받아들인다. 마음챙김 수행은 우리의 마음이 변화하는 경험의 연속체를 고정된 실제로 구성하기 위해서 수많은 말을 만들어 낸다는 사실을 보여 줌으로써, 이들의 상호의존성을 볼 수 있도록 돕는다. 신경과학자인 울프 싱어(Wolf Singer, 2005)는 그것을 '지휘자 없는 오케스트라'라고 표현한다. 이런 자각은 불교적 의미에서 지혜를 개발하도록—사물을 있는 그대로 보는 방식대로 통찰—도울 뿐만 아니라, 지혜의 또 다른 초석인 연민심으로 이끌면서 '나'와 '나의 것', '너'와 '너의 것' 사이에 놓인 장벽을 허물도록 돕는다.

● 마음의 장난을 순간순간 관찰하기

마음챙김 수행은 우리가 생각하는 우리 자신에 대해서 근본적으로 재평가할 수 있도록 안내함으로써 정신역동에서 소위 '방어defenses'라고 부르는 것을 밝혀 준다. 매 순간 마음이 하는 작용을 알아차림으로써 우리는 얼마나 자주 우리의 내면을 타인에게 투사하고 덧씌워서 그들을 있는 그대로 분명하게 보지 못하는가를 알게 된다. 우리는 우리의 마음이 고정관념에 사로잡혀 있고, 판단하고, 질투하고, 경쟁하고, 이상화하고, 폄하하고, 그 외에도 인간으로서 할 수 있는 그다지 고결하지 않은 많은 것을 행한다는 것을 알아차린다. 이와 같은 정신적 분주함을 보는 것은 자기성찰적인 태도를 개발할 수 있는 확률과 지혜의 또 다른 주요요소인 자기이해를 증가시킴으로써 대상을 향한 우리의 반응을 비추어 볼 수 있도록 한다.

● 마음이 어떻게 고통을 창조하는지 바라보기

마음챙김 수행은 또한 수행자들로 하여금 마음이 어떻게 스스로 고통을 창조하고, 그러한 고통이 완화될 수 있는지를 볼 수 있도록 도와주기 위해서 개발된 것이다(R. D. Siegel, 2010). 곰 세 마리가 있는 굴에 들어간 여자아이에 관한 영국의 옛날이야기에 나오는 것처럼(『Goldilocks and the Three Bears』), 우리는 마음에 '딱 맞는 것'을 얻고, 그것이 변화하는 것을 막기 위해 분투하면서 끝없이 비교하고 판단한다. 불쾌한 순간을 피하고 즐거운 순간에만 매달리려는 우리의 시도는 필연적으로 실패하게 되고, 끊임없는 고통을 야기한다. 한순간 우리는 승리하지만, 바로 다음 순간에는 실패한다. 마음챙김 수행 중에 자발적으로 일어나는 이러한 과정을 깊이 통찰하면, 그것은 인간 본성에 관한 깊은 이해(특히 심리치료 실습과 관련된 지혜의 차원)를 가져다 준다.

● 대립되는 것을 포용하기

우리가 생각의 흐름에서 벗어나 순간순간의 마음작용을 관찰하면, '나는 똑똑해.' '나는 멍청해.' '나는 친절해.' '나는 치사해.'와 같은 우리가 붙잡고 있는 견해가 한낱 정신적 구성물이라는 사실을 알게 된다. 그러한 이해는 우리로 하여금 타자의 견해를 인내하고, 갈등을 협력적으로 해결할 수 있는 방법을 찾게 해 준다. 이는 모두 빈번하게 언급되는 지혜의 차원이다.

마음챙김은 또한 서로 다른 수준의 실제를 동시에 포용할 수 있도록 도와줄 수 있다. 우리는 불교 심리학이 절대적 실제라고 설명하고 있는 것에 대해 자각할 수 있다. 이는 공과 무아anatta(모든 현상의 상호의존성, 분리되고 영속적인 '자아'의 결여), 무상anicca 또는 impermanence(모든 현상은 끊임없이 변화하고 있다는 사실), 그리고 고통dukka 또는 suffering(즐거운 경험은 집착하고, 불쾌한 경험은 회피함으로써 마음이 어떻게 고

통을 만들어 내는지)이다. 동시에 우리는 관습적이고 상대적인 실제—우리는 자연
스럽게 우리 자신과 우리가 사랑하는 것들을 보호하길 원한다는 사실—에 대해
깨달을 수가 있다. 우리는 건강하고, 안전하고, 보호받고, 사랑받길 원하고, 우리
는 미지의 것을 두려워하고, 우리는 본능적으로 성적이고, 공격적인 충동을 가
지고 있을 뿐만 아니라 우리를 사람답게 만드는 여타의 모든 경향성을 가지고
있다. 이 책을 통해서 보게 되겠지만, 우리의 환자는 때로는 치료사인 우리가 그
들의 일반적인 정서적 경험을 그냥 이해해 주길 바라고, 다른 한편으로는 우리
가 더 큰 차원에서 그들의 마음이 절대적인 실제를 지각하지 못함으로 인해서
고통이 발생한다는 사실을 이해하는 것이 필요하기 때문에 치료사가 지혜롭게
행동하기 위해서는 특별히 이 두 수준을 모두 포용하는 것이 중요하다.

● 연민심을 키우는 것

　지혜에 대한 여러 정의들은 타자를 향한 연민심을 포함하고 있다(Ardelt, 2004;
Clayton, 1982; Meeks & Jeste, 2009). 거꾸로 우리가 도우려고 하는 대상을 해치지
않기 위한 효과적인 연민적 행동에는 지혜가 반드시 포함되어야만 한다. 앞서
논의했듯이, 마음챙김 수행은 부분적으로는 우리가 어떻게 서로 연결되어 있는
가를 보여 줌으로써 연민심을 배양하는 데 큰 도움을 준다. 우리가 고통의 한가
운데에서 평화롭게 머무를 수 있는 능력을 가지고 있을 때, 우리는 다른 모든 이
들도 또한 고통받는다는 사실을 볼 수 있다. 마치 왼손이 다쳤을 때 오른손이 도
와주는 것과 같이, 우리는 자발적으로 다른 사람을 도와야겠다는 마음이 일어난
다. 상호의존성을 경험하는 것과 연민심을 느끼는 것은 근본적으로 분리될 수
있는 것이 아니다. 10세기 인도의 성자인 아티샤Atisha가 언급했듯이, "가르침의
궁극적 목표는 공이고, 그 공의 본질은 연민심이다."(Harderwijk, 2011)

지혜로 가는 다른 방법

지혜의 한 측면은 마음챙김 수행으로부터 자연스럽게 일어나지 않는다. 구체적인 세속적 문제들을 해결하기 위해서는 필요한 지식과 경험을 습득해야만 한다. 명상방석에 앉아 있는 것만으로 자동차를 고치거나 외국어를 말하고, 외과수술을 지혜롭게 하는 것을 배울 수 없다. 이러한 부분의 지혜는 독학, 학교교육, 견습과 같은 세속적 방법을 통해서 배울 수 있다.

지혜를 배양하기 위해서 고안된 많은 수행법은 신성한 대상에 대한 믿음을 요구하는 신학적 틀과 연합되어 있다. 이와는 대조적으로, 불교 전통에서 마음챙김 수행은 팔리어인 ehipasiko—스스로 와서 보라는 의미—로 표현되는 태도로 정제되어 왔다. 이는 종교적 교리를 초월해서 관찰된 경험을 가치 있게 여기는 현대 심리학적 태도와 아주 잘 일치한다. 그렇다고 동서양의 종교전통들로부터 나온 것을 포함해서 지혜를 배양하는 여타의 다른 방법이 심리치료에 중요하지 않다는 의미는 아니다(22장 참조). 다양한 명상수행법과 치료유형이 우리가 논의해 왔던 태도와 능력을 개발하는 데 도움이 된다는 사실을 떠올리는 것은 어려운 일이 아니다.

지혜는 또한 전염성이 있다. 바로 이런 이유에서 사람들은 역사를 통해서 위대한 스승이나 성인과의 만남을 추구해 왔다. 그리고 많은 지혜로운 인물은 자신의 발달에 중요한 영향을 끼친 자기 스승의 가르침에 대해서 언급한다. 사실 왜 지혜로운 치료사를 만나는 것이 중요한지 한 가지 이유를 꼽는다면 지혜가 치료과정에 전이되기 때문이다. 내담자가 중요하게 여기는 가치는 시간이 지날수록 그들의 치료사가 중요하게 여기는 가치와 점차 닮아 가는 경향이 있다는 사실을 보여 주는 연구결과를 고려하면 특히 지혜의 전염성에 공감하게 된다.

지혜는 어느 정도까지는 책을 통해서도 얻을 수가 있다. 그러나 지혜의 대부분의 영역들은 —마음이 어떻게 실재를 구성하는지를 보는 것, 개인적인 불편함을 수용하는 것을 배우는 법, 정서조절을 발달시키는 법, 보살핌과 연민심을 체험하는 것, 사물의 상호의존성을 보는 것, 자기이해를 개발하고 인간 본성에 대해 깊게 이해하는 것— 모두 개인적이고 자기 성찰적인 훈련을 요구한다.

새의 양 날개

티베트 불교에서 지혜와 연민심은 '새의 양 날개'에 비유된다(Dalai Lama, 2003, p. 56 4장 참조). 한쪽 날개가 없거나 한쪽 날개가 다른 쪽보다 심각하게 약하면, 새는 날 수가 없다. 심리치료에서 우리가 환자에게 연민심을 느끼지만 지혜가 없다면 우리는 연민심을 잃어버리기 쉽고, 정서에 압도되어 고통으로 길을 잃어 치료가 절망적이라는 결론에 이르게 될 것이다. 반대로 우리가 환자가 갖고 있는 문제에 대해서 다각도로 명백한 특성에 대해 지혜롭게 이해할 수 있더라도, 환자의 절망에 접촉할 수 없다면 소위 우리의 지혜로운 치료적 제안이 환자의 귀에는 들어가지 않을 것이다. 우리의 환자들은 양쪽 모두 필요로 한다. 그들은 '감정을 느끼는 것'도 필요하고, 고통을 통해 현실적인 길을 찾는 것도 필요하다.

절대적 수준에서 지혜와 연민심은 서로 분리될 수 없다. 토머스 머튼Thomas Merton은 죽기 바로 전에 "연민심에 대한 모든 생각은 …… 모든 살아 있는 것들의 상호의존성에 대한 예리한 자각에 근거를 두고 있다. 이는 모든 부분은 서로이고, 모두는 서로와 관련되어 있다."라고 말했다(2008, p. 30). 불자인 한 친구는 이것을 다시 한 번 강조했다. "지혜는 궁극적인 진리를 관통하고, 머무르는 것에 관심이 있는 반면, 연민심은 그것이 드러날 때, 삶의 성공과 실패, 투쟁과 관련된 깊은 이해로부터 나오는 가슴의 움직임이다."(Chodon, 개인적 대화에서)

우리는 심리치료에 있어서 지혜와 연민심에 대한 이러한 소개가 독자 여러분의 관심에 불을 붙이고, 계속해서 이 책이 읽고 싶어지도록 만들었으면 한다. 우리보다 앞서서 지혜와 연민심을 발달시켜 온 요인과 방법에 대해서 어느 정도 이해할 수 있다면, 그 기술을 배우고 익히는 것이 한결 쉬울 것이다. 이 책을 통해서 독자 여러분은 지혜와 연민심에 대한 다양한 관점, 그것을 배양하기 위한 다양한 방법, 그리고 치료사로서 우리가 사용할 수 있고 내담자들에게 제공할 수 있는 구체적인 적용방법을 발견할 것이다. 인간이 가지고 있는 최상의 잠재력에 관한 여러 측면을 함께 보면서 우리 모두 보다 지혜롭고, 연민적인 길을 발견할 수 있기를 바라며, 그렇게 함으로써 우리와 우리의 흰지들, 그리고 모든 이들이 더 행복하고, 건강하고, 의미 있는 삶을 살 수 있기를 바란다.

2장. 마음챙김적 현존: 연민심과 지혜를 위한 기초

타라 브랙Tara Brach[4]

당신은 당신 스스로에게 정기적으로 방문하는가?
-루미(Barks, 1995, p. 80)

하루 종일 명상 워크숍을 진행하고 있는데, 60대 후반의 여성인 팸Pam이 내 옆으로 왔다. 팸의 남편 제리Jerry는 3년 전에 시작된 시련의 막바지에 있었다. 림프종양 말기인 제리는 팸에게 자기의 죽음을 안내하고, 지지해 주는 일차 간병인이 되어 달라고 요청했다. "타라, 나는 정말 도움이 필요해요." 그녀는 나에게 애원했다.

팸은 극도의 고통, 메스꺼움, 탈진을 견디고 있는 제리를 위해서 할 수 있는 것은 무엇이든지 하려고 했다. 팸은 "나는 그를 정말로 구해 내고 싶어요."라고 말했다. "나는 아유르베다의 의술, 침술, 중국 허브 등 내가 찾을 수 있는 모든

---

4 이 장은 『진정한 은신처(Brach, 2012)』에서 인용한 것으로, 저작권은 타라 브랙(Tara Brach)의 2012년 저서에 있다. 허락을 받아 인용한다.

대체치료를 찾았고, 테스트 결과를 추적해 왔어요. 우리는 이 고난을 이겨 낼 것입니다." 팸은 지쳐서 의자에 풀썩 앉았다. "그리고 지금 나는 최신정보를 제공하고, …… 호스피스와 협력하면서 모두와 연락을 유지하고 있습니다. …… 만약 제리가 낮잠을 자지 못하면, 나는 제리가 편안할 수 있도록 애쓰고, 책을 읽어 주기도 해요."

나는 부드럽게 반응했다. "당신은 제리를 돌보기 위해 정말 열심히 노력하고 있고, 그래서 매우 바쁘다는 말처럼 들리네요." 이 말에 팸은 나에게 자각의 미소를 보냈다. "흠, 바쁘다니……. 미친 소리처럼 들리죠? 그렇시 않나요?" 팸은 잠시 생각에 잠겼다. "되돌아보면 내 기억에 나는 정말 바쁘게 보냈어요. 하지만 지금도 …… 나는 그를 그냥 가도록 내버려 둘 수가 없어요."

팸은 몇 분간 조용히 근심에 찬 얼굴로 나를 쳐다보았다. "그는 언제라도 죽을 수 있을 거예요. 타라, 내가 배울 수 있는 불교 수행이나 의례가 있나요? 내가 읽을 수 있는 무언가가 있나요? 『티베트 사자의 서The Tibetan Book of the Dead』는 어때요? …… 그 책으로 내가 그의 죽음을 어떻게 도울 수 있을까요?"

팸의 질문에서 배어나는 절박함을 들으면서 나는 팸에게 내면의 소리를 듣고 난 후에 무엇을 느꼈는지 알려 달라고 요청했다. "나는 그를 너무나 사랑하고 있고, 그래서 그를 내려놓아야 한다는 것이 끔찍해요." 팸은 울기 시작했다. 얼마 후에 팸은 다시 말했다. "나는 내 전 생애를 통해서 내가 부족할까 봐 늘 두려웠어요. 내 생각에 나는 항상 무리하면서 살아왔어요. 지금 나는 가장 중요한 문제에 실패할까 봐 두려워요. 그는 죽을 것이고, 내가 그를 놓쳤다는 사실 때문에 정말로 혼자가 될 거예요. 나는 그것을 견딜 수 없을 것 같아요."

"팸." 나는 말했다. "당신은 이미 매우 많은 것을 해 왔어요. 그러나 이제 그와 같은 일을 할 시간은 끝났어요. 이 시점에서 당신은 어떤 일이 일어나도록 만들 필요도, 어떤 일을 할 필요도 없습니다." 나는 잠시 기다렸다가 덧붙였다. "그냥 그와 함께 있어 주세요. 당신의 온전한 현존을 통해서 그가 당신의 사랑을 느끼도록 하세요."

  이렇게 힘든 시점에 나는 나의 명상 학생들과 치료 내담자들 모두와의 작업에 핵심이 되는 간단한 가르침을 주어야만 했다. 그것은 지혜롭고, 자애로운 현존을 할 수 있는 우리의 능력을 깨닫고 믿는 것이다. 그러한 현존을 통해서 우리는 고통으로부터 자유를 발견할 수 있다. 인생에서 가장 큰 시련에 직면했을 때, 시간을 초월한 현존은 우리의 가슴과 타인의 가슴에 치유와 평화를 가져다줄 것이다. 치료에서 가장 깊은 변화는 자애롭고 지혜로운 자각으로 자신의 내적인 삶을 유지할 수 있는 개인의 역량으로부터 나온다. 그러한 자각은 무조건적인 현존으로 주의를 집중함으로써 배양된다. 그것은 바로 지금 연민심을 가지고 보는 것이다. 치료사들이 그들의 내담자에게 현존의 충만함을 제공할 때, 그들은 내담자들이 자기 자신과 조율하는 실제 예를 보여 주는 것이다. 그들은 또한 분리되지 않는 주의가 가지고 있는 치료의 향기를 직접적으로 제공한다. 우리 자신, 또는 다른 사람에게 제공되는 그러한 현존은 수동적인 것이 아니다. 오히려 그것은 지혜로운 행위에 바탕을 둔 적극적이고 수용적인 상태다.

  팸은 내가 '현존의 충만함'이라고 말했을 때 고개를 끄덕였다. 팸과 제리는 가톨릭 신자였지만, 그들은 매주 내 수업에서 배운 마음챙김 수행이 서로에 대한 신뢰를 더 깊어질 수 있도록 도와주었다고 말했다. 그러나 이와 같은 위기에서는 자신이나 타인들, 신에 대한 그 어떤 믿음도 소용이 없는 것으로 보였다. "나는 호스피스 지원은 자기들이 도울 수 있는 한도 내에서 모든 것을 해 주고 있다는 것을 알고 있지만, 그러나 이런 일은 일어나지 말아야 한다고 생각해요. …… 누구도 이 같은 것을 겪지 말아야 해요. 이건 분명히 잘못된 일이에요." 팸에게 있어서나, 또 매우 많은 사람에게 심한 불편과 고통을 동반하는 질병은 불공평하고 잔인한 적이다. 때때로 그녀는 삶에 배신감을 느끼고, 화가 났으며, 또 다른 때는 인간적인 실패감을 느꼈다. 두려움과 외로움에 갇혀 있을 때, 팸은 내가 '몰아trance'(Brach, 2003) 상태라고 부르는, 자아가 결핍되고, 고립되고, 위협받고 있는 상태에 빠져 있었다.

'그와 같은 가장 어려운 순간에' 나는 제안했다. "잠시 멈추고 당신이 느끼는 것—두려움, 분노, 또는 슬픔—을 알아차리고 난 다음, 마음속으로 '나는 받아들인다(consent).'고 속삭이세요." 나는 최근 토머스 키팅Thomas Keating 신부님으로부터 이 문장을 들었는데, 가톨릭 신자인 팸이 그것을 특별히 가치 있게 느낄지 모른다고 생각했다. 내가 '나는 받아들인다.'라고 말하거나 '그래(Yes).'라고 빈번하게 가르치는 것은 현 순간에 저항하는 무장을 해제시키고, 우리의 내면과 바깥 주변에서 일어나고 있는 것을 좀 더 분명하게 바라볼 수 있도록 만든다.

팸은 다시 고개를 끄덕였지만, 실제로는 걱정하는 듯이 보였다. "타라, 나는 그렇게 하길 원하지만 내가 가장 화가 나 있을 때, 내 마음은 가속도가 붙어요. 나는 내 자신에게 말하기 시작해요. …… 나는 그에게 말합니다. …… 내가 멈추어야 한다는 것을 어떻게 해야 기억할 수 있을까?" 그것은 내가 자주 받는 질문으로, 아주 좋은 의문이다. "당신은 분명 적어도 어느 순간에는 잊어버릴 것입니다."라고 대답했다. "그리고 그것은 정말 자연스러운 일이에요. 당신이 할 수 있는 전부는 잠시 멈추고자 하는 의지, 무엇이 일어나고 있는지 느끼고, '그저 그대로 두려는' 의지를 갖는 것입니다." 팸은 이해하는지 얼굴이 부드러워졌다. "그건 할 수 있겠어요. 나는 온 마음으로 제리와 함께할 수 있어요."

마음챙김: 연민심과 지혜의 기반

가장 간단한 말로 표현하면, 마음챙김이란 판단 없이 순간순간의 경험을 열어 보이기 위해서 주의를 집중하는 의도적인 과정이다. 그것은 우리들이—치료사와 내담자와 같은— 삶의 제한된 이야기 속에서 살고 있는 모든 방식을 묘사하기 위해서 내가 사용하는 단어인 몰아trance 상태와 반대되는 말이다. 붓다는 그와 같은 끊임없는 생각과 정서적 반응을 주로 꿈이라고 표현했고, 그 꿈에서 깨어나게 하는 마음챙김을 가르쳤다(Gunaratana, 1991). 예를 들어, 만약 당신이 요금 지불 때문에 걱정하느라 정신이 없다면, 마음챙김은 그 걱정되는 생각과 불안을 수반하는 느낌을 알아차린다. 만약 당신이 상사에게 실수를 설명하는 방법을 미리 연습하느라 정신줄을 놓았다면, 마음챙김은 내면의 대화와 흥분, 공포감을 알아차린다. 만약 당신이 성가신 이메일에 대한 답변을 작성하느라 등이 구부러져라 컴퓨터 화면을 응시하고 있다면, 마음챙김은 짜증과 정신적 긴장, 그리고 당신의 굳고 긴장된 신체 자세의 감각을 알아차린다. 마음챙김은 오고 가는 모든 생각, 감각, 그리고 느낌들을 어떤 저항 없이 모두 인식하고 허용한다.

　여기 마음챙김을 소개하는 데 도움이 되는 이미지가 있다(Siegel, 2010b). 거대한 윤회에 대한 당신의 알아차림을 상상해 보라. 윤회의 바퀴 중심부는 마음챙김의 현존이고, 이 중심으로부터 수많은 바퀴(윤회의)살이 바퀴의 테로 뻗쳐져 있다. 당신의 주의는 마음 안에서 일어나든 혹은 마음 밖에서 일어나든 즐거운 경험은 붙잡고 싶어 하고, 불쾌한 경험은 피하고 싶어 하며, 중립적인 것에는 무관심으로 반응하도록 조건지어져 있다. 이 말은 마음이 습관적으로 중심을 떠나 바퀴살을 따라 움직이며, 이 바퀴살에서 저 바퀴살로 부착된다는 뜻이다. 저녁을 위한 계획은 불쾌한 대화, 자기 판단, 전화를 해야 한다는 생각, 라디오 볼륨에 대한 짜증, 계속되는 요통에 대한 불안으로 이어진다. 또는 팸이 발견했던 것처럼, 강박적인 생각, 잘못된 것에 대한 이야기와 느낌을 끝없이 반복하면서 주의는 길을 잃을 수 있다. 주의가 자연스럽게 안팎으로 이동하는 동안, 문제는 주의가 바퀴살에 걸리기 쉽다는 것이다. 만약 당신이 중심부와 연결되어 있지 못하고, 당신의 주의가 바퀴살에 갇히게 되면, 당신은 당신의 전체로부터 단절되어 몰아 상태에서 살게 될 것이다. 당신은 신체적인 활기, 당신의 느낌, 그리고 당신의 가슴과의 접촉을 잃어버리게 된다. 마음챙김은 집으로 가는 오솔길이다.

　불교전통은 단순하면서도, 현재 중심의 명료하고 연민적인 주의를 배양하는 강력한 기법을 제공한다(Goldstein & Kornfield, 1987). 마음챙김을 배양하도록 고안된 명상수행은 흔히 들숨과 날숨, 방안의 소리 또는 순간순간의 몸의 감각과 같은 근거지나 닻을 미리 선택하는 것으로 시작한다. 마음은 미래와 과거를 이동하고, 일어나고 있는 일에 대해 끝없이 이야기를 만들어 내는 데 아주 익숙하기 때문에 닻에 오랫동안 집중해서 머물기는 어렵다. 비록 하나의 대상에 안정적으로 주의를 집중하는 훈련을 할 수는 있지만, 그것은 마음챙김을 훈련하는 데 닻을 사용하는 목적은 아니다. 그것보다 닻의 용도는 마음이 방황하고, 바퀴살에서 길을 잃었을 때를 알아차리도록 돕고, 다시 중심으로 돌아오도록 안내하는 것이다. '되돌아오기'는 우리가 지금-여기에 있는 실재와 접촉하기 위해서 필요한 것이다. 일단 우리가 중심으로 되돌아오면, 닻은 또한 우리가 마음을 고요하고 차분하게 하도록 도와준다. 얼마나 자주 우리의 주의가 바퀴살 위에서 일어나는 어떤 문제나 환상 또는 기억으로 도망가 버리든지 간에 우리는 부드럽게 멈추고, 중심으로 되돌아와서, 그리고 우리 자신을 다시 한 번 현재에 기반을 두도록 한다.

　공식적인 명상에서든 일상생활 속에서든 마음챙김의 현존을 배양하는 핵심 기술은 일단 멈추는 것을 기억하는 것이다(Brach, 2003). 우리가 몰아 상태에 있을 때, 우리는 종종 시간에 쫓겨서 어디론가를 가고 있고, 하루를 보내고, 이것저것에 반응하게 된다. 나는 때때로 이것을 '신성한 멈춤the sacred pause'이라고 말한다. 왜냐하면 우리가 멈춤을 기억할 수 있다면, 우리는 치유공간의 현존과 접촉을 시작할 수 있기 때문이다. 우리는 바퀴살의 경계들을 순환해 왔고, 돌아오는 것을 선택해 왔다는 사실을 볼 수 있다. 나의 학생들과 내담자들은 자주 다른 어떤 명상적 지침서보다도 신성한 멈춤이 그들을 편집증적인 생각의 습관적 패턴에서 깨어날 수 있도록 해 주었다고 보고한다. 멈춤을 맛보고, 저항하기 어려운 걱정과 계획들 주변에 약간의 공간을 경험하는 것은 엄청난 자유로움이 될 수 있다.

우리의 주의가 더 안정되어 감에 따라 우리는 중심부의 경계가 부드러워지고 개방적이 되어 가는 것을 느낄 것이다. 이것이 '여기에 머무르기being here'라 불리는 마음챙김 훈련의 멈춤이다. 우리는 우리의 호흡이동과 (혹은 다른 닻과) 계속적으로 접촉상태에 있으면서 동시에 개가 짖는 소리, 무릎의 통증, 얼마나 더 오래 명상을 계속할 건지에 대한 생각을 알아차린다. 이 상태에서 우리는 우리의 경험에 고정되지도 않고, 억지로 밀어내지도 않는다. 우리는 우리의 주의에 들어오는 생각, 느낌, 감각을 '알아차리고 허용'한다. 그것은 자유롭게 오고 간다. 만약 팸의 경우처럼 정서가 강하다면, 받아들임을 '그래.' 또는 '나는 받아들인다.'라고 말로 표현함으로써 더 깊어질 수 있다. 자연스럽게 마음은 때로 여전히 반응에 의해서 스스로 길을 잃어버릴 것이다. 그때 알아차리기만 하면, 우리는 다시 중심부로 돌아올 수 있다. 즉, '돌아오기coming back'와 '여기에 머무르기being here'는 유동적인 훈련이다.

우리가 윤회의 한가운데서 깨어 있는 고요함을 자라게 할수록, 그리고 무엇이 일어나든지 자각하면 할수록, 마음챙김 현존의 중심부는 점점 테두리가 사라지고, 따뜻해지고, 빛나게 될 것이다. 경험을 조절하려 하지 않는 순간에―애쓰지 않는 마음챙김이 있을 때―우리는 온전하게 자연스런 현존에 들어간다. 이러한 영속적인 현존은 무한한 가능성으로 채워져 있다. 중심부, 윤회의 바퀴살, 그리고 테두리는 모두 우리의 빛나는 열린 자각에 떠다니며 비로소 우리는 고향에 돌아온 것이다. 이 순간, 우리의 마음은 걸림이 없는 실재를 보게 되는 원천―지혜―이며 우리의 가슴은 무조건적인 사랑 또는 연민심에 머무르게 된다.

어려운 조건에서 연민심과 지혜 배양하기

우리의 내적·관계적 삶 속에서 현존을 유지하는 것은 말이 쉽지 실천하기는 쉽지 않다. 누군가 우리를 비판하고, 자신감에 도전을 받고, 죄책감이나 수치심을 느낄 때, 그것이 어떤 것인지 우리는 모두 알고 있다. 우리가 내담자와 함께하면서 인간적 실패('나는 도움이 안 돼.') 또는 판단('당신은 당신 자신을 돕지 않고 있다.')으로 반응하는 것이 어떤 것인지 우리는 안다. 그리고 팸의 경우처럼, 관계에 대한 배신감, 재정적 불안, 생명을 위협하는 질병과 같은 삶의 위기에 직면했을 때, 그것이 어떤 것인지 우리는 알고 있다. 마음챙김의 현존에 바탕을 두기보다 오히려 우리는 생각의 소용돌이나 일어나고 있는 일을 통제하려는 충동적인 노력, 중독성 있는 행동, 그리고 습관적인 판단과 방어로 인해서 방향감각을 잃어버리게 될 것이다. 또한 우리는 맑지 않고 개방적이지 않은 가슴을 갖게 될 것이다. 우리가 몰아 상태에 빠져드는 순간에 마음챙김을 어떻게 강화시킬 수 있을까?

몇 년 전, 많은 불교 스승들이 머리글자를 딴 RAIN에 기초한 새로운 마음챙김 도구를 공유하기 시작했다. 이 현존하기 훈련은 우리가 혼동과 자아도취적 상태에 빠져들 때, 지혜와 연민심을 일깨우기 위해서 긴장되고 힘든 마음상태와 작업하는 '참호안 in-the-trenches' 지원이다. 이 훈련을 마음챙김명상수행과 결합해서 계속하면 가장 효과적이고, '명상'이라면 뭐든지 거부감을 느끼는 내담자들조차 마음챙김에 접근할 수 있도록 만든다. 나는 지금까지 수천 명의 학생, 내담자, 그리고 정신건강 전문가에게 RAIN을 가르쳐 왔고, 당신이 이 장에서 발견하게 될 버전으로 그것을 적용하고 확장해 왔다. 나는 또한 이것을 내 자신의 중심 수행으로 만들어 왔다. 팸과 같이 우리가 두려움과 외로움에 매몰된 상태에서 고통받고 있을 때, RAIN은 우리의 주의를 명료하고, 체계적 방식으로 향하게 함으로써 우리를 충만한 마음챙김의 집으로 돌아올 수 있도록 도와준다.

R—A—I—N

R	**R**ecognize what is happening	무엇이 일어나고 있는가를 인식하고
A	**A**llow life to be just as it is	삶을 있는 그대로 허용하고
I	**I**nvestigate inner experience with kindness	친절하게 내적 경험을 조사하고
N	**N**onidentification: rest in **N**atural awareness	탈동일시: 자연스런 자각에 내맡기기

무엇이 일어나고 있는가를 인식하기

인식은 지금 이 순간에 일어나는 생각, 정서, 느낌 또는 감각에 주의를 집중하는 것으로 시작한다. 인식은 지금 당장 내 안에서 무엇이 일어나고 있는지 스스로에게 단순하게 묻는 것만으로도 일깨울 수 있다. 당신의 내면에 초점을 맞춤으로써 자연스런 호기심을 불러일으키라. 일어나는 일에 대한 어떤 예상되는 생각들을 내려놓고, 대신에 친절하고 수용적인 방식으로 당신의 몸과 가슴의 소리를 듣도록 하라.

삶을 있는 그대로 허용하기

허용한다는 것은 당신이 발견한 어떠한 생각, 정서, 느낌 또는 감각을 '내버려 둔다.'는 의미다. 어려운 일이 닥쳤을 때 '내가 이것을 견딜 수 있을까?' 또는 '내가 이것을 있는 그대로 내버려 둘 수 있을까?'라고 스스로에게 묻는 것이 도움이 될 수 있다. 당신은 아마 자연스런 혐오감, 불쾌한 느낌이 사라지길 바라는 마음, 또는 비난하거나 수치스러운 생각들로 가득 찬 자신을 발견할지도 모른다. 그러나 당신이 보다 기꺼이 '있는 그대로의 그것과' 함께 현재에 머물수록 새로운 특질을 가진 주의가 발생한다. 이와 같은 방식으로 어려운 경험과 함께하는 것을 배우는 것은 지혜로운 행위에 필수적이다. 왜냐하면 그게 없다면 우리는 어려운 상황에 신중하게 대처하기보다는 자동적으로 반응하게 되기 때문이다. 또, 만약 우리 자신의 고통을 견뎌 내지 못하면 다른 사람의 고통도 견딜 수 없기 때문에 연민심을 배양하는 것은 필수다(1장 참조).

허용하기가 이해와 치유의 본질이라는 깨달음은 '내버려 두기'를 위한 의식적인 의도를 불러일으킬 수 있다. 나와 함께 작업했던 많은 내담자와 학생들은 격려하는 단어와 구절을 정신적으로 속삭임으로써 일어나고 있는 일을 받아들이려는 그들의 결심을 지원한다. 예를 들어, 그들이 두려움에 잡혀 있을 때, '내버려둬let be.'를 속삭이거나 깊은 슬픔에 빠진 경험에서 '그래yes.'를 속삭이는 것이다. 그들은 '이것 역시 내버려 둬this too.'라든가, 내가 팸에게 제안했던 것처럼 '나는 받아들인다.'라는 말을 사용할 수도 있다. 처음에는 많은 이들이 불쾌한 정서 또는 감각을 시험 삼아 참는다고 느낀다. 아니면 어떤 사람들은 '그래yes.'라고 말하는 것이 마법처럼 두려움을 사라지게 해 줄 것이라는 희망으로 두려움에 대해서 '그래yes.'라고 말할지도 모른다.

실제로 우리는 받아들이기를 반복해서 해야만 하고, 때로는 두려움이나 고통에 맞서 긴장하는 미묘한 방식조차도 인식해야만 한다. 심지어 '그래.' 또는 '나는 받아들인다.'라는 문구를 단순하게 말하는 것과 같이 처음 허용하는 제스처만으로도 당신의 힘겨운 고통을 부드럽게 해 주는 공간을 창조하기 시작할 것이다. 당신의 전 존재가 저항에 휘말리지 않게 된다. 부드럽고 인내심 있게 문구를 제공하라. 때가 되면 당신의 수용력이 깊어질 것이다. 당신의 방어는 이완되고, 경험의 파도에 순응하거나 개방하는 신체적 감각을 느낄 수 있을 것이다.

그러나 실제로는 단지 허용한다는 생각만으로도 격렬한 저항을 가져온다. 어떤 사람은 '그게 무슨 소리야!'라고 말할지도 모른다. '그가 나를 배신했다는 사실을 받아들여야 한다고?' "자기 혐오감을 느끼는 것에 대해서 '그래yes.'라고 말해야 된다고?" '이 끔찍한 불안감에?' 이러한 상황에서 우리가 동의하는 것은 단지 현재 이 순간에 우리의 몸, 가슴, 마음에서 일어나는 경험이라는 사실을 아는 것이 중요하다. 우리는 상황 자체 또는 다른 사람의 행동을 받아들이라고 요구하는 것이 아니라, 지금 여기에서 일어나는 느낌, 그 느낌을 경험하고 있다는 사실을 받아들이라는 것이다. 실제로 저항이 일어날 때 첫 단계는 저항이라는 경험을 받아들이는 것이다. 우리는 역겨움, 몸의 긴장감, 비난하는 생각, 혐오감을 인식하고 허용하는 것이다. 나는 자주 "당신이 '안돼no!'라고 저항하는 것을 '그래yes.'라고 말하라."고 가르친다.[5]

친절하게 조사하기

가끔은 RAIN의 앞의 두 단계―마음챙김의 기본요소―를 통해서 작업하는 것으로도 충분히 이완되고, 현재와 다시 연결된다. 그러나 어떤 경우에는 인식하고 허용하려는 단순한 의도만으로는 충분하지 않다. 예를 들어, 만약 당신이 한창 이혼과정에 있거나 실업의 위기 또는 사랑하는 사람과의 고통을 다뤄야 하는 상황에 처해 있다면, 당신은 심각한 감정에 의해서 쉽게 압도될 것이다. 그러한 감정들은 계속해서 촉발되기 때문에 ―이혼해서 전 남편, 전 아내가 될 배우자로부터 전화를 받는다든지, 은행에서 통지서가 날아오고, 아침에 고통으로 잠을 깨는 등― 당신의 반응은 좀처럼 쉽게 변화할 수가 없을 것이다. 그러한 상황에서 당신은 RAIN과 함께 마음챙김 자각을 깨닫고, 강화할 필요가 있다.

---

5 트라우마를 경험한 적이 있는 사람의 경우, RAIN을 처음부터 사용하는 것은 금지되어 있고 잠재적으로 다시 겪을 수도 있다는 사실을 알아 두는 것은 중요하다. 우리는 안전함의 정도를 감지해야 할 필요가 있다. '예!'라고 말하고, 가공되지 않은 느낌에 개방하고 있다는 신뢰를 느낄 필요가 있다. 강렬한 공포나 극심한 두려움이 잠복되어 있는 경우, 방어적 기제로 '아니!'라고 말하는 것이 현명할 수도 있다. RAIN을 수행하기 전에 사전작업으로 우선 내적·외적 안전감과 연민심을 먼저 배양하는 것이 좋다.

조사하기Investigation는 당신의 자연스런 관심—진실을 알고자 하는 갈망—과 당신의 현재 경험에 더 많이 초점화된 주의를 향하도록 하는 것을 의미한다 (Goldstein & Kornfield, 1987). 단순하게 그냥 멈추어 '내 안에 무슨 일이 일어나고 있는 거지?'라고 물어보는 것은 알아차림의 시작이지만 '조사하기'는 좀 더 적극적이고 초점화된 유형의 연구에 관여한다. 당신은 스스로에게 물어봐야 한다. '내 몸에서 이것을 어떤 식으로 겪고 있지?' 또는 '이 느낌은 나에게서 무엇을 원하지?' '내 자신에 대해서 난 무엇을 믿고 있지?' '다른 사람들에 대해서는?' 그러한 조사에 대한 힘은 우리의 타고난 지성에 의해 일어난다. 우리는 우리의 상황을 더 깊이 이해하기 위해서 우리 자신을 개방할 필요가 있다.

RAIN의 조사 단계는 치료관계에서 특히 잘 맞는다. 비록 우리는 우리 내면에서 일어나고 있는 것을 보다 자세하게 바라볼 필요가 있다는 사실을 알지만, 흔히 우리의 생각과 감정을 무의식적으로 우리 자신과 동일시하는 것으로부터 우리를 가장 자유롭게 해 줄 수 있는, 바로 그 질문을 스스로에게 하지 못한다. 예를 들어, 만약 한 내담자가 두려움과 상처받은 감정에 사로잡혀 있다면, '지금 당장 무엇을 믿어야 하는 거지?'라고 물어보게 함으로써 개인적 실패에 대한 이야기를 끄집어 낼 수도 있고, 감정을 부채질해 온 불신에 관한 이야기를 발견해 낼 수도 있다. 의식적으로 믿음을 언급하는 것은 감정을 약화시키고, '그 감정이 정말 진심인가?'를 묻는 길을 열어 준다. 반면에 만약 한 내담자가 강박적인 사고에 빠져 있다면, '내 몸에서 무엇을 느끼고 있는가?'를 물어보는 것을 기억하지 못할지도 모른다. 이 질문은 '있는 그대로의 사물'에 대한 순수한 통찰과 진정한 자기연민을 일으킬 수 있는 상처받기 쉬운 감각적 느낌felt sense이나 상처에 접촉하는 것을 어렵게 하는 지성화, 판단, 그리고 정신적 논의로부터 물러날 수 있도록 도와준다.

지혜는 우리가 습관적으로 회피하고 덮어 왔던 것을 마음챙김 자각에 포함시킬 때 드러나기 시작한다. 조사를 할 때 당신은 공허감이나 불안정감과 접촉하게 될 것이다. 그리고 당신이 가장 가깝게 지내고 싶어 했던 사람들에 의해 항상 밀쳐졌던 사실에 대해서 수년간 당신 자신에게 해 온 이야기에 접근하게 될 것이다. 그것은 거절에 대한 기억, 그로 인한 수치심과 상처, 또는 외로움의 감정으로 인도할 것이다. 그러한 반응에 파묻혀서 당신은 수용과 연결에 대한 열망을 느꼈을지도 모른다. 그러한 무의식적 부분이 의식적으로 접촉되지 않는다면 그들이 당신의 경험을 통제하고, 위협받고, 결핍된 자아와의 동일시를 계속할 것이다. 우리가 이전에 숨겨 둔 경험에 대해서 자각의 빛을 비출 때, 가정된 동일시가 느슨해지기 시작한다. 우리의 존재는 불안전하고 제한된 자아, 그 이상이라는 사실을 보기 시작하면서 그러한 깨달음은 우리를 정서적 고통에 반응하는 대신 우리의 상황에 더욱 지혜롭게 대처할 수 있도록 만든다.

그러나 그러한 조사만으로는 마음챙김적 현존을 완전하게 일으키기에는 충분하지 않다. 치유와 자유를 위한 조사를 위해서 우리는 친절한 주의를 가지고 우리의 경험에 다가갈 필요가 있다. 이것은 보살핌과 따뜻함의 감각으로 접촉하고, 무엇이 일어나든지 부드럽게 반기는 것을 의미한다. 그와 같은 진정한 에너지 없이 조사하는 것은 우리의 타고난 지혜를 관통하고 알아차리게 할 수 없다. 진정한 접촉을 위해서는 안전함과 개방성만으로는 충분하지 않다. 자기연민은 마음챙김적 현존의 본질적 요소다.

당신의 아이가 학교에서 괴롭힘을 당하며 울면서 집에 왔다고 상상해 보자. 필요한 것은 이해(조사)와 연민심 두가지 모두다. 무슨 일이 일어났으며, 당신의 아이가 어떻게 느끼고 있는지를 알아보기 위해서 당신은 친절하고, 수용적이고, 부드러운 주의를 제공해야 한다. 비슷한 방식으로 내담자가 격하게 화가 나서 상담에 임했을 때, 우리의 보살핌과 수용은 내담자의 정서를 느끼고, 조사하고, 변화하는 데 필요한 안전하고 치유적인 공간을 창조한다. RAIN에서는 친밀한 주의가 우리의 내적 삶에 제공된다. 그것은 가슴의 빗장을 부드럽게 하고, 조사하고, 궁극적으로는 통찰과 치유를 가능하게 한다.

너무나 많은 내담자가 수치심과 자기혐오로 인해서 고통받기 때문에 그들은 자기연민의 경험이 거의 없거나 아예 없다. 치료사로서 연민심 어린 주의는 이러한 정서적 패턴을 변화시키기 시작한다. 그것이 형성이 되고 나면 마음챙김을 훈련함으로써 점차 어려운 내적 경험을 친절함으로 유지하는 내담자의 능력을 배양한다. 내적 삶과 관련된 변화의 씨앗이 RAIN의 첫 단계—고통스런 정서 상태를 알아차리고, 그것을 있는 그대로 허용하는 것—에서 심어진다. 뇌영상과 관련해서 이루어진 연구는 마음챙김 주의 자체가 공감과 연민심이 관련된 뇌의 부분을 활성화시킨다는 사실을 보여 주었다(Cahn & Polich, 2006; Holzel et al., 2011). 친절한 주의를 의도적으로 제공하고 조사하는 'RAIN의 I'는 온전하고 확실하게 연민 어린 현존을 일으킴으로써 마음챙김을 강화시키고 깊이 있게 만든다. 이러한 방식으로 지혜와 함께 연민심은 마음챙김 현존의 본질적 요소이자 귀중한 열매로 이해될 수 있다.

탈동일시 깨닫기: 자연스런 자각에 내맡기기

RAIN의 R, A, 그리고 I에서 일깨워진 명쾌하고, 개방되고, 친절한 현존은 탈동일시의 자유와 자연스런 자각, 또는 자연스런 현존의 깨달음을 유도하는 Nnonidentification으로 이어진다. 탈동일시는 우리의 자아 감각self-sense이 우리가 누구인가에 대한 어떤 제한된 정서, 감각, 또는 이야기의 묶음과 혼합되거나 그것에 의해서 정의되지 않는다는 것을 의미한다. 우리는 어떤 것이 아니라는no-thing 깨달음—거기에는 고정적이고 견고한 자아는 없다—은 지혜의 궁극적 표현이며, 자유의 본질이다(Rahula, 1974; 9장과 13장 참조). 동일시는 우리를 '작은 자아small self', 몰아 상태의 자아 속에 감금시킨다. 작은 자아와의 동일시가 느슨해지고, 우리가 어떤 것이 되지 않을 때no-thing, 우리는 우리의 자연스런 자각을 표현하는 생명감, 개방성, 그리고 사랑을 직접적으로 경험하면서 살아가기 시작한다. 인도의 스승인 니사르가다따 마흐라라지(Nisargadatta Mahraraj, 1973)는 그것을 다음과 같이 묘사했다.

> 사랑이 말하기를, '나는 모든 것이다.'
>
> 지혜가 말하기를, '나는 어떤 것도 아니다.'
>
> 이 둘 사이에 내 삶은 흐른다(p. 269).

지혜와 사랑(혹은 연민심)에 대한 이러한 자각은 우리에게 매우 즉각적인 방법으로 영향을 준다. 우리가 삶에 대처하는 방법—새로운 가능성이 열리고, 우리 자신과 사랑하는 사람, 그리고 동료들과 함께 관계를 맺는 새롭고 신선한 방법—에는 보다 많은 선택이 있음을 발견하게 되고, 우리는 감사와 더 큰 편안함으로 채워지게 된다.

RAIN의 세 가지 단계는 의도적인 활동을 요구한다. 반대로 RAIN의 마지막 단계인 N은 마음챙김의 결과인 자유를 인식하는 자연스런 자각을 표현한다. 어떤 사람들에게는 이런 종류의 깨우침이 몰아의 고통을 뿌리째 뽑아 버리기도 하지만, 정서적 고통으로부터의 자유는 대개 점진적으로 일어난다. 우리는 무엇이 잘못되었는지, 다른 사람들과 우리의 삶에서 무엇이 잘못되었는가를 생각하면서 길을 잃고, 돌고 돌면서 이동하고 있는 우리 자신을 발견할 것이다. 그리고는 마음챙김의 현존에 또 다시 도달하는 것을 기억할 것이다. 계속되는 '망각' 때문에 이 과정이 드러나도록 하기 위해서는 우리 자신과 그리고 우리의 내담자에 대한 믿음을 가져야 한다. 그러나 각 단계에서 우리는 고립되고, 결핍되어 있으며, 위험에 처한 자아가 아니라는 사실을 이해하는 것은 우리의 이야기에 깊이를 더해 준다. 그리고 각 단계에서 우리의 진실한 잠재력—깨우침, 사랑스런 현존—에 대한 깨달음이 보다 충만되게 피어난다.

자애로운 현존을 통한 집으로 돌아오기

이 이야기는 팸에게 어떻게 그러한 일이 일어날 수 있었는가에 대한 것이다. 팸과 만난 지 한 달 후, 팸은 나에게 전화해서 제리가 죽었다고 알려 줬다. 팸은 나와 이야기를 나누고 난 후, 그날 저녁에 일어났던 일을 말했다. 팸은 아파트로 돌아와서 제리에게 묵언 기도를 함께 하자고 권했다. "기도를 마치고 나서 우리는 기도한 것을 함께 나누었어요."라고 팸은 내게 말했다. "나는 제리가 나의 사랑을 느낄 수 있기를 얼마나 원하는지 알기를 바랐어요." 샘은 목이 메어 잠시 침묵했다. "제리도 똑같이 기도했더라고요. 우리는 그냥 껴안고 울었답니다."

심지어 마지막 몇 주 동안조차 팸은 자기가 쓸모 있는 사람이라는 것을 느끼는 방법을 찾기 위해 계속 바쁘게 몸부림쳤음을 인정했다. 그러나 마음챙김 현존으로부터 멀어지는 순간을 자각하고, 자신의 반사적 반응을 알아차리는 데 중요한 모든 기술을 익혀 갔다. 어느 날 오후, 제리는 시간이 얼마 남지 않은 것과 죽음을 두려워하지 않는 것에 대해서 이야기하기 시작했다. 팸은 몸을 굽혀 그에게 키스하고는 빠르게 이야기했다. "오, 나의 사랑! 오늘은 좋은 날이 될 거예요. 당신은 더 에너지가 넘쳐 보여요. 허브차를 좀 만들어 줄게요." 제리는 침묵했고, 그 침묵은 팸에게 충격적이었다. "실제로 일어나고 있는 일에 귀를 기울이지 않는 것—그 무엇보다 온전하게 현재에 머무르지 않는 상태—은 우리를 분리시킨다는 것이 그 순간 너무나 명확해졌어요. 그의 죽음이 너무나 사실이 되어 버릴 것 같아서 나는 큰 소리로 말함으로써 그의 죽음을 받아들이길 원하지 않았어요. 그래서 나는 차 한 잔을 제안하는 것으로 현실을 피하려고 했어요. 그러나 일어나고 있는 일의 진실에서 벗어나려는 시도는 나를 그에게서 멀어지게 했고, 그건 정말 가슴 아픈 일이었어요."

물을 끓이는 동안, 팸은 가슴으로 제리와 함께 온전히 현재에 머물기를 기도했다. 그 기도는 팸을 다음과 같은 날로 인도했다. "지난 몇 주 동안 나는 제리의 죽음이 어떠해야 되고, 나는 무엇을 해야 하는지에 대한 모든 나의 생각을 내버려 두고, 단지 '나는 받아들인다 consent.'라고 나 자신에게 말해야 한다는 것을 떠올렸어요. 처음엔 나는 기계적으로 그 말을 되풀이했지만 며칠 후에 나는 마치 나의 가슴이 실제로 받아들이기 시작했음을 느꼈죠." 팸은 자기가 강한 느낌에 휩싸이고 있다는 것을 알아차렸을 때 어떻게 멈추고, 무엇이 일어나고 있는가를 보기 위해서 어떻게 조사했는가를 설명했다. 두려움과 무력감에 사로잡혀 긴장될 때, 그녀는 자신의 취약함을 인정하고, 그러한 느낌과 함께 머물렀다. '뭔가 해야 한다.'는 불안한 충동이 일어날 때, 그녀는 그것을 알아차리고, 그 충동이 들어오고 나가는 것을 내버려 두면서 고요함을 유지했다. 큰 슬픔의 파도가 지나갔을 때, 그녀는 다시 한 번 상실감에서 오는 거대한 고통의 무게에 자신을 열어 놓고 '나는 받아들인다.'고 말했다. 그리고 시간이 지남에 따라 팸은 '나는 받아들인다.'고 말하는 자신의 톤이 점점 부드러워짐을 깨달았다.

자신의 내적 경험에 대한 친절하고 마음챙김적인 현존은 팸으로 하여금 제리에게 온전히 집중하고, 자신의 내적 지혜로부터 행동하도록 허용했다. 팸은 말했다. "내가 온전히 두려움과 나의 고통을 진실로 받아들였을 때, 나는 그를 어떻게 돌봐야 하는지 알았어요. 격려의 말을 속삭이거나 그저 들어 주고, 그를 만져 주면서 안심시키고, 그에게 노래를 불러 주고, 그와 함께 조용히 있고, 그와 함께 있어 주고." 전화를 끊기 전, 팸은 제리와 함께 한 마지막 날에 자신에게는 선물로 여겨졌던 것이 무엇이었는지 나에게 말해 주었다. 그것은 자신의 기도에 대한 응답이었다. "침묵 속에서 나는 그와 나의 과거의 의미를 볼 수 있었어요. 우리는 온전히 열린 상태로 따뜻하고 빛나는 하나의 사랑의 장field이었음이 분명해졌어요. 그는 죽었지만 그 사랑의 장은 항상 나와 함께할 거예요. 나의 가슴은 내가 집에 돌아왔음을 알아요. 진실로 나는 자애의 집으로 돌아왔어요."

당신의 가슴과 자각을 신뢰하기

팸에게 있어 마음챙김의 현존은 팸의 직관과 가슴을 일깨웠다. 자신의 실패에 대한 두려움과 고통스러운 고립감 및 분노는 진실된 소속감, 제리가 죽은 후에도 팸을 지탱할 수 있게 하는 영원히 존재하는 사랑을 깨닫는 것으로 이동했다. 그와 같이 비분리성에 대한 지혜는 마음챙김이 주는 선물이다.

붓다의 가르침을 전하는 나는 마음챙김은 활기찬 생존감, 사랑, 그리고 우리의 본질적 특성인 빛나는 일깨움을 알아차릴 수 있는 문이라고 말한다. 치료적 관점에서 마음챙김은 개인의 역사와 기질에 의해서 생성된 뿌리 깊이 조건지어진 견고함을 느슨하게 해 준다. 마음챙김에 내포된 해방의 기제는 RAIN의 N, 즉 탈동일시 속에 표현되어 있다. 하나의 완전한 현존을 배양함으로써 우리는 습관적인 방어패턴과 반응을 우리 자신과 동일시하는 것을 해소하기 시작한다. 우리를 위축시키고 제한하는 몰아의 상태로부터 풀려나 우리는 훨씬 더 광대하고 명료한 자각에 개방된다. 그러한 열린 자각은 우리들의 타고난 지성과 연민심의 역량이 신선한 지각, 창의성, 배움에 따라서 자연적으로 드러나도록 만든다. 우리가 내담자, 파트너, 우리의 아이들, 또는 우리의 내적인 삶과 어떤 관계를 맺든지 간에 더 이상 몰아에 덮여서 흐려지지 않고, 지혜와 친절함의 공간에서 살아가게 될 것이다.

나의 첫 번째 명상안거에서 우리 선생 중에 한 명이 인도에서 달라이 라마와 함께했던 콘퍼런스에 관한 이야기를 전해 주었다. 붓다의 가르침을 전하는 서양인 선생그룹이 달라이 라마에게 그들이 돌아가서 명상하는 학생들에게 전해 줄 가장 중요한 메시지가 뭔지 물었다. 달라이 라마는 깊이 생각한 후에 머리를 끄덕이면서 환하게 미소 지었다. "어떤 상황에 있든지 그들은 자신의 가슴과 자각이 일깨움을 준다는 사실을 믿을 수 있다고 전하세요." 이 말은 그 이후부터 항상 나에게 남아 있다.

어려움에 직면했을 때, 우리는 내적 지혜와 연민심이 있는 우리의 집으로 가는 길을 발견할 수 있다는 사실을 믿고 싶어 한다. 마음챙김 훈련이 그러한 믿음을 배양하지만, 그렇다고 반드시 당장 이루어지는 것은 아니다. 나는 지금까지 많은 사람을 보면서 마음챙김 훈련을 유지하는 데 있어서 가장 도전적인 방해물은 '나는 제대로 못하고 있어.' '나는 그것을 얻지 못할 거야.' '이건 소용 없을 거야.'라고 느끼는 의구심이다. 내담자나 학생들뿐만 아니라 내가 마음챙김을 교육시켜 온 치료사들조차 마음챙김 현존에서 '여기 있음'에 대한 경험을 유지할 수 없다는 생각에 사로잡혀 수시로 길을 잃는다고 말한다. 그들은 명상이 왜 이토록 어려운 것인지 궁금해한다.

우리의 주의를 훈련하는 것은 어려운 일이다. 이 책의 다른 저자들이 뒤에서 논의하겠지만, 우리의 정신적·정서적 '불이행default' 환경을 구체화하는 뇌구조를 재형성하기 위해서는 시간이 걸리고, 반복된 연습이 필요하다. 주의를 훈련할 때, 우리는 또한 끊임없는 분산과 한꺼번에 여러 과제를 처리해야 하는 문화적 특성과 맞서게 된다. 더욱 중요한 것은 생각 속에서 무수히 길을 잃고, 욕구와 공포에 의한 무의식적인 충동과 맞서게 될 것이다. 이것은 마치 우리가 우리의 삶을 자전거 위에서 보내는 것처럼 현재의 순간으로부터 도망가기 위해서 힘들게 페달을 밟는 것과 같다. 우리는 일어나는 사건에 저항하면서 페달을 밟고, 또한 어딘가에 도달하기 위해서 페달을 밟는다. 우리가 뭔가를 잃어버렸다거나 뭔가 잘못되었다고 느끼면 느낄수록 우리는 더욱더 빨리 페달을 밟는다. 심지어 우리는 명상 도중에도 호흡 때문에 긴장하고, 망상을 쫓고, 뭔가를 알아내기 위해서 애를 쓰느라 페달을 밟고 있음을 알아차릴 수 있다. 우리가 존재로부터 도망치는 우리의 조건의 강력함을 정중하게 인정하지 않는 한, 마음챙김 훈련은 일종의 결핍감을 느끼는 구조일 수밖에 없다. 이것은 우리의 잘못이 아니다!(18장 참조) 그러한 조건을 감안하더라도 우리는 달라이 라마의 충고를 어떻게 따르고, 우리의 가슴과 자각을 신뢰할 수 있을까?

신뢰를 배양하는 주요 요소는 의도와 주의다. 스즈키 로시(S. Suzuki Roshi, 2007) 선사가 말했던 것처럼, "가장 중요한 것은 무엇이 가장 중요한 것인지 발견해 내는 것이다." (p. 79) 우리가 진심으로 삶의 모든 부분에서 보다 현재에 머물고자 하는 의도를 가지고 있다면, 문은 열릴 것이다. 그리고 순간이라 할지라도, 몰아 상태에서 길을 잃었다는 사실을 알아차릴 때마다 멈추는 것을 기억하고 주의를 줄 수 있다면 우리는 집으로 가는 바른 길에 있는 것이다.

이 같은 귀가는 어느 상황에서든 일어날 수 있다. 우리는 파트너와 한창 논쟁 중에 있을 때, 자신의 주장을 증명하기 위해서 나음에 뭘 밀힐 깃인기를 생각하는 대신에 멈출 수 있다. 그렇게 멈춤으로써 우리는 우리 자신에게 방어기제 아래에 놓인 불안, 상처와 접촉하도록 허용할 수 있다. 이것은 정직한 의사소통과 더 많은 상호이해의 문을 열 수 있다. 우리는 과식을 한 것이나, 또는 회기에서 서툴게 행동한 것에 대해서 가혹하게 자신을 비판할 수도 있다. 그러나 우리가 멈추는 것, 고통을 느끼는 것, 다시 말해서 자신과 전쟁 중에 있다는 사실을 느끼는 것이 중요하다는 것을 기억할 때, 자기연민의 공간이 열릴 수 있다(6장과 7장 참조). 우리는 내담자의 말을 듣는 동시에 개입하려는 계획을 세울 수도 있고, 멈춤으로써 우리 자신의 불안과 실패에 대한 두려움을 알아차릴 수도 있다. 우리 자신의 경험을 알아차림으로써 접촉하고 수용하는 것은 우리들로 하여금 내담자의 말을 보다 깊이 경청할 수 있게 해 준다.

멈추고 알아차림이 현존하는 공간에 도달하는 것은 우리의 타고난 직관적인 지성과 돌봄이 드러나는 여지를 만든다. 우리의 삶은 가능성으로 채워져 있고, 모든 곳에 있는 생명과 아주 명백하게 서로 연결되어 있다. 때가 되면 알아차림의 현존은 우리의 가슴과 자각의 힘을 드러내게 하고, 우리가 이미 가지고 있는 연민심과 지혜를 믿고 구현되도록 허용한다. 나아가서, 우리는 이와 동일한 근본적인 선함이 내담자와 우리가 만나는 모든 사람을 통해서 빛나고 있다는 사실을 깨닫게 될 것이다.

3장. 지혜롭고 연민적인 삶 만들기

바바라 프레드릭슨Barbara L. Fredrickson

사랑, 연민심 그리고 관용은 사치가 아니라 필수요소다.
이들 없이 인류는 생존할 수 없다.
-텐진 가초, 14대 달라이 라마(1999, p. 3)

운전 중 누군가 끼어든다.

당신의 상사가 다른 이들을 칭찬하면서 팀 성과에서 당신이 공헌한 많은 것을
간과하고 있다.

당신의 배우자가 당신에게 쏘아붙이면서 상관하지 말라고 한다.

이와 같이 속상한 많은 일은 분노, 실망, 추락하는 악순환, 그리고 모든 고통
스런 경험과 파괴적인 행동의 원인에 불을 붙일 수 있다. 결국 우리는 단지 인간
일 뿐이다.

그런데 인간으로서 우리는 우리에게 던져진 일상의 사슬과 화살에 반응하는
방법에 엄청난 선택을 가지고 있다. 어떻게 내적인 혼란이나 외적인 파괴 없이
이런저런 화나는 것을 경험할 수 있을까? 가능하기나 한 걸까?

실제로 그것은 가능하다. 그것을 가능하게 하는 방법은 이 책의 핵심인 연민심과 지혜를 습득하는 것이다. 즉, 다른 사람을 있는 그대로 수용하고, 심지어 사랑하는 연민심이다. 심지어 그들이 예상하지 못한 도전적인 행동을 할 때조차도 수용하고 사랑할 수 있는 마음이다. 또 그들의 행동은 그들 자신의 고통과 과거 경험으로부터 깊게 뿌리내린 조건에 의해 발생한다는 사실을 깨닫는 지혜다.

사람들은 원치 않는 고통스런 감정이나 파괴적인 행동패턴으로 인해서 괴로움을 겪기 때문에 심리치료를 받으러 온다. 심리치료 과정은 고통을 완화시키고, 행복을 위한 조건을 배양하는 것 가운데 하나라고 생각하면서 내담자와 치료사는 심리치료의 최종목표를 행복에 둔다. 이처럼 숭고하고 정확한 치료과정에 대한 이해에도 불구하고, 긍정적인 정서의 중요성을 간과하고 있다. 긍정적 정서의 확장-형성broaden-and-build 이론에 관한 10년이 넘는 경험적 작업(Fredrickson, 1998, 2001; 재검토를 위해 Fredrickson, 2009 참조)은 긍정적 정서가 단순히 치료의 결과물이 아니라, 개인의 성장과 회복력의 핵심 동력이라고 주장한다. 달리 생각해 보면, 기쁨, 평온, 감사, 사랑, 그리고 연민심과 같은 정서는 평정심 같은 태도와 함께 단순히 성공을 측정하는 척도가 아니라, 심리치료 프로그램의 중요한 도구다.

이 장에서 나는 긍정적 정서가 인생에 대한 개인의 견해를 어떻게 확장하고, 마음챙김이나 타자와 연결하는 능력과 같은 개인적인 기술을 습득할 수 있는가를 설명할 것이다. 그런 다음, 연민심과 지혜의 순간적인 상태가 어떻게 보다 안정된 인격적 특성으로 성장될 수 있는지 보여 줄 것이다. 마지막으로, 치료사와 내담자가 긍정적 정서—사랑, 친절, 감사, 기쁨—를 일상의 삶에서 보다 자주 경험하도록 도울 수 있는 두 가지 훈련법을 제공하려 한다.

목적이 아닌 수단으로서의 긍정적 정서들

긍정적 정서가 마음을 연다

확장-형성 이론의 첫 번째 견해는 긍정적 정서 상태가 중립적이거나 부정적인 정서 상태보다 주변에 있는 맥락정보를 일시적으로 더 많이 취할 수 있도록 함으로써 사람들의 자각을 확장한다는 것이다(Fredrickson, 1998, 2001). 긍정적 정서가 가지고 있는 일시적인 인지효과는 다양한 실험실에서 광범위하고 엄격한 통제 속에서 실시되었던 실험들에 의해 증명되어 왔다. 예를 들면, 1,000분의 1초까지 반응시간을 측정하는 기계(Rowe, Hirsh & Anderson, 2007)와 안구 추적 기술(Wadlinger & Isaacowitz, 2006)을 사용하여 미세한 행동 반응을 측정하는 실험이 포함된 행동실험(Fredrickson & Branigan, 2005)을 실시한 결과, 실험적으로 유도된 긍정적 정서 상태에서 사람들의 시각적인 주의 범위가 넓어지는 것이 증명되었다. 더욱이 뇌영상 실험들(예, 기능적 자기 공명 영상)을 보면, 긍정적 정서 상태에 있는 사람들은 아주 초기에 지각을 부호화하는 단계에서 시야가 더 확장되는 것으로 나타났다(Schmitz, De Rosa & Anderson, 2009; 그밖에 Soto et al., 2009 참조). 따라서 긍정적 정서는 말 그대로 자신을 둘러싼 세계에 대한 사람들의 견해를 확장시킨다.

긍정적 정서가 가져오는 자각의 확장이 비록 정서 그 자체와 마찬가지로 미세하고 짧은 순간이지만, 창의성 증가와 긍정적으로 관련되어 있고(Rowe et al., 2007), 자전적 기억(Talarico, Berntsen, & Rubin, 2009), 통합적인 결정(Estradea, Isen, & Young, 1997), 시험 및 업무실적(Bryan & Bryan, 1991; Staw & Barsade, 1993), 대처능력과 회복력(Fredrickson, Mancuso, Branigan, & Tugade, 2000; Tugade & Fredrickson, 2004), 대인관계에서의 신뢰(Dunn & Schweitzer, 2005), 사회적 연결(Johnson & Fredrickson, 2005; Waugh & Fredrickson, 2006), 공동작업(Sy, Cote & Saavedra, 2005), 그리고 협상

능력(Kopelman, Rosette, & Thompson, 2006)에도 유익하다고 한다. 간단히 말하면, 개방적이고 유연한 자각은 긍정적 정서 상태의 핵심 요소다.

긍정적 정서가 삶을 바꾼다

확장-형성 이론의 두 번째 원리는 긍정적 정서에 의해 촉발된 확장된 자각의 순간적 상태가 시간이 지나면서 궁극적으로는 사람들의 삶을 더 좋게 재구성하는 영속적인 개인적·사회적 자원을 형성하기 위해서 숙석되고 합성된디는 것이다(Fredrickson, 1998, 2001, 2009). 이것을 심리치료 맥락에서 보면, 내담자들에게 긍정적인 정서를 스스로 생성할 수 있는 구체적인 기술을 가르치는 것은 — 다시 말해서, 매일 긍정적 정서 섭취를 증가하도록 함으로써— 미래의 고통을 최소화하고, 웰빙을 배양하도록 돕는 자원과 회복력을 형성한다는 것을 의미한다. 최근 무작위 통제 실험에서 긍정적 정서를 스스로 생성하는 수단으로서 자애명상loving-kindness meditation: LKM의 효과를 자주 시험해 오고 있다. 광범위한 자기보고를 통한 연구결과는 자애명상수행이 긍정적 정서를 신뢰롭게 향상시킨다고 지적한다. 그러한 효과가 영속적으로, 그리고 널리 파급되는 긍정적 감정이 지속적으로 증가하는 것이 실제로 가능하다는 사실을 시사하며, 특히 명상훈련에 좀 더 많은 시간을 투자한 사람들에게서 그러한 효과가 나타난다(Cohn & Fredrickson, 2010; Fredrickson, Cohn, Coffey, Pek, & Finkel, 2008).

무엇보다 중요한 것은 자애명상훈련을 통한 긍정적 정서 증가가 또한 마음챙김, 환경에의 숙달, 다른 사람들과의 긍정적 관계, 그리고 건강증진에 대한 자기보고를 증가시켰다는 사실이다. 다시 말해서, 그렇게 증진된 자원들은 우울증상을 감소시키고, 삶에 대한 만족감을 증가시킨다는 것이다(Fredrickson et al., 2008). 자애명상이 일상의 긍정적 정서를 증가시킴으로써 신체적 건강과 행동의 유연성의 표지인(Thayer & Sternberg, 2006) 심장 미주신경의 증가를 보여 주고 있다(Kok et al., 2010). 긍정적 감정상태를 배양하는 것의 심리적 이점과 장기건강에 관한 초기연구는 심리치료에서 긍정적 감정의 가치를 고려하는 데 확실한 논리적 근거를 제공한다.

상향 증가 대 하향 증가(상향 나선 역동 대 하향 나선 역동)

긍정적·부정적 정서는 모두 인간의 주의나 생각, 동기, 행동을 바꾸기 때문에 사람을 아래로 끌어내리거나 위로 올라가게 할 수 있는 자기영속적 역동— 또는 나선진행—을 촉발한다. 실례로, 화, 스트레스, 또는 슬픔과 같은 부정적인 정서들은 사람의 주의를 편협하게 만들고, 추가적인 사회적 마찰이나 고립으로 인해서 더 많은 화, 스트레스, 슬픔을 촉진시키는 일관된 감정평가 패턴을(예를 들어, 비난, 위협 또는 상실) 강화한다. 그러한 악순환은 치료사들에게는 너무나 익숙한 하향적인 나선진행의 발생을 지속시킨다.

확장-형성 이론에서 긍정적인 정서는 상대적으로 상향 나선 역동을 창조하고, 긍정적 정서에 수반되는 확장된 자각은 스트레스 상황에서 한발 뒤로 물러서게 하거나, 중심에서 벗어나게 하고, 보다 긍정적으로 평가하도록 함으로써 더 많은 긍정적 정서를 경험하도록 만든다. 상향 나선 방향으로 진행될수록 회복력과 웰빙을 창조하고, 사회적 연결을 위한 더 많은 기회가 만들어진다. 현재 일련의 잠재적인 연구들이 그와 같은 상향 나선 형태의 역동적 진행을 증명해 왔다(Burns et al., 2008; Cohn, Fredrickson, Brown, Mikels, & Conway, 2009; Fredrickson & Joiner, 2002; Kok & Fredrickson, 2010). 나는 최근에 동료들과 함께 심리치료에 생산적으로 적용하기 위해서 상향 나선진행이 어떻게 신경가소성을 이끌어 가는지에 대한 윤곽을 그리고 있다(Garland et al., 2010).

확장-형성 이론의 임상적 적용

확장-형성 이론은 긍정적 정서가 자연적인 선택의 힘에 의해서 어떻게 형성되는가를 설명하려는 데서 출발했다. 핵심은 시간과 함께 반복된 경험을 통해서 순간적인 유쾌한 상태가 생존을 위한 인간 조상의 자원을 증가시켰다는 사실이다. 이 이론을 처음에는 전형적인 삶의 스트레스 속에서 살고 있는 건강한 모집단에서 일차적으로 실험했다. 최근에는 임상 과학자들이 우울, 근심, 그리고 정신분열증과 같은 정서적 기능장애와 결핍을 가진 심리적 장애를 내상으로 임상에도 이 이론을 적용하고 있다(재검토를 위해 Garland et al., 2010 참조). 예를 들면, 쾌락 불감증(즐거움의 감소)anhedonia, 무욕증(동기 감소)avolition, 비사교성(대인관계 욕구 감소)asociality, 실어증(말의 감소)alogia, 그리고 감정의 둔화(정서표현의 감소)를(Johnson et al., 2011; 그밖에 Johnson et al., 2009 참조) 포함하는 정신분열증의 부정적 증상을 다루기 위한 수단으로 자연발생적인 긍정적 정서를 좀 더 자주 드러내기 위해서 자애명상을 이용한 예비실험에서 기대할 만한 결과가 나왔다. 마찬가지로 초기 증거들은 우울과 불안 장애는 심상(Rudd, Joiner & Rajab, 2001; Tarrier, 2010)이나 긍정적 재평가(Garland, Gaylor & Park, 2009)를 통해 긍정적 정서를 더 많이 두드러지게 배양하는 인지행동치료를 사용해서 성공적으로 치료할 수 있다고 제안한다. 이와 같이 유망한 초기 연구결과들이 연민심과 지혜가 가지고 있는 긍정적 상태가 임상의 치료기제가 될 수 있는지의 여부를 탐색하고 있다는 것은 아주 흥미로운 일이다.

확장—형성 이론의 관점을 통해서 본 연민심과 지혜

확장—형성 이론에 의해서 조명된 핵심 과정은 한순간의 긍정적 정서와 마음 상태도 궁극적으로는 개인의 지속적인 특성과 마음의 습관을 재구성하고, 성장과 변화를 촉진하는 역동적인 상향 나선진행을 촉발할 수 있다는 것이다. 그러한 관점에서 연민심과 지혜는 각각 찰나적 상태인 동시에 영속적인 성격 특성으로 볼 수 있다. 다음은 그러한 관점을 좀 더 구체적으로 설명한다.

상태로서의 연민심과 지혜

나는 지난 10년간 기쁨, 감사, 평온, 관심, 희망, 긍지, 즐거움, 영감, 경외, 그리고 사랑을 포함하는 열 가지 긍정적 정서를 연구 대상으로 삼아 왔다. 단 하나의 요소를 제외하고, 나는 사람들이 가장 자주 느끼는 긍정적 정서를 시작으로 이들의 상대적인 빈도에 따라서 목록을 작성했다. 그 하나의 예외는 사랑이다. 사랑의 느낌, 친밀 또는 신뢰는 적어도 내가 실험해 온 성인의 경우에서는 사람들이 가장 자주 느끼는 긍정적 정서다. 정서에 관한 이론가들이 사랑을 가장 아름다운 것으로 보기 이전부터, 시인, 예술가, 그리고 작가들이 이미 그렇게 생각했을 것이라고 짐작하는 것도 일리가 있다(Fredrickson, 2009; Izard, 1977). 즉, 사랑의 상태, 그 순간은 실제로 나머지 아홉 가지의 긍정적 정서를 포함하고 있다. 기쁨, 감사, 평온, 기타 등등.

나머지 긍정적 정서가 작용하는 맥락은 사랑과 배역을 바꾼 셈이다. 사랑은 안전, 빈번한 친밀, 관계의 맥락에서 경험된다. 그 예로, 초기단계의 관계에서 첫 매력에 사로잡힌 사람들은 그 상대가 무엇을 말하고 행동하는지, 모든 것에 깊은 관심을 갖는다. 그들은 즐거움을 함께하고, 처음 함께할 때는 어색하기 때문에 서로 자주 웃는다. 관계가 형성되고 기대를 능가하면 매우 큰 기쁨을 느낀다.

그들은 미래를 함께하려는 희망과 꿈을 나누기 시작한다. 관계가 점점 더 견고해짐에 따라 그들은 서로의 사랑에 대한 안전함에서 오는 안락한 평온함에 기대게 된다. 이 단계에서 사랑하는 관계에 있는 사람들은 그들의 삶에 사랑이 찾아왔다는 기쁨에 감사를 느끼고, 자신만의 사람이 있다는 성취감으로 인한 긍지로 자신들의 선한 자질에 의해 영감을 받을 것이고, 아마도 그들이 서로를 만나고 함께할 수 있도록 해 준 우주의 힘에 경외를 느낄 수도 있다.

그러한 즐거운 순간의 상태는 사랑의 상태와 동등하게 설명될 수 있다. 이와 같은 관점으로 사랑을 이해하는 것은 안정된 관계로서 설명하는 것이 아니라 사랑을 성쇠하는 일시적인 상태로서 이해하는 우리의 능력을 예리하게 만든다. 가장 기본적인 형태에서의 사랑은 다른 사람들과 신뢰롭게 연결되는 것에서 오는 긍정적 정서다. 우리가 그 속에서 상호연결성과 기쁨을 알아차리게 될 때, 우리는 사랑을 경험한다. 여기서의 핵심은 열린 수용인데, 그것은 말로 표현할 수 없는 사랑의 독특한 특징으로 나타난다. 상대를 향해서 마음이 기울고, 머리가 그쪽으로 숙여지고, 우호적으로 되고, 친절해지고 싶고, 돌봄과 관심을 주고 싶은 충동을 불러일으킨다. 그것은 '당신이 만약 ……(이러이러)할 때나 ……(이러저러)하는 한 당신을 사랑한다.'라고 말하는 조건적인 사랑이 아니다. 그런 조건들은 다른 사람을 바라보는 어떤 고정된 방식에 집착하거나 혹은 진실로 열려 있고, 깊숙한 사랑의 순간 안에 내재된 개방성을 거부하는 경직성을 설명하는 것이다.

열려 있고 수용하는 사랑의 상태는 연민심의 상태와 서로 밀접하게 엮여져 있다. 실제로 연민심은 사랑의 주요한 변형으로 볼 수 있다. 우리와 연결된 다른 사람(존재)이 고통을 겪을 때마다 사랑과 연민심은 하나가 되고 같아진다(1장 참조). 고통이 널리 퍼져 있을 때 연민심의 가치는 더더욱 널리 퍼진다. 나아가 우리가 친절, 밝은 눈길, 그리고 열린 수용으로 고통을 겪고 있는 이들과 연결될 때 우리는 자연스럽게 돌보게 되거나 돕게 되고 주고 싶어진다. 연민심을 느끼는 그 자체가 우리에게 다른 사람의 고통을 완화하기 위해서 뭔가를 할 수 있도록 영감을 준다. 연민심은 행동을 유발한다.

　사랑이나 연민심과 같은 긍정적 정서가 사람들의 찰나적 자각을 확장하는 만큼 그들의 찰나적 지혜 또한 증장시킨다. 심리치료사들은 지혜를 균형과 웰빙을 이루기 위해서 외형적으로 서로 모순되는 것처럼 보이는 것을 전체적이고 통합적으로 보는 능력에 특별히 강조점을 두면서 '삶에 대한 근원적·실용적 전문지식'으로 정의했다(Baltes, Glück & Kunzmann, 2002; 그 밖에 Sternberg, 1998과 1장 참조). 전체적 관점에서 볼 수 있는 확장된 자각이 지혜가 가지고 있는 핵심적인 측면이라고 볼 수 있다. 자각의 범위가 시간이 지남에 따라 역동적으로 변화하는 것을 인식하면서 ─이것은 부정적 정서를 감소시키고 긍정적 정서를 증가시킨다─ 연민심의 순간과 지혜의 순간은 함께 손잡고 나아가게 될 것이다.

　평정심equanimity이라는 용어는 그러한 상태에서의 지혜를 설명하기에 적절해 보인다. 사랑과 연민심의 맥락에서 평정심은 최선을 다하려는 바람과 노력에도 불구하고, 우리와 우리가 사랑하는 이들이 여전히 수시로 고통을 겪을 것이고, 그 고통은 뿌리 깊은 우리 마음의 습관과 관련되어 있다는 사실을 자각하는 것이다. 평정심에 대한 폭넓은 자각은 연민심의 순간에 일어나는 개방성과 수용성을 지지해 준다. 평정심은 타인을 돌보고 관심을 주는 우리의 예기치 않은 우발성에 집착하지 않고, 다음에 무엇이 오든지 기꺼이 그것을 ─이를 테면, 우리가 돕고자 했던 노력이 실제로 고통을 완화시킨 우연성(6장 참조)─ 수용하도록 해 준다.

연민심과 지혜의 특성

　확장-형성 이론에 따르면, 내담자와 우리 자신에게 사랑과 연민심의 순간을 스스로 생성하도록 가르치는 것, 그리고 그렇게 하는 것이 가치 있는 일임을 자주 지지하는 것은 지혜와 평정심을 지탱하는 확장된 자각에 전념하는 정신적 상태의 순간을 발생시킨다. 시간이 지나면서 그러한 순간들은 지속적인 특성으로 재구성하기 위해서 축적되고 혼합된다. 그것은 다시 연민심과 지혜의 지속적인 새로운 자원을 만드는 잠재력을 유지하고, 웰빙과 건강을 촉진한다. 연민심과 지혜가 자동적이고 습관화되면 특성이 된다. 다시 말해서, 사람들이 특정한 정서적인 정신적 상태를 경험하는 역치수준이 낮고, 다양한 상황에서 드러날 때, 그렇게 빈번하게 일어나는 상태는 하나의 특성으로 간주될 수 있다. 이는 어떤 순간이나 한 상황에서 단순히 반응하는 것이 아니라, 보다 일반적이고 지속적인 특징을 말한다.

그러므로 성격은 어느 정도 가소성이 있고 습관적인 정서와 마음의 상태를 바탕으로 시간이 지나면서 변화 가능한 것이다. 일상에서 사랑, 연민심, 그리고 다른 긍정적 정서의 섭취량을 늘림으로써 우리는 기질 발달과 심리적 성장에 영양을 공급한다. 우리가 좀 더 연민적이고 지혜로운 공동체를 만들고 싶어 한다면, '아주 미세한 순간'의 사랑스러운 사회적 유대에 우리의 주의를 돌리고, 그러한 미세한 순간을 좀 더 자주 배양하는 것부터 시작하면 된다.

자기발생적인 긍정적 정서 훈련

자애명상

긍정적 정서가 결과적으로 개인적 자원을 형성한다는 가설을 검증하는 나의 최근 실험은 우리가 이미 접했던 불교의 마음훈련 수행법인 자애명상Loving-Kindness Meditation: LKM(Germer, 2009; Salzberg, 1997)에 의지하고 있다. 명상에 관한 대부분의 서양 과학이 마음챙김명상에 집중되어 있는 데 반해, 나는 자애명상의 효과를 연구하기로 했다. 왜냐하면 자애명상은 보다 직접적으로 긍정적 정서를 불러일으키는 것을 목표로 삼고 있고, 특히 관계 안에서 행해지기 때문이다. 자애명상은 선한 의지와 따뜻한 느낌, 그리고 자신과 다른 이들에 대한 돌봄을 증가시키는 개인의 습관적인 반응을 조건화하기 위해서 사용하는 기법이다. 다른 명상훈련과 마찬가지로, 대개 앉은 자세에서 눈을 감고, 호흡과 심장 부위에 초점을 맞추는 고요한 명상과 관련되어 있다. 초보자들은 10분 정도로 한다. 수행이 좀 더 친숙해지고 편안해지면, 가능하면 매일 25분을 목표로 좀 더 긴 명상을 할 수 있다. 무작위로 통제된 실험을 통해서 드러난 바에 의하면, 불과 2~3개월이 지나자 수행의 이로움이 넓은 범위에서 나타난다(Fredrickson et al., 2008).

　자애명상은 비록 시각적인 이미지 그 자체보다는 사랑과 연민심의 느낌을 목표로 하지만, 약간은 유도된 심상과도 같다. 어떤 이들에게는 자애명상은 달콤하거나 비현실적으로 보여서 처음에는 낯간지러울 수도 있다. 그 같은 반응은 평정심의 지혜수행과 균형을 맞춤으로써 희석될 수 있다. 이 수행은 고통의 실상과 필연성, 그리고 고통을 일으키는 조건뿐만 아니라 사람들 사이에 존재하는 거대한 상호연결성과 모든 인간의 본질적인 유사성에 대한 자각을 가볍게 불러일으키는 것이다. 그러한 의미에서 자애명상의 핵심인 행복과 웰빙에 대한 바람을 제시하는 것이다.

자애명상

- 이 고요한 순간, 당신 심장의 감각에 주의를 두고, 당신이 이미 따뜻하고, 부드럽고, 연민적으로 느끼는 한 사람을 생각하세요. 그 대상은 여러분의 아이, 배우자, 심지어 애완동물이 될 수 있습니다. 단지 생각하는 것만으로도 당신을 미소 짓게 만드는 누군가를 생각해 보세요. 당신의 목표는 당신이 사랑을 느끼는 그 대상과의 연결을 마음속에 떠올림으로써 자연스럽게 따뜻하고 부드러운 느낌이 일어나게 하는 것입니다.

- 당신 안에 진실한 따뜻함과 친절함을 만들어 내어 일단 그러한 사랑과 연민심의 부드러운 느낌을 유지하면서 당신이 선택한 특정한 사랑의 대상에 대한 이미지를 부드럽게 내

려놓으세요. 그런 다음 단순하게 심장영역에 있는 느낌을 유지하세요.

• 이제 그 따뜻한 느낌을 당신에게로 확장합니다. 당신은 이제 막 태어난 아기를 소중히 여기듯이 그렇게 깊숙하고 순수하게 당신 자신을 소중히 대해 줍니다. 많은 이들에게— 특히 서양인들에게—이것은 큰 장애물입니다. 우리는 우리의 사랑을 내면으로 향하게 하는 것에 익숙하지 않습니다. 진심으로 그렇게 우러나도록 하는 데는 인내와 연습이 필요합니다. 처음에는 사랑을 자신에게로 향하게 하는 데 많은 시간을 보낼 수도 있습 니다.

• 전통적인 자애명상은 자신에게 소리 없이 반복하는 한 묶음의 진술과 함께합니다. 말 자 체는 그들이 불러일으키는 감성이나 정서만큼 중요하지 않습니다. 당신의 가슴을 가장 크게 울리는 방법으로 진술문을 바꾸어 표현해 보세요. 전통적인 진술문은 다음과 같습 니다. '이 사람(또는 나, 우리, 그, 그녀, 또는 그들)이 안전함을 느끼기를, 그들이 행복하 기를, 그들이 건강하기를, 그들이 편안하기를.' 이 문구를 천천히 그리고 소리 없이 당신 자신에게 반복해 보세요. 당신의 주의를 당신 자신으로부터 다른 이들을 향해 끊임없이 원으로 확장시키면서 이동할 때, 진실한 따뜻함과 부드러움이 배양되도록 해 보세요.

• 이번에는 당신의 따뜻함, 부드러움, 그리고 연민의 느낌을 다른 이들에게 발산해 보세요. 처음에는 당신이 잘 아는 사람에게, 그다음은 당신의 친구와 가족 모두를 점차적으로 마 음으로 불러옵니다. 그리고 나서는 당신과 연결되어 있는 모든 사람, 심지어는 마지막으 로 통화했던 서비스 직원과 같이 거리가 먼 사람에게까지 당신의 따뜻함과 연민의 느낌 을 발산해 보세요.

• 종국에는, 이 세상 모든 사람과 존재에게 당신의 사랑과 친절함의 감정을 확장합니다. 그렇게 함으로써 당신이 사는 도시, 나라, 대륙, 그리고 마침내 지구 전체를 마음에 떠올 립니다.

• 명상을 끝냈을 때, 당신의 수행 목표가 당신의 심장과 정서를 조건화하여 당신이 원하는 때는 언제든지 보다 쉽게 그와 같은 친절함과 따뜻함의 감정을 생성할 수 있도록 하기 위함이라는 사실을 당신 자신에게 부드럽게 상기시킵니다.

규칙적인 자애명상훈련이 실제로 다른 사람들과의 상호관계에서 좀 더 쉽게 기쁨을 발견하도록 만들어 준다는 경험적인 증거들이 있다(Fredrickson et al., 2008).

긍정 포트폴리오

자애명상만이 연민심이나 지혜와 같은 긍정적 마음상태의 일상적 섭취를 증가시키는 유일한 방법은 아니다. 나는 『긍정Positivity』이라는 나의 책에 그와 같은 방법을 사용하는 열두 개 이상의 기술들을 증거에 근거해서 설명했다 (Fredrickson, 2009). 나는 심리치료에서 내담자를 포함해서 긍정 심리학의 새로운 과학이 삶을 좀 더 행복하고 쾌활하며, 활기차도록 도울 수 있는가를 배우고 싶어 하는 일반 사람들에게 자료를 제공하고자 하는 의도에서 이 책을 썼다. 내가 『긍정Positivity』에서 추가로 서술한 한 가지 기법은 열 가지 각각의 긍정 정서를 불러내기 위해서 그림, 인용구, 사물, 그리고 다른 추억거리들의 포트폴리오를 만들고 사용하는 과정이다. 실제로 폴더든 디지탈화된 조합이든 이들 긍정 포트폴리오는 가장 필요로 할 때 특정한 긍정적 정서를 다시 불러일으키는 개인의 역량을 맞춤화할 수 있게 돕는다. 기분이 언짢거나 부정적 정서가 급속히 번져서 하향 나선형 진로로 끌어당겨지는 위협을 받을 때, 긍정 포트폴리오positivity portfolio는 영양분이 많은 긍정 상향 나선형 진로로 돌아오는 길을 발견하도록 영감을 주어 삶의 생기를 불어넣는 게임 변화기가 될 수 있다.

긍정 포트폴리오

한 가지 특정한 효과적인 긍정 포트폴리오는 사랑에 초점을 맞춥니다. 당신 자신의 것을 만들기 위해 다음 질문에 답해 봅니다.

- 당신은 언제 당신과 다른 사람 사이에 사랑의 따뜻함을 느끼나요?

- 당신은 언제 친밀감, 안전, 안정, 그리고 신뢰를 느낍니까?

- 언제 당신의 관계가 긍정의 형태—기쁨, 감사, 평온, 관심, 희망, 자신감, 재미, 감흥 또는

경외심─를 촉발하나요?

• 당신은 언제 당신의 연인이 특별하다는 것을 인정하게 되면서 기대고 싶어지나요?

• 당신은 언제 사랑하는 이와 함께하고 싶고, 함께하면 즐겁고, 그/그녀를 소중하게 대하고, 또 그/그녀가 발하는 영광의 '빛'을 즐기며 쉬고 싶어지게 되나요?

다음은 보물을 찾으러 갑니다. 당신 안에 사랑의 정서를 다시 불붙이는 사진이나 추억거리를 찾아 보세요. 사랑 포트폴리오를 모으는 과정을 서둘지 마시기 바랍니다. 음미하고 즐기세요. 진실로 당신을 움직이는 포트폴리오를 만들면서 생겨나는 사랑의 감정과 함께 공명을 일으키세요. 당신 가슴에서 일어나는 내면의 작업을 반영하는 당신만의 성시를 만드는 겁니다. 영양사의 경우에는 그들의 고객에게 특정 음식에 대해서 어떻게 느끼는지 주의를 둘 것을 요청하지만, 여기서의 목적은 특정 활동, 환경, 그리고 생각의 흐름이 당신으로 하여금 어떻게 느끼게 만드는지에 주의를 기울이는 것입니다. 당신은 당신을 북돋우고 활기차게 하는 것과 더욱 익숙해질 때, 일상의 정서적 경험에 대한 통찰과 조절능력을 얻을 것입니다. 그리고 그것은 당신의 매일매일의 상호작용과 경험으로 이어질 수 있을 것입니다.

나는 나의 긍정심리치료 강좌에 등록한 학생들에게 한 주일 동안에는 특정한 긍정적 정서(예, 기쁨, 사랑, 감사)에 초점을 맞춘 포트폴리오를 만들게 하고, 그다음 주에는 부정적 정서 상태에 끌려 내려가는 것에 주의하도록 하고, 그때 긍정적인 감정을 다시 가볍고 진지하게 불러일으키게 하기 위한 의도로 긍정적인 내용을 반영함으로써 긍정적 정서 포트폴리오와 연결시키는 숙제를 준다.

이전에 내 강의를 들었던 1학년 학생 중 한 명인 패티Patty가 내 강좌에서 자기 학습일지에 기록했던 방식으로 포트폴리오를 사용한 경험을 여기서 공개할 수 있도록 허락해 주었다. 첫 주에 패티는 포트폴리오를 만드는 것이 즐겁고 편안한 경험이었고, 추억거리를 모으는 것이 단순히 과제여서가 아니라 재미있었기 때문에 계속했다고 썼다. 그다음 주에 패티는 자신의 가장 친한 친구(다른 대학의 1학년 학생)가 자신을 무시해서 좌절감을 느꼈고 화가 났다고 썼다. 그 사건은 패티가 자신의 포트폴리오를 꺼내게 만드는 단서가 되었다. 마음챙김으로 포트폴리오에 관여하면서 패티는 자신의 분노가 사라지는 것을 느꼈다. 패티는 기분이 좋아졌고, 더 열린 상태를 경험하게 되었다. 그 개방성은 자기 친구의 관점에서 상황을 볼 수 있게 해 주었고, 더 관대할 수 있게 만들었다. 사실 패티는 자기가 친구의 웰빙을 걱정했던 이유가 친구가 바쁘지 않고, 새로운 친구를 만들지도 않고, 새로운 대학 생활을 즐기지도 않기를 바랐기 때문이라는 사실을 스스로 인정했다. 계속 화난 상태로 그들의 우정이 끝나도록 내버려 두는 대신—패티는 과거에도 다른 친구와 그랬던 적이 있었음을 인정했는데—패티는 친구에게 자기 감정을 설명하는 솔직하고 연민 어린 편지와 함께 작은 선물(일종의 '가장 친한 친구' 부적)을 보냈다. 그 친구는 편지를 받고는 눈물을 흘리며 패티에게 전화를 했고, 그들은 전에 없던 가장 끈끈한 유대를 갖게 되었다. 1년이 지난 후 내가 패티와 연락했을 때, 그들의 우정은 돈독하게 지속되고 있다고 했는데, 이는 패티가 적절한 시기에 자기의 긍정 포트폴리오를 사용한 덕분이라고 했다.

　사람들이 사랑이나 연민심과 같은 긍정적 정서가 어떻게 작용하는지 이해하게 될 때 —그들이 마음을 열고, 미래를 바꾸고, 그리고 상향 나선의 역동성을 높이게 만드는 방법— 그들은 가슴에서 느껴지는 찰나적 경험을 보다 자주 배양하는 지혜를 더 많이 보게 될 것이다. 확장-형성 이론의 관점에서 보았듯이, 단순히 사랑과 연민심의 찰나 경험이 더 많이 드러나는 것이 치료과정의 최종 목표가 아니다. 그렇게 하는 것은 연민심과 지혜의 수준을 지속적으로 재구성하는 중요한 수단이 될 뿐만 아니라, 삶을 보다 만족스럽고 의미 있게 만드는 자원과 성격 특성의 요체가 될 수 있기 때문이다.

PART 2

연민심의 의미

고통은 피할 수 없는 것이다. 반면에, 고통은 또한 정확하게 사람들을 치유로 이끈다. 임상 치료사는 그들의 내담자가 그렇게 엄청난 슬픔을 어떻게 참고 성장할 수 있도록 도울 수 있을까? 연민심—비참함보다는 사랑과 같은 감정을 더 많이 느끼려는 긍정적 태도—이 도움이 된다. 연민심은 치료사로 하여금 두려움과 무력감, 혹은 역량이 부족하다고 느끼는 힘든 시기를 겪고 있는 내담자와 정서적으로 더 많이 연결된 상태에 머무를 수 있도록 만든다.

4장에서는 불교심리학에서 때로는 우리의 근원적·무조건적 본성이기도 한 연민심을 어떻게 이해하고 있는지 고찰해 볼 것이다. 5장에서는 연민심이 어떻게 고통 속에 매몰되거나, 비극적 삶의 과정을 벗어나지 못하는 인간을 여전히 충만함으로 바라볼 수 있게 하는 하나의 눈인지, 즉 하나의 앎의 방식인가를 보여 줄 것이다.

6장에서는 연민심의 범위 안에 우리 자신을 포함할 것을 상기시켜 준다. 자기연민(자애)이 정확하게 무엇을 의미하는지, 그리고 그것이 우리의 삶과 일에 어떻게 긍정적으로 영향을 미치는지 설명해 줄 것이다. 7장에서는 자기연민에 관한 주제를 치료의 목표로 확장하고, 심리치료 맥락에서 어떻게 연민적인 태도를 배양할 수 있는지, 그 훈련법과 제안들을 제시한다. 마지막으로 8장에서는 상대적으로 짧은 기간을 훈련하든 아니면 전 생애를 통해 수행을 하든 연민심 훈련이 어떻게 뇌의 기능을 변화시킬 수 있는지 보게 될 것이다.

4장. 불교심리학에서의 연민심

존 마크란스키|John Makransky

우리는 모든 것을 거부할 수 있다. 종교, 사상, 그리고 물려받은 모든 지혜도.
그러나 우리는 사랑과 연민심의 필요성에서 벗어날 수는 없다.
-텐진 갸초, 14대 달라이 라마(2001a, p. 234)

불교심리학에서 연민심은 공감의 한 형태다. 우리는 다른 사람의 고통을 우리 자신의 고통처럼 느끼면서 자연스럽게 그들이 고통으로부터 자유로워지기를 원한다. 잔인하고 화내는 것과 반대되는 연민적인 마음은 우리가 처한 실제 조건을 훨씬 더 익숙하게 이해한다. 그러므로 연민심은 우리의 기본적인 상황을 이해하는 지혜—고통의 내적 원인과 자유, 선善에 대한 우리의 잠재력—로부터 나온다. 불교의 관점에서 볼 때 지혜를 수반한 연민심은 정서치유와 내적 자유의 초석이다.

연민심은 또한 인간의 잠재력을 완전하게 일깨우는 모든 긍정적인 마음의 상태를 향상시키도록 배양하고 강화하는 정신적 역량으로 특징지어진다. 불교 심리학에서 경험의 패턴은 우리의 의도와 반응 습관을 기반으로 드러난다. "모든 경험의 현상은 그 전조, 우두머리인 마음을 가지고 있으며, 경험의 현상은 모두 마음이 만들어 낸 것이다."(법구경 Dhammapada, 1장, vss. 1, 2) 연민심과 사랑의 마음상태는 우리의 행복과 웰빙을 지지하고, 다른 사람에게서도 그 잠재력을 이끌어 내도록 돕는 반면에 잔인함, 악의와 시기하는 마음의 상태는 그 반대의 작용을 한다. 불교 명상체계에서 연민심은 강력한 명상적 통찰에 기반을 둔 '사무량심'이라 불리는 사랑-자慈, 연민심-비悲, 공감적 기쁨-희喜, 평정심-사捨와 깊은 관련이 있다. 요컨대 연민심은 내적 치유와 자신과 타인을 보호하기 위해서 혼란스러운 마음을 정화하는 힘으로 여겨진다.

연민심은 불교의 세 주요 전통인 테라바다 불교, 대승불교 그리고 금강승에서 천 년 동안 가르치고 수행해 왔다. 고통을 완화하기 위한 이 접근은 자신의 이익을 얻기 위해서 더 높은 힘에 대한 믿음을 요구하지 않는다는 점에서 종교라기보다는 심리학과 철학에 더 가까운 것으로 볼 수 있다. 임상 과학자들과 심리치료사들은 연민심의 개념을 체계적으로 탐색하기 시작했다. 이는 불교 전통이 아닌 서양 전통에서 불교의 연민심을 이해하는 데 도움이 될 것이다.

초기 불교와 테라바다 불교전통에서의 연민심

불교심리학에서 연민심은 존재들이 고통에서 자유로워지기를 바라는 기원과 관계되어 있기 때문에, '고통'팔리어 dukkha에 대한 불교적 이해는 연민심을 이해하는 데 결정적으로 중요하다. 붓다의 초기 가르침을 체계화한 동남아시아의 초기 불교에서는 세 가지 수준의 고통을 설명한다. 즉, 명백한 고통obvious suffering, 무상에서 오는 고통the suffering of transience, 자기중심적인 조건에서 오는 고통the suffeing of self-centered conditioning(Harvey, 1990; Nyanamoli, 1964)이다. 명백한 고통은 우리가 보통 고통이라는 단어와 관련짓는 모든 육체적·정신적 형태의 고통을 포함한다. 즉, 병과 신체적 손상으로 인한 고통, 늙음과 죽음의 고통, 슬픔의 고통, 정신적인 번뇌와 괴로움 등이다. 무상에서 오는 고통은 즐거움을 주는 것을 소유하고 붙잡고자 하는 헛된 노력에서 비롯된다. 마치 그것을 안전감과 웰빙을 가져다줄 수 있는 안정적인 자원인 것처럼 여긴다. 행복과 안전을 위해서 우리의 마음이 집착하는 일시적인 대상을 잃어버리게 되면, 삶 전반을 통해서 죽음에 이를 정도로 혹독한 고통을 유발하는 조건으로 바뀌게 된다.

자기중심적인 조건에서 오는 고통은 앞의 두 가지 고통의 근간을 이루는 고통이다. 그러한 형태의 고통은 변화하는 경험의 흐름으로 존재하는 자아를 마치 안전한 세상에 둘러싸여 있는 실체적이고 변화하지 않고 독립적인 것으로 간주하는 그런 자아감각을 창조하려는 마음의 무의식적인 시도에 내재되어 있다. 자신과 세상이 단단하고 변화하지 않는 것으로 조작하려는 끊임없는 마음의 시도는 결국 생각과 반응의 무수한 불안을 유발하는 조건으로 작용한다. 자신과 세상이 고정되어 있고 변화하지 않는다는 사실을 확인해 주는 것처럼 보이는 것은 무엇이든지 매달리고, 그 믿음을 위협하는 것처럼 보이는 것은 무엇이든지 두려워하고 미워한다(9장과 13장 참조). 이와 같이 자아와 타자의 존재에 대해서 우리의 마음이 제멋대로 조작하고 반응하는 감정을 조절하지 못하고 동요하는 것은 자기중심적인 조건화의 고통이다(Makransky, 2007).

우리는 대부분 무상의 고통과 자기중심적 조건화의 고통을 완전히 의식하지 못하지만 붓다가 보여 준 깨달음의 과정을 통해서 분명하게 알아차리게 된다. 사람들이 고통으로부터 자유로워지기를 바라는 붓다의 연민심은 이 세 수준 모두에 초점을 맞추고 있는데, 무상의 고통과 자기중심적인 조건화의 고통은 명백한 고통이 없는 때에도 존재한다. 그렇기 때문에 붓다의 연민심은 모든 존재에게 평등하게 베풀어진다. 그것이 붓다가 제자들에게 전한 공평하고 무조건적이고 일체를 포함하는 연민심이다.

마음챙김

붓다가 가르친 깨달음의 길에는 마음챙김이 핵심이다. 마음챙김을 배양하는 것은 판단 없이 현재 경험에 대한 자각을 배양하는 것이다(2장 참조). 앞에서 설명했듯이, 무상의 고통과 자기중심인 조건화의 고통은 구체화된 무의식적인 습관에 의해 영향을 받는다. 마음이 자신의 무상한 경험을 투사하여 자아와 세상으로부터 영속성을 생성하고, 집착하는 시도다. 마음챙김 자각에 의해서 변화하지 않는다는 망상에 집착하는 우리의 성향이 분명해질 때, 우리는 비로소 우리의 집착이 만들어 내는 불안과 불편함이 어느 정도인지를 새롭게 알게 된다. 그때 우리는 다른 모든 이들에게서도 동일하게 작동되는 잠재적인 고통의 층을 알아차리기 시작한다. 그러므로 자아의 본질이 무상하고 구성된 것이라는 통찰을 얻을 때, 자신과 타인에 대한 공감과 연민의 힘이 증가하면서 드러나게 된다. 우리 자신의 경험과 깨달음에서 우러나오는 그 같은 공감과 연민심은 온화하고, 수용적인 마음챙김의 자질을 제공하며, 더 많은 통찰력을 가능하게 한다. 그리고 종국에는 다른 이들의 의식적, 무의식적인 고통을 향해서 연민심을 증가시키고, 자각력을 향상시키도록 돕는다.

붓다가 말씀하신 고통의 가장 근본적인 원인, 즉 구체화되고 고정 불변한 자아에 대한 환상과 그와 관련된 집착과 혐오의 기만된 반응들은 깊은 통찰이나 지혜에 의해서 점차적으로 약화된다. 그와 같이 마음의 분별심을 잘라 내는 통찰은 우리로 하여금 타인을 본질적으로 우리 자신처럼 경험하도록 함으로써 그들을 향한 공감이 더욱 강화된다(Fulton, 2005). 그러한 통찰에 의해 고통의 내적 원인으로부터 온전히 자유로워질 때, 그것을 열반, 즉 자기집착에 의한 고통으로부터 완전히 자유로워졌다고 한다. 그와 같은 통찰을 통해서 점차 열반의 실현이 깊어질 때, 자신과 마찬가지로 타자에게도 그러한 내적 자유를 실현할 수 있는 잠재력이 있음을 깨닫게 된다. 그러므로 자유를 가져오는 통찰로부터 일어나는 연민심은 존재들에게서 느끼는 고통으로 인해서 좌절하거나 우울해하지 않는다. 오히려 고통으로부터 얻게 될 깊은 자유에 대한 그들의 잠재력을 마음속에 간직하게 된다. 연민심은 자신에게 내재된 잠재력을 유지하고, 그것을 덮어 버리는 생각과 행위에 도전하도록 만든다(Aronson, 1986; Makransky, 2007).

팔정도

연민심은 마음챙김과 통찰을 심화시키는 깨달음의 전 과정과 명백하게 연결되어 있다. 이는 붓다가 가르친 해탈을 위한 여덟 가지 바른 길(팔정도 八正道, eightfold path)에서의 올바른 마음챙김(정념 正念, right mindfulness)과 올바른 이해(정견 正見, right understanding)을 가리킨다. 연민심은 또한 팔정도에 속하는 나머지 여섯 가지 요소들—올바른 사유, 말, 행동, 생활, 노력, 집중—과도 분명하게 관련되어 있다. 무아에 대한 통찰에 의해서 알게 되는 올바른 사유인 정사유正思惟는 집착, 잔인함, 악한 의지를 멀리하고, 연민심과 사랑으로 향하게 하는 생각이다(Harvey, 2000). 그러한 생각은 올바른 말, 올바른 행동, 올바른 생활을 자극하는 의지력이다(Harvey, 2000; Rahula, 1974). 그리고 그러한 연민적인 생각과 행동은 깨달음의 길—우리들로 하여금 선한 마음상태를 육성하고 유지하도록 도와주는 몸과 마음의 절제된 에너지에 초점을 둔 돌봄—을 완성하는 데 필요한 일종의 노력을 자극한다. 올바른 집중은 명상 대상을 향한 초점화된 주의를 통해서 깊은 고요함을 배양한다. 그러한 집중을 성취하기 위해서 붓다는 사랑팔리어 metta, 연민심팔리어 karuna, 공감적 기쁨팔리어 mudita, 그리고 평정심팔리어 upekkha에 대한 집중명상을 자주 가르쳤다(Aronson, 1986). 집중명상을 통해서 이러한 마음상태가 치우치지 않고 포괄적으로 배양되면 이 네 가지 요소는 사무량심四無量心, four immeasurable attitudes이 된다. 사무량심은 어려움을 극복하고, 행복하고, 편안하게 살고, 도를 닦는 다양한 방식을 통해서 개인의 성장을 지지하고, 그리고 다른 사람도 그와 비슷한 마음의 상태가 될 수 있는 잠재력을 이끌어 내는 데 필요한 강력한 힘을 준다.

사무량심의 태도

테라바다 불교에서는 이익을 주는 사무량심四無量心의 배양을 강조해 왔다. 사무량심은 붓다 고사의 저서 『정화의 길The Path of Purification』(Nyanamoli, 1964)에 체계적으로 설명되어 있다. 여기서 사랑(혹은 자애)loving-kindness은 살아 있는 존재들이 행복과 웰빙을 경험하도록 바라는 솔직한 바람이다. 그것은 자기중심적인 집착이나 소유와 혼동되지 않는다. 사랑은 병리적인 의지나 공포를 향한 경향성을 잘라 버리고, 자신과 타자를 보호하는 것이 특징이다.

사 랑

붓다 고사의 설명에 의하면, 사랑을 배양하는 명상에서 사랑에 대한 소망은 처음에는 자신을 향하게 한다. 왜냐하면 모든 사람들이 우리와 마찬가지로 고통을 싫어하고 행복하기를 원한다는 점을 깊이 수용하기 위해서는 자기수용이 중요하기 때문이다. 처음에 우리는 '내가 잘 지내고 행복하기를, 내가 적과 위험으로부터 안전하기를.'과 같은 구절을 반복하면서 우리 자신에 대한 긍정적 기원과 사랑의 감정을 일으킨다(3장 참조). 자신을 향한 사랑의 감정과 기원이 형성되면 타인도 또한 행복해지기를 바란다는 사실을 깨닫게 되는데, 타인도 똑같이 행복하기를 바라는 기원으로 확장되는 것은 자연스러운 감정이다. 우리는 특히 영적스승이나 멘토와 같은 사랑의 감정을 강하게 이끌어 내는 사람에게로 기원을 확대하기 시작한다. 이어서 사랑에 대한 소망과 느낌을 사랑하는 친구에게로 확대한다. 사랑하는 존재를 향해서 사랑의 힘이 일어나게 되면 덜 분명한 대상을 향해서 적용한다. 처음엔 중립적인 사람(이전에는 그저 타인으로 생각되었으나, 이제는 사랑의 소망과 느낌의 대상)에게, 그 다음엔 적의를 품어 왔던 누군가에게로 향하게 한다. 점진적으로 모든 살아 있는 존재를 우리와 똑같이 인식하고, 즉 그들이 얼마나 피상적으로 보이는가에 관계없이 사랑받을 가치가 있는 존재라고 인식하고, 점차적으로 사랑의 기원을 확대해서 말 그대로 살아 있는 모든 존재들을 포함하는 것으로 확대한다. 이러한 명상은 우리의 마음을 무한한 포용, 안정감, 평정심, 그리고 즐거움이 함께하는 깊은 몰입의 상태로 이끈다(Aronson, 1980; Harvey, 2000; Nyanamoli, 1964; Salzberg, 1997). 그와 같은 집중은 더욱 깊은 명상적 몰입의 단계로 빠져들 수 있다. 붓다 고사의 3장에서(자세한 안내와 함께) '자애명상'으로 설명되고 있는 수행을 처음으로 완전하게 이름을 붙이고 체계화하였다.

연민심

이와 같이 배양된 사랑을 바탕으로 해서 우리는 고통으로부터 자유로워지기를 바라는 공감적인 기원인 연민심을 배양하는 준비를 갖추게 된다. 연민심은 잔인함을 향하는 성향의 근본 바탕을 잘라 버리는 정신적인 힘이다. 연민심을 고통에 대한 슬픔과 혼동해서는 안 된다. 왜냐하면 연민심이 존재들을 위해서 기원하는 것—고통으로부터의 내적 자유—은 깨달음으로 나아가는 붓다의 길 안에서 진실로 가능한 것이기 때문이다. 사랑의 연습을 통해서 모든 존재를 사랑스럽게 인식하고, 그들이 겪고 있는 고통을 비추어 보면 그들을 향한 연민심이 자연스럽게 일어난다. 사랑을 배양하는 초기에는 자신을 향한 사랑으로 시작한다는 사실을 상기해 보면, 연민적인 자기수용이 먼저 되어야 한다는 사실 또한 짐작할 수 있을 것이다.

붓다 고사에서는 처음에는 심한 불행을 겪고 있는 사람에게 초점을 맞추라고 가르친다. 왜냐하면 그런 이미지는 우리들로 하여금 고통을 겪는 사람이 자유롭기를 바라는 연민의 기원을 쉽고 강하게 불러일으키기 때문이다. 그런 다음 그와 같은 공감적 느낌을 갖는 마음을 우리의 친구, 그다음에는 중립적인 사람, 그런 다음에는 적개심을 품었던 사람으로 향하게 한다. 마침내 무한한 사랑과 연민의 기원이 모든 존재에게로 확장되면서 점차 미묘한 명상적 몰입의 수준으로 깊어지게 되고, 포괄적이고, 안정적이고, 기쁨에 넘치게 된다. 우리는 무상의 고통과 자기중심적인 조건화로 인한 고통을 상기하면서 현재 명백하게 고통을 경험하고 있지 않은 사람을 포함해서 일체 존재들을 향하여 연민심에 초점을 맞출 수 있다(Harvey, 2000; Nyanamoli, 1964).

공감적 기쁨

살아 있는 존재에 대한 사랑과 연민심은 그들이 행복해지고 그들에게 행운이 따를 때, 자연적으로 우리의 기쁨을 불러일으킨다. 그렇기 때문에 사랑 다음의 순서로 배양하는 것이 공감적 기쁨이다. 타인의 행복을 고요한 기쁨(흥분하거나 정신없이 반응하지 않고)으로 받아들이는 공감적 기쁨의 특질은 타인이 우리보다 더 잘하는 것에 대해서 질투하거나 혐오하는 경향을 밑바닥에서부터 잘라 내는 것이다. 수행을 할 때는 처음에는 '훌륭하다! 대단하다!'와 같은 생각으로 친구의 행복을 기뻐하면서 사랑하는 친구의 행복과 성공을 비추어 본다. 그런 다음 우리의 마음을 중립적인 사람의 행복으로, 그다음에는 적대시했던 사람에게로, 그리고 마지막으로는 세상 모든 존재에게로 돌린다.

평정심

평정심은 행복과 고통은 인생에서 누구나 겪는 엎치락뒤치락하는 경험에 반응하는 패턴과 의도에 의해서 조건지어진다는 사실을 인식하는 평화로운 고요함이다(Harvey, 2000). 평정심은 또한 모든 존재가 본질적으로 고통을 싫어하고, 고통에서 자유롭고 싶어 하고, 또 자유로울 수 있는 동일한 잠재력을 가지고 있다는 사실을 아는 평등심의 힘을 포함하고 있다. 그러한 특질은 사랑과 연민심, 공감적 기쁨을 모두에게 평등하게 확장하도록 만든다. 평정심은 공평하지 않고 치우치는 것을 단절하지만 무감각과는 다르다. 평정심의 배양은 첫째 중립적인 사람에게 초점을 맞추고, 그런 다음 사랑하는 대상, 깊이 존경하는 친구, 적대적인 사람, 그리고 마지막에는 세상의 모든 존재에게 초점을 맞춘다. 붓다고사는 평정심은 앞의 세 요소에 대한 명상을 통해서 도달되는 몰입 단계를 기반으로 하는 명상적 몰입의 가장 높은 단계라고 했다(Nyanamoli, 1964).

평정심과 다른 '무량한 태도'의 혼합은 그들의 순수성을 유지할 수 있도록 돕는다. 예를 들면, 평정심은 사랑이 애정의 대상에게 불필요하게 집착해서 발생하는 손상을 막아 준다. 평정심은 연민심이 우월감이나 동정으로 변질되는 것을 막아 주고, 공감적 기쁨이 근거 없는 들뜸에 빠지는 것을 보호해 준다. 3장에서 언급했듯이 평정심의 마음상태는 또한 지혜와 연합되어 있다.

이와 같은 방법으로 배양된 사랑, 연민심, 공감적 기쁨, 그리고 평정심의 사무량심은 고대 인도에서 전승되는 이야기에 나오는 신과 유사한 마음상태인 '네 가지의 신성한 거주처four divine abodes'라고도 부른다. 초기불교와 테라바다 불교 전통에서 연민심은 사랑, 기쁨, 그리고 평정심의 태도와 밀접하게 연결된 관계에서 배양될 때 가장 온전하게 깨달아진다. 더불어 그들은 오래되고 고결한 '긍정의 심리학'을 구성한다.

대승불교에서의 연민심

앞에서 언급한 테라바다 불교에서 깨달음의 길은 붓다의 제자들이 열반(고통으로부터의 내적 해방)에 도달함으로써 붓다의 가르침을 완성하는 수행모델이다. 열반에 도달한 자를 아라한arhats이라 부른다. 앞에서 말했듯이 테라바다 불교에서의 연민심은 사무량심의 각각의 길과 명백하게 연결되어 있지만, 고통으로부터 명백하게 해방시켜 주는 통찰력인 지혜만큼 핵심적인 것으로 여겨지지는 않는다(9장 참조). 통찰이나 지혜는 경험의 무상성과 무아의 본질을 인식하기 때문에 그 자체만으로도 구성된 자아에 대한 감각을 형상화하고, 집착하는 경향성으로부터 마음을 해방시키며, 고통의 가장 깊은 원인으로부터 자유롭게 한다. 그러므로 테라바다 불교에서 아라한이 되는 자유의 길의 핵심원리는 연민심이 아니라 통찰력이다(Aronson, 1980).

인도 불교발달에 새로운 움직임으로 '큰 수레'를 의미하는 대승불교가 기원전 1세기에 일어났다. 대승불교 전통에서는 연민심에 더 큰 비중을 두었는데, 왜냐하면 아라한과 달리 붓다의 깨달음과 아라한의 깨달음에 차별을 두기 위해서다. 붓다의 깨달음은 여러 세대를 거치면서 수없이 많은 사람을 이롭게 하는 방식으로 깨달음에 대한 통찰을 능숙하게 소통하는 힘이 있다. 실제로 아라한들을 능가하는 현존과 설법을 통해서 다른 이들에게 유익한 영향을 미치는 붓다의 힘은 붓다의 지혜가 아라한들의 지혜를 훨씬 더 뛰어넘는다는 사실을 가리키는 것으로 받아들여졌다. 왜냐하면 붓다의 지혜는 고통의 뿌리로부터 자신을 해방시켰을 뿐만 아니라, 수많은 사람을 본질적으로 동일한 자유로 이끄는 것이 가능했기 때문이다. 치우치지 않는 연민심을 오랜 기간 수행한 붓다는 타자를 아주 깊이 알고, 그들을 방편적으로 가르칠 수 있는 수준까지 지혜를 심화시켰다. 그러므로 연민심은 대승불교 전통에서 성장했고, 가장 완전한 깨달음의 형태에 내재된 지혜와 연민심은 궁극적으로 분리될 수 없는 것으로 보인다(Harvey, 2000). 이와 같이 아라한과는 다른 붓다의 차별적인 깨달음의 길을 따르는 사람들은 대승불교 전통에서는 보디사트바bodhisattvas라고 부른다. 이들이 따르는 깨달음의 길은 세상을 구제하기 위해서는 지혜와 연민심이 분리될 수 없음을 깨닫고 소통하는 길이다.

연민심과 공^空

대승불교전통에서 가르치는 지혜는 자신의 조건에 대한 통찰 뿐만 아니라, 모든 존재는 궁극적으로 분리될 수 없다는 인식을 통해서 연민 어린 친밀감으로 타인에게 개방하는 것이다. 대승불교는 테라바다 불교전통과 마찬가지로 현상은 영원하지 않으며, '나'나 '나의 것'으로 형상화된 것을 초월하도록 가르친다. 거기에 더해서 어떠한 종류의 현상도 독립적으로 존재하지 않고 변화한다는 사실을 추가적으로 탐색하도록 한다. 예를 들어, 나무로 만든 탁자는 그 자체로서 독립적으로 보이는 본질적인 하나의 개체처럼 보인다. 마치 이전의 원인, 조건, 또는 부분들과 관련이 없는 것처럼 보이고, 마치 관찰자의 마음이 만들어 내는 활동과는 아무 상관이 없어 보인다. 그러나 조사해 보면, 대승불교 경전에서는 그처럼 독립적으로 존재하는 탁자는 발견될 수 없다고 단언한다. 대신에, 그 탁자는 관찰하는 마음이 개념적으로 만들어 내는 정신적 작업을 통해서 분리되고, 스스로 존재하는 '탁자'의 형상으로 인지적으로 조직화된 무수한 원인들, 조건들, 그리고 부분들로 분석될 수 있다(9장 참조).

형상의 단계에서 나무로 만든 탁자는 목수, 나무들, 공기, 햇빛, 토양, 물, 지렁이, 곤충 등 탁자의 존재에 기여한 모든 원인과 조건으로부터 분리될 수 없다는 사실을 의미한다. 이들 각각은 다시 헤아릴 수 없이 많은 원인과 조건이 상호의존적으로 존재하며, 종국에는 각각의 물질은 모든 물질과 연관되어 있고, 각각의 생명체는 모든 다른 생명체와 연관되어 있음을 의미한다. 깊은 통찰 수준에서 독립적이고 분리된 것은 어디에서도 발견되지 않는다. 외형적으로 분리되어 있는 것처럼 보이는 모든 것은 실은 깊이 있게 조사해 보면 거기에 스스로 고립되어 존재하는 속성이 발견되지 않는다. 이것을 불교에서는 '공^{empty}, 산스크리트어 ^{sunya}'하다는 말로 표현한다.

대승불교를 통한 이해에서 현상의 독립적 속성이 비어 있다는 사실을 인식하는 통찰은 무상에 대한 통찰보다 고통의 내적 원인을 더 깊이 잘라 버린다. 즉, 경험을 구체화하고 집착하는 경향성을 더욱 완전하게 해체한다. 왜냐하면, 공空에 대한 지혜는 변화하지 않는다고 할 만한 어떤 독립적인 것도 발견할 수 없기 때문이다. 그러므로 현상의 공한 본질을 깨닫는다는 것은 '관찰자'와 '관찰 대상'을 이원화하는 구체화된 개념적인 구조를 초월하고, 모든 세상과 존재들이 궁극적으로 분리되지 않는 공간으로 인식하는 비개념적, 비이원적 자각으로 이완시킨다(Conze, 1973). 이것은 허무주의의 형태가 아니다. 왜냐하면 현상들은 상호의존적으로 발생되는 존재방식의 힘을 통해서 계속적으로 나타나고, 인간 존재들은 그러한 현상들이 마치 비어 있지 않고 모두 선천적으로 분리되고 독립적인 것처럼 물질과 서로의 존재들을 구체화하고, 집착하고, 반응함으로써 끊임없이 고통하고 있기 때문이다. 공에 대한 비이원적 지혜는 모든 존재들은 근본적으로 상호의존적인 공성으로 인해서 분리되지 않는다—(산스크리트어 dharmadhatu, 법계)—는 사실을 인식하는 것이다.

그러한 방식으로 세상의 공성을 깨닫는다는 것은 열반, 즉 경험의 공한 본질은 허공이 그 속에 존재하는 모든 형태들과 분리될 수 없는 것과 마찬가지로 열반이 상호의존적이고 변화하는 외형의 세계와 분리되지 않는다는 사실을 깨닫는 것이다. 그러므로 공에 대한 깨달음은 우리로 하여금 자신과 타자들이 독립적인 존재인 것처럼 구체화된 심상을 투사하면서 집착하거나 밀어냄으로 인해서 고통하는 모든 이들을 향해 무조건적인 연민심을 가지고, 세상에 집착하지 않고, 세상일에 참가할 수 있는 자유를 준다. 한 학자가 지적했듯이 "'이것'은 예를 들면, 보살은 그릇된 행동을 하는 사람들의 나쁜 성품이 타고난 실체가 아님을 알기 때문에 그들이 선을 향해 나아갈 수 있도록 이끌기 위해서 그들의 어깨를 쓰다듬을 수 있다는 것을 의미한다." 그와 같은 연민심의 본질은 또한 심리치료 실습—특히 남에게 해를 끼치는 사람들과 작업을 할 때—에서도 핵심이 된다.

모든 구체화와 집착을 넘어서는(고통의 내적 원인을 초월한) 공산스크리트어 sunyata

에 대한 비개념적 통찰은 고통의 원인에 계속해서 붙잡혀 있는 사람과 궁극적으로 자신으로부터 분리되지 않은 사람, 그리고 모든 이들을 향한 엄청난 연민심을 느끼는 것이다. 모든 것을 포용하는 연민심의 토대가 되는 깊은 통찰을 지혜바라밀산스크리트어 prajna-paramita이라고 부른다.

육바라밀

초기 대승불교 경전에서는 사무량심(사랑, 연민심, 기쁨, 그리고 평정심)을 대승의 가르침에 따라 명백하고 새롭게 언급하고 있다. 이제 아주 깊은 평정심은 지혜바라밀과 동일하다. 이는 분별을 초월해서 무조건적이고, 분리되어 있지 않으며, 공한 사물의 본질에 기반을 두고 있기 때문에 본래부터 안정적이고, 고요하며, 기대나 편견으로부터 자유롭다(Conze, 1973, 1979). 중생들이 자신의 경험에 집착함으로써 어떻게 고통받는지를 아는 지혜로부터 나오는 사랑, 연민심, 그리고 공감적 기쁨은 그들의 욕구수준에 맞추어서 궁극적으로는 완전한 자유에 이르게 하는 행동을 동기화시킨다. 그러한 행동은 '보시, 지계, 인욕, 정진, 선정'으로 설명된다(Conze, 1973, p. 199). 지혜바라밀과과 함께 이 다섯 가지 타자지향적인 행동을 깨달음을 향한 보살의 길을 구성하는 '육바라밀'이라고 부른다.

지혜와 연민심을 함께 기르기

1장에서 언급했듯이, 불교전통에서는 지혜와 연민심이 새의 양 날개처럼 서로 밀접하게 관련되어 있다고 본다. 비록 우리 모두가 지혜바라밀을 깨닫는 잠재력을 가지고 있지만, 원래 분리되고 독립적인 것으로 생각하면서 대상에 집착하는 우리의 뿌리 깊은 경향성은 그러한 가르침에 대해서 단순한 개념적 이해를 넘어서서 타인에 대한 우리의 반응에 근원적 변화를 가져올 수 있는 비개념적이고, 비이원적인 깨달음으로 이동하는 것을 어렵게 만든다. 모든 것을 포용하는 연민심의 일차적 반응은 세상에 대한 비이원적 지혜이기 때문에 그 지혜를 직접적으로 깨닫기 전에 연민심을 훈련하는 것은 마음이 지혜를 위한 잠재력과 조화를 이루게 하는 것이다. 다시 말해서, 보편적인 연민심을 기르는 것은 자아와 이원론에 집착하는 좁은 범위로부터 자유로워지도록 돕고, 비개념적인 지혜의 무한한 공空의 세계로 마음의 틀을 방출하는 용기와 힘을 준다. 결국 무한하고 분리되지 않는 공의 지혜를 기르는 것은 마찬가지로 무한하고 평등한 연민심을 더 많이 향상시키는 것이다(Harvey, 1990; Makransky, 2007). 그래서 인도 대승불교 전통에서 수행자들은 비개념적인 지혜를 깨닫기 위해서 그들의 마음에 힘을 실어주는 연민심 명상을 집중적으로 훈련하고, 그렇게 해서 비개념적인 지혜가 드러나면 그것은 다시 연민심을 강화하는 동력이 된다.

연민심과 지혜를 체계적으로 배양하는 방법은 8세기 인도 대승불교 스승인 카말라실라Kamalasila가 쓴 『명상의 단계The stage of Meditation』(Beyer, 1974b)에 설명되어 있다. 그는 사랑하는 사람, 중립적인 사람, 그리고 적대적인 사람을 향해서 연민심을 배양하고, 그리고 마지막으로는 세상의 모든 존재를 향해서 연민심을 기르는 것을 정점으로 하는 방법을 가르친다. 각 단계에서 우리는 우리 자신과 타인이 똑같이 세 가지 수준의 고통을 겪고 있으며, 그 고통으로부터 자유로워지고 싶어 한다는 사실을 사유한다. 우리는 또한 모든 이들이 상호의존적으로 연결되어 있다는 사실을 사유하고, 모든 이들을 고통받는 가족의 일원으로 동등하게 바라보는 법을 배우려고 노력한다.

눈치챘을지 모르지만, 이 명상은 테라바다에서 하는 연민심 배양과 비슷하다. 그러나 대승불교전통에서 연민심의 힘은 모든 이들이 고통에서 자유를 발견하도록 돕는 방편적 수단을 소유한 일종의 깨달음, 즉 붓다의 깨달음에 도달하고자 하는 강한 염원에 이르게 하는 경로다. 이러한 염원을 깨달음의 마음bodhicitta이라 부르는데, 이는 일체중생을 구제하기 위해서 연민심과 지혜의 방편적 수단을 완전하게 깨닫고자 하는 보살의 서원에 의해서 강화된다(Beyer, 1974b). 신성한 서원에 의해서 힘을 얻은 보살은 비개념적인 지혜가 싹틀 때까지 모든 경험에는 실체적 본질이 없음을 조사할 수 있도록 충분한 안정을 주는 집중명상의 단계에 들어간다. 그렇게 해서 공에 대한 지혜가 싹트게 되면, 공한 것에 매달려서 고통받는 모든 이들을 위한 보살의 연민심이 강화된다. 그것은 다시 마음이 더 많은 지혜로 성장하도록 힘을 준다(Beyer, 1974b, p. 110). 이와 같이 연민심과 지혜의 동반상승효과는 붓다의 깨달음의 경지로 가는 길인 육바라밀의 보살 수행을 통해서 이루어진다. 자신의 시간, 에너지, 수행, 자원, 그리고 어떤 방식으로 존재하든 그 힘을 연민심으로 제공하는 육바라밀의 각 단계는 존재들의 고통을 덜어주고 편안하게 하도록 도울 것이다. 한편으로는 그러한 모든 활동은 본질적으로 공하다는 사실을 깨닫는다.

그와 같은 인도의 훈련체계에서 비롯된 티베트 대승불교 수행체계에서는 자애의 원천으로서 자신의 어머니를 떠올리고, 그 사랑에 보답하고자 하는 자연스런 반응을 이끌어 내는 방법으로 연민심을 배양한다. 그러한 사랑의 반응은 모든 존재를 과거생의 자신의 어머니로 생각하게 하면서 그들에게 전이된다. 그리하여 그들이 받고 있는 세 가지 수준의 고통은 모든 것을 포용하는 자신의 연민심의 대상이 된다. 그러한 연민심은 중생들로 하여금 자신의 잠재력을 온전하게 깨닫도록 도움으로써 고통으로부터 자유를 발견하도록 돕고자 하는 염원을 일으킨다(Harvey, 2000; Makransky, 2007).

자신과 타자의 교환

자신과 타자라는 개념은 본질적으로 조작된 것이라는 사실을 지적한 8세기의 유명한 인도의 스승인 산티데바Santideva는 우리의 세계를 연민심과 지혜의 표현으로 재구성하기 위해서 자아와 타자라고 하는 조작된 개념을 어떻게 재적용

할 수 있는가를 보여 준다. 그리하여 우리를 보살의 길로 들어서게 만든다. 산티
데바는 자신과 타자가 그저 '강의 이 둑과 저 둑'의 관계처럼 상대적이고 개념적
인 것이라고 주장한다. 본질적으로 어느 쪽 강변도 '서로 다른 강변'일 수 없다
(Harvey, 2000). 마찬가지로, 다른 존재를 본질적으로 다른 '타자'라고 생각하는 것
은 인식의 오류다. 왜냐하면 '자아'라는 것은 자신의 관점으로부터 나온 것이기
때문이다. 우리 모두의 가장 깊은 잠재력 속에는 행복을 갈망하고, 착각하는 패
턴을 가지고 있다. 그리고 모든 것은 공空한 자신으로부터 분리되어 있지 않고,
일체와 상호의존적이다(Wallace & Wallace, 1997). 그러한 방법으로 자신과 타자의
동질성을 사유하고, 자신과 타자, 그리고 연합된 감정의 일상적 조작을 뒤집을
때, 우리의 마음에 일어나는 엄청난 이익을 사유함으로써, 우리 자신을 중립적
인 타자로 느끼는 한편, 타자를 바로 우리 자신처럼 보는 탐험을 하게 된다. 그
러한 수행을 통해서 우리는 타자에게 집착하는 것 이상으로 우리 자신에게 집착
하는 엄청난 무게와 고통을 발견하고, 점차적으로 우리와 마찬가지로 그렇게 집
착하고 고통하는 모든 존재를 느끼고 인식하면서 연민심과 지혜를 불러일으킨
다(Wallace & Wallace, 1997).

티베트에서 이와 같이 '자신과 타자의 맞바꿈' 수행은 흔히 통렌tong-len 명상
형태에서 이루어지고 있다. 이 명상에서 우리는 타자의 고통을 우리 존재의 공空
한 바탕으로 가져오는 한편, 우리의 모든 행운과 웰빙, 그리고 자원을 타자에게
대가 없이 제공하는 것을 상상함으로써 자아와 타자를 교환한다(7장의 연민심 주고
받기 호흡 참조). 그러한 수행은 우리의 마음이 궁극적으로 타자와 우리 자신이 분
리되어 있지 않음을 깨닫는 공의 지혜를 확인하도록 돕고, 지혜의 가장 본질적
인 요소인 연민심이 표현될 수 있도록 만든다(Chödrön, 2001a). 통렌이 가지고 있
는 힘은 고통의 경험을 다시 상황에 맞게 변형해서 적용하는 방법을 제공한다는
것이다. 우리가 어려움을 겪고 있을 때, 우리 자신의 고통을 통해서 다른 수많은
사람들이 유사한 고통을 겪고 있다는 것을 알게 되고, 우리가 그들을 대신해서

고통을 겪음으로써 그들이 고통에서 벗어나게 된다고 즐겁게 상상하는 것이다. 이를테면 사람들은 자신을 타자로부터 고립시킴으로써 상실의 슬픔을 경험하는 경향이 있다. 그러나 이 수행에서는 상실과 슬픔에 대한 우리 자신의 느낌을 통해서 강한 공감대를 형성하고, 수없이 많은 다른 사람도 그와 같은 상실과 슬픔을 느끼고 있다는 것을 감지한다. 그러한 연결은 우리 마음이 스스로 고립된 느낌을 부여잡고 있는 것을 더 많이 내려놓을 수 있게 하고, 공空에 대한 본질적인 경험 안에서 이완되며, 궁극적으로 자신과 타자가 분리될 수 없음을 인식하고, 그 결과 타자와의 관계에서 더욱더 온전하게 현재에 머물게 되고, 봉사하게 되도록 만든다. 이러한 방법으로 통렌수행이 익숙해지면, 우리는 점점 우리의 모든 고통, 심지어는 죽음까지도 연민심과 지혜의 길로 가져가는 것을 배울 수 있다(Chödrön, 2001b; Makransky, 2007).

금강승(탄트라)에서의 연민심

8세기부터 인도에서 일어난 또 다른 불교 전통인 금강승Vajrayana(다이아몬드 수레)은 티베트와 아시아 지역의 히말라야로 불교가 퍼져 나가는 데 중심적인 역할을 했다. 앞에서 언급된 일부 가르침에 의하면, 몇몇 대승불교 학파에서는 연민심과 지혜, 깨달음과 연관된 모든 자질의 엄청난 역량은 타고난 것, 즉 마음의 가장 깊고 조건화되지 않은 본질은 처음부터 주어진 것이라고 확신해 왔다. 금강승 전통은 불성에 대한 가르침을 특별히 강조하는데, 이는 고통과 고통의 원인에 대한 가르침을 근본적으로 재구성하는 작업과 관련되어 있다.

우리의 불성

금강승은 모든 자기중심적인 집착패턴이 형성되기 이전에 우리의 근본자각은 본질적으로 조건화되지 않고 순수하며 오염되지 않았다고 주장한다. 우리의 근본자각은 일체를 포용하는 지혜와 연민심을 갖춘 빛으로 가득한 끝없는 공간과 같이 비어 있고, 인식의 무한한 확장이다. 개인적 그리고 사회적으로 구체화하고 집착하는 조건화된 습관이 그러한 엄청난 잠재력을 숨겨 온 것이다. 연민심과 지혜를 배양하는 것은 새로운 마음의 상태를 생성하고, 그것을 더욱 강하게 성장시키는 것이 아니다(테라바다 불교와 몇몇 초기 대승불교 전통에서 이해하고 있는 것처럼). 그냥 착각하는 마음의 경향성을 버리도록 도움으로써 처음부터 타고난, 조건화되지 않은 연민심과 지혜의 무한한 힘, 즉 불성이 자연스럽게 드러날 수 있도록 하는 것이다. 자각에 대해서 이러한 시각을 가지고 있는 심리치료사는 내담자가 정서적 투쟁에 완전히 빠져 있더라도 그것과 상관없이 내담자의 가장 깊은 본성을 지지하고 성장시킬 수 있다.

금강승은 최초의 깊은 마음의 본성은 모든 긍정적인 힘과 깨달음의 잠재적 자질을 내포하고 있다고 주장한다. 우리의 주의가 습관적으로 자기중심적인 생각과 반응패턴에 잡혀 있을 때, 그러한 선천적인 에너지는 공포, 소유욕, 그리고 혐오와 같은 어리석은 정서—고통의 내적 원인—로 패턴화된다(Bokar Rinpoche, 1991). 금강승 수행은 우리가 타고난 최초의 자각이 모든 경험의 구체화하거나 집착하지 않고 공한 인식의 표현임을 자각하도록 함으로써 혼동된 정서패턴을 전환시키고, 해방시키기 위해서 고안된 것이다. 우리의 타고난 자각이 사고와 정서는 본질적으로 비어 있다는 사실을 깨닫게 되면, 이는 마치 물 위에 글을 쓰면 물의 성질이 변화되지 않고 자신의 본래 성질로 되돌아가는 것처럼, 정서 역시 자연적으로 조건화되지 않은 비어 있음으로 인해서 스스로 자유롭게 된다. 그때 어리석은 감정을 부채질했던 선천적 에너지는 일체를 포용하는 연민심, 지

혜, 그리고 현존의 에너지로 드러나기 위해서 왜곡된 패턴화로부터 자유로워진
다(Dilgo Khyentse Rinpoche, 1992; Makransky, 2007; Ray, 2001; Sogyal Rinpoche, 2002).
그러므로 연민심은 본질적으로 타고나는 자각역량, 즉 마음이 자기중심적인 개
념화와 반응의 습관적 패턴으로부터 자유로울 때 자동적으로 해방되는 본래부
터 타고난 마음의 최초의 자질로 이해된다.

　　모든 사람은 이와 같이 자연발생적인 깨달음의 선천적인 역량을 똑같이 가지
고 있기 때문에 금강승 수행자들의 연민심은 사람들이 고통 중에 있다는 사실도
알지만, 동시에 무한한 존엄성과 본래의 순수함, 타고난 잠재력도 함께 가지고
있는 존재라는 사실도 알고 있다. 자신의 불성을 실현한 사람은 다른 사람의 내
면에 있는 실현하지 못한 불성과 만나서 그들의 가장 깊은 잠재력을 비추어 주
고, 그들이 자신에게 내재된 불성을 일깨우도록 돕는다(Makransky, 2007). 자신의
타고난 잠재력에 대한 깨달음은 쉽게 전이된다.

　　티베트 금강승 명상수행에는 그러한 전이가 내재되어 있다. 우리는 불성이 실
현된, 가장 깊은 연민심과 지혜의 화신으로 여기는 사람이나 상징적 형태의 많
은 선지식을 생각한다. 우리는 그들이 표상하는 불성에 우리의 모든 외적 · 내적
경험을 의례적으로 헌공함으로써 연민심을 상징하는 인물과 깊이 교감한다. 그
들의 충만된 연민심과 지혜 안에서 우리의 고통의 층들은 이제 깊은 수용과 안
전감으로 경험되어질 수 있다. 이는 우리로 하여금 정서적 패턴의 지배로부터
벗어나서 마침내 그들의 충만한 연민심, 불성, 공空, 인식의 무한한 확장을 바탕
으로 우리의 선지식과 하나가 되도록 돕는다(Thondup, 1995). 그곳에서 우리의 타
고난 역량은 비로소 속박으로부터 벗어날 수 있다. 유사한 고통의 층들을 겪고
있는 모든 타자와 그들이 가진 잠재력에 대한 우리의 연민심이 자연발생적으로
일어난다. 그와 같이 온화한 방법으로 우리가 우리의 불성을 깨닫고, 그 불성이
가진 연민의 에너지를 모든 타자에게로 확대해 가는 것을 배우게 되면, 우리 자
신이 깨달은 선지식의 위치로 나아가서 선지식들이 중생들을 위해서 하는 활동

을 우리도 하게 된다(Bokar Rinpoche, 1991; Dilgo Khyentse Rinpoche, 1992; Makransky, 2007).

요약하면 세 주류의 불교전통에서 연민심과 지혜는 다양한 방식으로 서로 관련되어 있다. 초기 불교와 테라바다 불교에서 연민심은 내적 자유를 지지할 수 있는 깊은 정신적 정화, 보호, 치유를 위한 힘으로 보여진다. 대승불교에서 연민심은 자신과 타자가 분리되지 않는 존재로 경험되는 비개념적 지혜를 향상시키고 소통하게 하는 일차적 수단이 된다. 금강승 불교에서는 마음의 가장 깊은 조건화되지 않은 본성의 자연발생적 표현으로서의 무조건적 연민심이 일체를 향해서 밖으로 발산된다.

지혜로운 연민심을 배양하는 체계적 방법은 각각의 전통 안에서 개발되어 왔다. 현대 글로벌 문화에서 임상의들은 그들 자신과 내담자에게 많은 것을 가르쳐 주고, 성장시켜 주는 접근방법을 탐색하는 기회를 갖게 되었다. 임상의들은 또한 경험이 풍부한 명상전통 스승들의 자문을 받아 명상의 개념과 기법을 임상환경에 어떻게 적용할 수 있는지를 탐색한다. 이 책이 그러한 숭고한 노력을 발전시키고 촉진시키길 바란다.

5장. 연민적인 치료사

엘리사 엘리Elissa Ely

> 그들의 문제는 해결되지 않았다.
> -다이애나 트릴링 Diana Trilling(1982, p. 339)

편저자 메모: 대부분의 치료사는 그들 자신에게 연민심이 있다고 생각하고, 실제로 그들은 연민적이다. 그러나 우리는 모두 우리가 할 수 있는 능력의 한계에 직면하고 있다. 다음 이야기는 세상의 한계, 말로 표현할 수 없는 고통에 직면해서 연민적으로 남아 있는 힘겨움을 보여 주는 예다.

나는 일주일에 이틀 밤은 집 없는 노숙자들이 생활하는 보호소를 방문한다. 그곳에 있는 많은 환자들은 환청을 듣고, 때로는 자기가 결코 저지르지도 않은 범죄 때문에 벌을 받고 있다고 믿는다. 그들은 자신에게 일어나지도 않을 끔찍한 사건의 공포 속에서 살고 있으며, 때로는 자신에게 있었던 끔찍한 사건을 잊지 못한 채로 살아간다.

나는 그들에게 명상을 처방하고, 순수하게 그들의 손을 잡아 주며, 그들의 힘을 존중하고, 그리고 그들에게 처방해 준 약을 꾸준히 복용하고, 치료사에게 정기적으로 상담을 받으러 오며, 약물을 멀리하면, 증상은 사라지고, 삶이 좋아질 것이라고 암시적으로 말한다.

그러나 나는 항상 그렇게 되지는 않는다는 사실을 알고 있다.

이것은 어느 보호소 환자에 관한 이야기다. 이 이야기는 내가 그에 관한 신문 기사를 쓰면서 시작되었다. 그의 IQ는 70이 안 된다. 그는 술을 마시지도 않았고, 약물을 하지도 않았지만, 복권을 사고 싶어 하는 충동을 억제하는 데 있어 극심한 어려움을 겪고 있었다. 만약 그가 복권에 당첨되었다면, 그는 주변의 많은 떠돌이 친구들에게 저녁을 살 것이고, 때로는 그들을 영화관에 데리고 가서 영화를 보여 주었을 것이다.

그는 주 정부로부터의 지원을 기다리고 있었다. 그는 매일 아침 다리를 가로 질러 근처 수목원까지 산책을 했다. 하루 종일 배회하면서 같은 양의 운동을 했고, 새들을 바라보다가 걸어서 보호소로 돌아왔다. 자연은 그를 기쁘게 했다. 그러나 보호소는 그를 흥분시키고 겁먹게 만들었다. 그의 손은 매우 컸고, 열심히 팔굽혀펴기를 한 그의 팔은 마치 파이프 같았다. 그는 벽과 쓰레기통을 걷어차곤 했다.

나중에 그는 깊이 후회하며 얘기했다. "나는 이 손을 내 바지 주머니에서 절대 꺼내지 않고, 다시는 어떤 사람도 때리지 않겠어요." 비행을 저지르고 난 후면 그는 항상 이렇게 말했다. 그는 자신의 화를 다스리는 약물처방을 기꺼이 받아들였다.

사회복지 혜택은 너무나도 천천히 오고 있었다. 정신건강보건부는 입원기록, 자살시도, 정신병 이력이 없는 사람들에게는 관심을 기울이지 않았다. 우리는 그처럼 IQ가 약간 낮은 사람의 경우에는 정신지체 담당 기관의 서비스를 받는 것이 나을지도 모른다고 생각했다.

신청서를 제출하고 몇 주가 지난 후에 그의 신청서는 아무런 설명도 없이 거부되었다. 관리자는 우리에게 말하기를 환자가 자신의 입장을 호소하는 반박 편지를 자세히 써야 한다고 했다. 자신의 무능력함을 방어하기 위해서 고도로 정교한 서류를 작성해야 한다는 것은 모순임에도 불구하고, 그는 정부의 불가사의한 행정처리에 대해서 반박할 수 없었다.

그는 그 후에도 팔굽혀펴기를 계속하고, 분노를 다스리는 약을 복용하며, 몹시 추운 겨울을 제외하고는 매일 밖으로 나갔다. 그는 스스로 치료해 보려고 노력하였다. 그러나 그는 쓰레기통을 밀쳐 버리고, 같이 사는 동료들을 위협하며, 과거로 되돌아가기 시작했다. 그는 커다란 두 손을 바지 주머니에서 종종 꺼냈다.

어느 날 밤, 우리는 그를 사무실로 데려왔다. 우리는 그를 돕기 위해서 작성했던 반박 편지가 거절당했고, 주거문제나 치료프로그램에 대한 요청이 여전히 받아들여지지 않았으며, 상황이 바뀌지 않을 것이라는 예상을 말해 주어야 했다. 우리는 식사 중인 그에게 말을 걸었다. 그는 후지 아이스크림 컵을 들고 앉아서 조금씩 천천히 먹고 있었다. 안 좋은 소식을 전하는 시간을 조금이라도 늦추려고 그에게 오늘 어떻게 지냈냐고 물었다.

"나는 공원에 있었어요." 그는 말했다. "나는 거기서 팔굽혀펴기를 했어요. 나는 아침에 나무 냄새를 맡고, 곤충을 보는 것을 좋아해요. 나는 매의 둥지를 발견했어요. 붉은 꽁지의 매는 암컷이고, 하얀 꽁지의 매는 수컷이에요. 수컷이 조금 더 커요."

그는 자기가 알고 있는 지식을 자랑스럽게 말했다.

"그거 아세요, 부인? 내가 하얀 꽁지의 매를 저녁 시간에 바로 여기서 보았다니까요. 그 매는 비둘기를 찾아 다리를 가로질러 여기로 날아왔어요. 그 새들에겐 스테이크 같은 저녁 식사죠. 매가 비둘기를 잡으면 당신은 깃털 말고는 얻을 게 없지만요."

일어서서 아이스크림 스푼으로 창밖을 가리키며 그는 우리의 시선을 그곳으로 쏠리게 했다. "저녁 시간에 저 나무를 쳐다보세요." 그가 말했다. "매우 아름다워요. 마치 행운을 잡은 느낌이에요."

그는 그의 파이프 같은 팔을 늘어뜨렸다.

"아참, 부인!" 기억을 되살리듯이 그가 말했다. "나는 운이 좋아요."

나는 그의 프로필을 지역 신문에 실었다. 그 기사는 시(솜씨는 없었지만, 주제가 있는)였고, 그 반응은 희망적이었다. 독자들은 그들이 구원의 일부 순간을 담당하고 있는 것처럼 느꼈다. 독자들에겐 거부할 수 없는 매우 매력적인 이미지로 남았다. 그는 플라스틱 스푼으로 매를 가리키는 평화로운 자연학자의 이미지로 남았다. 잠시 동안 그는 복권이 당첨된 것처럼 약간 유녕해진 상태를 즐겼다.

이것이 내가 쓴 이야기의 끝이다.

그러나 그의 삶의 이야기는 끝나지 않았다.

몇 주 뒤, 보호소의 한 여성이 그가 자기의 가슴을 만졌다고 고소했다. 증인은 없었고, 그녀는 이전에도 다른 사람에 관해 비슷한 고소를 여러 번 한 적이 있었다. 그러나 혐의 자체가 무서운 영향력을 행사하던 때였고, 그는 보호소 출입을 금지당했다.

출입이 금지된다는 것이 어떤 의미인지 그는 이해할 수 없었다. 그런 개념 자체가 그에게는 말이 되지 않았다. 우리 보호소는 그가 아는 유일한 집이었기에 처음 며칠 동안 그는 정문 앞의 벤치에서 자며, 다시 들여보내 달라고 구걸했다. 결국 그는 시내에 있는 병원의 응급실로 갔고, 다시 우리 보호소로 보내 달라고 구걸했다. 그가 원하는 것은 그저 분노를 조절하는 알약을 복용하고, 공원에서 팔굽혀펴기를 하며, 새에 관한 지식을 갖고 돌아다니는 것뿐이었다.

마침내 그는 사라졌다. 우리는 다른 보호소에서 그가 발견되기를 기도했으나, 그에 대한 소식을 들을 수 없었다. 우리는 또 다른 수백 명의 집 없는 사람들과 함께 바쁘게 살았다.

1년쯤 뒤, 나는 임상 간호사로부터 전화를 받았다. 그 간호사는 작은 요양원에서 사람들의 행동을 상담하고 있었다. 그녀는 우리의 환자 대부분이 긴장병

상태라고 말했다. 그는 보호소 주소를 집 주소라고 했다.

간호사는 우리가 알고 있던 몸이 탄탄하고, 운이 좋다고 말하던 그 남자를 경직되고, 조용하며, 적대적이라고 표현했다. 또한 그는 복도에서 자위행위를 하는 등 부적절한 행동양식을(치명적인 차트 용어인) 보인다고 했다. 그러한 행동으로 그는 모든 직원들에게 알려질 수밖에 없었다. 그는 감금, 불분명한 의사표현, 불안에 압도되었고, 그의 우둔한 머리로는 공포를 잘못된 방식으로 표현할 수밖에 없었다. 공교롭게도 그 전문 간호사는 내가 그에 대해서 썼던 기사를 읽은 적이 있었다. 그녀는 그토록 시적이었던 사람이 그라는 사실에 대해선 전혀 인식하지 못했다.

그 간호사는 자상하게도 그 후 몇 달 동안, 상담을 위해 우리에게 여러 차례 연락을 했다. 그의 문제행동은 줄어들지 않았고, 발목에 수갑을 차고 있어서 특별실 현관을 거쳐 이리저리로 돌아다닐 때마다 소리가 났다. 건물 밖으로 나가거나, 땅을 밟거나, 최선의 치료제였던 새 근처에 가는 것이 그에게 더 이상 허락되지 않았다.

그 사설 요양원이 폐쇄되게 되자, 간호사는 우리에게 마지막으로 전화를 했다. 그가 다른 곳으로 위탁되지 않아 어디로 옮겨 가게 될지 모르겠다고 했다. "사람들이 그 이야기 다음에 어떤 일이 일어날지 모른다는 건 안타까운 일이에요. 나중에 그 이야기에 대해서도 꼭 글을 써 주세요."라고 그녀가 말했다.

그가 보호소에서 쫓겨났을 때, 그는 우리의 시야에서 사라졌고, 그런 후 잠시 나타났다가(그저 보이고 오해받을 만큼의 시간 동안만) 다시 사라졌다. 우리의 시야와 인식 속에서 나타났다 사라졌다 하는 동안에도 그는 여전히 살아 있었고, 계속 버림받고, 이해받지 못한 채, 이 모든 시간을 보내고 있었다. 그의 삶은 우리의 시야 저편에서 계속되고 있었다.

그리고 간호사 역시 사라졌다.

그가 처음 그의 행운에 대해 우리에게 설명한 지 4년 후쯤, 그 주의 다른 한 신경과 진료소에서 편지가 왔다. 봉투는 찢겨져 있었고, 너무 오래되었지만 다행히도 안내데스크에서 봉투에 적힌 이름을 알아보고 우리에게 전해 주었다. 그는 아직도 보호소 주소를 집 주소로 적고 있었다.

진료소에서의 상담으로 그의 영혼은 차가워졌다. 편지에는 마치 환자가 살아 있는 사람이 아닌 것처럼 쓰여 있었다. 단 한 줄의 인용구도 없었고, 심지어 그의 신체 상태에 대한 이야기도 없었다. 그 신경과 진료소는 막다른 골목에 이른 그에게 마지막 희망의 끈이었다. 편지에는 이 남자의 과거에 대해서 알지 못하면 ─물론 그에겐 어떤 과거 이야기나 역사라고 할 것도 없지만─ 그의 인생의 비극적인 내리막길에 대해서 이해할 방법이 없다고 적혀 있었다. 내릴 수 있는 방법은 오직 관찰에만 의존할 뿐이고, 또 내릴 수 있는 결론은 그의 표적행동이 더 심각해졌다는 것이다. 결론은 그저 약의 복용량을 증가시키는 것밖에 없었을 것이다.

우리는 그 신경과 의사에게 전화를 걸었다. 우리의 환자는 장애인 공동생활 가정에서 산다고 했다. 그는 오직 그의 계속되는 문제행동으로만 확인되는, 이해할 수 없는 하나의 완전한 암호였다. 아무도 그의 약을 줄여 줄 모험을 원치 않았다. 아무도 그를 밖에 나가게 할 생각도 하지 않았다. 시에 등장한 운이 좋다던, 새를 사랑하는 그 남자는 전혀 알아볼 수 없게 되었다. 그 사람은 존재하기를 멈추었는지도 모른다.

우리는 진료소에 우리가 가진 모든 진료 기록을 보내어 우리가 알던 그때의 환자가 지금 그들이 알고 있는 그 사람이라는 사실을 알려 주었다. 우리는 오래된 신문 기사를 보냈다. 그 기사를 읽고 그들이 그를 좀 더 부드럽게 대하고, 좀 더 성의껏 노력해 주고, 그가 인간다운 대접을 받게 되기를 희망했다. 우리는 그를 또 시야에서 놓쳤다. 그러나 또 그렇듯이 그의 삶은 계속되었다. 우리가 시야에서 환자들을 놓치게 되더라도 그들의 삶은 계속되고 있다. 심지어 이것은 그의 이야기의 끝이 아니다. 이것은 오직 내가 쓰는 이 글의 끝일 뿐이다.

때때로 우리가 하는 것은 들어 주기만 하면 되는 간단한 일이다. 때때로 우리는 그보다 더 단순한 일을 해야 한다. 다른 사람들이 알아볼 수 없는 그 환자가 누구인지를 상기시켜 주는 일이다. 환자, 치료사, 이웃, 가족은 스냅샷처럼 스쳐 지나가서 서로에 대해서 충분히 알 시간이 없다. 우리들 대부분은 그런 문제가 생존을 좌우하지 않기 때문에 부분적인 인식만을 가지고 삶을 지탱해 간다. 그러나 때로는 그런 것들이 생존을 좌우하기도 한다.

6장. 자기연민의 과학

크리스틴 네프Kristin D.Neff

> 여러분이 자신의 가슴을 터치하거나, 여러분의 가슴이 터치되어지도록 할 때, 가슴은
> 바닥이 없고, 어떠한 해결책도 가지고 있지 않으며, 가슴은 크고, 광대하여, 한계가 없
> 다는 사실을 발견하기 시작할 것이다. 당신은 그 가슴이 얼마나 온화하고 부드러운지
> 뿐만 아니라 얼마나 여유가 있는지를 발견하기 시작할 것이다.
>
> -페마 쵸드론Pema Chödrön(2001a, p. 128)

자기연민이란 말의 의미를 이해하기 위해서는 먼저 연민심을 느낀다는 것이
일반적으로 무엇을 의미하는지를 고려해 보는 것이 도움이 된다. 연민심을 경험
할 때, 우리는 타인의 괴로움을 알게 되고, 우리의 마음도 움직이게 된다. 예를
들어, 출근길에 푼돈을 구걸하는 노숙자를 보면 그냥 지나치지 않고 멈추어 서
서 그의 인생이 얼마나 고달플지 생각할 수 있다. 그 사람을 고통받고 있는 실재
하는 인간 존재로 인식하는 순간, 당신의 가슴은 그와 연결된다(연민심은 말 그대
로 '함께 고통한다'를 의미한다. 1장 참조). 그를 외면하는 대신 그의 아픔에 당신의 마음
이 움직이고, 어떠한 방법으로든 그를 돕고자 하는 충동을 느끼는 것을 발견하
게 된다. 그리고 중요한 것은 당신이 느끼는 것이 단순한 동정이 아닌 진실한 연
민심이라면, 당신은 스스로에게 '내가 그렇게 안 된 것은 신의 은총이다. 내가 지
금과 다른 환경에서 태어났더라면, 혹은 불운한 상태에 있었더라면, 나도 살아

남기 위하여 버둥거렸을 것이다. 우리는 모두 연약한 존재다.'라고 말했을지 모른다.

연민심은 고통을 인식하고 그것을 분명하게 바라보고 있는 상태를 가정한다. 이는 고통하고 있는 사람에 대한 친절함, 배려, 그리고 이해의 느낌을 동반하고, 따라서 고통을 개선시키고자 하는 욕구가 자연스럽게 일어난다. 즉, 연민심은 상처받기 쉽고 불완전한, 있는 그대로의 인간조건을 우리 모두가 함께 공유하고 있다는 사실을 인식하는 것과 관련이 있다.

자기연민은 연민심과 정확하게 동일한 특질을 가지고 있나. 그것은 내면으로 향해 있는 연민심이다. 이 장에서 나는 무엇이 자기연민이고, 무엇이 아닌지, 어떻게 자기연민이 웰빙과 관련이 있고, 심리치료에 기여하는지를 설명할 것이다.

무엇이 자기연민인가

여러 불교 스승(예, Bennett Goleman, 2001; Brach, 2003; Goldstein & Kornfield, 1987; Salzberg, 1997)의 글을 참고해서 나는 자신에 대한 친절, 공통된 인간성에 대한 감각, 그리고 마음챙김의 세 가지 요소가 자기연민을 구성하는 중요한 요인이라고 정의해 왔다.

자신에 대한 친절

자기연민은 우리가 실패 또는 부족함을 느끼고 고통스러워할 때, 자기비판으로 스스로를 채찍질하기보다 스스로를 따뜻하게 대해 주고, 이해해 주는 것을 의미한다. 우리는 불완전한 존재이며, 인생의 힘든 경험들은 불가피하다는 사실을 인식하고, 삶이 우리의 이상과 괴리가 있을 때, 그것에 대해서 화를 내기보다는 고통에 직면한 우리 자신을 진정시키고 보살펴야 한다. 우리 자신의 문제점이나 단점을 분명하게 수용할 때 우리 자신을 돕는 데 필요한 것을 할 수 있다. 우리는 우리가 원하는 것을 항상 얻을 수는 없고, 항상 우리가 되고 싶은 사람이 될 수 없다. 그러한 현실을 부정하거나 거부할 때, 고통은 스트레스, 좌절, 그리고 자기비판의 형태로 일어나게 된다. 그러나 그러한 현실이 자비심으로 수용되어지면, 현실을 극복할 수 있도록 돕는 친절함, 돌봄과 같은 긍정적 정서들이 발생된다.

공통된 인간성

냉혹한 자기판단이 가지고 있는 가장 큰 문제 중의 하나는 그것이 우리 스스로 고립감을 느끼도록 만든다는 것이다. 우리 자신에 대해서 뭔가 좋아하지 않는 점을 발견하게 되면, 우리는 불합리하게도 다른 모든 사람은 완벽한데 오직 자신만 그렇게 부족한 것처럼 느끼게 된다. 이는 논리적인 사고과정이 아닐 뿐더러 왜곡된 자기중심적 사고다. 우리의 부족함에 초점을 맞추는 것은 우리 자신으로 하여금 편협한 시야를 갖게 하고, 그 결과 약하고 가치 없는 자신만을 보게 되어 다른 어떤 것도 볼 수 없게 된다(3장 참조). 마찬가지로 우리의 외적 삶이 잘 안 풀리고 무언가 잘못될 때, 우리는 다른 사람들은 편안하게 지내고 있는데, 자신의 상황만 비정상적이거나 불공평하다고 느끼게 된다. 우리의 경험이 분리된 자아의 시각에서 해석될 때, 우리는 다른 동료나 사람들이 겪는 유사한 경험을 기억하지 못하게 된다(마치 84세의 노인이 죽어 가면서 마지막으로 하는 말이 "왜 하필 나야?"라고 하는 것처럼). 자기연민은 인생의 도전과 개인적 실패는 우리 모두가 겪는, 인간으로 존재하는 과정의 한 부분이라는 사실을 인식하는 것이다. 자기연민은 이와 같은 방식으로 우리가 고통하고 있을 때, 덜 삭막하고 덜 외롭게 느끼게끔 도와준다.

마음챙김

마음챙김은 생각이나 느낌을 억압하거나 부정하지 않고 있는 그대로 관찰하는 비판단적이고 수용적인 마음의 상태다(2장 참조). 당신은 자신의 고통을 외면할 수 없는 동시에 연민심을 느낀다. 물론 당신은 고통이 더 심해진다고 생각할지도 모른다. 우리가 거울을 통해 본 것을 좋아하지 않을 때, 우리 중에 얼마나 많은 사람이 그 고통의 순간에 연민적인 반응을 보이는 것이 가치 있다는 사실을 기억할 수 있을까? 마찬가지로 인생이 잘못 가고 있을 때, 우리가 직면하고 있는 어려움들에 대해서 스스로 위안이 필요하다는 사실을 인식할 틈도 없이 우리는 흔히 곧바로 문제해결을 위한 상태로 들어가게 된다. 마음챙김은 그와 반대로 우리가 지나치게 부정적인 생각이나 느낌과 동일시하지 않음으로써 혐오 반응에 사로잡히거나 휩쓸리지 않도록 한다(Bishop et al., 2004). 그런 유형의 반추는 우리의 시야를 좁히고, 자신의 가치에 대한 의미를 과장하게 만든다(Nolen-Hoeksema, 1991). 반대로 힘든 느낌을 알아차리게 되면 그로 인해서 생겨나는 정신적 공간은 더 큰 명료함, 관점, 그리고 정서적 평정심을 갖게 한다(Baer, 2003; Shapiro, Carlson, Astin, & Freedman, 2006).

자기연민 구절들

스트레스나 정서적 고통을 느낄 때—교통체증으로 묶여 있거나, 사랑하는 사람과 언쟁을 하고 있거나, 어떤 면에서 부적절함을 느낄 때— 그 순간에 자신을 향해서 좀 더 연민적이 되도록 기억에 도움을 주는 일련의 구절을 기억하는 것이 도움이 됩니다. 깊게 호흡한 뒤, 당신의 손을 가슴 위에 두거나, 부드럽게 자신을 감싸 주면서(그렇게 하는 것이 편안하다면) 다음 구절을 반복해 보세요.

　　　이것은 고통의 순간이다.
　　　고통은 삶의 일부다.
　　　내가 나 자신에게 친절하기를.
　　　내가 나 스스로에게 필요한 연민심을 줄 수 있기를.

　이 구절들은 자기연민의 세 가지 구성요소의 핵심을 포착하고 있다. 첫 번째 구절은 당신이 정서적으로 찔러대는 통증을 알아차리면서 개방할 수 있게 도와준다(또한 당신은 '지금 이 순간은 정말 힘들다.'거나 '아프다.'라고 이야기할 수 있다). 두 번째 구절은 우리에게 고통은 모든 살아 있는 존재를 통합시킨다는 사실을 상기시키고, 삶에서 뭔가가 잘못되었을 때 수치심을 느끼거나 고립감을 느끼는 경향을 감소시킨다. 세 번째 구절은 자기를 비판하기보다는 자기에게 친절함으로 반응하는 과정을 시작하는 것이다. 마지막 구절은 어려운 순간에 당신에게는 연민심이 필요하며, 또 연민심을 받을 자격이 있다는 생각을 강화시킨다. 이 구절들을 가지고 실험해 보라. 주어진 상황에 따라서 '있는 그대로의 나 자신을 받아들이기를' '나 자신을 용서하기를' 또는 '내가 바꿀 수 없는 것을 받아들이는 방법을 배우기를' 등과 같은 구절들이 더 진정하게 느껴질 수도 있다. 짐작했겠지만 이러한 연습은 3장에 소개된 자애명상과 유사하다.

자기연민이 아닌 것

자기동정

사람들은 종종 자기연민과 자기동정을 구분하지 못하기 때문에 자신에 대해서 연민적 태도를 취하는 것을 회피하게 된다. 서양 문화에서는 불평 없이 해 내야 한다는 강한 '불굴의 정신' 전통이 있다. 그러나 자기연민은 자기동정과는 매우 다르다. 대부분의 사람은 자기동정을 느낄 때, 자신의 문제에 빠지게 되어 다른 사람도 자기와 비슷한 문제를 가지고 있다는 사실을 잊어버리게 된다. 그들은 다른 사람들과 상호의존적으로 연결되어 있다는 사실을 무시하고, 자기만이 이 세상에서 그 고통을 겪는 유일한 사람인 것처럼 행동하게 된다. 자기동정은 자기중심적인 분리감을 강조하고, 개인적인 고통의 정도를 과장하게 만든다. 그러나 자기연민은 우리들로 하여금 왜곡이나 단절 없이 자신과 타자의 경험을 연관 지어 볼 수 있게 만든다. 그 순간 그 일이 우리에게 얼마나 힘든 일인지를 인식할 때, 자동적으로 다른 모든 사람들에 대한 염려와 관심을 갖게 된다. 나아가 다른 사람들이 겪고 있는 것을 생각하게 되면, 우리의 상황을 보다 넓은 관점에서 바라볼 수 있게 된다.

자기방종

자기연민의 더 큰 방해물은 자기 자신에게 친절한 것이 제멋대로 하는 것이라고 믿는 것이다. 많은 사람은 자기비판이 동기부여에 필수적이라고 생각하고, 지나치게 자기연민적이 된다면 그저 하루 종일 TV를 보고, 아이스크림을 먹을 것이라고 여긴다. 그러나 이것이 과연 사실일까? 각 부모들이 어떻게 아이들을 동기부여시키는가에서 좋은 비유를 발견할 수 있다. 엄마가 아들의 웰빙을 바랄 때, 과연 아들이 하고 싶은 대로 할 수 있도록 내버려 둘까(하루 종일 앉아서 텔레비전을 보고 아이스크림을 먹는 것처럼)? 아니다. 엄마는 아들이 골고루 잘 먹고, 학교에 가고, 숙제를 끝내고, 이를 닦고, 그리고 일찍 잠자리에 들게끔 ─심지어 아이가 원치 않더라도─ 확실하게 시킬 것이다. 왜냐하면 아들이 건강하게 성장하기 위해서는 이와 같은 것이 필요하기 때문이다. 어머니는 아들이 자신의 격려에 의지해서 인생의 목표에 도달하도록 더 많은 동기를 부여할 것이고, 심지어는 아들이 실패했을 경우에도 아들을 지지할 것이다.

한편, 아들이 일을 망쳤을 때, 실패하는 거 말고는 결코 아무것도 할 수 없는 쓸모없는 인간이라고 가차 없이 말할 정도로 비판적이라면, 아들은 어떻게 느낄까? 영감을 받고, 동기가 유발되고, 세상을 향해 나아갈 준비가 될까? 물론 아니다. 연속적인 비판은 우리들로 하여금 무가치와 우울감을 느끼게 만든다. 이는 주도적인 사고방식과는 정확히 반대된다. 그런데 우리들 대부분은 우리 자신을 그렇게 대하고 있지 않은가? 어쩌면 우리는 자신을 배려하고, 지지하고, 그리고 용기를 주는 행동보다 자기 자신을 비판하는 것이 보다 효과적인 동기부여가 된다는 관념을 가지고 있을지도 모른다.

자기연민에 의한 동기는 사랑으로부터 나오는 반면, 자기비판에 의한 동기는 두려움에서 나온다고 이야기할 수도 있다. 어느 정도까지는 자기비판이 하나의 동기로 작용한다. 왜냐하면 우리는 실패한 경우에 자기판단을 피하려는 욕구에 이끌리기 때문이다. 그러나 우리가 실패하면 자기비판의 집중포화를 맞게 될 것이라는 사실을 안다면, 때로는 너무나 두려워서 시도조차도 하지 못할 수 있다. 이것이 왜 자기비판이 꾸물거림과 같은 낮은 성취도와 자기불구화 전략과 연합되어 있는지에 대한 이유다(Powers, Koestner, & Zuroff, 2007).

자기비판은 또한 개인적인 약점에 부딪혔을 때 하는 수치심의 수단으로 사용된다. 그러나 만일 약점이 자기비난을 피하려는 무의식적인 시도로 인식되지 못한 채 남아 있게 되면 역효과를 낳을 수 있다(Horney, 1950). 일례로, 만약 당신이 분노조절에 문제가 있지만 그것에 직면할 수 없기 때문에 일의 원인으로 파트너를 끊임없이 비난한다면, 어떻게 보다 조화로운 관계를 성취해 갈 수 있겠는가? 그러나 자기연민을 갖게 되면 우리는 매우 다른 이유—배려하기 때문에—로 노력하게 된다. 우리가 진실로 우리 자신에게 친절하기를 바란다면, 우리는 새로운 프로젝트에 도전하면서 새로운 기술을 배울 때와 같이 우리가 행복해질 수 있는 일을 하게 될 것이다. 그리고 자기연민은 우리의 약점을 수용하는 데 필요한 안전함을 제공하기 때문에 우리는 그 약점을 더 좋게 변화시킬 수 있는 더 나은 위치에 있게 될 것이다.

자기존중

자기연민을 자기존중감과 구분하는 것은 또한 중요하다. 자기존중은 우리가 우리 자신을 긍정적으로 평가하는 정도를 의미한다. 그것은 우리가 우리 자신을 얼마나 많이 좋아하고, 가치를 두고 있는지를 알려 주고, 흔히 다른 이들과의 비교에 바탕을 둔다(Coopersmith, 1967; Harter, 1999). 미국 문화에서 자기존중감이 높다는 것은 사람들 속에서 특별한 존재이거나 평균 이상으로 두각을 나타낸다는 것을 의미한다(Heine, Lehman, Markus, & Kitayama, 1999). 이와는 대조적으로, 자기연민은 긍정적인 판단이나 평가에 기초를 두지 않는다. 이것은 우리 자신과 관계를 맺는 방식이다. 사람들이 자기연민을 느끼는 것은 그들이 인간이기 때문이지, 특별하거나 평균 이상이기 때문이 아니다. 그것은 분리보다는 상호연결을 강조한다. 자기연민을 가지고, 자신에 대해서 좋은 느낌을 갖기 위해서 자기가 다른 사람보다 더 낫다고 느껴야 할 필요가 없다는 것이다. 자기연민은 또한 자기존중감보다 더 많은 정서적 안정감을 제공한다. 왜냐하면 자기연민은 당신이 세상의 꼭대기에 있을 때나, 바닥에 떨어졌을 때나 당신을 위해서 항상 그 자리에 있기 때문이다.

임상 자료

그렇다면 이제 어떤 연구결과가 있는가? 지금까지 자기연민에 대한 대부분의 연구는 서로 상관관계가 있었고, 자기연민 척도를 사용해 왔다(Neff, 2003a). 그것은 26개의 항목으로 된 자기보고식 측정(이 설문은 http://www.Self-Compassion.org 에서 다운받을 수 있다)이다. 보다 최근의 연구에서는 실험적 조작이나 개입을 사용해서 자기연민을 연구하기 시작했다.

자기연민과 정서적 웰빙

연구문헌에서 가장 일관되게 발견되는 것 중 하나는 자기연민 수준이 높으면 불안과 우울 수준이 낮다는 사실과 관련되어 있다(Neff의 2009년 리뷰 참조). 물론 자기연민의 주요 특징은 자기비판이 낮다는 것인데, 자기비판은 불안과 우울의 중요한 예측변수로 알려져 있다(Blatt, 1995). 그런데 자기연민은 자기비판과 부정적인 감정을 조절할 때도 불안과 우울로부터 보호해 준다(Neff, 2003a; Neff, Kirkpatrick, & Rude, 2007). 이렇듯 자기연민은 어떤 일의 연결 지점만을 찾거나 부정적인 느낌을 피하는 것에 국한되지 않는다. 자기연민적인 사람은 자신이 고통스러울 때를 인식하고, 그 순간에 자신을 향해 친절하지만 나머지 다른 사람들과의 연결성도 함께 수용한다.

이 가설을 입증하기 위해 나는 동료들과 함께 참가자들에게 '당신의 가장 큰 약점에 대해 기술하시오.'라는 그다지 유쾌하지 않은 질문에 답을 쓰게 하는 모의 인터뷰와 관련된 연구를 실시했다(Neff, Kirkpatrick, & Rude, 2007). 자기연민적인 사람은 인터뷰가 끝난 후에 불안을 덜 경험했을 뿐만 아니라, 자신의 약점을 기술할 때도 보다 더 연결되고, 덜 고립적인 언어를 사용하는 경향을 보였다. 이와 유사한 연구로, 리어리와 동료들(Leary, Tate, Adams, Allen, & Hancock, 2007)은 참가자들에게 지난 20일 이상의 기간 동안 경험한 문제에 관해서 물어보는 방식으로, 자기연민적인 사람들이 부정적인 인생의 사건을 해결하는 방식을 조사했다. 자기연민 수준이 높은 사람들은 자신의 문제에 대해서 더 다양한 관점을 가지고 있었고, 고립감을 덜 느꼈다. 또한 그들은 자신의 어려움을 생각할 때, 불안과 자의식을 더 적게 경험했다.

자기연민은 다루기 어려운 정서를 지혜롭게 극복하는 방법을 암시하는 위대한 지혜 및 정서적 지능과 관련되어 있다. 예를 들어, 자기연민적인 사람들은 자기연민이 낮은 사람들보다 생각에 덜 집착하고, 덜 억압하는 경향을 보였다(Neff, 2003a; Neff, Kirkpatrick, & Rude, 2007). 그들은 또한 자신의 느낌을 더 명확하게 알아차리고, 부정적인 정서 상태를 개선하는 등 더 많은 정서적 대처기술을 보여주었다(Neely, Schallert, Mohammed, Roberts, & Chen, 2009; Neff, 2003a; Neff, Hseih, & Dejitthirat, 2005).

자기연민은 또한 긍정적인 존재 상태를 강화시키는 것처럼 보인다. 예를 들어, 자기연민은 의미 있는 인생의 중요한 구성요소인 사회적 유대감 및 삶의 만족감과 연합되어 있다(Neff, 2003a; Neff, Pisitsungkagarn, & Hseih, 2008). 또한 자율성, 자신감, 유대감과 연합되어 있으며(Neff, 2003a), 자기연민이 데시와 라이언(Deci & Ryan, 1995)이 주장하는 웰빙의 근본이 되는 심리적 요구에도 부합하도록 도와준다. 자기연민적인 사람들은 그것이 결핍된 사람들보다 더 많이 행복해 하고, 낙관적이고, 호기심이 많고, 긍정적인 경험을 하는 경향이 있다(Neff, Rude, & Kirkpatrick, 2007). 자기연민의 따뜻한 포용으로 고통을 감싸 안음으로써 긍정적인 느낌들이 생겨나게 하고, 부정적인 느낌과 균형을 이루도록 도와준다.

자기연민, 동기, 그리고 건강

연구조사에 따르면, 자기연민이 자기방종보다 동기를 향상시킨다고 한다. 예를 들어, 자기연민은 완벽주의와 부정적인 상관관계가 있는 반면, 자신에게 적용되는 실행기준의 수준과는 아무런 관계가 없다고 한다(Neff, 2003a). 자기연민적인 사람은 목표를 높게 갖지만, 그렇다고 해서 언제나 목표에 도달할 수 있다고 인식하거나 받아들이지는 않는다. 자기연민은 또한 높은 개인적인 주도권—자신의 전 잠재력에 도달하고자 하는 욕망—과 관련되어 있다(Neff, Rude, & Kirkpatrick, 2007). 자기연민적인 사람은 그렇지 않은 사람에 비해서 동기불안이 적고, 늦장을 부리는 것과 같은 자기장애적인 행동을 덜 보인다는 사실이 발견되었다(Williams, Stark, & Foster, 2008). 추가로 나와 동료들은(Neff et al., 2005) 자기연민이 숙달목표mastery goal—학습과 성장에 대한 근본적인 동기—와는 긍정적인 상관관계가 있지만 실행목표performance goal—자신의 이미지를 증장시키고자 하는 욕망—와는 부정적인 상관관계가 있음을 발견했다(Dweck, 1986). 이러한 관계는 자기연민적인 사람들은 실패에 대한 두려움이 적고, 자기효능감이 있다는 사실을 의미한다. 즉, 자기연민적인 사람들은 사회적 인정을 얻기 위해서가 아니라, 본질적 이유에서 성취하고자 하는 동기가 강하다.

　자기연민은 또한 건강과 관련된 행동을 촉진시킨다. 예를 들어, 애덤스와 리어리(Adams & Leary, 2007)의 연구에 따르면, 자기연민은 사람들이 식이요법을 유지하도록 도울 수 있다는 사실을 보여 주었다. 식이요법을 하는 사람들은 흔히 모순적인 경향성을 보인다. 만일 그들이 식이요법을 어기고 고열량의 음식을 섭취하게 되면, 그들은 이후에 자기를 탓하는 나쁜 느낌을 줄이기 위해서 더 많이 먹는 경향이 있다(Heatherton & Polivy, 1990; 16장의 금욕 위반 효과 참조). 이 연구는 여성들이 자신의 식이요법을 망쳐 버린 것에 대해서 연민적인 감정을 갖도록 도와줌으로써 그러한 모순적인 경향성을 약화시킬 수 있다는 사실을 보여 준다. 이와 유사한 또 다른 실험(Kelly, Zuroff, Foa, & Gilbert, 2009)에서는 자기연민이 흡연을 줄이거나 금연하는 데 도움을 줄 수 있는지 여부를 연구했다. 금연의 어려움에 대해서 자기연민을 느끼도록 훈련을 받은 사람들은 금연을 감시하고, 반성하는 훈련을 받은 사람들에 비해서 훨씬 더 많이 흡연량을 줄일 수 있었다. 이와 같이 자기연민적 개입은 자기비판적이거나 변화에 저항적인 사람들에게 특별히 효과가 있었다. 유사한 실험으로 여성의 운동 목표에 관한 연구에서 자기연민적 인 여성은 운동하려는 동기가 외적이기보다는 내적이었고, 운동 목표도 에고ego 의 관심사와는 덜 관련되어 있음이 발견되었다(Magnus, Kowalski, & McHugh, 2010; Mosewich, Kowalski, Sabiston, Sedgwick, & Tracy, 2011). 그들은 또한 자신의 몸에 대 해서 더 편안함을 느끼고 있었고, 자신의 신체에 대한 사회적 평가에 대해서는 덜 걱정한다고 보고했다. 자기연민은 육체적 · 정신적 웰빙을 모두 향상시키는 것으로 나타났다.

자기연민과 대인관계 기능

자기연민이 개인적으로 심리적인 이점이 있다는 증거와 함께 대인관계에 서도 이점이 있다는 증거가 있다. 이성애자 커플에 대한 연구에 의하면(Neff & Beretvas, 출판 중), 자기연민적인 사람은 그렇지 않은 사람에 비해서 자신의 동반 자와 더 정서적으로 유대감을 느끼고, 수용적이며, 자율성을 지지하는 반면에, 덜 무심하고, 덜 통제적이고, 언어적으로나 물리적으로 덜 공격적인 것으로 나 타났다. 자기연민은 또한 관계에서 더 많은 만족감과 안전한 애착을 보였다. 왜 냐하면 자기연민적인 사람은 자신을 돌보고 지지하기 때문에 그들의 동반자에 게도 더 많은 정서적인 자원을 줄 수 있다.

또 다른 연구에 따르면(Yarnell & Neff, 출판 중) 자기연민적인 성향을 가진 대학 생들은 자신의 어머니, 아버지, 애인과 갈등상황에 놓였을 때, 더 타협적인 경향 이 있는 반면에, 자기연민이 결핍된 경우에는 자기 애인의 요구를 경시하는 경 향이 있었다. 이러한 패턴은 자기연민의 수준이 높은 사람은 자신과 타인에게 동등하게 친절하고, 자기연민의 수준이 낮은 사람은 자신보다 타인에게 더 친절하게 대한다는 사실과 일맥상통한다(Neff, 2003a). 또한 인간관계의 갈등을 해결할 때, 자기연민적인 사람은 더 진실하게 느끼고, 덜 혼란스러워하며, 관계에서 웰빙을 위한 더 훌륭한 감각을 가지고 있다.

한 가지 흥미로운 질문은 자기연민적인 사람이 일반적으로 다른 사람에 대해서도 더 많은 연민심을 가지고 있는가 하는 점이다. 자신에 대해 개방적인 태도를 배양하는 것은 사람들 간의 유대를 인식하게 한다는 점에서 이론적으로 다른 이에게 친절하게 대하고, 용서하며, 이해심을 갖도록 촉진한다. 이 주제에 관해서는 더 연구할 필요가 있지만, 사전 연구들에 의하면 자기연민이 타자 중심적 관심과 관련이 있음을 보여 준다. 그러나 그것은 연령과 인생 경험에 따라 다소간의 차이가 있다.

네프와 포미어(Neff & Pommier, 출판 중)는 그러한 의문을 대학의 학부생들, 오래된 지역사회의 일원들, 그리고 불교 명상을 수행하는 개인을 대상으로 조사했다. 불교 명상자와 지역사회의 경우에 자기연민이 연민심, 다른 사람에 대한 공감적 관심, 그리고 이타심과 의미 있는 상관관계가 있음을 보여 주었다. 반면에 대학의 학부생의 경우에는 그렇지 않았다. 자기 자신과 다른 이들에 대한 친절함을 촉진하는 상호유대감은 인생의 후반기에 이르기 전까지 발달하지 않을지도 모른다. 그러나 이 세 그룹 중에서 자기연민적인 사람은 자신에게 해를 끼친 사람에 대한 용서를 더 잘하는 경향이 있었다. 그들은 또한 지혜의 중요한 구성요소인 높은 관점수용perspective taking기술을 보여 주었다(1장 참조).

리치 데이비드슨Richie Davidson과 그의 동료들은 자애명상훈련을 받은 참가자 그룹을 대상으로 연구했는데(의도적으로 자신과 타인에 대한 연민심을 배양함), 자애명상훈련이 자기연민 수준을 증가시켰음을 발견했다(Davidson, 2007; Weivel, 2007). 연민심 명상훈련을 한 참가자들에게 고통스러워하는 사진(예를 들어, 눈 종양에 걸린 아이)을 보여 주는 동안 그들의 뇌를 스캔했다. 자기연민이 증가한 참가자들은 더 큰 공감을 경험했다(관점수용과 관계된 뇌의 영역인 뇌섬의 활동이 증가된 사실에 의해 입증됨) 이와 같은 신체 연구는 자기연민이 타자에 대한 연민심을 불러일으킨다는 사실을 암시한다.

자기연민 대 자기존중

지난 수십 년간 이루어진 연구들에서는 자기존중감이 높으면 심리적 이점(예를 들어, 우울과 불안 완화)이 있다고 주장해 왔다(Mckay & Fanning, 1987). 그러나 심리치료사들은 과연 자기존중감이 진정으로 그러한시에 대해 의문을 갖게 되었다(Blaine & Crocker, 1993; Croker & Park, 2004 참조). 예를 들어, 자기존중감이 높은 사람은 다른 사람들과 사회적인 비교를 하면서 낙담하곤 하는데, 그것은 다른 사람을 낮게 평가하거나 자신을 높게 평가하는 방법으로 기분이 좋아진다는 것을 의미한다(Tesser, 1999). 자기존중감은 또한 나르시시즘(Twenge & Campbell, 2009), 과장되고 비현실적인 자기 견해(Sedikides, 1993), 편견(Aberson, Healy, & Romero, 2000), 자기방어적인 공격성(Baumeister, Smart, & Boden, 1996), 그리고 타인을 괴롭히는(Salmivalli, Kaukiainen, Kaistaniemi, & Lagerspetz, 1999) 것과 관련이 있다. 또한 자기 가치감을 방어하기 위한 동기는 '인지적 폐쇄 욕구need for cognitive closure를 증가시킬 수 있는데, 이는 대안적인 관점을 수용하지 않는다(Taris, 2000). 그러므로 자기존중감은 지혜의 발달을 저해하는 작용으로 보인다. 그리고 자기존중감은 유동적인데, 이는 자기평가가 끊임없이 변화하기 때문이다. 할리우드 속담에 '당신은 당신의 최근의 성공만큼 훌륭하다(적어도 자기존중감의 렌즈를 통해서 세상을 보았을 때)'라는 말이 있다. 그런 종류의 불안정감은 은연중에 정서적 웰빙을 손상시킨다(Kernis, Cornell, Sun, Berry, & Harlow, 1993). 반면에, 자기연민은 높은 수준의 자기존중감에서 오는 이점들을 단점 없이 제공하는 것으로 보인다(Neff, 2011a).

자기연민과 자기존중감 둘 다 자신에 대해서 긍정적인 태도를 보여 준다는 점에서 짐작할 수 있듯이, 연구들에서 자기연민은 자기존중의 특정 수준과 어느 정도 관련이 있다고 지적한다(Leary et al., 2007; Neff, 2003a; Neff, Kirkpatrick, & Rude, 2007). 그러나 자기존중에 의해 행동할 때보다 자기연민에 의해 행동할 때 행복과 낙천성이 더 높은 반면에, 우울과 불안 수준은 낮았다(Neff, 2003a). 게다가 이둘은 웰빙에 미치는 효과가 서로 달랐다.

네덜란드에 있는 큰 지역사회를 표본으로 루스 본크Roos Vonk와 내가 함께 실시했던 설문조사(Neff & Vonk, 2009)에서, 자기연민이 자기존중감보다 훨씬 더 건강한 기능을 예측하는 변수임이 증명되었다. 한 예로, 자기연민은 자기존중감의 특성보다 8개월 이상(12번에 걸쳐 측정하였음) 더 길게 자기가치감을 느끼는 상태를 유지했다. 이러한 발견은 자기연민이 자기존중감보다 신체적 매력이나 성공적인 성과물과 같은 것에 의해서 더 적게 영향을 받는다는 사실과 관련이 있을 수도 있다. 연구결과는 자기존중감보다 자기연민이 사회적 비교, 공식 석상에서의 자의식, 자기반성, 분노, 그리고 인지적 폐쇄 욕구와 관련성이 더 적다는 사실을 보여 준다. 또한 자기존중감은 나르시시즘과 확실한 관련이 있는 반면, 자기연민은 나르시시즘과는 전혀 관계가 없다. 이러한 발견들은 자기연민적인 사람들은 자기존중감이 높은 사람들과는 반대로, 자신에 대한 평가, 다른 이들에 대한 우월감, 다른 이들이 자기를 평가하는지의 여부에 대한 걱정, 자신의 관점에 대한 방어적 태도, 또는 자기에게 동의하지 않는 사람에 대한 신경질적인 반응에 초점이 덜 맞추어져 있다는 사실을 시사한다.

리어리와 동료들(2007)은 기분유도 방식mood induction method을 이용하여 자기연민과 자기존중감을 비교했다. 참가자들에게 과거의 실패, 거절, 또는 상실 등 언짢았던 기억을 회상하고 나서 그 사건에 대한 자기 느낌을 평가하는 질문에 답하도록 했다. 자기연민 그룹에 속한 참가자들에게는 자기연민의 세 가지 구성요소인 자신에게 친절하기, 보편적 인간성, 마음챙김적 수용을 유도하는 사건에 대해서 생각하도록 고안된 질문지에 답하도록 했다. 자기존중감 그룹에 배당된 참가자들에게는 자기존중감을 강화하거나 보호하도록 고안된 질문지에 답하도록 했다. 자기연민으로 유도된 참가자들은 자기존중감 상태를 유도받은 참가자들에 비해서 과거의 사건에 대해 덜 부정적인 정서를 보였다. 게다가 자기연민 그룹에 속한 사람들은 자기존중감 그룹에 속한 사람들에 비해서 사건에 대한 개인적인 책임감을 더 많이 가졌다. 이는 자기연민이 단순히 곤경에서 자기를 벗어나게 하려는 것은 아니라는 사실을 의미한다.

길버트와 아이런(Gilbert & Irons, 2005b)은 자기연민은 사람들이 대인관계에서 더 큰 유대감을 느끼는 데 도움이 되기 때문에 웰빙을 증진시킨다고 주장한다. 그들은 자기연민은 위협시스템(불안정한 애착, 방어, 그리고 자율적 각성과 관련된)을 비활성화시키고, 자기진정시스템(안정된 애착, 안전함, 그리고 옥시토신—진정 체계)을 작동시킨다(18장 참조)고 한다. 이와 대조적으로, 자기존중감은 자신의 안정된 사회적 지위를 확립하도록 도와주는 우월함 및 열등함에 대한 평가와 관련된 것으로 보이며, 충동과 도파민 활성화를 북돋우는 자극과 관련이 있었다. 자기연민이 안전감과 유대감을 향상시키는 반면, 자기존중감은 자신을 타자와 경쟁관계에 두고, 차별감과 고립감을 증폭시켰다.

치료장면에서의 자기연민

자기연민을 임상장면에 적용하는 데 관심을 두는 흥미로운 연구 분야가 있다(Baer, 2010b). 자기연민이 부족한 사람들은 자기연민이 있는 사람들에 비해서 보다 비판적인 어머니를 두고 있거나, 문제가 있는 가정에서 자랐거나, 불안정한 애착 패턴을 보이는 경향이 있다(Neff & McGeehee, 2010). 가정환경과 관련된 문제를 가지고 있는 내담자들은 자기연민을 발달시킴으로써 특별히 많은 유익을 얻을 수 있다.

자기연민이 심리치료를 통해서 분명하게 생겨날 수 있을지, 그리고 효과적인 치료를 위한 중요한 하나의 요인으로 작용할 수 있을지는 흥미 있는 임상 주제다. 그것은 치료과정을 이해하는 데 하나의 확실한 사례로서 중요한 의미를 가지고 있다.

나는 동료들과 함께 한 달 간격으로 내담자들이 경험한 자기연민의 변화를 추적하는 연구를 했다(Neff, Kirkpatrick, & Rude, 2007). 치료사들은 내담자가 자기비판을 줄이고, 자신에 대해 더 많은 연민심을 가질 수 있도록 돕기 위해서 고안한 게슈탈트의 두 의자 기법을 사용하였다(Greenberg, 1983; Safran, 1988). 연구결과, 한 달 동안 자기연민 증가 수준은(자기연민과 관계없는 것처럼 꾸민 연구) 자기비판, 우울, 반성, 억압, 그리고 불안 경험과 관련이 매우 낮게 나타났다.

폴 길버트(Paul Gilbert, 2009c)는 특히, 보다 습관적인 형태로 자기공격성을 가진 사람들을 대상으로, 자기연민 기술을 발달시킬 수 있도록 고안된 연민적인 마음훈련CMT이라 불리는 집단 치료 개입을 개발했다. 연민적인 마음훈련에 대한 예비연구는 심한 수치심과 자기비판 문제로 병원치료를 받고 있는 환자를 대상으로 하였는데, 연민적인 마음훈련 프로그램에 참가한 후, 우울, 자기 공격, 수치심, 그리고 열등감이 의미 있게 감소했다고 보고했다(Gilbert & Procter, 2006). 게다가 참가자 대부분이 연구의 말미에는 병원 프로그램을 종결할 준비가 되었다고 느꼈다[Gilbert의 CMT와 연민심-중심 치료(CFT)에 대한 자세한 내용은 7장과 18장 참조].

존 카밧진(John Kabat-zinn, 1990)의 마음챙김에 기반한 스트레스 감소 프로그램 MBSR과 같은 마음챙김에 근거한 치료 접근법들은 자기연민을 발전시키고자 하는 사람들에게 효과적인 방법이 될 것이다. 마음챙김은 사람들에게 지금 이 순간의 자각에서 일어나는 힘겨운 생각과 감정을 알아차리도록 가르침으로써 그들이 친절함, 수용, 그리고 비판단을 경험할 수 있게 한다. MBSR 과정은 사람들이 스트레스, 우울, 그리고 다른 형태의 정신적 고통을 다룰 수 있도록 돕기 위해서 대개 치료사들과 다른 건강 전문가들이 가르친다. 연구결과에 의하면 MBSR이 자기연민을 의미 있게 증가시킨다는 사실을 보여 준다(Shapiro, Astin, Bishop, & Cordova, 2005; Shapiro, Brown, & Biegel, 2007). 또한 규칙적으로 마음챙김

명상을 수련한 사람은 상대적으로 경험이 적은 사람에 비해서 더 자기연민적이라는 사실을 보여 준다(Lykins & Baer, 2009; Neff, 2003a; Orzech, Shapiro, Brown, & Mckay, 2009).

마음챙김과 수용을 기반으로 한 심리치료 분야의 전문가면서 이 책의 편저자인 크리스는 심리치료를 마음챙김적 자기연민의 렌즈를 통해서 보았다. 그는 『자기연민을 위한 마음챙김의 길The Mindful Path to self Compassion』(2009)이라는 책에서 자기연민은 마음챙김적 수용에 또 하나의 차원을 추가한다고 적었다. "수용은 일반적으로 '우리에게 무엇이 일어났는지'의 여부와 관련이 있는 반면에— 느낌 또는 생각의 수용— 자기연민은 '사건이 일어난 그 사람'에 대한 수용이다. 그것은 고통하고 있는 우리 자신을 수용하는 것이다."(p. 33) 이것이 핵심적인 통찰이다. 우리가 자기연민에 의해서 진정되고 위안을 얻을 때, 고통스러운 감정을 마음챙김의 길로 보다 쉽게 연결할 수 있다. 따라서 마음챙김 기법에 더하며 자기연민을 분명하게 가르치는 훈련은 치료에 아주 유용할 것이다.

그러한 목적으로 크리스 거머와 나는 최근에 자기연민과 마음챙김 훈련을 통합시키도록 고안된 8주 과정의 마음챙김적 자기연민 프로그램MSC을 개발하고 있다. 이 프로그램은 구조적으로 카밧진의 MBSR 과정과 비슷한데(8회기에 안거일을 더한 것, 형식적과 비형식적 명상), MBSR과 유용한 상호 보완적인 역할을 제공할 수 있게 되기를 바란다. 이 프로그램의 첫 번째 날에는 주로 자기연민이 무엇이며, 그것이 자기존중감, 자기동정, 그리고 자기방종과 어떻게 다른지 설명하는 데 초점을 맞춘다. 그 이후에는 일상생활에서 오는 어려운 정서와 도전적인 관계를 다룰 수 있도록 다양한 마음챙김과 자기연민 수행을 가르친다.

마음챙김적 자기연민 프로그램의 한 가지 연습방법인 자신에게 자기연민적인 편지쓰기(Shapira & Mongrain, 2010에서도 볼 수 있음)는 다음과 같다. 마음챙김적 자기연민 프로그램에서 제공하는 훈련과 명상에 대한 더 많은 예는 www.Self—Compassion.org 혹은 www.MindfulSelfCompassion.org에서도 볼 수 있다.

자기연민적인 편지

• 육체적 결함, 인간관계 문제, 또는 직장이나 학교생활에서의 실패와 같은 여러분 자신에 대해서 나쁜 감정을 갖게 만드는 문제에 대해 솔직하게 적어 보세요. 글을 쓸 때 어떤 정서가 생기는지 —수치심, 분노, 슬픔, 두려움— 적어 보세요.

• 다음은 무조건적으로 포용하고 연민심이 넘치는 친구를 생각해 보세요. 여러분의 장점과 단점을 모두 알고 있으며, 여러분의 인생 역정을 이해하고, 여러분의 최근 상황, 그리고 인간 본성의 한계를 이해하는 누군가를 떠올려 보세요.

• 마지막으로, 그 사람의 관점에서 여러분 자신에게 편지를 써 보세요. 여러분이 문제라고 생각한 것에 대해서 그 친구는 어떤 말을 할까요? 그 친구가 여러분에게 깊은 연민심을 전하기 위해 어떤 말을 사용할까요? 여러분의 친구는 여러분이 그저 인간일 뿐이라는 사실을 어떻게 일깨워 줄까요? 만약 여러분의 친구가 무언가 제안을 한다면, 그들은 무조건적인 이해를 어떻게 반영했을까요?

• 다 쓰고 난 후, 잠시 동안 그 편지를 그냥 내버려 두었다가 나중에 다시 돌아와서 보세요. 그리고 그 편지를 다시 읽어 보세요. 그 단어들에 푹 젖은 채, 여러분 스스로가 진정되고 편안해지는 걸 허락해 보세요.

우리는 최근에 치료집단과 대기자 명단에 있는 통제집단의 결과를 비교하면서 무작위로 통제된 마음챙김적 자기연민 프로그램을 연구하였다. 결과를 살펴보면, 워크숍에 참가한 사람은 자기연민, 마음챙김, 다른 사람에 대한 연민심, 그리고 삶의 만족도가 유의미하게 증가한 반면에, 우울, 불안, 스트레스, 그리고 정신적 외상의 영향은 유의미하게 감소했다. 참가자들의 자기연민 수준의 증가 정도는 이 프로그램의 과정을 통해서 공식과 비공식적으로 자기연민 수행을 얼마나 많이 했는가와 유의미한 상관관계를 보였다. 우리는 또한 웰빙의 향상이 일차적으로 자기연민의 증가에 의한 것인지, 아니면 마음챙김의 증가에 의한 것인지의 여부를 분석했다. 우리는 웰빙에서 얻어진 대부분의 것은 자기연민이 증가되었기 때문이고, 마음챙김은 행복, 스트레스, 그리고 정신적 외상에 영향을 주는 변수라는 사실을 발견했다. 이러한 연구결과는 자기연민과 마음챙김을 함께 통합하고 있는 마음챙김적 자기연민 프로그램이 가지고 있는 주요한 이점이라는 사실을 암시한다.

　내담자들은 연민적인 치료사와의 관계를 통해서 더 건강한 방식으로 자신의 문제와 관련을 짓는 법을 배울 수 있고, 자기연민 훈련은 상담 회기 사이에 치료사를 대신해서 내담자 자신이 치료사가 될 수 있도록 돕는다. 치료사에게도 물론 자기연민이 필요한데, 이는 특히 결과가 기대한 대로 나오지 않을 때 발생할 수 있는 연민심피로compassion fatigue에 효과적이다(다음 장 참조). 자기연민은 상담자들의 연민심피로를 덜어 줄 뿐만 아니라(Ringenbach, 2009), 보다 큰 '연민심만족compassion satisfaction'—자신의 일을 통해 세상을 변화할 수 있다는 사실에 힘을 얻고, 행복해하며, 감사하는 긍정적인 느낌을 경험할 수 있는—과 관련이 있다.

　매슬로(Maslow, 1968)는 『존재 심리학을 향해서Toward a Psychology of Being』에서 정신적 성숙은 자신에 대한 비판단, 용서, 사랑의 수용을 수반해야 한다고 주장했다. 자기연민은 그와 같은 존재방식의 전형을 보여 주고 있고, 정신건강 전문가들이 그들 자신과 다른 이들의 내면에 있는 그러한 유형의 정서적 지혜를 이해하고 배양할 수 있도록 도움을 줄 수 있다.

7장. 심리치료에서 연민심 배양하기

크리스토퍼 거머Christopher K. Germer

만약 당신이 다른 사람이 행복해지기를 원한다면 연민심을 수행하세요.
그리고 당신 자신이 행복해지기를 원한다면 연민심을 수행하세요.

　　　　　　　　　　　　　　　　　　-텐진 갸초, 14대 달라이 라마(2009, p. x)

　　치료사들은 고통 속에서 뒹굴고 있다는 오명을 얻을 수도 있다. 하지만 그것은 정확히 맞는 말이다. 왜냐하면 지난 세기 동안 우리 심리치료사들의 일은 계속되어 왔고 심지어 더 번창하였지만, 삶은 여전히 가슴 아픈 일로 가득하기 때문이다. 치료사들은 불가사의한 능력을 가졌거나, 적어도 정서적 괴로움을 견디는 특이한 의지를 가지고 있다. 그들은 어떻게 그럴 수 있는가?

　　연민심은 고통의 경험을 바꿀 수 있고, 심지어 고통을 가치 있는 것으로 만들 수 있는 마음의 특질이다. 우리가 연민적인 방법으로 고통에 개방할 때, 거기에는 무저항, 무모순의 자유로운 느낌이 있고, 우리 자신을 초월해서 타인과의 깊은 유대감이 있다.

　　티베트의 명상 스승 촉니 린포체(Tsoknyi Rinpoche, 2004)는 이렇게 말했다.

"무엇이 진정한 연민심의 경험인가? ······ 그것은 널리 깨어 있는 자유로운 상
태에 대한 감각이다. ······ 동시에 아무런 이유나 조건 없이 일어나는 부드러움
이다. 부드러운 상태에 대한 깊은 느낌의 감각이다. 고통을 주는 방식의 우울함
에 가득 찬 슬픔이 아닌, 부드럽고, 동시에 무언가 다소 기쁨에 찬 것이다. 그것
은 가벼운 기쁨과 가벼운 슬픔의 혼합체다. 거기에는 자신에 대한 슬픔이나 특
정한 어느 누구를 위한 슬픔도 없다. 그것은 마치 사과가 과즙으로 가득 차 있듯
이, 즙으로 가득 채워진 것과 같다."(p. 159)

실제로 많은 치료사들은 견디기 힘든 슬픈 이야기를 하루 종일 들었음에도 불
구하고, 활력과 만족을 느끼면서 사무실에서의 하루 일과를 마치고 집으로 돌아
온다.

앞 장에서는 정서적 웰빙과 대인관계 만족에 원천이 되는 자기연민에 대한 임
상적 사례를 다루었다. 이 장에서는 우리의 환자들이 연민심을 절실하게 필요로
할 때, 자신을 위한 연민심을 훈련하도록 어떻게 도울 것인지, 그리고 자신의 고
통에 연민적으로 반응하는 것을 모형화하고 촉진시킬 수 있는지에 대해서 탐색
할 것이다. 또한 상담실에서 치료사의 연민심에 도움이 되거나 방해가 되는 것
이 무엇인지를 알아보고, 연민심피로를 다루는 두 가지의 간단한 전략을 제공할
것이다.

연민심과 슬픔

에단Ethan은 약 일 년간 치료를 중단했다가 또다시 우울증을 겪고 있는 중년
의 남자다. 그는 이혼을 하고는 친구와 함께 작은 아파트에서 임시로 지내고 있
었다. 경제사정이 악화되면서 일거리마저 점차 줄어 할부금을 내지 못해서 자기

가 지은 집을 거의 잃게 되었다. 에단은 잠을 잘 수 없었고, 식욕이 없어서 살이 빠지고 있으며, 항우울제와 항불안제도 더 이상 효과가 없었다. 에단은 완전히 재앙을 겪고 있었다. 그는 자살충동을 느꼈으나, 실행에 옮기지는 않았다. 니체 Nietzsche는 이렇게 말했다(1923, 2010). "자살에 대한 생각은 큰 위안이 된다. 그러한 생각으로 인해 수없이 많은 잠 못 드는 밤을 성공적으로 보낼 수 있다."(p. 48)

나는 거의 10년간 에단과 알고 지내 왔지만 그 정도로 심각한 상태를 본 적은 거의 없다. 우리가 이전에 했던 상담 패턴은 둘이서 함께 에단의 인생문제에 관해서 묘책을 짜내는 것이었다. 그러나 이번에는 내가 질문을 할 때마다 그 질문이 의미가 없을 정도로 거미줄처럼 복잡한 문제들로 얽혀서 나는 좌절감을 느꼈다. 에단은 내가 혹시 자기에게 지쳐 버린 것은 아니냐고 물었다. 그는 애처롭게 덧붙였다. "나도 알고 있어요. 우리는 거의 십 년 동안 서로 알고 지냈지요. 이제 더 이상 날 좋아하지 않나요?"

이제 내가 좀 더 천천히 시간을 가지고 그냥 에단과 함께 있어 줘야 할 때였다. 그리고 나 자신과도. 나는 서둘러 그를 고치려 하거나, 자살 가능성을 미연에 막거나, 그의 아내가 살고 있는 집을 압류하려는 것을 막거나, 정서적 장애로부터 에단을 지키려는 노력을 포기했다. 나는 나 자신에게 말했다. '아무리 고통스러워도 그것은 오직 우리 삶의 한순간일 뿐이야. 이 순간은 그냥 에단과 나의 일일 뿐이야.' 나는 에단이 처한 현실세계로 들어가서 그의 고통이 내 자신의 고통이 되도록 했다.

내가 그렇게 했을 때, 나는 내가 느끼는 것에 얼마나 압도되었는지, 내가 에단을 돕겠다는 마음이 얼마나 소용없는 일인가를 깨닫기 시작했다. 아마 에단도 나와 똑같이 느끼고 있었을 것이다. 우리의 대화는 보다 단순해지기 시작했다.

에단: 난 내가 뭘 해야 할지 잘 모르겠어요.

크리스: 나도 그래요. 확실히 지금은 그래요.

에단: 난 지금 진짜 혼자예요. 아내도 없고, 일도 없고, 아무도 없어요.

크리스: 정말 그렇군요, 정말 안 좋은 상황이에요.

에단: 난 너무 당황스러워요. 두려워서 잠이 깨요.

크리스: 두려움이라고요?

에단: 대부분 돈에 관한 거예요. 어떻게 살아야 할지…….

크리스: 당신의 몸 어느 부분에서 두려움이 느껴지나요?

에단: 확실히…… 이곳 배 부분에서요. 거의 매일 아침 위 부위에 응어리가
진 느낌을 가지고 깨어나요.

나는 에단이 두려움을 느끼는 부위가 배라고 추측했다. 왜냐하면 나도 동시에 같은 느낌을 느끼고 있었기 때문이다. 에단이 자신의 경험에 대해서 이야기했을 때, 나는 에단이 자신의 하루를 어떻게 하면 안전하게 보낼 수 있는지에 관한 주제로 돌아갈 준비가 되었다고 느끼기에 앞서서, 나의 복부 근육들이 저항을 멈추고 이완되기를 기다렸다. 그런데 에단이 나보다 먼저 답을 얻었다. 그는 스스로를 '완전한 실패자'라고 부르기를 멈추고, 어떻게 하면 규칙적인 식사로 영양섭취를 해서 병원신세를 면하고, 밤새도록 앉아서 생각을 곱씹는 대신 어떻게 하면 지쳐서 잠자리에 들 수 있는지를 의논하고 싶어 했다. 이와 같은 방식으로 에단은 성급하게 뭔가를 해결하려고 하는 나를 멈추게 하고, 내 자신의 경험에 주의를 기울이도록 만들었을 때, 치료는 다시 진전되기 시작했으며, 이번에는 그 이전보다 훨씬 힘이 덜 들었다.

연민심은 우리들이 슬픔에 열려 있도록 만드는 일종의 기술이다. 우리가 삶에서 일어나는 슬픔에 저항하고 있을 때, 또는 고통받고 있는 타인에게서 느껴지는 아픔에 맞서 싸우려고 할 때는 연민심을 일으키지 못한다. 에단의 경우, 나는 그의 삶이 나락으로 떨어진 것을 슬퍼하고 있었고, 나와 상담하는 동안에 그가 자살을 할까 봐 두려웠으며, 우리가 함께했던 지난 시절의 행복했던 시간을 다

시 만들기 위해서 헛되이 노력했다. 나는 나와 에단이 느끼고 있는 슬픔과 두려움을 기꺼이 느끼려고 하지 않았다. 이것은 종종 치료실에서 일어나는 치료과정을 가장 저해하는 임상가의 저항이다.

그러나 슬픔은 그렇게 나쁜 것만은 아니다. 이것은 단지 우리의 능력이 제 기능을 하지 못하도록 방해할 경우에만 문제가 된다. 숙련된 명상가들은 실제로 슬픔을 수행이 진전되는 표시로 받아들인다. 그것은 우리의 눈과 가슴이 삶의 필연적인 고통에 열려 있음을 의미한다. 시간이 흐르면서 개인적인 투쟁과 실패 —충분히 알지 못하고, 충분히 소유하지 못하고, 충분히 행복하거나 건강하거나 성공적이지 않은—는 인간 조건의 한 부분이라는 것을 배우게 된다. 이것은 '옳지 않다'는 식으로 우리의 삶을 색칠하는 마음의 성질이다. 불교학자인 무성(Mu Soeng, 2007)은 이것을 "삶에서 개인의 잘못과 모든 인류의 누적된 잘못에 대해 용솟음치는 슬픔은 연민심이 일어나는 배경으로 작용하도록 돕는다."(p. 65)라고 말했다.

명상으로 인해서 얻게 되는 수확은 오랜 시간 동안 혼자 앉아 있거나(아마도 수년간 우리의 환자들과 함께 앉아 있거나) 고통의 보편성을 통찰하는 것과 고통을 건강하고 지적인 방식으로 대응하는 일종의 독특한 반응이라는 사실을 통찰하는 것이다. 연민심은 고통을 완화시킨다. 연민심과 반대되는 반응—정서적 불편함에 대한 저항—은 그야말로 설상가상으로 이미 충분히 힘겨운 상황에 스트레스를 보태는 것이다.

유대교 하시딕Hasidic 속담에 "연민심을 느낄 수 없는 사람은 정신이 돌아버릴 것이다."라는 말이 있다.

대화를 위한 준비운동

우리의 삶이 뭔가 잘못되어 가고 있을 때, 우리는 대개 필연적으로 세 가지의 위험한 반응에 사로잡히곤 한다. 자기비판self-criticism, 자기고립self-isolation, 자기 몰입self-absorption(Germer, 2009: 6장). 이러한 반응은 위험에 대항하여 싸우거나— 도망치거나—얼어붙는 대응을 하는 징후로 보인다. 뭔가가 잘못되어 가고 있을 때, 자기 자신을 공격하고 비판하거나('난 바보야.'), 우리 자신으로부터 도망치거나(일, 술, 음식 등에 빠지기), 생각에 꽉 막혀 버릴('왜 나야?')지도 모른다. 그와는 대소적으로, 자기연민은 자기친절self-kindness, 공통된 인간성, 마음챙김으로 구성되어 있다(Neff, 2003b; 6장 참조). 연민심은 내적인 대화의 어조를 '따뜻하게' 바꾼다 (P. Gilbert와의 개인적 대화에서; 18장 참조).

타인과 연결된 느낌은 인간적인 슬픔을 훨씬 더 줄여 준다. 연민심은 우리 모두는 허점투성이이고, 질병과 늙어 감, 사회적 고통과 죽음에 나약한 인간 존재라는 사실을 깨닫도록 돕는다. 우리의 삶에서 일어나고 있는 대부분의 것은 무수히 많은 요인(언제, 어디에서, 누구로 태어났고, 어떤 유전적 정보를 가지고 있는지)에 의해 결정되며, 우리 개인의 선택이 아니다. 우리가 살고 있는 인생의 배경을 보게 되면 비난은 줄어들게 된다. 이것이 확장되면 자기중심적인 관점이 줄어들고, 수치심이 감소되어, 우리의 문제점을 이야기할 수 있는 힘을 준다. 앞에서 이야기한 에단처럼 고통을 겪는 우리의 환자가 덜 외로워질 때 그들은 보다 큰 에너지와 호기심으로 자기 인생에서 문제가 발생한 시점으로 돌아갈 수 있는 용기를 얻게 된다. 대화는 모든 이에게 보다 많은 용기를 준다.

연민심 지향적인 심리치료

모든 심리치료의 모델은 치료는 연민적인 방식으로 실행되야 한다고 제안한다. 자기연민이 심리치료에서 변화의 근본기제라는 사실을 밝히는 증거들이 누적되어 왔다(Baer, 2010a; Birnie, Speca & Carlson, 2010; Hofmann, Grossman & Hinton, 2011; Hollis—Walker & Colosimo, 2011; Kuyken et al., 2010; Raes, 2010; Raque—Bogdan, Ericson, Jackson, Martin & Bryan, 2011; Schanche, Stiles, McCollough, Swartberg & Nielsen, 출판 중; Van Dam, Sheppard, Forsyth & Earleywine, 2011). 이러한 발견은 만약 내담자들이 연민적인 마음상태를 배양하는 방향으로 맞추어진다면 '연민심 지향적인 심리치료'라고 불리는 치료가 보다 효과적이라는 사실을 암시한다. 어떻게 하면 이것을 달성할 수 있을까? 연민심 지향적인 치료의 그늘에서 환자는 연민수행(연민심을 기본으로 하는 치료)을 실습하고 배우거나, 치료관계(연민심에 관해 잘 아는 심리치료)를 통해서 연민심을 발달시킬 수 있다. 치료과정에 연민심을 결합시키는 두 가지 접근법을 이 장의 뒷부분에서 다루게 될 것이다.

자기연민은 거의 대부분의 연민심 지향적인 심리치료의 목표다. 우리가 심하게 혼란된 감정을 겪을 때, 정서적으로 타인에게 도움이 될 수 있으려면 먼저 우리 자신이 차분하고 진정될 필요가 있다. 그런데 우리 자신을 보살피기 위한 가장 좋은 방법은 종종 타인을 향한 연민심을 수행하는 것이다. 왜냐하면 그렇게 함으로써 대인관계가 개선될 수 있고, 개인의 웰빙을 향상시키기 때문이다(Cosley et al., 2010; Crocker & Canevello, 2008; Dunn, Aknin & Norton, 2008; Mongrain, Chin & Shapira, 출판 중).

연민심초점치료모델

심리치료에서 새롭게 임상적으로 지지를 얻고 있는 연민심 지향적인 접근법은 폴 길버트(2005, 2009a, 2009b, 2010a, 2010b, 2010c; 18장 참조)와 그의 동료들에 의
해 개발된 '연민심초점치료compassion-focused therapy: CFT'다. 길버트의 모델은 진
화 심리학(Bell, 2001; Gilbert & Bailey, 2000), 애착 이론, 정서와 연계된 신경생물학
(Carter, 1998)을 통합한 것이다. 연민심초점치료는 정서통제시스템에는 적어도 서
로 다른 기능과 원인으로 진화되어 영향을 미치는 세 개의 체계가 있다는 최근
의 증거에 근거를 두고 있다. 바로 (1) 위협, 위험감지와 보호와의 연결, (2) 충
동, 안전과 즐거움의 원천과의 연결, (3) 만족과 위로, 관계에서 안전감의 느낌에
의 연결(Depue & Morrone-Strupinsky, 2005)이다. 만족과 위로체계는 소속과 애착
이 다른 두 정서체계를 하향조절할 수 있는 한—예를 들면, 친절은 우리가 두려
움을 느낄 때 침착할 수 있게 해 준다—애착행동의 진화에 특별히 중요하다.

　세 가지 정서통제 시스템은 모두 생존을 위해 필요하고, 수백만 년에 걸쳐 진
화해 왔으며, 이들이 서로 균형을 맞출 때, 최고의 기능을 하게 된다. 그런데 최
근에는 위협과 충동 시스템은 경쟁적이고, 개인주의적인 문화에서 종종 부조화
를 일으킨다. 또한 어린 시절에 충분히 위로받지 못한 사람이 어른이 되어 정서
적으로 압도될 때 위로시스템을 작동시키지 못하거나, 그렇게 하려는 유전적인
성향을 갖지 못할 수도 있다. 연민심초점치료의 목표는 환자에게 어떻게 하면
연민적인 마음상태를 자아내게 하는지를 가르치기 위한 것이다. 비록 진화과정
에서 위험에 즉각적으로 반응하도록 위협시스템이 구조화되어 있지만, 우리는
또한 불확실하거나 즉각적인 위험상황에서 우리 자신을 편안하게 하는 탁월한
성향이 있다.

　연민심초점치료는 우리가 오랜 시간 동안에 강력하고 지속적으로 고통을 겪
을 때, 자기비판과 부끄러움이 일어나는 것을 다루는 쪽으로 특별히 발달되어
왔다(Gilbert, 2010b; Gilbert & Bailey, 2000; Gilbert & Irons, 2005a). 우리의 삶이 부서질
때, 우리는 단순히 기분이 나빠지는 것뿐만 아니라 우리가 나쁘다고 믿는다. 자
의식은 고통 속에 완전히 휩싸이게 되고, 고통이 언제 끝나고, 자아정체감이 언

제 다시 생겨나게 되는지 우리는 알지 못한다. 우리는 이렇게 생각할지도 모른다. '나에게는 결함(흠)이 있어.' '나는 약해.' '나는 사랑스럽지 않아.' 또는 다른 부정적, 위협적인 확신들로 가득 차 버릴 수도 있다(Young, Klosko, & Weishaar, 2003). 이러한 자기진술은 위협시스템을 촉발시킨다. 그러나 우리는 자기연민과 함께 위로시스템을 활성화함으로써 자기비판적인 내면의 대화는 그 힘을 잃어 가고, 새로운 관점을 재건할 수 있으며, 삶에 필요한 변화를 만들 수 있다.

　자기와의 부정적인 대화를 자각하고 긍정적인 대안을 반복하는 것은 전통적 인지행동치료를 받는 내담자에게는 흔한 일이지만, 그렇다고 그들의 기분이 나아지는 것은 아니다(Stott, 2007). 왜 그럴까? 어렸을 때 우리를 돌보아 주었던 보호자는 심각한 곤경에서 구해 주고, 삶의 고난들로부터 보호해 주었다. 그와 같은 돌봄관계에서 주는 안정감과 위로는 위로시스템을 활성화시키고, 어른이 되어서 스트레스를 받을 때 그 위로시스템을 정서적 습관으로 만드는 데 도움을 준다. 연민심초점치료에서는 특히 장애가 있거나 정서적으로 방치된 배경을 가지고 있는 사람의 경우에 내면의 대화내용을 변화시키는 것은 우리의 기분을 바꾸기에 충분하지 않다고 한다. 그것보다는 대화의 정서적 어조를 바꿀 필요가 있다. 이것은 우리 스스로 '아프다!'는 것을 인정하고, '물론이야, 넌 지금 슬퍼.' 라고 공감을 표현하고, 우리 자신에게 '넌 할 수 있어.'라고 용기를 주는 것을 의미한다. 그리고 그 밖에 우리에게 필요한 것은 다시 전체감과 안전감을 다시 느끼는 것이다. 가장 필요한 순간에 우리 자신을 위로하고, 스스로 안전하다고 느끼게 하고, 자신을 돌보는 기술을 배울 수 있다는 것은 참으로 다행스러운 일이다(6장과 18장 참조, Germer, 2009; Gilbert, 2010c; Lee, 2005; Neff, 2011b).

아동기 요인들

　어떤 사람들은 다른 이들보다 자기연민을 쉽게 경험하는 것 같다. 자기연민

능력은 우리가 어렸을 때, 우리를 주로 돌보아 주었던 양육자와의 관계에서 얼마나 안전감을 느꼈느냐에 달려 있는 것 같다(Neff & McGeehee, 2010). 우리 모두는 어른이 되는 과정에서 애착인물에 대한 '내부 작동 모델'을 가지고 있다(Bowlby, 1969, 1973). 메리 아인스워스Mary Ainsworth와 다른 이론가들(Ainsworth, Blehar, Waters, & Wall, 1978)은 타인과의 관계에서 행동하는 양식을 결정짓는 성인들의 서로 다른 '애착패턴'을 발견했다(Collins, 1996; Collins & Feeney, 2000; Mulkiner & Shaver, 2007). 예를 들면, '안전한' 애착패턴을 가진 사람은 아마도 부모가 그들의 요구를 인정하고 적절하게 반응해 주었을 것이다. 안전히게 애착이 형성된 어른은 관계에서 상대적으로 안전감을 느끼고, 최선을 기대하고, 그들의 기대를 저버리는 사소한 잘못을 용서한다. 그들은 자신의 견해를 표현하고, 나누고, 듣는 경향이 있다. 그에 반해, 불안전하게 애착이 형성된 '불안-양가감정'적인 애착패턴을 가진 사람은 보다 자기중심적이고 일관성이 없는 부모 밑에서 자랐을 가능성이 있고, 이는 관계에 대한 믿음이 없고, 많은 확신을 요구하는 성인으로 자라게 만든다. '회피적' 애착스타일을 가진 불안전한 사람은 무시하거나 비판적인 부모 밑에서 자랐을 가능성이 있고, 자신의 요구를 최소화하고, 실망하게 될 것이 두려워 가까운 관계를 회피하는 성인으로 자라게 한다(Cassidy & Shaver 2010; Wallin 2007; Zayas, Mischel, Shoda, & Aber, 2011).

특히, 자기연민 훈련은 어떻게 우리 자신을 위로하고, 관계를 보다 안전하게 느껴야 하는지에 대한 재학습 방법이다. 폴 길버트는 불안정한 애착패턴을 초기 아동기의 위협시스템의 과잉반응 증상이라고 설명했다. 그러한 아동기 위협시스템의 과잉반응은 어른이 되어서도 계속되고, 연민심을 주고받는 데 장애를 일으킨다는 것이다.

자기연민 역시 배울 필요가 있다. 왜냐하면 어른이 된 지금은 우리가 특정한 순간에 느끼는 것을 다른 사람들이 이미 알아채 그것에 맞추어서 꼭 맞게 반응해 줄 것이라고 믿고 기대할 수 있는 날은 이미 오래전에 지나갔기 때문이다. 게

다가 뭔가가 잘못되었을 때, 우리 자신을 비난하는 성향은 계속 튀어나온다. 삶을 행복하게 살기 위해서는 어린 시절에 상처를 치료할 필요가 있을 뿐만 아니라, 우리 자신과 연민적인 관계를 맺는 것이 필요하다. 뭔가 잘못되어 가고 있을 때, 나아지기 위해서 당신은 스스로에게 어떻게 동기를 부여하는가? 예를 들어, 다이어트에 대한 열의가 시들해진 후에 거울 앞에 서서 스스로를 심판대에 세우고는 신체적 약점을 지적하면서 자신이 얼마나 가망이 없는 존재인지를 상기시키며 동기를 부여하는가? 아니면, 당신은 스스로에게 '두 번째 초콜릿 케이크를 먹었을 때 얼마나 기분이 별로였는지 알아. 그건 정말 형편없는 맛이었어. 다이어트에 실패한다고 범죄를 저지르는 건 아니지만, 다음번 저녁 식사 때는 너 자신에게 정말 맛있고 영양가 있는 음식을 주는 게 어때?'라고 말할 수 있는가?(Adams & Leary, 2007; Fain, 2011; Goss & Allen, 2010)

연민심에 기반한 심리치료

연민심에 기반을 둔 심리치료에서 환자는 연민적인 마음상태를 떠올리는 구체적인 훈련을 배우게 되고, 그 가능성은 끝이 없다. 격식을 갖춘 명상을 날마다 한 시간 이상은 웬만해서 할 수가 없다. 그러나 연민적인 의도, 생각, 정서, 행동은 우리가 깨어 있는 시간 내내 유도할 수 있다. 그러한 수행의 이면에 있는 원칙을 메리 올리버Mary Olive는 시로 아름답게 표현했다. '당신 몸 안에 있는 그 부드러운 동물이 사랑하는 것을 사랑할 수 있게 하라.'(1986, p. 14)

자기연민으로 가는 다섯 가지 길

• **신체적으로:** 몸을 부드럽게 하기, 긴장 멈추기(예, 길게 숨 쉬기, 따뜻한 물로 목욕하기, 개 예뻐하기, 배를 부드럽게 하기, 운동하기, 섹스하기, 낮잠 자기)

• **정신적으로:** 생각이 오고 가도록 허용하기, 투쟁 멈추기(예, 집중 또는 마음챙김명상하기, 우선순위 매기기, 죽음에 대해 생각하기, '당신이 잘 마치기'를 기도하기)

• **정서적으로:** 느낌과 친구되기, 회피 멈추기(예, 자애명상, 손을 자신의 가슴에 얹기, 자신과 타인을 용서하는 훈련하기, 위안을 주는 음악 듣기, '너의 가장 친한 친구가 지금 뭐라고 말할 것 같니?'라고 물어보기)

• **관계적으로:** 타인과 안전하게 연결되기, 고립 멈추기(예, 연민적인 이미지 명상, 점심 같이하기, 오랜 친구에게 감사 표시하기, 보상하기, 자원봉사하기)

• **영적으로:** 보다 큰 가치를 실행하기, '자기화(selfing)' 멈추기(예, 기도 또는 명상에 참여하기, 당신의 믿음 나누기, 자연 속에서 걷기, 평화 만들기, 무작위로 친절하게 행동하기, 진실 말하기)

가장 도전적인 과제는 훈련해야 한다는 사실을 기억하는 것이다. 몸과 마음은 거의 하루종일 스트레스를 받고 있기 때문에 위로와 자애를 받을 준비가 되어 있다. 그러나 우리는 본능적으로 고통을 피하고, 불가피하게 스트레스를 증가시키는 즐거움을 탐하는 일에 우리의 정신적·정서적 노력의 대부분을 사용하게 된다. 아침마다 규칙적으로 명상수행을 하면 우리가 정서적인 어려움에 사로잡혀 있을 때를 인식하고, 자신에게 의도적으로 연민적인 반응을 제공하는 바탕을 확립하는 데 특별히 도움이 된다.

가슴에 손을 얹고

• 스트레스를 받고 있다는 사실을 알아차렸을 때, 두세 차례 깊이, 그리고 충분한 호흡을 해 보세요.

• 당신의 손을 가슴에 부드럽게 얹고, 손의 압력과 온기를 느껴 보세요. 원한다면 양손을 가슴에 얹고, 한 손일 때와 두 손일 때의 차이를 주목해 보세요.

• 당신이 원하는 만큼 충분히 느낌에 머물러 보세요.

이런 단순한 행동은 생각과 느낌들로 가득 찬 우리 자신을 발견하도록 도와주고, 자신에게 친절하게 대할 것을 상기시켜 준다. 그것은 거의 반사적이다. 사랑하는 사람의 죽음과 같은 정말로 나쁜 소식을 접하고 당신이 어떻게 반응하는지 상상해 보라. 당신은 아마도 숨이 차서(깊이 숨을 들이쉬고) 가슴에 손을 얹고, '오, 맙소사.'라고 소리치는 자신을 발견할 것이다. 이 훈련은 자연적인 자기위로 반응에 의도적인 변화를 주는 것이다.

반드시 선한 느낌일 필요는 없는, 선한 의지

　자기연민의 길에서 진전은 지속적인 의지를 가지고 노력하는 만큼 일어난다. 시간이 지나면서 우리는 기분을 더 좋게 하기 위해서 연민심 수행을 배우는 것이 아니라, 기분이 나쁘기 때문에 연민심 수행을 배운다는 것을 깨닫게 될 것이다. 그것이 왜 중요한가? 왜냐하면 현재 이 순간에 우리가 느끼고 있는 것을 느끼지 않기 위해서 훈련하는 모든 기술은 다 저항의 형태이기 때문이다. 그것은 실패할 수밖에 없다.

　저항은 우리 삶의 모든 곳에 나타난다.

• 불면과 싸움으로써 우리는 불면증을 초래할 수 있다.
• 불안과 싸움으로써 우리는 공황장애를 일으킬 수 있다.
• 슬픔과 싸움으로써 우리는 우울증을 발달시킬 수 있다.

- 요통과 싸움으로써 우리는 만성 통증을 유발할 수 있다.
- 딸의 형편없는 남자 친구와 싸움으로써 우리는 형편없는 사위를 얻게 될 수 있다.

자기연민 수련의 필연적인 부산물은 한결 기분이 나아진다는 것이다. 만일 위로와 편안함 대신에 분노, 절망과 더불어 불안, 우울과 만나게 된다면, 우리는 어쩌면 분투와 좌절, 절망이라는 악의 굴레에 갇히게 될지도 모른다. 그러나 적어도 연민심은 고통과 괴로움에 대한 일종의 단순하고, 자발적이며, 지적인 반응이라는 점이다. 우리는 현재 경험이 다른 어떤 것이길 바라지 말고, 선한 의지—친절과 너그러운 태도—를 함양해야 한다. 연민심은 우리가 우리 인생의 우여곡절—기쁨과 고통, 병과 건강, 얻음과 상실—을 변화시킬 수 있는 기회를 가질 때까지 그 우여곡절과 더불어 살 수 있는 힘을 준다.

우리가 우리의 경험과 진실된 관계를 맺는 것은 또한 우리 자신과 진실된 관계를 맺는 것이다. 우리가 열린 가슴으로 우리 자신을 받아들일 때, 즉 정서적 한계, 지적 미약함, 신체적 결함을 받아들일 때 우리는 뛰어난 삶의 유머와 품위를 가지고 우리의 인생에 다가갈 수 있고, 새로운 가능성을 보게 되고, 삶의 중요한 영역에서 성공할 수 있다(3장 참조). 칼 로저스(Carl Rogers, 1959)는 말했다. "인생에서 흥미 있는 역설적 모순은 내가 나 자신을 있는 그대로 받아들일 때, 그때 비로소 내가 변화한다는 것이다."(p. 17) 연민심에 기반을 둔 치료사로서 우리는 우리 자신을 포함한 모든 존재가 괴로움d에서 자유로워지고, 심지어 우리의 실수와 결함에 대해서도 마음을 열 수 있기를 바라는 소망을 길러야 한다. 명상 지도자인 랍 네언(Rob Nairn, 2009)은 '연민적인 혼란'이 되기 위해서는 자유를 유지하고 있어야 한다고 했다.

개인적인 차이

새로운 심리치료 기법이 전문가들에게 소개되면, 그것을 누구에게나 적용해 보려고 하는 경향은 자연스러운 것이다. 그리고 나서 임상실험과 주의 깊은 연구를 통해서 특별한 개입이 개인에 따라서 어떻게 다르게 반응하는지를 점차적으로 발견해 간다. 이것이 현재 연민심에 기반한 심리치료에서 일어나고 있는 일이다. 예를 들면, 초기 아동기에 주로 자신을 돌봐 주었던 사람과 유대감을 유지하기 위해서 자기 자신을 비난하는 것을 배웠던 우울증을 앓고 있는 사람들은 다른 사람들이 자신에게 친절하게 대하려고 하면 본능적으로 불안해지고, 매우 불편한 느낌을 가질 수 있다(Pauley & McPherson, 2010). 불안이 높은 아동은 공포에 질린 얼굴보다 행복한 얼굴에서 더 불안감을 가지기도 하는데, 이는 치료 관계를 손상시킬 수도 있다(Rich, 2010). 걱정이나 화나는 일에 관한 생각을 끊임없이 곱씹으며 우울해 하는 사람은 자애명상보다 호흡명상을 하는 것이 더 이롭고, 덜 깊이 생각하는 사람의 경우에는 자애명상이 더 유익하다(Barnhofer, Chittka, Nightingale, Visser, & Crane, 2010). 우리는 이와 같은 연구로부터 연민심 지향 치료가 각 개인의 필요에 맞게 어떻게 적용되어야 하는지를 배우기 시작했다. 연구자들은 또한 다음과 같은 주제들을 탐구하기 시작했다.

- 자기연민이 애착패턴에 미치는 관계(Raque-Boydun et al., 2011; Shapira & Mongrain, 2010; Wei, Liao, Ku, & Shaffer, 출판 중)
- 자기연민이 불안과 우울에 어떻게 다르게 영향을 미치는가(Raes, 2010, 2011).
- 엄마-신생아 스트레스와 같은 상황에 연민심에 기반한 치료를 어떻게 적용시킬 수 있을까(Cree, 2010).
- 정신병으로부터의 회복(Gumley, Braehler, Laithwaite, MacBeth, & Gilbert,

2010; Johnson et al., 2009)

- 우울증에서의 자기공격(Kelly, Suroff & Shapira, 2009)
- 양극성 성격장애(Lowens, 2010)
- 외상 후 스트레스 장애(Thompson & Waltz, 2008)
- 불안장애(Tirch, 2011; Welford, 2010)

성별 또한 환자가 자기연민을 얼마나 잘 받아들이는가에 영향을 주는 것으로 나타난다. 여자는 남자보다 쉽게 받아들인다("오, 나는 그것이 필요해요."). 긍정적인 반응은 여성이 에스트로겐의 수치가 높다는 사실과 관계가 있는 것 같다. 에스트로겐은 옥시토신 효과를 향상시키는데, 호르몬의 결합은 보통 관계 속에서 사람들을 기분 좋게 느끼도록 만든다(McCarthy, 1995). 한편, 테스토스테론은 옥시토신의 효과를 억업하는 것 같은데, 스트레스를 받을 때 왜 여자가 남자보다 타인과의 유대감을 찾으려 하는지에 대해 설명해 준다(어울림, 돌봄과 친교)(Taylor et al., 2000). 그럼에도 불구하고, 주목할 점은 여자가 남자보다 자기연민이 낮아 보인다는 사실이다(Neff, 2003a). 아마도 비현실적인 고정관념에 따르는 사회적 압력 때문인 것 같다.

남자들은 다른 이들을 피난시키고 보호하기 위해서 종종 자신의 위험을 감수하는 군생활에 대한 사회적 보상을 받는다. 이러한 이유로 타인에 대한 연민심은 남자들이 연민적인 마음상태를 불러일으키는 것이 사회적으로 보다 용납될 수 있는 것 같다. 그러나 전쟁 외상 장애 생존자 가운데 최근 몇 년간 우리가 주목한 바에 의하면, 남자들 또한 자신을 위로하고 어루만지는 것이 필요하다. 자기연민 훈련을 설명하는 언어도 중요하다. 예를 들면, 자기연민을 남자들에게 설명할 때는 도전에 대처하고, 힘든 정서를 관리하고, 스스로에게 정직해지고, 스트레스를 줄이고, 과로로 인해 자신이나 타인을 해치는 일이나, 과잉분석과 과잉반응을 거부하는 능력을 증가시키는 힘과 같은 것이라고 설명해 주는 것이다(Russell Kolts, 개인적 대화에서). 가정 폭력적인 남성을 치료하기 위해서 연민심 훈련을 사용했는데(Stosny, 1995), 이때 자기연민은 타인에 대한 돌봄을 증가시키고, 존경과 인정을 얻게 하는 방법이라고 '방편적'인 용어로 조작하는 것이 도움이 되었다고 한다(Stosny, 사적 대화에서).

역류

대부분의 임상 치료사는 치료에서 치료사가 자기를 진심으로 보고, 듣고, 사랑한다고 느낄 때 힘든 기억을 어떻게 다시 떠올리는지 지켜보았다. 이 과정은 '역류'로 비유된다. 역류는 소방관이 진화할 곳의 문을 열었을 때 문 뒤쪽에서 갑자기 뜨거운 불이 일어나는 걸 의미한다. 산소가 급격하게 공급되어 화염에 휩싸이게 된다. 그와 비슷하게 연민심을 갖고 마음의 문을 열었을 때, 때로 극심한 고통이 터져 나오기도 한다. 따라서, 특히 외상이력이 있는 환자들은 '연민심의 공포'로부터 고통을 겪기도 한다(Gilbert, McEwan, Matos & Rivis, 출판 중).

역류는 치유의 고유한 영역이다. 그럼에도 불구하고, 환자가 치료실을 떠나서 올라오는 느낌을 감당할 수용력이 없다면 어떻게 되겠는가? 자기연민의 기술이 없다면, 내담자는 자기가 치료하거나 다른 형태의 자해를 사용해서 불안한 정서를 물리치는 데 필요한 것을 찾아낼지도 모른다. 연민심에 기반을 둔 치료사는 회기 중에, 특히 외상치료 중인 환자가 지나치게 마음을 여는 것을 중지시킬 수 있는 능력이 필요하다. 우리는 단지 근원적인 정서적 아픔에 '접촉'하는 것만이 필요할 뿐이지, 그 속에 빠지는 것은 필요하지 않다. 그리고 나서 우리 스스로를 위로하고 편안해질 수 있는 길을 발견하는 것이 필요하다(Rothschild, 2000). 위로와 안정은 노출과 둔감화를 위한 전제조건이다.

연민심 훈련 프로그램

임상의들은 환자와의 작업에 연민심 훈련을 포함시키거나 환자들이 연민심 훈련 프로그램에 참여하도록 할 수 있다. 마음챙김에 기초한 스트레스 감소MBSR 프로그램과 마음챙김에 기초한 인지치료MBCT 프로그램은 자기연민의 증가를 보여 주고 있다(Birnie, Speca, & Carlson, 2010; Kuyken et al., 2010; Shapiro, Astin, Bishop, & Cordorva, 2005; Shapiro, Brown, & Biegel, 2007). 자기연민은 마음챙김 훈련과 긍정적인 정신건강 사이에 '결정적인 태도 요인'으로 보인다. 연민적인 자각은 MBSR과 MBCT 프로그램에 내포되어 있다. 이들 프로그램에서 이루어지는 연민심 훈련 분량(특히 자애명상)은 보통 지도하는 선생님의 재량에 달려 있다.

현재 연민심을 배양하기 위해서 특별히 고안된 많은 훈련 프로그램들이 개발 중이다. 연민심 배양 훈련 프로그램compassion-cultivation training program: CCT(Jinpa et al., 2009), 에모리 연민심 명상계획서Emory compassion meditation protocol(Negi, 2009), 비폭력적 의사소통nonviolent communication: NVC(Langemann & Yamaner, 2011), 연민적인 마음 훈련compassionate mind training: CMT(Gilbert, 2009a), 그리고 마음챙김적 자기연민 훈련mindful self-compassion training: MSG(Germer & Neff, 2011)이 그것이다. 이와 같이 규범화된 프로그램들은 연민심 훈련이 임상적, 비임상적 집단에 미치는 영향력에 대한 연구를 할 수 있는 기회를 제공한다.

연민심을 제공하는 심리치료

우리의 환자들은 보통 연민심이나 명상을 배우는 데 관심이 있어서 치료를 받으러 오지는 않는다. 그들은 단지 좀 더 나아지고 싶어 할 뿐이다. 따라서 환자들에게 자기연민을 가르치는 가장 일반적인 방식은 연민심을 제공하는 심리치료의 일차적 '개입'으로, 따뜻하고 존중하는 치료관계를 통해서다. 인간 간의 만남에서 연민심은 언어, 얼굴 표정, 목소리 톤, 그리고 다른 미세하고 섬세한 의사소통을 통해서 전해진다. 인간의 잠재적 유대감이 우리의 뇌에 서로 영향을 미친다면(Cozolino, 2010; Hein & Singer, 2008; Siegel, 2007, 2010a; Singer & Decety, 2011), 치료관계는 모든 형태의 연민심 지향적인 심리치료의 주요한 구성요소가 된다.

모든 의사는 치료관계를 통해 환자에게 자기연민이 어떻게 퍼져 나가는지에 대해서 각자 다른 설명을 할 것이다. 이것은 나의 경우다.

> 1. 환자들은 정서적 괴로움을 가지고 우리에게 온다. 특히 그들은 저항하는 고통을 가지고 온다.
> 2. 우리는 열린 눈(마음챙김적 자각)과 열린 가슴(연민심)으로 그것을 '받아들인다'
> 3. 우리는 환자와 환자의 경험을 자애로운 자각으로 '잡는다'.
> 4. 우리는 고통을 자신의 삶으로 가지고 온 환자에게 고통에 대한 수정된 태도를 다시 환자들에게 '제공'한다.

다음의 임상적 직면을 살펴보자.

마리아Maria는 나의 에너지가 떨어지는 오후 3시경에는 결코 약속하지 않는 그런 부류의 환자였다. 마리아는 일곱 형제 중 첫째였다. 홀어머니가 레스토랑에서 일하는 동안 동생들을 돌봐야 했던 젊은 여자다. 성인이 될 때까지 마리아는 오랫동안 계속해서 열심히 일했고, 가족 구성원 외에는 인간관계가 거의 없었다. 그녀와의 불안한 만남에서 '피상적'이라는 말이 내가 표현할 수 있는 전부였다. 그녀의 인생에 대해 캐물어 볼수록 마리아는 후퇴했다. 그러나 마리아는 매주 정시에 나를 찾아왔고, 외형적으로는 내가 전념하고 집중해 주는 것에 대해서 감사해 하는(아니면 내가 희망하는 건지도) 듯했다.

어느 순간, 나는 마리아와 함께 앉아 있는 조용한 고문을 그녀의 문제가 아니라 일단 나의 문제라고 인정하고, 받아들이기로 결심했다. 그런 단순한 관점의 전환으로 인해서 마리아와 나 둘 모두에게 완전히 새로운 세계가 열렸다.

먼저 어떻게 하면 나와의 이런 표면적인 수준의 연결이 그녀의 시간, 돈, 그리고 노력을 가치 있도록 만들 수 있을까를 생각하면서 마리아의 인생은 어떤 느낌일까를 상상해 보았다. 나는 그녀의 경험만을 숙고하지 않았다. 나는 그것을 받아들였다. 나는 곧 내 속이 텅 빈 느낌을 발견했다. 그리고 뭔가 고독함이 터치되어 왔다. 가끔은 얼마나 외로운 삶이었을까 하는 마음이 들었다. 내가 그러한 몽상에서 빠져나왔을 때, 나는 마리아와의 유대감을 새롭게 깨달았고, 그녀가 여전히 상담실에 머물러 있는 것에 대해서 한없는 감사함을 느꼈다. 마리아의 말은 내 의식 속에서 작은 종처럼 울리고 있었다. 그때부터 나는 지루함의 연막이 내 주위를 배회하고 있을 때면 어디로 가야 할지—외로움으로 곧장 가는 길— 알게 되었다. 아마도 마리아는 자기에 대한 나의 순수한(덜 치료적인) 호기심을 감지할 수 있었고, 그때부터 서서히 치료실 안으로 자신의 정서적인 생활을 가져왔다. 그녀는 보다 많이 미소 짓기 시작했고, 한 주 동안에 수집한 다른 사람과 자신에 대한 통찰력을 공유하면서 기뻐하기 시작했다. 마리아, 지루함, 그리고 모든 것을 소중히 여기는 것을 배우는 것은 점차적으로 우리의 상호작용을 지루하지 않는 어떤 것으로 만들어 갔다.

연민심이 일어나도록 하기 위해서는 정서적 고통과 연결될 필요가 있다. 우리가 슬픔에 미끄러진다면 인생은 얄팍해질 수 있고, 슬픔과 싸운다면 더 어려워지며, 슬픔 그 자체를 느끼면서 보호받지 못한다고 느낀다면 겁에 질릴 수 있다. 치료사에게 결정적으로 중요한 기술은 안전하고 판단하지 않는 방식으로—특히 치료의 위기 순간에—정서적 고통과 함께 머무르는 능력이며, 그러한 태도는 우리의 환자에게 모델이 된다. 그러한 목표를 위해서 매일 아침 나는 첫 번째 환자를 맞이하기 전에 간단히 서원한다. '내가 연민심을 가지고 슬픔에 열려 있기를.'

치료사로서 연민심 기르기

많은 조건이 치료에서 연민적으로 머물러 있게 하는 치료사의 능력에 영향을 미친다. 비비노, 톰슨, 힐, 레데니(Vivino, Tompson, Hill & Ladany, 2010)의 조사에 의하면, 연민심을 지지하는 것으로 보이는 몇몇 요인은 다음의 내용을 포함한다.

- 엄청난 고통을 겪고 있는 환자
- 치료사가 환자를 이해하고 좋아함.
- 치료과정에 환자가 관여함.
- 치료사가 자신의 치료 또는 내면의 수행을 하고 있음.
- 치료사가 연민적인 역할모델을 가지고 있음.
- 치료사의 임상적 경험과 훈련
- 치료사의 영적 가치와 신념

어떤 요소는 연민심을 저해한다.

- 환자의 공격성 또는 심각한 병리적 측면
- 경계선 위반
- 치료사의 개인적 문제들
- 치료사가 무능함을 느낄 때

치료사는 그들의 삶에서 무엇이 연민심에 도움이 되고, 저해되는지에 관해서 알고 있다면 연민심을 발전시키는 환경을 창조적으로 최대화할 수 있다.

치료사를 위한 연민심 수행

자기연민 훈련은 치료사의 기능과 웰빙에 건강한 영향을 준다(Kane, 2010; Neff, Kirkpatrick, & Rude, 2007; Patsiopoulos & Buchanan, 2011; Ringenbach, 2009; Shapiro, Brown, & Biegel, 2007; Ying, 2009).

다음에 소개된 자기연민 훈련—'부드러움, 진정, 그리고 허용'—은 힘든 정서를 몸에 정박시키고, 그곳에 정서를 풀어 놓은 후에 지나친 반추로부터 우리를 자유롭게 하는 방식으로 작업한다(그러한 자기연민 명상과 그 외에 다른 자기연민 명상은 www.MindfulSelfCompassion.org에서 다운받을 수 있다).

부드러움, 위로, 그리고 허용

• 편안한 자세로 앉은 다음 적당히 몸을 세우고 긴장을 푸세요. 완전히 또는 부분적으로 눈을 감으세요. 몸과 현 순간에 머물수 있도록 심호흡을 몇 번 해 보세요.

• 가슴 부분에서 당신의 호흡을 알아차린 후 부드럽게 마음챙김적 자각과 함께 호흡을 따라가 보세요.

• 몇 분 후에 주의를 호흡에 두고, 여러분의 몸에서 힘든 정서가 가장 강하게 느껴지는 곳으로 주의를 가져가세요. 예를 들면, 화가 있다면 여러분의 배에서 긴장이 느껴질 것이고, 슬픔이 있다면 가슴 부위에서 공허함이 느껴질 것입니다.

• 그 신체부위를 부드럽게 해 주세요. 그곳이 부드러워져야 한다는 요구가 아니라, 아픈 근육을 따뜻하게 하듯이 근육이 부드러워지도록 놓아두세요. 그 과정을 효과적으로 증진시키기 위해서 조용히 스스로에게 "부드러움… 부드러움… 부드러움……."이라고 말해도 좋습니다. 여러분의 감각이 사라지도록 하기 위해서 노력하는 것이 아니라는 걸 기억해 주세요. 여러분은 그저 애정 어린 자각으로 함께해 주는 것입니다.

• 이제 그렇게 애쓰고 있는 자신을 위로해 주세요. 손을 가슴에 얹고 몸의 호흡을 느껴 보세요. 아마 여러분의 마음에 '오, 이건 정말 고통스러운 경험이야. 내가 편안해지고 웰빙으로 성장하기를!'과 같은 친절한 말이 떠오를 것입니다.

- 원한다면, 스트레스를 받고 있는 여러분의 몸 부위에 손을 올려놓음으로써 여러분의 친절함을 바로 보낼 수 있습니다. 여러분의 몸을 사랑스러운 어린아이인 것처럼 생각하면 도움이 될 수 있습니다. 여러분 스스로에게 친절한 말을 해도 좋고, 그냥 '위로…… 위로…… 위로……'를 반복해도 좋습니다.

- 마지막으로, 불편함이 그곳에 있는 것을 허용하세요. 그 느낌이 사라지기를 바라는 마음을 버리세요. 마치 당신의 집에 있는 손님처럼 불편함이 오고 가도록 그냥 내버려 두세요. 속으로 '허용…… 허용…… 허용……'이라고 반복해 보세요.

- '부드러움, 위로, 허용' '부드러움, 위로, 허용' 고통을 향해서 부드러움을 낼 수 있도록 당신은 자신을 상기시키면서 이 세 단어를 만트라처럼 사용할 수 있습니다.

- 만약 지나치게 정서적인 불편함을 겪는다면, 좀 나아질 때까지 호흡에만 머무르세요.

- 준비가 되면 천천히 눈을 뜨세요.

일종의 수행으로서의 '부드러움, 위로, 허용'은 육체적, 정서적, 그리고 심리적 영역의 정서적 고통과 더 많은 연민적 관계를 형성한다. 단순하게 '부드러움, 위로, 허용'이라는 단어를 말하는 것으로도 연민적인 마음상태를 불러일으킬 수 있다. 치료에서 위기의 순간에 연민심을 배양하는 또 다른 방법은 '연민심 주고받기 호흡Breathing compassion in and out'이라 부른다. 이것은 통렌티베트어 tonglen(주고받기)이라고 불리는 수행에 기초를 두고 있는데, 이는 10세기에 인도에서 살았던 아티샤Atisha 스님에 의해서 만들어졌다(Chödrön, 2001b; Tarchin, 1999). 전통적인 수행방법은 타인의 아픔과 고통을 들이마시고, 다정함, 온화함, 선한 의지를 내보내면서 우리의 본능을 효과적으로 전환시키고, 궁극적으로는 정서적 불편함과 대치해서 싸우는 우리의 경향성을 파괴하는 것이다. 그것을 현대적 방식으로 적용해서 고통과 함께 연민심을 들이쉬고—독소와 함께 하는 약—연민심을 내보낸다.

연민심 주고받기 호흡

• 편안하게 앉은 후 눈을 감고, 호흡과 함께 긴장을 푸세요.

• 몸에 긴장이 느껴지는 부위를 조사하면서 그 긴장감을 알아차려 보세요. 스트레스가 느껴지는 정서가 있으면 그것을 자각해 보세요. 불편한 사람이 떠오르면 그 사람과 관련된 스트레스를 자각해 보세요. 만약 다른 사람의 괴로움을 공감해서 고통을 겪고 있다면 그런 불편함도 또한 자각해 보세요.

• 이제 여러분 몸에 담고 있는 스트레스를 자각해 보세요. 숨을 충분히 그리고 깊이 들이마시면서 연민심을 당신의 몸 안으로 가지고 와서 몸의 모든 세포를 연민심으로 채워 보세요. 깊이 숨을 들이마시면서 진정을 시키고, 불편함을 경험하고 있는 자신에게 연민심을 보내세요.

• 숨을 내쉴 때, 여러분의 불편함과 관련된 사람들에게 연민심을 보내세요. 아니면 숨을 내쉴 때, 세상을 향해서 연민심을 보내세요.

• 여러분의 몸이 점차적으로 자연스럽게 이완된 호흡의 리듬을 찾을 수 있도록 내버려 두면서 계속해서 연민심이 들어오고 나가게 숨을 쉬어 보세요. 이따금씩 여러분의 내면세계에 어떤 고충이 있는지 살펴보고, 들이쉬는 숨에는 자신을 향해 연민심을 보내고, 내쉬는 숨에는 연민심이 필요한 다른 사람들에게 보내 주세요.

• 부드럽게 눈을 뜨세요.

심리치료를 하는 동안에 이러한 훈련을 똑같이 수행할 수 있다. 당신이 고통이나 불편감을 느낄 때, 숨을 깊이 들이마시면서 당신의 몸을 연민심으로 채우고, 내쉴 때 당신의 환자에게 연민심을 보낸다. 점차적으로 호흡하는 리듬이 편안해지는 것을 발견하면서 자신을 위해서 연민심을 들이쉬고, 당신의 환자를 위해서 연민심을 내쉰다. 이와 같은 품격 있는 연습은 다음과 같은 기제에 의해서 작용하는 것 같다.

• 불편함에 저항하는 경향성을 반전시키기

- 몸의 자각을 정박시키기

- 유대감 촉진하기

- 연민적인 마음상태 불러일으키기

전반적으로 연민적인 호흡의 저류는 우리들로 하여금 환자들과 치료적 대화를 준비하고, 환자와 함께 정서적으로 현재에 머물 수 있도록 도움을 준다.

연민심피로 다루기

우리가 최선을 다해서 노력한다고 해도 심리치료는 정서적으로 지치게 할수 있다. 우리는 이것을 연민심피로compassion fatigue라고 부른다(Baker, 2003; Christopher et al., 2011; Figley, 2002; Kahill, 1998). 연민심피로는 갑자기 튀어나오지 않는다. 우리의 주의가 정서적인 단절 또는 지루함 같은 불유쾌한 경험이 스칠때, 1회의 치료시간에서도 100번의 피로한 순간이 일어날 수 있다. 연민심피로라는 말은 잘못된 말일 수도 있다. 왜냐하면 연민심은 보통 힘이 나게 하는 것이기 때문이다. 연민심피로는 애착피로attachment fatigue—즐거운 치료 시간, 행복한 내담자, 성공적 치료, 또는 대단히 유익한 수행과 같은 어떤 결과에 집착하는—라고 부르는 것이 더 나은 용어일 수도 있다. 현실이 우리의 기대와 같지 않으면 우리는 스스로를 옭아맨다. 어쩌면 공감피로empathy fatigue—사랑과 평정심에 대한 자연스런 경험이 없는 대리 고통—가 더 옳은 표현일지도 모른다(Klimeki & Singer, 출판 중).

연민심피로를 완화시키는 데 도움을 주는 두 가지 마음-훈련 수행은 자기연민과 평정심을 떠올리는 핵심 문구를 반복하는 것과 관련이 있다.

연민심피로를 위한 문구

• **자기연민** 환자들에 의해서 매우 지치거나 짜증이 날 때, 그것은 우리가 자신을 돌볼 필요가 있다는 신호다. 우리에게는 자기연민이 필요하다. 다음과 같은 문구로 우리 자신에게 호의를 보내기 시작한다.

> 내가 안전하기를.   내가 나 자신에게 친절하기를.
> 내가 평화롭기를.   있는 그대로의 나를 수용하기를.

이러한 문구는 우리에게 무엇이 유익한지 확인하기, 낮잠 자기, 운동하기 또는 환자 적게 보기 등과 같은 우리의 생각, 느낌, 그리고 행위를 점진적으로 형성한다.

• **평정심** 다음의 평정심 문구는 초기 불교의 마음 훈련에서 사용된 전통 문구를 임상훈련에 적용한 것이다.

> 모든 이들은 자기 삶의 여정에 있다.
> 내 환자가 괴로워하는 원인은 내가 아니다.
> 내가 아무리 원해도 그들의 고통을 사라지게 만드는 능력이 전적으로 나에게 있는 것은 아니다.
> 비록 이 순간이 견디기는 어렵지만, 도움을 줄 수 있는 특권은 여전히 남아있다.

평정심과 자기연민 문구는 다양한 전문가의 상황에 맞게 만들어져야 한다. 그렇게 됨으로써 그 문구들은 신뢰롭고, 생생하고, 살아 있는 것으로 경험된다. 비록 그러한 특별한 문구는 우리가 편안하고 행복할 때는 냉정하거나 책임감이 없어 보일 수 있지만, 우리가 환자의 고통에 압도되고 있을 때는 우리를 자유롭게 하는 데 깊은 영향을 줄 수 있다. 연민심은 심리치료뿐만 아니라 일반적인 웰빙을 위해서도 중요한 의미가 있는 심리학 연구에 신선하고 새로운 영역이다. 우리들 대부분은 어떻게 근육질muscle tone을 만드는지 알고 있다. 그러나 어떻게 해서 정서의 톤emotional tone이 생기는지는 얼마나 많은 사람이 알고 있을까? 우리는 특히 치료하는 시간 동안에 환자와 우리 자신 둘 다를 돕기 위해서 깨어 있는 삶을 통해 의도적이고 체계적으로 연민심을 배양할 수 있다.

8장. 연민심의 신경생물학[6]

리처드 데이비드슨Richard J. Davidson

> 문뜩 질문이 떠올랐다. '우리는 정말 우리의 태도를 바꿀 수 있을까?'
> 내 작은 경험으로 봤을 때, 나의 대답은 주저하지 않고 '예!'다.
>
> -텐진 갸초, 14대 달라이 라마(2010c)

1970년대에 당신이 이제 막 신경과학 분야에서 대학원 과정의 공부를 시작했다고 상상해 보라. 당신은 대부분의 학생들처럼 신경과학의 기초를 배우는 것으로 시작할 것이다. 그 내용 가운데 하나가 뇌는 체내의 다른 기관과 달리 성인이 되면 뇌세포는 더 이상 재생되지 않고 계속 죽어 간다는 것이다.

이것은 1990년대 초 포유류의 신경재생에 대한 발견이 있기 전까지 신경과학 분야에서 의문의 여지가 없었던 가정이었다. 신경재생, 또는 새로운 뇌세포의 성장은 매일 일어나며, 건강한 성인을 기준으로 평균 5,000~10,000개의 뇌세포들이 만들어진다(Aimone, Deng, & Gage, 2010). 새로운 세포는 계속해서 통합되고,

---

6 이 장은 저자인 Davidson의 허락하에 인용되었다(2009).

뇌 순환 구조로 유입되어 기능하는 데 중요한 역할을 한다. 이것은 뇌가 구조 변화의 놀라운 잠재력을 가지고 있다는 사실을 의미하며, 뇌는 우리가 행동하고, 말하고, 생각하는 것에 의해서 계속적으로 형성된다는 것을 의미한다.

신경가소성neuroplasticity은 그러한 잠재력을 설명하기 위해서 사용되는 단어다. 이것은 뇌가 체내의 다른 어떤 기관에 비해서 경험에 더 많이 반응하고, 변화할 수 있는 기관이라는 사실을 의미한다. 예를 들면, 피아노와 같은 악기를 배우는 것은 일차적으로 뇌의 운동피질과 청각피질을 포함하여 뇌의 여러 영역에서 구조적 변화를 일으킨다(Hyde et al., 2009). 또한 7일간의 짧은 시간 동안 마술을 배우는 것으로도 시각피질 영역에서 측정 가능한 정도의 구조적 변화를 일으킨다(Dreimeyer, Boyke, Gaser, Büchel, & May, 2008). 뇌의 이러한 변화기제에는 새로운 신경접합의 성장과 새로운 뉴런의 생성이 모두 포함된다.

현재 뇌에 대한 우리의 과학적 이해는 마치 완전히 새로운 장기를 연구하는 것처럼, 1970년대에 이해했던 것과는 아주 많이 다르다. 그러한 신선한 이해로 인해서 인간발달에 대한 새롭고 흥미로운 가능성이 열렸다. 그 가운데 명상과 같은 정신훈련이 일반적인 다른 기술을 익힐 때와 마찬가지로 뇌를 변화시킨다는 사실이 포함되어 있다(Berger, Kofman, Livneh, & Henik, 2007; Kwok et al., 2011; Poldrack, 2002; Tang, Geng, Stein, Yang, & Posner, 2010). 정신훈련에 의해서 뇌가 변화할 수 있다면 우리는 연민심과 같은 적응적인 인간특질을 만들어 갈 수 있을 것이다.

뇌의 가소성에 대한 지식이 쌓여 감에도 불구하고, 신경과학에서는 연민심이나 행복과 같은 특성은 상대적으로 고정되어 있다는 믿음이 남아 있다. 많은 연구에서 제시하고 있듯이, 그러한 특성은 우리의 인생 전반에 걸쳐서 지속되는 상당히 안정적인 고정점을 가지고 있다. 전반적으로 연민심과 같은 개인적 특질은 뇌 그 자체보다 덜 변화하는 것으로 여겨진다.

이 장에서 나는 많은 정신치료사의 가슴에 와 닿는 주제인 연민심과 개인의 웰빙의 관련성에 관한 연구를 개관하는 것으로 시작하겠다. 그런 다음, 실험실에서 행했던 연민심 훈련이 어떻게 뇌의 기능에 영향을 미치는지에 관한 연구에 대해 설명할 것이다. 마지막으로, 나는 연민심은 상대적으로 짧은 기간의 연습으로도 배양될 수 있는 기술이라는 증거를 제시할 것이다.

연민심이란 무엇인가

연민심이라는 말은 사람에 따라서 서로 다른 이미지와 느낌을 일으킨다. 의심할 여지없이 문화적 배경과 그 밖에 다른 많은 요소에 의해서 연민심이라는 용어를 이해하는 방식은 달라진다. 달라이 라마 존자는 연민심을 '모든 존재하는 것들이 고통에서 자유로워지기를 바라는 기원'이라고 정의했다(2001b, p. 96). 연민심의 정의에 대한 보다 깊이 있는 논의는 이 책의 전반을 통해서 발견할 수 있다(1장 참조).

연민명상은 연민심에 대한 많은 연구에서 주요하게 다뤄진다. 왜냐하면 연민명상은 다른 것으로는 하기 힘든 연민적 행동으로 사람의 관심을 끄는 능력을 연구자들에게 제공하기 때문이다. 연민심과 관련된 종류의 명상을 훈련하는 사람들은 실제로 연민심을 '느낄' 수 있고, 그런 상태를 연구할 수 있다. 명상수행 경험이 많은 승려이자 작가인 매튜 리카드Matthieu Ricard는 그 자신과 다른 승려들이 사용하는 훈련을 이렇게 기술했다. "우리가 하고자 하는 것은 …… 애정 어린 연민심이 다른 망설임이나 합리화, 또는 산만한 생각 없이 마음 전체에 스며드는 상태를 생성하는 것이다."(사적 대화, 2001년 10월) 리카드와 같이 경험이 많은 수행자들에게 뇌 영상기법을 사용하는 것은 커다란 이점이 있다. 왜냐하면 그들이 연민명상을 하는 동안에는 상대적으로 정신적 소음이 거의 없기 때문이다.

연민심과 웰빙

● 불교심리학

불교심리학에서 연민심은 건강과 행복에 공헌하는 네 가지 정신상태, 즉 자애, 연민심, 공감적 기쁨, 평정심 가운데 하나다. 이들의 정신적 상태는 모두 수행을 통해서 길러질 수 있다고 믿어진다. 이 네 가지 정신적 상태를 합쳐서 사무량심brahmaviharas, 말 그대로 '천국의 집heavenly abode'으로 번역된다(Salzberg, 1997). 어떤 명상 지도자들은 이것을 '가장 머물기 좋은 곳' 또는 '숭고한 태도'라고 말한다. 연민심은 모든 살아 있는 존재들이 고통에서 자유로워지기를 바라는 기원인 반면, 자애는 모든 살아 있는 존재들이 행복해지기를 바라는 것이고, 공감적 기쁨은 다른 사람의 행복에 기뻐하는 것이고, 평정심은 기쁨과 고통, 행운과 불운, 이 둘의 조건에 균형 있게 머무는 마음이다(자세한 내용은 4장 참조). 연민심에 수반되는 웰빙의 감각에 관해서 달라이 라마(2009a)는 간단하게 말했다. "만약 당신이 다른 사람들이 행복해지길 바란다면 연민심을 수행하라. 그리고 만약 당신 자신이 행복해지길 바란다면 연민심을 수행하라."(p. x) 실제로 많은 사람들이 연민심은 좋은 느낌이라는 사실에 동의할 것이다.

● 과학심리학

최근까지 연민심은 심리학이나 일반과학 분야의 주된 관심사가 아니었다. 사실 인간의 정서를 다루는 대부분의 심리학 책은 심지어 연민심을 언급조차 하지 않았다. 하지만 연민심은 행복과 신체 건강에 미치는 효과를 통해서 웰빙의 중요한 연결고리가 될 수 있었다.

행복은 대부분의 사람들이 기쁨을 경험하는 마음의 상태이기 때문에 모두가 원하는 것이지만, 최근의 연구에서는 행복이 또한 실제로 우리의 신체를 더 건강하게 해 준다는 사실이 증명되었다. 스텝토, 와들, 마모트(Steptoe, Wardle, & Marmot, 2005)는 연구 대상자의 주관적 행복과 신체 스트레스 반응에 대한 대규모의 연구를 실시했다. 그들은 중년 남성과 여성을 대상으로 연구한 결과, 내분비신경계, 염증반응, 심혈관계의 활성감소와 같은 신체 질병을 일으킬 수 있는 위험요소가 감소하고, 건강에 긍정적인 효과를 미친다는 사실을 발견했다. 최근에 행복과 장수에 관한 30개의 연구를 분석한 결과, 빈호벤(Veenhoven, 2008)은 행복이 건강하지 않은 사람들의 장수를 예측하지는 않지만, 건강한 사람들의 장수는 예측한다는 사실을 발견했다. 이는 우리가 아플 때 행복이 우리를 낫게 해주는 것은 아니지만, 질병에서 우리를 보호해 줄 수 있다는 사실을 의미한다. 이연구는 행복에 대한 수많은 다른 연구들의 결과를 요약하고 있기 때문에, 과학적인 문헌을 통해 행복이 신체적 건강에 긍정적인 영향을 미친다고 선언하기에 충분한 증거가 확보됐다고 말해도 괜찮을 것이다.

그럼에도 불구하고, 행복은 우리의 현대 문화에서 정당하게 평가받지 못하고 있는 것 같다. 사회적 진보와 웰빙에 대한 지표는 경제적 요인에 주된 초점이 맞춰져 있는데, 미국에서 실시한 행복과 수입에 대한 비교연구에서도 알 수 있듯이, 우리는 그 이전보다 돈을 많이 벌고 있지만 그에 비해 우리의 행복수준은 상대적으로 변화가 없다(Layard, 2010). 이러한 발견을 '진보의 역설progress paradox'이라고 부른다(Easterbrook, 2003). 경제적인 성공은 행복의 필수조건이라 여겨지지만, 연구결과는 돈에 대한 우리의 헌신을 지지하지 않는다. 사실 일단 음식, 주거와 같은 기본 요구가 만족되면 실제로 더 많은 돈이 사람들을 더 행복하게 만들지는 못한다(Diener & Biswas-Diener, 2002; Myers, 2000). 과학적 연구결과, 우리는 우리를 진심으로 행복하게 만드는 것에 대해서 전혀 알지 못한다고 할 수 있다. 이제 새로운 가능성을 고려해 봐야 할 때다.

어떤 가능성들이 있을까? 던, 에닌, 그리고 노턴(Dunn, Aknin, & Norten, 2008)은 행복에 대한 자기중심적 행동과 타자중심적 행동에 대한 효과를 연구했다. 그들의 발견은 연민심과 행복이 연결되어 있다는 아이디어를 지지한다. 한 집단의 연구 대상자들에게는 각각 50달러씩을 주고 자신을 위해서 자유롭게 돈을 쓰라고 했다. 두 번째 집단에도 똑같이 각각 50달러씩을 주고 다른 사람들을 위해서 돈을 쓰도록 했다. 마지막 날, 두 집단의 연구대상자들이 실험실로 돌아와서 행복지수를 측정했다. 예상했던 것과는 달리, 다른 사람들을 위해서 돈을 사용한 집단이 더 많이 행복한 것으로 나타났다. 비록 이 연구가 연민심보다는 관대함에 더 초점이 맞춰졌지만, 다른 사람에게 유익함을 주는 방법에 대해 생각하고 행동하는 것은 연민심, 연민적인 행동과 많은 공통점이 있다.

과학은 이제 막 연민심의 유익한 효과에 대하여 연구를 시작하고 있다. 한 가지 질문은 연민심이 행복과 같이 신체 건강에 긍정적인 영향을 미칠 수 있는가다. 마음-뇌-몸의 관계에 대한 잠재적인 경로는 뇌 활동을 조절해서 인간의 스트레스 호르몬인 코르티솔cortisol의 생성에 관여한다. 코르티솔은 신장 위에 있는 부신에서 분비되며, 신체 건강과 관련된 중요한 역할을 한다. 코르티솔은 편도체와 복내측 전전두엽을 포함하는 복잡한 뇌 순환으로부터 발생하는 신경자극에 의해 분비된다.

코르티솔은 정상적으로 아침에는 수치가 높고, 저녁에는 수치가 낮아지는 일변화를 보인다. 이 변화는 많은 건강 요인과 관련되어 있기 때문에 중요하다. 코르티솔 수치의 변동이 없는 사람들은 가파르게 변화하는 코르티솔 프로필을 가지고 있는 사람보다 몸무게가 더 나가는 경향이 있다. 그들은 또한 분명한 기억을 측정하는 일을 실행하는 능력이 떨어지고, 사회적 지지를 잘 받지 못하며, 스트레스 수준이 높았다(Abercrombie et al., 2004). 전이성 유방암에 걸린 여성 중 낮은 코르티솔 프로필을 가진 사람은 실제로 더 빨리 사망했다(Sephton, Sapolsky, Kraemer, & Spiegel, 2000).

코르티솔이 과다하게 분비되면 해로운 영향을 미치는데, 위스콘신-메디슨 대

학에 있는 뇌 영상과 행동에 관한 와이즈만 실험실의 신경과학자들은 뇌와 정신
활동이 이 중요한 호르몬에 어떠한 영향을 미치는지에 대해 관심이 있었다. 우
리는 특별히 인지 재검토cognitive reappraisals의 영향을 살펴보았는데, 이것은 피험
자로 하여금 고통하고 있는 사람들의 이미지를 보고 긍정적인 결과를 상상하게
하는 것이었다. 제시된 몇몇의 이미지가 정서적으로 매우 자극적이고 불편감을
주자 인지 재검토는 편도체의 활동을 감소시켰다(Urry et al., 2006). 편도체는 코
르티솔의 분비를 자극하는 데 중요한 역할을 하기 때문에 편도체 활동의 감소는
코르티솔의 수치를 감소시킨다는 것을 의미한다.

　우리는 개인의 뇌에서 측정한 신호가 실제로 코르티솔의 양상을 예측할 수 있
는지 조사했는데, 결과는 예측 가능한 것으로 판명되었다. 몇몇 피험자는 성공
적으로 정서를 조절하는 뇌의 특징적인 패턴을 가지고 있었다. 그들은 불안감
을 주는 이미지에 반응한 후 편도체의 활성화를 하향조절하거나 감소시킬 수 있
었다. 이 피험자들은 스트레스를 낮게 인지하는 가파른 코르티솔 양상을 가졌으
며, 신체적으로 더 건강했고 장수했다. 비록 인지 재검토와 연민심이 동일한 정
신적 기능을 하는 것은 아니지만, 둘 다 고통받고 있는 사람들에 대해서 긍정적
인 결과를 상상하는 기능에 관여했다. 그러므로 인지 재검토 유형과 어느 정도
동일한 효과가 연민심 명상에서도 나타나는 것으로 보인다.

　연민심과 행복, 그리고 건강 사이의 인과적인 연결을 확인하려면 아직 갈 길
이 멀다. 하지만 이미 행해진 연구에 의하면, 연민심이 긍정적인 건강 결과와 연
합된 생물학적 지표와 관련이 있는 여러 정신적 속성 가운데 하나일 수 있다는
것이다. 이것은 연민심에 대한 과학적 연구를 추가적으로 더 해야 하는 하나의
이유다.

연민심과 뇌

연민명상에 대한 현재 우리의 작업은 와이즈만 실험실의 초기 연구의 산물이다. 명상의 효과뿐만 아니라 효과 조절에 관한 연구를 하고 나서 우리는 공포, 걱정, 혐오와 같은 상태를 연구하는 데 사용되는 심리학과 신경과학의 엄격한 도구들을 연민심과 같은 긍정적인 특질을 연구하는 데 사용하지 못할 이유가 없다는 사실을 알았다. 그래서 다른 심리적 상태를 연구할 때와 마찬가지로 엄격한 과학적 도구를 사용해서 연민심과 같은 긍정적인 정신 특질을 연구했고, 그 결과 우리는 연민심을 경험하는 뇌에서 어떤 일이 일어나는지, 연민심을 어떻게 배양할 수 있는지를 이해하는 데 필요한 기초를 마련하기 시작했다.

연민심과 뇌전도

연민심을 훈련하는 동안 뇌에서는 어떤 일이 일어날까? 우리는 이 질문에 답하기 위해서 우선 뇌전도electroencephalogram: EEG를 사용했다. 우리의 연구에는 여덟 명의 숙련된 명상가와 열 명의 초보자가 참여했다. 숙련된 전문가는 10,000~50,000시간에 달하는 믿기 힘들 정도의 명상수련을 해 왔던 반면, 비교집단은 연구를 시작하기 전에 단지 한 주간만 명상수련을 했다. 우리는 연구하는 동안 자기 보고서(사람들이 그들의 경험에 대하여 우리에게 말해 주었다)를 사용하여 연민심이 언제 나타났는지를 결정할 수 있었다. 일단 EEG의 기초선이 정해지면 기간을 나누어서 명상과 휴식을 여러 번 반복하는 동안에 뇌 활동을 기록했다. 첫 번째 명상과 휴식을 하는 동안에는 숙련된 전문가와 비교집단 모두 무조건적인 자애와 연민심의 상태를 만들어 내는 데 집중했고, 두 번째 기간에는 수련하는 것을 멈추었다.

EEG는 뇌의 뉴런에 의해서 생성되는 두피를 따라 일어나는 전기활동을 기록

하는 것으로, 어떤 유형의 뇌파활동이 일어나는가를 나타낼 수 있다. 숙련된 명상가들에게서 기록했던 변화는 극적이어서 맨눈으로도 확인할 수 있을 정도였다. 지금까지 어떤 집단에서도 그와 같은 종류의 뇌 활동에 대한 보고는 없었다. 변화는 제일 먼저 감마파 활동Gamma activity과 뉴런의 동기성에서 나타났다. 감마파 활동은 의식의 자각이 일어날 때 주된 요인이 되는 뇌파의 형태다. 신경공시성Neural synchrony은 뇌 내부에 있는 다른 집단뉴런의 감마파활동과 공동으로 작용하는 것을 말하며, 의식적인 자각특질의 한 요인일 수 있다(Engel, Fries, Konig, Brecht & Singer 1999; Tononi & Edelman, 1998). 숙련된 전문가의 EEG는 명상수련을 하는 동안에 높은 진폭의 감마파 활동을 보였고, 넓은 범위의 뇌 공시성이 증가했다. 비록 명상하는 동안에는 두 집단 모두 감마파 활동이 증가했지만, 증가량은 숙련된 명상가 집단이 평균 30배나 더 컸다(Lutz, Greischar, Rawlings, Ricard, & Davidson, 2004).

우리는 또한 뇌 활동과 명상가의 경험 수준 사이의 관계를 발견했다. 전문가들과의 심층 인터뷰를 통해서 각각의 연구 대상자들이 수련했던 시간을 측정할 수 있었다. 그것은 아주 겸손한 운동이다. 이 연구에 참여하려면 참가자들은 최소한 10,000시간의 수련을 했어야 한다. 10,000시간은 단지 임의적인 숫자가 아니다. 10,000시간은 사람들이 악기연주나 체스, 골프, 테니스와 같이 수준 높은 기술이 필요한 활동을 성취하는 데 걸리는 시간으로 판명되었다(Ericsson, 1998; Ericsson, Prietula, & Cokely, 2007). 연구에 참여한 전문 명상가들의 수련시간은 적게는 12,000시간에서 많게는 62,000시간이었고, 평균 34,000시간이었다. 연구 대상자가 수행을 오래 해 왔을수록 그들의 뇌 활동에 더 큰 규모의 변화가 생기는 것을 발견했다. 나이는 나타난 변화와 관련이 없어서 두 집단의 평균 나이 차이는 의미가 없었다. 이 연구가 종료된 후에 우리는 티베트의 초심자를 포함해서 전문가와 초심자의 수를 늘려서 연구했고, 기본적으로 동일한 결과를 얻었다.

연민심과 기능적인 자기공명 이미지 fMRI

다음 단계의 연구는 연민심을 생성할 때, 뇌 순환이 어떤 역할을 하는지를 이해하기 위한 것이었다. 우리는 15명의 숙련된 명상 전문가들과 15명의 초보자들의 뇌 활동을 관찰하기 위해서 신경활동에 관련된 혈류의 변화를 측정할 수 있는 fMRI를 사용했다. EEG 연구에서 전문가들은 10,000시간에서 50,000시간의 명상수련을 했었고, 비교 집단은 연구 전 일주일을 제외하고는 이전에 명상수련을 한 적이 없었다. 연민명상과 휴식을 하는 동안, 우리는 피험자들에게 정서적으로 힘겨운 울음이나 비명과 같은 사람의 고통을 표현하는 소리를 들려주었다. 놀라울 것도 없이 피험자들은 정서와 관련된 뇌의 영역에서 반응을 보였고, 어떤 하나의 영역만이 연민심의 생성과 연결되어 있지는 않았다(Lutz, Brefczynski-Lewis, Johnstone, & Davidson, 2008).

가장 극적인 변화는 인슐라, 편도체, 그리고 오른쪽 측두정 교차점에서 나타났다. 인슐라는 사회적 정서에 관여하며, 고통의 경험과 같은 몸과 마음의 상호작용에 중요한 영역이다. 편도체는 정서와 공감의 회로를 구성하는 중요한 요소다. 편도체의 신호증가는 고통을 경험하는 데 중요한 역할을 하며, 이는 연민심을 생성하는 강한 동기가 된다. 오른쪽 측두정 교차점은 관점을 받아들이는 것에 관계하는 뇌의 중요 부위다(예를 들어, 이 영역은 어른이 아이가 어떻게 대상을 보는지 상상할 때 활성화된다).

피험자들이 이처럼 뇌의 영역에서 반응하는 방식은 대단히 흥미로웠다. 피험자들은 실제로 그들이 휴식을 취했을 때보다 명상을 수행할 때 더 강하게 반응했다. 그리고 EEG의 연구에서처럼, 숙련된 명상가들이 초보자들보다 더 강한 뇌 활동을 보였다. 전체적으로 볼 때, 그러한 연구결과들은 자애롭고 연민적으로 되는 의지를 배양하는 것은 우리가 타자들에게 해야 하는 공감적 반응들, 특히 감정을 나누고 관점을 수용하는 것과 관련된 공감적 반응들을 향상시키는 잠재력을 갖게 된다는 사실을 보여 준다.

간단한 수행

우리가 숙련된 전문가에 관한 연구를 설명할 때, 사람들이 자주 지적하는 것은 대부분의 사람들이 10,000시간이라는 장시간의 수련을 하지 않는다는 것이다. 그것은 분명한 사실이다. 이는 초보 명상가들이 아주 짧은 시간을 수련했을 때, 동일한 뇌의 부위에서 어떤 변화가 일어나는지에 대한 의문을 불러일으킨다. 간단한 수행의 효과를 실험하기 위해서 우리는 매우 짧은 기간의 명상 수련을 선택한 후 인터넷을 통해서 실시했다. 41명의 참가자들이 보호된 웹사이트에 접속했는데, 이들은 같은 기간 동안 하루에 30분 동안 연민명상 훈련과 인지 재검토 훈련을 받는 두 집단에 무작위로 배정되었다. 교육은 14일 연속으로 행해졌다. 참가자들에게는 사전에 웰빙을 증진시키기 위해서 고안된 연민명상 또는 인지 재검토 훈련 중 어느 하나에 참여하게 될 것이라고 말했다. 명상 집단에 속한 피험자들에게는 고통에 대해서 명상하고, 고통을 시각화하도록 한 다음에 다양한 범주의 사람들이 고통으로부터 자유롭기를 기원하도록 요청했다. 연구가 끝난 후에 두 집단 모두에게 연구에 참여하면서 받은 돈의 일부를 기부할 수 있는 기회가 제공되었다.

그 결과는 아주 흥미로웠다. 긍정적인 정서를 생성하는 데 관여하는 뇌 순환에서의 활동 수준과 사람들이 기부한 돈의 액수가 매우 밀접한 상관관계를 보였다. 그러나 그 결과는 오직 연민심 집단에 참가한 피험자들에 한해서만 일어났다. 또한 인슐라의 활동에서 가장 큰 증가를 보인 참가자들이 가장 많은 액수를 기부했다. 만약 훈련이 오랜 기간에 걸쳐 이루어졌다면 우리는 더 확실한 결과를 얻었을 것이다.

연민심에 대한 연구는 여전히 초기 단계이지만, 이미 몇몇 흥미로운 가능성들이 나타나고 있다. 연민심 수행은 인식 가능한 뇌 활동과 명백한 관련이 있고, 정서적인 과정과 관련된 뇌의 영역을 활성화시킨다. 연민심 훈련은 사람들이 그들 자신과 다른 사람들의 고통에 반응하는 방식에 영향을 미치는 것으로 보인다. 또한 효과조절과 연합된 뇌의 과정에 영향을 줌으로써 연민심 훈련은 건강과 웰빙을 증진시킨다. 숙련된 명상가들에게서 뇌의 기능이 다르게 나타난다는 사실이 연민심과 그 외의 여러 정신적 특질들이 형성될 수 있다는 사실을 입증하지는 않지만 분명 가능성은 있다.

'명상 훈련이 연민심이라고 알려진 의식하고, 공감하고, 반응하는 마음의 상태를 만들어 낼 수 있을까?' 하는 것이다. 예비적인 과학적 증거들은 우리가 더 많이 연민적일 수 있도록 뇌를 훈련할 수 있다고 말한다. 정신 훈련은 신체 훈련과 마찬가지로 많은 의도적인 훈련에 의해서 향상되는데, 부분적으로는 유전적으로 타고나고, 부분적으로는 환경적 상황에 의해서 만들어진다. 연민심을 배양하는 적극적인 활동을 통해서 정신치료사들과 내담자들은 그들 자신만이 아니라 크게는 사회의 웰빙을 향상시킬 수도 있다.

PART 3

지혜의 의미

인류의 역사는 인간의 어리석음에 대한 이야기다. 세계적으로 그리고 개인적으로 우리는 최선을 다해 노력함에도 불구하고, 우리 스스로를 곤란에 빠뜨리게 될 뿐이라는 것을 알면서도 우리의 오랜 습관적인 생각, 느낌, 행동을 반복하고 있다. 지혜는 이에 대한 대안을 제공한다. 우리는 이 모든 정신 나간 행위를 멈추고 우리의 내면으로 주의를 전환하여 우리의 잘못된 믿음과 자기기만을 분해해 있는 그대로의 실제에 맞추어서 우리의 삶을 세워 나갈 능력을 가지고 있다. 이것은 주로 내면의 작업이기는 하지만 우리 치료사들은 내담자들의 계속되는 힘겨운 문제에 대해 새로운 답을 절박하게 찾고 있기 때문에 그 길을 따라 도울 수 있는 유일한 위치에 있다. 9장은 불교심리학의 관점에서 우리 자신과 세계에 대한 왜곡된 관점이 어떻게 우리의 마음속에서 생성되었는지, 그리고 가장 초기의 지각단계에서 어떻게 우리 자신을 해방시킬 수 있는지를 풀어 볼 것이다. 10장에서는 심리치료 기술에 적용될 수 있는 지혜의 주요 구성요소를 탐색하고, 실제를 포용하는 것―무상, 불만족을 느끼는 마음의 경향성, 분리된 자아가 발견되지 않는 것으로 정의되는―이 치료에 어떤 긍정적인 영향을 미치는가를 탐색할 것이다. 그리고 11장에서는 '개인적 지혜'가 실제로는 얼마나 힘든 것인지, 그리고 왜 그러한 지혜가 심리치료의 목표에 유익하다고 여기는지 보게 될 것이다. 12장에서는 분리된 자아에 대한 환상을 우리 사회에 널리 퍼져 있는 고통의 형태로 보고, 심리치료에서 그것과의 진실된 연결이 고통을 완화시키는 데 어떻게 도움을 줄 수 있는지에 대해 생각해 볼 것이다. 13장에서는 관심을 달라고 외치는 우리 자신의 많은 부분들에 대해서 귀를 기울이고, 감사하고, 포용하는 것을 배움으로써 덜 자기중심적인 '자아'로 이동하는 또 다른 방법을 제공할 것이다. 마지막으로, 14장에서 우리는 지혜의 하위 요소들이 그 이면에 신경생물학적 과정을 가지고 있으며, 명상과 심리치료가 지혜와 연합된 뇌의 영역에 뇌 변화를 유도할 수 있다는 사실을 발견하게 될 것이다.

9장. 불교심리학에서의 지혜

앤드루 올렌스키|Andrew Olendzki

> 무지를 버릴 때, 진정한 지혜가 생겨난다.
> 더 이상 감각적 즐거움에 집착하지 않고,
> 더 이상 신념에 매달리지 않고,
> 더 이상 자아에 대한 신념에 집착하지 않는다.
> 집착하지 않으면 더 이상 자신을 괴롭히지 않는다.
> 자신을 더 이상 괴롭히지 않으면 마음속 깊이 깨닫게 된다.[7]

　지혜는 불교 사상의 중추적인 개념이고, 일반적으로 영어권에서 이해하는 것보다 훨씬 더 전문적인 의미가 포함되어 있다. 지혜는 경험의 본질을 꿰뚫는 핵심적인 통찰에 대한 이해를 기술하기 위해서 사용되는데, 이러한 통찰은 무지로 인한 인간의 근본적인 고통을 제거하는 해독제를 제공한다. 지혜가 없다면 우리는 우리 자신과 세계를 이해하는 데 근본적인 오류를 범할 수밖에 없다. 광범위하고 다양한 형태로 잘못된 견해에 집착하는 우리는 온갖 종류의 건강하지 못한 충동에 사로잡히고, 서투른 행동으로 인해 우리 자신과 주변 사람들에게 엄청난 고통을 불러일으킨다. 처음에는 우리의 경험을 슬쩍 알아차리는 수준에

---

7 『맛지마 니카야(Majjhima Nikaya) 11』의 '사자후에 대한 작은 경(The Shorter Lion's Roar Discourse)'에서 발췌해서 저자가 재번역한 것임(Nanamoli & Bodhi, 1995, p. 163).

서 지혜를 성취해 감에 따라 점차 규칙적으로 자각하게 되고, 종국에는 우리의 경험을 근본적으로 재정리하는 전환의 과정을 통해서 우리는 현상의 본질을 더 명확하게 보게 되고, 고통을 일으키는 기제를 해체할 수 있게 된다.

우선 지혜가 해결책으로 여겨지는 문제를 살펴본 후, 초기 불교전통에서 지혜를 구성하는 특별한 요소라고 이해하고 있는 것들을 검토하기로 하자. 이러한 탐구는 불교가 어떻게 경험을 순간순간 구성되는 것으로 이해하는지, 습관적인 신념과 행동이 어떻게 만들어지고 또 의도적으로 조절될 수 있는지, 그리고 무지의 힘을 약화시키고 지혜가 드러나는 길을 닦는 마음챙김의 역할에 관해서 생각할 것을 요구한다. 우리는 또한 초기 불교 전통에서 지혜의 주요요소인 일체 현상들의 변화하는 본질적 속성, 고통의 뿌리, 그리고 불확실한 자아의 본성을 파악하는 것들에 대해서 살펴볼 것이다. 비록 이와 같은 많은 생각은 경험에 대한 서양적인 견해에 익숙한 사람에게는 매우 도전적인 일이지만, 그것은 인간의 고통을 완화하려는 맥락에서 가장 깊은 수준으로 발달되었고, 궁극적으로는 고통의 완화를 위해서 헌신해 왔다.

경험의 구성

불교심리학의 현대적 명칭은 기원전 5~3세기 사이에 북인도에서 발달된 마음과 행동 모델에 관한 것이다. 그것은 팔리어로 보존된 대다수의 문헌에서 바구니tipitaka8로 표현된다. 불교심리학은 무엇보다도 경험에 대한 주관적인 관점에

---

8 tipitaka라는 단어는 '세 개의 바구니'를 의미하고, 런던에 소재한 the Pali Text Society에 의해서 팔리어로 출간된 약 50권의 모음집을 말하는 것으로, 이들 대부분이 영어로 번역되었다(www.palitext.com 참조).

뿌리를 두고 있다. 우리 각자가 의식을 직접적으로 자각하고 경험한다는 사실에서 출발하여 그것은 수많은 신체적 · 정신적 요인들에 대한 지도를 발달시켜 왔고, 끊임없이 변화하는 조건 속에서 의식이 살아 있는 경험으로 드러나는 방식을 구체화하는 데 함께 작용해 왔다.

인간의 몸과 마음은 자연세계를 구성하는 자연적 요소로 여겨진다. 인간의 몸은 다른 모든 물질과 마찬가지로 동일한 기본요소로 구성되어 있으며, 특정한 환경자극에 민감한 감각기관을 가질 수 있도록 점차적으로 진화되어 왔다(Nanamoli & Bodhi, 1995). 이들 자극은 의식적인 자각의 대상이 될 때 알려지게 되어 있고, 각 앎의 순간은 특정한 감각기관과 감각대상에 의존되어 있다. 눈이라는 수단에 의해서 시각적인 형태의 앎이 발생한다. 귀라는 수단에 의해서 소리에 대한 앎이 발생하고, 코와 혀를 사용해서 냄새와 맛에 대한 앎이 발생하고, 몸을 통해서 다른 수용기와의 접촉에 대한 앎이 발생한다. 우리의 인간 경험은 이러한 앎의 순간들로 구성되어 있고, 앎의 순간들이 연속적으로 이어지는 일종의 흘러가는 의식의 흐름이다.

불교 전통에서 마음은 또한 감각기관과 유사한 것으로 여겨진다. 마음에 의해 알려진 대상은 사고, 기억, 그리고 무엇이든 상상될 수 있거나 인식될 수 있는 이미지를 포함한다. 정신기관(전통적으로 우리는 그것을 심장이라고 여기지만, 두뇌라고 부를지도 모른다)은 입력된 정보를 다양한 방식으로 조합하면서 감각기관보다 더 폭넓은 역할을 한다. 정신기관이 아는 대상은 외부환경으로부터 들어오기보다는 내부에서 생성된다. 정신기관이라는 수단을 통해서 대상을 아는 기본적인 작용 기제는 대상을 경험하는 여섯 가지 작용방식과 유사하다. 그렇기 때문에 우리는 어떤 주어진 순간에 보고, 듣고, 냄새를 맡고, 맛을 보고, 접촉을 하거나 '생각'(마음으로 아는)을 한다. 이들 각각의 의식의 사건은 매우 구체적이고, 순식간에 지나가는 경험의 대상에 관여하며, 매우 빠른 속도로 연속해서 일어난다.

비유적으로든 혹은 문자 그대로든 이들 대상을 색칠하고, 질감을 덧붙이는 것은 지각perception 및 느낌feeling과 같은 또 다른 정신 기능이다. 지각은 이전의 경험과 언어나 개념과 같은 이미 학습된 해석적인 도식에 기초해서 우리가 알고 있는 것을 자신에게 말해 준다. 정서적인 어조의 제한된 감각으로 사용되는 느낌은 우리가 감지하는 것이 유쾌한지, 고통스러운지 또는 중성적인지를 말해 준다. 의식과 의식에 대응하는 다양한 감각기관과 더불어서 일어나는 지각과 느낌은 정보가 마음에 의해 받아들여지고 처리되는 매 순간에 의미의 세계를 형성하기 위해 자동적으로 작용한다. 우리는 진정 우리가 사물을 어떻게 보고 듣는지, 어떻게 그것을 지각하는지, 또 그들이 우리들을 어떻게 느끼는지에 대해서 그다지 많은 영향을 가지고 있지 않다. 이 모든 것들은 카드놀이에서 카드를 돌리는 순간을 다루는 것과도 같다. 우리의 주요 역할은 어떻게 손을 기술적으로 움직이는가를 배우는 것이다.

행行 형성하기

계속해서 비유해서 말하자면, 손을 놀리는 정신적 기능을 행行, formation이라 부른다. 이는 경험으로 일어나는 것에 대한 우리의 반작용을 형성하는 것과 관련이 있다. 우리는 단순하게 자료를 처리하는 기계가 아니다. 우리는 우리가 의식하는 대상에 대해서 의도적이고 정서적으로 관여한다. 그러한 기능에 해당하는 용어를 팔리어로 sankhāra라 한다. 번역하기는 어렵지만, '만들다to make'나 '하다to do'라는 동사로부터 파생했고, 업karma이라는 단어와 직접적으로 관련이 있다. 따라서 동사와 명사를 동일하게 잘 충족시킬 수 있는 적절한 영어 단어가 필요하다. 왜냐하면 그것은 현 순간에 대상에 대한 반응을 적극적으로 만들거나 형성하는 것forming 뿐만 아니라, 그러한 활동—다음에 우리가 어떻게 반응할지에 대해서 숙고할 때 제공할 패턴—뒤에 남겨진 형성formation 둘 다를 포함하기 때문이다. 어쨌든 도공이 자신이 원하는 항아리의 형태를 만들고, 구워진 물건은 하나의 가공품이 되듯이, 우리 각자는 각 순간에 우리가 부딪히는 모든 것에 대해서 어떻게 반응할 것인가를 선택하고, 선택된 그 반응은 다음 순간의 경험을 형성하는 방식을 결정한다. 무지가 지혜를 만나 변형되는 것은 이 행의 영역이다.

행formation이 무엇인지 이해를 돕기 위해서 초기 불교의 팔리 문헌을 살펴보면 영상image이라는 말이 나온다. 영상은 두뇌와 두뇌 구조에 대해서 최근에 우리가 이해하고 있는 것과 아주 잘 맞는다고 본다. 먼지 덮힌 평원을 가로질러 달리고 있는 마차를 그려 보자. 추측컨대 마차는 지형적인 한계 내에서 마부가 원하는 어디로든 조종될 수 있을 것이다. 마차는 바위를 피해 가거나 늪이 많은 지역을 피해서 가지만, 그것은 마부의 통제의지에 따른 것이다. 이 영상은 순간순간의 결정을 하는 마음의 의도나 행정 기능으로서 행에 대한 첫 번째 의미를 포착하고 있다.

마차가 하나의 길이나 또 다른 길을 가로질러 넘어갈 때, 마차는 땅에 바큇자국을 만든다. 이 자국은 동작이나 활동을 실제로 행하는 것을 나타낸다. 불교 사상에서 모든 순간은 몸, 말, 마음(신구의 삼업)에 의해서 행해지는 일종의 행위를 동반한다. 그 모든 활동은 기본적으로 '행위'를 의미하는 단어인 카르마karma라고 불린다.

'행行, formation'의 두 번째 의미는 의지적인 활동이 흔적을 남긴다는 사실과 관계가 있다. 마차의 흔적은 모든 이들이 볼 수 있게 평원의 먼지 위에 새겨진다. 누구나 그 평원을 응시하기만 하면 마차가 지나간 자취를 분명하게 알 수 있다. 왜냐하면 마차는 활동에 대한 기록을 땅에 분명하게 새겨서 흔적을 남겼기 때문이다. 더욱이 마차가 같은 길을 여러 차례 반복해서 간다면, 길(심지어는 반복되는 틀)이 구축되고, 마차가 간 행로의 전체 역사가 평원 위에 저장된 패턴으로 기록된다.

우리는 초기 문헌에서 발견되는 또 다른 것에 의지해서 그러한 영상의 범위를 확장할 수 있다. 물과 모래 위에 선을 긋거나, 또는 돌 위에 새기는 것 사이에는 차이가 있다(Woodward, 1979). 어떤 습관은 단단한 물질에 너무나 깊이 뿌리박혀 있어서 바꾸는 것이 어렵거나 심지어 불가능한 것도 있다. 반면에 어떤 행동은 보다 쉽게 바꿀 수 있고, 어떤 행동은 거의 영향이 없거나 지속적인 흔적을 남기지 않는다.

우리 자신을 재구성하기

그와 같은 개념을 염두에 두고 두뇌가 어떻게 발달하는지 살펴보자. 갓난아이의 두뇌에는 수많은 신경이 있으며, 전기화학적 전류가 이들 신경을 통해서 흐를 때 어떤 통로가 형성된다. 다시 말하면, 함께 작용하고 함께 연결된 뉴런이 형성된다는 것이다. 규칙적으로 사용되는 통로는 상대적으로 안정된 패턴으로 연결되는 반면에, 보다 적게 사용되는 통로들의 연결은 약하다. 한편, 작용하지 않는 신경은 실제로 죽는다. 그렇게 해서 두뇌가 성장해 갈수록 특정한 형태와 패턴을 취하게 된다. 그러한 형태와 패턴은 항상 독특하다. 왜냐하면 소위 말해서 차별적인 우리의 경험에 의해서 뇌는 다르게 새겨지기 때문이다. 그래서 마차 흔적의 연결망처럼, 우리의 두뇌 설계는 과거 활동의 자취와 미래에 활동이 진행될 경향성이 가장 높은 통로를 구성한다.

이것은 단지 하나의 비유일 뿐이지만, 우리가 지혜를 이해하는 데 行(의식이나 지각, 느낌보다)의 중요성을 인지하도록 도와준다. 의식은 마차 그 자체이지만, 의식을 이끄는 의지와 그 의식이 경과하면서 확립되는 통로인 행은 의식이 드러나는 방식을 조건 지어 준다. 마음은 습관에 의해 강요될 때 자유롭지 못하다. 그리고 그 습관은 되풀이해서 우리를 고통의 영역으로 이끈다.

고통은 뭔가 외적인 것이라고 생각하고 싶어한다. 그리고 최악의 경우에는 그러한 관점은 불교의 첫 번째 거룩한 진리에 대해서 '삶은 고통이다'라는 식으로 잘못된 진술에 이르게 된다. 내가 붓다의 가르침을 이해한 바로는, 붓다는 삶에 대한 우리의 습관적인 반응이 고통을 만든다고 했다. 그것은 만족을 주는 것에 대한 애착이고, 고통에 대한 저항이다. 사라지는 것을 붙잡는다거나 다가오는 것을 피하기 위한 필사적인 시도는 우리 자신의 고통을 유발할 뿐만 아니라, 우리로 하여금 수많은 사람에게 고통을 주는 방식으로 행동하도록 유도한다. 이것은 먼지로 덮힌 평원에 새겨졌든, 우리의 두뇌 신경에 새겨졌든 모두 학습된 행동이 작동하는 통로다. 그리고 그것은 몸과 마음의 자연적인 기능에 의해서 구성되었기 때문에 같은 방법으로 재구성될 수 있다. 마음은 하나의 사물이 아니라 과정이기 때문에 건강하지 않은 행동패턴의 변환은 그 패턴을 반복하거나 강화시키는 것을 피하는 것과 관련되어 있고, 다른 한편으로는 새로운 흔적을 새기는 것을 배우는 것에 관여한다. 비록 오늘날의 우리처럼 생물학적으로 이해하지는 않았지만, 붓다는 명백하게 신경가소성을 믿었다.

마음챙김

불교에서 고통으로부터 마음을 자유롭게 하는 일차적 기술은 명상이다. 명상은 특정한 방식으로 자각을 발달시키고 적용하는 방법이다. 그런데 명상은 그 자체가 목적이기보다 목적을 향해서 가는 수단이라는 사실을 아는 것이 중요하다. 그것은 잘못 적용된 습관을 효과적으로 기능하는 방식으로 행formation을 변환하는 데 사용되는 도구다. 마음챙김의 형태에서 의식적인 자각은 자동적이고 무의식적인 마음의 구조를 재구성하기 위해서 사용된다. 깊게 새겨진 행동패턴은 건강을 촉진시키기 위해서 변화될 필요가 있다. 그러나 무의식적인 패턴은 말 그대로 무의식이기 때문에 우리의 자각범주를 벗어나서 작용하므로 직접적으로 관찰되지 않는다. 마음챙김 수행은 그러한 무의식적인 패턴이 전개되는 마음의 역동을 볼 수 있는 능력을 발달시킨다. 이로 인해 수행자는 행동이 촉발되는 과정을 자각함으로써 깊은 무의식의 마음에서 일어나는 것을 목격하는 것을 점차적으로 배워 간다. 완전히 보이지 않던 경험의 측면이 보이기 시작하고, 한 가지 방식의 행동양식을 넘어서 다른 행동을 선택하는 능력이 강화된다. 위험과 고난으로 인도하는 깊은 바퀏자국을 피해서 더 건강하고, 더 의미 있는 위치로 마음을 운반할 새로운 통로를 만들 수 있도록 보다 능숙하게 마차를 모는 방법을 배운다. 궁극적으로 마음챙김은 우리로 하여금 자취를 남기지 않은 채 나아갈 수 있도록 하면서 行의 제약으로부터, 심지어는 자각한다는 의식조차 해방시킬지 모른다.

도전 과제

우선 초기 불교 문헌에서 '깨닫지 못한 보통 사람'으로 언급되고 있는 평범한 개인의 상황을 고려해 보자(예, Nanamoli & Bodhi, 1995, pp. 83ff). 우리의 자각은 일반적으로 외부 대상에 집중되어 있다. 감각은 우리 주위의 세계를 보고, 듣고, 맛보고, 냄새 맡고 접촉한다. 그리고 우리의 자각은 이들 감각대상에 집중한다. 일상생활에서 우리가 무엇을 하는지 생각해 보자. 빵을 썰고, 빈 주차 공간에 차를 주차하고, 손으로 펜이나 키보드를 사용해서 문자나 단어를 배치하고, 여기저기를 걸어 다니는 등 십만 가지의 유사한 일을 한다. 우리는 물질세계를 통해서 우리의 진로를 만드는 물체이고, 안전하고 효과적으로 움직이기 위해서 꽤 좋은 자각을 취한다. 마음에 3차원의 구체적인 지각모형을 유지하고, 과거, 현재, 그리고 미래의 개념적인 시간 스케줄에 사건을 구성하며, 대개는 현실감을 투입한 복잡한 자각체계를 구성해서 조심스럽게 관여하도록 우리의 마음을 사용한다.

모든 초점이 외부로 향해 있기 때문에 우리는 보통 마음의 내적 기능인 자각이 거의 없다. 다행히도 우리는 자각이 그렇게 많이 요구되지 않는 방향으로 진화해 왔다. 행行, formation은 우리를 위해서 이것을 관리한다. 살아가면서 우리는 광범위한 주위 상황에 적절하게 대응할 수 있도록 다양한 기술, 습관, 전략, 상호 작용, 그리고 행동을 배워 왔다. 전화벨이 울리면 우리는 전화를 받는다. 경찰차가 보이면 우리는 감속한다. 초콜릿 조각을 보면 우리는 먹는다. 이들 행은 잠재된 성향의 형태로 마음에 저장되어 있다가 사건이 발생해서 필요해지면 불러일으켜지거나 촉발된다. 우리들 각자는 잠자는 상태로 놓여 있는 독특한 묶음의 기질을 가지고 있다. 왜냐하면 우리가 만나 온 사건과 익혀 온 반응의 역사가 서로 다르기 때문이다. 그러한 행이 잠재되어 있는 상태이든 활성화된 상태이든지 간에 이들은 둘 다 우리의 정서적·행동적 기질이다. 각 개인의 이면에 놓인 패턴의 묶음을 우리는 보통 성격이나 개성 또는 심지어 자아라고 부른다.

자극이 감각의 문이나 마음의 문에 나타날 때, 이 잠재된 기질은 행동으로 재현되면서 깨어난다. 잠재된 기질은 불교심리학에서 잠복단계(글자 그대로 '누워 있는')라고 부르는 것으로부터 동요surging단계(문자 그대로 '탈주')로 흐른다(이들 3단계에 대해서는 Ledi, 1999를 보라). 이들 반응은 자동적으로 일어나고, 몸과 말, 또는 정신활동의 순환에 의해서 행동으로 나타나기 때문에 동요라고 부른다. 그런데 거기에는 세 번째로 일어나거나 나타나는 단계(글자 그대로 '일어나는')인 개입단계가 있다. 이 단계에서 우리는 잠복에서 일어나 동요하는 행동으로 이동하는 정서나 충동을 의식적으로 자각한다. 우리는 그것들이 도망치기 전에 우리의 안락한 습관이 일어나는 것을 볼 수 있다. 그러나 의도적인 마음챙김 훈련이 없으면 대부분 이 중간단계는 생략된다. 다시 말하면, 우리가 그러한 자동성을 발달시켜 온 것은 행운이다. 왜냐하면 빠르게 변화하는 세상에서 건강하게 살아남기 위해서 필요한 반응이 의식적인 개입에 요구되는 많은 시간이나 공간을 그렇게 자주 허락하지 않기 때문이다. 거리에서 트럭이 우리를 덮쳐 올 때, 어떻게 해야 할지 생각할 시간이 필요치 않다는 사실을 우리는 기뻐해야 한다. 사실 우리의 의식적인 자각은 대부분의 시간을 과거와 미래에 대해 생각하며 '성향이 다른 것에 관여'하며 즉각적인 살아 있는 경험의 질감을 관찰하는 소중한 일에는 거의 사용하고 있지 않다.

붓다는 그와 같은 성향에 관여하는 상태를 몇 가지 이유를 들어서 문제라고 보았다. 인간의 마음과 몸이 환경으로부터 받을 수 있는 정보에는 심각한 한계가 있다는 사실을 우리는 발견한다. 왜곡되고, 잘못 이해되고, 해석되는 모든 정보들은 우리가 누구인지, 우리가 살고 있는 세계가 어떤 것인지에 대해서 잘못된 관점을 갖게 한다. 무지나 미혹이라는 단어가 바로 그것을 지적하고 있는 것이다(Ledi, 1999). 정서나 행동기질의 잠복단계와 동요단계 사이에 대한 의식적인 자각의 결핍은 마음을 기본적인 본능에 묶어 놓고, 성장, 발달, 그리고 진화를 위한 공간을 거의 허락하지 않게 만든다. 이것이 지혜의 부재다.

명료하게 보는 능력의 부재는 우리의 행동을 조정하는 일종의 원시적 본능을 불러일으키거나 강화한다. 가장 원시형태로 쾌락을 추구하고, 고통을 피하는 충동은 오직 나만의 행복에 관심을 두는 탐욕과 분노를 낳고, 따라서 긴밀하게 조직화된 사회 공동체에서 협력적으로 살아가야만 되는 우리 인간에게 엄청난 고통을 유발한다. 쾌락을 추구하고(탐욕, 애착, 강박증을 통해서), 고통을 회피(부정, 혐오, 미움을 통해서)하고자 하는 경향성이 실제로 그와 같은 목적이 달성될 것이라는 근본적인 혼란(무지, 미혹)에 의해서 증가된다면, 그 해로움의 정도는 증폭될 것이다. 이와 같은 탐욕, 화, 그리고 어리석음의 집합(문제가 되는 인간의 정서를 구성하는 모든 그림자를 대표하는 핵심을 일컫는 전통적인 표현)은 전반적으로 심각한 고통을 발생시킨다(Nanamoli & Bodhi, 1995).

내면으로 향하기

정신적 훈련이 이와 같은 상황을 어떻게 도울 수 있을까? 이면의 잠재적인 성향과 그것이 행동으로 옮겨 가는 동요단계 사이에 있는 공간이 들춰내어질 수 있고, 소위 그 사이의 틈이 더 높은 수준의 자각으로 채워질 수 있다면 그 모델의 기능은 엄청나게 변화할 것이다. 모든 것은 자각의 빛으로 보다 명료하게 볼 수 있게 된다. 첫째로, 자극 자체가 보다 분명하게 보인다. 왜냐하면 자극을 의식적으로 보고, 주의 깊게 검토하고, 심지어 자극이 검증되지 않은 반응만을 일으킬 때보다 더 정확하게 자극의 중요성을 이해하게 될 것이다. 둘째로, 정서적 반응이 잠복단계에서 움직이고, 발생하는 대상으로 드러나는 것을 보다 분명하게 볼 수 있다. 감정이나 충동은 이제 경험되어지는 그 무엇이 된다. 왜냐하면 마음의 그림자가 안개 속의 행동으로 보이지 않게 지나가는 숨겨진 어떤 것이 아니라, 자각이 그곳에 쏟아지기 때문이다. 게다가 행동으로 이동하는 것 또한 이제 자각의 빛에 의해서 드러나게 되고, 그 과정에서 동요하는 어떤 성질을 잃어버리게 된다. 행동은 마치 당신에게 일어나고 있는 것처럼 느껴지는 어떤 것이기보다 당신이 가지고 있는 무엇인가 시작하지 않은 손이 된다. 의도는 또한 어둠에서 나와서 의식적인 주의를 받는 대상이 된다. 우리는 심지어 한 가지 이상의 선택을 검토할 수 있는 공간을 갖게 되고, 어떻게 반응할 것인지를 의식적으로 결정하게 된다. 그리고 마침내 자각은 자유를 성취하게 된다. 자각은 자극이 드러나는 순간, 그 자극에 반응하는 우리의 방식에 영향을 미치는 조건화된 반응, 강압적 개입, 반사적인 반응의 사이클을 중단시킨다.

명상을 통해서 우리는 행行이 발생단계에서 머물게 하는 역량을 배양한다. 생각과 감정, 반응, 그리고 갈망, 이 모든 것은 무의식의 심원으로부터 지속적으로 일어나지만, 우리는 이제 그것이 일어나는 것을 볼 수 있다. 선택은 항상 우리가 행위를 통해서 세상 속으로 들어가려고 동요될 때 만들어진다. 문제는 우리가 그 과정에 의식적으로 참여할 것인가 아닌가다. 자각이 외부 대상에 집중되어 있거나, 다른 무엇인가에 관여하고 있을 때 하는 결정은 자동적으로 이루어지고, 그로 인해 기존의 반응패턴이 강화된다. 즉, 화의 기질을 가진 사람은 더 화가 난다. 공포의 기질이 있는 사람은 더 두려워지고, 그곳에는 자유가 거의 없다. 잠복단계에서 일어나는 마음을 알아차리고 어떻게 반응할지에 대한 선택을 의식적으로 가능하게 만드는 자유는 얼마만큼의 자각을 현재 순간에 쏟을 수 있는가의 크기에 비례한다.

경험에서 무엇이 일어나고 사라지는지를 명료하게 알아차리는 것은 여전히 깊은 연못의 얕은 바닥에 불과할 뿐이다. 불교의 명상기술은 그와 같은 얕은 차원을 넘어서서 나아가게 하고, 깊고, 고요하고, 그리고 대단히 명료한 바다로 안내한다. 이 영역의 대부분은 마음을 비일상적인 의식의 상태로 인도하는 집중훈련에서 설명되고 있다. 그런데 그러한 훈련이 마음에 주는 부수적인 힘과 역량은 커다란 자산이 될 수는 있지만, 그렇다고 거기서 지혜의 계발이 직접적으로 발생하지는 않는다. 선택한 대상에 주의를 향하게 하고, 그것에 머무르는 방식과 같은 다양한 방법으로 의식적인 자각을 훈련하는 것이 가능하게 한다. 그러나 정신적 민첩성의 계발, 그 자체로는 수많은 심리적 고통의 원인이 되는 행동패턴을 근본적으로 변화시키지는 못한다.

통찰명상

통찰명상Insight Meditation은 마음의 집중과 관련이 있다. 그러나 하나의 대상에 지속적으로 자각을 잡아 두기보다는 훈련된 방법으로 전개되는 경험의 과정에 초점을 맞춘다. 우리는 잠복된 정신영역으로부터 다양한 생각과 정서가 발생하고, 그것이 몸, 말, 그리고 마음의 활동으로 동요하고, 그러다가 다음 사건이 발생할 때 사라지는 것을 본다. 처음에는 몸에서 일어나는 신체적 감각에만 집중하는 것이 도움이 된다. 호흡을 하는 역동적인 과정에서 피부의 감각, 통증과 고통을 완전한 주의집중으로 한 번에 하나씩 모두 알아차리는 것이다. 예를 들어, 자각이 어떤 기억이나 생각으로 배회한다면, 어떤 신체적 감각이든지 관계없이 가장 강하고 분명하게 나타나는 곳으로 자각을 부드럽게 인도해 간다.

마지막에는 세 가지 영역의 탐색을 통해서 진전되어 간다. 그 세 가지 영역은 즐거움과 고통의 느낌, 관찰을 행하는 의식 자체의 특질(즉, 미묘하게 좋아하는지 싫어하는지를 알아차리지 못하는), 그리고 마음에서 아무 때나 일어나고 사라지는 수많은 개인적인 생각과 내용이 포함된다.9 이 세 영역은 전통적으로 마음챙김이 수립될 수 있는 바탕으로 알려져 있다. 가능한 한 모든 미묘한 경험의 차이를 의식적으로 자각하도록 하면서 폭넓게 연구될 수 있는 영역을 구성하고 있다. 많은 기술에서 보듯이, 한순간에서부터 다른 순간으로 이동하는 미묘한 변화를 탐지하는 능력은 수행으로 성장하고, 종국에는 의식의 흐름의 매 순간에 얼마나 많은 것이 실제로 진행되고 있는지 눈을 뗄 수 없을 정도로 엄청나게 보게 된다(통찰명상훈련에 대한 또 다른 관점에 대한 것은 2장을 보라).

지혜 배양하기

무슨 일이 일어나고 있는지 알아차리는 능력이 집중과 마음챙김을 통해서 계발될 때, 그 결과 일어나는 경험의 특징은 괄목할 만하다. 집중된 마음은 예리하고, 명료하며, 특별한 능력을 느낀다. 명상안거 기간 동안에 일어날 수도 있는데, 마음챙김 상태가 확장되면, 가장 일상적인 사건이 환희롭게 보일 수도 있다. 그러한 상태에 매우 만족할 수도 있겠지만, 그것은 명상훈련이 의도하는 목표지점이 아니라는 사실을 다시 한 번 인식하는 것은 중요하다. 붓다는 '지금 여기에 평화롭게 머무르는' 것이 반드시 변환을 의미하는 것은 아니라는 점을 분명하게 했다(소멸에 관한 경, Nanamoli & Bodhi, 1995, pp. 123ff). 명상이나 안거가 끝났을 때,

---

9 이 수행에 대한 자세한 설명을 위해 나나모리Nanamoli와 보리Bodhi에 의해 번역된 『맛지마 니카야(Majjhima Nikaya) 10』의 '알아차림의 기초' 논문을 보라(1995, pp. 145-155).

어떤 사람은 여전히 잔혹하거나, 생명을 죽이거나, 주지 않는 것을 취하거나, 거친 말투, 병든 의지, 그리고 험담, 화, 의심, 복수, 부러움, 또는 거만, 무관심, 게으름이 남아 있을 수 있다. 명상만으로는 말끔하게 씻어지지 않는 기질적 특성이나 뿌리 깊은 정서적 패턴과 같은 많은 목록이 있다.

우리를 사로잡고 있는 망상을 꿰뚫기 위해서 집중적인 마음을 사용할 때, 집중과 마음챙김 수행은 통찰이나 지혜의 수행으로 바뀐다. 마음챙김 수행의 각 단계에서 지혜로 안내하는 수행을 위해서 우리는 네 가지 방법으로 자각의 대상을 바라보도록 권장받는다.

1. 경험의 모든 측면에서 현상이 일어나고 사라지는 것을 반복적으로 지켜봄으로써 우리는 점차적으로 세상, 우리의 마음, 우리의 견해, 그리고 우리 자신의 모든 것이 무상하다는 사실을 몸으로 인식하게 된다.

2. 내·외적 관점과 이 둘의 상호작용의 관점으로부터 모든 경험을 고찰함으로써 우리는 서서히 우리의 감각기관과 그것에 상응하는 감각대상의 상호의존성, 그리고 세상 경험이 함께 엮어지고 구성되는 상호의존성에 대한 이해를 발달시킨다.

3. 자각을 가장 간단한 형태로 만들면서 —애쓰거나, 개념화 또는 연출이 아닌— 우리 삶의 이야기를 만들어 내는 거시적 계획 이면에 있는 세계를 슬쩍 보기 시작한다.

4. 그리고 마침내 가장 중요하게도 지혜의 성장은 집착 없이 경험의 모든 각 요소를 바라볼 수 있도록 만든다. 갈망은 경험에 대한 민첩한 자각에 의해서 효과적으로 그 토대가 파헤쳐진다. 왜냐하면 우리가 균일하게 떠도는 평정심으로 경험을 바라볼 때, 우리는 더 이상 경험을 좋아하거나 싫어하지 않기 때문이다. 그것을 전통적으로 '지혜는 세상의 그 어떤 것에도 집착하지 않고 독립적으로 머문다.'라고 표현한다(염처경에서 Nanamoli & Bodhi,

1995, p. 146).

이것이 불교의 명상 경험이 목표하는 깊은 변환의 종류다. 강화된 자각은 매 순간에 초래하는 일반적인 가정과 반응을 들어 올리거나 진정시키는 일종의 지렛대나 지렛대의 막대기와 같다. 강화된 자각은 우리가 가지고 있는 애착과 그 애착이 우리에게 미치는 지배력을 느슨하게 만든다. 지혜는 그 느슨한 공간 사이에 끼워 넣어지고, 더욱더 깊게 박혀서 마침내 마음을 무지로부터 분리시키는 일종의 쐐기다. 오직 지혜만이 어리석음에 대항할 수 있고, 따라서 지혜만이 마음의 완전한 해방과 고통의 확고한 멈춤을 가져올 수 있다. 전통적으로 지혜는 무상, 고통, 그리고 무아를 통찰함으로써 성취되는 것이라고 한다(붓다에게로 공헌된 첫 번째 경을 보라. Bodhi, 2000).

무 상

진실로 우리를 지혜롭게 만들기에 충분할 정도로 무상을 깊이 이해하는 것은 모든 것이 변화한다는 사실을 단순하게 아는 것을 의미하지 않는다. 그 어떤 것도 고정되어 있는 것은 없다는 어려운 개념을 보다 직관적으로 파악하는 것을 필요로 한다. 초기의 불교 사상가들은 경험의 변화와 패턴의 이면에는 그것을 지배하는 신이 존재한다는 종교적인 규범(고대와 현대 모두)에 도전하면서 모든 것은 항상 변화한다는 명백한 견해를 대담하게 공개했다. 확고하게 보이는 그 어떤 것도 본질적으로는 마음이 인위적으로 창조한 것이다. 현상이 변화하지 않고 고정되어 있는 것으로 보는 것이 적응하기에는 유용한 방법이 될 수도 있겠지만, 그것은 궁극적으로는 날조된 망상에 불과하다. 초월적인 영혼이나 자애롭게 창조된 우주의 안정된 기반에서 무상을 명상해 볼 만하다. 그러나 불교 게송에 언급되어 있듯이, 용솟음치는 소용돌이나 사라지는 이슬방울에서 무상을 직면하는 것은 아주 다른 것이다.10 우리가 구성하는 모든 것—몸, 마음, 감각의 지각, 생각의 선형적 진행, 그리고 요람에서 무덤까지 시간과 함께 구성된 모든 견해—은 그것이 인위적으로 꾸며지는 속도만큼이나 빠르게 사라지고 있다. 경험 자체가 전적으로 거품이다. 따라서 자아와 세계에 대한 모든 개념은 만들어진 것이라서 근본적으로 불안정하고 의존할 수 없는 것이다. 그러므로 서양의 철학과 과학의 중추적인 의제가 되고 있는 자아나 세계가 모두 어떻게 시작되었고, 어떤 목표로 나아가고 있는지와 같은 주제들은 기껏해야 답해질 수 없는 것들로 여겨지거나, 심하면 무지한 답을 만들기 때문에 어느 경우에든 대부분 무의미한 것이다.

마음의 구조와 습관은 우리가 우리의 환경을 성공적으로 조정할 수 있다고 확신하기 위해서 무상의 진실을 숨기기 위해 계발되었다는 것은 자연스러운 일인지도 모른다. 3단계 척도 —지각, 생각, 그리고 견해— 모두에서 우리는 밀림의 덤불에서 나뭇가지가 끊어지는 소리를 듣고, 이를 매우 심각하게 받아들여서 어쩌면 굶주린 호랑이가 다가오고 있는 증거라고 생각하여 호랑이 먹이가 되는 것을 피하는 것이 좋다는 생각을 할 수 있다. 그러나 지혜는 생존의 효율성을 넘어서서 경험 자체의 본질을 탐색하는 데 관여한다. 바로 그곳에서 고정된 마음의 삽화는 단순히 일어나고 사라지는 구성물이고, 머무를 수 있는 어떤 실체도 구성하고 있지 않다는 사실이 드러난다. 호랑이나 호랑이가 내포하고 있는 위험이 실제가 아니라는 것이 아니다. 그것보다 호랑이에 대한 우리의 경험이 뇌에 위험경고를 알리면서 완전히 도망치는 이미지의 시리즈를 구성하는 우리의 경험이다. 이 사실을 알아차리지 못하고 은폐하는 것을 일반적으로 불교에서는 어리

10 이 육체는 거품 방울과 같다 / 그리고 느낌은 거품과 같다. / 지각은 신기루와 같다. / 형성行, Formation은 매몰찬 나무와 같고. / 의식은 속임수와 같다. …… 여기서는 어떤 실체도 발견되지 않는다[Samyutta Nikaya 22:95 (Bodhi, 2000, pp. 952-953; 저작에 의해 여기에서 다시 개역됨)].

석음이라고 부른다. 여기서 어리석음은 우리의 마음이 생존을 위해 조작한 일시적인 안정성을 우리의 세계와 자아에 투사하는 것이다. 우리가 사물이 고정되어 있다거나 실체가 있다는 식으로 그럴듯하게 생각한다고 해서 그것이 실제로 그렇게 존재하는 것은 아니다.

그와 같은 어리석음이 어떻게 수많은 문제의 원인을 제공하는지 우리는 이해할 수 있다. 만일 우리가 근본적으로 유동적인 세계를 구조적인 틀로 보고, 지속적으로 잡고 고정시키려고 하면 우리는 결코 세계를 제대로 파악하지 못할 것이다. 비디오 제작자가 아무리 솜씨가 좋아도 필름은 각 프레임마다 오직 하나의 광경만을 포착하고, 전체 이야기가 어떻게 관련되든지 상관없이 항상 하나의 이야기만을 남긴다. 우리가 만들어 낸 구성된 의미는 세상을 정확하게 설명하기보다는 개념을 창조해 내는 우리의 능력을 반영할 뿐이다. 그런데 문제는 우리가 안정적인 것이라고 가정하고 있는 것이 변화할 때, 우리는 심리적 고통이 발생하는 조건을 만들어 간다는 것이다.

고 통

모든 것은 항상 변화한다는 사실이 반드시 문제가 될 필요는 없다. 무상은 상상할 수 없이 아주 작은 소립자의 활동에서부터 우주의 거대한 변화에 이르기까지 모두 적용되는 법칙이다. 붓다의 가장 위대한 통찰 중의 하나는 무상하기 때문에 고통이 발생한다는 것이 아니다. 무상을 대하는 인간의 태도, 즉 무상에 대한 경험을 인위적으로 조작하고 만들어 내는 것에서 고통이 비롯된다는 사실을 깨달은 것이다. 우리는 세상의 현상이 우리가 원하는 특정한 방식으로 존재해야 한다고 집착하기 때문에 무상이 고통을 일으킨다. 만일 우리가 어떤 대상이나 경험을 편안하고 안정적이고 만족스럽게 느낀다면 그것이 다른 것으로 변화하는 것 자체가 괴로움의 원인이 된다. 심지어 변할지도 모른다는 것을 상상하는 것만으로도 상당한 불안, 공포, 스트레스를 유발하는 원인이 된다. 왜냐하면 우리는 그것이 우리가 원하는 특정한 방식으로 존재하기를 간절히 바라기 때문이다. 그러므로 고통에 대한 불교의 탐구는 욕망의 작용에 대한 직접적인 깊은 연구로 유도한다.

욕망은 긍정적이거나 부정적인 형태로 오고, 즐거움과 괴로움의 역동과 강하게 연결되어 있다. 갈망은 즐거운 것이 발생하거나 그것이 지속되기를 원하는 것인 반면, 혐오는 고통스러운 것이 일어나지 않거나 멈추기를 바라는 것이다. 두 경우 모두 일어나는 것과 일어나기를 바라는 것 사이의 심각한 불균형을 일으키는 데 관여한다. 불교가 고통(또는 불만족)을 첫 번째 거룩한 진리라고 부르는 것은 고통을 부정하고, 회피하고, 산만하게 하고, 아니면 문제가 아닌 척하는 자연스러운 반응을 하면서 노력함에도 불구하고, 긴장이 존재한다는 사실을 단순하게 인정하는 것이다. 더욱 중요한 것은 그러한 고통의 원인이 되는 현상이 본래 있는 그대로의 모습이 아니라 다른 형태로 존재하기를 바라는 갈망 때문이라는 사실을 이해하는 것과 관련된 두 번째 거룩한 진리다. 그러한 이해는 지혜를 구성하는 중요한 요소이고, 고통의 원인을 제거함으로써 고통을 멈추게 할 수 있다는 세 번째 거룩한 진리로 나아가게 한다. 마지막 네 번째 거룩한 진리는 고통을 멈추게 하는 행동변화, 정신훈련, 그리고 지혜를 배양하는 길을 누구나 따라갈 수 있다는 것이다(Nanamoli & Bodhi, 1995).

누구든지 자신의 이해를 근본적으로 전환함으로써 고통을 만드는 습관을 완전하게 극복할 수 있다는 사실은 놀라운 주장처럼 보인다. 그러나 그것은 불교를 단순하게 철학이나 심리학으로 보기보다는 종교로 생각하는 사람이 가지는 주장이다. 어떤 고통의 형태는 완화되거나 심지어 제거될 수도 있지만, 그러나 상당 부분의 고통은 우리가 결코 경감시킬 수 없는 매우 깊은 곳에 자리 잡고 있다고 생각하는 것이 오늘날의 주된 흐름이다. 불교 문헌과 예술(일부 현대 불교 수행자의 뇌사진 촬영은 말할 것도 없이, 8장을 보라)에서 발견된 깊은 행복의 표상은 우리가 가지고 있는 웰빙의 잠재력이 우리가 생각하고 있는 것보다 엄청나게 더 클 수 있다는 사실을 암시한다. 전형적인 불교 전통은 행동의 변화나 집중적인 정신훈련에 의해서 고통의 깊은 전환이 일어나는 것은 궁극적으로 지혜가 계발되었기 때문이라고 생각한다.

무 아

붓다의 가장 중요하고 독특한 통찰 중의 하나이며, 현대 심리학자들에게 각별한 흥미를 유발하는 것 가운데 하나가 자아의 본질과 관계된 것이다. 붓다 시대에도 지금 우리들처럼 자아가 신체에 내재된 초월적이고 거룩한 본질이면서도 그 근본은 비물질적이고 불멸하는 것으로 여기는 사람들이 있었다. 또 자아를 완전히 물질의 부수현상으로, 죽음의 순간에 흩어지기 때문에 도덕적 발달이나 정화가 필요치 않고, 고통으로부터 벗어날 수 없는 것으로 보는 사람도 있었다. 자아에 대한 붓다의 접근은 이들 두 극단의 중도로 설명된다. 그것은 마음을 몸과 상호 의존하는 것으로 보고, 경험을 매 순간마다 새롭게 구성되는 것으로 보며, 살아 있는 자아존재감을 뭔가 완전히 선택적인 과정으로 여기는 역동적인 과정-중심process-oriented 모델을 수반한다.

자아에 대한 붓다의 개념은 정체성에 대한 대안적인 철학적 모형은 아니지만, 경험에 대한 경험적 묘사다. 그는 숲에서 임의로 집어 온 막대기를 가지고 급하게 길을 가는 어떤 사람을 예로 들었다. 그 막대기는 누구의 것도 아닌 것으로 보기 때문에 아무도 이것에 대해 뭐라고 하지 않을 것이다[Samyutta Nikaya 중에서 35: 101 (Bodhi, 2000, p. 1182)]. 그러나 붓다는 어떤 대상이나 견해가 '나의 것'으로 생각될 때 즉각적으로 탐욕과 분노의 원초적 본능이 작용해서 그것을 소유하고 보호하려는 격렬한 충동이 일어난다는 사실을 알아차렸다. 반면, 우리가 경험의 어떤 측면을 '내 것이 아닌 것'으로 바라볼 때는 그러한 반사작용은 활성화되지 않는다. 고통을 만드는 근본바탕 블록인 집착은 자아와의 동일시에 의해 강화된다. 그러므로 마음챙김명상과 같은 정신훈련은 모든 경험을 향해서 '내가 아닌, 나의 것이 아닌, 나 자신이 아닌' 관점을 발달시키도록 한다. 자아가 '존재한다'거나 '존재하지 않는다'는 문제는 그리 중요하지 않다. 그보다 자아는 욕망이 일어나는 순간에 존재하도록 만드는 그 뭔가이고, 우리가 뭔가를 원하거나 원하지 않거나 하는 대신에, 평정심과 무집착으로 대하면 존재하지 않는다.

다시 말해서, 자아는 어떤 조건에서는 만들어지고, 어떤 조건에서는 만들어지지 않는다. 지혜는 우리가 자아라고 부르는 완전한 우연성을 이해하고, 그것을 만들어 내려는 충동을 자제하는 능력을 갖는 일에 관여한다. 자아는 모든 경험의 실존적 출발점이 아니라, 우리가 '그게 나야.' '그건 내 것이야.'라고 거의 지나치면서 마지막으로 남발하는 말이다. 불교의 지혜는 그것은 당신의 것이라는 사실이 아니라, 단지 엄청난 고통을 일으키는 것이라고 지적한다. 어느 행위명사의 조합―행위의 행위자, 생각의 사고자, 신체의 점유자―은 궁극적으로는 착각이고, 이로움보다는 해로움을 더 일으킨다는 것이다. 지혜가 제공하는 대안적 견해는 자연현상의 상호의존적 발생과 소멸에 관한 것이다. 그와 같은 의식의 흐름의 작용을 배우는 데는 수없이 많은 기법이 있지만, 어떤 면에서든 집착하며 붙잡으려는 경향성은 그 어떤 기법과도 완전히 상반되는 것이다.

붓다의 유산

불교 전통의 가장 뛰어난 강점 중의 하나는 불교가 생겨났던 고유의 문화적 환경을 초월하여 완전히 다른 시간과 장소에서 진화해 온 인간조건에도 불교적 가르침을 설득력 있게 적용할 수 있다는 사실이다. 붓다의 가르침에는 무언가 보편적이고, 모든 문화적 배경을 가진 모든 사람에게 내재된, 뭔가 인간으로 존재하는 근본적인 방식을 말해 주는 것이 있다. 지혜의 문제에 관해서 붓다는 우리가 실제를 잘못 해석하는 구체적인 방식을 지적하고, 인간조건에 수반되는 번뇌를 치유하는 데 도움을 주는 구체적인 해결책을 제시하면서 각 개인이 의미를 구성하는 근본적인 역동적 방식에 참여한다. 지혜에 대한 특별한 의미는 시간이 지나면서 아시아를 넘어 세계화의 과정을 거치면서 다소 변화해 왔고, 우리가 어리석음에서 해방되도록 도울 수 있는 특정한 훈련도 또한 변화해 왔다.

본래 맥락에서 보자면, 붓다(약 480~400 BCE)[11]는 아마도 인더스 문명에 그 뿌리를 가지고 있는 아주 오래된 고대에 있었던 인간조건에 대한 관점을 표명하고 있다. 그 견해는 근본적으로 주관적인 방향이었으며, 현재 순간에 대한 자각 능력을 궁극적인 종교적 신비로 간주했고, 의식이 드러나는 모든 현상을 경험적으로 탐구하기 시작했다. 어리석음은 정신훈련과 깊은 전환적 이해를 통해서 몸과 마음에서 제거할 수 있는 독소로 보았다. 그러한 정화의 과정에서 발생하는 지혜는 신비적인 초월적 비전이 아니라, 자연 세계의 작용에 대한 실제적인 이해였다. 그러한 정화의 길에서 오는 절정의 상태는 어떤 환경과의 만남, 심지어는 늙음, 병, 죽음의 실존적 진실 앞에서도 흔들리지 않는, 지금 여기서의 깊은 웰빙의 경험이다. 그와 같은 초기 불교의 형태는 점차적으로 남동아시아를 건너 퍼져 나가 오늘날의 지역을 거쳐서 지속되고 있다.

아쇼카왕(약 250 BCE) 시대에 첫 통합을 이루면서 절정기를 맞은 이후, 불교는 급속하게 변화하는 문화적 · 역사적 환경에, 특히 북서 지역의 세계 무역과 침략(현재는 파키스탄과 아프가니스탄)의 중대한 갈림길에 있었던 인도에서 수 세기가 넘도록 적응해 왔다. 또한 인도-서유럽으로부터 들어온 베다 뿌리의 전통인 힌두

---

11 통상적으로 붓다는 서력기원 563년부터 483년까지 살았던 것으로 알려져 왔지만, 최근 불교학회의 경향은 Betchert와 Gombrich의 재평가에 의해서 시기를 앞당기는 것으로 움직이고 있다. Gombrich(1992)를 보라.

교와 수 세기 동안 관계하면서 변화해 왔다. 그러한 영향 아래에서 발생된 대승 불교는 본래 위치에서 좀 더 외부로 향하게 되었고, 좀 더 초월적인 방향으로 향 하게 되었다. 그래서 지혜는 해체적인 이해deconstructive understanding의 칼로 어리 석음을 철저하게 잘라 낼 수 있는 위대한 힘을 가진 천상의 화신인 문수보살에 의해 상징화되었다[법화경(Watson, 1993)과 금강경(Conze, 1958) 참조]. 인간이 경험하 는 자아의 공空성에 대한 초기 불교의 통찰은 모든 현상의 공성을 포함하는 것으 로 크게 확장되었다. 그것은 시간과 공간, 그리고 개념화에 대한 어떤 시도의 한 계를 넘어서 궁극적인 뭔가에 접근하는, 지혜에 대한 보다 신비적이고 확장적인 견해를 가져왔다(4장 참조).

불교는 중국으로 향하는 무역노선을 따라 전파되었는데, 그 과정에서 문화 적 편협함으로 악명 높은 일부 기독교의 영향을 채택해서 원래 지혜라는 단어가 가지고 있는 고전적 의미보다 헌신을 강조하는 정토 형태로 발전해 나갔다. 그 러한 전통적 요소는 일본에서 매우 중요하게 되었고, 일본과 미국에 강하게 남 아 있다(Suzuki, 1998). 불교는 또한 중국에서 도교에 의해 강한 영향을 받았고, 중 국에서 불교와 도교의 통합으로 발전된 선의 형태(약 600 CE)는 한국과 일본(약 12,000 CE)으로 전해지면서 변화해 왔다. 이 두 형태는 지혜에 높은 가치를 부여 했는데, 지혜는 현상에 대한 근본적 공성과 모든 형태의 사고와 행위의 완전한 우연성에 대한 직접적 · 자발적 · 직관적 깨달음으로 본다(Barret, 1996).

인도에서 이슬람 침략자(약 1,200 CE)에 의해 불교가 사라지기 전 몇 세기 동안, 탄트라 형태의 불교는 캐시미어와 벵골지역에서부터 티베트(약 700 CE)까지 퍼졌 다. 티베트에서 불교는 토착 샤머니즘 전통과 쉽게 융합되고, 현재까지 남아서 영향을 미친다. 또한 바지라야나Vajrayana로 알려진 탄트라 불교는 직접적인 개인 경험을 강조하고, 여성적 상징표현을 확대하며, 자아초월적인 힘과 어리석음을 지혜로 변형하는 데 도전(그들을 피하기보다)하도록 설계된 다양한 시각화와 수행 을 강화하는 일에 관계한다(Powers, 2007). 지혜를 자연스런 마음의 조건으로 보고, 일단 개념적인 이원성을 구성하는 습관이 정화되면 직접적으로 깨달아질 수 있는 것으로 여긴다.

　불교의 사상과 실천은 탐험과 식민지 정책이 이루어지던 시기에 처음 서구인과 만났지만(약 1600 CE), 19세기 말 무렵 비교종교학 분야가 발달되기 전까지는 그 사상의 깊이와 중요성에 대한 진정한 이해는 그다지 깨닫지 못했다(예, Sharp, 1986). 불교는 불교 공동체의 이주(중국과 일본으로부터 미국 서해안으로, 베트남전쟁 이후 남동아시아로부터, 중국의 티베트 침략 이후에 티베트로부터 등)를 통해서 서구인들에게 영향을 미쳐 왔다. 또한 20세기에 서양의 지식층이 불교의 명상과 정신수행을 받아들임으로써 영향을 미쳐 왔다. 불교의 이국적인 성향은 처음 반세기 동안 신지학자들에게, 다음 반세기에는 뉴에이지 운동가들에게 매력적이었던 반면, 최근 수십 년간은 불교전통과 서구의 만남이 점차 성숙함을 보여 주고 있다. 지혜의 본질에 대한 불교의 독특한 관점은 신체적·정신적 건강, 효과적인 교육, 그리고 최상의 운동과 예술적 성과를 지원하기 위해서 노력하는 분야에 영향을 주고 있다(Siegel, 2009). 거기에 더해서, 불교에서는 죽어 가는 사람들, 교도소에 복역 중인 재소자들, 회복기에 있는 환자들을 위해서 유용한 도움을 제공하고, 두뇌의 특성과 기능에 대해 흥미 있는 관점을 제공한다.

　동양과 서양 심리학의 만남은 여전히 비교적 새로운 분야다. 새롭지 않은 것은 우리 자신과 세계에 대한 본질적인 지식을 탐구하기 위해서 내부로 향하는 인간의 성향이다. 이제는 붓다와 붓다의 가르침을 수천 년이 넘게 지금까지 지켜 온 수행자 단체들이 우리에게 물려준 정보를 가지고 현 시대의 사람들이 무엇을 할 수 있는지를 보여 주는 것만 남아 있다.

10장. 지혜로운 심리치료사

로널드 시걸 Ronald D. Siegel

> 설명될 수 있는 도는 진정한 도가 아니다.
> —노자 Lao Tsu(Beck, 2002, p. 1)

정신이 제대로 박힌 사람이라면 지혜로운 심리치료사가 되는 길에 관한 이 장을 쓰려고 할까? 이 어마어마한 작업은 원래부터 주제넘은 것이었다. 지혜에 대해서 쓴다는 것은 그것에 대한 뭔가를 안다는 것을 암시할 수 있지만, 스스로 지혜롭다고 생각하는 것과 실제로 지혜로운 것과는 정반대의 관계에 있는 것 같다.

실제로 경험 있는 임상가들에게 지혜로운 치료사를 기술하라고 하면, 가장 자주 언급되는 것 중 하나가 자신의 관점의 한계를 자각하는 것이라고 한다.[12] 이것은 사실 고대로부터 전해 내려오는 생각이다. 공자는 자신이 지혜롭다고 생각

---

[12] 이 장을 쓰기 위해서 대략 30명의 동료들에게 이메일로 ① 그들에게 '지혜롭다'는 것의 의미가 무엇이며, ② '지혜로운 심리치료사'가 되기 위해 특별히 필요한 자질은 어떤 것인지, ③ 지혜로운 치료사가 되는 데 있어서 개인적으로 방해가 되는 것이 무엇인지, ④ 내담자나 환자에게 치료의 목표로 지혜의 배양을 고려하는지의 여부를 물었다.

하는 사람은 실제로는 그렇지 않을 가능성이 높다고 말했다(Kupperman, 1990). 이러한 아이디어는 자신이 경쟁력이 있다고 생각하는 사람이 그렇지 않다고 생각하는 사람에 비해서 실제로는 경쟁력이 떨어진다고 하는 대단히 흥미로운 연구 결과를 뒷받침한다(Kruger & Dunning, 1999).

이러한 사실을 염두에 두고 이 장에서는 지혜와 지혜의 배양에 관해서 연구자들이 무엇을 배워 왔는지, 치료사들은 지혜로운 심리치료사의 특성을 무엇이라고 생각하는지, 지혜의 전통은 지혜를 배양하는 것에 대해서 우리들에게 무엇을 가르쳐 줄 수 있는지, 어떤 지혜의 기술이 정신치료와 가장 관련이 있는지에 관해서 고찰해 보고자 한다.

지혜란 무엇인가

인류는 적어도 공자 시대 이후로 지혜가 무엇인지에 대하여 끊임없이 사색해 왔고, 우리의 시각은 오랜 시간 동안 괄목할 만큼 발전해 왔다. 1장에서 논한 바와 같이, 지혜에 대한 현대의 개념은 고대의 생각과 인지과정에 대한 비교적 최근의 이해가 전형적으로 결합된 것이다. 연구자들이 이 주제를 다루는 한 가지 방법은 내재된 이론—사람들이 지혜에 대하여 가지고 있는 무언의 가정들—을 연구하는 방법이다(Bluck & Glück, 2005; Clayton & Birren, 1980; Holliday & Chandler, 1986; Kunzmann & Baltes, 2005; Takahashi & Overton, 2005). 구조화된 인터뷰와 다른 평가측정을 사용하여 사람들이 '지혜'를 어떻게 서로 다르게 이해하고 있는지에 대한 윤곽을 그린다. 그와 같이 내재된 이론은 '지혜로운' 심리치료사를 구성하는 요소를 고려하는 데 흥미로운 출발점을 제공한다. 이 글을 읽기 전에 지혜에 대해서 여러분 자신이 가지고 있는 개념을 여러분이 하고 있는 일과 어떻게 연결시킬 수 있는지에 대해서 생각해 본다면 더욱 도움이 될 것이다.

지혜로운 심리치료사

• 당신이 지혜롭다고 생각하는 동료, 상관, 또는 개인적인 치료사를 잠깐 생각해 보세요. 그들이 가지고 있는 가장 강력한 자질을 적어 보세요.

• 다음으로 여러분 자신이 치료사로서 해 왔던 일 중 가장 지혜롭지 못했던 것을 몇 가지 리스트로 작성해 보세요. 뭔가 주제가 있나요? 여러분이 지혜로운 심리치료사가 되는 데 방해가 되는 것은 무엇인가요?

• 마지막으로, 당신이 치료사로서 특별히 지혜롭게 처리했던 일을 몇 가지 리스트로 작성해 보세요. 여러분이 지혜로운 치료사가 될 수 있도록 하는 일에는 어떤 것이 있나요?

많은 사람이 생각하고 있는 지혜에 관한 이론은 무엇이 심리치료사를 지혜롭게 만드는가에 대한 임상가들의 견해와 아주 유사하다. 수잔 블럭과 주디스 글뤽(Susan Bluck & Judith Glück, 2005; 지혜에 대해서 더 많이 발전된 정의들은 1장에 설명되어 있다)은 이와 같이 내재된 이론을 다섯 가지 예측 가능한 범주로 분류해서 기술했다. 이는 지적능력, 통찰, 반성적 태도, 타자에 대한 관심, 그리고 문제해결능력이다. 이것은 요인 분석기법(예, Glück & Bluck, 2011; Holliday & Chandler, 1986)을 사용해서 추출한 특질의 범주와 또한 임상가들의 반응을 설문조사했던 결과와도 유사하다(각주 12 참조).

지적능력

대부분의 사람은 지혜는 책에서 배우거나 분석하는 능력 이상의 것이라는 사실을 쉽게 지적한다. 서양 사람은 보통 일종의 인지능력의 전제조건으로 본다. 과학자는 지혜로운 행동의 두 가지 중요한 인지유형을 기술하고 있다. 이는 논리적으로 생각하고 명백하게 추론하는 능력에 관여하는 유동적 지능, 그리고 누적된 지식과 타당한 판단을 내릴 수 있는 경험을 사용할 수 있는 구체화된 지능이다(Cattell, 1971). 비공식적 조사 형태로 심리치료에서 지혜에 관해 물었을 때 많은 치료사들은 여러 다양한 이론의 시각에서 고려할 수 있고, 경험으로부터 배울 수 있고, 환자의 입장에서 상황을 고려할 수 있고, 그 분야의 축적된 지식을 끌어 낼 수 있는 능력이라고 했다. 그러한 능력을 잘 발휘하기 위해서는 모든 경험과 행동이 어떻게 다양하게 결정되는지 —어떤 특정한 순간에 엄청난 수의 요인들이 함께 이루어 내는 결과— 이해할 필요가 있다.

비록 동양의 지혜 전통은 그러한 복잡한 인과관계를 인식함에도 불구하고(예. 4장 참조), 유동적인 지능과 구체화된 지능의 중요성을 경시하는 경향이 있다. 대신에 보다 지속적인 진실을 깨닫기 위해 관습적인 생각의 틀을 초월할 것을 강조한다. 치료사들이 점차 마음챙김을 지향하는 치료법을 적용하면서 그들은 이 후자의 입장에 가치를 두는 것으로 보인다. 그러나 그와 같은 초월적인 지혜를 배양하려는 열망 때문에 우리는 전 생애 발달에 관한 지식이나 진단적 평가, 치료방법, 그리고 문화적 차이점과 같은 치료사를 훈련하는 현실적인 측면을 도외시해서는 안 된다.

치통을 악화시킨 티베트의 한 명상 수련자의 이야기가 있다. 매우 지혜로운 영적 조건을 가진 스승을 찾았다. 여러 날을 기다린 후에 그는 마침내 스승과 면담할 기회가 주어졌고, 그에게 자신의 문제를 말했다. 그 스승은 "내가 어떻게 알겠느냐? 치과 의사한테 가 봐야지."라고 답변했다. 현실적인 지식과 훈련은 지혜롭게 행동하는 데 특정한 역할을 담당하는 것은 분명하다.

통 찰

통찰은 우리가 책으로부터 쉽게 주워 모을 수 있는 것 이상의 경지로 데려가는 시작점이다. 지혜의 한 요소로서 통찰은 자기 자신의 생각과 동기뿐 아니라, 타자의 관점에 대한 직관과 깊은 이해를 갖도록 한다. 슈퍼비전을 통해서 우리는 환자의 경험을 보는 새로운 방식을 배울 수 있지만, 통찰은 환자가 의미하는 것을 정확하게 이해하기 위해 흥미 있게 경청하는 것과 긴 시간 동안의 주의 깊은 내적 성찰을 요구한다. '지친' 환자는 실제로는 우울해하고 있다는 것을 감지할 수 있어야 하고, '혼란스러워하는' 환자는 사실 자기 딸에게 화가 난 것을 참느라 힘들어하고 있다는 사실을 감지할 수 있어야 한다. 이러한 능력은 성공적인 심리치료에 대단히 중요하다. 이런 종류의 통찰은 우리가 막연히 역전이라고 부르는 것을 예리하게 주시하는 것, 즉 그것이 의미하는 것이 무엇이고, 어디로부터 오는 것이며, 우리 관계에서 무엇을 분명히 하고 싶은지에 대해서 개방된 호기심을 가지고 우리 자신의 정서적 반응을 주시하는 것을 포함한다. 내가 어떤 내담자에게 답신 전화를 하는 것을 주저하거나, 다른 내담자와의 약속에 늦을까 두려워하는 것을 알아차림으로써 더 나은 치료사가 될 수 있다(이런 종류의 통찰을 발달시키는 세부 사항은 23장 참조). 설문에서 많은 치료사는 이런 방식으로 자기 자신의 내면에서 일어나는 일을 관찰하는 능력이야말로 지혜로운 심리치료사가 되는 데 필요한 기술이라고 제안했다.

반성적 태도

반성적 태도와 같은 지혜의 구성요소는 무언가에 대해 깊이 생각하는 것과 행동하기 전에 숙고하는 두 가지 기능에 관여한다. 우리는 치료사의 생기 있는 자발성은 가치 있게 생각하지만, 즉흥성과 충동성은 심각한 문제가 될 수 있다고 본다. 실제로 치료 중에 발생하는 대부분의 실수는 생각보다 행동이 앞섰을 때 발생한다. 오랫동안 전해 내려오는 정신분석 격언에 "잘못된 시간에 하는 올바른 해석은 잘못된 해석이다."라는 말이 있다. 우리가 갑자기 자신의 이익을 위해서 자기개방self-disclosing을 하거나, 준비되지 않은 내담자로 하여금 두려움에 직면하게 하거나, 그들의 분노에 대해서 이야기한다거나, 생각 없이 행동하는 것은 효과적인 치료에 방해가 될 수 있다.

우리가 도움이 되는지, 자신감을 느끼는지, 환자의 어려움을 안일하게 받아들이거나, 단순화하거나, 환원주의적으로 이해하는지에 관한 물음과 관련된 것은 거의 보편적인 경향성이다. '그것은 아동기 그의 성적 학대의 반작용이다.' '그것은 자아도취적인 그의 아버지 때문이다.' '그는 경계성 성격 장애다.' 등 수많은 결론은 우리들로 하여금 치료사로서 보다 안전하게 느끼도록 돕는다. 그러나 그렇게 안심하는 사이에 우리는 환자의 복잡한 특징을 간과하게 된다. 그와는 대조적으로, 반성적 태도는 아직 인식하지 못한 가능성에 대해서도 문을 열어 놓을 수 있게 한다.

타자에 대한 관심

설문조사에서 치료사들은 순수한 연민—타자의 고통에 대한 관심—이 지혜로운 심리치료사의 중요한 자질이라고 반복해서 인용했다. 이것은 놀라운 일이 아니다. 왜냐하면 우리는 이 책을 통해서 지혜와 연민은 새의 양 날개와 같고, 하늘을 날기 위해서는 둘 다 필요하다는 사실을 알았기 때문이다. 심리치료에 있어서 다른 이들에 대한 관심은 환자의 요구를 치료사 자신의 욕구보다 우선에 둘 수 있을 때 가장 잘 드러난다. 친절하거나 능숙하게 보이는 방식으로 행동하거나, 개인적인 걱정거리로 산만해져서 주의를 놓치거나, 너무 정곡을 찔러서 환자의 고통으로부터 물러나거나, 기쁨을 주거나, 수입이 좋은 환자를 원하거나, 어느 형태이든지 간에 우리 자신과 우리가 사랑하는 사람에 대한 관심은 타자를 향한 관심을 쉽게 방해할 수 있다. 치료사들은 치료사 자신이 두려움과 불안전감을 가지고 있으면 자기중심적인 관심에 에너지를 쏟게 되어 환자들에게 우선적으로 관심을 기울이는 데 방해가 된다고 반복해서 언급했다. 한 치료사는 이것을 특별히 간단명료하게 표현했다. 즉, 지혜로운 심리치료사가 되는 데 방해가 되는 것이 무엇이냐고 질문했을 때, 그녀는 간단하게 "나me."라고 대답했다. 그렇다면 우리는 우리 자신의 편안함이나 안전에 초점을 맞추지 않고, 어떻게 다르게 행동할 수 있을까?

문제해결능력

어떤 임상가는 그들이 치료에서 얼마나 많은 문제를 해결했는지에 대해서는 비밀로 하고 있다. 특별히 정신역동, 실존주의, 또는 인본주의적 전통에서 훈련 받은 사람은 환자들이 그들의 문제에 대해서 현실적인 해결방법을 찾도록 도와 주는 것을 피상적인 것으로 여겨서 '진정한' 치료라고 생각하지 않을 수도 있다. 그렇지만 문제에 대한 실용적인 해결책을 찾아내는 능력은 서양 전통에서 지혜 의 중요한 구성요소로 널리 여겨지고 있다. 실제로, 나는 내 자신의 삶에서의 성 공과 실패를 바탕으로 환자들이 의학, 법률, 집수리, 자동차, 금융 등 다른 여타 의 문제에 대한 해결책을 찾도록 도와주는 나 자신의 모습을 자주 발견한다. 가 끔 범위를 넘어섰다고 느낄지라도 전통적인 다른 치료와 균형을 맞출 수 있다 면, 또 환자에게 고통을 일으키는 일이면 무엇이든지 기꺼이 도움을 주는 것이 현명한 행동일 것이다.

우리가 당면한 질문은 환자들에게 구체적이고 문제해결에 도움을 제공하는 것이 주로 자신이 똑똑하거나 도움이 된다는 사실을 느끼고 싶은 욕구에서 비 롯된 것인지, 아니면 환자들에게 도움이 되고자 하는 순수한 마음에서 나온 것 인지에 대한 여부다. 이러한 유용성은 현실의 문제를 해결하는 형태로 분명하게 드러날 수도 있고, 환자들이 우리가 도움이 되기를 원하고, 피할 수 없는 인생의 도전을 함께 나누며, 그리고 동료로서 다가갈 수 있는 사람으로 경험하면서 치 료적 관계를 깊어지게 하는 형태로 나타날 수도 있다.

관습적인 개념을 초월하기

고대 동양의 지혜 전통 아래에서 공부하는 학생들은 대부분의 서양인이 단지 특수한 경우에만 영성, 신 혹은 자연과의 연결, 혹은 신비적이거나 초월적인 경험과의 친숙함을 지혜의 구성요소로 받아들인다는 것을 놀라워할 수도 있다. 사실 초월적이고 자아초월적인 자각은 블럭과 글뤽(Bluck & Glück, 2005)의 암묵적 이론의 범주에 포함되지 않는다. 그러나 많은 종교적이고 철학적인 전통의 입장에 의하면, 이것은 지혜의 핵심에 해당된다. 우리는 다음에 관습적인 개념을 초월한 자각—특별히 치료사들의 직접적 경험에서 나온 깨달음—이 어떻게 치료를 풍성하게 할 것인지 살펴볼 것이다.

현실 수용하기

지혜로운 치료사를 기술하라는 조사에서 대부분의 응답자는 현실을 명확하게 보는 능력을 언급한다. 그렇다면 여기서 말하는 현실은 어떤 현실을 의미하는가? 우리 각자가 '현실'로 보는 것은 주로 우리의 문화, 언어, 그리고 개인사에 의해서 고도로 조건화된 것이다. 보수적인 토크쇼를 들으면서 허머Hummer지프차를 모는 남자는 전미 공영 라디오National Public Radio를 들으면서 토요다의 프리우스를 모는 여자와는 현실에 대해서 아주 다른 견해를 가지고 있을지도 모른다.

우리는 여기서 고대의 지혜 전통으로부터 어떤 지침을 얻을 수 있다. 인간 경험에 있어서 가장 단순하고 분명하게 보이는 보편적인 설명 가운데 하나가 불교 명상 전통에서 발견될 수 있다. 불교명상 전통은 현재 심리치료에서 폭넓게 통합되고 있는 마음챙김 수행으로 재정의된 전통(2장 참조, R. D. Siegel, 2010; 이 수행에 관한 자세한 설명은 www.mindfulness-solution.com 참조)이다. 이런 전통들은 우리가 우리의 경험을 주의 깊게 관찰하면 '존재의 세 가지 특징'이라고 불리는 것을 알아차리게 될 것이라고 설명하고 있다(9장 참조). 이들 특징은 지혜로운 심리치료사에 의해서 보이는 '현실'을 보다 깊이 볼 수 있는 편리한 렌즈를 제공한다.

무 상 Impermanence

우리들 대부분이 모든 것은 변화한다는 것을 알아차리는 것을 꺼린다는 사실은 놀랍다. 우리는 우리의 세계에 대해서 상당히 고정된 개념을 가지고 살아가는 데 익숙해져서 우리가 속한 세계가 매우 유동적이라는 사실을 보지 못한다.

그리고 이 유동성은 대부분 환영받지 못한다. 정신분석 작가인 주디스 바이올스트(Judith Viorst, 1986)는 『필연적 상실Necessary Losses』이라는 그녀의 오래된 저술에 대부분의 정서적 아픔은 손실에 대한 반응과 관련되어 있다고 지적했다. 이런 성향은 매우 일찍 시작된다. "아기 변기를 사용하고 싶지 않아. 기저귀 찰래." 변화에 대한 우리의 저항은 사랑하는 사람으로부터 떨어져야 하고, 아이들은 자라 버리고, 우리의 몸은 나이를 먹는 것처럼, 우리의 인생 전반에 걸쳐 계속된다. 나이가 들었기 때문에 운전면허증을 포기하거나 요양원에 들어가는 것을 행복하게 여기며 기꺼워하는 사람은 거의 없을 것이다. 변화는 매우 고통스러울 수 있기 때문에 우리는 그것이 필연적이라는 사실을 인정하기 싫어한다.

자동차 범퍼에 붙은 광고 스티커에 적힌 '그가 죽을 때 대부분의 장난감을 가지고 있는 사람은 성공한 사람이다.'라는 말은 문제의 핵심을 짚고 있다. 우리는 우리에게 즐거움을 가져오는 것에 필사적으로 매달린다. 우리가 조금만 주의를 기울인다면, 실제로 고통을 일으키는 것은 바로 그러한 집착이라는 사실을 알게 된다. 변화 자체가 아니라 변화에 대한 우리의 저항이 우리를 힘들게 한다. 변화가 일어나는 것을 인정하고 허락하는 순간, 그것은 마치 뜨거운 석탄을 내려놓는 것과 같이 편안해진다.

변화를 예상하고 수용하는 것은 지혜의 중요한 구성요소로 여겨진다. 나는 나의 환자가 나를 놀라게 하는 표현을 셀 수 없을 정도로 하기 때문에 치료회기에서 정서적인 문을 닫아 버렸다. 그것은 종종 나 자신이나 가족에게 일어날 수 있음을 곧바로 상상하게 하는 어떤 병이나 불행이었다. 위기의 한가운데에서 우리는 잠시 동안 모든 것이 변화한다는 사실을 '이해'하긴 하지만, 우리가 다시 안정감을 느끼는 순간에 진실은 쉽게 잊혀진다.

그리고 늙음과 병, 죽음에 대해서 그다지 놀라지 않고, 행운의 수레바퀴는 항상 돌고 있으며, 올라간 것은 반드시 내려오게 되어 있고, 내려간 것은 다시 올라오게 되어 있다는 사실을 기억할 때, 우리는 가장 지혜로운 치료사가 될 것으로 보인다. 이렇듯 긴 안목으로 수용할 때, 우리는 우리의 환자들이 즐거움과 실망, 성공과 실패를 경험할 때, 그들과 함께 보다 온전하게 현재에 머물 수 있게 된다.

흥미롭게도, 인생의 과정을 통하여 지혜를 발전시키고 있는 사람에 대한 연구는 변화를 수용하는 것이 중요하다는 사실과 일치한다. 과학자들은 지혜의 확실한 예측 변수로서 경험의 개방성을 확인해 왔다(Kramer, 2000). 그리고 그러한 경험은 언제나 변화에 관여한다.

그러나 무상을 수용하는 것에는 함정이 있을 수 있다. 그것은 설문조사 답변에서 자주 언급되었던 지혜로운 치료사의 또 다른 특질을 보여 주는 '무엇이, 언제, 누구에 의해서 필요한 것인지에 대한 이해'를 놓치게 할 수 있다. 만일 내 환자가 여자 친구와 결별하고 나서 무척 슬퍼하고 있는데, 내가 인간관계는 필연적으로 오고 가는 것이며, 여자는 얼마든지 많다고 조언한다면 그는 내가 자신의 감정을 이해하지 못한다고 받아들이게 될 것이다. 마찬가지로, 막 승진해서 즐거워하는 나의 환자에게 곧 고용사정이 안 좋아지면 그녀의 즐거움은 아마 퇴색될 것이라고 말하는 것은 지혜로운 행동이 아니다. 따라서 지혜로운 치료사라면 모든 것은 변화한다는 것을 아는 동시에, 인간들은 대부분의 시간을 그러한 사실에 대해 기억하고 싶어 하지 않는다는 사실을 직시해야 한다.

불만족

존재의 두 번째 특징은 위대한 철학자 로젠네 로젠네다나Rosanne Rosanadana 에 의해 적절하게 요약되었다. 그는 "이것이 아니면 다른 것이다."라고 늘상 칭얼거렸다. 우리의 마음을 주의 깊게 관찰하면 우리의 마음은 항상 불만스러워한다는 사실을 알게 될 것이다. 도처에 편재되어 있는 이 불만족은 많은 뿌리를 가지고 있다. 첫 번째, 우리 삶의 모든 순간을 즐겁거나, 즐겁지 않거나, 혹은 중립적인 것으로 경험한다. 우리는 즐거운 것에 집착하는 경향이 있고, 즐겁지 않은 부분은 밀어내려 하며, 중립적일 때면 멍한 상태로 있다. 우리들 대부분은 즐겁지 않거나 중립적인 경험을 대단히 만족스럽다고 여기지는 않는다. 그러나 심지어 즐거운 경험 역시 안 좋은 면이 있다. 우리는 지능이 있는 존재이기 때문에 그것이 모두 잠깐 머물다 지나간다는 사실을 감지하고 있다. 곧 다른 종류의 불만족을 가져오리라는 것을 안다.

관찰하지 않고 있으면 우리의 불만족은 현상들이 우리가 원하는 방식으로 진행되지 않기 때문이라고 우리는 가정한다. 그러나 주의 깊게 바라보면 불만족은 즐거움을 추구하고, 즐겁지 않은 일을 피하고자 할 때 따르는 필연적인 결과라는 사실을 깨닫게 된다. 무상에 관한 논의에서 우리는 즐겁지 않은 경험 자체가 고통을 만들어 내는 것이 아니라, 그것에 대한 저항이 고통을 만들어 낸다는 사실을 인식할 수 있다(9장 참조). 공황상태에 빠지는 것을 피하려는 노력이 광장공포증이 된 것은 아닌지, 그다음 날 직장에서 피곤한 것을 원하지 않기 때문에 불면증으로 뒤척이고 있지는 않은지, 육체적·정서적 고통을 회피하기 위한 노력에 의해 약물중독이 된 것은 아닌지 등 즐겁지 않은 경험을 피하려는 우리의 노력은 우리를 엄청난 고통으로 몰아넣을 수 있다. 고통이 발생하는 순간, 이를 참으려는 대신에 그것이 어떻게 작용하는지 기꺼이 보려고 하는 자발적 의지를 일으키는 것은 지혜로운 치료사의 중요한 자질로 여겨진다.

프로이트(1933)는 즐거움을 추구하는 것은 본성의 측면이라는 것을 지적했다. 이것은 나중에 심리학을 공부하는 학생들, 특히 행복을 연구하는 학생들이 즐거움을 추구하는 습관의 헛됨을 확인했다. '쾌락의 쳇바퀴'(Brickman & Campbell, 1971)라는 용어는 우리는 경험을 습관화하는 경향이 있고, 그로 인해서 모든 종류의 행운(부자가 되거나 명성을 얻거나, 돈이 많고 유명한 스타와 결혼하는 것을 포함)은 곧 우리를 행복하게 해 주는 능력을 상실하게 만든다는 사실을 지적하고 있다. 우리가 정서적으로 동일한 상태에 그냥 머무르기 위해서는 점점 더 많은 것을 필요로 한다. 그리고 물론 그것은 우리에게 단지 불만족만을 더해 줄 뿐이다.

충분하지 않은 듯이 우리는 거의 대부분의 시간에 생각을 진화시키고, 특히 고통스러운 생각을 진화시킨다는 사실이 밝혀졌다. 끊임없이 생각하는 우리의 성향은 진화적인 가치에서 비롯된다. 아프리카 사바나에서 발견된 화석을 통해서 본 우리 조상은 다른 야생동물에 비해서 후각, 청각, 시각뿐 아니라 치아, 발톱, 피부가죽, 그리고 털이 아주 한심할 정도로 나약하다. 우리가 우리 자신을 위해서 가진 것이라고는 잡을 수 있는 손가락(물건을 집어 올리고 도구를 만드는)과 생각할 수 있는 능력(경험으로부터 배우고 그에 따라 계획하는)뿐이었다.

그러므로 우리가 거의 항상 생각하는 것은 놀라운 일이 아니다. 과학자들은 우리가 특별한 과제에 집중할 필요가 없을 때, 과거나 미래에 대한 생각을 생성하는 데 고도로 활성화하는 뇌 부위와 관련된 '불이행 망default network'이라는 디폴트 네트워크를 발견해 왔다(Gusnard & Raichle, 2001; Pagnoni, Cekic, & Guo, 2008). 불행하게도 이 네트워크는 빈번하게 불만족을 느끼는 데 기여했다. 우리의 생각은 그저 가만히 있거나 순간을 음미하는 것을 아주 힘들게 만든다. 대신, 그들은 좀 더 나은 기분을 느끼는 방법을 찾기 위해서 우리들로 하여금 계속적으로 계획하도록 만든다.

그리고 상황을 더 악화시키는 것은 대부분 좋지 않은 경험에 대한 생각을 진화시킨다는 것이다(Hanson & Mendius, 2009; Lambert, 2007). 형제자매가 사자에게 잡아먹히거나 또는 아이가 절벽에서 떨어지는 사건과 같은 위험을 망각하는 것은 DNA 선상의 끝에 자리하고 있기 때문에 생존을 위해서 겪었던 고통스런 사건을 가장 잘 기억하는 존재는 바로 우리 조상들이다. 그리고 그들은 그러한 능력을 우리들에게 물려주었다. 우리의 조상은 성적으로 매력적인 상대를 만나거나 달콤한 과일 조각과 같은 것은 잊어버려도 생존을 하는 데 지장이 없기 때문에 기억할 필요가 없었을 것이다. 따라서 기분이 좋은 사건을 기억하는 능력은 마찬가지로 선택되지 않았을 것이다. 그래서인지 우리는 좋은 사건은 빠르게 잊어버리고, 나쁜 것을 쉽게 기억하고 예상하는 정서적으로 좋지 않는 모양이 항상 우리의 머릿속에 남아 있다(R. D. Siegel, 2010).

설문조사에서 많은 임상가들이 제안하는 지혜로운 치료사는 내담자들을 문화적·환경적으로 조건지어져 왔다고 보고, 그들은 끊임없이 변화하고 있다는 사실을 인식하고 있기 때문에 그들을 지나치게 심각하게 받아들이지 않는다는 것이다. 우리 자신의 비현실적인 생각을 봄으로써 우리 환자들의 생각 또한 얼마나 유동적이고 안정적이지 않는가를 볼 수 있게 된다. 그러한 관점은 마음챙김 수행의 중요한 열매가 될 수 있다. 예를 들어, 명상을 할 때 우리는 우리의 생각이 기분의 변화와 함께 어떻게 순간순간 일어나고 사라지는지를 보게 된다. 벤 프랭클린(Ben Franklin, 1793/2005)의 말처럼, "마음이 모든 것에서 이유를 발견하거나 만들게 하기 때문에 하나의 현상이 합리적인 산물로 되어지는 것이 얼마나 편리한 일인가."(p. 46)를 우리는 우리의 행동에서 볼 수 있다.

물론 이 같은 관점을 수용하는 것은 안정되지 않을 수 있다. 우리들 대부분은 우리의 믿음을 세상을 안내하는 안내자로 소중히 여기고 있다. 그것은 또한 우리의 정체성을 구성하는 중요한 벽돌이다(이것에 대해서는 추후에 자세히 다루겠다). 그것이 정말로 무엇인지를 보는 경험은 낙하산 없이 비행기에서 뛰어내리는 듯한 느낌이 들게 한다. 바닥이 없다는 사실을 깨달을 때까지 우리의 믿음은 우리를 괴롭게 할 것이다. 실제로 우리는 철퍼덕 부딪히면서 떨어지지 않는다. 대신, 그냥 그다음의 변화하는 순간을 경험할 뿐이다.

무 아

세 번째 존재의 특징은 우리가 처음부터 알기에는 너무도 어려운 것이다. 불교심리학의 중심 교리는 우리 자신을 분리된 개인으로 생각하는 습관적인 감각은 근본적으로 잘못된 이해이고, 그러한 오해는 인간의 삶에 불필요한 모든 고통을 일으키는 뿌리라는 것이다. 소위 아나타anatta 혹은 '무아No-self'라고 부르는 것에 대한 깨달음을 단순하게 정의하기는 힘들다(4장, 9장, 13장에서 더 자세히 설명됨). 그것은 본질적으로 생태학적인 관점이다. 예를 들자면, 음식을 씹을 때마다, 숨을 쉴 때마다, 그리고 움직일 때마다, 내가 '나'라고 생각하는 유기체가 복잡하게 얽힌 생명의 네트워크의 일부분으로 드러나고, 그것은 다시 이 우주를 구성하는 물질과 에너지 네트워크의 일부분이라는 사실을 자각하는 것이다(8장 참조). 내가 먹은 사과와 내가 들이마신 산소분자가 나의 일부가 되기 때문에 나와 내가 아닌 것의 경계선이 명확하게 고정되어 있는 것이 아니다. 나의 소화기관과 폐, 그리고 소화되는 것과 내가 '나'라고 생각하는 것은 끊임없이 이 세상과 주고받는 것들이다. 그것은 더 큰 세상과 이어져 있다.

'나'라는 감각은 그저 편리하게 심리학적으로 구성되어 있을 뿐이고, 알아차림을 통한 조사에서 보면 직접적인 우리의 경험 어디에도 '나'를 둘 수가 없다는 사실을 우리는 깨닫게 된다. 대신 우리는(명상훈련을 통하여) 그저 순간순간에 변화하는 경험만이 있음을 보게 될 것이다. 감각이 발생하고, 이들은 즉시 지각으로 구성되며 이런 지각은 즐겁거나 불쾌하거나 중립적으로 경험된다. 그리고 마음

은 즐거운 경험에 머무르려고 애쓰고, 즐겁지 않은 것은 밀어내며, 중립적인 것
은 무시한다. 이 모든 작용은 자동적으로 발생하며, 비록 마음이 우리의 경험에
대해 수없이 많은 이야기를 만들어 내지만, 그러한 과정에는 어떤 독립적인 것
도 없고, 오래도록 지속되는 '나'도 찾을 수 없다(일상에서 일어나는 이러한 깨달음에 관
한 예는 13장 참조). 궁극적으로 세상은 절대 유기체나 '사물'에 의해서 채워져 있는
것이 아니라, 끊임없이 변화하는 과정만이 있을 뿐이다.

이 개념이 다소 난해하게 들릴 수도 있으나, 이러한 방식으로 우리 자신을 경
험하는 것은 심리치료에서 많은 중요한 의미를 가지고 있다. 첫 번째로, 우리의
경험을 보다 열린 태도로 견딜 수 있게 한다. 예를 들어, 만약 누군가 나의 감정
을 상하게 해서 화가 일어나는 것을 알아차리게 되면, 나는 두 가지 접근법을 취
할 수 있다. 대부분의 경우에는 '나'와 '너'에 대한 이야기로 전개될 것이다. "내가
당신에게 어떻게 했는데, 당신이 나에게 이럴 수가……." 또 다른 접근법은 아나
타 혹은 '무아'를 경험하기 시작하면서 그냥 '화가 일어나는 것'을 알아차리는 것
이다. 목과 등의 근육이 긴장되고, 심장이 빨리 뛰며, 그리고 나를 화나게 한 사
람에 맞서는 이미지가 마음속에 나타나는 것을 알아차리게 된다. '나'의 화(혹은
두려움, 고통, 기쁨 등)를 경험하는 대신에, '그' 감정이 일어나는 것에 대한 경험을
하게 된다. 놀랍게도 '나'와 '너'에 대한 생각에 사로잡히지 않음으로 인해서 훨
씬 더 격한 수준의 감정을 견디는 것이 가능해지고, 또한 감정의 파도를 보다 자
유롭게 지나가도록 하는 것이 가능해질 것이다. 감정적인 경험에 대한 서술적인
이야기는 단지 감정의 강도와 지속성을 증가시킬 뿐이다(Farb et al., 2007).

불편한 경험을 견디는 능력은 치료사들에게 엄청나게 유용하다. 대부분의 치
료사들은 그들의 환자들이 치료사가 참고 들어 줄 수 있다고 느끼는 정도의 느
낌만큼만 표현한다는 사실을 알고 있다. 어떤 감정이 우리에게 너무 노골적이거
나 참기 어려운 영역이라면, 환자들은 이것을 감지하고 그러한 자신의 감정을
탐색하는 것에서 물러나게 된다. 반대로 우리가 보다 많은 범주의 경험을 참아

낼 수 있다면, 환자들도 똑같이 잘 견디어 낼 수 있을 것이다.

수련 초기에 나는 그와 유사한 유익한 교훈을 얻은 적이 있었다. 나는 자신은 행복해질 가능성이 전혀 없고, 친구나 애인을 만날 기회가 없다고 믿고 있는 아주 우울한 청년인 제리Jerry를 상담하고 있었다. 회기가 거듭되는 동안에 그는 희망이 전혀 보이지 않는 상황에 대해서 이야기했고, 나는 그를 도우려는 미약한 시도를 했다. 나는 그의 상태가 언젠가 나아질 것이라는 근거를 제시하면서 다른 방식으로 관계를 다룰 것을 제안했다. 나는 가끔 나에게 더 적합한 일이 있을 거라고 생각하면서 상당히 의기소침한 상태로 상담 회기를 끝낼 때가 있었다.

그러나 이따금씩, 특히 비관적이었던 상담 회기 후에는 제리가 전보다 밝아진 모습으로 나타나곤 했다. 그는 심지어 어떤 때는 지난 상담이 약간 도움이 되었다고 말하기도 했다. 그럴 때, 나는 '당신에겐 그럴지 모르나, 난 맥이 빠졌을 뿐입니다.'라고 속으로 생각했다.

점차 나는 교훈을 얻기 시작했다. 내가 제리와 함께 그의 가장 어두운 곳으로 들어가 그가 느끼는 갇혀 있음과 무력감을 느낄 때, 그는 덜 외롭고, 더 이해받고, 좀 더 희망을 느꼈던 것이다.

무아를 이해해 갈수록 사적인 장황한 이야기로부터 벗어날 수 있고, 우리가 즐거운 느낌을 갖는지 불쾌한 느낌을 갖는지에 대해서 덜 신경 쓸 수 있게 된다. 이러한 전환은 우리로 하여금 점점 더 강한 감정을 포용할 수 있게 하고, 그럼으로써 우리의 환자들이 가고자 하는 곳이 어디든지 함께 갈 수 있게 만든다. 그것은 우리로 하여금 모든 감정에 더 온전하게 개방하도록 만들고, 감정을 일시적으로 지나가는 비개인적인 현상으로 볼 수 있게 돕는다.

무아를 분명하게 보는 것의 또 다른 이점은 자기존중감과 관련된 한계로 부터 자유를 얻게 한다는 것이다. 앞에서 언급했듯이, 상담에서 지혜롭게 행동하는 데 방해가 되는 것이 무엇인지 물었을 때, 치료사들은 그들 자신의 자기애적인 몰입을 자주 거론했다. 그리고 우리는 끊임없이 우리의 위치를 재평가한다. 나의 친구인 폴 풀톤Paul Fulton(13장의 공동 저자)은 '나는 오직 마지막 회기 때만 좋다.'며 이 문제에 대해 재치 있게 표현했다.

우리 자신, 혹은 다른 이들에게 친절하고, 지적이며, 사려 깊고, 심지어 연민적이고, 현명하게 보이고 싶은 우리의 욕구는 우리가 지혜로운 행동을 하는 데 있어 진정한 방해물이 될 수 있다. 다른 이들에게 호감 있게 보이고 싶은 인간의 보편적인 특성(Gilbert, 2009a)은 환자가 지난주에 했던 말을 잊어버리거나, 우리가 특별히 진단한 것에 대해서 생각만큼 잘 알지 못하고, 약 이름을 혼동하고, 상담 중 졸리거나 산만해져서 상담의 맥을 흐리게 한다. 우리가 얼마나 잘하는지, 혹은 어떻게 보이는지에 대해서 덜 걱정하면서 치료회기를 순간순간 경험할 수 있다면 우리는 그러한 실수를 보다 능숙하고, 진실하고, 자유롭게 대응할 수 있게 될 것이다. 역설적이게도, 유능하게 보이는 것에 신경 쓰지 않는 것이 실제로 우리를 더 유능하게 만들어 준다는 점이다. 이를 적절하게 표현하는 조셉 루드야드 키플링Joseph Rudyard Kipling의 문구가 윔블던 테니스 코트의 입구에 걸려 있다. '성공과 실패를 만나더라도 그 둘을 똑같이 받아들여라.'(1910, 1999, p. 605) 테니스든지, 치료든지 간에 성공에 대한 집착은 실패에 이르게 한다.

이 관찰과 밀접한 관련이 있는 것으로, 정체감에 대한 믿음은 한계를 가져온다. 그러한 한계는 무아를 보다 분명하게 경험함으로써 완화된다. 칼 융의 주요한 공헌 가운데 하나는 우리는 어떤 특성에 대해서는 '나me'와 동일시하면서, 다른 특성은 분명히 '내가 아니다not me'라고 여기는 경향이 있다는 사실을 인식한 것이다. 우리의 의식적인 성격personas은 우리가 '나'라고 생각하는 것으로 구성되어 있는 반면에, '내가 아니다not me'라고 생각하는 부분은 융(1938)이 '그림자shadow'라고 부르는 의식하지 못하는 무리로 구성된다.

예를 들어, 만약 내가 나 자신이 지적이고 연민적이고 관대한 사람(기분 좋은 날에는)이라고 생각한다면 나의 멍청하고 무신경하며 이기적인 그림자를 인식할 때마다 나는 어려움을 겪을 것이다. 이와 같은 방식으로 '나'와 '내가 아닌' 것으로 나누는 우리의 특성은 온갖 종류의 왜곡과 한계를 야기한다. 그것은 우리 자신을 분명하게 보는 것을 어렵게 만든다. 왜냐하면 그림자가 드러날 때마다 방어적인 태도를 취하기 때문이다. 그것은 또한 우리로 하여금 우리가 부인하는 우리 자신의 자질과 닮은 우리의 환자들을 포함해서 다른 사람들에게 부정적으로 반응하도록 만든다.

이때 무아를 잠깐 스쳐보는 것도 도움이 될 수 있다. 그렇게 하면 영속적으로 분리된 자아는 없고, 단순히 변화하는 순간의 시리즈만 있을 뿐이라는 사실을 보게 하는 마음챙김 수행이나 다른 여타의 탐색을 통해서 우리는 우리 자신에 대한 특별한 관점을 강화해 주는 경험을 찾으려는 강박증으로부터 벗어날 수 있다. 위대한 스승들이 제시한 것처럼, 마음챙김 수행은 완벽으로 가는 길은 아니지만 전체적 인간으로 가는 길이기는 하다(Brach, 2003). 매 순간 우리 '자아'가 구성되는 것을 볼 수 있는 데까지 확장함으로써 우리는 우리의 경험을 보다 더 잘 포용하고, 보다 통합된 마음을 계발할 수 있다. 그것은 결과적으로 우리가 환자들을 대할 때, 덜 판단하고, 더 유연할 수 있도록 만들어 준다.

정신건강 전문가들과 일반 사람들에 의해서 거론되는 지혜의 또 다른 중요한 속성은 '큰 그림'을 볼 수 있는 능력과 우리가 당면하고 있는 욕구와 우리와 가까운 다른 이들의 욕구를 초월해서 보다 더 훌륭한 이익을 위하여 행동하는 능력이다. 이것은 이미 앞에서 언급했듯이, 타자에 대한 관심을 확장해 준다. 사실 분야를 초월해서 일하는 지혜로운 전문가들은 자기와 함께 일하는 개인들을 초월해서 그들의 일을 보다 큰 세상과 다음 세대까지 확장해서 본다는 사실을 제안하는 문헌들이 광범위하게 있다(Solomon, Marshall, & Gardner, 2005). 우리가 그러한 관점을 하나의 목표로 만드는 데 의식적인 노력을 하는 동안, 무아에 대한 직접적인 경험은 자동적으로 우리가 속해 있는 커다란 유기체를 향하도록 우리의 관점을 변화시킨다. 단지 자신의 욕구나 우리와 가까운 소수 사람들의 욕구에 집중하는 것은 우리들로 하여금 왼손이 다쳤을 때 오른손이 왼손을 돕는 것을 거절하는 것만큼이나 어리석게 느끼도록 만들 것이다.

물론 우리가 일체와 서로 연결되어 있다는 사실을 경험함으로써 우리가 지혜로운 심리치료사가 되도록 하는 많은 방법이 있다. 그중 몇몇 방법은 4장과 13장에 설명되어 있다.

마음챙김명상은 우리로 하여금 무상, 불만족, 그리고 무아를 깨닫도록 만든다. 다음에 소개하고 있는 명상적인 반영이 도움이 될 것이다.

내가 만일 알았더라면

• 잠깐 동안 다음 질문에 대해서 생각해 보세요. 답을 써 보는 것도 도움이 될 것입니다.

• 만일 당신이 모든 것은 변하고, 태어난 것은 모두 죽게 되어 있으며, 당신 자신도 또한 오래지 않아 죽을 것이며, 모든 경험은 끊임없이 변화하고 있다는 사실을 충분히 그리고 계속적으로 자각하고 있다면, 당신의 치료는 어떻게 달라질까요? 당신이 다르게 치료하거나 관계했을 환자나 내담자가 있나요? 있다면 어떻게 다를까요?

• 만일 당신의 마음이 계속해서 있는 그대로의 현상이 아닌 다른 것을 원하면서 욕망을 통해 불만족을 창조한다는 사실을 충분히 계속해서 자각했더라면 당신의 치료는 달라졌을까요? 고통을 야기하는 것은 사건 자체가 아니라 그 사건에 대한 우리의 태도라는 사실을 알았더라면 달라졌을까요? 당신이 다르게 치료하거나 관계했을 환자나 내담자가 있나요? 있다면 어떻게 다를까요?

• 만일 당신이 당신 자신에 대한 인식이 개념적으로 왜곡되어 있고, 우리는 서로 연결된 물질과 에너지로 구성되어 있다는 사실을 온전하게 계속적으로 자각하고 있었다면 당신의 치료는 달랐을까요? 당신이 다르게 치료했거나 관계했을 환자나 내담자가 있나요? 있다면 어떻게 다를까요?

작용 알기

동양과 서양의 전통에서 지혜의 중요한 요소는 사람 및 더 넓은 세상과 그 작용에 대한 이해라고 주장한다. 이것에 대한 지식은 일찍이 논의되었던 지식의 유동적 형태와 고정적 형태를 넘어선 것이다. 이것은 상황을 초월해서 적용되는 보편적 원리에 대한 직관적 포착을 포함한다.

심리치료 분야에서 이것은 고통이 어떻게 발생하며, 진단과 조건을 초월해서 어떻게 고통이 완화될 수 있는지에 대한 일반적인 지침을 얻는 것과 관계가 있다. 이것을 이해할 수 있는 예들이 많이 있다.

나는 DSM-5의 개발자 중 한 사람으로부터 긴장은 '세분파splitter'와 '병합파lumper'의 두 그룹이 관여하는 과정에서 주기적으로 발생한다고 들었다. 세분파는 DSM-Ⅳ의 문제점은 범주를 충분히 정교화하지 않은 데 있다고 느낀다. 더 나아가서 하위진단을 더 세분화해서 사과와 오렌지가 병합되는 것을 피할 필요가 있다고 생각한다. 병합파는 그런 접근은 나무를 보기 위해 숲을 보지 못하는 것처럼 잘못된 접근 방법이라고 여긴다. 우리가 진단을 세분화하는 것은 서로 다른 형태의 심리적 고통 사이에 있는 공통점을 모호하게 만든다고 병합파는 생각한다. 세분파는 그러한 견해에 도전했다. 무엇이 공통점인가? 병합파는 말하기를 경험적 회피라고 답했다. 병합파는 모든 정신병리학은 불쾌한 경험에 대한 저항과 관련 있다는 견해를 유지했다(예, Hayes, Wilson, Gifford, Follette, & Strosahl, 1996 참조). 술로 슬픔에 빠진 알코올중독자나, 슈퍼마켓을 가지 않는 것으로 불안을 물리치려고 하는 공포증 환자나, 정서적인 나약함으로 분노나 슬픔으로부터 달아나려는 우울증 환자나, 심지어 상실로 인해서 비탄에 빠지는 대신 망상적으로 되어 버린 정신증적인 사람이든 간에 대부분의 정서적인 고통은 불쾌한 뭔가를 회피하는 것과 관련이 있다. 이런 종류의 보편적인 패턴을 아는 것은 치료사로서 우리들이 지혜롭게 행동하도록 도울 수 있다. 이를테면 드러난 증상으로 어면 고통스런 경험이 회피되고 있는지를 살피고, 우리의 환자들이 자신의 불안을 견딜 수 있도록 살며시 도울 수 있다.

웰빙으로 이끄는 또 다른 일반적인 원리들이 있다. 우리가 치료사로서 현명하게 활동할 수 있도록 도와주는 원리들이 그것이다. 긍정 심리학 연구에서 행복으로 가는 신뢰로운 길과 신뢰롭지 않은 두 길을 발견했다. 신뢰가 가지 않는 길은 거의 모두가 사회적 지위의 향상(예, 권력, 돈, 또는 지위)이나 일시적인 즐거움(예, 음식을 맛보기, 성적 만남, 또는 다른 욕망적인 감각들) 등의 즐거운 경험을 얻는 것과 관련된 것이다. 이것은 모두 이전에 거론했던 쾌락의 쳇바퀴에 관한 주제들이다. 이것들은 일정한 시간이 지나면 동일한 수준의 웰빙을 느끼기 위해서는 더욱더 많은 것을 필요로 한다(Brickman & Campbell, 1971).

행복에 대해서 보다 믿을 만한 접근 방법은 쾌락의 쳇바퀴와는 전혀 관계가 없는 처음이나 백 번째나 만족의 정도가 같은 것으로서 이것에 관여하는 것 자체가 우리의 행복을 극적으로 향상시킬 수 있다(Lyubomirsky, 2008). 우리가 무엇을 하든 간에 아주 작은 자각, 또는 수행 자체에 대한 관심으로 경험의 흐름flow에 온전히 관여하는 것을 포함한다(Csikszentmihalyi, 1990). 이는 다른 사람들, 동물들, 또는 자연과 관계 맺는 순간, 무엇이 일어나던 그 순간을 충분히 느끼고 감사하는 기분 좋은 경험, 우리가 얼마나 운이 좋은 존재인지 인식하고 그것을 수용하고 감사를 표현하기(Siegel, Allison, & Allison, 2009, 재참조)이다. 또한 웰빙의 원천으로 신뢰할 수 있는 것은 베풂generosity이다. 다른 이에게 베푸는 행동은 우리 자신의 행복을 증가시키는 지속적인 방법이라는 사실을 연구들이 입증하고 있다(예, Dunn, Aknin, & Norton, 2008).

이들은 단지 심리적 고통과 웰빙을 조절하는 것처럼 보이는 몇 가지 일반적인 원칙일 뿐이다. 심리치료는 그 자체로 일종의 지혜의 전통이며, 지속적인 통찰은 정신역동, 인본주의, 실존주의, 대인관계, 행동주의, 그리고 조직적 접근들을 포함하는 모든 치료모델에서 발견되고 있다. 지혜로운 심리치료사들은 아마도 개인적 전문가적 경험으로부터 형성된 자신의 특별한 치료모델에서 핵심이 되는 치료요소를 이해하여 그것을 다양한 범위의 환자들에게 적용할 수 있을 것이다.

다음 연습에서처럼, 심리치료의 가장 중요한 원리로 이해하고 있는 것을 의식적으로 반영하는 것이 도움이 될 수 있다.

지혜의 진주들

• 다음의 질문들은 여러분이 심리치료에 대해서 축적해 온 지혜들을 반추해 보도록 도와줄 것입니다. 여러분의 답을 적어 보는 것도 도움이 될 것입니다.

• 임상적 일과 개인적인 생활에 가장 큰 영향을 미쳐 온 치료에 대한 세 가지 통찰은 무엇입니까(예를 들어, 연결감의 중요성, 불확실성 속에서 사는 법 배우기, 전이의 힘)? 치료에서 문제가 된다고 여러분이 확신적으로 알고 있는 것은 어떤 것인가요?

• 의미 있는 인생을 사는 데 핵심적인 요소는 무엇인가요(예를 들어, 사랑, 창의성, 성취, 베풂)? 인생을 잘 살기 위해 사람들이 알아야 필요가 있는 것은 무엇인가요?

• 여러분이 화성에서 온 누군가에게 심리치료를 설명하고 있다고 상상해 보세요. 무엇이 사람의 고통을 야기하나요(예, 조건화된 반응들, 죄책감과 수치심, 미해결된 외상)? 그것을 완화하기 위해서는 어떻게 치료해야 하나요?

식별력

비록 전체적인 윤곽에서 원리를 파악하는 것이 중요하지만, 이미 언급했듯이 무엇이 필요하며, 언제 또 누구에 의해서 필요한지에 대한 감각을 갖는 것도 중요하다. 자신의 질문에 답을 해 주는 스승 옆에 앉을 수 있는 특권을 가진 한 선사Zen master의 제자에 관한 이야기가 있다. 하루가 끝나 갈 무렵, 학생은 꽤 우울했다. "저는 스승님의 가르침을 믿으려고 노력하지만 혼란스럽습니다. 스승님께서는 다른 사람들에게 모순이 되는 충고를 하시는 것처럼 보입니다."라고 제자가 스승에게 말했다. "무슨 말인지 안다. 그러나 그것은 길에서 사람을 바라보는 것과 같다. 나는 누군가가 오른쪽에 있는 배수로로 넘어지려고 하면 '왼쪽으로 가! 왼쪽으로 가!'라고 소리칠 것이다. 또 다른 사람이 왼쪽 배수로로 넘어지려고 하면 '오른쪽으로 가! 오른쪽으로 가!'라고 소리칠 것이다. 만일 네가 길을 보지 못한다면 나의 충고는 단지 일관성이 없어 보일 뿐일 것이다."라고 스승이 대답했다.

다양한 환자의 길을 보고, 그에 따라서 그들을 인도하는 능력은 지혜의 또 다른 측면으로 보인다. 이것을 잘하기 위해서는 치료사는 심리적이고 영적인 발달의 지침을 가져야 할 필요가 있고, 동시에 새로운 상황에 새롭게 접근하기 위해서 자신의 이론을 가볍게 잡고 있을 필요가 있다. 순류 스즈키(Shunryu Suzuki, 1973) 선사는 "초심자의 마음속에는 많은 가능성이 있으나, 전문가의 마음 속에는 거의 없다."(p. 1)라는 유명한 말을 했다. 지혜로운 치료사는 특정 환자가 매 순간에 어떤 수준의 이해가 필요한지 알아차리려고 노력한다. 아마도 오른쪽 배수로로 넘어질 것인지, 왼쪽 배수로로 넘어질 것인지와 같은 직접적인 경험으로부터 아는 능력은 우리 자신의 심리적 · 영적 여행으로부터 제일 먼저, 그리고 가장 중요하게 나오는 것일 것이다. 임상에서 만나는 시도나 오류를 통해서 정교화되면 우리의 환자들이 그들이 발견한 것이 도움이 되고 안 되는 것을 보여 줄 것이다.

지혜는 그 자체로 많은 요소를 가지고 있기 때문에 지혜로운 치료사가 되는 것은 복잡하고 다양한 측면을 가진 과업으로 보인다. 그것이 외형적으로는 상반되는 것처럼 보이는 많은 것 가운데서 섬세한 균형을 발견할 것을 필요로 한다. 우리의 머리와 가슴을 이용하고, 지식과 직관을 도입하고, 상식과 비개념적 실체를 파악하고, 광범위한 원리를 보고, 개인 간의 차이를 받아들이는 것을 필요로 한다. 그것은 또한 우리 자신과 다른 이들의 마음의 작용에 대한 깊은 이해가 필요한 동시에 이해의 한계를 받아들일 수 있어야 한다. 그리고 물론 연민과 다른 많은 선행에 바탕을 두지 않는다면, 심지어 가장 정교한 지혜라 할지라도 그다지 쓸모 있지는 않을 것이다.

그래서 지혜로운 심리치료사가 되는 길이 쉬운 일이 아니다. 그러나 대안을 철저하게 탐구해 간다면 시도해 볼 만한 가치가 있다고 생각한다.

11장. 지혜의 과학: 심리치료적 의미

로버트 스턴버그Robert J. Sternberg

지혜를 획득하는 것은 흔히 심리치료의 주된 목적이 아니고, 심지어 부차적인 것으로도 보이지 않는다고 해도 맞는 표현이다. 그러나 지혜가 어떻게 정의되는 지를 본다면(Sternberg, 2005b), 지혜를 심리치료 과정의 유익한 목적으로 생각하는 것이 이해가 될 것이다.

지혜의 본질

비전문가나 학자들 사이에 지혜는 많이 정의되어 왔지만, 이들 중 어느 것도 전적으로 동의하는 것은 없다. 지혜는 적절한 판단을 하는 능력으로 간주되어 왔고, 풍부한 철학적 또는 과학적인 학습, 통찰의 소유과정으로, 그리고 내적 특질, 관계, 우수한 감각을 식별하는 능력으로 간주되어 왔다. 이러한 일반적인 정의들은 좀 더 발전된 지혜에 관한 이론모형과 어떤 관련이 있을까?

역사적으로 지혜의 개념은 『플라톤의 대화』의 '국가론The Republic' 이래 철학적 물음의 대상이 되었다(Robinson, 1990). 보다 최근에 와서, 철학으로부터 분리된 학문분야인 심리학의 출현과 함께 지혜의 개념은 하나의 심리학적 구성으로 탐구되었고, 일련의 심리학자들은 지혜의 개념과 지혜의 표명에 대한 경험적인 조사를 시도해 왔다(Ardelt, 2000a, 2000b; Baltes & Staudinger, 2000; Sternberg, 1990a; Sternberg & Jordan, 2005). 지혜는 심리학적 관점의 범주에서 연구되고 있다(지혜를 이해하는 주요 접근들의 개요와 더 많은 참고문헌은 Sternberg, 2001에서 찾을 수 있다). 일부 연구자들은(Clayton, 1975, 1982; Holliday & Chandler, 1986; Sternberg, 1990b) 지혜의 내재적 이론에 초점을 맞추고 있다. 즉, 비전문가가 어떻게 지혜를 인식하고 정의하는지를 이해하려고 하는 것이다. 또 다른 연구자들은 어떻게 하면 지혜가 발달되고, 또 어떻게 하면 발달에 실패하는지를 연구하는 발달적 측면을 적용하고 있다. 이 영역에서 가장 두드러진 경험적인 작업은 막스 플랑크Max Planck 연구소에서 폴 벨트Paul Baltes와 그의 동료들에 의해 실시되어 왔다(Baltes & Staudinger, 1993, 2000; Smith & Baltes, 1999). 지혜를 정의하는 또 다른 발달적 접근은 전통적인 피아제식의 지적단계를 확장하는 조작적 사고, 후기 형식적 조작기로 보는 것이다(Piaget, 1972)(그 밖에 이러한 견해에 대한 자세한 사항은 1장에 있다).

몇몇의 연구자들과 이론가들은 지혜의 구성요소로서 통합과 균형의 중요성에 초점을 맞추고 있다. 한 예로, 라보비에 비에프(Labouvie Vief, 1990)는 지혜가 객관적이고 논리적인 과정을 구성하는 이성logos과 주관적이고 유기체적인 과정을 구성하는 신화mythos와의 균형을 조성한다고 주장하면서 여러 다른 종류의 사고 사이의 균형을 강조해 왔다. 크레이머(Kramer, 1990)는 인지적, 능동적, 그리고 정서적 영역과 같은 다양한 자아체계 간의 균형에 초점을 맞추고, 지혜가 인지와 정서의 통합에 관여한다고 주장했다. 그 결과, 의식과 무의식이 조화롭게 상호

작용하는 균형 잡힌 인격이 형성된다고 주장했다. 또 다른 사람들은 다른 관점의 균형(Kitchener & Brenner, 1990)이나 '격렬한 감정과 무관심, 움직임과 활동하지 않음, 이해와 의심 등 상반되는 유의성 사이의 균형'(Birren & Fisher, 1990, p. 326)을 주장했다. 이 장에서는 내가 앞에서 제안했던 지혜의 통합과 균형의 중요성을 강조했던 이전 이론들에 의해서 발전된 이론들에 초점을 맞출 것이다.

지혜에 대한 균형이론에 따르면, 지혜는 공동의 선을 성취하고자 하는 긍정적 윤리가치에 의해 전개되는 지성, 창조성, 그리고 지식의 적용이다. 이와 같은 다양한 측면의 과정은 기존의 환경에 적응하고, 틀을 만들고, 그리고 새로운 환경을 선택하는 노력들 간의 균형을 성취하기 위해서 장·단기간에 걸쳐서 개인 내적, 개인 간, 개인 외적인 관심 간의 균형을 요구한다(Sternberg, 1998, 2003, 2005c).

어떤 종류의 고려사항이 이 세 가지의 관심에 각각 포함될까? 개인 내적 관심은 자신의 평판이나 명성을 올리기 위해서, 더 많은 돈을 벌기 위해서, 더 배우기 위해서, 자신의 영적 웰빙을 증진시키기 위해서, 자신의 권력을 강화하기 위해서, 행복한 결혼을 하기 위해서 등의 욕구가 포함될 수 있다. 개인 간의 관심은 자신보다는 다른 사람에게 적용한다는 점을 제외하고는 개인 내적 관심과 상당히 유사하다. 예를 들면, 자신의 가족과 친구를 바라보는 것은 개인 간의 관심을 고려한 예다. 개인 외적인 관심은 자신의 학교나 직장의 복지에 공헌하고, 자신의 공동체를 돕고, 자기 나라의 복지에 공헌하는 욕구 등이 포함될 수 있다. 사람들마다 이러한 관심 사이에서 균형을 잡는 방법은 다 다르다. 극단적으로 악의적인 최고 권력자는 자신의 개인적 권력과 부를 강조할 것이다. 또 다른 극단으로, 성자는 오직 다른 이들과 신에게 봉사하는 것을 강조할 수 있다.

다양한 관심들 간의 적절한 균형과 환경에 대한 적절한 반응, 그리고 공동의 선을 구성하는 것은 모두 긍정적인 윤리적 가치에 따라 결정된다. 윤리적 가치들은 지혜로운 생각의 통합적 부분이다(23장 참조). 여기서 다음과 같은 질문이 떠오른다. "누구의 가치를 말하는가?" 비록 다른 주요 종교들과 그 밖의 널리 받아들여지는 가치체계들은 세부적으로는 다를 수도 있지만, 인간의 삶에 대한 존중, 정직, 진심, 공정, 그리고 사람들이 자신의 잠재력을 실현할 수 있도록 하는 어떤 보편적 가치들을 공통으로 가지고 있는 것으로 보인다. 물론 모든 정부 기관이나 사회가 이러한 가치들에 동의해 오진 않았다. 히틀러의 독일과 스탈린의 러시아는 노골적으로 동의하지 않았고, 오늘날 대부분의 사회들 역시 어느 정도는 동의하지만 전적으로 그런 것은 아니다.

개인적인 지혜

심리치료는 추상적인 의미에서의 지혜 이상의 뭔가를 전달하기 위해서 고안된 것으로 보인다. 자신의 인생에 적용되는 지혜로서, 소위 '개인적인 지혜'라고 불리는 것을 말해 줄 필요가 있다. 자기 자신의 인생에서 얻은 지혜를 적용함으로써 우리는 어떻게 행복 혹은 적어도 만족을 발견할 수 있을까? 추상적인 의미의 지혜를 획득하는 것이 반드시 개인적인 지혜를 획득한다는 것을 의미하지는 않는다(Sternberg, 출판 중).

20세기에 가장 지혜로운 사람으로 꼽히는 마틴 루터 킹Martin Luther King 목사, 루스벨트 대통령Franklin Delano Roosevelt, 그리고 마더 테레사Mother Teresa 등과 같은 몇몇 사람들을 생각해 보자. 루터 킹 목사는 불륜으로 인해 그의 배우자에게 성실하지 못한 것으로 유명했다. 루스벨트도 루터 킹 목사와 마찬가지로 불륜으로 배우자에게 충실하지 못했다. 그는 또한 수많은 유대인과 다른 박해받는 집단의 사람들이 미국에 입국하는 것을 거부함으로써 그들을 죽음으로부터 구할 수 있는 기회를 거부했다. 마더 테레사의 일기를 보면, 그녀는 믿음이 부족해서 삶의 후기 대부분을 괴롭게 보낸 것으로 드러났다. 몇몇 역사적인 인물들은 더 고된 삶을 살았다. 예를 들어, 모든 시대에 걸쳐서 가장 지혜로운 사람 가운데 하나로 꼽히는 소크라테스Socrates를 보자. 그는 남편으로서나 아버지로서는 한참 부족했을 것이다. 그의 돈과 물질적 재산에 대한 경멸이 그의 가족과 그에게 적절한 수준의 삶을 유지하는 데 어려움을 주었을 것이다. 그의 아내인 산티페Xanthippe는 종종 성질이 고약한 것으로 묘사되고 있지만, 부분적으로는 남편인 소크라테스의 책임도 있다. 그리고 소크라테스가 독약을 마신 것이 공적인 입장에서는 그의 명성을 공고히 하는 데 도움이 되었을지 모르지만, 그가 부양해야 할 의무가 있는 가족에게는 그다지 도움이 되지 않았을 것이다.

이들처럼 현명하다고 알려진 사람들이 지닌 개인적인 지혜를 고려해 보건대, 그들이 우리의 기대에 비해 잘 살지 못했다면, 우리 시대에 겉으로는 매우 성공적으로 보이는 사람들의 대부분은 더 잘 살지 못할 것이다. 뛰어난 변호사였던 존 에드워즈John Edwards는 재앙과 같은 불륜사건과 그것에 대한 반복된 거짓말, 그리고 자식을 선거운동의 수단으로 이용한 결과, 정치인, 남편, 그리고 친구로서의 관계를 망치고 자멸했다. 되돌아보건대, 그를 2008년의 미국 대통령 예비선거에서 가능성 있는 후보로 생각하기는 어려웠다. 남부 캐롤라이나 주지사 마크 샌포드Mark Sanford는 유망한 공화당 대통령 후보로 화제가 되었다. 그러나 에드워즈의 경우와 마찬가지로, 그의 경력 역시 아내에게 충실하지 않았을 뿐만 아니라, 부도덕한 사생활이 밝혀지면서 파멸했다. 뉴욕 주의 전 주지사 엘리엇 스피처Eliot Spitzer는 조금 나은 편이다. 그는 스스로 자신의 타락의 고리들을 고발했다.

일반적 의미에서는 지혜롭다고 하더라도, 그리고 다른 사람과의 관계에서는 지혜로울지 몰라도 자기 자신의 삶에서는 어리석을 수 있다. 가드너(Gardner, 1983, 1999, 2006)는 개인 간의 지성과 개인 내적인 지성을 구별해 왔으며, 그 밖에 개인 간이나 보다 추상적인 수준의 지혜는 개인적인 지혜나 개인 내적인 수준의 지혜와 구별될 필요가 있다.

개인적인 지혜는 추상적인 지혜뿐 아니라, 그 밖에도 무언가를 좀 더 필요로 하는 듯하다. 이 무언가는 무엇일까? 이 무언가는 아마도 삶을 향한 태도일 것이다. 추상적으로 적용하는 원리를 자기 자신의 삶에 적용하기를 바란다. 이 태도는 습득하기 쉬운 것이 아니다.

첫째, 호르몬, 기본적 충동 또는 무엇이라 부르든지, 이들은 그 태도에 역행하는 작용을 할 것이다. 거의 대부분의 사람들이 가장 훌륭한 골퍼라고 여겼던 타이거 우즈Tiger Woods는 그의 아내 외에 많은 여성과 육체적 관계를 맺을 때, 더 나은 어떤 것을 알지 못했을까? 빌 클린턴Bill Clinton 대통령은 분명히 더 나은 것을 알았고, 아르헨티나에 있는 자기 정부를 방문했으면서 애팔래치아 트레일을 하이킹했다고 주장했던 마크 샌포드Mark Sanford 주지사도 알고 있었다. 극단적으로 누구든지 마하트마 간디Mohandas Gandhi가 주장했던 금욕적 삶의 방식으로 살 수 있다. 그러나 대부분의 사람은 일반적인 삶을 살려고 하고, 그 과정에서 내면에서 수용하기 힘든 충동과 싸우면서 더 나은, 또는 나쁜 결과를 얻게 된다.

둘째, 과연 우리 중 누가 타인을 대하는 기준과 같은 기준을 자신에게 적용하는 데 실패한 위선자가 아니라고 할 수 있겠는가? 누군가 타인에게 훌륭한 조언을 주어서 지혜롭다고 할 수 있지만, 그러나 정작 자기 자신은 그 조언을 따르지 않기 때문에 위선적이라 할 수 있다. 예를 들어, 한 치료사가 환자에게는 담배 끊기를 권장하면서 자기는 몰래 담배를 피울 수 있다.

셋째, 우리는 모순되는 목표를 가지고 외적인 객관성 부족으로 다른 이들에게 적용하는 지혜로운 기준과 동일한 기준을 우리 자신의 목표를 추구하는 데 적용하지 못한다. 아무도 완전하게 객관적인 방법으로 자신을 볼 수 없다. 그래서 우리의 인식은 비뚤어지고, 그 결과 다른 이들보다 우리 자신에게는 매우 다르게 행동한다. 예를 들어, 출장을 가는 남편 자신은 가족을 부양한다고 생각하는 반면에, 그의 아내는 가족보다 일이 남편에게 더 중요하기 때문에 가족을 저버리는 것으로 남편을 볼 수 있다.

마지막으로, '행위자-관찰자 효과'에 의하면, 우리는 타자의 행동은 그들의 특성을 반영하는 것이라고 생각하고, 자신의 행동은 상황에 반응하는 방식을 반영한다고 생각하는 경향이 있다(Jones & Nisbett, 1971). 상황에 따른 변화들이 우리에게 호의적일 때 지혜롭게 행동하는 것은 대단한 도전으로 볼 수 없다. 그러나 우리가 직장을 잃었거나, 결혼생활에 실패하였거나, 우리의 아이를 잃었을 때는 호의적인 상황으로 만들어 가지 않는 방법으로 행동하려는 우리 자신을 발견할 것이다.

　요약하면, 우리는 다른 사람들에게 지혜롭게 제공하는 지혜를 자신에게는 적용하지 못하는 경우가 허다하다. 개인적인 지혜는 일반적인 지혜 이상의 것이다. 다른 사람들에게 지혜롭기도 어렵지만, 우리 자신에게 지혜롭기는 더욱 어렵다. 개인적으로 지혜롭기 위해서는 최소한 호르몬, 위선, 객관성의 부족, 그리고 상황에 따른 도전을 다룰 필요가 있다. 심리치료에서 성공적인 결과를 얻기 위해서는 지혜가 있어야 할 뿐 아니라, 개인적인 지혜를 갖추어야만 자신의 삶에서 배운 교훈을 성공적으로 적용할 수 있다.

개인적인 지혜가 심리치료의 목적이 되어야 하는가

　지혜가 노인들로 하여금 지속적으로 다른 변수를 참으면서 더 높은 수준의 주관적인 웰빙으로 이끈다는 증거가 있다(Ardelt, 2000a, 2000b). 마찬가지로 다카하시와 오버톤(Takahashi & Overton, 2005)은 지혜가 삶의 주관적 의미에 더 잘 감사하도록 도움으로써 내적인 보상효과를 가져온다고 주장했다. 후이와 이(Hui & Yee, 1994)는 노인에게서 지혜와 삶의 만족 사이에 긍정적 관련이 있다는 사실을 발견했다. 비록 노인은 상실을 경험하지만, 그런 상실로 인해서 그들이 가졌던 것에 대해서 더 감사하게 되고, 그들의 삶과 삶의 의미에 대해 새로운 통찰을 주었다. 이것은 역으로 그들에게 삶의 만족을 증가시켰다. 이러한 현상은 모두 심리치료의 바람직한 결과와 일치한다.

하지만 폴 벨트Paul Baltes의 최근 연구에서는 다른 관점을 시사한다(Baltes & Smith, 1990; Baltes, Smith, & Staudinger, 1992; Baltes & Staudinger, 1993, 2000). 벨트는 지혜로운 사람은 건설적인 우울함을 경험할 수 있다고 제안했다. 이 관점에서 보면 지혜로운 사람은 복잡한 삶의 사건에서 기쁨만이 아니라 슬픔도 본다는 의미다.

벨트와 그의 동료들의 관점은 지혜가 일정한 정서적 거리와 분리에 관여한다고 믿는 에릭슨(Erikson, 1959)과 같은 전통적인 사상가들과는 다르다. 한 예로, 치료사에 대한 전통적인 정신분석적 관점은 치료사가 환자의 문제에 끌려감으로써 환자가 문제를 극복하는 데 도움을 줄 수 없게 되지 않도록 자기가 담당하고 있는 환자와 정서적 거리를 유지하는 것의 중요성을 강조한다. 벌린Berlin의 관점에서 지혜는 분리에 있는 것이 아니라, 괴로움의 위기를 겪고 있는 환자들을 향해 같은 인간으로서 갖게 되는 공감과 감정이입에 있다(Kunzmann & Baltes, 2005). 또한 1장에서 제안했던 것처럼, 지혜는 연민과 분리될 수 없다. 그러므로 지혜는 적어도 기쁨만큼이나 슬픔을 연민과 함께 초래할지도 모른다. 선한 일을 하고, 지혜를 선한 일에 사용하는 사람들은 자신의 지성을 덜 긍정적이거나 나쁜 목적으로 사용하는 것을 보게 되면 마음이 슬퍼진다(Solomon, Marshall, & Gardner, 2005).

벨트가 필요하다고 언급한 건설적인 우울함은 심리치료의 부정적인 결과가 아니다. 치료사는 내담자가 인생에서 행복하기를 원할 뿐만 아니라, 자신의 가능성에 대해서 현실적일 수 있기를 원한다. 가끔 현실은 슬픈 감정을 일으킨다. 궁극적으로 심리치료는 가끔 현실이 불러일으키는 슬픔을 내담자가 감당할 수 있다고 믿는 정도의 충분한 낙관론과 연민을 포함한다.

이 자료는 건강 문제로 사고가 손상된 이후까지 계속해서 지혜를 발전시킬 수 있다는 가설과 일치하는 것으로 보인다(Sternberg, 2005b). 반면, 행복으로 이끄는 지혜에 반대로 작용하는 요인은 나이가 들어 가는 것에 대한 부정적인 고정관념을 들 수 있다(예, Levy, Slade, Kunkel, & Kasl, 2002). 사람들이 부정적인 고정관념을 가지고 있는 정도에 따라서 나이 먹는 것을 서글프게 생각한다. 따라서 나이를 먹어 가면서 얻어지는 지혜와 결합된 고정관념에 의한 슬픔을 느낄 수 있다. 실제로 신체적 건강의 저하는 그러한 슬픔으로 이끌게 된다(Jordan, 2005). 그렇지만 나이를 먹는다는 것은 기능의 저하만을 가져오는 것이 아니라 퇴직 후의 자유 시간, 자기 아이를 키울 때와 같은 부담이 없이 즐거움의 자원이 될 수 있는 손주의 존재, 일과 관련된 유형의 책임 등과 같은 종류의 얻음도 가져온다. 우리는 나이를 먹음으로써 생겨나는 슬픔만큼이나 행복을 발견할 수 있다. 어떤 면에서 심리치료는 세월의 흐름과 더불어 기쁨의 원천을 밝히는 수단이 될 것이다.

　결국 지혜는 개인으로 하여금 세계에 존재하는 불행과 고난을 더 깊이 자각하게 만들 것이다. 지혜로운 사람이 그들 자신의 삶을 즐기면서 다른 이들의 고통을 무시할 수 있을까? 이 책의 저자들은 동의하지 않는다(4장과 5장 참조). 만일 사람이 그러한 고통을 지나치게 인식한다고 해서 자신의 삶을 전혀 즐길 수 없을 정도로 위험한 일은 일어나지 않는다. 오히려 그러한 이해는 더 나은 세상을 만들기 위해서 인생의 후기는 환원적인 삶을 살면서 이전에는 가능하지 않았던 방식으로 자기 시간이나 돈을 기부하는 방법을 발견할 수 있을 것이다.

　치료는 단순히 행복을 성취하는 것만이 아니라, 인생의 과제에 적절하고 현실적인 적응을 성취하는 것이기도 하다. 이것은 슬프거나 두려운 시간들이 있더라도, 주어진 시간에 그들이 처한 상황을 드러내는 현실적인 방식을 의미한다. 개인적인 지혜가 목적인 이유는 그것이 항상 행복을 제공하기 때문이 아니라, 삶의 기쁨과 슬픔에 대한 깊은 이해를 낳고, 극복해 가는 더 나은 방식을 주기 때문이다.

　심리치료는 개인이 그러한 지혜를 계발하도록 돕는 촉매를 제공한다. 내가 촉매라는 말을 사용하는 것은 궁극적으로 개인은 자신 안에서 행복만이 아니라, 지혜도 함께 발견해야 하기 때문이다. 이것은 단순히 심리치료나 다른 어떤 결과로 그들에게 '주어질' 수 있는 것이 아니다. 실제로 지혜는 나이를 먹는다고 발달되는 것이 아니다. 지혜는 인지적 요인, 성격 요인, 그리고 인생 경험 같은 변수에 따라 발전한다. 가장 중요한 것은 지혜를 발달시키는 방식으로 인생 경험을 사용해야 한다는 점이다.

'얼마나 많은 심리학자가 있어야 전구를 갈아 끼울 수 있을까?'라는 농담이 있다. 대답은 심리학자의 수는 상관이 없다. 문제는 전구를 갈아 끼우기를 원하는지 아닌지에 달려 있다. 마찬가지로 사람들이 지혜와 관련된 기술을 발달시키기를 원해야만 하고, 그러한 발달이 일어날 수 있도록 경험에 개방적이고, 경험을 반추하고, 경험으로부터 기꺼이 배우고자 하는 삶의 태도를 채택해야만 한다(Sternberg, 2005b). 심리치료는 인생의 도전, 심지어는 어리석음의 결과로 일어날 수도 있는 고통을 명료하게 하기 위해서 지혜를 계발하고 싶어 하도록 동기를 부여할 수 있다. 정치가나 길을 잃은 성직자조차도 파멸된 경력을 들여다보면 그러한 파멸은 흔히 개인적인 지혜가 결여된 것에서 비롯된 것이다.

인지적 오류

특정한 인지적 오류들은 지혜의 발달에 역행하는 작용을 할 수도 있다. 이 오류들은 지적인 수단이 부족한 사람들만큼이나 영리한 사람들에게서도 흔하게 나타난다. 사실, 영리한 사람들은 특히 오류에 영향을 받기 쉬울지도 모른다. 나는 그러한 오류를 어리석음의 측면, 또는 지혜의 부족이라고 언급했다(Sternberg, 2002). 그것은 효과적인 심리치료를 통해서 해결될 수 있다.

1. 비현실적 낙관주의 자신이 꽤 영리하거나 능력이 있다고 생각하는 사람들은 자기 행동이 얼마나 어리석고 비윤리적인가와 상관없이 자신이 한 행동은 무

엇이든지 결국 괜찮을 것이라고 생각한다. 조지 부시George W. Bush가 이라크 공격을 명령했을 때, 그는 전쟁이 신속히 완결되리라 예상했고, 적개심이 사라지기도 전에 '임무가 완료'될 것이라고 선전했다. 베트남 전쟁 또한 미국의 정치인들이 결코 실현되지 않은 긍정적인 결과를 기대했던 또 다른 전쟁이다.

  2. 자기중심주의 사람은 자신의 지도력이나 능력이 자기 권력의 확대를 가져올 것이라고 믿는다. 세금 포탈로 교도소에 간 티코Tyco의 최고경영자 데니스 코즐로브스키Dennis Kozlowski는 대기업이 마치 그의 돼지 저금통인 것처럼 운영했다. 윤리는 자신과 가족을 부자로 만들려는 코즐로브스키의 욕망을 위해서 뒷전에 밀려나 있었다.

  3. 기만적인 전지全知 어떤 사람들은 자기가 모든 것을 알고 있는 것 같은 믿음을 갖게 된다. 상당히 다른 영역이기는 하나, 빌 클린턴이나 조지 부시의 행동에서 놀라운 사실은 그들이 실수한 것에 있는 것이 아니라, 그 같은 실수를 반복적으로 저질렀다는 데 있다. 클린턴은 자신을 매우 지적이라고 봤다. 아마도 그는 지성과 우수한 교육으로 그가 실제로는 가지지 못했던 수준의 지식을 얻었다고 생각했을 것이다. 조지 부시는 자신의 배짱을 믿을 수 있다고 생각했던 것으로 보인다. 그는 몇 번이나 되풀이해서 틀렸지만, 자신의 실수에 대해 거의 또는 전혀 배우지 않는 내적 지성(Gardner, 1983)과 부족한 자기반성을 보였다. 버락 오바마Barack Obama는 대통령 선거 운동 기간 동안 실수를 했지만, 그때마다 실수로부터 배우고 다시 반복하지 않는 듯 보였다. 이것은 그가 대통령으로 선출되었던 많은 이유 중 하나다. 그러나 대통령이 되고 나서는 그 역시 실수로부터 거의 배우지 않았다.

  4. 그릇된 전능 (권력에 대한 잘못된 생각으로 인해) 나폴레옹이 러시아 침략에 실패한 것은 가장 주목할 만한 역사적인 기념비적 사건 중 하나다. 나폴레옹은 자신이 대단히 강력하다고 믿었다. 그의 러시아 침략은 정치적으로 무의미하고 전략적으로 결함이 있었지만, 그럼에도 그는 목표물을 원했다. 침략은 나폴레옹의

끝을 알리는 시작이었다. 다른 많은 강력한 지도자들처럼, 그는 끝까지 밀어붙였고, 전능하다는 그의 느낌은 그를 최후로 안내했다.

5. 가짜 불사신   엘리엇 스피처Eliot Spitzer가 뉴욕 주지사로서 비밀리에 매춘부를 단골로 삼고, 자신의 여행에 주의 공금을 사용했을 때, 아마 자신이 대단히 강력하고, 깨뜨릴 수 없다고 느꼈을 것이다. 그는 이전에 매춘범죄의 고발자로서 경찰이 매춘부 고객을 추적하는 다양한 방법을 확실히 알고 있었으므로 확실히 안전하다고 느꼈음에 틀림이 없다. 그럼에도 그는 무모한 행동양식을 반복함으로써 마침내 주지사의 직위를 잃었다.

6. 윤리적 이탈   다른 시기에 있었던 세 명의 악명 높은 미국 텔레비전 전도사들을 보자. 지미 스웨거트Jimmy Swaggert는 길을 어떻게 잘못 들었는가? 짐 베커Jim Bakker는? 또 테드 헤거드Ted Haggard는? 세 사람 모두 도덕을 설교했는데, 자신의 엄청난 부도덕으로 망신을 당하면서 끝이 났다. 또 셀 수 없이 많은 성직자들이 자기 성도들에게 하면 안 된다고 설교했던 바로 그 행동을 그들 자신이 했을 때, 어떻게 잘못되었는가? 그들은 윤리적 이탈을 보였고, 그들은 윤리가 다른 이들을 위해서는 중요하지만 자신을 위해서는 아니라고 믿게 되었던 것이다. 그들은 사회가 그렇지 않다고 판결할 때까지 자신이 윤리적 행위 위에 있다고 믿게 되었다.

어리석음은 특성이 아니다. 우리는 몇 가지 질문을 자신에게 던짐으로써 어리석음을 극복할 수 있다. 내가 하고 있는 행동이 공동의 선을 촉진시키는가? 내가 하는 행동이 단순히 나 자신만이 아니라, 다른 사람의 관심과 더 넓은 관심과의 균형을 유지하는가? 단기간과 장기간의 시간을 고려하는가? 긍정적인 윤리적 가치를 반영하는가? 우리는 스스로에게 이러한 질문을 하거나 심리치료사의 안내에 따라 질문을 받을 수 있다.

결론적으로 개인적인 지혜는 자신의 삶을 증진시킬 수 있지만, 반드시 행복만을 불러온다는 의미는 아니다. 개인적인 지혜는 이해, 연민, 그리고 행복도 가져온다. 개인적인 지혜는 인내와 긍정적 태도를 통해서 전부는 아니지만 상당히 많이 긍정적인 목적을 향해 수립될 수 있다는 사실을 알고, 현실의 삶을 낙천적인 방법으로 다룰 수 있도록 준비시킨다. 심리치료는 개인적인 지혜로 향하는 수단이 될 수 있다. 심리치료의 방식은 거의 중요하지 않다(비록 약물치료는 개인적인 지혜를 주기에는 부족한 후보자로 보이지만). 오히려 중요한 것은 치료가 행해지는 기술과 기꺼이 변화하고자 하는 환자의 의지다. 전구의 속담처럼, 우리는 변화할 수 있지만, 그것은 오직 변화를 원할 때만 가능하다.

12장. 연결의 지혜

재닛 서리Janet Surrey
주디스 조던Judith V. Jordan

산다는 것은 관계 맺는 것이다.
-비말라 새커(Vimala Thakar, 2003, p. 62)

　　지난 30년 동안, 웰즐리 대학Wellesley college의 스톤 센터Stone Center에 있는 진 베이커 밀러Jean Baker Miller 훈련 기관의 임상의들은 정신적 고통의 상태를 창조하는 서양의 자아개념을 탐구했다(Jordan, 1997, 2010; Jordan, Kaplan, Miller, Stiver, & Surrey, 1991; Jordan, Walker, & Hartling, 2004; Miller, 1986; Robb, 2006; Shem & Surrey, 1998). 불안, 우울, 중독, 외상 후 스트레스 장애, 해리 장애, 그리고 학대 행동을 포함하여 우리 사회에 만연한 많은 정신장애의 핵심에는 깊은 관계로부터 분리된 자아와 소외감의 고통이 있다. 물고기에게 물의 존재처럼, 단절과 고립에 이르는 조건은 우리의 상황에 대한 진실을 슬쩍 지나치거나, 진정한 대안을 자유롭게 상상하거나 창조할 수 없을 정도로 도처에 널려 있다. 개인의 '권리'에 대한 중요성과 존엄성에 대한 신념은 개인에 대한 권한 부여와 자아실현을 강조하는 심리학에서 드러난다('아메리칸 드림'과 그에 상응하는 자력운동). 이 개인주의는 미국의 문화 심리학과 정치학의 기본이 되어 왔고, 건강한 성장발달에 관한 심리학적 이론을 구축했다. 동시에 외로움, 소외감, 결혼생활, 가족, 공동체 연대의 와해가 현대의 미국 사회에 만연해 있다(Putnam, 2000).

비록 관계심리학이 보다 많이 부상하면서 애착과 최적의 관계 발달에 대한 인간의 욕구를 보다 온전하게 인식하고는 있지만(Gilligan, 1982; Goleman, 2006; Robb, 2006; Siegel, 1999), 지배적인 문화 패러다임과 실제 치료에서는 여전히 변화와 성장 중심으로 개인을 최우선으로 하고 있다. 관계는 상호 간의 관계나 공동체를 촉진하는 심리적 역량의 토대가 아니라, 개인의 변화를 위한 지지대 또는 지원으로 보인다.

2009년 5월, 하버드 의대 콘퍼런스 기간 동안에 달라이 라마 성하는 서양 심리학에서 실패감, 결핍감, 그리고 손상되기 쉬운 자기가치로 인한 만성적이고 고통스런 감각에 대한 질문을 받았다. 달라이 라마는 개인적 자아를 지나치게 강조하는 것은 자신과 타자에 대한 압도적이고 어마어마한 비현실적인 기대-결국은 실패할 수밖에 없는 기대를 낳는다고 했다. 개인적 자아에 대한 지나친 강조는 우리 자신과 다른 모든 이들이 각각 강하고, 능력이 있고, 가능한 한 모든 방법으로 그 능력을 실현할 수 있다고 기대하게 된다는 것을 의미한다. 우리는 우리의 기본적인 존재가 강하고 지속적인 관계와 공동체의 일부로서 그 안에서 자신의 방식으로 기여하며, 자연스럽게 그 공동체의 힘과 지혜에 의지하고 있는 것을 느끼지 못한다. 분리된 개인적 존재를 이상화하고, 과장된 의미를 부여함으로써 결과적으로는 개인의 가치와 자신감에 심각한 위기를 불러일으켰다. 그것은 또한 진정한 지혜와 연민을 배양하고 깨닫는 데 필요한 우리의 가장 깊은 자원으로부터 우리 자신을 분리시킨다.

계속되는 지나친 자기가치와 자존감에 대한 불안은 개인의 가치를 '나은 사람', 더 부자 혹은 어떤 방식으로든 더 훌륭한 것으로 정의하려는 힘의 전략을 촉진시킨다. 단지 우월함이나 '승리'만이 개인적 가치에 대한 의문을 만족시킬 수 있다. 이러한 마음가짐은 어떤 특정한 집단의 사람이 본질적으로 더 가치 있거나 소중하다고 여기게 만들어서 많은 인정, 자원, 권력, 특권, 수입, 심지어는 관계를 받을 만하다고 여기게 되는 대단히 계급화된 사회로 이끈다.

이 장에서 우리는 서양 심리치료사들을 위해 관계를 치유의 핵심으로 두는 대안적인 틀을 소개할 것이다. 이 모델은 관계의 지혜를 제시하고, 진정한 관계를 배양하는 생각과 작업방법을 제공하며, 내담자들이 자신과 타자에 대한 이상화되고 건강하지 않은 기대를 통찰하고 그것을 초월하도록 도울 것이다.

불교 심층심리학

불교 심층심리학은 2,500년이 지난 지금도 여전히 엄청난 의미를 가지고 있다. 현대 이론과는 달리, 그것은 이미 시간과 문화의 검증을 거쳐 왔다. 불교심리학에서는 분리되고, 개인적이며, '본질적'인 자아에 대한 믿음이 정신적 고통의 주요 원인이라고 지적한다. 분리된 개념을 통찰하고, 그것을 뛰어넘는 것이 지혜로 가는 붓다의 팔정도의 핵심이고, 고통으로부터 해방되는 길이다(특히 4장과 9장 참조).

타인을 경쟁자나 공급자로만 여기는 자원을 위한 경쟁에 바탕을 둔 관계는 만성적인 상처와 폭력을 경험하도록 이끈다. 아이들과 소외되거나 문화적으로 낙인찍힌 그룹의 구성원들이 겪는 단절의 결과는 내면화된 관계 이미지와 보호전략(Miller & Stiver, 1997)을 발달시키는 내담자들에게서 볼 수 있다. 그러한 전략은 세 가지 주요 범주로 나뉜다. 관계로부터 떠나는 것(갈망의 부정, 무감각, 분열), 관계에 대한 저항(분노, 폭력, 또는 비판적 입장), 그리고 조정에 순응하는 것(불안한 의존, 순응, 돌봄)(Horney, 1967)이 그것이다. 밀러와 스티버(Miller & Stiver, 1997)는 근본적인 관계에 관한 역설을 다음과 같이 기술했다. 비록 관계에 대한 갈망은 모든 인간 존재에게 기본적이고 자연스러운 것이지만, 상처, 폭력, 미해결된 갈등, 또는 실망에 직면하게 되면 사람은 보호전략을 발달시키고, 친밀감을 느낄 때나, 갈망이 활성화될 때 혹은 현재 관계가 옛 이미지를 유발할 때 실제적으로 보호전략을 강화시킨다. 그들은 자신에게 주어지는 관계에만 안주하기 위해서 진정한 관계로부터 자신을 점점 더 멀어지게 한다. 고립이 커지면 갈망도 커진다.

불교심리학은 '아귀hungry ghosts'라는 신화적 존재를 묘사하고 있다(Epstein, 1993, p. 28). 그들은 좁고 수축된 목구멍을 가지고 있기 때문에 그들의 갈증은 결코 해소될 수가 없다. 심지어 마실 물이 충분히 있어도 그들은 갈증을 느낀다. 그것은 중독성 있는 행동뿐만이 아니라, 끊임없는 단절과 '타오르는 갈망'(Shem & Surrey, 1998, p. 63)의 상태에 대한 완벽한 은유다. 뭔가 원활하지 않을 때, 우리는 새로운 관계, 새로운 공동체를 찾거나 또는 새로운 심리치료를 찾게 된다. 관계 속으로 돌아가 의지하는 단순한 해방의 길을 잃었다.

우리 문화에서의 심리적 고통은 자기개발과 보호, 자아에 대한 불건강한 집착, 그리고 서로 공감하고, 취약점을 안전하게 드러내고, 진정한 관계를 맺으면서 사는 것의 어려움을 지나치게 강조하는 데 뿌리를 두고 있는 것으로 이해될 수 있다. 분리된 자아에 대한 애착이 커질수록 심리적 고통도 커진다(그러한 상태에 대해 전통적인 불교 관점에서 기술한 4장과 9장 참고).

틱낫한Thich Nhat Hanh 스님은 프랑스 문화 속에서 40년을 살아왔고, 그의 서양 제자를 괴롭힌 공동체와 관계에 대한 근본적인 갈망을 이해한 베트남 출신의 스님이다. 그는 분리의 고통을 깊이 이해하고, 지혜가 재연결을 통한 정신적 해방과 치유를 가리키는 것으로 이해했다. 그는 우리의 상호연결성에 관한 깊은 통찰을 제공하고, 적절한 공동체 설립의 중요성을 강조하면서 관계치유를 촉진시켰다. 그는 관계와 공동체에 개인의 참여를 지지하기 위해서 사랑과 솔직함, 조화, 그리고 연민심을 키우는 명상수행법을 가르쳤다. 이 수행법은 우리로 하여금 겸손을 발달시키고, 취약점을 수용해서 언어로 표현하고, 도움을 청하고, 다른 이의 고통에 동참하고, 봉사하고, 그리고 존재하는 모든 것에 대한 깊은 관심과 연민을 경험하도록 도와준다. 그의 핵심 통찰 중 하나는 '행복은 개인의 문제가 아니다.'라는 것이다(Hanh, 2000, p. 227). 그는 아마도 '지혜도 아니다.'라고 덧붙였을지도 모른다. 틱낫한 스님은 공동체(승가 또는 동료의식) 안에서 발생하고 함양되는 통찰력이 가장 강력하고, 지속 가능하고, 모두를 변화시킬 수 있다고 말한다. 분리는 고통으로 이끈다. 왜냐하면 서로 분리되어 있을 때 통찰과 전환은 훨씬 적게 기능하며, 지혜는 덜 꿰뚫어 보고, 덜 비추기 때문이다. 틱낫한(2003) 스님은 우리가 '승가의 눈sangha eyes'으로 보는 방법을 배울 것을 제안한다(p. 86).

관계-문화 이론

관계-문화 이론Relational-Cultural Theory: RCT은 모든 인간들은 평생 동안 관계를 지향하고, 관계를 통하여 성장하기 시작한다고 말한다. 우리의 자연스러운 상태는 상호 연결되는 성질이 있고, 우리의 뇌는 연결되도록 고정되어 있다(Banks, 2010; Cozolino, 2007; Siegel, 1999). 그러나 서양 문화는 우리가 분리에 강해야 하고, 자율성의 강력함을 가르친다. 우리의 생물학적 본성과 문화적 강제성 사이의 불일치로 인한 고통은 이 사회에서 지배적이지 않은 지위를 가진 사람의 목소리에서 특히 분명하지만, 슬프게도 궁극적으로는 모든 사람에게 영향을 미친다. 관계에 바탕을 두고 있는 지혜는 우리가 위협받고 두려움을 경험할 때는 위로를 받기 위해 타인에게 의지해야 한다고 말한다. 단절과 잘못된 자율성의 문화는 자신의 위치를 다지고, 분리된 다른 사람을 지배하는 힘을 얻을 때만 우리가 비로소 안전해질 수 있다는 믿음으로 이끈다.

연결의 신경생물학

우리의 몸과 뇌는 연결되도록 만들어져 있다(Banks, 2010; Cozolino, 2007; Eisenberger & Lieberman, 2004; 14장과 18장 참조). 우리는 성장하고 확실하게 살아남기 위하여 관계가 필요하다고 배우고 있다. 고립과 배타성에 직면하면 우리의 뇌와 몸은 고통스러워한다. 코르티솔 수준이 올라가면 신경세포가 죽는다. 아이젠버거와 리버만(Eisenberger & Lieberman, 2004)은 소외의 고통은 육체적 상처로 인한 고통처럼 똑같이 전대상피질Anterior Cingulate Cortex: ACC을 따라 고통이 전달된다는 것을 보여 주었다. 고립의 고통은 진짜 고통이다. 개인적 수준에서든지 사회적 수준에서든지 제외당하고 평가절하당하는 것은 생물학적으로, 신경학적으로, 그리고 심리학적으로도 우리에게 상처를 준다(Eisenberger & Lieberman, 2004; Panksepp, 2011).

우리에게는 누군가가 행동하는 것을 지켜볼 때 작동하는 거울신경(mirror neurons)이 있다. 이 신경은 다른 사람이 경험하는 것을 같이 경험하는 것처럼 느끼게 해 주는 '함께하는' 느낌을 준다. 우리의 신경조직은 '우리'라는 연결 상태를 감각할 때 최고로 기능한다. 관계 안에 존재함은 우리의 뇌에 위안과 긍정적인 변화를 가져오고 스트레스를 줄여 준다(Banks, 2010). 우리들은 신경학상으로 일생 동안 타인과 연결될 준비가 되어 있지만, 의존과 유대감, 그리고 정서적 반응을 회피하는 문화에 살고 있는 우리를 발견한다. 우리는 홀로 떨어져 강해야 하고, 우리의 느낌으로부터 비켜서 있어야 하며, 경쟁적인 방식으로 기능해야 한다는 메시지를 많이 받는다.

관계-문화 이론은 우리가 다른 사람을 지배하는 힘을 일으키는 데서가 아닌, 서로 성장을 촉진하는 관계 안에서 안전을 찾는다고 주장한다. 관계-문화 이론은 분노와 두려움이 중요한 관계 메시지라고 지적하고, 위안을 얻기 위해서 타인에게 다가가는 경향(안전하고 보호받을 수 있는 상대가 있다면)은 가장 건전한 반응이라고 주장한다. 관계-문화 이론은 또한 사람은 그들 자신의 고통으로부터 벗어나기를 바랄 뿐만 아니라, 자연스럽게 다른 이들의 고통도 줄어들기를 바란다고 주장한다(Jordan et al., 1991). 우리가 만일 현재에 머물고 열려 있다면, 우리는 공감적으로 연결을 경험하고, 다른 사람들의 웰빙을 증진시키는 방향으로 움직일 것이다.

관계의 지혜는 모든 사람과 존재들과의 궁극적인 상호연결을 인식하는 것이다. 그것은 공감과 연민으로 연결된 토대 위에서 발견된다. 그것은 다른 사람들에 대한 관심을 지속적으로 갖는 능력인 안목을 포함한다. 관계의 지혜는 우리로 하여금 상호연결의 이면을 볼 수 없도록 하는 앨버트 아인슈타인Albert Einstein이 말한 '의식……의 시각적인 망상'(Sullivan, 1972) 너머의 것을 볼 수 있게 해 준다. 그것은 성장의 상호의존성을 깨닫는 것이다. 공감에 관한 최근의 콘퍼런스에서 노숙자들을 돕는 일에 깊이 관여했던 한 여성이 다른 사람의 고통에 의해 영향을 받고 감사를 표했다. 달라이 라마는 "당신이 다른 사람들이 행복하기를 바란다면 연민심을 닦아라. 당신이 행복하기를 바란다면 연민심을 닦아라." (Schaef, 2000, p. 110에서 인용)라고 말한 적이 있다. 사람은 사랑받을 때뿐만 아니라, 사랑을 줄 때도 혜택을 받는다.

세상에서 가장 위대한 지혜의 전통에서 하는 명상수행은 우리가 상호연결과 연민의 감각에 다가가도록 도와준다. 명상가들에 대한 연구에서는 '자아'와 '타자'를 구분하는 뇌의 부분이 경험이 많은 명상가들에게서는 덜 활성화되고, 사람들이 연민명상을 하는 동안에는 아주 고요했다는 사실을 보여 준다(Begley, 2007; Davidson, 2009; Lutz, Greischar, Rawlings, Ricard, & Davidson, 2004). 독일의 연구자들은 명상을 하지 않는 치료사의 내담자보다 명상을 하는 치료사의 내담자들이 치료에서 더 효과가 좋다고 주장했다(Grepmair et al., 2007). 내담자들과 공감적으로 함께하는 것이 그들에게 안전감을 형성하고 관계적 지혜의 열매인 치유를 가져온다는 증거가 많아지고 있다.

다섯 가지 선한 것과 관계적 지혜

진 베이커 밀러Jean Baker Miller는 성장을 촉진시키는 관계를 특징짓는 '다섯 가지 선한 점'에 대해서 말했다(Miller & Stiver, 1997). 이 다섯 가지 좋은 점은 관계적 지혜의 징후다. 이는 열정적 감각의 증가, 자기 자신과 타인, 그리고 관계에 대한 지식(명료함), 가치에 대한 감각의 증가, 생산성/창조성, 그리고 더 많은 관계에 대한 갈망이다. 우리는 치료나 다른 관계들 속에서 이 '다섯 가지 선한 점'의 존재 여부를 평가함으로써 우리 내담자의 웰빙을 관찰할 수 있다(Jordan, 1995).

치료에서 관계가 살아 있고 활기찬 느낌인지, 아니면 죽어 있고 진짜가 아닌 느낌인지?

우리가 활력 있고 창조적인 에너지를 느끼는가, 아니면 철수나 폐쇄적인 느낌인가?

내담자가 더 많은 신뢰감을 드러내기 위해서 약간의 모험을 감수할 수 있는지, 아니면 모호한 상태에 있는지?

치료 밖의 관계로 참여를 확장하는지 — 공동체 의식의 증가 — 아니면 소외를 향해 움직이는지?

우리는 내담자들이 관계의 이동을 이해하도록 도와줌으로써 연결과 단절의 패턴에 주의를 끌 수 있다. 그리고 보호적으로 물러나는 방향으로 이동하도록 자극하는 것에 주의를 가져가게 할 수 있다. 예를 들자면 이렇다. 어느 날 내 Judith. V. Jordan가 내담자와 앉아 있는 동안, 나는 글을 쓰는 데 몰두하고 있었다. 나는 나 자신이 약간 집중이 안 되는 것을 발견했는데, 곧 내담자의 이야기를 따라가는 것이 힘들다는 것을 발견했다. 그녀는 자기가 일기를 쓰는 것에 대한 유용함에 대해서 점점 더 많이 이야기하기 시작했다. 나는 단절감을 느꼈다. 나는 먼저 있었던 나 자신의 몰입을 약간 감추고, "오늘은 이쯤에서 이야기들이 불분명해지는 것 같네요."라고 말했다. 그녀는 나를 보더니 "당신인가요? 아님 저인가요?"라고 반응했다. 그 순간, 그녀는 나 자신의 주의 집중에 대해 질문을 함으로써 내가 현재로 돌아올 수 있도록 도와주었다. 나는 그녀의 질문에 감사했고, 내가 실제로 약간 불안정했다는 사실을 인정했다. 나는 그녀가 아마도 나의 단절을 알아차리고 조금은 소외감과 홀로임을 느꼈을 것이라고 덧붙였다. 우리가 이것을 함께 이야기 나누었을 때, 그녀는 안도하는 것으로 보였고, 우리 둘은 다시 재연결되기 시작했다. 내가 그녀는 왜 나와의 단절을 바라는지에 대한 의문을 제기하는 전통적인 방식(전통적인 '투사적 동일시' 접근)을 취했더라면, 아니면 질적인 연결에 대한 그녀의 직접적인 질문을 회피했더라면, 우리는 아마 쉽게 재연결되지 못했을 것이다. 심리치료적 지혜는 상호 간의 자각과 책임을 동반한다.

관계에 대한 통찰은, 즉 관계를 갈망하는 힘은 우리를 관계로부터 떨어지게 하는 힘에 대한 통찰을 함께 발달시킨다. 우리는 밀러(Miller & Stiver, 1997)가 '핵심관계역설central relational paradox'이라고 부르는 것을 존중한다. 치료사로서 우리는 관계에 대한 깊은 갈망과 분리에 대한 전략 두 가지 모두를 존중할 필요가 있다. 눈에 띄게 남용하지 않는 선에서 이 전략들은 다른 사람들이 위협하거나 거부할 때, 내담자를 보호하기 위해서 발달시켰다. 우리는 내담자들이 생존전략이 필요하도록 이끌어 주는 관계패턴을 찾아내고 이름을 붙이도록 도와준다. 이것은 만성적인 단절과 고립으로 이끄는 사회적 힘뿐만 아니라, 개인사와 가족사도 포함한다. 인종차별, 성차별, 동성애자에 대한 차별, 그리고 신분차별은 보다 파괴적인 힘들 가운데에 있다.

치료사들이 인식하고 있는 사회적 영향을 단절하는 것은 매우 도움이 된다. 최근에 젊은 아프리카계 미국인인 내담자와 함께 작업하는 동안, 나Judith. V. Jordan는 백인들이 일하는 법률회사에서 백인 직원들이 특권을 가지고 있으면서도 그 특권에 대해서 완전히 인식하지 못하고 있다는 내담자의 경험에 대해 '안다'는 식의 공감하는 나의 느낌을 너무 빨리 표현했다. 그 상황에서 모든 문제가 개별적인 것으로 취급되면서 문화적 요소는 무시되었다. 그래서 나의 내담자가 사회의 불평등에 대해서 이야기했을 때, 그녀는 자주 '문제'가 있는 것으로 취급당했다. 상담 회기 중에 나는 그녀를 지지하려는 의미에서의 언급이었다고 했을 때, 그녀는 "나는 당신이 '안다'고 한 표현에 대해서 정말로 의심이 가는군요.…… 백인이고, 신분의 특권을 가진 당신이 말입니다…….''라고 상당히 영향을 받은 상태로 반응했다. 나는 부끄러움과 방어적인 감정을 느꼈다. 그러나 고맙게도 그녀가 절대적으로 옳다는 사실을 이해했다. 나는 그러한 상황에서 홀로 유색인종으로 있는 것이 어떤 것인지에 대해서 충분히 상상할 수 없다는 것을 알아차리면서 나의 근거 없는 추측에 대해서 사과했다. 개인적 영역에서 문화적으로 결정되고 기능하는 단절은 그 자체의 복잡성이 파악될 필요가 있다. 그것은 불편하고 불확실한 순간이다. 관계 지혜는 우리로 하여금 말로 표현되지 않는 우월과 종속의 역학관계가 얽힌 인종과 다른 문화적 정체성을 둘러싸고 존재하는 차이에 다리를 잇는 도전을 하도록 만든다.

관계-문화 이론의 작업은 또한 우리를 현재와 관계로부터 멀어지게 하는 만연하는 문화적 이미지를 명명하는 데 관여한다(Collins, 1990). 그것은 분리된 자아의 미덕을 찬양하는 일종의 바위처럼 딱딱하고, 난공불락의, 경계가 지어진, 또는 분리되고 강한 이미지의 존재들일 수 있다. 관계의 지혜는 예상되고 고정된 제한된 이미지가 참여적인 반응을 따를 때 성장한다.

관계-문화 심리치료

관계-문화 심리치료relational-cultural psychotherapy에서 내담자의 고통에 공감적으로 현존하며 머무르는 것이 치료의 핵심이다. 그것은 '나는 오직 혼자다.'라는 느낌의 소외감을 줄여 준다. 그러나 공감이 항상 쉬운 일은 아니다. 예를 들어, '좋은 치료사'에 대한 우리의 이미지는 특정한 관계에서 특정한 내담자와 특정한 순간으로부터 우리를 멀어지게 할 수도 있다. 내담자가 다른 사람의 공감 실패로 인해 고통스러워할 때, 우리는 종종 현재에 함께 머무를 수 있지만, 우리 자신이 고통이나 실망의 원천이 될 때, 단순히 함께 있어 주는 것만으로도 최고의 치유가 될 수 있음에도 불구하고, 우리는 방어적이 되고 우리의 내담자를 내팽개칠 수도 있다. 또한 우리가 상대의 고통을 완화시켜 줄 수 없을 때, 그 사람과 함께 있어 주는 것도 어렵다. 시인인 존 키츠John Keats가 "사실과 추론에 성급하게 손을 뻗지 않고 불확실함, 신비, 그리고 의심에 머무르는 것은 힘든 일이다." (1818/1987, p. 43)라고 말했다.

치료사가 치료회기 동안에 불확실하거나 부적절함을 느낄 때, 우리는 때로 이론으로 돌아가거나 진단적인 명명으로 스스로에게서 거리를 두는 자신을 발견한다. 그런 식으로 사실과 추론을 붙잡는 것은 우리를 내담자로부터 멀어지게 하고, 치료사와 내담자 모두에게 혼자라는 느낌을 증가시킨다. 대신에 우리는 이론화를 시작하려는 충동을 현재 순간과 내담자와의 관계로 되돌아오는 것을 상기시키는 수단으로 사용하는 시도를 해 볼 수 있다. 그와 같이 방어적인 개념화로부터 벗어나게 하는 능력은 관계 지혜의 또 다른 핵심 요소다. 이는 서사적인 상태에서 전형적인 마음챙김명상의 지금-여기에서의 경험적 과정으로 이동하는 것과 유사하다(Farb et al., 2010).

불안이 매우 높고 방어적인 몰리Molly와 상담하는 초반에 나Judith V. Jordan는 그녀가 무언가에 대해서 매우 슬퍼하는 것처럼 보인다고 말했다. 그 순간에 몰리는 어떠한 슬픔도 느끼지 못했고, 나는 몰리에게는 슬프지 않는 것이 중요하다는 사실을 인식하는 데 실패했다. 몰리가 자신은 전혀 슬프지 않다고 격하게 반응하면서 사람의 마음을 읽는 것이 내가 하는 일이라고 생각하느냐고 물었을 때, 나는 방어적이 되어 그녀가 얼마나 '저항'하고 있으며, 내가 지금 그녀의 어떤 '원초적인' 불안에 다가갔다고 생각하는 나 자신을 발견했다. 그와 같은 추측과 이론화로 나는 몰리를 완전히 내던져 버렸다. 나는 나 자신을 현재로 가져와야 했고, 나 자신이 완전히 닫혀 있는 것을 알아차려야 했으며, 나는 마음을 읽지 말았어야 한다는 사실을 인정하고, 나의 실수에 대해서 사과했다. 그리고 나는 나의 오류를 고쳐 준 그녀의 능력을 인정했고, 그럼으로써 우리의 관계는 연결되었고 제대로 진행될 수 있었다.

치료사는 치료의 투명성을 가지고 작업하고, 그렇게 함으로써 우리가 내담자로부터 영향을 받는 방법을 볼 수 있는 창문을 제공한다는 사실은 중요하다. 치료사가 중립적이거나 불투명한 입장을 유지할수록 분리의 망상은 더욱 강화된다. 보이지 않는 '지배적 힘'의 전체 심리치료 문화와 내담자의 기능에 관한 델포이의 신탁 판결과 같은 치료사의 수수께끼 같은 예언(해석)은 한 사람의 개인적 지혜에 대한 잘못된 개념에서 비롯된다.

'비난으로 인한 고립' 속에 사는 인생에는 고통이 뒤따른다(Miller & Stiver, 1997). 반대로 내담자가 치료사에게 영향을 줄 수 있다는 사실을 보고 느낄 수 있을 때, 그 내담자는 자신의 중요함을 느끼기 시작한다. 이 경험이 단절의 고통, 사랑받지 못해서 혼자이고, 다른 사람으로부터 공감을 받지 못한다는 사실에 대한 두려움을 치료한다. 개인적 수준에서 관계 심리학은 연결하고자 하는 기본충동을 지지한다. 우리는 사람들의 비현실적인 독립심과 자만심의 이미지를 놓아버리도록 돕는다. 우리는 내담자가 다른 사람들과 보다 현존하게 되도록 보조한다. 그리고 우리가 진정으로 현존할 때, 다른 사람의 고통에 개방하게 되고, 그 고통을 완화시킬 수 있다. 우리는 주체와 객체로 구조화된 이원성으로부터 탈피해야 한다. 그것이 관계의 지혜를 발달시키는 중요한 바탕인 관계적 마음챙김 relational mindfulness이다.

관계-문화 이론에 의해서 알려진 심리치료와 마음챙김은 자기 자신의 경험,

상대방, 그리고 그 관계에 대한 존경, 경청, 적극적인 관심을 가지고 행해진다 (Jordan, 1995; Surrey, 2005). 심리치료를 소개할 때, 관계─문화 이론RCT을 바탕으로 하는 치료사는 관계의 흐름에 기여하는 진실성과 투명성의 가치에 대해서 명료하게 설명한다. 치료에서 치유는 그들이 믿는 것을 공유하는 것이다. 예를 들어, 첫 번째 면담의 마지막 부분에 가서 내담자에게 우리가 어떻게 작업을 하는지에 대해서 듣고 싶은 관심이 있는가를 물었다고 하자. 만일 듣고 싶다고 대답하면, 우리는 고통의 주된 원인이 사람들이 자기가 분리되고 혼자라고 생각하는 믿음에서 발생한다고 설명할 것이다. 그리고 치료과정에서 우리가 서로 단절되는 방식을 살펴보고, 우리를 계속 고립되게 만드는 이미지와 믿음들에 대해서 어떻게 의문을 제기하는지 그 방식을 설명할 것이다. 우리는 고립의 환상을 포기하고 연결감을 느껴 가도록 하기 위한 작은 모험을 시도하도록 격려할 것이다. 그러한 과정을 통해서 내담자들은 관계의 안전감과 잠재적 성장을 판단하는 자신의 역량을 믿기 시작한다(Jordan, 2010).

다이애나Diana는 매우 창조적이고 성공적인 건축가였다. 그런데 업무에서나 친구들과의 소통에 어려움을 호소하면서 치료를 받으러 왔다. 다이애나와 내 Judith V. Jordan가 치료에 대해서 이야기했을 때, 경우에 따라서는 다이애나가 나에게 동의하지 않는 방식을 발견할 수 있도록 서로 함께 작업을 한다면 치료에 유익할 것이라는 점에 동의했다. 다이애나는 나에 대한 존경심을 표현하면서 이 사실에 대한 불안을 드러냈고, 매우 순응적인 입장에서 치료를 시작했다. 만일 자기가 화를 표현하면 내가 감당이 안 돼서 자기를 떠날 것이라는 그녀의 두려움과 관계적 기대감을 우리는 보았다. 다이애나의 어머니는 다이애나에게 "너는 절대로 다른 누구에게도 의지하면 안 된다."라고 단호하게 말했고, 절대 화를 내서는 안 된다고 가르쳤다고 했다. 그래서 다이애나는 다른 사람들은 필요하지 않고, 자기의 화를 표현하지 않는 것을 학습했던 것이다. 다이애나와 나는 그러한 믿음의 확실성에 대해서 서서히 의문을 제기하기 시작했고, 사람들에게 동의하지 않는 것이 어떤 느낌인지에 대한 호기심을 갖기 시작했다. 어느 날, 내가 자기의 제일 친한 친구의 이름을 잘못 기억했을 때, 다이애나는 내가 잘못 알고 있다고 말했다. 우리는 우리가 진정으로 현존하며, 관계의 안전성이 증가하는 과정에 있음을 알았다.

치료관계에서 성장은 관계 안에서 관계를 향해서 일어난다는 사실을 내담자와 치료사는 둘 다 경험적 수준에서 알게 된다. 이상적인 치료결과는 자기충족 self-sufficiency을 달성하는 것이 아니다. 그보다는 상대방에게 미치는 서로의 영향으로부터 배우고, 각자 상대방의 경험에 자기를 조율하면서 서로 간에 공감하는 능력을 진전시키는 것이다. 그러한 접근은 서로의 취약점과 변화에 대한 개방성을 수반한다. 이는 '평등'이나 '동일성'을 의미하는 것이 아니다. 치료관계에서 치료사들은 내담자의 치유와 성장을 촉진하는 것만이 아니라, 내담자의 웰빙을 보호하는 전문적인 책임을 가지고 있다. 이러한 서로 간의 공감적 움직임 속에서 치료사와 내담자 모두가 변화하고, 성장하며, 공동의 지혜가 향상된다. 이러한 과정에서 치료사와 내담자 모두가 연결로부터 지혜가 성장하는 것을 직접적으로 경험하게 된다. 우리는 차이를 넘어서 서로 힘을 다해서 만나고, 안전한 연결을 향해서 자기 나름의 방식을 발견하려고 애쓰는 긴장감을 느끼는 것을 공감하는 방법을 배운다. 우리는 우리에게서 연결의 경험과 관계적 자각을 빼앗는 믿음과 관습에 대한 의문을 제기하고 도전하는 것을 배움으로써 심오하고 새로운 방식으로 성장한다.

관계명상 훈련

전통적으로 마음챙김은 명상 수행을 통해서 배양되어 왔다. 참여관계로 마음챙김 수행을 확장하는 것은 그레고리 크레이머(Gregory Kramer, 2007)에 의하여 그의 통찰 대화 공동명상Insight Dialogue co-meditation 수행을 가르치는 과정에서 개척되었다. 고전적인 침묵 명상안거와는 달리, 크레이머는 얼굴과 얼굴을 맞대고 명상 방석에 앉아 대인관계적인, 함께 명상하는 훈련법을 가르친다. 듣고 말하는 것을 관계적인 영역 안에서, 관계영역을 통해서 마음챙김을 촉진하는 명상수행으로 소개한다. 명상은 마음이 지혜를 향해서 기울어지도록 고안되었고, 수행이 분리되지 않음에 대한 통찰을 공유하고, 자기 이미지와 구조를 통해서 보도록 개발되었다. 단절의 전략을 봄으로써 그 전략을 놓게 되고, 함께 존재하고, 함께 보는 경험이 배양된다.

　　그러한 훈련은 의도를 공유할 때(공동명상에서처럼) 아마도 가장 강력해지고, 임상장면에서 치료사들로 하여금 관계에 대한 자각의 깊이와 연속성을 촉진시키는 데 최고의 가치가 있다고 생각한다. 다음의 여섯 가지 공동명상의 지침은 치료적 만남을 심화하는 틀을 제공한다. 이 여섯 가지를 훈련하는 것은 치료사들이 관계-문화 이론을 훈련하는 기초가 되는 연결과 단절의 유동성과 범위에 열려 있게 한다(Kramer, 2007).

공동명상 지침

- **멈춤**: 이것은 기초적인 마음챙김 훈련이다. 경험의 흐름을 인식하고, 판단 없이 주의가 떠돌아다니는 곳을 알아차리고, 선택된 대상으로 되돌아오는 것을 기억한다. '기억하기, 관찰 멈추기, 관찰하기, 되돌아오기'를 계속 반복한다.

- **이완**: 이것은 알아차리고, 이완하고, 스트레스나 긴장 또는 통증을 둘러싼 수축을 방출하는 몸과 마음으로의 초대다. 긴장, 걱정, 강박증을 알아차리고, 마음을 놓아주고, 이완하고, 수용으로 초대한다. 즉, 알아차리기, 놓아주기, 이완하기, 수용하기다.

- **개방**: 마음의 확장과 공간 확보를 위한 초대다. 외부 대상, 소리, 풍경을 포함하여 알아차림을 개방한다. 동시에 내적·외적 자각을 향한 모든 감각을 포함하고, 특히 상대에 대한 자각과 관계적 공간에 대한 자각, 두 사람 사이의 공간과 두 사람을 잡고 있는 공간에 대한 자각을 개방한다. 그것은 내적·외적, 그리고 관계 경험의 흐름과 특질을 탐

색하는 것에 관여한다. 내적 · 외적으로 광활하게 개방하기; 순간순간 관계 자각의 변화

- **신뢰 발생**: 이것은 과거—심지어 과거의 순간—에 뿌리를 둔 이미지, 의도, 그리고 지식에 우리를 초대하고, 일어나고 있는 것에 대한 신뢰에 우리를 초대한다. 우리는 이 순간에 일어나고 있는 것이 연기적 관계 공간에서 함께 일어나고 있는 것임을 알아차린다. 놓아주는 것, 알지 못하는 것, 아직 보지 못한 것에 개방하는 것, 영향을 받고 접촉하려는 의지의 함양, 흐름에 맡기는 것을 신뢰한다. 즉, 놓아 버리기, 연기적으로 일어나는 것이 순간의 깨달음으로 오는 것처럼 함께하기다.

- **경청하기**: 이것은 명상하듯이 듣기, 몸 전체에 일어나는 것을 알아차리기, 완전히 받아들이고 그리고 놓아버리기, 조율, 깊은 수용, 모든 감각기관을 통한 공명. 무엇을 말하는지, 어떻게 말하는지, 무엇을 말하지 않는지 알아차리기. 침묵, 말과 목소리의 특질과 내용 듣기, 판단이나 자기참조 없이 듣기. 마음챙김하며 듣기, 들으면서 마음챙김하다.

- **진실 말하기**: 그 순간에 진실성이 있는 진정한 목소리는 마음챙김으로 알고 느낄 수 있는 몸으로 내재화된 특질을 가지고 있다. 즉, 진실된 '진정한' 말의 범위와 유동성을 알아차리기, 순간에 현존하기, 무엇이 거짓 또는 단절로 들리는지를 보고 놓아 버리기, 진실되며, 유용하며, 이익이 되며, 관계의 순간적 이동에 적절하게 말하는 것을 기억하고 격려하기, 모르는 것을 용기 있게 시도하고 초대하다. 이것은 비개념적 · 비이원적 앎의 진실이며, 과거에 형성된 이야기나 지식을 초월하는 움직임이다. 진실한 말을 향해 귀를 기울이고 듣는 것이다.

이런 지침을 집단 안에서나 명상 수행에서 훈련하는 것은 많은 수행자에 의해서 매우 가치 있는 것으로 보고되어 왔다. 공감적 현존, 경청, 그리고 연결로 가는 길을 수립하는 것은 대부분의 치료 접근 방법에 본질적이고(Norcross, 2002), 관계의 발전을 치유의 핵심으로 두는 치료사에게는 특별한 가치가 있다. 이 훈련은 깊이, 그리고 계속해서 변화하는 연결과 단절의 경험에 열려 있게 한다. 그것은 또한 많은 명상 전통에서 말하는 깨달음의 정신적 요소(연민심, 평정심, 마음챙김, 에너지, 고요함, 기쁨, 조사)를 배양하는 기회를 관계 안에서 제공한다. 아마도 관계의 발전에 초점을 두는 치료사와 내담자에게는 개인의 내면을 향한 명상보다는 분리의 고통과 잠재적인 연결의 지혜에 대한 깊은 통찰의 순간에 일어나는 연기

의 지혜가 훨씬 더 많은 것을 제공해 줄 것이다.

관계 훈련: 역할놀이를 통한 임상 훈련

함께 호흡하기

이 실습은 한 사람의 호흡을 다른 사람의 호흡과 조율하는 것이다. 이것은 특히 불안, 동요, 또는 신체적으로 손상된 내담자들에게 유용할 수 있다.

• 치료사는 먼저 내담자의 호흡을 따라 호흡하고, 조용히 여러 차례 들숨과 날숨을 알아차린다.

• 호흡이 느려질 때, 치료사는 날숨과 함께 "놓아 버리세요."라고 고요하게 말한다.

• 자연스럽게 고요를 느낄 때, 치료사와 내담자는 고요하게 앉아서 침묵을 음미한다.

• 역할을 바꾼다.

• 경험을 나눈다.

연결과 단절의 흐름에 관한 명상

• 치료사와 내담자는 편안한 거리에 얼굴과 얼굴을 마주 대고 앉는다.

• 두 파트너는 눈을 감고 자신의 호흡에 집중한다.

• 이제 눈을 뜨고 몇 분 동안 부드럽고 존경스런 마음으로 눈을 마주 본다.

• 이 방법으로 서로를 바라보는 동안, 두 파트너는 연결과 단절의 흐름에 주의를 기울인다. 불편함, 자아의식, 그리고 일어나는 다른 정서적 작용, 이 모든 것이 일어나고 사라지도록 내버려 둔다.

• 이 실습은 연결의 성패에 대해서 각자가 알아차린 것에 대한 논의를 포함한다.

이 장에서 우리는 소외와 분리가 개인적, 사회적, 그리고 문화적 수준에서 고통을 창조하는 방식에 초점을 맞추었다. 단절의 고통에 대한 해답은 연민심을 훈련하는 것이고, 상호연결의 눈을 통해서 우리의 고통을 보는 것이 지혜를 훈련하는 것이다. 관계-문화 심리치료에서 상호 간의 노력을 공유함으로써 우리는 연민심과 지혜를 함께 발달시키면서 성장하고 번창할 수 있다.

13장. 심리치료에서 자아와 무아

잭 엥글러Jack Engler
폴 풀턴Paul R. Fulton

나는 내가 존재한다는 사실을 안다.
문제는 내가 알고 있는 이 '나'는 대체 무엇인가?
-데카르트(1641/1988, p. 82)

현대 심리치료사들은 불교심리학의 고대 개념을 선택적으로 사용한다. 즉, 자신의 건강모델이나 병리모델과 양립할 수 있는 것은 채택하고 그렇지 않은 것은 빼 버리는 형태로 사용한다. 이 두 치유 전통 사이에서 가장 난해한 것은 자아의 본질에 관한 것이다. 불교심리학에 의하면, 우리가 소중히 여기고 보호하는 자아가 보이는 것과는 달리 실체가 없는데, 그것을 '진짜'라고 착각하는 것이 심리적 고통의 주요 원인이라는 것이다. 오히려 자아에 대한 감각은 조건에 따라 발생하기도 하고, 또 조건에 따라 사라지기도 한다. 자아는 경험과 분리된 영속적인 본질을 가지고 있지 않다. 일어나는 모든 경험에는 일관된 '나'는 없다. 그러므로 불교의 관점에서 보면, 우리의 근원적인 실체는 '무아' 혹은 팔리어 아나타 anatta로 설명된다.

무아는 현대 심리학과 심리치료에 있어서 상대적으로 새로운 개념이지만, 직접적인 경험을 통해서 이 개념을 이해하는 것은 심리적 고통을 완화하는 데 커다란 잠재력을 가지고 있다. 불교 수행자들의 경우, 자아의 본질이 덧없다는 것을 깨닫는 것이 지혜의 핵심이고, 그것은 심오한 만족감과 행복감을 수반한다. 그런 의미에서 무아의 개념이 심리치료 이론과 실습에 정보를 제공하는 방법을 고려하는 것은 자연스러운 일이다.

이 장에서는 심리적 고통에 미치는 자아의 역할에 대한 확장된 이해가 어떻게 임상실습에 직접적이고, 실용적으로 적용될 수 있는지 보여 주기를 희망한다. 이 장에서 자아에 대한 불교적 이해를 광범위하게 다루기에는 부족하지만, 이 어려운 개념을 우리의 경험에 가까운 용어로, 그리고 친숙한 치료적 개념과 관련지어서 표현해 볼 것이다(Olendzki, 2005, 9장 참조). 이 장 후반부에서는 내면가족체계라는 비교적 새로운 치료접근 방법을 검토함으로써 무아가 가진 치료의 잠재성을 보여 줄 것이다.

심리치료와 불교에서의 자아

치유의 한 방법으로서 심리치료는 심적으로 성숙하고, 건강하고, 온전한 인간이 되어 간다는 것이 어떤 것인지에 대해서 문화적으로 구성되고 공유되는 생각이 가지고 있는 힘과 의미를 이끌어 낸다. 우리의 치료모델은 발달상의 장애와 적응 실패, 정신적인 외상으로부터 심리적 고통이 어떻게 발생하는지에 대한 인과관계를 상세하게 설명하고 있다. 고통과 고통의 완화에 대한 이해는 무엇이 정상이고 건강한 것이라고 생각하는지, 그리고 자아에 대한 건강한 감각을 갖는다는 것이 무엇을 의미하는지와 불가분의 관계에 있다. 자아에 대한 감각은 심리학적으로 보편적인 것처럼 보이지만, 항상 같은 방식으로 이해되지는 않는다.

서양에서 자아는 흔히 어린 시절에 적절한 정서적 자양분과 사회생활에서 계속되는 상호작용에 의해서 자연적으로 발달하고 성취되는 것으로 이해하고 있다. 개념적으로는 건강하고 성숙한 개인의 자아는 비교적 자율적이고, 독립적이고, 분리되어 있으며, 안정적으로 보인다. 우리는 이러한 자아의 특성을 그 자아가 성장한 문화에 얽매인 민족심리학의 산물로 보기보다는 자연스러운 성숙의 산물로 받아들인다. 서양 심리치료는 우리가 흔하게 알고 있는 자아에 대한 견해—나는 존재한다—를 취하고 있다. 그러한 견해는 다른 이들로부터 방해받지 않고, 자유롭게 행동하며, 도덕적 판단과 통제, 그리고 궁극적 가치에서 비교적 영향을 받지 않는 자아에 도달하는 것이 최상의 성장이라는 입장을 취한다.

불교심리학은 독립적인 자아를 지속적인 경험의 범주로 인식한다. 사실, 붓다와 동시대를 살았던 사람들은 우리와 같은 의미의 심리적 자아를 가지고 있었다는 증거를 충분하게 보여 주고 있다. 그러나 불교심리학은 영속적이고 독립된 자아를 성숙의 특징으로 받아들이기보다 분리되고 영속적인 자아에 대한 집요한 착각을 심리적 고통의 주된 원인으로 보았다. 그러므로 치유체계에서 불교수행은 자존감을 향상시키거나 자아를 강화시키는 방식으로 개인적인 이야기를 다시 써서 고통을 해소하려고 하지 않는다. 오히려 즐거운 것은 붙잡으려 하고, 괴로운 것은 피하려고 하는 것이 착각을 강화시키고, 불행을 불러일으킨다는 사실을 밝히면서 궁극적으로는 자아의 덧없음을 밝히려고 한다. 요약하면, 마음챙김 지향의 심리치료가 치료사업에 부합함에도 불구하고, 치료사들의 마음에는 여전히 자아의 위치와 역할에 관한 무의식적인 근본적인 갈등이 있을지도 모른다.

불교에서 아나타anatta 또는 무아는, 대개 비교적 진보된 수행 단계의 통찰(마음챙김, 또는 위빠사나vipassana)명상의 산물로 여겨진다(2장 참조). 사실 무아anatta는 우리가 항상 하는 실제 경험이다. 근본적으로 무아는 자아의 표상을 분리되고, 독립적으로 존재하는 실체로서 구성하지 않는 어떤 경험의 순간이다. 나 자신을 '나' '나의 것' 혹은 어떤 표상이나 정체성을 전혀 구성하지 않는 어떤 시간이다.

무아를 이런 식으로 생각한다면 우리는 곧 자아에 대한 생각이 없었던 많은 순간을 기억해 낼 수 있을 것이다. 그 순간을 회상해 보면, 우리가 최고로 자유로움을 느끼고, 우리 자신과 가장 조화로웠던 순간이며, 우리의 경험과 함께 흘렀고, 불안과 갈등이 가장 적었고, 가장 자연스럽고 창조적이었던 최고의 순간이었음을 알 수 있다.

무아의 순간이 자연스럽게 일어났던 몇 가지 예를 들어 보면, 이름이 불리는 것을 듣고 생각 없이 대답하는 것, 아이가 처음으로 자전거를 넘어지지 않고 탔을 때의 희열, 자신을 잊어버릴 정도로 예술작업에 몰두했을 때, 피아니스트가 완전히 몰입해서 자신을 의식하지 않고 연주를 할 때, 상담사가 환자에게 완전히 동화되어 듣고 있는 것 등이 있다. 이러한 모든 경험은 그 핵심에 우리들이 하는 일과 완전히 하나가 되는 느낌을 갖게 한다. 실제로는 그것조차 부정확한 표현이다. 왜냐하면 무아의 순간에는 '나'라고 느끼는 감각이 없고, 주체와 대상 사이에 주관적인 구분이 없기 때문이다. 자각은 '비이원'적이다. 거기에는 행위가 있을 뿐이고, 행위에 대한 자각이 있을 뿐이다. 인식하는 주체와 인식하는 행위, 그리고 인식되는 대상이 모두 하나로 경험된다. 이런 종류의 모든 경험은 우리에게 존재하는 것, 느끼는 것, 그리고 행동하는 것이 분리된 자아—행위의 주체와 대상—를 중심으로 구성될 필요가 없다는 것을 보여 준다. 심지어 '생각'을 자아 없이 하거나 '내'가 그것을 한다는 생각 없이 매우 잘 일어날 수 있다. 그런 무아의 순간 속에서 우리는 자연스럽고 자발적인 호기심과 연민, 그리고 즐거움을 가지고 좀 더 효율적이고 현명하게 기능하는 경향이 있다.

자아에 대한 불교의 개념이 처음 생각했던 것처럼 난해하지 않듯이, 자아에 대한 잘못된 견해를 붙잡고 있는 유해한 결과를 발견하는 것 또한 어려운 일이 아니다. 약간의 내적 성찰만으로도 우리는 우리의 내적인 삶이 얼마나 많이 우리 자신을 염려하고 있는지 알 수 있다. 이는 끊임없는 방어적인 태도, 자존감을 극대화하려는 노력, 또는 암묵적으로(또는 드러내 놓고) 우리 자신을 끊임없이 다른 이와 비교하려는 성향이다. 심지어 적응이 잘된 성숙한 개인의 '건강한' 자아도 취적 특성도 고통의 원인이다. 우리가 자아에 대한 관점을 통해서 다른 사람과 관계를 맺을 때, 우리는 나에게 좋거나, 나에게 나쁘다는 식으로 경험의 가치를 미묘하게(때로는 그다지 민감하지 않게) 만든다. 우리가 좋아하거나 싫어하는 것은 모든 경험을 판단하는 실제 기준이 되고, 그 정도에 따라서 휴식이 없는 결과를 낳는다. 우리는 희미하게 분리된 느낌을 갖게 된다. 마치 주방 기기들이 작동하고 있어도 알아차리지 못하다가 아주 잠깐 멈추었을 때 알아차리는 것처럼 말이다. 그러한 순간에 우리는 무한히 이완됨을 느낀다. 삶은 덜 복잡해지고, 우리의 불만이나 의견에 끊임없이 매달리지 않고, 우리의 경험 안에서 휴식하는 법을 배우기 시작할 것이다.

임상 훈련에서의 자아, 그리고 무아

우리는 자아와 무아가 임상적으로 어떤 의미가 있는지 하나의 연속체를 그려 보는 것을 통해서 이해해 보려고 한다. 한쪽 끝에는 자아도취적 장애를 가지고 있다. 가운데에 보이는 '평범한' 비임상적인 자아도취는 심리적으로 건강한 사람들에게서 찾을 수 있는 일상의 흔한 자기중심성이다. 다른 쪽 맨 끝에는 불교의 이상향인 무아의 실제에 대한 자각을 볼 수 있다.

| 자아도취적 장애 | 평범한 '건강한' 자아도취 | 무아 |

$$\longleftrightarrow$$

	자아도취적 장애	평범한 나르시시즘	무 아
대상과 의 관계	타자는 자아도취적 자아의 대상 혹은 '부분 대상'으로 존재한다. 그들은 일차적으로 자기애적인 자양분과 검증을 제공하거나 부인하는 것으로 경험된다. 거기에는 자아의(보상차원에서) 특별함을 인정하거나 반영해 주는 이상적 대상과 연합되어 자아를 과대평가한다. 공감 능력이 심하게 감소되어 있다.	공감 능력이 있는 '성숙한' 대상관계를 보인다. 대상을 좀 더 그 자체로 보고, 자기 욕구의 베일을 통해서 덜 보게 된다. 타자의 자아도취적 욕구를 인정할 수 있다. 자아에 대한 적절한 자존감을 가지고 있다.	자아에 대한 환영과 집착으로 인해서 고통의 상태에 있는 타자가 보이고, 그들을 보다 큰 공감 능력으로 수용한다. 기본적으로 다른 이도 자기와 같음을 인정하는 데서 오는 진실한 연민으로 타자의 고통에 자연스럽게 정서적으로 반응한다.
지각	세상이 개인적 선입견을 통해서 걸러진 개인적 욕구의 반영으로 지각된다. 경험은 감정을 불러일으키고, 사적이 되고, 기이해진다. 자기중심적인 렌즈를 통해서 세상을 보기 때문에 세상이 자기에게 맞추어서 돌아간다고 생각한다. 세상에는 나의 가치, 중요성, 요구에 맞거나 맞지 않는 사람들이 살고 있다고 생각한다.	여전히 자주 개인적인 욕구와 혐오감에 의해 채색되어 있긴 하지만, 보다 많은 삶의 경험이 자아로부터 독립적이고 비개인적으로 경험된다. 경험이 충동과 욕구로만 구성되어 있지 않기 때문에 세상이 더 이상 인정과 반영을 공급해 주는 사람과 박탈하는 사람으로 완전히 이분법적으로 나누어지지는 않는다. 다른 이들과 함께 자신을 세상에 속한 한 개인으로서 경험한다.	자아의 확대와 이기심이 조직적인 원리로 작용하면서 줄어들고, 세상을 자양분 또는 박탈의 원천으로 지각하던 것이 중단되며, 동시에 개인적인 것이 개입되지 않아(욕구상태를 통해서 걸러지지 않기 때문에) 풍부하고도 친밀하다. '나'와 '나 아닌 것'의 이원성을 버렸기 때문에 자아와 세상은 분리나 소외 없이 '다르지 않은 것'으로 경험하게 된다.

방어	거의 대부분의 경험은 자율적인 자아기능을 위한 여유가 없고, 갈등에 의해서 지배되고 있다. 투사적 동일시, 부정, 분열과 이상화 등의 원초적 방어기제를 포함하고 있다. 자각과 통찰이 매우 제한되어 있다.	억제, 억압, 승화 및 이타심(방어기제로서) 등의 성숙한 방어가 개입한다. 의미 있는 자아의 반영과 통찰이 가능하다.	실체가 없는 자아의 특성을 점차 이해해 가면서 자아를 방어하려는 욕구가 사라지고, 점차 덜 방어적이 되며, 더 큰 감수성과 방어 없이 살아가게 된다. 이러한 무방비는 상처받는 사람도, 얻거나 잃는 사람도, 보호가 필요한 사람도 '없다'는 것을 이해하는 것으로 보상된다.

이 도표에서 우리는 자아도취적 장애와 건강한 자아도취에서부터 실체가 없는 자아의 본질에 대한 깊은 통찰에 이르기까지 추론할 수 있다. 이것은 완전한 자아 중심으로부터 벗어나서 궁극적인 부재를 향해 나아가는 하나의 과정이다.

임상적인 유추는 '갈등 해소' 기능의 개념이 될 수 있다. 정신분석학자인 하인츠 하트만(Heinz Hartmann, 1958)에 의해 개발된 이 용어는 어떻게 개인이 ─또는 다른 심리적 성숙 단계에 있는 동일한 개인─ 비교적 갈등에서 자유롭게 기능하는 영역을 가질 수 있는지 서술하고 있다. 우리들 대부분은 해결되지 않은 문제들로 인해서 심리적 에너지가 묶여 있는 영역들이 있다. 성공적인 치료는 갈등하지 않는 영역을 확장시키고, 갈등하는 영역을 축소시키는 데 있다.

이 과정은 자기중심주의로부터 무아로 이동하는 것과 유사하다. 우리가 중심축이 같은 그룹 속에서 살고 있다고 생각해 보자. 원 내부의 대부분은 아주 개인적이고, 방어적이고, 흥분적인 '나' 또는 '나의 것'과 관련되어 있다([그림 13-1] 참조). 바깥쪽 원은 우리가 '나에 관한 것이 아닌 것'으로 경험하는 부분이며, 개인적인 것이 개입되지 않는 부분이다. 내 정체감의 위기와 관련된 문제에 대해선 굉장히 소유적이 되고, 나에 관한 것이 아니라고 알고 있는 문제에 대해선 그렇게 관심을 두지 않게 된다. 예를 들어, 내가 예술가인데 전시회에 갔다고 하면,

나의 경험은 아마도 나의 작품을 내가 보고 있는 작품과 비교하려는 성향 때문에 오염될지 모른다. 무아anatta의 성장은 '나에 관한' 원의 영역을 축소시키는 반면, 동시에 '나에 관한 것이 아닌' 나머지 영역을 확장시키는 것으로 설명될 수 있을 것이다. 앞의 예에서 나는 나 자신의 자기중심적 관심에 의한 간섭 없이 신선한 눈으로 다른 예술가의 작품을 보고 배울 수 있을 것이다.

치료에서 환자는 매우 개인적으로 받아들였던 어떤 일(예. 상사가 째려봄)이 자신과 전혀 상관이 없이 벌어진 일(상사는 그날 아침에 자기 남편과 싸우고 옴)일 수도 있다는 사실을 이해하게 될 수 있다. 안도감은 우리가 사건을 보다 넓은 시야에서 덜 개인적인 관점으로 볼 때 찾아온다. 무아에 대한 통찰이 커지면 개인의 경험은 점점 더 개인적인 것이 개입되지 않은 채로 다가올 것이고, 끝내는 자신의 죽음까지도 그렇게 받아들이게 될 것이다. 우리는 삶을 개인적인 억압이나 모욕으로 느낄 필요가 없다. 경험은 단지 경험일 뿐이고, 우리의 경험이 나에게 바람직한 것인지 아닌지에 대해서 지나치게 판단하지 않고 받아들일 수 있어야 한다. 그러한 인식은 보다 현명하게 행동하게 만든다. 왜냐하면 개인적인 욕망만을 단순하게 받아들이기보다는 전체적인 상황의 요소를 있는 그대로 수용하기 때문이다.

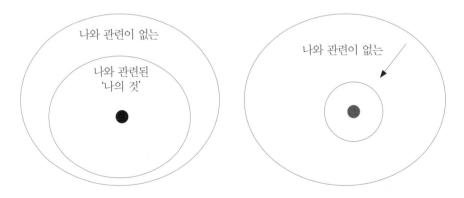

[그림 13-1] 자기중심주의에서 무아로의 이동

임상적 적용

　무아에 대한 개념은 심리치료 이론과 실습으로까지 영역을 넓히기 시작했다. 내면가족체계International Family System: IFS(Schwartz, 1995, 2001)는 무아에 접속하는 것을 치료적 변화로 이끄는 열쇠로 보는 최근의 치료접근이다. 이 접근법은 또한 특정한 개입을 통해서 어떻게 무아에 대한 자유로운 경험으로 나아갈 수 있는지를 설명하고 있다.

　내면가족체계는 외적인 가족 구성원들처럼, 내적으로도 서로 복잡하고 역동적인 관계의 '부분'들로 구성된 체계를 가지고 있다는 사실을 관찰하는 것에서 출발되었다. 이는 불교심리학에서 말했듯이 자아는 처음부터 단수로 된 독립체가 아니라는 것을 의미한다. 첫 번째 도전 과제는 '나'라는 존재가 본질적인 그 누군가가 아니라 나에 대한 다양한 측면들, 즉 부분들을 인식하는 것이다. 보통 우리는 우리 자신의 한정된 부분만을 인식하고 그것을 우리 자신이라고 여긴다. 두 번째 과제는 그들과 섞이지 않는 것이다. 내가 섞이지 않을 때, 나는 즉시 어느 정도 무아 혹은 아나타anatta에 이를 수 있고, 환상에 불과한 자아를 보호할 필요성도 줄어들게 된다. 세 번째 도전은 삶과 일을 조화롭게 할 수 있는 방법으로서 그들이 건설적이고 바람직한 역할을 찾을 수 있도록 부분과 함께 노력하는 것이다. 나의 부분이 나의 관심과 공정함을 느낀다면, 그들은 협력하고 자기를 돕는 나를 신뢰할 것이다. 그리고 나는 무아의 상태에서 나오는 진실된 관심으로 공정하게 행동할 수 있을 것이다.13

---

13 몇몇 위대한 영적 전통에 따라 내면가족체계는 자아Self라는 용어를 대문자 S로 표현하며, 섞이지 않은 순수한 상태를 의미한다. 슈워츠(Schwartz, 2001)는 그의 핵심 체계를 개발한 후에 그것Self을 발견했다고 말하면서도 이 둘의 관련성을 분명하게 인정했다. 심리학적 용어와 영적 용어 사이의 중복은 혼란을 줄 수도 있다. 내면가족체계에서 사용되고 있는 자아Self라는 용어는 불교의 무아, anatta와 동일한 것으로 사용한다. 본래부터 분리되어 존재하는 요원과 같은 자아감각에 의해 동기화되거나 구성되는 것이 아닌 상태다.

내면가족체계 과정은 어떻게 작동하는가? 내가 만약 내면가족체계 첫 회기에 초대받아서 '내면으로 들어가는' 한순간을 갖게 된다면, 나는 무엇을 발견하게 될까? 나는 어떤 유형의 마음챙김 수행에서나 직면할 수 있는 동일한 생각, 감정, 신체감각, 불안, 욕구, 신념, 그리고 몰입의 흐름을 발견하게 될 것이다(2장 참조). 그러나 내면가족체계 모델에서는 단순히 일어났다가 사라져 버리는 일시적인 사건이 아니라, 나의 주의를 요구하는 나 자신의 일부가 나와 소통하고 싶어 하는 생각 또는 감정에 다가간다. 다시 말해서, 그와 같은 생각이나 감정이 일시적으로 일어났다가 사라지는 것이 아니라, 그 자신의 고유한 역사, 대상에 대한 고유한 관점과 접근 방법, 특이한 믿음, 특징적인 기분과 감정, 다른 부분과의 고유한 관계, 그리고 가장 중요하게는 내 삶에 작용하는 고유한 역할이나 기능을 가지고 있는 나의 일부로부터 오는 것이다. 그것이 내가 탐색하도록 초대받은 이유라고 보는 것이 내면가족체계의 기본 가정이다.

아사지올리(Assagioli, 1975)의 전 범위의 내적인 인격으로서의 '하위 인격'의 개념과 융(Jung, 1969)의 '콤플렉스'의 개념은 모두 이와 같은 개념의 뭔가를 포착한 것이다. 이 견해에서 '부분'은 단지 일시적인 정서상태나 습관적인 사고패턴이 아니다. 이것은 특유한 감정의 범위, 표현 스타일, 능력세트, 욕구, 세계관을 가진 일종의 분리된 자율적인 정신체계다(Schwartz, 1995). 이것은 정상적인 마음이 가지고 있는 다양성이다. 우리는 '나의 일부는 하기를 원하지만, 나의 다른 부분은 원하지 않는다.'라고 말할 때 본능적으로 이것을 안다.

이제 내가 자기비판적이고, 앞으로 나아가는 것을 완강하게 거부하며, 상처 받은 나의 한 부분에게 그것이 나와 소통하고 싶은 것을 나에게 말하거나 보여 주기를 바라면서 다가간다고 가정해 보자. 내가 제일 먼저 발견하는 것은 다른 어떤 특별한 것을 원하는 것이 아니라 그냥 나의 이 부분이 보이고 들리는 것을 원하고 있다는 사실이다. 그다음으로 내가 발견하는 것은 보이고 들리고 싶은 다급한 욕구에도 불구하고, 그것이 내가 만일 편견이나 판단으로 다가간다고 느끼면—내가 그것을 고치려고 하거나, 변화시키려고 하거나, 억압하거나, 제거하려고 한다고 느끼면— 누구나 그렇듯이 이 부분도 스스로를 드러내거나 나와 관계하려고 하지 않는다는 사실이다. 반면에, 내가 다가가는 것이 진실하다면, 그 부분은 나의 질문에 응답할 것이며, 자기가 나에게 무엇을 이해받고 싶은지 보여 주거나 말해 줄 것이다. 이것은 단순히 '기술'이나 '훈련'이 아니다. 이것은 실제 삶이며, 내가 무아의 관점에서 나의 부분들과 관계하면서 직면하는 실제 시간이다.

다음으로, 내가 발견하는 것은 나의 이 부분에 대한 인정이 필요하고, 더 중요하게는 자신의 노력에 대한 감사를 필요로 한다는 사실이다. 이 단계들은 단순히 수동적이거나 분리된 관찰이 아니다. 루미(1996)가 그의 시 '게스트 하우스'에서 '어두운 생각, 수치심, 악의'와 함께하기를 격려한 것처럼, 나는 나 자신의 문제투성이의 달갑지 않은 부분을 전면으로 나오게 해서 그것을 온전히 인정할 필요가 있다(p. 109). 내가 절망하고, 비열하며, 이기적인 나의 그런 부분들을 포용할 수 있을까? 그것은 방어도, 촉진도 없는 무아에 대한 도전이자 가능성이다.

내가 또 발견하는 각 부분이 내 삶에서 특정한 역할을 수행해 왔으며, 고유의 기능을 가지고 있다는 것이다. 나의 일상적 경험과는 반대로, 나의 특정한 부분의 행동이 얼마나 나쁘게 보이거나 느끼게 되는지와 관계없이 내가 만일 진실하게 탐색한다면, 나의 부분은 항상 진실로 내가 원하는 최고의 관심을 가지고 있다는 사실을 발견하게 될 것이다. 각 부분은 더 많은 상처와 실망으로부터 나를 보호하고, 나의 내적 또는 외적 삶에서 일어나는 상황을 내가 다룰 수 있도록 돕기 위해서 노력해 오고 있다. 이 접근에서 '자비로운 의도'는 부분의 역할과 기능을 지속적으로 탐색할 수 있게 하는 결정적인 요인이다. 모든 부분에 내재된 타고난 선한 의도를 이해함으로써 나의 다른 부분이 기분이 상하거나 위협적이라고 느끼는 요소와 작업하는 것을 가능하게 만들어 준다.

성공적인 치료에서도 부분들은 사라지지 않는다. 그들은 내 자신의 일부로 남아 있게 된다. 내면가족체계의 치료목표는 지휘자가 개개인의 악기들이 연주를 잘하지 못할 때 그것을 오케스트라 밖으로 던져 버리려 하지 않듯이, 부분들을 단일 인격에 결합시키려 하거나, 변화시키고, 교정하고, 제거하려고 하지 않는다. 일부 영적 전통에서 잘못 알고 있는 것처럼, 원하지 않거나 '불선한' 부분을 '초월하는' 것도 내면가족체계의 목표가 아니다. 악기가 없으면 오케스트라도 없다. 대신, 전체 시스템의 행복에 기여할 수 있는 더 좋은 역할을 찾아서 함께 작업하는 것을 배우도록 돕는 통합이 목표다. 부분들은 사라지지 않을지라도, 내가 그들과 혼합되지 않는 방법을 배우고, 무아의 상태로 그들에게 접근하며, 갈등을 덜 겪고, 판단과 의도로부터 자유로운 리더십을 제공함으로써 그들이 이미 가지고 있는 기술에 적합한 새로운 역할을 발견할 수 있을 것이다.

탈동일시의 지혜

무아의 관점에서 보면, 진실한 호기심과 연민심을 가지고 우리 자신의 모든 부분과 관계를 맺는 것—각 부분이 우리를 대신해서 무엇을 견디고, 얼마나 오래, 그리고 얼마나 힘들게 수고해 왔는가를 감사하는 것—이 가능하다. 보살핌과 연민심이 상처받은 우리 자신의 부분을 향해 자연스럽게 흘러간다. 실제로 고치거나 변해야 할 필요가 있는 것은 아무것도 없다. 내면가족체계 안에서 각 부분들은 생산적이고, 평화롭게 존재하기 위해서 요구되는 것이 무엇인지 정확하게 알고 있다.

이런 방식으로 우리 자신과 작업하는 것은 티베트 불교의 탄트라 불교 수행과 상응하는 심리적 특성을 가지고 있다. '선하지 않은' 마음상태akusala citta를 소거하고, '선한' 마음상태kusala citta로 대체하려고 노력하는 대신에, 탄트라의 지혜는 우리에게 모든 마음의 상태는 선한 특질로 변형될 수 있는 가치 있는 에너지라는 사실을 알려 주고 있다. 화는 친절함으로, 탐욕은 너그러움으로, 망상은 통찰로. 우리 안에 있는 어떤 골칫거리 부분도 후원자가 될 수 있다. 어떤 적도 동료가 될 수 있다. 자기패배적이고 불안하고, 정신적 외상이 있거나 폭력적이고, 파괴적인 나의 부분도 그들 스스로 새롭고 보다 건설적인 역할을 발견할 수 있다.

놀랍게도 불교에서 전통적으로 얘기하는 선하지 않은 모든 정신적 상태의 뿌리에 놓여 있는 세 가지 '독성'인 탐욕lobha, 화dosa, 그리고 어리석음moha(9장 참조)조차도 사실은 자신의 방식대로 나를 도우려는 나 자신의 부분들로 여겨질 수 있고, 다루어질 수 있다는 것이다. 다시 한 번 말하지만, 초기 불교수행이 그러했듯이, 그리고 오늘날에도 많은 수행자들의 마음에 여전히 남아 있듯이, 수행의 목표는 우리가 원치 않는 부분을 제거하는 것이 아니다. 그렇다고 그것을 초월하는 것도 아니다. 그들과 작업하는 방법을 배우고, 내가 그들을 피하지만 않는다면, 그들이 드러내게 될 잠재적인 변화와 선함에 대한 위대한 힘을 인식함으로써 그들을 내면가족으로 통합하는 것이 목적이다. 루미(1996)가 말했듯이 그들을 영광스러운 손님으로 맞이하고, 환영하고, 대접하라. 모든 부분은 환영받는다.

우리 자신의 부분과 뒤섞이지 않는 것이 무아로 나아가는 것이고, 서로 다른 부분들과 함께 작업하는 것을 가능하게 만든다. 이 과정은 아댜산티 Adyashanti(2006)의 '이 황홀한 동일시 상태……로부터 깨어나기 위한' 초대와 매우 흡사하다(p. 46). 부분들은 종종 좋은 의도를 가지고 있음에도 불구하고, 매우 집요해서 우리가 그들을 알아차리기 전에 우리를 납치해서 장악하려는 경향이 있다. 그러고 나서는 우리가 말하거나 행동할 때, 우리 자신도 모르게 그 부분에 대해서 말하거나 행동하는 것이 아니라, 그 부분이 되어서 말하거나 행동한다. 내가 말하기를 "나는 화가 난다." 또는 "나는 죄책감을 느낀다." 또는 "나는 창피하다."라고 한다. 그런데 사실은 화가 나는 것은 나의 일부분이고, 죄책감을 느끼는 것은 또 다른 부분이며, 부끄러움을 느끼는 것 역시 또 다른 부분일 뿐이다. 내가 나의 부분들과 합병되어 있는 한, 나는 부분들에 관여하여 관계를 맺고, 작업을 할 수가 없다. 그래서 첫 번째 단계는 항상 부분의 존재나 활동을 인정한 다음, 부분들로부터 분리하고, 물러나는 것이다. 혹은 부분들을 거부하거나 버리는 것이 아니라 그들과 관계하기 위해서 부분들로 하여금 물러나도록 요청하는 것이다. 그것은 역설적이다. 내가 조금만 물러나기를 요청하면, 그러한 이동은 우리로 하여금 서로를 알아차릴 수 있도록 해 준다.

부분이 뒤로 물러나고 내가 더 이상 그 부분이 '나'라고 동일시하지 않는다면, 나는 무엇을 발견할까? 인도의 현자 라마나 마하쉬Ramana Maharshi가 즐겨 말했듯이, "오는 것은 오게 하라. 가는 것은 가게 하라. 남아 있는 것을 보라." (Adyashanti, 2006, p. 65에서 인용) 무엇이 남아 있는가? 나의 부분들과는 본질적으로 완전히 다른 뭔가가 있을 것이다.

우리가 알아차리면서 관찰하고, 우리 자신의 많은 부분들과 혼합되지 않고, 그들로부터 서서히 분리될 때, 우리의 근원에 있는 영속적인 나, 자아가 아니라 어떤 판단이나 의제가 없는 단순한 자각 그 자체라는 사실을 발견하게 될 것이다. 그것은 수동적인 상태가 아니다. 그것은 초월적인 의식의 영역도 아니고, 삶의 고통과 도전이 없는 영적인 상태도 아니다. 진실로 무아로 산다는 것은 창의적이고 치유적인 방식으로 내 자신의 모든 부분과 상호작용하는 것을 의미하고, 나의 내면가족의 적극적인 구성원이 되는 것이며, 다른 부분들이 보이고 들리도록 격려하는 것이며, 더욱 건설적인 역할을 하도록 보살피는 것이며, 그들이 서로 소통하고 협력할 수 있도록 돕는 것이다. 이 상태에서 나는 상황이 요청하는 대로 목격자가 될 수도 있고, 배우가 될 수도 있는 것이다.

내가 나의 부분들과 섞이지 않을 때, 나는 나의 핵심, 나의 본질, 나의 진정한 본성, 나의 자연스러운 상태가 이미 된 것이고, 항상 선한 상태로 있을 것이며, 자아의 어떤 특정한 표상과 동일시하지 않을 것이다. 이것이 바로 불교가 말하는 지혜panna라는 것이다. 단지 나이 많은 사람이나 스승은 지혜로울 것이라고 믿는 것처럼 그렇게 '지혜로운 상태'가 아니라, 특별한 실체가 아닌 것에 대한 아주 분명한 깨달음이고, 따라서 차별 없이 모든 것을 향해서 연민적일 수 있다(4장과 9장 참조).

타고난 연민

무아의 상태에서 나는 또한 내 안에서 긍정적인 특질이 더 자연스럽게 흐르는 것을 발견할 것이다. 예를 들어, 내가 실제로 연민적이고 평화롭게 되는 것은 아니다. 연민과 평화가 이미 그곳에 있는 것을 내가 발견하는 것이다. 나는 선한 특질이, 이를테면 치료사나 그 누구로부터나 무엇으로부터 오는 것이 아니라는 사실을 발견하게 된다. 우리가 무의식적으로 우리 스스로를 제한된 자아상과 신념의 인질로 삼는 우리 자신의 부분에 휩쓸리지 않을 때, 그들은 모든 이들에게서 똑같이 선하고, 치유적이고, 창조적인 특질로 드러난다. 내면가족체계는 핵심적인 선한 특질을 정의하기 위하여 8C를 사용한다. 8C는 고요함calmness, 명료함clarity 또는 지혜wisdom, 호기심curiosity, 연민심compassion, 자신감confidence, 용기courage, 창조성creativity, 그리고 유대감connectedness(Schwartz, 2001)이다. 내면가족체계는 또한 기쁨, 유머, 수용, 용서, 그리고 감사를 추가적인 긍정적 특질로 본다(Schwartz, 1995). 이러한 특질은 불교심리학에서 발견되는 '바라밀paramis' 수행이나 '칠각지bojjhangas'(일곱 가지 깨달음의 요인들: 마음챙김, 조사, 에너지, 기쁨, 고요, 집중, 그리고 평정)와도 비슷하다. 이들은 깨달음과 진실로, 지혜로운 행동을 위한 필수적인 마음특질이다(Nyanatiloka, 1972). 그들은 항상 비추는 태양과 같다. 나는 이 상태에 더 보태거나 뺄 것이 없다. 문제는 오직 구름이 덮고 있는 것뿐이다. 나는 구름을 갈라서 태양을 볼 것이다. 구름이 걷힐 때 나를 낚아챘던 부분을 뒤로 물러서게 했을 때, 무아의 햇볕이 내리쬐기 시작할 것이다. 이 순간에는, 심지어 목격자가 되어 관찰한다는 인식도 사라질 것이다. 거기에는 오직 이러한 특질의 흐름과 함께 목격, 자각, 연결만이 있을 것이다.

무아로부터 보는 것

무아의 상태에 있을 때, 우리는 알 수가 있다. 내가 완전하게 현재에 있을 때가 이 상태에 있는 것이다. 그러나 내가 평소에 가지고 있는 자각하는 '나ɪ나 me' 안에 실체가 있다는 부수적인 감각 없이 현재에 머물러야 한다. 이상하게 들릴 수도 있겠지만, 무아의 상태에서 나는 어떤 자의식이나 자각하고 있는 자아를 갖지 않고 오직 깨어 있을 뿐이다. 자각도 나의 또 다른 부분이라고 생각하기 쉽지만 그렇지 않다. 자각은 또한 경험이 아니다. 자각은 '이것'과 '저것'으로 표현될 수 없다. 자각은 모든 경험의 조건이다. 경험을 가능하게 만든다. 거기에는 나의 부분들을 '나me'와 '나의 것mine'으로 취하지 않은 채, 그들을 분명하게 자각하고, 관계할 수 있는 능력이 있다. 한편, 내 자신에 대한 이미지나 신념은 나의 일부분일 뿐이며, 결코 진짜 나가 될 수 없다. 내가 보고, 생각하고, 행동한 것을 '나'에게로 돌리지 않는 순간 나는 무아로부터 생각하고 지각하는 것이다. 내면 가족체계의 용어로 말하자면, 내가 부분적으로든 또는 전체적으로든 자신의 어떤 부분에 휩쓸리지 않을 때, 거기에는 보는 자가 없는 봄이 있고, 생각하는 자가 없는 생각이 있고, 행위자가 없는 행위가 있다.

내면가족체계로 가는 길 훈련[14]

• 편안한 자세를 취한 후 두어 차례 깊이 숨을 쉬어 보세요.

• 준비가 되었다고 느끼면, 점차적으로 여러분의 관심을 내면으로 돌리고, 길의 시작에 서 있다고 또렷하게 상상해 보세요. 당신의 생각과 감정들, 당신의 몸과 신체감각들—모든 당신의 부분들—을 또렷하게 모읍니다. 그들에게 당신의 의도는 그저 홀로 그 길을 걸어가고 싶을 뿐이라는 것을 알려 주세요. 그리고 당신이 지나가는 동안 그들 모두는 여기에 머물러 있기를 원한다는 것도 알려 주세요.

• 만일 그들이 당신이 가도록 내버려 두는 것에 대해서 불안해하면, 당신은 돌아올 것이고, 오래 걸리지 않을 것이라는 사실을 알려 주세요. 그리고 이것이 모두에게 유익할 것이라는 것도 알게 해 주세요. 여전히 불안해하는 부분이 있으면 덜 불안해하는 부분들이 돌봐 주도록 하세요. 불안해하는 부분들이 여전히 당신이 가는 것을 두려워한다면, 그들과 함께 그들의 걱정에 대해서 대화해 보세요. 당신이 가도 좋다고 느끼게 되면, 길을 가기 시작하세요.

• 여러분이 걸을 때 여러분 자신의 걷는 모습을 보고 있다면, 여러분은 여전히 자신의 어떤 부분과 섞여 있는 것입니다. 아마도 여러분 스스로 길을 갈 수 있다는 걸 여전히 믿지 못하는 보호자 또는 목격자 부분일 것입니다. 여러분이 정말로 무아의 체험을 하게 되면, 여러분은 자신을 보지 못할 것입니다. 왜냐하면 여러분이 바로 보는 자이기 때문입니다. 보는 자는 스스로를 보지 못합니다. 당신이 그 길을 혼자 가도록 내버려 두는 것을 두려워하는 부분을 찾아서 다른 부분에게로 돌아가라고 요청해 보세요. 돌아가지 않는다면, 왜 두려운지에 대해 대화를 나누는 시간을 가져 보세요.

• 계속해서 걸으면서 모든 감각을 열어 보세요. 그냥 보고, 느끼고, 듣고, 감촉하고, 맛보는 것이 어떤가요? 만약 생각하고 있는 자신을 발견하게 된다면, 그 생각들에게 깨끗함으로 돌아가서 점점 더 순수한 자각과 순수한 현재에 있도록 요청하세요. 각 부분이 뒤로 갈수록 여러분의 몸과 마음에 열려 있는 공간을 알아차리세요. 에너지의 흐름이 증가되는 것을 알아차려 보세요. 당신이 당신의 부분에 휩쓸리지 않을 때, 당신의 중심핵은 어떠했나요?(이것은 무아에 대한 짧은 경험입니다.)

• 당신의 부분들에게로 돌아가야 할 시간이라고 느낄 때, 당신의 부분들이 모여 있는 곳으로 돌아가세요. 당신의 부분들에게 다가가고 있을 때, 당신이 그들과 섞이지 않는 공간

---

14 슈워츠(Schwartz)의 'Path Exercise' 원본(2001, p. 61ff)을 조금 수정하였다.

과 에너지에 열려 있는지를 살펴보세요. 당신이 당신이 이러한 에너지를 가지고 돌아갔을 때, 당신의 부분들이 어떻게 당신을 맞이하는지를 알아차려 보세요. 그들과 이야기를 나눈 후 당신 없이 그들이 어떻게 하고 있었는지를 보세요. 그들에게 당신으로부터 필요한 어떤 것이 있는지를 물어보세요. 당신이 경험한 넓은 공간과 에너지를 그들과 함께 공유해 보세요. 그것을 기꺼이 받아들이는 부분들에 미치는 효과에 주목해 보세요.

• 끝으로, 당신을 가도록 놓아준 부분들에게 감사를 전하세요. 그리고 당신을 가지 못하게 했던 부분들에게도 당신으로 하여금 그들이 두려워하고 있었다는 것을 알게 해 준 것에 대해서 감사하세요. 일상으로 돌아올 때, 무아의 공간과 에너지를 함께 가지고 올 수 있는지 보세요

비이원적인 무아를 자각하는 상태는 불교의 마음챙김 수행에서와 마찬가지로 내면가족체계 치료모델에서도 똑같이 중요하다. 이 두 가지 치유 방식에서 흥미 있는 차이는 내면가족체계에서는 무아가 보다 드러나게 우리의 내적 부분들과 상호작용을 한다는 점이다. 무아는 목격자일 뿐만 아니라, 감정적인 리더십을 제공해 준다. 그것은 듣기만 하는 것이 아니라 행동한다. 우리가 무아에 있을 때, 우리는 우리 안에서 무엇이 진행되고 있는지 듣고 보살피기 위해서 자연스럽게 호기심, 연민, 지혜를 불러일으킨다. 이런 종류의 정서적 리더십은 마음이 자연스럽고, 넓으며, 자애로운 상태에서 오는 것이기 때문에 신뢰할 수 있고, 효과적인 것이다.

불교심리학에서는 무아로부터 비롯되는 행동을 아상카리카 시타asangkarika citta 또는 '동기화되지 않는' 행위라고 설명한다. 행위는 있지만 '내'가 어떠한 것을 하고 있다는 인식은 거의 없거나 전혀 없는 것이다. 나의 행위는 내 안에서 나오거나 나에 의해서 비롯되는 것으로 경험되지 않는다. 그들은 상황이나 그 순간의 필요에 따라 자동적인 반응으로 발생한다. 나 자신의 제한된 부분에 의해서 촉발되거나 일어나는 행위와는 달리, 무아는 오직 흥미와 관심, 연민과 지혜를 표현하면서 편견이 없고, 공정하며, 이런저런 방식의 사건이나 결과를 요

구하지 않는다.

심리치료는 자아와 무아에 대한 더 넓은 이해의 문턱에 서 있다. 자아에 대한 폭넓은 이해는 내면가족체계와 같은 획기적인 치료모델에 영감을 불어넣어 주고, 가슴을 자유롭게 해 주는 무아에 대한 이해로 환자를 안내하는 데 사용될 수 있는 모든 종류의 심리적 개입을 알려 준다. 무아에 대한 직관적 깨달음은 불교 심리학에서 말하는 지혜다. 그러한 깨달음은 필연적으로 고통으로부터 자유를 얻는 것에 대한 이해를 알려 준다. 이는 결국 우리가 심리치료를 어떻게 해야 할지 재고해 보도록 만든다.

14장. 지혜의 신경생물학적 토대

토머스 믹스Thomas W. Meeks
라엘 칸B. Rael Cahn
딜립 제스트Dilip V. Jeste

> 관개 기술자들은 그들이 원하는 곳으로 물을 끌어들인다.
> 화살을 만드는 장인은 화살을 곧게 만든다. 목수는 나무를 깎고 형태를 만든다.
> 마찬가지로, 지혜로운 자들은 그들 자신을 조절하고 훈련한다.
> -『법구경』The Dhammapada(de Silva, 2000, p. 171에서 인용)

지혜의 신경생물학적 모델에 대한 탐구는 쉽지 않은 일이다. 수 세기 동안 문화 전반에 걸쳐서 발전해 온 지혜에 대한 다양한 개념과 수조 개의 뉴런과 수십억 개의 시냅스로 구성된 생물학적으로 엄청나게 복잡한 인간 두뇌를 생각해 보면, 이는 명백하게 도전적인 과제다. 그러나 한때는 도저히 접근할 수 없는 개념으로 보였던 것이 이제는 어느 정도 가능하게 되었다. 신경생물학을 연구하는 기술적인 진보는 최근 수십 년간 주로 기능성 신경 영상 관련(즉, 양질의 해상도와 함께 뇌 활동의 변화를 실시간에 가깝게 관찰), 중추신경계와 관련된 유전학Genetics, 유전체학Genomics, 그리고 단백질체학Proteomics이 어지러울 정도로 빠른 속도로 진행되어 왔다. 이러한 진보는 흥미로운 일이지만, 신경과학과 정신과 영역의 연구자들은 이러한 기법을 지혜 자체의 개념을 연구하는 데 활용하지 않고 있다. 수년 동안 지혜는 종교, 윤리, 철학의 범위였고, 소위 말하는 경험과학의 범위에는 속하지 않았다. 하지만 1970년대 이후에 노인학, 심리학, 그리고 사회학 (Brugman, 2006; 1장과 11장 참조) 분야에 있는 클레이튼Clayton, 벨트Baltes, 그리고 에릭슨Erikson과 같은 연구자들이 지혜의 개념에 관심을 보였고, 지혜에 관한 전문가들의 평가논문 출판이 지난 40년간 15배나 증가했다.

비록 지혜는 연구자들에 따라서 다양하게 개념화되어 왔지만 우리가 문헌을 연구한 결과, 다양한 고대문화와 현대문화에서 드러나고 있는 지혜는 서로 매우 유사하게 정의되고 있음이 드러났다(Jeste & Vahia, 2008). 지혜라는 용어로 된 개념에 관한 신경생물학적 연구에 대해 알려진 바가 없으므로 우리는 지혜에 대한 신경생물학적 모델을 구축하는 예비 단계를 거쳤다. 첫째, 우리는 전문가에 의해서 평가된 출판물에서 지혜를 정의한 문헌을 찾았다. 다음으로 최소한 세 개의 정의를 포함하고 있는 지혜의 하위구성요소를 확인했다(Meeks & Jeste, 2009). 이들은 친사회적 행동/태도, 사회적 의사 결정/실용적인 생활지식, 정서적 항상성, 반추/자기이해, 가치 상대주의/관용, 그리고 승인/불확실성과 모호함을 효과적으로 다루기 요소를 포함하고 있었다.

지혜를 구성하고 있는 대부분의 요소는 랜드 패널Rand Panel 또는 델파이 방식 Delphi method을 사용한 최근의 연구에서 지혜에 관한 전문가들이 동의하는 구성요소와 현저하게 유사했다(Jeste et al., 2010). 다양한 관점과 배경을 가진 연구자들이 표현하고 있는 견해들의 유사성을 감안하면, 우리는 비록 어떤 초기모델의 많은 측면은 시간이 지나면 타당성이 떨어진다는 사실은 알지만 '상향식bottom-up' 접근을 사용하는 지혜의 연구자들이 적어도 지혜에 관한 신경생물학의 기초이론을 만들 수 있다고 믿는다. 따라서 우리는 신경전달물질과 더불어 기능적인 신경영상 연구를 바탕으로 신경해부학적인 위치를 알아내는 가능성에 초점을 맞추고, 앞에서 언급한 지혜의 여섯 가지 범주의 신경생물학 문헌을 고찰할 것이다(Meeks & Jeste, 2009). 지혜와 관련된 것으로 추정되는 다양한 영역들의 신경생물학적 토대는 여러 공통된 영역—배측dorsolateral, 안와전두orbitofrontal, 그리고 내전전두엽피질ventromedial prefrontal cortex, 전측 대상 피질anterior cingulate cortex: ACC, 편도체amygdala, 그리고 변연계limbic striatum—을 포함하고 있었다.

관련된 연구 영역은 명상 상태와 의식의 특징에 관한 신경과학의 발생기에 있다. 명상실습은 세계적으로 각 문화권 안에서 발달되었고, 지혜의 발달에 도움이 되는 것으로 여겨져 왔다. 앞에서 제안된 지혜의 하위구성요소에 대한 신경생물학적 발견과 명상훈련에 대한 신경생물학적 결과가 중복된다는 사실을 탐색하는 문헌이 늘어나고 있다. 지혜의 여섯 가지 요소가 명상실습의 개념과 관련되면서 지혜의 하위요소인 '친사회적 태도, 정서적 항상성, 자기반영/자기이해'는 명상실습의 신경생물학적 연구와 특히 강하게 중복된다. 흥미롭게도, 앞에서 말한 지혜의 신경생물학적 발현과 관련되어 있는 뇌 영역들—변연계, 선상체striatal, 전색대anterior cingulate 부위와 결합된 배측과 내전전두엽피질—은 명상훈련과 관련이 있다고 자주 보고되고 있다(Cahn & Polich, 2006).

이 장에서는 지혜의 여섯 가지 하위구성요소의 신경생물학적 근거에 대한 실마리를 찾아내고, 심리치료의 신경생물학적 효과와 관련된 연구를 통해서 그 효과를 촉진하기 위해서 설계된 명상훈련을 탐색하려고 한다.

지혜의 여섯 가지 하위구성요소의 신경생물학

친사회적 태도/행동

많은 문화와 연구자들은 지혜가 절대적으로 사회적 공익에 공헌한다고 강조해 왔다. 따라서 우리는 공감과 연민, 이타심과 사회적 협력에 관한 신경생물학적 연구를 살펴보려고 한다. 이들은 서로 연관된 개념이지만 또한 두드러진 차이를 가지고 있다. 공감은 타자의 정서적인 경험을 이해하고 공유하는 역량으로 이해될 수 있다. 공감은 감정적 전염이 되지 않도록 공감하는 사람이 분리된 자아의 감각을 유지할 수 있을 때만 적용된다. 공감과 밀접하게 관련되어 있는 것은 연민이다(1장 참조). 특히 명상수행은 공감과 다른 사람의 고통을 경감하려는 의도에 관계하는 역량을 개발하는 데 초점을 맞추고 있다. 이타심은 자신에게 불리하더라도 타자에게 이익이 되는 행동을 말하며, 우리에게 유전적으로 가까운 사람에게 더 강하게 작용하도록 진화론적으로 프로그램화되어 있다고 여겨진다. 사회적 협력은 공동의 선을 위한 행동을 준수하는 것과 관련되어 있을 뿐, 반드시 자신에게 불이익을 가져오는 것은 아니다. 진화 생물학적으로 사회적 협력은 종종 비협조적으로 행동했을 때, 초래되는 결과에 대한 두려움에서 비롯된다고 여겨진다.

인간의 공감능력 발달에 역할을 하고 있는 두뇌회로를 전전두엽피질prefrontal cortex: PFC 안에 있는 '거울 뉴런 시스템'이라고 부른다(Rizzolatti, Fadiga, Gallese, & Fogassi, 1996)([그림 14-1a] 참조). 한 사람이 행동을 취할 때와 다른 사람이 동일한 행동을 하는 것을 볼 때, 두 경우 모두 두정 전두의 거울 뉴런 시스템이 활성화되고, 특정한 감정을 경험할 때와 다른 사람이 (짐작컨대) 그 감정을 경험하는 것을 보고 있을 때(그래서, 거울이라고 이름 붙여짐), 두 경우 모두 대뇌 변연계 거울 뉴런 시스템이 활성화된다는 증거가 쌓이고 있다(Cattaneo & Rizzolatti, 2009). 다른 사람을 도와줌으로써 공감과 이타적 방향의 토대를 형성하는 것으로 보이는 이와 같은 거울 뉴런 시스템은 비언어적 의사소통을 이해한다(Decety & Jackson, 2004).

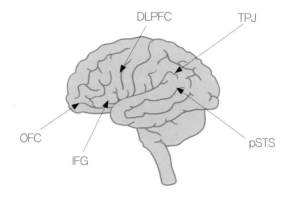

[그림 14-1a] 지혜와 관련된 뇌의 해부도: 측면(외부)에서 본 뇌

DLPFC: 배측 전두엽피질(dorsolateral prefrontal cortex), IFG: 하전두회(inferior frontal gyrus),
OFC: 안와전두피질(orbitofrontal cortex), pSTS: 후상측두구(posterior superior temporal sulcus),
TPJ: 측두 두정접합(temporoparietal junction)

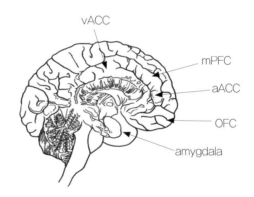

[그림 14-1b] 지혜와 관련된 뇌의 해부도: 중앙시상(내부)에서 본 뇌

vACC: 전측 대상피질의 전면(anterior portion of anterior cingulate cortex), mPFC: 중앙 전전두
엽(medial prefrontal cortex), OFC: 안와전두피질(orbitofrontal cortex), vACC: 복측전측대상피질
(ventral anterior cingulate cortex)

현재 다른 사람의 감정 상태를 관찰하는 것만으로도 관찰자의 신경 네트워크
에서 동일한 상태를 경험하는 데 관련된 부분이 활성화된다는 사실을 보여 주는
신경영상 문헌이 늘어나고 있다(de Vignemont & Singer, 2006; Sommerville & Decety,

2006). 그러한 역량은 중앙 전전두엽mPFC과 관련되어 있는 것으로 보인다. 그러한 발견을 지지하는 연구들 중에서 최근에 기능성 자기공명 영상fMRI 조사는 이 중앙 전전두엽([그림 14-1b] 참조)이 공유된 정서적 경험의 인식을 조절한다는 사실을 증명했고(Seitz et al., 2008), 80개의 연구논문에 대한 메타 분석을 통해서 중앙 전전두엽이 인간의 공감능력에 주요한 역할을 담당한다는 사실을 발견했다(Seitz, Nickel, & Azari, 2006).

최근 연구들은 친화적 경향성에 대한 암시적, 명시적 측정방법으로 조사된 결과, 연민/자애 명상수행이 긍정적 정서를 높이고, 우울과 질병 관련 증상을 감소시키며, 사회적 유대감을 증가시킨다는 사실을 지적한다(Fredrickson, Cohn, Coffey, Pek, & Finkel, 2008; Hutcherson, Seppala, & Gross, 2008; 3장 참조). 특히 이러한 명상수행의 신경생물학적 특징은 오랜 기간 동안 연민명상을 한 사람일수록 매우 높은 진폭의 감마주파수를 발생하며, 이는 매우 주의 깊은 뇌의 상태를 반영하는 것으로 믿어진다(Lutz, Greischar, Rawlings, Ricard, & Davidson, 2004; 8장 참조). 덧붙여서 이 같은 수행자들이 정서적 청각 단서에 노출되면 연민명상 동안(Lutz, Brefczynski-Lewis, Johnstone, & Davidson, 2008)에 변연계 영역의 반응과 동일하게 amygdala and ACC 타인의 관점을 수용하는 것과 관련된 뇌의 후상측두구pSTS와 오른쪽 측두골 분기 부분의 반응이 증가되는 것을 볼 수 있다(사회적 의사 결정과 마음의 상관관계에 관한 이론은 다음에 더 자세히 설명되어 있다). 끝으로, 숙련된 연민명상수행자는 휴식 시간과 비교해 볼 때, 연민명상을 하는 동안에 상대적으로 심장박동수가 상당히 증가하는 것을 볼 수 있는데, 이러한 심장박동수의 증가는 인슐라insular의 앞 부위에 있는 뇌 활동 증가와 밀접한 관련이 있고, 이는 아마도 연민/사랑과 관련된 특별한 신체감각임을 반영하는 것으로 보인다(Lutz, Greischar, Perlman, & Davidson, 2009).

사회적 협력에 관한 신경영상 연구는 다양한 과제('죄수의 딜레마'를 포함한 신뢰/상호게임)를 통해서 검사되었다(Knutson, 2004). fMRI 연구는 사회적 협력이 대뇌

측좌핵nucleus accumbens/복측선조체ventral striatum([그림 14-1c] 참조)뿐만 아니라 계통발생학적으로 보다 후기의 원시적 보상 신경순환계인 중앙 전전두엽mPFC(공감과 유사한)과 같은 뇌의 영역에도 관계하고 있다는 사실을 밝혔다(Decety & Jackson, 2004; Rilling et al., 2002; Singer, Kiebel, Winston, Dolan, & Frith, 2004). 이타심 또한 후원금(vs. 과세) 같은 패러다임을 사용한 신경영상 연구에서 흥미 있는 유사한 패턴을 보였다. 여기서 일차적으로 활성화된 뇌 부위는 선조체와 대뇌측좌핵nucleus accumbens이었다(Harbaugh, Mayr, & Burghart, 2007; Moll et al., 2006).

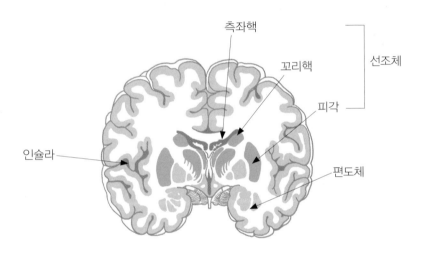

[그림 14-1c] 지혜와 관련된 뇌의 해부도: 뇌의 횡단관(Coronal cross-section)

사회적 의사 결정/실용적인 생활 지식

실용적인 생활 지식과 기술에 가장 가까운 신경영상 문헌에 있는 개념은 사회적 인식과 관련되어 있다. 페너Perner와 윔머Wimmer는 '마음의 이론theory of mind'을 개발했는데, 이는 인간이 다른 사람의 정신 상태를 어떻게 이해하는지를 설명하는 데 탁월한 모델이다(Perner & Lang, 1999). 마음의 이론 과제에 관한 신경영상 연구를 살펴보면 중앙 전전두엽mPFC과 후상측두구pSTS에서 일관된 활성화가 보이고, 종종 측두두정접합temporoparietal junction: TPJ과도 연관되어 있음을 볼 수 있다(Brunet, Sarfati, Hardy-Bayle, & Decety, 2000; Fletcher et al., 1995; Gallagher, Happé, Brunswick, Fletcher, & Frith, 2000; Goel, Grafman, Sadato, & Hallett, 1995). 중앙 전전두엽mPFC은 다른 사람의 내면세계를 '정신화mentalizing' 또는 생각하는 데 더 많이 관여하는 반면에, 후상측두구pSTS는 사회적 단서와 내적 정신 상태에 관련된 시각적 자극에 반응하고(예, 신체 몸짓이나 안면 표정), 측두두정접합TPJ은 자신과 타자의 인지적 차이에 관한 역할을 담당한다. 앞에서 언급한 것처럼, 오랜 기간 동안 연민명상을 한 수행자는 연민명상 동안 정서적 청각자극에 노출되었을 때 후상측두구pSTS와 측두두정접합TPJ의 활동이 커졌다. 이는 관점수용과 사회적 인지의 형태에 대한 생물학적 기질이 증대되었을 가능성을 지지한다(Lutz et al., 2008).

다른 사람의 감정과 동기에 대한 인식을 넘어서서 우리는 이러한 정보를 사회적 결정을 '지혜롭게' 하는 데 사용해야 한다. 몬테게와 베른(Montague & Berns, 2002)은 지혜와 관련된 의사 결정의 주요한 차이를 만들었다. 각각의 결정과 관련하여 그들이 강조한 것은 선택의 표현방식과 선택의 결과에 대한 단기(때로는 장기)평가다. 지혜는 부분적으로 즉각적 보상과 잠재적으로 보다 장기적인 이점 사이에 균형을 유지하는 선택에 의지한다(11장 참조).

지혜와 관련된 신경영상 분야에서 가장 공통된 의사 결정 과제는 '도덕적 결정'을 하는 것과 관련이 있다. 그린, 섬머빌, 니스트롬, 달리와 코헨(Greene, Sommerville, Nystrom, Darley, & Cohen, 2001)의 연구에 의하면 개인적(vs. 비개인적)인 도덕적 추론 과제에서 전전두엽mPFC의 활성화가 증가되었음을 보고했다. 비개인적이고 도덕적인 의사 결정 과제는 측두정골 영역의 활성화를 더 많이 증가시켰다(종종 보다 합리적인 인식과 연관된다). 그린, 니스트롬, 엔겔, 달리와 코헨(Greene, Nystrom, Engell, Darley, & Cohen, 2004)은 개인적인 도덕적 결정과 공리적인 도덕적 결정—즉, 사회적 공동의 선을 위하여 개인적인 도덕 판단과 정서적 자기이익을 침해될 수도 있는 요구—을 비교하는 도덕적 결정의 신경생물학적 측면을 조사했다(예, 여러 다른 사람의 생명을 구하기 위해 한 사람이 희생하는 행동). 이와 같이 일반적으로 공리에 기초한 보다 복잡한 도덕적 결정에는 전측대상피질ACC(정서적 또는 인지적 갈등탐지에 관여하는)과 배측 전전두엽PFC을 우선적으로 활성화시킨다. 이것은 자동적인 정서적 반응을 보다 잘 극복하기 위해서 더 잘 계산하고 합리적인 사고과정을 사용하기 위해서 구성된 것일 수도 있다.

정서적 항상성

감정조절(또한 앞에서 논의한 지혜로운 사회적 의사 결정의 부분으로서의 만족의 지연)에 필요한 기본적인 뇌 기능은 충동조절이다. 신경영상촬영 연구를 통해서 등측 전측대상피질 ACC(dACC), 측두 전전두엽PFC, 그리고 하전두회가 충동을 조절하는 뇌의 핵심 영역이라는 것을 알 수 있었다(Congdon & Canli, 2005). 이론적으로, 등측 전측대상피질dACC 감각들은 본능적인 감정에 대한 반응과 보다 인지적이고 합리적인 사회적 반응 사이의 갈등을 감지한다. 반면에 측두 전전두엽PFC은 작용기억에서 보다 사회적으로 유리한 반응을 유지하고, 적절한 행동을 촉진하거나 부적절한 반응을 억제한다. '이동/정지' 업무에 대한 행동 충동을 수량화한 단순 억제는 생체 내에서 쉽게 검증된 일반적 충동 조절을 대신한다. 하전두회는 일관되게 '정지' 반응으로 활성화된다(즉, 행동 억제를 요구하는 것들)(Aron, Fletcher, Bullmore, Sahakian, & Robbins, 2003; Horn, Dolan, Elliott, Deakin, & Woodruff, 2003).

정서적 항상성에서 더 도전적인 과제는 정서에 대한 인지적 재평가다. 부정적 정서경험을 덜 혐오스럽게 재구성하려는 노력은—다양한 형태의 인지행동치료의 초석CBT—'정서 기반'의 편도체 활동을 약화시키기 위해서 보다 '논리 지향적인' 전전두엽PFC 영역을 활성화하는 데 관여한다(Cooney, Joormann, Atlas, Eugène, & Gotlib, 2007; Goldin, McRae, Ramel, & Gross, 2008; Kim & Hamann, 2007; Ochsner, Bunge, Gross, & Gabrieli, 2002; Phan et al., 2005). 신경영상 연구자들은 또한 부정적인 정서에 말로 이름표를 붙이는 행위를 통해서 의도하지 않는 정서조절 형태를 도출했다. 이것만으로도 심리치료사에게는 엄청나게 놀랄 만한 사실이지만, 영상을 통해 이 사실을 입증하는 것은 또 다른 위업이다. 게다가, 자기조절 수단으로 의도되지 않은 경우에서조차도, 감정에 대한 이름 붙이기는 복측 전전두엽피질ventrolateral PFC의 활동을 증가시키고 편도체 활동을 감소시킨다(즉, 부정적인 정서 자극에 대한 의도적인 인지 재구성에서 보여지는 패턴과 동일)(Hariri, Bookheimer, & Mazziotta, 2000; Lieberman et al., 2007). 따라서, 정서적 항상성에서 신경생물학적 개념의 열쇠는 변연계 반응을 억제하는 전두엽피질의 기능이다.

요즘에는 명상과 명상훈련의 핵심 구성요소인 마음챙김을 정서적 항상성 개념과 연결 짓는 연구문헌들이 광범위하게 나오고 있다(2장 참조). 최근에는 마음챙김을 정서조절과 연결 짓는 문헌들에 집중하는 평가들이 늘어나고 있다(Chambers, Gullone, & Allen, 2009; Garland, Gaylord, & Park, 2009; Williams, 2010). 수많은 연구에서 마음챙김명상을 통한 치료적 개입으로 전반적인 삶의 질뿐만 아니라, 다양한 심리적 장애들이 개선되었다는 사실을 입증하고 있다(Davidson et al., 2003; Kabat-Zinn, 2003; Kabat-Zinn et al., 1992; Teasdale et al., 2000). 게다가 놀라울 것도 없이 그러한 개입은 마음챙김의 평점이 높을수록 정서적 웰빙의 증진을 가져오는 효과가 높은 것으로 나타났다(Carlson, Speca, Patel, & Goodey, 2003, 2004; Carmody & Baer, 2008; Nyklicek & Kuijpers, 2008; Rubia, 2009; Schroevers & Brandsma, 2010).

이러한 결과와 정서조절과 관련된 신경회로에 대한 이전 논의를 관련지어 보면, 마음챙김에서 높은 점수를 받은 사람은 중앙 전전두엽mPFC의 활성화가 증가되고, 이름 붙이기 과제에 참여했을 때 정서적 무게를 가진 단어에 대해서 편도체의 활성화를 억제시킨다는 사실이 신경영상 촬영에서 발견되었다(Creswell, Way, Eisenberger, & Lieberman, 2007). 덧붙여서, 오랜 기간 동안 명상을 한 사람의 경우에는 명상하는 동안 정서적으로 혐오스럽고 산만한 소리에 대해서 편도체 활성반응의 감소를 보여 준다(Brefczynski-Lewis, Lutz, Schaefer, Levinson & Davidson, 2007). 좀 더 추가하자면, 마음챙김에 기반을 둔 스트레스 감소MBSR 프로그램 과정의 일부로 명상훈련을 받는 사람을 대상으로 슬픈 비디오를 보는 동안에 일어나는 뇌 활동과 긍정과 부정적 성격을 띤 형용사를 보는 동안 이야기에 초점을 두는 인지과제(그들 자신에 대해 생각)와 경험에 초점(순간순간 감각적인 경험을 알아차리는)을 맞추는 경험 중심 과제를 하는 동안에 일어나는 뇌 활동을 통해서 참가자의 상대적 통제능력을 평가했다. MBSR 수련 후에 참가자들은 두 작업 모두에서 인슐라의 활동이 증가되었는데, 이는 그 순간에 경험적 느낌이 증가되었다는 사실과 관련이 있다. 또한 이들의 측면 전전두엽피질의 활동이 증가되었는데, 이는 정서반응에 대한 인지적 통제의 증가와 관련이 있다(Farb et al., 2007, 2010).

　요약하자면, 몇몇 연구에서 감정적으로 도전적인 자극에 대한 명상훈련 또는 마음챙김명상은 전전두엽PFC의 활동을 향상시키고, 편도체 반응을 억제하는 조절을 통해서 정서적 항상성을 증진시키는 데 관계하고 있다는 사실을 보여 주고 있다. 명상 수행자에게서 반복적으로 발견되는 인슐라 전반 부위의 활성화 증가와 관련된 인지적 · 지각적 발견들은 신체에 나타나는 정서에 대한 경험적 알아차림이 향상되었음을 의미한다. 실제로 오랜 기간 동안 명상수행을 한 사람은 시각을 차단한 특별한 조건(즉, 정서적 자극이 애매하고 잠재적 과정이 요구되는 것과 같은 조건에서)에서 정서적 균형이 향상되는 동시에 흥분 상태를 감소시킨다는 증거를 보여 준다(예, 다른 사람의 감정 상태를 분별하는 능력)(Nielsen & Kaszniak, 2006).

반추/자기이해

　자신에 대한 지식과 자기반추적 능력은 여러 연구자와 문화에서 공통적으로 언급하는 지혜에 관한 개념이다. 우딘Uddin, 라코보니Iacoboni, 렌지Lange와 키난Keenan(2007)은 뇌의 '불이행 모드default mode'의 개념을 검토했다. 불이행 모드 네트워크Default mode network는 특정한 인지 또는 정서적 과제를 할 때보다 아무 일도 하지 않을 때 더 활성화되는 뇌 영역 묶음을 말한다(Gusnard, Akbudak, Shulman, & Raichle, 2001; Raichle et al., 2001). 이 네트워크는 등과 배측 중앙의 전전두엽, 후측대상피질, 프리큐너스precuneus, 하위두정엽inferior parietal lobule을 포함하는 중앙에 위치한 조직들로 구성되어 있다. 불이행 모드Default mode는 자서전적인 추억, 자기 참조적 사고와 내적 언어 같은 '과제와 관련이 없는 이미지나 생각'과 관련된 것을 말한다. 불이행 네트워크의 강한 활성화는 '잡념'의 상태가 보다 활성화되는 기간과 연합되어 있다(Mason et al., 2007).

신경영상에서 보면, 자신의 현재 경험에 대한 반추는 중앙전전두엽mPFC의 활성화를 반복적으로 일으키는 것으로 보이며(Lieberman, 2007), 자기판단을 요구하는 일도 마찬가지로 중앙전전두엽mPFC을 활성화시킨다(Fossati et al., 2003). 자신에 대한 연속적이고 일관된 감각을 가지는 것(정신치료에서 많은 이들이 애쓰는 목표이고, 여러 치료접근들의 핵심 개념)은 일관된 자서전적인 기억을 요구한다. 그리고 앞의 연구와 일치하게도 자서전적인 기억은 중앙과 배측 중앙의 전전두엽을 활성화시키는 반면, 비자서전적 일화기억은 배외측 전전두엽을 활성화시킨다(Gilboa, 2004). 절제에 대한 자기반추의 종류도 지혜를 배양할 수 있지만, 과도한 자기주도적 내적 사고는 지혜와는 정반대되는 집요한 걱정이나 생각, 강박관념 또는 도취적인 자기몰입에서 나타날 수 있는 것으로 부적응적일 수 있다. 지나친 자기몰입은 과도한 불이행 모드 네트워크의 활동에 의해 조절될 수 있으며, 측면전전두엽이 중앙전전두엽과 관련된 자기몰입을 억제하는 것을 도울 수 있다는 증거가 발견되고 있다(Samson, Apperly, & Humphreys, 2007; Samson, Apperly, Kathirgamanathan, & Humphreys, 2005; van den Heuvel et al., 2005).

마음챙김에서 높은 점수를 받은 명상가와 개인은 통제집단에 비해서 불이행 모드가 덜 활성화된다는 증거가 계속해서 밝혀지고 있다. 예를 들어, 선수행자와 비교집단에 속하는 참가자에게 기능적 신경촬영을 하는 동안 진짜 단어와 무의미 단어를 제시한 후 호흡에 초점을 두고, 현재 순간의 자각을 유지하는 동안에 진짜 단어와 무의미 단어를 구분하라고 요청했다(Pagnoni, Cekic, & Guo, 2008). 선수행자는 불이행 모드 네트워크default mode network에 있는 기준선 활성 상태로 빠르게 되돌아갔다. 반면에 주어진 단어에 대해서 무심하게 생각할 것이라고 예상했던 통제그룹의 참가자들 사이에서는 주어진 단어에 반응하여 더 길게 활성 상태를 보이는 경향이 있었다. 거슬리는 소리에 대한 반응에서는 초보자에 비해 상대적으로 숙련된 장기 명상가의 전후 대상회피질과 설전부precuneus를 포함하는 불이행 모드 네트워크 영역에 있는 뇌 부위가 덜 활성화되었다. 또 다른 연구에서 참가자들이 MBSR 교육을 끝마쳤을 때, 중앙전전두엽mPFC, 상측두뇌구sulcus와 설전부를 포함하는 불이행 모드 네트워크 구조들이 정서적으로 힘겨운 자극에 덜 반응했다(Farb et al., 2007, 2010).

전체적으로 이런 발견을 종합하면, 정상적인 자기참조적 사고와 가장 분명하게 연합된 뇌 활동(중뇌의 불이행 네트워크 활동)은 명상훈련과 마음챙김 발달을 통해서 감소될 수 있다는 사실을 알려 준다. 이 연구는 우리가 지혜의 중요한 구성요소라고 생각되는 자기반추 유형과 불이행 모드 네트워크와 관련되어 있고, 부적응적인 자기몰입에 취약한 보다 흔한 이야기식 자기대화 간의 차이를 이해하도록 도울 수 있다.

가치 상대주의/관용

세상에는 서로 다른 신념과 가치체계를 가진 다양한 사람들로 구성되어 있다는 사실을 '옳고/그름'(가치 상대주의)으로 판단하지 않고, 수용하는 것을 전통적으로 지혜의 중요한 구성요소로 여겨져 왔다. 이런 추상적인 개념에 대한 믿음을 넘어서서 인내심은 그보다 훨씬 더 어려운 실천을 요구한다. 어떤 이는 인내심이 건강의 기본 요소라고 주장할지 모르지만, 그것이 정신치료의 보편적인 목표는 아니다. 그런데 직접적으로 가르치지는 않지만, 많은 치료사는 내담자들이 '상담실로 가져오는' 모든 것을 수용하는 모델링을 통해서 내담자들의 관용을 배양한다.

관용에 대한 신경영상 연구는 인종이나 민족과 같은 두드러진 사회적 편견에 일차적으로 초점을 맞춘다. 어떤 연구는 '자동적인' 편견적 반응에 대한 조절은 이미 충동 조절에서 기술했던 것과 유사한 신경생물학적 패턴을 따른다는 사실을 증명해 왔다. 등측전측대상피질dACC이 원하지 않는 표면화된 태도를 감지하고, 이때 측면전전두엽이 원하지 않는 태도 표현을 억제하고, 편도체의 비활성화로 유도한다(Amodio et al., 2004; Cunningham et al., 2004). 마음에 관한 이론에서 나온 다른 관련 증거들에 의하면, 다른 사람의 마음상태나 견해를 고려해서 측면전전두엽PFC이 자기 자신에게 지나치게 집중되는 것을 억제한다고 한다(자기반추에 관한 논의 부분 참조). 측면전전두엽PFC에 손상을 입은 사람들에 관한 연구는 다음과 같은 개념을 확인했다. 이 사람들은 자신에게 매우 집중되어 있어서 다른 사람들로부터 오는 사회적 신호를 정확하게 해석하는 데 방해를 받는다(Samson et al., 2005, 2007). 리버만(Lieberman, 2007)은 다른 사람의 관점과 가치관을 인식하는 능력이 측면전전두엽PFC에 의해 제공되는 일반적인 억제 조절과 어떻게 관련되어 있는가를 검토하면서 "각 개인이 타자가 자신처럼 세상을 본다고 가정하고, 다른 관점을 수용하는 것에 어려움을 겪을 때 측면 전전두엽의 억제 조절 실패가 '순진한 현실주의'에 한 몫을 담당한다."라고 말했다(p. 263).

불확실성과 모호함을 효과적으로 다루기

삶에 내재하는 불확실성은 치료사와 내담자로 하여금 불안을 일으킨다. 애매함에 대한 인내는 불교심리학에 근간을 둔 마음챙김에 근거를 둔 심리치료뿐만이 아니라, 정신역동, 인지행동치료, 그리고 보다 전통적인 다른 접근들에서도 중요한 주제다. 이런 지혜의 잠재적 구성요소는 생물학적 연구에서 거의 관심을 받지 못했다. 그런데 위험한 결정과 애매한 결정에 직면한 사람들에 대한 신경영상 연구가 진행되어 왔다. 크레인, 윌슨, 아벅클, 캐스텔라노와 밀햄(Krain, Wilson, Arbuckle, Castellanos, & Milham, 2006)은 모험적인 결정을 하는 것(즉, 결과의 가능성을 알고 사람들이 '안전한' 결정과 '위험한' 결정 사이에서 선택을 할 때)과 애매한 가운데 결정을 하는 것(즉, 특정한 결과의 가능성이 불확실하거나 우연에 가깝고, 선택이 보상의 가치와 다르지 않을 때)을 비교함으로써 이 주제를 검토했다. 그들은 애매한 상황에 직면해서 하는 결정은 대부분 배외측의 전전두엽, 등측전측대상피질dACC과 인슐라를 일관되게 활성화시켰다고 보고했다. 반면, 모험적인 결정을 할 때는 안와전두피질OFC, 중앙전전두엽피질mPFC, 꼬리핵caudate, 전측대상피질ACC을 활성화시켰다. 또 다른 연구는 모험적인 결정보다 애매한 결정을 선호하는 사람들이 측면 전전두엽의 활성화가 더 높은 반면, 애매한 결정은 등측 전측대상피질을 활성화시키고, 애매하지 않은 결정은 배외측 전전두엽을 활성화시켰다는 점에서 이러한 발견을 지지해 준다(Huettel, Stowe, Gordon, Warner, & Platt, 2006).

지혜의 신경생물학: 최근의 심리치료와의 연관성은

최근 몇 년간, 정신치료를 받고 있는 사람에 대한 여러 신경영상 연구가 진행되어 왔다. 주우울증 치료를 위해서 16주 동안 무작위로 배당된 인지행동 치료를 받는 실험집단과 항우울제 벤라팍신venlafaxine 치료를 받는 통제집단을 비교하는 실험에서, 두 치료 모두 동등한 효능을 가졌고, 신경영상 촬영법을 통해 측정되었을 때 여러 신경활성에서 비슷한 변화를 보였다(Kennedy et al., 2007). 이 실험에서 측면전전두엽, 중앙전전두엽, 그리고 안와전두피질OFC에서 감소된 활성화를 보였다. 중앙전전두엽의 감소된 활성화는 주요 우울증에서 반추적 자기폄

하와 같은 자기참조적 사고와 관련된 부분과 일치한다. 앞에서 세웠던 가설처럼, 중앙전전두엽mPFC의 활성화가 적절하게 조절되면, 정서적 항상성과 함께 건강한 자기반추를 증진시키지만, 지나치면 지혜와 조화되지 않는 정서적 고통을 촉진시킨다.

우울증에 대한 또 다른 치료는 대인관계 심리치료Interpersonal psychotheraphy: IPT다. 초기 연구(몇몇 방법론적인 주의사항과 함께)는 주우울증을 위해서 12주에 걸친 대인관계 심리치료와 항우울제 벤라팍신 치료집단을 비교했다. 앞에서 소개한 인지행동치료 결과와 유사하게 대인관계 심리치료를 받은 사람은 배외측의 전전두엽의 활동을 감소시켰는데, 이는 여러 우울증 증상이 개선되었다는 의미다. 인지행동치료는 또한 공황장애부터 사회적 불안까지 불안장애를 위해서 광범위하게 사용된다. 드 카발로De Carvalho와 그의 동료들은 최근에 전전두엽의 활동 감소와 편도체 활동 증가 패턴에 주목하면서 공포신경회로와 공황장애와의 관계를 검토했다(de Carvalho et al., 2010). 한 번의 개방표지시험open-label trial에서 참가자들의 중앙전전두엽의 활동이 증가했다는 사실에 주목하면서, 그들은 공황장애에 대한 두 차례의 소규모 인지행동치료 실험에서 도출된 제한된 증거를 보고했다. 이런 패턴은 우울증에 대해서 앞에서 관찰한 것과는 반대되는 결과이지만, 방법론적 문제와 표본크기가 작기 때문에 인지행동치료가 우울증과 불안장애에 서로 다른 긍정적인 효과를 미친다고 해석하기에는 문제가 있다. 지혜의 하위구성요소로서 정서적 항상성 모델(즉, 편도체의 과도한 활성화에 대한 측면전전두엽의 감소 조절)은 사회적 불안장애SAD를 가진 사람과 건강한 사람을 대상으로 인지행동치료에서 사용했던 것과 유사한 인지재평가 기술을 이용한 실험에 의해서 지지를 받았다(Goldin, Manber-Ball, Werner, Heimberg, & Gross, 2009).

사회적 불안장애를 가진 사람을 상대로 MBSR 프로그램을 두 달간 매주 실시하면서 시행하기 전과 후에 정서조절 과제(12초 동안 부정적인 자기신념에 관한 진술을 반복하는 것)를 실행하는 동안 참가자의 신경영상 패턴을 측정했다(Goldin & Gross,

2010). MBSR을 설명하자면, 정서조절, 자기초점화된 주의통제, 그리고 비판단적 자각과 같은 지혜와 관련된 개념이 아주 두드러진다. 치료 전후로 호흡에 주의를 집중하는 훈련(MBSR의 핵심 기법)을 연습했을 때, 사회적 불안장애 증상이 개선되었다. 이는 주의와 관련된 뇌 영역의 활동이 증가하고, 편도체의 활동을 지연시키며, 우측 편도체의 기본 활동수준을 낮추는 것으로 드러났다. 이러한 변화는 치료의 핵심 기제인 초점화된 주의와 편도체 활동의 감소가 정서적 항상성을 개선한다는 개념과 일치한다.

결 론

지혜에 대한 기본 개념은 문화와 시대를 초월해서 놀라울 정도로 유사하다. 이는 지혜를 개발할 수 있는 잠재력은 우리가 공통적으로 가지고 있는 생물학적 부분이라는 사실을 암시한다. 실제로, 인간의 지혜가 나이에 따라 증가하는 것은 중장년층의 특징인 생물학적 상실에 대한 보상으로 작용한다는 점에서 진화적인 의의가 있다. 이는 나이가 많은 사람이 가지고 있는 남은 자원을 보다 성공적으로 사용할 수 있도록 해 준다(Jeste & Harris , 2010). 지혜에 대한 여러 현대적 정의가 가지고 있는 공통적인 요소에는 친사회적 행동/태도, 사회적 의사결정/실용적인 생활지식, 정서적 항상성, 반추/자기이해, 가치 상대주의/관용, 그리고 불확실성과 모호함을 효과적으로 다루고 수용하는 것이 포함되어 있다.

최근의 신경과학 연구는 이러한 각각의 특징이 뇌의 특정 영역의 기능과 관련되어 있다고 주장한다. 지혜의 모든 구성요소에 밀접하게 관여하는 뇌의 두 영역은 전두엽피질과 변연선조체limbic striatum다. 이들은 각각 계통발생적으로 뇌에서 가장 최근에 생겨난 부분과 가장 오래된 부분이다. 이 두 영역 사이의 균형이 지혜의 기저를 이루는 것으로 보인다. 최근의 연구는 또한 명상기법(그리고 지혜의 발달을 지지하기 위해서 세계 곳곳의 문화에서 발달된 수행)이 실제로 친사회적 행동/태도, 정서적 항상성 그리고 반추/자기이해를 포함하는 일련의 지혜 영역에 해당하는 신경생물학적 결과를 낳는다.

정신치료는 한 가지 이상의 지혜 요소와 관계되어 있으며, 점차적으로 명상에서 이끌어 낸 훈련과도 관계되어 있다. 또한 정신치료는 기능적 신경영상촬영을 통해서 판단해 볼 때, 뇌 기능에 유의미한 효과를 발휘한다. 미래에는 신경과학의 진보가 뇌의 기능과 구조에 지속적이고 긍정적인 변화를 일으키는 지혜를 배양하는 정신치료 개입을 발달시키는 방식을 제안해 줄 수 있을 것이다.

PART 4

임상에서의 적용

실제로 환자를 치료하는 데 지혜와 연민심을 어떻게 적용할 수 있을까? 어떤 훌륭한 치료에서든 지혜와 연민심은 자연스럽게 발생하는 거라고 기대해야 할까, 아니면 의도적으로 치료에 적용하도록 길러야 할까? 다음의 장들에서는 다양한 심리적 조건을 치료하기 위해서 지혜와 연민심을 어떻게 하면 암시적으로 혹은 드러나게 배양하는지를 탐색한다.

15장은 근본적인 수용(연민)과 진정한 안내(지혜)가 어떻게 자살충동을 가진 환자들이 인생을 가치 있게 살도록 도와주는 데 필요한지 설명한다. 16장에서는 수치심과 자기비난 없이 자신의 경험을 주의 깊게 관찰함으로써 지혜롭게 선택하는 것을 배우는 것으로 약물남용치료를 재구성한다. 17장에서는 경험을 회피하는 대안이 불안을 심화시킨다는 사실과 치료 관계를 통해서 마음챙김과 연민심을 모형화하는 것이 얼마나 중요한지를 강조하면서, 불안장애치료에 비슷한 원리를 적용한다. 18장에서는 우울증에 초점을 맞추고, 우리가 최선의 노력을 다함에도 불구하고, 진화적으로 우울하게 될 수 있는 뇌는 어떻게 길들여졌는가를 탐색한다. 또한 우리의 포유류 돌봄 시스템을 활용해서 어떻게 우울증을 완화시킬 수 있는지를 탐색한다. 19장에서는 우리가 어떻게 하면 연민심과 지혜로써 정신적 외상trauma으로 인하여 극도의 고통을 겪고 있는 사람들과 함께하고, 그들을 지도할 수 있는지 설명한다. 마지막으로, 20장에서는 커플 치료사들이 어떻게 내담자들의 취약점을 안전하게 표현하도록 돕고, 서로의 슬픔, 공포, 그리고 즐거움과 같은 인간 경험들을 깊이 있게 공유함으로써 내담자가 사랑 속에서 성장할 수 있게 도와주는지를 보여 준다.

15장. 연민심, 지혜, 그리고 자살 성향의 내담자들

마샤 리네한Marsha M. Linehan
아니타 런구Anita Lungu

연민적인 것만으로는 충분하지 않다.
행동으로 옮겨야만 한다.
-텐진 갸초, 14대 달라이 라마(2008, p. 70)

　한 해 건너 한 번, 워싱턴 대학에서 나Marsha M. Linehan는 자살충동을 가진 사람들에 대한 평가와 치료개입에 관한 대학원 과정을 강의한다. 이 과정은 임상심리 대학원생들과 심리학과 정신의학 수련의들을 대상으로 하고 있다. 수업은 항상 다음 세 가지 방식으로 시작한다. 금요일 밤의 피자, 원하는 사람은 누구든지 마실 수 있는 포도주, 그리고 세 가지 질문이 주어진다. "죽음이란 무엇인가?" "개인은 자살할 권리가 있는가? 당신은 그 권리를 가지고 있는가?" 그리고 "누구든 다른 사람이 자살하는 것을 막을 권리가 있는가? 당신은 그 권리를 가지고 있는가?" 각자 종이를 꺼내어 각각의 질문에 관해서 5분에서 10분 동안 답을 적고 난 후에 의견을 교환하고 토론한다. 그런 다음, 모두 자신이 적은 종이를 찢어 버리고, 언어적인 마음의 산물들, 즉 그들에게는 학문적인 훈련에서 아주 가치 있는 상품을 내려놓는다.

자살충동을 가진 사람과 효과적으로 작업하기 위해서는 자살에 대한 선입견, 인간에 대한 선입견, 그리고 살고 죽는 문제와 같은 가장 중요한 결정에 대해서 우리들에게 이야기를 하는 사람들에 대한 선입견을 내려놓는 것이 필요하다. 심리치료사는 임상훈련에서 쌓은 지식과 자살 및 자살충동을 가진 사람이 하는 말과 얼굴 표정, 몸짓, 그리고 태도에 관한 사적인 앎을 가진 복합장애에 대한 많은 연구발견을 통합하는 것이 필요하다. 자살충동을 가진 사람은 빛이나 창문이 없는, 완저히 하얀 벽으로 둘러싸인 조그마한 방에 갇힌 사람과 같다. 그 방은 뜨겁고, 습하며, 그리고 극심하게 고통스럽다. 그 사람은 인생을 가치 있게 살고자 출구를 찾지만, 발견하지 못한다. 벽을 긁고 할퀴어 보지만, 아무 소용이 없다. 비명을 지르고 부딪혀 봐도 소용이 없다. 바닥에 넘어져서 닫아버리고, 무감각해지려고 해도 편안해지지 않는다. 신과 자신이 아는 모든 성자들에게 기도를 해도 그 어떤 구원도 없다. 그 방은 너무나 고통스러워서 한순간도 견디어 낼 수가 없다. 탈출구도 없다. 그가 발견할 수 있는 유일한 출구는 자살의 문이다. 그 문을 열고자 하는 충동은 너무나 절실하다. 그와 같은 상황에서 치료사의 과제는 어떻게 해서든지 그 사람이 있는 방에 들어가는 길을 발견하고, 그 사람의 시각에서 세상을 보며, 반드시 존재해야만 하는 삶으로 통하는 문을 발견하는 것이다. 이러한 견해가 그 방에서 치료사가 유일한 전문가라는 생각을 옹호하는 것은 아니다. 두 사람이 함께 문을 찾아야만 한다.

이 책은 심리치료에서 연민심과 지혜에 관한 것이다. 특별히 이 장에서는 심한 만성적인 복합진단 상태에 있는 자살충동을 가진 개인과 작업하는 맥락에서 연민심과 지혜를 논의할 것이다. 그렇게 하면서 우리는 이와 같이 심각하고 복합적인 내담자들을 치료하기 위해서 행동치료와 변증법적인 철학, 그리고 선수행에 근거해서 개발된 변증법적 행동치료DBT(Linehan, 1993a, 1993b)를 개괄적으로 살펴볼 것이다. DBT에 대한 경험적 지지와 DBT의 개념이 연민심, 지혜와 어떻게 관계되어 있는지에 대한 근본적 이유를 간단히 설명한 후에 우리는 DBT의 핵심 개념을 보다 깊이 있게 논의할 것이다.

처음에는 DBT는 극심한 자살충동과 복합장애를 가진 내담자를 치료하기 위해서 개발되었으나, 나중에는 다양한 임상 집단으로 확대되면서 검증되었다. 경계성 성격장애BPD, 경계성 성격장애와 자살충동(Linehan & Shaw-Welch, 2002), 경계성 성격장애와 약물의존(Dimeff, Comtois, & Linehan, 1998; Linehan & Dimeff, 1995), 섭식장애(Safer, Telch, & Chen, 2009)의 범주에 해당하는 사람들로 확대되었다. DBT는 자살충동을 가진 청소년(Miller, Rathus, & Linehan, 2006)과 어린이(F. Perepletchikova 개인적 대화에서, 2010)에게도 적용되고 있다. DBT는 미국심리학회 APA의 열두 분과 약물남용과 정신건강 서비스기관Substance Abuse and Mental Health Services Administration: SAMHSA으로부터 실질적인 지원을 받는 치료방법으로 고안되었고, 일곱 개의 독립적인 연구소(Clarkin, Levy, Lenzenweger, & Kernberg, 2007; Koons et al., 2001; Linehan, Armstrong, Suarez, Allmon, & Heard, 1991; Linehan et al., 1999, 2002, 2006; Linehan, McDavid, Brown, Sayrs, & Gallop, 2008; Mcmain et al., 2009; Soler et al., 2005; Turner, 2000; Verheul et al., 2003)에 의해서 열한 번의 무작위로 추출된 통제 실험을 거쳐서 치료효과가 검증되었다. 그와 같은 연구들을 통해서 DBT는 일반적이고 사회적인 적응과 자기존중감의 증가뿐만 아니라, 충동적인 자살행동, 자학, 우울, 무기력, 분노, 섭식장애, 약물남용, 그리고 충동성의 감소를 포함한 다양한 행동을 개선한다는 사실이 발견되었다(Lynch, Trost, Salsman, & Linehan, 2007).

우리는 DBT가 어떤 대가를 치르든지 사람을 살아 있게만 하려는 자살예방치료가 아니라는 사실을 처음부터 강조하고 싶다. 우리의 목표는 자살충동을 가진 사람들이 정서적으로 극심하게 고통스러운 삶을 유지하도록 설득하는 것이 아니다. 그런 치료적 목표에는 연민심이나 지혜가 거의 없다. 사실, DBT의 가정 중 하나는 자살충동을 가진 사람들의 삶은 그들이 현재 살고 있는 모습에서 그대로 보여지듯이, 정말로 견디기 힘들다는 것이다. DBT의 궁극적인 목적은 그들이 경험하는 삶을 가치 있는 것으로 구축하도록 도와주는 것이고, 이를 은유적으로 표현하면, 극심한 정서적 고통으로부터 벗어나서 정상적인 삶으로 돌아가는 문을 발견하도록 효과적인 도움을 주는 것이다. 그러므로 최고의 연민심은 그들이 자신의 궁극적인 목표에 보다 가깝게 다가갈 수 있는 방식으로 자신을 변화시키도록 도와주는 방법을 찾는 것이며, 최고의 지혜는 내담자들이 그들 자신의 궁극적인 목표에 도달하는 데 도움을 주는 효율적이고 효과적인 개입을 제공하는 것이다. 그러한 모험은 치료사들이 내담자들 스스로가 지혜의 역량을 가지고 있다는 사실에 대한 믿음을 요구한다.

인생을 마치 지옥에 살고 있는 것 같다며 자살충동을 느끼는 사람과 같이 심각한 장애를 겪고 있는 사람과 작업하는 것보다 더 연민심이 필요한 경우는 쉽게 상상할 수 없다. 연민심이 없이 이런 사람들과 작업을 한다면 과연 어떤 치료사가 그 힘겨움과 감정적 기복을 견뎌 낼 수 있겠는가? '다른 사람의 고통이 완화되기를 바라면서 그들의 고통에 공감하는 의식'이라고 개념적으로 정의되고 있는 연민심(Merriam-Webster, 2006)은 치료사들로 하여금 앞에서 이야기한 극심하게 고통스러운 방으로 들어가도록 만든다. 타자에 대해서 깊은 공감을 느끼고, 도와주고 싶은 마음을 일으키는 것만으로는 심각하고 만성적인 자살충동을 가진 사람들의 삶을 근본적으로 변화시키기에는 충분하지 않다. 최근 국제 모임에서 언급되었던 내담자의 경우처럼, 사랑은 그녀를 살아 있게 해 주었지만 그 사랑이 그녀의 고통을 치료하지는 못했다. 이 점을 조지 베르나노스(Georges Bernanos, 2002)가 보다 시적으로 표현했다. "처음에는 다른 이에 대한 연민심이 하나의 위안이 된다는 것을 나는 안다. 나는 그것을 가벼이 여기지 않는다. 그러나 그러한 연민심은 고통을 진정시키지 못하고, 마치 소쿠리 체를 통과하듯이 나의 영혼을 미끄러지듯 통과했다."(p. 261) 현재의 행동패턴이나 환경을 바꾸는 데 구체적인 도움을 제공하지 않고 연민심을 주는 것은 높은 벽에 둘러싸인 방 안에 들어가서 그 사람의 고통을 느끼고, 그를 벗어나게 하고 싶은 깊은 바람을 느끼면서도 정상적인 삶으로 돌아갈 수 있는 문을 찾으려는 어떤 행위도 하지 않는 것과 같다. 또 다른 비유를 들자면 실질적인 도움이 없는 연민심은 마치 소방대원이 불이 난 건물 창문까지 사다리를 타고 올라가 놓고는 불에 타고 있는 사람을 안전하게 옮기지 않고, 그 사람이 불에 타서 죽어 가는 것을 보면서 연민심을 느끼는 것과도 같다.

　요약하면, 치료사가 할 수 있는 가장 연민적인 일은 내담자가 자신의 치료목표를 성취할 수 있도록 효과적으로 돕는 것이다. 이 접근은 어느 정도 내담자에 대한 신뢰가 요구되는데, 왜냐하면 그러한 믿음이 없다면 임상가들은 자신의 목표를 자기가 치료하는 내담자에게 강요하기 때문이다. 이 사례에서 지혜는 치료사가 내담자를 위해서 무엇이 좋은지에 대해 자신이 더 잘 안다는 믿음을 기꺼이 내려놓는 의지와 겸손이 필요하다. 다른 전문가들과 마찬가지로, 치료사들은 내담자가 그들의 목표에 다다를 수 있게 도와주는 방법을 아는 것에 대한 비용을 지불받는다. 그들은 목표를 세우는 것에 대한 대가를 받는 것이 아니다. 치료사는 그들이 치료하는 내담자들의 부모나 고용주, 보호자, 또는 법률 자문가가 아니다. 치료사들은 내담자들에 의해 고용된 사람이다.

행동치료, 선, 그리고 변증법

　DBT는 주로 임상장애와 발달 및 학습장애를 포함하는 축Axis Ⅰ과 인격장애나 정신지체장애를 포함하는 축Axis Ⅱ가 복합된 자살충동 성향이 매우 높은 내담자를 치료하기 위해서 1970년대 후반과 1980년대 초반에 표준행동치료법을 적용하는 데 실패한 다수의 시도로부터 출현했다. 이 임상연구는 국가 정신건강 기관the National Institute of Mental Health으로부터 받은 약간의 기금으로 높은 자살충동을 가진 사람을 위한 치료법을 개발하는 것이 목적이었다. 그리하여 치료법의 효과를 결정하기 위해서 임의적인 임상시도를 실시했다. 그 치료법이 무산되고 실패한다고는 누구도 예상하지 못했다. 그러나 그것은 사실로 드러났다. 그 치료법이 실패한 이유는 많았지만 중요한 이유들은 치료에서 나타나는 주된 딜레마를 반영한다.

첫 번째로, 거의 대부분의 내담자들은 자신이 틀렸다거나, 내담자가 변화해야 한다는 사실을 암시하는 것으로 보이는 모든 치료법에 대해서 극도로 민감했다. 그래서 자신의 행동과 정서적 반응을 변화시키도록 돕는 데 초점을 맞춘 행동치료 개입은 전혀 치료적인 효과가 없었다. 내담자들의 경험을 비유적으로 표현하면, 그들은 정서적 외피emotional skin를 가지고 있지 않았다. 그들은 정서적으로 온몸에 3도 화상을 입고 고통스러워하는 사람과도 같았다. 심지어 그들은 아주 가벼운 접촉에도 극도로 고통스러운데, 모두가 그들을 건드리는 환경에서 살고 있었던 것이다. 그처럼 정서적으로 엄청나게 민감한 상황에 있는 그들이 변화할 것을 목표로 하는 치료기법은 그들의 입장에서는 공격으로 받아들여지거나 나아가서는 그들을 부정하는 것으로 간주되었던 것이다. 그들은 흥분하고 자제력을 잃었으며, 공동 작업은 중단되었고 새로운 학습은 일어나지 않았다.

고통을 수용하고 인정하는 치료기법으로 대체해도 별 진전이 없었다. 변화가 없는 가운데 치료사들이 수용과 공감에 초점을 두는 것은 내담자의 고통을 부정하는 것처럼 느껴지게 했다. 치료사의 입장에서 보면 수용만으로는 수동성 또는 무력감과 소통하는 것에 불과했다. 치료사는 내담자가 겪고 있는 극한의 고통과 그것으로부터 벗어나기 위해서 내담자가 벌이는 처절한 투쟁을 '알지' 못했다. 내담자를 위한 새로운 학습이 결여되어 있고, 공동 작업이 가능하지 않은 그러한 치료법은 내담자에게 흥분과 통제력의 상실감을 증가시켰다.

변화나 수용, 어느 한 가지만으로는 부족하기 때문에 이 둘을 통합하는 접근법에서 답이 발견될 수 있었다. 수용이 없는 변화를 제공하는 것은 거절감, 경험에 대한 부정, 그리고 고통을 느끼게 했다. 반면에 변화가 없는 수용은 절망

을 느끼게 하고, 고통의 부정으로 인해서 또 다시 고통을 느끼게 했다. 해결방법
은 수용과 변화의 전략으로 균형을 맞추는 접근법을 적용하는 것이었다(Linehan, 1994). 여기서의 열쇠는 균형이다. 치료의 딜레마는 수용과 변화 전략 사이의 끊임없는 이동을 통한 변증법적 전략을 개발하면서 풀리게 되었다. 이 상황에서 균형은 치료에서 순간순간 진전하는 데 필요한 것으로 정의된다. 이것은 내담자에 따라서, 또 같은 내담자일지라도 순간순간에 따라 다르다. 수용과 변화의 정도를 동일하게 만들어야 할 필요는 없다. 수용과 변화 사이에 균형이 결핍되면 치료사와 내담자 모두가 막히게 되고, 계속해서 치료의 진전을 어렵게 만든다. DBT에서 수용과 변화 전략의 짜임은 움직임, 속도, 그리고 흐름을 참고하여 치료에 스며들게 하는 것이다. 치료사의 연민심은 내담자와 치료 자체를 현재의 순간에 있는 그대로 근원적으로 수용하도록 요구한다. 동시에 내담자들이 자신의 목표를 향해서 나아가는 변화를 창출하기 위해서 부지런히 작업하도록 한다. 변증법은 대조적으로 보이는 수용과 변화를 통합하는 이론적 틀을 제공한다. DBT 안에서의 지혜는 수용과 변화 사이의 균형을 발견하고 유지하는 변증법적 자세를 유지하는 동시에, 변화를 위해서 전체적으로 필요하고 효과적인 것을 적용할 것을 요구한다.

두 번째 딜레마는 이런 내담자들은 역기능적 행동을 통한 회피 말고는 고통을 참을 수 있는 능력이 거의 없다는 사실이었다. 자살이 치료사 입장에서는 문제로 보이지만, 내담자 입장에서는 해결방법으로 보인다. 약물, 섹스, 도둑질, 분노폭발, 자해, 그리고 셀 수 없는 다른 역기능적 행동들은 참을 수 없는 고통을 즉시 줄여 준다. 내담자들이 나타내는 다중 행동과 정서상의 문제들—주로 우울증, 공황발작, 섭식장애, 외상 후 스트레스 장애, 실직, 노숙, 외로움, 그리고 견디기 힘들 정도로 고통스러운 삶의 사건들—은 치료를 혼란스럽게 만들 수도 있다. 내담자가 일련의 문제를 근본적으로 수용하지 않는 한, 치료는 진전될 수 없다는 사실이 곧바로 드러났다. 내담자의 삶의 여러 측면들은 변화될 수 없고, 그

렇기 때문에 그들의 과거 삶, 현재의 상황들, 미래의 원치 않는 제약들은 어떤 형태로든지 수용되어야만 한다는 사실 또한 마찬가지로 분명해졌다. 여기서 해결방법은 내담자들이 자신과 환경을 변화시키고, 수용(변화 자체를)하도록 훈련하는 방법을 발견하는 것이다. 변화의 기술과 마찬가지로 수용의 기술이 필요했다.

여기서 다시 지혜는 변화와 수용이라는 변증법의 두 측면에 초점을 맞추는 데 지혜가 있다. 웰빙을 위해서는 현실을 있는 그대로 받아들이는 능력과 아울러 필요한 변화를 가능하게 하는 능력, 이 두 가지가 모두 필요했다. 극심한 고통을 수용하고 참는 방법과 고통스러운 환경을 변화시키는 방법을 가르치는 것의 일관된 균형을 유지하면서 둘을 함께 가져와야만 했다.

세 번째 딜레마는 엄청난 고통과 비극적인 삶으로 인해서 자살률이 높은 위험과 직면하면서 치료사는 한편으로는 지나치게 변화를 강조하고, 다른 한편으로는 지나치게 연민심을 강조하면서 오락가락하는 자신을 발견한다는 사실이다. 내담자가 당장이라도 자살할 것 같은 위험은 치료사로 하여금 정서조절장애를 유발하곤 했다. 공포는 쉽게 좌절과 분노로 변하고, 좌절과 분노는 화가 난 공격성과 내담자를 조정하려는 노력으로 이어지면서 결코 유익하지 않은 방향으로 변화하게 된다. 한편, 내담자의 엄청난 고통과 비극적 삶은 치료사들을 무력감과 슬픔으로 이끌고, 내담자와 함께 절망의 웅덩이로 떨어지게 할 수 있다. 분노와 압력을 행사하는 노력, 그리고 무력감과 슬픔의 두 경우는 모두 효과적인 치료를 포기하게 만든다.

다시 말해서, 양쪽 입장이 다 맞다. 내담자들은 때때로 강제적이고 꾸짖음을 들을 것이다. 예를 들어, 우발적 상황 관리contingency management는 우리가 가지고 있는 가장 효과적인 치료전략 가운데 하나다. 다른 한편으로는 온화함, 내담자들과 참여하기, 그리고 적극적인 연민심이 또한 필요하다. 자제력을 잃은 아주 위험한 내담자들에게 필요한 것은 치료사들이 한편으로는 전면적인 통제를 시도하고, 또 다른 측면에서는 내려놓고 포기하는 것 사이에 중도적인 길을 유지하는 방법이다. 치료사가 동료들의 도움 없이 혼자서 일관되게 중도를 유지하기는 어렵다. 우리는 함께 수용과 변화를 가져오고, 일에서 균형을 유지하도록 서로 도와주는 치료사들의 공동체가 필요하다. 치료사 스스로도 수용과 변화 두 가지를 훈련할 필요가 있다. 중도로 균형을 만들어 내기 위해서 DBT는 적극적인 치료팀을 필요로 한다. 따라서 DBT는 내담자 공동체를 치료하는 치료사들의 공동체로 정의될 수 있다.

DBT에서의 수용

● 선의 역할

행동치료적인 개입에 의해서 가능한 변화기술은 대부분의 분야에서 매우 효과적이고 효율적이다. 그러나 1980년대 초, 치료기술에서 수용이 요구되기 시작하면서 고통을 인내하고 수용하는 것을 가르치는 데는 행동이나 인지치료가 강점을 발휘하지 못하게 되었다. 그 결과 의문이 생겼다. 내담자와 치료사 모두를 위해서 새로운 처방을 가르칠 수 있는 수용하는 접근법을 어디에서 배울 수 있을까? 오늘날 심리치료에 광범위하게 받아들여지고 있는 마음챙김은 행동치료의 한 부분이 아니었다. 비공식적으로 슬쩍 사용하는 경우를 제외하고, 공식적으로는 가능성조차 논의되지 않았다. 그 시절의 행동치료와 인지치료는 변화에 초점이 맞추어져 있었고, 고통을 수용하거나 인내하는 것에 맞추어져 있지 않았다(T. Wilson, 개인적 대화). 워싱턴 대학에 있으면서 이 책에 동참한 동료인 앨런 말라트Alan Marlatt는 1986년에 명상에 대한 첫 무작위 실험을 발표했는데(Murphy, Pagano, & Marlatt, 1986), 알코올 섭취를 줄이는 효과적인 방법을 발견하지 못했다. 존 카밧진(Jon Kabat-Zinn)은 질병에 걸린 사람들에게 위빠사나 명상과 요가를 가르치고 있었다(Kabat-Zinn, 1982; Kabat-Zinn, Lipworth, & Burney, 1985).

그 시절, 마음챙김은 역시 행동주의치료뿐만 아니라 다른 치료에도 받아들여지지 않고 있었다. 정신건강 문제와 관련해서 가장 인정받고 있는 서양 심리치료법은 무조건적인 긍정적 관심을 강조하는 로저스식 접근법이었다(Rogers, 1959). 그러나 이 접근법에는 두 가지 문제가 있었다. 첫 번째는 로저스의 접근법은 자아실현의 과정을 강조했다. 그러한 과정은 개인이 자아실현과 완성의 '과정 중'에 있다는 사실을 의미하지만 실제로는 그렇지가 않다. 근본적인(완전한) 수용은 개인이 완전하게 되어 가는 것이 아니라 그 자체로 완전하다는 사실을 강조하는 접근법을 필요로 한다. 둘째로 로저스식 접근법은 치료사에게 수용과 무조건적인 긍정적 관심을 엄청나게 강조하고 있지만, 그와 같은 수용과 무조건적인 긍정적 관심을 내담자에게 가르칠 수 있는 분명한 방법을 가지고 있지 않다는 점이다.

그래서 대안적인 방법으로 심리학과 영성의 두 영역에 동양과 서양의 영성을 사용하는 것이었다. 그러나 종교적 개념에 의존하고 있는 수용은 무신론자와 다른 종교적 믿음을 가지고 있는 사람은 멀어질 수 있는 위험이 있었다. 신앙이 있는 사람이나, 없는 사람 모두가 접근 가능한 치료방법이 필요했다. 동서양의 모든 종교를 통틀어서 신비주의/사색 수준에서 우리는 이들의 핵심적인 가르침과 신념에 해당하는 것으로서 사랑, 연민, 그리고 지혜를 발견할 수 있었다. 의식을 집행하는 수준의 영적 접근보다는 명상적인 수준의 영적 접근에서 이끌어 내는 것이 보다 가능성이 있어 보였다. 명상과 여타의 사색적인 수행은 모든 종교에 존재한다. 그러한 수행을 배우는 방법을 발견하고, 그런 다음 그것을 행동치료적으로 해석하자는 생각을 하게 되었다.

우연히, 수용을 가르치는 훌륭한 선생을 추천받게 되어 DBT에서 수용을 지도하는 기초를 주로 선수행의 가르침으로부터 얻게 되었다. 비록 다른 사색적인 수행과 양립할 수 없는 것은 아니었지만, 선수행이 가지고 있는 단순함은 행동치료와 잘 어울렸다. 선은 특별히 세 가지 측면에서 행동치료와 잘 어울린다.

첫째, 선이나 행동치료는 둘 다 개인적 자아의 구성을 강조하지 않는다(4장, 9장, 13장 참조). 실제로, 행동치료나 선에서는 개인적 자아에 대한 구조를 가지고 있지 않다(만약 모든 언어가 동사로만 구성되어 있다면, 선과 행동주의는 둘 다 파악하기가 더 쉬웠을 것이다).

둘째, 양쪽 다 우주가 하나로 연결되어 있다고 보지만, 동시에 개체성을 인식하고 있다. 행동주의 이론은 개인과 맥락(또는 환경) 사이의 불가분한 연결과 서로 분리될 수 없다는 사실을 강조한다. 다음은 우리가 우주와 연결되어 있다는 사실에 대한 자각을 발달시키기 위한 DBT의 훈련이다.

우주와의 연결

• 당신의 몸이 접촉하고 있는 대상(바닥 또는 땅, 공기분자, 팔걸이, 또는 침대시트와 커버, 옷 등)에 주의를 집중하세요.

• 당신이 그 대상과 연결되어 있거나 그들에 의해서 받아들여지고 있는 모든 방식을 보려고 노력해 보세요.

• 그 대상과의 기능적 관계에 대해서 생각해 보세요. 즉, 그 대상이 당신을 위해서 무엇을 하는지 생각해 보세요. 그렇게 하면서 그 대상이 당신에게 베푸는(주는) 친절함을 느껴 보세요.

• 대상에 접촉하는 느낌을 경험하고, 당신의 가슴에서 연결되어 있다거나 사랑받거나 돌봄을 받고 있다는 느낌이 일어날 때까지 대상의 친절함에 전적으로 주의를 집중해 보세요.

선수행을 하는 사람들이 하는 근본적인 깨달음의 경험은 일체 만물과 통합되는 것이다. 동시에, 개체성을 부인하지 않는다. 행동치료는 개인의 평가와 도표로 표시된 치료계획의 진전에 정교한 주의를 요구한다. 단정적인 진단과 그에 따라 권장되는 치료관계가 항상 부합하는 것은 아니다. 단정적인 진단 시스템이 실패하는 이유는 내담자의 개성에 초점을 두지 않기 때문이다. 선에서는 하나

의 카펫을 만드는 실처럼 개인이 무시되거나 부인되지 않는다. 예를 들어, 공안 훈련은 선생과 학생의 개인적 관계에 기본을 두고 있다. 윌리기스 제거 곤 로쉬 Willigis Jaeger Koun Roshi 선생이 언급했듯이, "파도는 바다다."라고 했을 때, 거기에 파도가 없다고 말하는 것이 아니다(Jager, 1994; Jager & Quarch, 2000).

셋째, 선에서의 훈련처방과 금지사항은 행동치료와 아주 많이 비슷하다. '사성제의 첫 번째 진리는 삶은 고통이다. 고통을 회피하는 것은 고통을 더 가중시킨다.'라는 원리를 생각해 보라(Aitken, 1982, p. 49; 4장과 9장 참조). 이것은 흔히 고통스러운 감정과 생각을 회피한 결과로 인하여 장애를 겪는 내담자들과 작업하는 행동치료사들의 일관된 주제다. 감정, 생각, 그리고 사건에 대한 노출은 대부분의 증거에 기반을 둔 행동주의치료적 개입의 일부이고 영역이다. '지혜, 연민, 해탈 등을 훈련할 때는 당신이 이미 그러한 것을 가지고 있는 것처럼 닦으라.'(P. Hawk, Roshi 선생과의 개인적 대화), 그리고 '당신이 항상 연민심을 가지고 있는 것처럼 행동하면, 실제로 당신은 항상 가지고 있었다는 사실을 발견하게 된다.'라는 것이 선에서의 공통된 가르침이다. 이런 가르침과 내담자로 하여금 충동과 상반되는 행동을 하게 함으로써 충동을 회피하고 도망가는 것으로 공포증을 치료하는 것을 비교해 보라. 그리고 비효과적인 정서를 치료할 때, 내담자가 자신의 욕구를 확인하고 무조건 반대되는 행동을 하도록 가르치는 DBT의 반대행동과도 비교해 보라. 두려울 때 마치 두렵지 않은 것처럼 행동하라. 화나고 판단적일 때, 마치 연민적이고 수용적인 것처럼 행동해 보라.

선을 행동치료에 적용하는 일은 두 가지 관점에서 시작되었다. 첫 번째는 내담자들에게 그들에게는 진실로 지혜의 역량이 있다고 가르치는 것이었다. 이는 우리는 누구나 이미 깨달아 있다는 선의 사상과 유사한 것으로서, 그 사상은 우리의 내담자를 포함해서 우리 각자는 이미 지혜롭다는 것이다(4장 참조). 지혜를 얻는 것이 어려운 게 아니라 우리 자신의 지혜를 경험하는 것이 어렵다는 것이다. '지혜로운 마음'의 기술은 내담자로 하여금 그들 자신의 내적 지혜에 접근하기 위해서 자신의 내면으로 어떻게 들어가는가를 가르침으로써 개발되었다. 그러한 생각은 육안으로는 명백하게 보이지 않을지라도, 우리 자신의 내면으로 들어가서 각자가 우주의 지혜에 접근하는 것이다. 두 번째 접근법은 현실에 대한 다양한 시각과 참여자가 생각하는 세계와 소통할 수 있는 설명과 용어를 이용하여 내담자들에게 명상이나 여러 선수행을 가르치는 것이다. 이 후자의 노력은 참여자가 자기는 '숨을 쉬지 않았다'거나 다른 유사한 말을 하면서 명상을 거부하는 경우에는 허사가 되고 만다. 그 점에 대해서는 명상을 어떻게 작은 조각으로 해체해서 가르칠 수 있는가가 숙제였다. 선수행을 행동기술로 보고, 선수행의 본질을 구성하고 있는 근본적인 수용과 '바로 지금'으로 들어가는 이 두 가지 수행에 초점을 맞추는 것이 관건이었다. 마음챙김은 이미 심리학에서 쓰이는 단어였고(Langer, 1989), 또한 틱낫한 스님의 저서『마음챙김의 기적The Miracle of Mindfulness』(1976)을 통해서 대중화된 상태였다. 그래서 비판단적이고, 한 대상에 집중해서 효과적으로(방편적 수단을 사용해서) 관찰하고, 관찰된 것을(보태지 않고) 기술하고, 참여하는 DBT 마음챙김 기술이 태어나게 되었다.

두 번째로, 기독교의 묵상수행에서 도입된 현실수용을 포함하는 일련의 기술들이 개발되었는데, 이는 내담자들이 살아온 인생이 그들이 원했던 대로가 아니더라도 그것을 내담자들이 받아들일 수 있도록 돕기 위해서였다. '그대 뜻대로 하소서'의 개념에서처럼, '기꺼이 하려는 마음의 기술'(May, 1982)과 근본적인 수용은 참가자들이 수용과 기꺼이 하려는 의지, 이 두 가지가 계속해서 반복되어야 하는 적극적인 행동임을 상기시켜 주는 마음을 바꾸는 기술과 함께 작용하게 된다.

● 근본적인 수용

'수용'의 중세영어 어원은 '취하다, 쥐다, 또는 잡다'를 의미하는 kap-이다. 이 어원의 의미는 우리가 논의하는 정신을 더 잘 내포하고 있고, 수용의 현대적 의미인 '받아들이다'보다 우리의 목적에 더 정확하게 부합된다. 수용의 한 측면인 '받아들이다'는 적극적인 수용을 훈련하는 것이 주의 깊은 관찰, 경험에 대한 개방성, 그리고 삶에 대한 인내를 어떻게 요구하는가를 전달하지 못한다. 수용은 무엇이든 현재 순간에 충분히 포용하도록 발달된 능력이다. 그것은 넓은 마음과 열린 가슴, 그리고 자신의 경험을 감당해 내는 힘을 요구한다. 오해를 피하기 위해서는 엄격한 정의가 요구된다. 수용은 때에 따라서 체념, 동의, 승인, 수동성을 뜻하기도 하지만, 반드시 그런 것을 의미하지는 않는다.

DBT에서 우리가 '근본적인 수용'이라는 용어를 사용하는 것은 우리가 치료사로서의 우리 자신을 세우고, 내담자들을 가르치기 위해서 노력하는 수용의 종류를 보다 정확하게 정의하기 위해서다. '근본적인'이라는 말과 결합되면 수용은 보다 완전한 의미를 갖게 된다. '근본적인'이라는 것은 광범위하고, 철저하고, 있는 그대로의 현실과의 관계에 대한 근원적인 본질에 영향을 미친다. '근본적인'의 동의어는 '철두철미한, 철저한, 완전한, 전체적인, 포괄적인, 속속들이, 압도적인, 방대한, 광범위한, 대규모의, 심오한'과 같은 용어를 포함한다. 근본적인 수용은 소심한 사람들에게는 쉽게 오지 않는다.

> 온전한 인간이 되기 위해서는 많은 대가를 치러야 한다. 그렇지만 깨달음을 얻거나 그와 같은 대가를 치를 용기가 있는 사람은 거의 없다. 안전을 찾고자 함을 완전히 버려야 하고, 삶의 위험에 두 팔을 뻗어야 한다. 마치 사랑하는 사람을 껴안듯이 세상을 포용해야 한다. 존재의 조건으로 고통을 수용해야 한다. 앎에 대한 비용으로서 의심과 어둠을 사랑해야 한다. 갈등에는 확고한 의지가 필요하지만, 삶과 죽음의 모든 결과는 언제나 완전한 수용이 필요하다(West, 2003, p. 254).

　　근본적인 수용에 대한 훈련은 소심한 사람을 위한 것이 아니다. 어떤 주된 명상적인 삶이나 단호하게 수용을 훈련하는 사람을 보면 그들이 걸어온 힘든 길에는 자비, 인내, 그리고 연민이 깊이 스며져 있음을 발견하게 될 것이다. 간디, 마틴 루터 킹, 달라이 라마 성하, 그리고 틱낫한 스님, 이들은 모두 사회 정의를 위한 운동에 평화로운 저항을 채택했다. 그렇게 함으로써, 그들은 자신의 '적'에 대한 관용과 이해를 보여 주었다. 이 사람들 중 그 누구도 소극적으로 묘사되지 않는다. 그들은 변화를 추구하면서, 한편으로는 있는 그대로의 인생을 향해서 적극적으로 열려 있다고 보는 것이 더 정확할 것이다.

　　그들의 예는 우리로 하여금 수용에 대한 근본 의미를 되돌아보게 한다. 그것은 현실을 있는 그대로 받아들이고, 포착하며, 잡는 것이다. 그러나 왜 현실을 근본적으로 수용하는 것이 방해될까? 왜 우리 내담자들에게 절망과 두려움, 그리고 상실감을 직면하여서 그들의 삶에서 여타의 고통스러운 사실을 받아들이라고 말하는가? 사실적인 현실을 수용하는 것이 부족해지면 회피, 도망, 그리고 고통과 두려움을 연장시키는 것과 깊이 관련된다. 역설적이게도, 자신의 인생을 변화시키는 것은 먼저 현재 있는 그대로의 자신의 삶을 받아들이는 것이다. DBT에서 수용전략은 치료사, 내담자, 그리고 치료팀이 변화하고자 함께 노력하는 것으로 자신을 인내하고, 서로에게 관용을 베풀도록 도와준다.

　　치료사의 입장에서 수용은 근본적으로 그 순간의 내담자를 있는 그대로 받아들이는 것이다. 개선이 포함된 변화는 내담자들을 두렵게 할 수 있다. 치료사들은 그들의 내담자에 대해 친밀하게 알아야 하고, 변화에 대한 두려움이나 절망감, 또는 미지의 영역에 대한 두려움을 가지고 투쟁하고 있는 내담자들과 단순하게 현존할 수 있는 능력을 가지고 있어야 한다. 또한 치료사는 치료의 진전이 느리고, 가끔씩 일어나더라도 받아들여야 한다. 치료사들이 수용하기에 가장 어려운 일은 내담자가 자살할 수 있다는 진짜 위험과 내담자의 인생을 궁극적으로 조절할 수 있는 능력이 부족하다는 사실을 받아들이는 일이다. 비록 그런 것을 근본적으로 받아들이기는 무척 어렵지만, 결핍된 수용능력은 치료사들을 엄격하고, 통제적으로 만들며, 그 결과 어쩌면 내담자들을 멀리하거나 심지어는 내담자를 있는 그대로 받아들이지 않을 수도 있다.[15]

한편, 내담자의 입장에서 받아들여야 하는 부분은 무엇인가? 우리는 거의 모든 사람이 받아들이기 어려운 몇 가지 보편적인 진실을 열거할 수 있다. 아픔, 고통, 질병, 늙음, 그리고 죽음의 불가피성이다. 그 외에도 삶에서 우리 내담자들이 수용하려고 애쓰는 것이 있다. 그것은 학대, 트라우마, 비타당화invalidation, 상실과 같이 과거에 그들에게서 일어났던 것으로서 더 이상 변화시킬 수 없는 것들, 그들이 자기 자녀나 다른 사랑하는 사람에게 했던 것 중 바꿀 수 없는 것들, 목표를 이루거나 충만하게 살 수 있는 기회를 상실한 것들, 미래가 가져올 수 있는 것의 한계들이다. 각 치료회기 때마다 문제점들이 바뀌면서 이 문제에서 저 문제로 끊임없이 옮겨 가는 것이 치료에 별 도움이 되지 못하는 것처럼, 치료과정에서 서로 효과적으로 작업하기 위해서는 우리의 내담자들 또한 일련의 문제들을 수용하고 인내할 필요가 있다.

앞서 얘기했듯이, 수용과 변화 사이에서 균형을 발견하는 것이 DBT의 변증법적 토대다. 만약 우리 치료사들이 단순히 내담자들을 덜 고통스럽고, 더 만족스러운 삶 속으로 그들을 쉬지 않고 밀어 넣을 수 있다면, 우리는 그렇게 했을 것이다. 그러나 치료사가 사정없이 변화만을 강조한다면, 그러기에는 너무 늦었고, 그야말로 말 그대로 내담자는 떨어져 나가고 말 것이다. 변화에 맞물려 균형을 맞추는 수용전략이 DBT 치료에 녹아 있다. 수용전략들은 치료사의 언어적 및 비언어적 의사소통 스타일과 내담자가 처한 환경과의 관계, 그리고 각 치료회기에서 실행되는 기본적인 치료개입을 알려 준다.

---

15 근본적인 수용에 대한 논의는 샌더슨Sanderson과 리네한Linehan에 의해 채택되었다(1999). 미국심리학협회에 저작권이 있으며(1999), 승인하에 인용하였다.

● 수용의 타당화

타당화는 DBT에서 핵심적인 수용전략이고, 다른 곳에서 전체적으로 논의해 왔다(Linehan, 1997). 여기서는 간략하게 정의만 제시하고 심리치료에서 타당화를 사용하는 동기를 설명할 것이다.

> 타당화의 핵심은 이와 같다. 치료사는 내담자의 반응이(비록 잘못된 반응이라 하더라도) 일리가 있고, 내담자가 처한 삶의 맥락이나 상황 속에서는 이해가 된다는 사실을 내담자와 의사소통한다. 치료사는 내담자를 적극적으로 수용하고, 그러한 수용을 내담자와 의사소통한다. 치료사는 내담자의 반응을 진지하게 받아들이며, 그들을 무시하거나 하찮게 보지 않도록 한다. 타당화 전략은 치료사로 하여금 내담자가 사건에 대응하는 반응(비록 옳지 않은 반응이라 할지라도) 속에 내재된 타당성을 내담자에게 반영시켜 주고, 내담자가 인식하도록 만드는 방법을 찾을 것을 요구한다. 버릇없는 아이를 가진 부모는 아이의 올바른 행동을 강화시키기 위해서 아이가 가진 좋은 점을 찾아내야 한다. 마찬가지로 치료사는 내담자의 반응 안에 있는 타당성을 발견하고, 더러는 그것을 확대하고, 강화해야 한다 (Linehan, 1993a, pp. 222-223).

타당화는 심리치료에서 다양한 기능을 가지고 있다. 타당화는 내담자로 하여금 너무 급하거나 심하게 밀어붙이는 느낌이 들지 않도록 방지하면서 변화를 강조하고, 균형을 유지하도록 한다. 타당화는 또한 내담자에게 자기 수용과 균형 잡힌 자기 평가를 가르친다. 그 결과 그들은 자신의 평가에 대해서 자신감이 증진되는 것을 경험한다. 타당화는 긍정적인 강화 원리를 통해서 행동을 강화시킬 수 있다. 그리고 마지막으로 정상적 반응에 대한 타당화로, 치료사들은 내담자들이 언제 어떻게 행동하는 것이 합리적이고 적절하며, 분별 있는 행동인가에 대해서 내담자와 의사소통한다. 그와 같은 방식으로 함께하면서 치료사와 내담자 사이의 유대감을 강화시켜 나간다.

● 현실수용 기술

수용 기술은 치료사와 내담자 모두에게 가르쳐진다. 수용 기술의 원리는 우리가 사물을 있는 그대로 받아들이는 대신 그러하기를 바라고 그러해야만 한다는 생각에 매달리기 때문에 정서적 고통이 생겨난다는 사실을 가르친다. 우리가 바라고 갈망하는 것들, 공정함에 대한 생각, 남들이 반드시 해야 하고, 생각하고, 느껴야만 한다고 생각하는 것에 대한 집착이 우리를 무익한 갈망과 절망의 순환 속에 가둘 수가 있다. 집착하지 않는 훈련을 가끔 사랑, 대인관계의 애착, 온화함, 그리고 개인적인 의미를 제거하는 것이라고 착각한다. 그러나 여기서 집착은 비효율적이고 현실에 바탕을 두지 않는 느낌, 생각, 그리고 행동에 대한 마음의 습관적인 매달림을 의미한다. 정서적 고통suffering은 그와 같은 집착의 형태를 통해서 만들어지는 것이고, 원하는 것이 이루어질 수 없다는 사실을 받아들이는 고통pain과는 구별된다. 이러한 원리로 치료사들과 내담자들을 안내하는 것에 더해서 DBT는 수용을 향상시키는 행동훈련으로 이끈다. 그러한 훈련에는 실제하는 현실이 무엇이든 그것과 기꺼이 함께하는 것을 배양하도록 고안된 훈련뿐만 아니라 마음챙김 훈련도 함께 포함되어 있다.

변증법과 DBT

앞에서 언급했던 것처럼, 수용과 변화(그리고 다른 것들)라는 서로 상반된 것처럼 보이는 이 둘을 함께 유지하는 이론적인 틀이 '변증법'(Linehan, 1995), 또는 논리적 과정으로 언급된다(Wells, 1972). DBT에서의 변증법은 다른 곳에서 상세히 나와 있으므로(Linehan & Schmidt, 1995), 우리는 여기서 몇 가지 핵심만을 거론할 것이다. 비록 최근에는 거의 대부분이 칼 막스Karl Marx와 연결시키고 있지만, 변증법적 철학은 수천 년을 거슬러 올라간다. 일반적으로 변증법적 철학을 부활시킨 사람으로 인정받는 사람은 게오르그 빌헬름 프리드리히 헤겔Georg Wilhelm Friedrich Hegel이다. 그는 특정한 형식이나 논제들이 서로 복합적인 상호작용을 주고받는다는 사실을 알았다. 즉, 각각의 논제는 자기 자체의 모순을 창조하고, 그 모순은 선행하는 논제들을 포함하거나 확장하면서 전 과정을 새로이 시작하는 통합에 의해서 무효가 된다. 일관되게 유지되고, 그래서 가치 있는 연구와 철학적 설명을 가능하게 만든 것은 변화의 과정이다. 그러한 관점에서 보면, 변증법이 심리치료 안에 머무를 수 있는 집을 찾았다는 사실은 놀라운 일이 아니다. 왜냐하면 심리치료는 궁극적으로 치료사와 내담자 사이에 존재하는 모순의 상호작용에서 발생하는 변화의 과정으로 볼 수 있기 때문이다.

현실의 본질과 인간의 특질에 대한 변증법적 세계관은 세 개의 주된 특성을 가지고 있다. 첫째, 상호연결성과 전체성의 원리다. 모든 사물과 사람은 어떤 방식으로든 연결되어 있다는 사실을 유지한다(예, 내담자가 자기 환경에서 하는 것은 환경이 대응하는 방식에 영향을 준다. 그 반대의 경우도 가능하다). 둘째, 양극성의 원리다. 모든 것은 상반되는 힘이나 입장에 의해 만들어진다는 사실을 지지한다(예, '오른쪽'이라는 개념은 그에 상응하는 '왼쪽'이라는 개념 없이는 존재할 수 없다). 셋째, 양극단의 끊임없는 변화와 통합의 원리(예, 내담자와 치료사가 어떤 주제에 대하여 양극단의 태도를 취할 때, DBT의 목표는 각자의 시각에서 무엇이 배제되고 있는가를 살펴본 후 두 입장을 포함하는 통합점에 이르고, 그렇게 함으로써 체계에서 변화를 만들어 내는 것이다)다.

심리치료에서 연민심과 지혜에 대한 논의와 관련해서 세 번째 원리는 가장 관련이 많다. 그것은 모든 체계에서 변화를 유발하는 것으로 부모와 아이, 환자와 치료사, 긍정 및 부정과 같은 양극단(변증법적 용어로 정 'thesis'과 반 'antithesis') 사이의 긴장이다. 어떤 치료에서든 가장 근본적인 변증법은 변화는 '뭔가'에 대한 수용을 요구하고, '뭔가'에 대한 수용 자체가 변화한다는 사실이다.

DBT에서의 지혜

연민심이 그러하듯이, 심각하고 복합적이며 자살 성향이 있는 사람을 대상으로 하는 심리치료에서보다 더 지혜가 필요한 곳을 상상하기는 어렵다. 치료에서의 지혜는 치료사가 치료적인 개입에 적용할 수 있는 필수적인 지식과 기술을 가지고 있고, 각 개인과 그들의 목표에 맞는 방식으로 그것을 제공하는 능력이 있으며, 그리고 치료사의 개입이 가장 효과적이고 효율적으로 쓰이지 않을 경우에는 그것을 기꺼이 인정하는 것이 요구된다. 복합적이고 심각한 장애를 가진 고도로 위험한 내담자를 치료하는 DBT 치료사에게 있어서 지혜는 변화와 수용 사이의 중도를 발견하는 것과 관련되어 있다. 평정을 비는 기도가 이와 상당한 관련이 있다.

> 신이시여, 변화될 수 없는 것을 고요한 마음으로 받아들일 수 있는 은총과 변화되어야만 하는 것을 변화시킬 수 있는 용기를 주소서. 그리고 이 둘을 구별할 수 있는 지혜를 주소서[Reinhold Niebuhr로 알려져 있음, (Bartlett, 2002)].

내담자와 치료사는 둘 다 강점과 약점, 결점, 업적, 어리석음, 그리고 내적 지혜를 가지고 있다. 둘 다 변화를 향한 목표를 가지고 있고, 두 사람 다 이 순간에 있는 그대로의 자기 자신을 받아들여야만 하는 개인으로 존재한다. 내담자는 지혜를 구하기 위해서 치료사에게 오고, 치료사는 내담자의 내면에 있는 타고난 지혜를 발견하고 꺼내어 주어야 한다.

변증법적 방법은 내담자의 내면에 존재하는 타고난 지혜를 끄집어내는 과정과 밀접하게 관련되어 있는 DBT 개념의 적절한 틀, 즉 지혜로운 마음이라는 개념을 제공해 주었다. 이 개념은 재발되는 자살 성향, 역기능, 비상식적인 행동을 보이는 개인과 작업한 결과로서 나오게 되었다. 내담자들은 심각하게 고통스러워하는데, 대부분의 사람은 그들을 비정상, 정신이상, 그리고 질병이 있다고 볼 뿐이다. 그렇게 낙인찍히는 것은 내담자들이 스스로를 병리적으로 보게 되는, 의사의 진단에 의해 강력한 영향iatrogenic effect을 갖게 된다. 모든 사람은 절대적으로 타고난 내적 지혜를 가지고 있다는 개념은 그러한 관점을 정면으로 반박하는 것이다. 지혜로운 마음이라는 말은 올바른 도구가 주어지면 개발이 가능한 지혜의 상태를 지칭한다. 묵상기도contemplative prayer[향심기도(centering prayer)와 유사함(Pennington, 1980)]와 선은 지혜는 모든 사람에게서 타고난 것이라고 주장한다.

● 지혜로운 마음

DBT는 내담자와 치료사 모두에게 '지혜로운 마음' 또는 '지혜롭게 알기'라는 개념—각 개인의 내면에 존재하는 내적 지혜—을 선물한다. 지혜로운 마음은 '정서적인 마음'과 '이성적인 마음'과는 대조된다. 이성적 마음은 침착하고 합리적이며 사고적이고 논리적이다. 완전히 이성적인 마음상태에 있을 때, 사람은 사실, 이성, 논리, 그리고 실용성에 의해 지배된다. 가치와 느낌은 중요하지 않게 된다. 이성적인 마음은 정서와 가치가 균형을 이루지 못한다. 정서적 마음은 개인의 감정이 생각과 행동을 통제할 때 왕성하게 작용한다. 완전히 정서적인 마음상태에 있게 되면 사람은 분위기와 느낌, 그리고 행동하고, 말하는 충동에 의해 지배된다. 실제로 이성과 논리는 중요하지 않다. 변증법적 관점에서 지혜로운 마음은 통합, 정서적 마음과 이성적 마음, 나아가서는 직감적, 경험적, 그리고/또는 영적 앎의 모드의 통합이다.

지혜로운 마음에 대한 또 다른 정의는 행동이 어려울 때조차도 노력 없이 지혜로운 행동(즉, 현재의 맥락에서 그 순간에 필요한 행동)이 경험되는 존재의 상태다. 지

혜로운 마음은 또한 존 카밧진(John Kabat-Zinn, 1990)에 의해 설명되고, 마음챙김
에 기반을 둔 인지치료법으로 확대되었던 '상태의 마음being mind'과 '행위의 마음
doing mind'의 통합이다(Segal, Williams, & Teasdale, 2002). 여기서 지혜는 전통적 선에
서 '방편적 기술skillful means'이라고 불리는 것을 도입하면서 필요한 것을 하는 동
안에 자각하고 현존하는 상태를 수반한다(Gudo Nishijima & Chodo Cross, 2006).

지혜로운 마음에서 우리는 여기 지금, 있는 그대로의 현실에 열려 있다. 지혜,
지혜로운 마음, 또는 지혜로운 앎은 모든 앎의 방식을 통합하는 일과 관계되어
있다. 예를 들면, 관찰로서 아는 것, 논리적으로 분석해서 아는 것, 몸으로 경험
해서 아는 것(운동감각과 감각적 경험), 행동함으로서 아는 것, 그리고 직관으로 아는
것이다. 그것은 직접적인 경험, 즉각적인 앎, 의미, 중요성, 또는 지적으로 분석
하지 않고 사건의 진실을 이해하는 것, 그리고 깊이 일관된 느낌의 특질을 가지
고 있다.

때때로 내담자(와 치료사)는 지혜로운 마음이 무엇이고, 어떻게 지혜로운 마음
을 발견하며, 지혜로운 마음상태에 있을 때 어떻게 말하는지 파악하기가 어렵
다. 다음의 연습은 지혜로운 마음을 경험하는 한 가지 방법을 예시하고 있다.

지혜로운 마음 연습

- 따스하고 햇살이 비치는 호숫가에 있는 당신을 상상하세요. 그 호수는 크고, 맑고, 매우
  푸르며, 태양은 호수 위를 따뜻하게 비추고 있습니다.

- 당신을 호숫가 근처의 돌멩이로부터 떨어져 나온 작은 조약돌이라고 상상해 보세요. 그
  리고 시원하고, 맑고, 파란 물 위를 스치듯이 지나가면서 호수의 중간까지 던져지고 있
  다고 상상하세요.

- 당신이 천천히, 아주 천천히 호수를 떠내려가고 있는 것을 상상해 보세요. 부드럽게 떠
  내려가면서 호수 속에 있는 모든 것을 알아차리며 시원하고 맑은 푸른 물에 떠내려가
  고 있는 것을 상상합니다. 그리고 주변에 무엇이 있는지 바라봅니다. 이제 호수의 한

가운데에서 깨끗한 물과 근처에 있는 것을 바라보며 호수의 바닥에 자리 잡습니다.

• 당신 안에 있는 깨끗한 중심에 대한 자각을 유지하려고 노력하면서 준비가 되었으면 눈을 뜨고 방으로 돌아오세요.

우리는 또한 지혜로운 마음을 묘사하기 위하여 은유법을 사용한다.

지혜로운 마음은 땅속에 있는 깊은 우물과 같다. 우물의 밑바닥에 있는 물은 지혜로운 마음인 우주의 바다를 향해 열려 있다. 그러나 내려가는 도중에 자주 진행을 지연시키는 함정에 걸린다. 때때로 그 함정은 실제로 우물의 바닥에 물이 없다고 믿을 만큼 매우 영리하게 만들어져 있다. 그 함정은 우물의 바닥처럼 보일지도 모른다. 그것이 잠겨 있다면 당신에게는 열쇠가 필요하다. 못질이 되어 있다면 당신에게는 망치가 필요하다. 또는 아교로 붙어서 닫혀 있다면 당신에게는 끌이 필요하다. 감정의 비가 내리게 되면, 함정 위에 내린 물을 지혜로운 마음으로 혼동하기 쉽다(Linehan, 1993b, p. 66).

또는 지혜로운 마음을 발견하고 경험하는 것을 기술하면,

지혜로운 마음을 발견하는 법을 배우는 것은 라디오의 새로운 채널을 찾는 것과 같다. 처음에는 수없이 많은 잡음만이 흘러나와 음악의 가사를 알아듣기 힘들지만, 계속 주파수를 맞추려고 하다 보면 신호가 크게 잡히고, 마침내 당신은 채널이 어디에 있는지 알게 될 것이며, 음악의 가사는 심지어 당신의 일부가 되고, 따라서 당신은 자동적으로 연결될 수 있으며, 어떤 사람이 당신이 정말로 잘 아

는 노래를 부르기 시작하면 즉시 가사를 쓸 수 있게 된다.[16]

심한 정서적 고통으로 괴로워하는 내담자는 연민(다른 이에 대한 깊은 슬픔의 느낌과 도움을 주고자 하는 마음)뿐만이 아니라, 그들의 삶에 의미 있는 변화를 구축할 수 있는 효과적인 도움을 필요로 한다. DBT는 변증법적 철학의 이론적인 틀 안에서 수용과 변화 전략에 균형을 잡아 주는 치료법이다. 우리의 내담자들이 자신의 지혜로운 마음을 발견하고 경험하는 것을 배울 때, 지혜는 수용과 변화 사이의 균형을 유지하도록 돕는다.

---

16 이 은유는 M.M.L.의 DBT 훈련 참가자가 쓴 것이다.

16장. 약물남용 및 재발방지

앨런 말라트G. Alan Marlatt
사라 보웬Sarah Bowen
캐슬린 러스틱M. Kathleen B. Lustyk

우리가 멈추었을 때, 그다음에 무슨 일이 일어날지 우리는 모른다. 그러나 우리의 습관적인 행동이 붕괴되며, 우리의 욕구와 두려움에 대응하는 새롭고 창조적인 방식의 가능성이 열린다.

－타라 브랙(Tara Brach, 2003, p. 52)

　우리는 매일 '무엇을 입을까'와 같은 작은 결정에서부터 '직업을 바꾸는' 일과 같은 큰 결정에 이르기까지 수백 가지의 선택을 한다. 모든 선택은 결과를 낳고, 작은 선택일지라도 대부분은 건강하거나 해로운 양극단 사이의 어디쯤에서 행동패턴을 지속하도록 만든다. 중독행동과 힘겹게 씨름하는 이들은 순간적으로는 좋을 수 있지만 결과적으로는 주로 해로운 매일매일의 선택들 사이에서 계속적인 전쟁을 치른다. 스트레스가 많은 하루의 일과가 끝나고 술을 마시는 것이 마음을 달래 줄지 모르지만 만일 그것이 반복되면 잠재적으로 엄청난 결과를 초래할 수도 있다. 내담자들이 도전과 보람 있는 경험 사이에서 균형을 찾는 과정에서 그들이 하는 결정과 그 결과의 바탕을 이루는 메커니즘을 이해하는 것이 우리 연구의 특징이다.

　우리의 관점에서 지속적이고 파괴적인 행동패턴으로 사람을 이끄는 일상의 작은 선택을 알아차리도록 해 줌으로써 우리는 사람을 중독행동의 굴레에서 빠져나올 수 있도록 도와줄 수 있다. 그러나 우선 사람들이 기꺼이 치료를 받도록 하려면, 자신의 행동으로 인해서 다른 사람에게 자주 비난받는다고 느끼고, 수치심과 낙인찍힌 것 같다고 느끼는 사람들에게 먼저 다가가는 연민심이 요구된다. 이를테면, 직면하거나, 비난받거나, 심지어는 감옥에 들어가게 될 것을 두려워해서 치료받는 것을 회피하는 잠재적인 내담자들이 종종 있다. '그들이 있어야 할 곳'이 아니라 '그들이 있는 곳'으로 가서 그들을 만나면서 환자를 초대하는 '문턱이 낮은' 치료선택이 강하게 요구된다. 일단 안전하고 비판단적인 환경이 되면 우리는 이들에게 패턴을 중지하고, 지혜로운 선택을 하는 기술을 가르치기 시작한다. 낡은 행동의 흐름을 바꾸기 위해서 신중하게 선택하는 지혜와 우리 자신과 주변을 위한 연민심, 이 두 가지가 모두 필요하다.

이 책에 기고한 많은 사람들이 지적해 왔듯이, 마음챙김은 좀 더 숙련된 선택을 위한 진입로를 제공한다. 그러한 선택지점에서의 마음챙김은 심지어 우리가 매번 마음챙김을 하지 않더라도, 다르게 선택할 수 있는 잠재성을 가지고 있다. 단계적으로, 자기효율성, 긍정적인 성장, 자신감이 커지면서 덜 파괴적인 행동으로 이끄는 길을 서서히 만들어 갈 수 있다. 주객이 전도되지 않는 더욱 명료한 의도를 가지고 우리의 삶을 살 수 있다.

우리가 하는 작업의 주된 목적은 중독성 장애를 가진 사람들이 삶에서 만나게 되는 오르막길과 내리막길의 피할 수 없는 기복을 보다 숙련되게 극복하는 새로운 전략과 행동, 그리고 태도를 익히는 데 도움을 주는 효과적인 방법을 계발하는 것이다. 우리 자신의 행동에 대한 자각과 연민심을 향상시킴으로써 우리는 더욱더 지혜로운 선택을 하게 되고, 우리가 필요로 할 때 적절한 도움과 지원을 찾게 된다. 이 장에서는 중독행동을 가진 사람이 약물사용을 자극하는 판단, 즉 자신의 행동을 '나쁘게' 보고 스스로를 비난하는 덫을 피할 수 있도록 돕는 지혜와 연민의 핵심적인 요소를 우리가 어떻게 결합해 왔는가를 보여 줄 것이다. 마음챙김을 기반으로 하는 재발방지mindfulness-based relapse prevention: MBRP 프로그램은 지혜로운 선택과 자기연민심의 원리에서 구축된 경험에서 나온 치료법이다. MBRP는 내담자가 '있는 곳'에서 그들과 함께 작업하도록 설계되었으며, 한편으로는 그들의 삶에 더 큰 자유를 가져오는 변화를 실행할 수 있도록 돕는다.

우리는 마음챙김명상이 재발방지를 위해서 어떤 메타인지적인 극복전략을 제공하고, 치료결과를 향상시킬 수 있는가를 예시하는 사례로 시작할 것이다. 그 다음에 연민심과 지혜의 원리와 일치하는 MBRP에서 사용되는 다양한 전략을 설명하고자 한다. 여기서 소개되고 있는 신경생물학적 발견들은 마음챙김 명상이 중독과 투쟁하는 사람의 재발위험을 줄이는 데 도움이 되는 기제를 밝히는 데 도움을 준다.

우리의 첫 번째 MBRP 내담자

마음챙김명상을 사용한 중독행동치료를 우리는 수십 년 전에 단 한 명의 내담자로 시작했다. 모든 것은 내G. Alan Marlatt가 정신과 의사로부터 한 통의 전화를 받은 것으로부터 시작되었다. 나는 우울증을 앓고 있는 수잔을 치료했었던 정신과 의사로부터 그녀를 평가해 달라는 요청을 받았다. 그가 몇 회기 동안 진료를 하고 난 후, 수잔은 자신에게 음주 문제가 있음을 밝혔다. 그는 수잔에게 알코올의존 치료를 완쾌할 때까지 우울증 치료를 하지 않겠다고 말했고, 지역 알코올중독 입원환자 프로그램을 추천해 주었다. 수잔이 나에게 왔을 때, 그녀는 이미 거주치료센터에서 일하는 사람에게 접수했다고 말했다. 내가 수잔에게 치료가 어떻게 진행되고 있느냐고 물었더니, 그녀는 나에게 다음과 같이 대답했다.

"모두들 내 문제의 원인에 대해서 서로 다르게 말해 줘요. 정신과 의사는 내가 단시간에 나아지려고 우울감을 내 스스로 치료하려고 애쓴다고 말했어요. 하지만 내가 알코올중독 클리닉에 갔을 때, 그들은 다른 식으로 얘기하더군요. 오히려 알코올중독이 우울증의 원인이고, 술을 끊지 않으면 우울증은 더 심각해질 거라고 했어요."

나는 알코올중독 치료에 대해서 수잔 자신은 어떻게 생각하고 있는지 물었다. 수잔은 '28일 프로그램'에 등록하는 것은 자신의 의지가 아니었고, 그런 상태에서 가입 첫날 해독과 회복훈련을 받게 되었다고 했다. 수잔은 언젠가는 술을 끊어야 한다는 사실을 알고는 있지만, 자기가 정말로 영원히 술을 끊을 수 있을지, 또는 기꺼이 끊고 싶기는 한 건지 의문이라고 했다.

"술을 마시는 것만이 우울한 기분을 극복하는 데 도움이 되는 유일한 방법이었어요. 술 문제가 장기적으로는 우울증을 더 부추긴다는 사실을 알았을 때조차도 나는 순간적 위안을 위해서 술에 의지했어요. 술은 내 인생의 문제를 잊고 긴장을 푸는 데 도움을 주었어요. 술은 유일하게 위안을 주는 것이었기 때문에, 나의 정신과 의사가 내가 술을 끊지 않으면 더 이상 나를 치료하지 않겠다고 말했을 때조차도 나는 포기할 수 없었어요."

수잔은 피해감소치료harm reduction therapy를 받아야 하는 대상임에 틀림이 없었다. 이는 금주에 기반한 치료abstinence-based treatment 프로그램을 할 수 없거나, 기꺼이 할 수 없을 때 발생하는 동반장애를 가진 사람에게 해당한다(Marlatt, 2002). 이 접근법은 자신의 스트레스와 우울, 그리고 음주를 적절하게 조절하는 새로운 기술을 배울 수 있도록 도움으로써 술로 인한 해로운 결과를 감소시키도록 설계된 것이라고 수잔에게 설명해 주었다. 나는 수잔에게 자신의 갈망(일차적으로는 우울증의 증상을 스스로 치료하는 데 필요한 것에 바탕을 둔)을 향상시킬 수 있는 인지적·정서적 요인을 인식하는 것을 배울 것이며, '슬픔에 빠지게 하는' 술을 대신하는 대처 전략을 개발하기 시작할 것이라고 설명해 주었다. 수잔은 매주 외래환자로 나와 같이 작업하는 것에 동의했다. 수잔의 첫 번째 과제는 자기점검 형식(술 마시는 시간 기록하기, 술 마시기 전과 후의 기분과 상황 기록하기)으로 매일의 음주

궤도를 추적하도록 했다. 이 정보(그리고 수잔의 성별과 몸무게)에 근거해서 수잔의 혈중알코올농도 차트를 도표로 만들 수 있었다.

치료가 진행될수록 수잔의 남편이 수잔의 우울증을 촉발하는 데 중요한 역할을 하고 있다는 사실이 분명하게 드러났다. 수잔의 음주에 대해 걱정이 되자, 수잔의 남편은 알라넌Alanon(알코올중독 질병 모형의 12단계를 기반으로 하여 알코올중독자들의 가족이나 친구를 위해서 설계된 모임)에 참석했으며, 자기 아내의 행동이 바뀌어야만 된다고 확신하게 되었다. 그는 수잔이 알코올중독인데 그것을 '부정'하고 있다고 비난하면서 수잔이 입원할 중독치료 프로그램을 신청하고, 익명의 알코올 중독자 모임Alcoholics Anonymous meeting에 참석해야 한다고 주장했던 사람이다. 수잔은 술 마시는 걸 남편에게 '들킬' 때마다 남편은 자기를 향해서 분노했고, 그 때마다 수잔은 죄책감, 수치심, 비난에 휩싸였다고 말했다. 이 모든 것이 수잔의 우울증을 증가시켰고, 그것은 다시 알코올에 대한 갈증을 강화시켰다. 수잔의 남편에게 부부치료를 받아 보는 것이 어떠냐고 물었을 때, 그는 거절하면서 "내 아내는 알코올중독자입니다. 만성적인 데다가 병이 더 심해지고 있어요. 우리 부부관계와는 아무 상관이 없습니다."라고 말했다.

우리의 치료목적은 수잔의 부정적인 정서상태를 보다 효과적으로 조절할 수 있게 새로운 기술을 습득하도록 돕는 것이 포함되어 있다. 거기에는 남편에 대한 분노(분노조절훈련)와 죄책감, 우울증과 관련된 명상이 포함되어 있다. 여러 회기가 재발방지와 해로움 감소를 위한 인지행동치료와 그 적용에 기초해서 구성되어 있다. 더불어서, 우리는 스트레스 조절에 도움을 주는 마음챙김에 기반한 기초 명상 기술(호흡명상과 바디스캔 연습)을 훈련시켰다. 이는 신체적 · 인지적 · 정서적 경험에 대한 수잔의 자각을 높이고, 긴장을 완화시켜 주기 위하여 알코올에 의존하는 것에 대한 대안을 제공하기 위해서였다(2장 참조).

수잔이 음주운전으로 체포되었을 때, 위기가 발생했다. 비록 교통위반 딱지를 받았을 당시에 수잔이 운전을 하고 있지는 않았지만, 두 자녀를 학교에서 데려오기 위해 기다리고 있는 동안에 수잔의 자동차는 시동이 걸려 있었다. 그 전날 수잔은 남편과 심각하게 언쟁을 한 후, 학교 주차장까지 운전해서 오기 전에 셰리주 반 병을 마셨다. 거기서 수잔은 운전대 위에 쓰러져 있었고, 경찰차가 지나가다가 발견해서 그녀를 체포했다(그녀의 혈중알코올농도는 법적 제한수치를 넘었다). 수잔의 변호사가 나타나고, 내가 추천서를 작성한 후에 수잔은 한 달 동안 입원치료 프로그램과 인지행동 개입, 사회적 지지, 그리고 가족치료(비록 수잔의 남편이 주말 가족치료에 참여하는 것을 거절했지만)에 초점을 맞춘 금주에 기반을 둔 치료접근법을 받는 것에 동의했다.

2주간의 금주기간과 치료를 마치고 나서 수잔은 또 다른 위기를 겪었다. 수잔이 차를 운전해서 이웃을 지나가다가 자기 남편이 다른 여성과 차 안에서 키스하고 있는 것을 발견했다. 수잔은 근처에 있는 술가게로 곧장 운전해 가서는 셰리주 한 병을 샀다. 수잔은 점점 끓어오르는 분노와 불안, 우울로부터 도망칠 피난처를 찾기 위해서 셰리주 한 병을 전부 다 마셨다. 병을 다 비우고 나서는 가장 친한 친구에게 위로받으려고 갔다. 그 친구 역시 마음챙김명상을 적극적으로 실천하는 사람이었다. 바로 전에 일어난 일을 설명하자, 수잔의 친구는 자기와 함께 10일 코스의 위빠사나(마음챙김 또는 통찰) 명상안거에 참가하자고 제안했다. 며칠 후, 수잔은 이혼을 신청했고, 그들은 수행센터에 도착했다. 그곳에 참가하는 참가자들은 수행하는 동안에 지켜야 할 행동수칙이 있는데, 그 속에는 수행기간 동안에 해로운 것은 모두 삼가한다는 약속이 포함되어 있다.

수행을 마친 후에 수잔은 그 행동수칙을 받아들였을 때, 의심의 여지없이 자기가 수행기간 내내 그것을 지킬 것이며, 수행기간이 끝난 후에도 지킬 것이라는 사실을 알았다고 말했다. 수잔은 일정 기간 또는 전적으로 음주를 그만둘 준비가 되어 있었다. 내가 수잔을 외래환자로 치료하는 동안에 그녀에게 처음 명상을 가르쳤을 때, 그녀는 명상이 이완의 느낌과 자기수용을 증진시키는 데 가장 많은 도움을 주는 대안이라는 사실을 발견했다고 나에게 말했다. 그것은 또한 자신의 충동과 갈망을 인식하고, 일종의 메타인지 극복 기술로서 마음챙김과 비판단적 자각을 적용하는 새로운 관점을 주었다고 말했다. 갈망에 항복하는 대신에, 수잔은 충동이 지나갈 때까지 자기의 호흡에 집중하면서 자신의 경험과 함께 머물렀다. 마지막 만남에서 나는 수잔에게 여전히 우울한 느낌을 경험하는지, 그러한 느낌이 음주에 대한 생각을 자극하는지 물었다. 수잔이 대답했다.

> "예, 나는 여전히 때때로 우울하고, 술 생각이 나요. 그러나 명상수행을 한 이후, 나는 더 이상 나의 생각에 좌지우지될 필요가 없어요. 선생님도 아시겠지만, 중독자addiction와 독재자dictator라는 말의 속뜻은 같아요. 마음이나 뇌는 약물이나 술을 마시라고 말해요. 그러나 지금 저는 자가치료self-medication에 의존하기보다는 명상수행을 하는 것을 더 좋아해요."

약물남용 장애

수잔의 이야기에서 잘 보여 주듯이, 약물남용 장애는 본질적으로 '만성적인 재발조건'이다(Connors, Maisto, & Donovan, 1996). 비록 재발이 회복과정의 필수적인 한 부분으로 나타나기는 하지만 —치료 이후에 60% 정도가 재발함(McLellan, Lewis, O'Brien, & Kleber, 2000)— 흔히, 엄청난 수치심, 자신감의 상실, 실패감 등이 재발에 이어서 발생한다. 그것은 중독으로 힘겨운 사람들에게는 특히 더 유혹에 빠지기 쉬운 시간이다. 금주 기간 이후에 처음 마시는 술은 부정적 생각과 감정을 더 강하게 밀고 오고, 그것이 다시 음주로 유도될 수 있는 자기혐오감에 빠지게 만든다. 그러므로 재발과 수치심, 불신을 연민적인 방식으로 대처하는 것은 모든 재발방지 프로그램에서 중요한 부분이다.

약물남용으로 인해서 일어나는 신경생물학적인 변화에 대한 이해는 임상가들과 사랑하는 사람들이 약물을 남용하는 사람들을 향해서 더 큰 연민심을 발달시킬 수 있도록 도울 수 있고, 약물을 남용하는 당사자도 재발되는 상황에서 자기연민을 배양하도록 도울 수 있다. 약물남용은 쾌락과 보상으로 연합된 하나의 복합적인 신경회로 내부의 도파민 방출을 증가시킨다. 종종 쾌락회로라고도 불리는 이 회로는 세 가지 영역에 관여한다. 첫째, 복측피개ventral tegmental area라고 불리는 중뇌midbrain or mesencephalon 내적 부위, 둘째, 뇌의 위쪽 영역에 있는 측좌핵nucleus accumbens, 그리고 셋째, 이마 뒤쪽에 자리 잡고 있는 대뇌피질 부위인 전전두엽prefrontal cortex이다. 쾌락회로를 구성하는 이 세 영역을 합해서 중뇌피변연계mesocorticolimbic 회로라고 부른다. 연구에 의하면, 약물남용의 일차적 약물효과와 관계없이 약물남용은 중뇌피변연계 회로 내부에 도파민 방출을 증가시키고, 이 도파민의 활성화가 보상과 즐거움을 준다는 것이다. 약물에 반복적으로 노출됨으로써 쾌락회로는 약물에 의해서 점차적으로 덜 활성화된다. 이와 같이 세포 수준에서 약물의 효력이 감소되는 것은 내성을 키우게 되고, 약물사용으로 인한 기대효과는 떨어지게 된다. 그렇게 되면 원하는 효과를 얻기 위해서 더 많은 양의 약물을 복용해야 하고, 그 결과 세포는 약물에 더 많이 적응하게 되어 시스템 조절장애dysregulation를 낳는다(Kauer & Malenka, 2007 참조). 결과적으로 쾌락회로가 약물남용에 장악되고, 중독자들은 약물선택으로 인해 즐거움이 감소될 뿐만 아니라, '자연스러운' 즐거움에 대한 주관적 경험도 감소하게 된다. 그러한 쾌락의 감소가 고통을 주는 방식이 되고, 판단력과 지혜로운 선택을 하는 능력을 흐리게 할 수 있다.

중독행동을 위한 마음챙김 기반 치료

MBRP 프로그램은(Bowen, Chawla, & Marlatt, 2010) 치료의 성과를 유지하고 중독으로부터 빠른 회복을 돕는 재발 방지 모델인 말라트와 고든(Marlatt & Gordon, 1985)의 인지행동치료와 마음챙김 수행을 통합시켜서 고안된 것이다. 이 프로그램의 대부분은 마음챙김에 기반을 둔 인지치료(Segal, Williams, & Teasdale, 2002)의 구조와 내용을 기본으로 하고 있고, 그 의도는 재발을 촉발하는 환경적인 요인과 내적인 인지, 신체적·정서적 반응에 대한 자각을 향상시키는 데 있다. 내담자들은 명상과 마음챙김에 기반을 둔 훈련을 통해서 도전에 직면하는 숙련된 대처방법을 배운다.

MBRP에서의 명상훈련은 위빠사나(또는 통찰)에 뿌리를 둔다. 위빠사나라는 말은 '현상을 있는 그대로 보는 것'을 의미한다. 그처럼 명료하게 보는 것은 우리의 경험을 반복적으로 관찰하는 데서 오는데, 이는 우리의 마음이 아주 조작적으로 만들어 낸 망상과 실제로 일어나고 있는 것을 구별하는 방법을 배우는 것이다. 그것은 무엇보다도 지혜('나는 실수를 했지만, 그 실수로부터 나는 많은 것을 배울 수 있다.') 와 연민심('이것은 힘들고 고통스러운 여행이다. 지금 이 순간에 내가 할 수 있는 가장 친절한 행위는 나에게 연민심을 제공하는 것이다.')으로 자기불신('나는 실패자다.')에 정면으로 맞서는 것이다.

지혜와 연민심 기르기

MBRP는 지혜가 자기 자신의 경험을 관찰하는 데서 나온다는 가정에서 출발한다. 명상을 하면서 몸과 마음의 본질을 관찰하는 것은 자각을 발달시킨다. 관찰을 반복하다 보면 내담자는 자기 자신의 마음을 들여다보는 지혜를 얻게 되고, 인간 본성에 대한 지혜를 얻게 된다. 이 과정 전반에 걸쳐 진행되는 논의와 훈련은 다음 두 가지 기본적인 질문에 초점을 맞춘다. 실제로 발생하는 것은 무엇인가? 그렇게 발생하는 것을 향해서 내 마음은 어떻게 작용하는가? 실제로 일어나는 것(예, 신체적 감각이나 감정)과 우리가 그것을 관련짓는 방법(예, 판단하고, 싫어하고, 집착하는 것)을 구별하는 것을 배움으로써 유연성을 발달시킨다. 무엇이 발생하든지 우리는 그것에 반응하는 방법을 선택할 수 있다(9장 참조). 여기서 우리는 자유를 발견하게 된다.

MBRP 프로그램은 일련의 수행과 운동에서 일어나는 감각과 감정, 그리고 생각을 단순히 관찰하는 것으로 시작한다. 내담자들은 또한 자신의 경험에 마음이 어떻게 반응하는지 주목하도록 안내받고, 무엇이 일어나든지 간에 그들이 할 수 있는 최대한으로 판단하지 않는 연습을 한다. 중독성을 가진 내담자들이 명상수행에서 가장 자주 드러내는 공통점은 매우 만연된 판단과 자기불신이다. 앉아서 명상을 하고 난 후에 내담자들은 마음이 떠돌아다니고 쉬지 못하는 데서 수반되는 몸의 통증이 있었다고 말할지 모른다. 어쩌면 '난 도저히 할 수가 없어. 내 마음은 완전 엉망진창이 되었어. 나는 명상을 못하겠어.'와 같은 생각이 일어날 수도 있다. 여기서 우리는 실제로 일어난 것(차분하지 않고, 집중하지 못한 데서 오는 몸의 감각)과 마음이 그러한 경험에 대해서 무엇을 했는지('난 할 수 없어. 난 내 자신을 망가뜨렸고, 보통 사람들이 할 수 있는 것을 나는 할 수 없어.')를 구별할 수 있는 기회를 얻게 된다. 그러한 과정에 비판단적인(연민 어린) 알아차림을 가져옴으로써 내담자들은 마음의 습관을 관찰하는 법을 배우고, 습관적인 반사적 반응행동habitually reacting과는 달리 관찰과 대응responding 사이를 구별하는 것을 배우게 된다(2장과 9장 참조).

중독 행동의 신경생물학

만약 우리가 신경생물학을 다시 살펴본다면, 우리는 중독 때문에 힘들어하는 사람들의 습관적인 패턴에 대해서 많이 배울 수 있다. 앞서 설명한 것처럼, 중독의 초기에 쾌락회로에서 일어나는 적응에 따라 중뇌의 또 다른 경로가 물질을 더 반복적으로 사용하도록 한다(Belin & Everitt, 2008). 이 경로는 꼬리핵과 피각을 포함하는 배후 선조체dorsal striatum로 알려진 두뇌영역과 관련이 있다. 또한, 화학 전달자로 도파민이 사용되므로 이 경로는 단순한 형태의 도구적, 혹은 보상 기반 학습과 관련됨을 보여 준다. 행동의 저변에 있는 이와 같은 종류의 학습을 우리는 습관이라고 부른다. 배리 에버리트와 동료에 따르면(Barry Everitt et al., 2008), "약물중독은 초기에는 자발적인 약물사용에서 시작해서 그 행동이 반복됨으로써 점차로 조절능력을 상실하게 되어 결국에는 습관적이고, 궁극적으로는 조절이 힘든 상태에 이르게 되는 일련의 과정이라고 볼 수 있다."(p. 3125)라고 했다. 흥미롭게도, 예일 대학에 있는 라지타 신하Rajita Sinha와 그녀의 동료들은 습관회로로 추정되는 배후 선조체dorsal striatum가 스트레스를 받는 동안에 활성화된다는 것을 증명했다(Sinha et al., 2005). 따라서 물질사용장애를 갖고 있는 사람은 스트레스를 받으면 세포 수준에서 습관적으로 물질을 선택해서 사용하고 찾는 행위가 동기화되는 것으로 보인다. 게다가 이 스트레스는 심적인 갈망으로부터 온다고 할 수 있고, 사용 기간 사이에 감각이 철회되는 결과이기도 하다. 이 각본의 마지막 답은 물질사용장애를 갖고 있는 사람이 부정적인 감각을 피하기 위해서 습관적으로 약물을 사용하는 것인지도 모른다. 즉, 의식적인 선택에서 시작된 것일 수도 있다. ―힘든 하루였지? 한잔해. 힘든 회의였지? 혹은 힘겨운 발표였지? 나가서 담배나 한 대 피자.― 반복적인 행동은 의식적인 선택의 과정이 개입되지 않는 무의식적 행동이 된다.

건강한 사람의 경우에는 전두엽의 피질PFC이 습관적인 회로에서 억제할 수 있고, 지혜로운 선택을 하도록 한다. 사실, 이 전두엽의 피질은 많은 인지적 자제 처리과정을 포함하고 있어서 종합적 집행기관이라고 불린다. 예를 들면, 인식의 유연성, 충동 조절, 감정 통제, 그리고 계획하기 등이다. 따라서 우리가 손톱을 물어뜯는 것이나 머리를 꼬는 등의 행동은 습관처럼 보이지만, 우리는 그렇게 끊임없이 반복되는 행동의 욕구를 의식적으로 그만둘 수 있다. 이를 위해서 우리는 전두엽피질을 사용한다. 전두엽피질의 섬유들은 습관적인 회로로 추정되는 대뇌피질 밑부분에 다양하게 존재하는 신경전달물질인 감마-아미노부티산(GABA로 알려짐)을 사용한다. 불행히도 연구에 따르면 알코올이나 다른 약물에 중독된 사람들이 전두엽피질 내의 회색물질이 손실된 것을 볼 수 있다(Franklin et al., 2002). 이러한 해부학상의 결핍증은 전두엽 기능저하hypofrontality라고 알려진 기능저하증이다(Bolla et al., 2004; Mathalon, Pfefferbaum, Lim, Rosenbloom, & Sullivan, 2003). 이것은 바로 이 부분의 두뇌영역에 장애를 갖고 있는 사람이 습관을 줄이도록 도와줄 수 있다는 것을 의미한다. 그러한 기능손실은 지속적ㆍ습관적 약물사용이 '자동 조정자'로 작동하도록 하는 패턴에 기여하는 것으로 보인다. 중독의 신경메커니즘을 이해하는 것은 또한 그것과 관련된 수치심을 경감시킬 수 있다.

이 피질의 위축현상을 처음 봤을 때는 암울했으나, 뇌의 신경가소성 덕분에 명상을 하면 전두엽피질을 정기적으로 활성화시켜서 이 영역이 실제로 회복되는 데 도움을 줄 수 있다. '신경가소성'은 세포로 구성되어 있는 우리의 두뇌가 경험을 통해서 바뀔 수 있다는 것을 의미한다. 두 개의 독립적인 연구논문이(Hölzel et al., 2008; Lazar et al., 2005) 오랜 시간 마음챙김명상을 수행하는 사람의 경우에 전두엽의 피질조직이 유의미하게 두꺼워졌다는 것을 증명했다. 비록 이 연구논문들이 특별히 물질사용장애를 갖고 있는 사람을 대상으로 한 것은 아니지만, 금욕을 유지하고 중독으로부터 회복하는 데 매우 유리하게 작용하는 기관인 전두엽피질의 활동을 가능하도록 하는 신경조직발생을 기대해 볼 수 있다.

8장에 설명되어 있는 리처드 데이비드슨Richard Davidson의 실험연구를 통해서 우리는 감정적 단서에 반응하는 신경이 연민상태에 따라 변화한다는 것을 알 수 있다. 특히, 중독으로부터 벗어나기 위해 애쓰는 사람은 관찰의 정도에 따라 자기공감으로 전환되는 것을 볼 수 있다. 앞에서 언급한 것처럼, 금욕 초기에 있는 사람은 종종 실수로 매우 고통받을 수 있다. 이 같은 금욕 위반은 죄책감, 수치심, 그리고 자기비하로 이어진다. 자기연민을 배양하는 명상수행은 이런 사람들에게 잠재적 치유법이 될 수 있다(6장과 7장 참조). 명상수행은 공감하는 것을 포함한 두뇌회로의 활동성을 증가시킬 수 있으므로 중독으로 힘들어하는 사람이 자기공감을 유도할 수 있도록 연민심 수행을 통해 공감회로의 일상적인 활동을 기대해 볼 수 있다.

연민심 수행의 일환으로 욕망 파도타기

MBRP의 두 번째 시간에는 내담자들은 말라트와 고든(1985)의 훈련을 개조한 '욕망 파도타기urge surfing'라고 하는 것을 연습한다. 이 훈련의 핵심은 연민심을 연습하는 데 있고, '의지력'이라는 대안적인 개념을 제공한다.

욕망 파도타기

- 당신을 촉발시키는 느낌 또는 약물을 사용한다거나 스스로를 몰아세우는, 혹은 포기하거나 고립되게 하는 등 당신에게 이롭지 않은 방식으로 반응하게 되는 욕구를 경험하는 상황을 마음으로 가져와 보세요.

- 이야기를 떠올리며, 당신이 늘 해 왔던 대로 반응하는 그 순간에 잠시 멈춰서 신체적 감각, 감정, 그리고 그 순간에 떠오르는 생각을 바라봅니다.

- 반응하지 않고 경계에 잠시 멈춰서는 것이 어떤 느낌인지 탐험해 보세요. 할 수 있는 한, 최대로 대항하려 하지 말고 경험에 대해 부드러워져 보세요.

- 감각과 감정 또는 강렬함에 부풀어 오르는 욕구가 어떻게 흐르는지 알아차리세요. 파도와 싸우거나 그것에 휩쓸려 넘어지지 않고, 그 상태에 머무를 수 있는지 보세요. 절정의 순간에 파도타기를 해 보세요. 경험하는 순간에 머무르기 위해 호흡하시고, 마침내 파도가 진정될 때까지 그저 머무른 채로 안정을 찾습니다.

내담자들은 종종 그들이 파도를 멈추기 위해서 뭔가를 하지 않으면 파도의 강도는 계속될 것이라고 믿는다. 그러나 실제로는 파도는 자연스럽게 일어났다 사라진다. 이 훈련은 그들 스스로에게 밀물과 썰물의 흐름을 경험할 기회를 준다.

물론 위험성이 큰 상황에서 자신을 해방시키거나 다른 활동에 참여해야 하는 상황에서는 숙련된 행동을 취해야 할 경우도 있다. 따라서 싸우거나 반응하는 것보다 '함께 머무르기'의 훈련을 함으로써 내담자들은 반사적으로 도피처를 찾기보다 반응을 선택할 내면의 공간을 얻게 될 수 있다. 그들은 이 모든 경험을 반응하지 않은 채 알아차리면서 머무르는 능력과 지나가는 순간의 모든 것을 보는 지혜를 발달시킬 수 있으며, 마음이 무엇을 말하든, 혹은 몸이 무엇을 느끼든지 간에 그들이 반응하는 방식을 선택할 수 있다.

자애명상

연민심 훈련, 특히 자기연민은 중독의 이력을 가진 사람들에게는 상당히 도전적인 일이다. 그렇기 때문에 잠재적으로 반응할 수 있는 상황이나 도전에 친절함과 호의를 도입함으로써 자애명상 또는 메타metta명상(3장을 보라)은 변화를 가져오는 수행이 될 수 있다. 사람 혹은 어린아이나, 영적 존재, 심지어 애완동물과 같은 사랑하기 쉬운 대상을 통한 자애탐색을 시작으로 마음의 문을 열 수도 있다. 내담자들은 안전, 강인함, 편안함, 그리고 그들이 고통으로부터 자유로워지기를 바라는 마음을 그들의 주변으로 보내는 연습을 한다. 이것은 자신과 타인에게 방어적이고, 두려움에서 오는 반응을 보이는 이들에게 대안을 제공한다. 여성 감옥소에서 실시된 10일간의 위빠사나 명상수련 후에 한 여성은 눈물이 가득한 채 "마침내 나는 나 자신을 사랑하게 되었어요."라고 말했다. 그녀는 부끄럽게 여겼던 행동과 자신과 타인에게 상처를 주는 자신을 보면서 자신을 향해 친절함을 느끼는 능력을 발달시키고, 자신을 용서했다.

집단치료

중독과 씨름하는 사람들과 함께 마음챙김 훈련을 하는 집단에서 경험을 나누면서 내담자들은 자기만이 겪는 특별한 사건이라고 여겼던 것을 덜 개인적으로 받아들이기 시작한다. 힘겨움을 나누는 경험은 승가sangha나 공동체에서 제공할 수 있는 지지받는 느낌을 제공한다. 내담자들은 자신과 비슷한 동료들의 마음의 습관과 힘겨움을 보기 시작하고, 일상생활에서 나타나는 현상은 다를지라도, 밑바탕에 깔린 마음의 패턴과 경향성은 일반적이라는 사실을 깨닫기 시작한다. 그들은 자동적인 마음작용처럼, 그것을 개인적인 부족함으로 보기보다 그저 인간 존재의 한 부분으로서 그들의 경험을 보기 시작한다. 지금 그들에게는 몇 가지 선택이 있다. 무엇이 일어나든 간에 그들은 반사적으로 반응react하기보다 대응respond하도록 스스로를 허용함으로써 이전과는 다른 방식으로 경험과 그저 함께할 수 있다.

일상으로 일반화하는 연습

초기의 힘든 금욕시기에 매일 이 훈련을 함으로써 내담자들은 반사적으로 반응하게 되는 계기와 이후의 생리적·인지적·감정적 반응을 인식하는 것을 배운다. 그들은 그들을 촉발시키는 것에 주의를 보내는 것을 배우고, 과거에 그들이 반사적으로 행동하던 그 지점에 머물러서 그 순간의 경험을 관찰한다. 그들은 욕구에 대응하기 위해 더욱더 숙련된 수단을 발전시키고, 매우 위험한 상황을 다루기 위한 새로운 전략을 배운다. 그들은 훈련을 통해서 주변 날씨가 사납고, 마음이 속삭이는 이야기들이 강요하더라도, 여전히 매 순간 선택할 수 있다는 사실을 알게 된다. 멈춤과 바라봄을 통해서 실제로 무엇이 일어나는지 알 수 있는 기회가 생기고, 호흡에 집중함으로써 그들 스스로를 현재에 '재안착

reground'시키고, 습관적 · 반사적 반응 대신에 지혜로 대응한다.

치료적 대화

MBRP 치료사들은 대립적이지 않고, 판단하지 않으며, 연민의 태도로 내담자들과 작업한다. 동기면담motivational interviewing 접근법(Miller & Rollnick, 1991)에 따르면, 그들은 치료의 목표를 발견해서 내담자를 돕고, 공동의, 호기심 어린, 그리고 열린 마음의 방식으로 치료에 접근한다. 예를 들면, 내담자들은 좀처럼 마음 챙김에 대해서 배우려 하지 않는다. 그들은 자신의 경험과 그들이 발견한 것을 나누는 '질문' 과정(Segal et al., 2002)에 따라서 명상을 훈련하고 연습하길 권유받는다. 그들은 치료사로부터 일련의 개방된 질문을 통해서 자신에게 맞는 알아차림과 지혜를 발전시킨다. 좌선명상에서의 질문은 다음과 같다.

> 치료사: 수행하는 동안에 무엇을 관찰했나요?
>
> 내담자: 마음이 산만해졌어요. 내가 집단에 늦은 것에 대해서 생각했어요.
>
> 치료사: 아, 예! 그런 생각이 떠올랐을 때 어떻게 했나요? 잠시 동안 그 생각을 따라갔나요? 다시 명상으로 돌아올 수 있었나요?
>
> 내담자: 저는 잠시 동안 그 생각들에 머물렀어요. 그러던 중 당신의 목소리가 다시 들려와서 명상으로 돌아오기 위해서 노력했어요.
>
> 치료사: 그러니까 당신은 이곳에 앉아서 듣고, 당신의 호흡에 집중하려고 노력했군요. 그리고 생각이 떠올랐을 때, 그 이야기를 조금 따라갔고요. 다시 나의 목소리를 듣고 명상으로 돌아왔군요. 그 후에 어떻게 됐나요?
>
> 내담자: 그 후에 나는 잠시 동안 집중했고, 다시 생각하기 시작했어요.
>
> 치료사: 그리고 그 후에는요? 당신은 무엇을 알아차렸나요?

내담자: 글쎄요, 그 후에 전 좀 기분이 나빠졌어요.

치료사: '나빠진' 것에 대해 좀 더 얘기해 보세요.

내담자: 지각한 것에 대한 죄책감, 그리고 내가 집중을 하지 못했다는 좌절감을 느꼈어요. 그리고 일종의 패배감! 나는 어쩌면 내가 이런 명상 같은 건 할 수 없다고 생각하기 시작했어요.

치료사: 우리의 마음은 때때로 매우 끈질겨요, 그렇지 않나요? 당신의 마음에 대해서, 그리고 감정과 그 뒤에 따라오는 생각을 포함해서 마음이 무엇을 하려 하는지 알아차린 것처럼 보이네요. 이들 중에 친숙한 것이 있나요? 마음은 심지어 다른 무엇에 집중하고 머물러 있으라고 할 때조차도 어떤 일에 갇혀 있곤 하죠?

내담자: 예! 그것이 날 미치게 해요.

치료사: 아, 그 좌절감 역시 익숙한가요? 명상이 생각을 없애는 것을 의미하지 않는다는 것에 대해 우리가 말했던 것을 기억하나요? 우리가 여기서 해야 할 것은 우리의 마음을 좀 더 잘 알기 위해서 사건이나 감각에 마음이 어떻게 반사적으로 작용하는지 바라보고, 그것이 우리에게 어떤 영향을 미치는지를 보면 돼요. 지금 당신이 말한 것은 마음이 작용하는 방식에 대한 아주 훌륭한 예랍니다. 명상은 그것에 기꺼이 머무르려는 의지와 마음이 떠도는 걸 알아차리고—실제로 그럴 것이니까요— 우리가 할 수 있는 최선을 다해 주위를 호흡으로 가져오면 됩니다. 그리고 다시 시작하면 돼요, 다시, 다시, 또다시.

여기서 치료사는 내담자의 경험에 전제나 판단 없이 호기심과 수용적 태도로 다가간다. 치료사는 내담자의 경험을 수정이 필요한 문제로 보기보다는 마음의 본성이 그러하다고 반영해 주었다. 치료사는 이 과정에서 마음이 하는 일이 원래 그런 것이고, 명상은 실제로 기꺼이 바라보면 된다고 연민 어린 태도로 말했다. 모든 경험을 열린 경험으로 바라보기, 떠오르는 모든 것을 수용하기, 호기심, 그리고 판단하지 않기와 같이 치료사의 본보기가 될 만한 자질은 마음챙김 수련을 통해 의도적으로 길러질 수 있다.

연구결과

즐겁지 않은 경험에 대해 경험을 축소시키고, 피하고, 저항하려는 시도 대신 마음챙김과 수용적 방식으로 대응하는 것을 배우는 것은 많은 사람을 통해 가능성이 증명되었다(예, Dahl, Wilson, & Nilsson, 2004; Gilfford et al., 2004; Levitt, Brown, Orsillo, & Barlow, 2004). 특히 물질남용의 사례에서 재발방지를 위해 마음챙김에 기반한 프로그램을 완성한 위키위즈와 보웬(Witkiewitz & Bowen, 2010)은 통제집단과 비교해 봤을 때, 우울증상과 갈망의 연관성이 더 낮게 나타났다고 보고했다. 다시 말해서, 비록 그들은 여전히 우울증상을 경험했지만, 그 증상이 갈망으로 이어지지는 않았다. 또 다른 연구(Bowen & Marlatt, 2009)에서도 대학생 흡연자들이 비슷한 패턴을 보였다. 간단한 마음챙김 개입에 참가한 사람들을 통제집단과 비교했을 때, 담배를 피우고자 하는 욕구는 여전히 있었지만, 실험을 한 다음한 주간 동안에 흡연을 더 적게 했다고 보고했다.

중독에 대한 신경생물학 분야에서 연민심이나 사랑-친절 훈련은 여전히 알려진 것이 없다. 그러나 연구자들이 연민명상을 신경생물학적으로 조사하기 시작했다. 신경회로의 회복에 관한 연구가 급증함에 따라 이론상으로 중독행동을 가진 이들에게도 이득이 있을 것이다.

연민명상의 단기 목적은 '배려심이 없거나 산만한 생각에도 불구하고, 무조건적인 자애와 연민의 느낌을 있는 그대로 마음 전체에 스며들게 하는'(Lutz, Brefczynski-Lewis, Johnstone, & Davidson, 2008, p. e1897) 상태가 되도록 하는 것이다. 이 훈련의 장기 목표는 이타심을 고무시키고, 나 자신과 타인에 대한 공감을 높이는 것인데, 이는 경험에 대한 깊은 주의를 기울이는 것이 필요하다. 그러한 주의는 경험을 진실하고 비판단적으로 이해하는 데 목표를 둔다. 이러한 종류의 주의는 조율과 동화로 특징지어진다. 불교철학에 따르면, 우리가 주의를 기울이고, 조율하며, 고통에 공감하는 능력을 키우면 우리는 보다 더 이타적으로 행동하게 되고, 고통으로부터 좀 더 편안해진다.

고난에 능숙하게 대응하기 위해서는 지혜와 연민심 모두가 필요하다. 우리는 중독에 이르게 하는 모든 촉발자와 갈망, 그리고 도전적 상황을 모두 제거할 수는 없다. 대신 우리는 그러한 경험에 어떻게 관여할지 선택할 수 있다. 명상수행에서 연민적인 자각과 지혜로운 반응을 훈련함으로써 내담자들은 일상의 삶 속으로 그 기술들을 성공적으로 확장해 갈 수 있다.

17장. 불안장애: 수용, 연민심, 그리고 지혜

리자베스 뢰머Lizabeth Roemer
수잔 오실로Susan M. Orsillo

의견이나 판단, 반사적 반응 없이 두려움을 있는 그대로 단순하게 경험한다면 두려움
은 그렇게 위협적이지 않다.

-에즈라 베이다(Ezra Bayda, 2005. p. 91)

　　두려움과 불안은 인간의 보편적 경험이다. 우리의 몸은 자연스럽게 위험이 닥
쳤을 때를 대비하고 있고, 지속적으로 경계하고 긴장하면서 잠재적 위험에 대비
하고 있다. 이러한 반응은 적응의 과정이었고, 우리 종족이 생존하는 데 도움을
주었다. 그렇지만 우리는 수없이 많은 위협의 가능성을 상상하는 능력과 무해한
상황, 사람, 심지어는 생각과 느낌까지도 두렵다고 잘못 학습하게 된다. 그러한
잠재력은 만성적인 불안으로 발전시키는 위험에 빠뜨리고, 삶의 만족감을 심각
하게 감소시킨다. 유전적 취약함, 트라우마의 경험, 불안반응의 모델링은 불안장
애의 많은 잠재적 위험요소들이다. 불안의 원인은 다양하지만, 연구결과에 의하
면 불안문제가 영속되고 증가하는 것은 고통스러운 감정을 판단하고 피하는 일
반적인 인간의 성향에 의한 것이라고 한다.

　　지난 10년간, 우리는 불안으로 힘겨워하는 개인의 삶의 질과 만족감을 향상

시키는 데 목적을 둔 수용에 기반한 행동치료acceptance-based behavioral therapy: ABBT를 발전시키고 개선시켜 왔다(Roemer & Orsillo, 2009; Roemer, Orsillo, & Salters-Pedneault, 2008). 인지행동이론(예, Borkovec, Alcaine, & Behar, 2004)과 로저스(Rogers, 1961)가 강조한 인정과 무조건적인 긍정적 관심에 바탕을 둔 우리의 접근은 수용과 전념치료(Hayes, Strosahl, & Wilson, 1999), 마음챙김(명상)에 기초를 둔 인지치료(Segal, Williams, & Teasdale, 2002), 변증법적 행동치료(Linehan, 1993a, 1993b)와 같은 여러 수용에 기반을 둔 접근법으로부터 도출해 냈다.

이 장에서는 불안에 대한 우리의 이해를 간단히 살펴보고, 수용에 기반한 행동치료ABBT가 불안의 기저를 이룰 수 있는 주요한 유지요소를 어떻게 목표로 삼는지에 대해 설명할 것이다(치료에 대한 더 자세한 논의에 관심이 있는 독자는 Roemer & Orsillo, 2009와 Orsillo & Roemer, 2011 참조). 우리의 연구에서 내재하고 있는 것은, 내담자가 ① 지혜를 발달시키거나, 자동적 반응을 감소시키면서 자신의 경험과 삶을 보다 명료하게 볼 수 있게 하고, ② 연민을 배양하거나 자신과 자기고통을 향한 연민심, 진정한 친절, 수용의 태도를 배양하고, ③ 향상된 이해를 바탕으로 숙련된 행동을 유연하게 선택하도록(즉, 지혜롭게 행동하기) 돕는 데 있다. 이 장의 마지막에서는 우리의 치료에서 연민과 지혜가 어떻게 언급되고 배양되는지 보다 명쾌하게 논의할 것이다.

수용에 기반한 불안행동치료모델

수용에 기반한 행동전략의 대상이 될 수 있는 요소에 관한 광범위한 연구와 이론이 불안문제의 기저에 있는 일련의 공통된 인간과정을 제안하고 있다.

내적 경험과의 문제관계

불안에 대한 많은 이론은 불안증상 자체(예, 걱정, 심박수의 증가, 가슴을 압박하는 느낌, 강박적 사고)가 발생하는 일반적인 방식에 초점을 둔다. 불안으로 인한 지속적인 어려움은 증상 그 자체보다 그러한 증상에 대해 사람들이 자동적으로 반응(예, 그것을 비극적 또는 부정적으로 판단하거나, 자기가 정의하는 대로 보는 것)하는 것과 관련되어 있는 것으로 보인다(예, Borkovec & & Sharpless, 2004). 예를 들어, 범불안장애GAD를 가진 사람이 걱정하는 것 자체를 걱정하고, 그것을 위험한 것으로 보는 것만 제외하면, 범불안장애GAD를 가지고 있지 않은 사람이 걱정하는 것과 동일하다(Wells, 1999). 마찬가지로, 공황장애를 가진 사람은 자연스러운 신체 감각을 위험하다고 반응하며, 역설적이게도 그러한 반응이 신체 감각의 강도와 빈도를 증가시킨다(Barlow, 2002). 외상 후 스트레스 장애를 가진 사람 역시 충격적인 사건에 대해 마치 그것이 다시 일어날 것처럼 부정적으로 반응함으로써 고통이 증가한다(American Psychiatric Association, 1994). 더욱이 이러한 '반응에 대한 반응' (Borkovec & Sharpless, 2004)은 대개 불안증상을 감정에까지 일반화한다(예, Mennin, Heimberg, Turk, & Fresco, 2005).

그와 같은 발견은 문제가 내적인 경험(감각, 생각, 감정, 기억) 그 자체에 있는 것이 아니라 사람들이 그와 같은 경험과 관계하는 방식에 있다는 것을 의미한다. 한때 흥분된 감각, 걱정스러운 생각, 불안한 느낌이 진정으로 위험한 신호가 되며 그로 인해서 공포를 학습하기 쉬워지고, 전혀 위협적이지 않은 상황에서도 그것을 단순하게 인지하는 것을 어렵게 만든다. 게다가 이런 내적 경험은 불편하고, 원치 않으며, 관심과 집중을 쏟아야 하기에 현재 다루고 있는 일을 계속해 나가기가 힘들므로 사람들이 그런 경험을 부정적이거나 위협적인 것으로 판단하는 것은 자연스럽다. 그것은 반응에 대해서 더욱 판단하게 되고, 두려워하게 되어 고통과 반응의 소용돌이가 더욱 깊어진다. 불안장애를 가진 사람은 종종 그러한 순환을 설명한다. 거기서 불안의 기미가 보이는 것은 무엇이든 그들의 두려움과 고통을 증가시키는 강력한 반응을 불러일으킨다.

고통, 비판, 판단을 수반하는 내적 경험에 대한 반응에 더해서, 불안장애를 가진 사람은 종종 그들의 불안한 경험에 '녹아 버리게 된다'(Hayes et al., 1999). 다시 말해서, 사람들은 증상에 의해 자기 자신을 정의하게 되는데, 예컨대 "나는 때때로 불안을 경험하는 사람이야."라는 말 대신, "나는 불안한 사람이야."라는 말을 사용한다. 그런 식으로 사람들은 자신의 생각과 반응에 말려들게 된다(Germer, 2005a). 그렇게 증상을 뭉뚱그려 보는 것은 부정적인 영향을 강화시킨다. 부분적으로는 위협적으로 보이는 것을 증가시키고, 심지어는 불안과 고통에 직면했을 때, 의미 있는 삶을 유지하는 것을 어렵게 만든다. 그와 같이 불안한 경험과의 융합은 또한 사람들로 하여금 자신의 불안 증상을 자기에게 내재된 약점의 징후를 나타내는 것으로 보도록 학습시키는 자기비판을 제공한다. 이때가 특히, 치료사와 내담자가 고통을 향해 연민으로 반응하는 것이 중요한 때다.

이런 순환은 또한 혼란을 야기해서 자신의 느낌을 명료하게 규명하는 것을 어렵게 만든다. 왜냐하면 그러한 경험에 대한 반응은 명확한 감정적 반응보다 일반적이고 구분되지 않는 고통으로 이끌기 때문이다. 명확한 감정은 우리의 삶에서 무엇이 일어났는지에 대한 중요한 정보를 주지만(즉, 지혜를 증장시킴), 습관적으로 혼탁한 반응은 의미 있고 만족스러운 방향으로 삶을 살아가는 능력을 방해한다.

내적 경험의 회피

내적 경험을 위험하고 위협적인 것으로 보는 경향은 자연히 그것을 피하기 위해 노력하는 습관을 발전시키도록 만든다. 불안으로 힘겨워하는 사람들은 종종 자신의 마음을 안정시키거나 흥분을 억제하는 데 목적을 둔 다양한 내적 전략에 참여한다. 그들은 주위를 딴 곳으로 돌리거나, 자기비판("어린아이처럼 굴지 마.—정신 똑바로 차려."), 또는 긍정적인 생각("두려워할 건 아무것도 없어.")을 시도한다. 불행하게도 내적 경험을 바꾸거나 회피하려고 노력하는 것(즉, 경험의 회피)(Hayes, Wilson, Gifford, Follette, & Strosahl, 1996)은 그 경험을 끝내기보다는 오히려 경험의 횟수와 강도를 증가시켜서 고통의 순환을 가중시킨다. 불안장애를 가지고 있는 사람은 흔히 마음의 걱정을 내려놓거나 자동적인 흥분을 진정시키려고 노력하지만, 도리어 더 혼란스러워질 뿐이라고 말한다. 실제로, 그런 노력으로 조절에 실패한 사람은 자기의 내적 경험을 조절하거나 다루지 못하는 사람이라고 더욱 더 가혹하게 판단하게 된다. 그들은 또한 쇼핑, 인터넷 서핑, 텔레비전 시청, 과식, 또는 약물남용과 같은 '의미 없는 즐거움'에 지나치게 몰두하는 일과 같은 단기간에는 어느 정도 효과적이지만 장기적으로는 자기해로움을 주는 경험통제 전략을 사용하려는 유혹에 빠질 수 있다.

경험의 회피는 현재 순간에 온전히 참여함으로써 얻을 수 있는 지혜를 방해한다. 주의 산만 혹은 미래에 대한 걱정스러운 생각에 사로잡히는 인지적 회피전략에 관여하게 되면 주의를 현재로부터 다른 곳으로 전환시켜서 중요한 대인관계나 맥락의 단서를 알아차리고 주의를 기울이는 것을 어렵게 만든다. 현재 순간의 삶에 내재된 만족감을 감소시킬 뿐만 아니라, 인지적 또는 주의의 회피나 제한은 현재 경험으로부터 배울 수 있는 사람들의 능력을 방해하고, 정서적인 삶과 관계의 깊이를 방해한다.

행동참여의 제약

불안과 투쟁하는 사람은 또한 자신의 행동을 제약함으로써 고통스러운 생각과 감정의 경험을 회피하려고 하는데, 이것은 문제를 더욱 악화시킨다. 행동의 회피는 불안장애의 특징으로 정의된다. 사회적 공포를 가진 사람은 대중 앞에서 말하기 또는 사회적 행사를 피하고, 광장공포증을 가진 사람은 대중적인 장소를 피한다. 때때로 이런 회피는 보다 교묘하게 일어난다. 예를 들어, 범불안장애GAD를 가진 어떤 사람은 고통스러운 생각이나 감정을 경험하는 것을 피하기 위해서 새로운 관계를 맺거나 일에서 모험하는 것과 같은 사적으로 관련된 경험에 관여하는 것을 금지할지도 모른다. 불행하게도 회피는 비록 오래가지는 않지만 그들이 회피적인 선택을 했을 때 느끼는 즉각적인 안도감으로 인해서 회피행동은 강력하게 강화된다.

행동의 핵심 동기가 되는 불안을 유발할 수 있는 상황과 경험을 피하게 되면 사람들의 삶은 좁아지고 덜 만족스러워진다. 사람들은 삶을 가치 있고 향상시킬 수 있는 행동으로 자기지식self-knowledge, 또는 지혜를 허용하기보다는 습관적으로 고통을 피하고 안전을 유지하는 것에 초점을 맞추게 된다.

불안치료

불안장애를 치료하기 위한 수용에 기반한 행동접근은 우리가 앞서 설명했던 임상 과정을 확실한 목표로 삼는다. 불안장애를 치료하기 위한 많은 다른 접근들도 마찬가지로 이런 요소를 목표로 한다. 예를 들어, 전통적으로 노출에 기반한 접근은 행동회피를 직접적 대상으로 삼고, 공포반응을 일으키는 대상에 접근하는 동안 고통을 인내할 수 있도록 내담자를 가르침으로써 경험적 회피를 암묵적 치료대상으로 삼는다(예, Arch & Craske, 2008) 거기에 더해서, 이러한 치료에 흔히 사용되는 관찰과 심리교육은 그들이 내적인 경험(판단하고 반사적으로 반응하기보다 호기심과 관찰)과 다른 관계를 발전시키도록 돕는 것이다. 우리의 불안장애 치료는 마음챙김과 수용에 기반한 접근법뿐만이 아니라 그와 같은 전통적인 행동요소들로부터 가지고 왔다.

내적 경험의 탈중심화, 연민적인 관계 발달

● 심리교육

우리가 하는 접근의 핵심 목표는 내담자가 자신의 내적 경험과 다르게 관계 맺을 수 있도록 돕는 데 있다. 우리는 그러한 목표를 달성하기 위해서 일련의 전략을 사용한다. 첫째, 중요한 요소는 불안과 걱정의 본질에 대한 심리교육인데, 내담자들이 자신의 경험을 무섭고 위험한 것이 아니라 자연스럽고 이해 가능한 것으로 보도록 하는 것이다. 불안에 대한 기본적인 행동모델을 제시함으로써 내담자들이 자신의 증상을 약점이나 무능함의 표시로 보기보다 연민과 보살핌으로 보도록 도와줄 수 있다. 불안해하는 반응을 학습된 습관으로 이해하게 되면, 그 경험을 부정적인 것으로 판단하거나 반응하지 않는 것이 훨씬 쉬워질 수 있다.

변증법적 행동치료(Linehan, 1993a, 1993b; 15장 참조)에서 도입한 것으로서 우리는 또한 내담자들에게 감정 반응의 기능에 대해 보다 폭넓게 가르친다. 종종 사람들은 그들의 고통스러운 감정을 없애고자 치료를 받으러 오는데, 그들은 슬픔, 분노, 또는 두려움이 얼마나 유용한지 상상조차 하지 못한다. 그러한 감정들이 상황에 대한 우리 자신의 반응에 대해서 중요한 정보를 주는 방식을 탐색함으로써(예, 우리의 욕구를 충족시키지 못하거나 누군가가 우리를 이용하는 것), 그리고 다른 사람의 반응(감정에 대한 비언어적인 의사소통을 통해서)에 대한 중요한 정보를 탐색함으로써 내담자들은 감정 자체가 문제가 아니라, 그 감정에 대한 반응이나 그것을 피하려고 하는 노력이 어려움을 초래한다는 것을 보기 시작한다. 우리는 당면한 상황에서 직접적으로 반응하는 명확한 감정과 혼탁한 감정을 구분한다. 감정은 다음과 같은 이유로 혼탁해질 수 있다.

- 자신을 돌보는 것에 실패(예, 수면 부족, 건강하지 않은 식사)
- 과거 상황에 대한 잔재(예, 누군가가 부모나 옛 파트너를 상기시키거나, 혹은 하루 중 이른 시간에 뭔가가 우리를 화나게 해서 덜 심각한 상황에서 지나치게 반응하게 되는 것)
- 미래의 위협에 대한 예상(예, 걱정)
- 우리의 명료한 감정에 대한 판단과 반응
- 감정의 혼합
- 감정을 피하려는 노력

이들의 차이를 이끌어 냄으로써 내담자들은 감정이 가지고 있는 핵심적인 기능에도 불구하고 혼탁한 반응이 일어날 때, 소통되고 있는 것을 명료하게 하기 위해서 세심한 주의와 연민심이 필요하다는 사실을 이해하기 시작한다. 그러한 자각은 우리로 하여금 정서적 반응으로 인해 착각하거나 혼동하기보다는 정서적 반응에서 지혜를 이끌어 내도록 만든다.

● 자기 모니터링

심리교육이 성공의 기틀을 마련하는 데 도움을 줄 수는 있지만, 내담자가 자신의 내적 경험과의 관계를 바꾸는 가장 강력한 방법은 경험을 통한 배움이다. 전통적 행동치료에서 우리가 사용하는 하나의 방법은 모니터링이다. 우리는 내담자가 연민적인 방법으로 자신의 불안징후(생각, 감각, 행동)를 모니터링할 것을 요청하고, 내적 경험을 제어하려는 노력과 함께 그들의 감정을 보다 넓은 범주에서 모니터링하도록 점차로 더해 간다. 그렇게 함으로써 그들은 내적 경험들과 함께 관찰자적 관계를 발전시켜 나가게 되고, 그 결과 감정이 일어날 때 반사적으로 반응하거나 감정에 휩쓸리기보다 감정을 알아차리고 종이에 적는다. 이런 간단한 과정은 내담자로 하여금 반응으로부터 탈중심화decenter를 시켜 주고,

자신의 경험이 영원히 지속되는 진실로 보거나 자아의 측면으로 정의하지 않고, 자연스럽게 일어났다 사라지는 것으로 보도록 만든다(Segal et al., 2002). 이 책의 맥락에서는 모니터링을 통해서 우리의 경험으로부터 탈중심화를 하는 것이 지혜의 훈련이다(10장 참조). 우리는 자아에 대한 보다 유연한 감각을 발달시킬 뿐만 아니라, 보다 숙련된(즉, 지혜로운) 방법으로 우리의 불편함에 대응하는 가능성을 발달시키게 된다.

● 마음챙김 수행

마음챙김 수행은 또 다른 핵심적인 경험적 학습기회를 제공한다. 우리는 내담자가 자신의 내적 경험과 새로운 관계를 배양하도록 돕기 위해서 광범위한 수행법을 사용한다. 현재의 순간에 연민심을 가지고 의도적으로 주의를 기울이는 과정인 마음챙김은(Kabat-Zinn, 1994) 우리가 내적 경험과 얽히게 되었을 때, 그것을 알아차리고, 우리 자신을 그 경험에서 분리시키는 방법을 반복해서 배우는 훌륭한 기회를 제공한다(2장 참조). 우리는 공식적인 수행(즉, 마음챙김 기술을 훈련하기 위해 계획된 시간)을 위해서 내담자에게 일정한 시간을 비워 둘 것을 요청하고, 그러한 기술을 구축할 수 있도록 돕기 위해서 고안된 훈련과정을 제공한다. 우리는 가장 주의를 기울이기 쉬운 신체적 감각(호흡, 소리, 먹기, 몸의 감각에 대한 마음챙김)으로부터 시작한다.

우리는 내담자에게 먹기, 듣기와 같은 반복적인 일상에도 '초심자의 마음'을 가질 것을 권유하는데, 그렇게 함으로써 심지어 중성적인 대상에 대한 경험까지도 물을 들여서, 판단과 반응이 자동적으로 일어나는 방식(예, "브레이크 밟는 소리가 '끽' 하는군. 운전 참 못하네!" "웃는 소리잖아.-난 왜 더 이상 웃지 못할까?")을 보기 시작한다. 사람들은 자신의 마음이 심지어 가장 친절한 경험에까지 얼마나 자주 자동적으로 판단하는지 알아차리기 시작하면, 너무나 인간다운 습관을 가진 이런 자신에 대해 연민과 친절을 느끼기 시작한다. 우리는 내담자가 사물을 판단하거나 비판하지 않고 있는 그대로 알아차리는 훈련을 하도록 격려하고, 점차 배우자나 상사와 어려운 대화를 하는 보다 복잡하고 감정적으로 격한 상황에까지 점차적으로 확장하도록 격려한다.

그다음 우리는 내담자로 하여금 그들의 자각을 정서적 반응에 가져오도록 한다. 우리는 그들에게 슬펐던 상황을 생생하게 상상하도록 한 후 일어나는 감정이 무엇이든 그것을 알아차리도록 요청한다. 감정을 회상하는 동안에 이러한 감정이 어떻게 일어났다 사라지는지, 그것을 피하려는 노력이 있는지, 그 모든 것을 알아차리도록 격려한다. 우리는 또한 루미Rumi의 시 '여인숙The Guest House' (Rumi & Helminski, 2000)을 사용해서 그들의 감정을 차단하려 하지 말고, 환영하고 허락하는 이미지를 느껴 보라고 하는데, 많은 이들이 이렇게 함으로써 배움을 얻는다. 이와 비슷하게, 우리는 '어려움 초대하기Inviting a Difficulty In'라고 불리는 마음챙김에 기반한 인지치료에서 적용하고 있는 실습을 소개하는데, 이것은 내담자가 힘겨워하는 상황을 회상하면서 어떠한 반응이 일어나든지 그것을 허용하기 위해 몸을 이완시키도록 한다. 이 실습은 감정에 맞서서 대항을 하거나 도망을 가려는 방향을 전환시켜 감정을 향해 열린 태도로 향하도록 격려한다. 이런 실습을 반복함으로써 내담자는 자신의 감정이 상상했던 것보다 덜 소모적이라는 사실을 발견하게 된다. 그들은 또한 그토록 오랫동안 피해 왔던 고통이 견딜 만한 것이라는 사실을 배우게 된다. 그렇게 해서 얻어진 지혜는 그들의 삶을 좀 더 충만하게 살 수 있도록 해 준다.

몇몇의 다른 실습은 내담자가 그들의 생각과 감정에 사로잡히기보다 그것을 관찰함으로써 탈중심화를 배우도록 돕는다. 내담자는 자신의 생각이나 느낌과의 새로운 관계를 연습하기 위해서 자신의 생각을 마치 개울을 따라 떠내려가는 나뭇잎으로 상상하거나(Hayes et al., 1999), 자신의 생각은 구름이고 자기 자신은 그 뒤에 있는 하늘이라고 상상해 보기도 한다. 내담자들은 또한 산명상mountain meditation(Kabat-Zinn, 1994)이 변화하는 기분과 상황에 직면했을 때 안정적인 감각과 연결하는 데 아주 많은 도움이 되는 훈련이라는 사실을 발견한다.

우리는 정규적인 실습에 더해 매일의 삶 속에서 마음챙김을 배양하도록 비정규적인 실습도 강조한다. 여기서도 역시 점진적인 절차가 유용할 수 있다. 내담자들은 종종 자신의 경험에 좀 덜 연루되어 있고, 그들이 어떻든 좀 덜 반응할 수 있는 설거지, 샤워, 걷기, 혹은 칫솔질 등을 하면서 마음챙김 수행을 시작한다. 우리의 궁극적인 목표는 내담자들이 그들의 삶에 마음챙김을 하면서 살게 하는 것이다. 따라서 시간이 흐르면서 내담자는 직장을 구하려고 면접을 보거나, 매우 피곤한 회의를 할 때, 혹은 사랑하는 사람과 힘든 대화를 하는 동안에도 마음챙김 수행을 할 수 있도록 확장해 간다.

불안과 투쟁하는 내담자들에게 마음챙김 기법을 가르칠 때는 수없이 많은 어려움이 수시로 일어난다. 첫째, 그들의 삶 안에 공식적인 실습시간을 맞추는 것이 어렵다. 왜 실제로 실습하는 것이 필요한가에 대해서 설명할 때, 우리는 종종 스포츠 훈련을 예로 들어 설명한다. 특별한 기술을 습득하기 위해서 반복적으로 훈련을 하면, 경기 중에 유연하게 그 기술을 적용하는 것이 쉬워진다. 또한 잠깐이라도 수행을 하는 것이 안 하는 것보다 훨씬 좋다는 사실을 알려 주고, 새로운 습관으로 자기연민을 배양하도록 격려한다. 내담자가 공식적인 명상수행을 할 시간이 도저히 안 된다면, 우리는 지금 이 순간에 자신을 향한 연민심을 가지고 주의를 기울이는 새로운 기법을 발달시켜서 내담자가 비공식적인 방법으로 매일 규칙적인 수행을 할 수 있도록 격려한다. 예를 들어, 육아로 바쁜 부모는 샤워를 하거나 빨래를 하고 개키면서 알아차림 수행을 할 수 있는 기술을 익히도록 한다.

둘째, 내적 경험을 비판하고 회피하면서 강한 불안으로 고통하는 내담자는 자신의 증상으로부터 위안을 추구한다. 많은 내담자들이 처음에는 마음챙김 호흡과 같은 공식적인 마음챙김 실습을 하면서 차분해지고 이완되는 느낌을 발견하게 되는데, 이는 비현실적인 기대나 상태에 대한 집착을 낳을 수 있다. 우리는 그러한 반응 또한 인정해 주면서 마음챙김은 연민심을 가져오고, 고통을 포함해서 내적 경험의 전 범위를 환영하며, 삶의 참여를 증진시키는 일에 관계한다는 사실을 지속적으로 강조한다.

● 치료적 관계

치료적 관계는 내담자들이 자신의 내적 경험과 그동안 맺어 왔던 관계를 변화시킬 수 있는 강력한 수단이다. 치료사들이 내담자의 경험을 인정하고 내담자가 한 인간으로 표현하는 대응이나 반사적 반응을 수용하는 관계를 통해서 자기연민은 적극적이고 강력하게 배양된다. 치료사들은 또한 판단을 더 판단적으로, 비판을 더 비판적으로 대응하기보다 자신의 삶을 예로 들어, 그저 한 인간으로 할 수 있는 비판적 생각과 판단, 그에 대해 반사적으로 반응하거나 대응하는 모습을 전략적으로 제공할 수 있다. 마음챙김 수행이 그러하듯이, 여기서 과정에 대한 강조는 중요하다. 얼마나 자주 판단이 일어나느냐와 관계없이 계속적으로 반복해서 자기연민을 배양할 수 있다.

유연성과 경험적 수용

내담자가 스스로의 경험과 자신을 향한 수용적이고 연민적인 태도를 배양하기 시작하면서 습관적으로 일어나던 경험의 회피는 자연스럽게 사라진다. 감정을 향하게 하거나 생각과 신체적 감각을 알아차리는 것에 초점을 두는 마음챙김 훈련은 내담자가 자신의 반응을 회피하는 대신, 기꺼이 다가가도록 촉진시킨다. 이러한 전환은 행동반응을 보다 지혜롭고 유연하게 할 수 있도록 하며, 내담자는 이제 고통을 줄이기 위한 습관적 시도 대신, 자신의 행동을 선택할 수 있게 된다.

　자신의 생각, 느낌, 감각, 혹은 기억을 조정하려는 노력이 오히려 반대로 자신의 정서적 반응을 엉망진창으로 만드는 강도와 빈도를 증가시키는 방식임을 보여 주는 심리교육과 경험적 훈련은 경험적 회피를 감소시키는 데 도움이 된다. 예를 들어, 내담자에게 다음과 같은 경험을 하고 있는 후안Juan처럼 되는 것이 어떤 상태일지 생각해 보라고 요청한다. ―"나는 리나Lena에게 데이트 신청을 하려니 뭔가 불안해지는 것을 느꼈어요. 하지만 그녀와 정말 잘해 보고 싶어서 모험을 했어요."― 이에 반해, 칼로스Carlos는 다음과 같은 경험을 했다. ―"나는 불안한 패배자예요. 난 왜 이 불안을 떨쳐 버리고 그녀에게 데이트 신청을 못하는 걸까요? 난 정말 약해 빠졌어요."― 내담자에게 경험을 회피한 결과를 마음챙김적으로 모니터링할 것을 요청했는데, 시간이 지나면서 그들은 그러한 노력들이 성공적이지도, 인생을 향상시키지도 못했다는 것을 배우게 된다.

　우리는 또한 정서적 반응은 특별한 행위가 필요 없음에도 특정한 방식으로 행위하려는 행동 '경향성'이나 충동을 일으킨다는 사실을 강조함으로써 정서적 의도를 촉진시키려고 노력한다. 내담자들은 종종 자기가 감정적으로 행동하게 될까 봐 두려워하는 데서 오는 심한 스트레스에 반응한다. 예를 들어, 랜디Randy는 자신의 분노에 매우 비판적이었다. 왜냐하면 그는 그의 아버지처럼 소리를 지르거나 벽에 주먹질을 할까 봐 두려웠기 때문이다. 그는 분노를 느끼지 않으려고 매우 노력했지만 그러한 회피는 오히려 역효과를 냈고, 종종 자신이 두려워하는 바로 그 폭발적인 분노와 같은 반응을 하는 자신을 발견했다. 물론 그러한 과정은 압도적이고 위험한 감정인 분노에 일조할 뿐이며, 자기비판을 강화시킬 뿐이었다. 모니터링과 탐색을 통해서 그는 분노에 대한 그의 공포와 그것을 참으려는 시도가 실제로는 그러한 반응을 강화시키고, 원하지 않는 방식으로 행동하는 위험을 증가시킨다는 사실을 보기 시작했다. 그의 치료사는 화가 날 때, 한편으로는 화난 행동을 자제하면서 화를 현재에 머물도록 하고, 자신에게 연민심을 보내는 것이 그가 가치 있게 생각하는 삶을 사는 데 더 나은 전략이 될 것이라는 사실을 제안했다.

　때때로 내담자는 수용을 정서적 고통에 불필요하게 흠뻑 젖어 있는 것과 관련되어 있다고 잘못 믿고 있다. 그와는 반대로 수용은 고통을 수반하는 행동이 가치가 있는 때를 아는 명료함과 지혜를 요구한다. 그러한 개념을 명확하게 해 주는 데 도움이 되는 비유가 있다(Hayes et al., 1999에서 인용). 아름다운 산길을 올라가던 중 늪을 만났다고 상상해 보자. 만약 그 늪지가 우리가 가고 있는 길옆에 있다면, 우리는 그것을 건너기 위해서 뛰어넘거나 뒹굴 필요가 없다. 결의에 차서 진흙탕(혹은 감정적 고통) 속을 뒹구는 행위에서 그 어떤 숭고함도 찾을 수가 없다. 그러나 만일 우리가 가고자 하는 길 앞에 늪이 놓여 있다면, 우리는 우리가 선택한 인생으로 나아가기 위해서 그곳을 헤쳐 나가야 한다. 우리는 분명히 전진해야만 하며, 흙먼지에 닿는 것을 최소화하기 위해서 장화를 신거나(만약 가지고 있다면) 널빤지를 대고 늪을 건너야 한다. 다시 말해서, 가끔은 호흡이 불안을 잠재울 수 있고, 좋은 친구와의 대화가 우리의 기분을 바꿔 줄 수 있다. 그럼에도 불구하고, 때로는 혼란스러움으로부터 배울 수 있는 어떤 도구도 없을 때가 있고, 또 때로는 최선의 노력을 다했음에도 처음의 그 진흙탕으로 다시 빠질 수도 있다. 이러한 경우에 우리는 스스로를 끄집어내고, 이 도전적인 여행을 견디어 내기 위해서 자신에게 연민심을 보내고, 상처를 돌보고, 다시금 산을 올라가야 한다. 우리는 인생을 통해서 가치 있는 방식으로 우리의 길을 만들어 갈 때 일어나는 어떤 내적 경험을 기꺼이 직면한다. 최선의 길을 알아차리는 것이 이 접근에서 배양되는 지혜의 요소다.

의미 있는 삶을 사는 것

　우리는 불안이나 불안장애와 연합된 행동제약을 분명한 목표로 삼고, 내담자가 자신에게 중요한 일이 무엇인지 명료화하도록 도우며, 그 가치와 일치하는 행동을 실행하도록 돕는다(수용과 전념치료에서 도입함)(Wilson & Murrell, 2004). 가치는 개인에게 있어 중요하다고 여겨지는 개인적 선택을 의미하므로, 외적으로 부과되는 윤리적인 규칙이 아니다. 내담자가 마음챙김 기법을 발전시킬 때, 우리는 회기 중에 내담자의 불안이 그들의 삶에서 부정적인 영향을 미치는 방식(관계, 직장/학교/가정생활, 그리고 자기돌봄/사회참여)에 대한 명료함을 얻도록 돕기 위해서 쓰기 숙제와 탐색을 사용하고, 각각의 영역에서 그들이 최선으로 살고 싶어 하는 방식을 표현하도록 돕는다. 내담자는 자기 자신의 정서적 반응에서 지혜의 진가를 알게 되고, 개인의 가치를 존중하는 데서 오는 어떤 힘을 얻게 되면서 회기 중에 매주 그들이 취하는 특정한 행동이 그들의 삶을 보다 의미 있게 한다는 사실을 발견하게 된다(예, 배우자와 그들의 감정적 취약점을 나누고, 직장에서 보다 창의성을 발휘하며, 그들이 가치롭게 여기는 사회활동에 참여하는 등). 우리는 이러한 행위를 방해하는 온갖 종류의 장애를 탐지하고, 내담자가 그 장애를 효과적으로 다루기 위해서 자각, 수용, 그리고 연민을 사용하도록 격려한다.

가치 있는 행동을 명료화하고 증진시키는 것을 목표로 하는 우리의 작업 전반을 통해서 우리는 지혜의 중요한 요소인 내적 경험에 상관없이 행동을 선택하는 능력을 강조한다(Olendzki, 2010; 9장 참조). 예를 들어, 수진Soo jin은 친밀한 관계의 우정을 진실로 원하고, 삶에서 사람들에게 정직하게 열린 태도로 대하려고 한다. 그러나 수진은 스스로에 대한 의심과 사회적 상황에 무능하다는 생각이 너무 강했기 때문에 그 고통을 피하기 위한 노력으로 사람들 앞에 나서서 이야기를 하거나 사회적으로 접촉하는 것을 피하는 법을 배웠다. 필연적으로, 수진은 자신이 얼마나 사회적으로 고립되어 있는가에 대한 판단을 포함해서 자기비판적인 생각을 끊임없이 경험했다('난 정말 패배자야. 나에게는 친구가 하나도 없어.'). 수진은 우리와의 작업을 통해서 그와 같은 자기비판이나 판단과 관련된 생각이나 느낌을 알아차리는 것을 배웠을 뿐만 아니라 불편함을 느낄 때 강하게 일어나는 행동경향성을 알아차리는 법을 배웠다. 자신이 양부모로부터 받았던 지속적인 학대와 비판적 양육방식으로부터 학습된 반응을 자연스럽고 일시적인 것으로 보기 시작하면서 수진은 자기연민을 기를 수 있었다. 또한, 자기 마음이 습관적 방식으로 반응할 때조차도 수진은 가치 있는 행동을 계속해서 지켜 나갈 수 있었다. 수진은 수업이 끝난 후 사람들에게 필기를 빌리는 것과 같은 작은 것부터 시작해서 사회적 접촉에 익숙해져 갔으며, 점차 감정적으로 마음을 열기 시작하면서 시간이 지날수록 더 의미 있는 만남을 추구했다.

이 접근 안에서 지혜와 연민심 기르기

이 장의 전반에 걸쳐서 언급했듯이, ABBT(수용에 기반한 행동치료)는 내담자가 자신의 내적 경험을 수용하기 위한 자기연민과 내담자들의 행동을 안내하는 데 필요한 지혜를 이끌어 내는 것을 목표로 한다. 연민심은 지혜에 비해서 좀 더 명쾌하게 다뤄지는데, 우리는 내담자가 불안 경험과 밀접하게 묶여 있는 습관적인 자기비판과 판단을 직면하면서 자기연민을 촉진하도록 돕는다. 우리는 비록 타자를 향한 연민심에는 초점을 덜 맞추지만, 내담자가 자신을 향해 좀 더 친절해지고, 이해심을 기르고, 자신의 감정과 자기판단을 인간 경험의 일부로 보기 시작하면 그와 같은 이해를 자연스럽게 타인을 향해 적용하기 시작한다. 자기들이 그러하듯이 다른 사람도 각자의 삶에서 인간으로서 각기 최선을 다하고 있다는 것을 보기 시작한다. 그와 같은 분명한 인식은 종종 타인과의 연대감을 촉진하고, 다른 사람의 평가에 대한 두려움을 감소시켜 준다.

힘겨움을 초대하고 몸을 통해서 그 힘겨움과 작업하기

- 이 실습을 하기 전에 지금 경험하고 있는 어려움에 대해 생각해 보세요. 반드시 심각한 어려움일 필요는 없으며, 유쾌하지 않거나 해결되지 않는 무언가를 선택합니다. 당신이 걱정하는 어떤 것일 수도 있고, 당신이 경험한 논쟁이나 오해일 수도 있으며, 화나거나, 억울하거나, 죄책감이 들거나, 좌절감을 주는 것일 수도 있습니다. 지금 경험하고 있는 것이 없다면, 최근에 두렵거나, 걱정되는 것, 좌절했거나, 억울하거나, 화가 났거나, 죄책감이 들었던 것을 생각해도 좋습니다.

- 당신이 의자나 바닥에 앉아 있는 모습을 살펴봅니다. 당신의 몸이 의자나 바닥에 닿는 곳에 주목합니다. 잠시 호흡에 주의를 가져옵니다. 들이쉬고…… 내쉬는 호흡을 알아차려봅니다. …… 이제 서서히 알아차림을 확장해서 몸 전체로 느껴 봅니다. 몸 전체로 호흡하면서 어떠한 감각이 일어나든지 알아차려 봅니다.

- 준비가 되면 당신을 휘젓는 힘겨운 감정을 겪는 상황으로 마음을 가져옵니다. 특정한 감정에 당신의 주의를 가져와서 그 감정에 대해 일어나는 당신의 반응을 봅니다. 곤란한 상황과 감정적 반응에 주의를 집중하고, 어떠한 신체적 감각이 일어나든 그것을 알아차리고 허용합니다. 몸에서 일어나는 감각을 알아차려 봅니다. 그리고 의식적으로, 그러나 부드럽게, 가장 강하게 반응이 일어나는 곳으로 바로 주의를 이동해서 그것을 안아 주고, 환영해 줍니다. …… 지금 현재 어떤 느낌인지 알아차려 봅니다. …… 그리고 들이쉴 때 바로 몸의 그 부분에 숨을 불어넣고, 내쉴 때는 그 부분의 몸으로부터 숨을 내뱉습니다. 감각을 탐색하면서 그러한 감각의 강렬함이 순간순간 생멸하는 것을 지켜봅니다.

- 이제 더 깊은 연민과 열린 태도로 어떠한 감각이나 생각 혹은 감정을 경험하든, 설사 그것이 유쾌하지 않은 것일지라도, 자신에게 가끔씩 "괜찮아. 그게 무엇이든, 이미 여기 와 있는걸. 열린 태도를 갖자."라고 말하면서 주의를 가져옵니다.

- 이러한 내적 감각에 머물면서 그것과 함께 호흡하고, 받아들이고, 그대로 내버려 두고, 있는 그 자체를 그대로 허용합니다. 만일 그것이 도움이 된다면, 다시 한 번 자신에게 '괜찮아. 그게 무엇이든, 이미 여기 와 있는걸. 열린 태도를 갖자.'라고 말합니다. 알아차린 감각을 부드럽게 이완하고 개방하면서 긴장을 흘려보냅니다. 원한다면, 순간순간 감각을 가진 호흡을 안과 밖으로 이동시키면서 몸의 감각과 호흡의 느낌을 모두 알아차리는 것을 시도해 볼 수도 있습니다.

- 신체적 감각이 더 이상 같은 정도로 주의를 끌지 않는다는 걸 알아차리면, 그냥 호흡으로 100% 돌아와서 그것에만 주의를 계속 집중합니다.

> • 이제 당신이 의자에 앉아 있는 방식, 당신의 호흡을 부드럽게 알아차리고, 준비가 되면 눈을 뜹니다.
>
> --
>
> Williams, Teasdale, Segal, & Kabat-Zinn(2007, pp. 151-152)에서, Guilford 출판사에 저작권이 있음(2007). 허락을 받고 게재함.

연민심을 배양(우리 자신과 타자를 향해)하는 데 도전적인 측면은 우리의 생각들이 얼마나 판단적인지를 알아차릴 때 자동적으로 판단이 일어난다는 사실이다. 다니엘Daniel은 해고된 후에 경제적 상황을 걱정하고 있었는데, 좋은 차를 몰거나 좋은 옷을 입고 있는 사람을 볼 때, 강하게 부정적인 반응이 일어나는 것을 알아차렸다. 이러한 생각 때문에 그는 자신에 대해 상당히 부정적인 판단을 했는데, 그것은 그가 질투의 감정을 내보일 때마다 그의 부모로부터 받았던 비판적 메시지를 반영한다는 것이었다. 인정, 자연스러운 생각과 감정에 관한 심리교육, 마음챙김 수련을 통해 다니엘은 자기연민을 발달시켰고, 주어진 상황에서 일어날 수 있는 그의 반응의 인간다운 면을 볼 수 있었다. 그가 느낀 증오와 자기혐오를 내려놓을 수 있게 되자, 다른 사람에게 그런 생각이 일어날 때도 평가에 덜 얽매이게 되었고, 타자를 향한 연민심을 기를 수 있었다. 그는 부모 역시 나름의 힘겨운 삶이 있었다는 것을 이해함으로써 그가 비판적 반응을 배웠던 부모에게까지 연민을 확장했다. 우리가 빈번히 갖는 생각과는 상관없이 우리 자신을 인정하고 스스로에게 친절하게 대함으로써 타인을 향한 평가뿐 아니라, 우리 마음에 지니고 있었던 생각을 느슨하게 하고 활력 넘치는 삶으로의 첫 단계를 시작할 수 있다(6장과 7장 참조).

앞서 우리가 ABBT에서 지혜의 개념에 대해 쓰지는 않았지만, 이 장 전반에 걸쳐 우리는 ABBT가 어떻게 우리의 내담자가 가지고 있는 내면의 지혜를 두드리며, 그로 인해 어떤 이점이 있는지 설명하려는 시도를 해 왔다. 리네한(Linehan,

1993b)은 적응적 삶을 촉진하기 위해 이성과 감성의 조화가 이루어져야 한다는 관점에서 지혜로운 마음을 마음챙김을 이용해서 배양할 수 있다고 설명했다. 마찬가지로, 우리는 연민심을 기르는 것, 내적 경험과의 열린 관계, 자발적 경험의 발달, 그리고 마음챙김과 의미 있는 행동의 선택을 지혜의 측면으로 본다(1장과 10장 참조). 내적 경험에 대한 반사적 반응과 얽매임이 감소함으로써 사람들은 상황과 자신의 반응을 이해하게 되고, 그들에게 가장 중요한 일과 관련된 의도적 선택을 할 수 있게 된다. 그와 같은 지혜로운 행동이 우리의 치료가 의도하는 궁극적인 목적이다.

우리는 내담자의 지혜 발달을 촉진시키는 여러 가지 방법을 설명했다. 심리교육에서는 불안 경험, 정서반응의 범위, 그리고 고통을 지속하게 하는 요소를 밝힘으로써 인간반응을 이해하는 데 중요한 기초를 마련한다. 이러한 기초 작업은 내담자가 자신의 경험에 대한 모니터링, 공식 또는 비공식적인 마음챙김 수행, 경험적 실습, 가치의 명료화, 회기 중에 가치 있는 행동에의 참여, 그리고 치료 관계 내에서의 상호작용을 통해서 내담자 자신의 자아발견으로 풍부해진다. 내담자가 향상된 연민심을 가지고 자신의 경험에 주의를 두는 능력을 발달시킴으로써 자신의 내적 지혜와 (반사적 반응이나 사전에 형성된 개념 대신) 점점 더 연결되고, 자신의 행동을 안내하는 데 내적 지혜를 사용하게 된다. 앤드루 올렌스키(Andrew Olendzki)가 불교심리학에서 거론한 것처럼, "자유는 우리가 대상에게 어떻게 반응할지를 선택할 수 있음을 의미한다. 지혜가 잘 발달되지 않았을 때, 다른 이의 도발에 의해서 쉽게 함정에 빠질 수 있다."라고 했다(2010, p. 101). 우리의 치료접근법은 내담자가 자신의 지혜를 발달시킴으로써 자동적으로 반응하기보다는 의도적으로 반응하도록 돕는 것이다.

관계에서 가치 명료화하기

- 쓰기 숙제를 하는 동안, 홀로 있을 수 있는 편안한 곳을 약 20분 정도 확보합니다. 글을 쓰는 동안에 주제에 대한 가장 깊은 감정과 생각을 진정으로 내려놓고 탐색하기를 바랍니다. 시작하기 전에 몇 분 정도 마음챙김 수련을 하면 열린 가슴과 자각으로 이 작업에 임할 수 있습니다.
- 글을 쓰면서 가능한 한 생각과 감정을 완전하게 경험하도록 스스로를 허용해 줍니다. 거슬리는 생각을 밀어내는 것은 실제로는 그것을 더욱 악화시키므로, 진실로 여러분 자신을 있는 그대로 내버려 두려고 노력해 봅시다. 실습 중에 마음챙김 수련을 함으로써 당신이 행하는 어떠한 반응도 수용하고 허용하게 되며, 당신에게 가장 문제가 되는 것이면, 새로운 무언가가 나올 때까지 같은 것을 반복합니다. 20분을 완전히 썼는지 확인하도록 합니다. 철자나 문장부호, 문법에 신경 쓰지 마시고 무엇이든 마음에 떠오르는 것을 그냥 적습니다.

- 종종 관계에서 왜 자신이 원하는 대로 되어지지 않는가에 대한 생각을 하게 될 수 있습니다. 그것은 자연스러운 것이며, 그러한 장애는 다음 기회에 탐색하게 될 것입니다. 그러니 이 실습에서는 생각이 일어나는 그대로 생각을 알아차릴 수 있는지 보시고, 주의를 당신이 원하는 방식으로 부드럽게 가져갑니다. 만약 이러한 장애물을 경험하지 못했다면, 당신에게 가장 의미 있는 것이 무엇인지 진심으로 탐색할 수 있게 됩니다.

- 당신에게 가장 중요한 관계를 두세 가지 선택합니다. 실제관계(예, '내 오빠와의 관계')나 아니면 당신이 원하는 관계(예, '연인을 갖고 싶다.'거나 '더 많은 친구를 사귀고 싶다.'거나)를 선택할 수 있습니다. 그러한 관계에서 어떤 모양의 관계를 하고 싶은지 간단히 적어 봅니다. 다른 이들과 어떻게 소통하고 싶은지에 대해서 생각해 보세요(예, 얼마나 개방적 vs. 사적 관계를 원하는지, 당신이 필요로 하는 것을 요청하거나 다른 이들에게 피드백을 주는 일에 얼마나 직접적 vs. 수동적인지)에 대해서 생각해 봅니다. 다른 이들로부터 어떠한 종류의 지지를 받기를 원하는지, 그리고 자신을 돌보는 것을 희생하지 않고 어떠한 종류의 지원을 타인에게 줄 수 있는지 생각해 봅니다. 다른 이들과의 관계에서 자신에게 중요한 여타의 다른 것들도 적어 봅니다.

Orsillo & Roemer(2011, pp. 193-194)에서 발췌. Guilford 출판사에 저작권이 있음 (2011). 허락을 받고 게재함.

지혜와 연민심을 배양하기 위해서 내담자와 작업하는 일은 또한 우리 자신의 지혜와 연민심(자신과 타자를 향한) 배양을 함께 요구한다. 우리는 지속적으로 우리의 반응과 내담자의 반응을 연민과 호기심으로 관찰하는 연습을 해야 하며, 우리의 인간성이 서로에게 반영되는 것을 보게 된다. 우리의 내담자와 이러한 과정을 공유함으로써 그들이 우리들로부터 지혜를 배우듯이, 우리도 그들의 지혜로부터 배울 수 있게 된다.

감사의 말

우리의 작업을 지지해 준 전국 정신건강 연구소National Institute of Mental Health와 보조금 번호Grant No. MH074589를 통해서 이 장을 지지해 준 것에 감사한다. 우리는 또한 내담자들, 치료사들, 동료들과 불안, 연민, 그리고 어떻게 의미 있는 삶을 살 수 있는지에 대해 꾸준히 우리의 이해를 깊이 있게 해 주고, 확장시켜 준 사랑하는 이들에게 고마움을 표한다.

18장. 우울증: 삶의 흐름에서의 고통

폴 길버트Paul Gilbert

만일 우리가 현실적인 태도를 가지고 있고, 문제들은 한 가지 형태에서 또 다른 형태로 자연스럽게 발생하는 것이 삶의 단순한 진실이라는 사실을 이해한다면, 문제가 생겼을 때 우리는 보다 효과적으로 그에 대응할 수 있을 것이다.

－텐진 갸초, 14대 달라이 라마(2009a, p. 196)

우울증은 다양한 형태를 취하고, 심각성, 지속성, 그리고 발생 시기가 다르지만, 그 증상은 모두 너무나 익숙하다. 우울증의 증상은 동기의 상실, 즐거움을 잘 느끼지 못하는 것, 그리고 무력감과 비관주의의 구름에 갇힌 감각을 포함한다. 육체적으로 지치고, 과민하고, 두려운 느낌에 장악당하고, 무능하다는 느낌에 빠져드는 것 등이다. 우울증으로 인한 암담함은 자살이 유일한 위안으로 보일 정도로 절망과 함정에 휩싸이게 한다. 슬프게도 우울증 경험은 매우 일반적이다. 세계건강기구(2011)는 우울증을 겪고 있는 인구가 1억 2천 1백만 이상일 것으로 추정하고 있다. 우울증 인구는 우울증에 대한 정의와 측정되는 사회적 맥락에 따라서 전체 인구의 약 3~10% 정도로 퍼져 있는 것으로 보고 있다. 놀라울 것도 없이, 부유한 사회보다 가난에 찌든 사회에서 우울증 비율은 더 높은 경향을 보인다.

비록 현대 사회에서 우울증이나 다른 정신건강 문제의 비율이 증가했지만 (Twenge et al., 2010), 그렇다고 우울증이 현대 사회의 창조물은 아니다. 실제로 우울증에 관한 이야기는 아주 오래된 역사를 가지고 있다(Jackson, 1990). 솔로몬 왕과 같은 성서 속의 인물도 그가 신을 화나게 했고, 더 이상 신이 자기를 좋아하지 않는다는 믿음으로 인해서 화병으로 고생했다. 많은 동물들 또한 우울증을 겪고 있으므로 우리는 우울증에 대한 개념을 너무 인간중심적 관점에서만 사고해서도 안 된다. 동물들도 확실히 우울한 것으로 보이는 행동을 할 수 있고, 우울증에 대한 많은 연구가 동물을 대상으로 행해져 왔다.

우울증은 다양한 관점에서 이해될 수 있지만(예, 유전적, 생화학적, 뇌 상태, 심리적, 그리고 사회적)(Power, 2004), 이들 가운데 마음의 깊은 어둠과 관련된 우울증상을 다루는 데 필요한 지혜를 어떻게 발전시키는지에 대해서 정확히 설명한 것은 없다. 그러나 그러한 노력을 위해서 생각하고, 추론하고, 직관적으로 사고하는 진화된 우리의 능력을 사용할 수 있다. 뿐만 아니라 우리는 객관적 과학을 이용할 수도 있다. 지혜는 연민심과 함께 믿음, 염원, 또는 개인적 지향의 추상적이고 형이상학적인 개념묶음들이 아니라, 주의 깊은 연구, 분석, 그리고 반추에서 나온 것이다. 우리는 신체적 질병을 치료하기 위해서 질병을 세부적으로 연구하고, 질병의 본질과 치료제를 찾아낸다. 수많은 질병과 조건—천연두에서 말라리아까지, 당뇨병에서 뇌종양까지—이 수 세기 동안의 의학적 연구를 거쳐서 그 비밀이 밝혀져 왔다. 이와 마찬가지로, 지혜로운 연민심의 토대는 인간 두뇌를 이해하고 사용하는 것이다. 인간 두뇌는 우리 자신과 세계를 이해하기 위해서 성장할 수 있는 독특한 기관으로, 생각, 지식, 발견, 그리고 오랫동안 사장되었던 경험을 기반으로 해서 세워지고, 기꺼이 배우고, 그리고 치유하기를 열망한다.

그러므로 지혜는 지식 그 이상이다. 지혜는 우리가 세대를 거쳐서 지식을 구축하는 방법이고, 그 지식을 하나의 가치묶음과 세상에서의 존재방식으로 통합하는 방식이다. 모니카 아델트(Monika Ardelt, 2003)가 제안한 대로, 지혜는 인지적,

반성적, 그리고 정서와 관련된 요소들과 연결된 다면적인 개념이다(1장 참조). 첫째, 거기에는 이해하려는 '동기'의 측면이 있는데, 이는 전통이나 미신에 의존하기보다 지식을 추구하는 새로움에 대한 개방이다. 둘째, 지혜는 인간의 조건, 인간의 본질을 '반영'하는 능력에 관여하고, 죽음, 쇠퇴, 그리고 고통과 같은 복잡하고 역설적인 문제들을 다루는 능력과 관련되어 있다. 셋째, '지혜로운 추론'은 우리들로 하여금 상황을 다른 관점에서 생각하게 하며, 투사와 정서적 합리화를 최소화하고, 경험으로부터 배우면서 고요한 마음(마음챙김)을 배양할 수 있게 해 준다. 넷째, 지혜를 뒷받침하는 '정서'는 고통을 완화하고자 하는 바람과 자신과 타인의 번영을 촉진하려는 바람에 근거한 연민심과 배려심에 기반을 두고 있다. 믹스와 제스트(Meeks & Jeste, 2009)는 지혜는 서로를 반영하고 의사결정을 함께하는 것과 같은 다양한 친사회적인 태도와 행동을 수반하고, 그러한 자질들은 도파민dopamine, 세로토닌serotonoin, 바소프레신vasopressin, 그리고 옥시토신oxytocin과 같은 몇몇 신경전달물질에 의해 뒷받침된다(14장 참조). 지혜의 본질과 기능을 이해하는 것은 특히 이 장에서 개괄적으로 설명된 것처럼 정신적 고통에 대한 불교심리학과 진화론적인 접근법 두 영역 모두에서 중요하다.

마음의 진화

우울증은 많은 근본 뿌리를 가지고 있기 때문에 우리가 연구해 볼 필요가 있다. 우울증의 어둠 속으로 들어가는 일은 사랑하는 사람의 상실, 개인적인 패배, 정신적 외상, 약물남용, 또는 고통스럽고 심각한 병의 발생과 같은 사건으로부터 시작될 수 있다. 우리는 '왜 이것이, 왜 지금, 왜 나에게?' 일어났는가를 이해하려고 애쓴다. 우리가 고통, 정신적 외상, 그리고 비극에 부여하는 의미는 우리 자신이나 환자들이 겪는 고통, 정신적 외상, 비극을 다루는 방법에 중요한 영향을 미친다. 많은 우울증 환자의 경우, 그러한 질문에 대해서 자기초점화로 대답하는 경향이 있다. 상실이나 실패의 결과가 '자연스러운 일'이기보다 뭔가 자기 자신과 관련된 것으로 본다. 그와는 대조적으로, 불교 수행자와 진화론적 접근법은 고통의 보편적인 뿌리를 인식하고 이해하기 위해서 개인적인 관점에서 물러나서 보다 객관적인 통찰을 발달시킬 것을 강조한다(4장과 8장 참조).

과거로부터 인류의 지혜에 기여할 수 있는 중요한 생리학적 발견은 진화의 개념이다. 진화론은 우리 모두가 삶의 흐름의 산물, 즉 진화적 시간의 시점에서 우리가 이 우주에 존재하도록 유전적으로 고안된 존재라는 사실에 중요한 통찰을 제공한다. 우리는 유연함, 자아에 대한 비구체화(13장), 혹은 생물학적 진화의 관점에서 상호연결되어 있고, 덜 개체화된 자아의 이점(12장)을 즐길 수 있다.

인간이라는 존재는 지금은 대부분 소멸된 수백만의 다양한 삶의 형태로부터 투쟁해 오면서 진화해 왔다. 유전적으로 형성된 우리의 두뇌와 몸은 기본적인 포유류의 청사진 속에서 다양성을 반영한다. 우리의 유전자는 부모와 동료에 대한 애착을 형성하는 욕망을 제공하면서 영장류를 모티브로 한 구조 위에 형성되었다. 사랑하고, 사랑받고 싶고, 그리고 소중하게 여겨지고 싶은, 반드시 일부일처만은 아닌 성적 관계를 열망하고, 우리 자신과 우리 종의 생존을 보호하고 촉진시키기를 원하고, 그리고 조직에 속하고 조직에 의해서 받아들여지기를 원한다(이것은 부족주의의 어두운 면과 외부 집단에 대한 증오를 키운다). 우리는 세계의 많은 종들 속에서 이러한 사회적 동기와 욕망이 드러나는 것을 본다. 칼 융(Carl Jung, 1981)은 삶의 흐름 속에서 진화하는 이런 보편적인 기질에 대한 심리학적 경험을 설명하기 위해서 '원형archetypes'이라는 용어를 사용했다.

우리에게 주어진 유전자적 기질은 놀람, 걱정, 또는 분노로 위협을 감지하고 반응하도록 뇌와 신체를 구성했다. 좋은 일에 대해서는 기쁨으로, 그리고 실망과 침체된 기분에 대해서는 좌절로 반응한다. 다른 많은 동물들이 그런 것처럼, 우리는 갈등과 장애에 직면하면 분노와 공격성이 활활 타오를 수 있다. 불안은 위험이 발생했을 때 도망가거나 회피하도록 할 수 있다. 우리가 조절할 수 없다고 느끼는 심각한 상실과 스트레스를 만났을 때, 세상과 관계하는 긍정적인 느낌과 능력의 상실(우울)은 우리의 마음을 특정한 패턴으로 만든다. 따라서 우울증은 많은 생명체의 마음에 달라붙어 있는 위협과 상실에 대한 주의를 유지하기 위해서 역경의 상태에서 방어적으로 폐쇄하는 두뇌의 방식이다(Gilbert, 1984, 1992, 2005, 2007b; Nesse, 2000). 그래서 기본적인 방어전략으로서의 '우울증'의 역량은 인류가 출현하기 훨씬 이전에 존재했다.

'우리는 어떻게 형성되어 왔는가?'에 대한 근본적인 이해에서 나온 두 번째 통찰은 우리 마음속에서 진행되고 있는 많은 것—욕망의 다급함, 감정의 힘, 그리고 감정의 깊이—은 우리의 개인적 의도나 선택이 아니었기에 '우리의 잘못이 아니라는 사실이다'. 우울증은 결코 우리가 선택한 것이 아니고, 진화의 과정에서 잠재적 전략으로서 우리 내부에서 설계되었기 때문에 가능한 것이다. 나 자신의 경험을 비추어 보건대, 우울증 환자가 진정으로 마음의 진화를 이해하고 우울증이 왜 그들의 잘못이 아닌지 이해했을 때, 나약함, 부적절함, 또는 무가치한 느낌과 연관된 뿌리 깊은 수치심과 자기비난을 극복할 수 있도록 도와준다. 그러한 어두운 상태는 우울증이 우리 스스로에게 무언가 잘못된 것이 있다는 느낌—우리는 실패자이고, 부적절한 패배자이며, 아무도 원치 않고, 고통에 사로잡혀 있으며, 다른 이들에게 짐이 된다는 느낌—을 가져오기 때문에 발생한다.

세 번째 통찰은 진화는 그 자체로 엄청나게 고통스럽다는 것이다. 우리는 모두 유전적인 취약점, 바이러스, 박테리아, 기생충, 그리고 상처에서부터 놀랍도록 부숴지기 쉬운 우리의 육체에 이르기까지 다양한 질병에 민감한 유전적 성향과 지침을 가지고 있는 우리 자신을 발견한다. 사실 바이러스는 유전적 변이를 창조하는 그 자체의 능력 때문에 진화과정에 매우 중요하다는 증거를 제시하고 있으나, 그것이 야기하는 질병은 우리와 우리가 사랑하는 사람들에게 심각한 고통과 기능장애를 가져올 수 있다. 핵심은 우리는 번식—세대를 통한 유전의 복제—을 위하여, 그리고 번식에 의하여 진화해 왔다는 것이다. 우리는 생존과 번식의 도전에서 길을 찾기 위해 진화한 것이지 행복을 '위해' 진화한 것이 아니다 (Buss, 2000).

모든 것이 순조롭게 잘 돌아간다고 할지라도, 우리가 사랑하는 모든 것, 그리고 모든 이가 그러하듯 우리는 자라고, 번창하다 서서히 쇠퇴하고 죽을 것이다. 우리는 치매나 다른 소모적인 질병에 붙잡혀 우리의 쇠퇴가 연명하지 않기를 희망하나, 이것은 결코 우리가 선택할 수 없는 삶의 과정이자 모든 생물의 본성이고 운명이기 때문에 우리는 쇠퇴할 것이다. 「블레이드 러너Blade Runner」와 「문Moon」과 같은 영화의 등장인물처럼, 우리가 비록 특별하고 개성 있는 존재라고 느낄지라도, 실제로 우리는 우리 부모의 복제이고, 그들의 유전적 성향을 나눠받았으며, 우리 사회의 경험에 의해 형성되었다는 깨달음에 이르게 된다. 몇백만 년을 거쳐 진화한 유전적 물질로부터 태어난 존재의 유난히 짧고, 고통스러운 현실을 이해하여야 하며, 결국에는 쇠퇴하고 죽을 운명이라는 것을 알면서도 뇌는 자아의 개념을 창조하고, 필사적으로 고통으로부터 자유로운 삶과 의미를 찾으려고 한다.

많은 이들이 행복은 이번 생이 아닌 다음 생에 있을 것이라는 믿음을 가진다 (McMahon, 2006). 고통과 비극, 덧없음, 그리고 존재의 허무함에 대한 진실은 너무도 견뎌 내기 힘들기 때문에 우리들은 끊임없이 이를 외면한다고 많은 사람들이 주장해 왔다. 그래서 우리는 성취하는 데 집중한다. 우리의 경력과 아이들을 지키기 위해서, 돈을 벌고 다음 끼니를 걱정하지 않기 위해서, 편하고 따뜻하고 물이 새지 않는 집에서 살기 위해서, 우리를 질병과 상처의 고통으로부터 보호해 줄 의료보험(가끔일지라도)을 감당하기 위해서. 우리는 진화된 사회적 종으로서 다른 사람들과의 관계를 통하여 큰 위안을 얻을 수 있다는 사실을 알고 있다 (Cozolino, 2007). 사실 우리가 태어나서 죽는 날까지 다른 사람들로부터 받는 사랑, 친절, 그리고 지지는 인생의 고통스러운 현실을 직면하는 데 있어서 우리의

육체적, 정신적 건강에 엄청난 영향을 미친다(1장과 8장 참조). 그러나 또 다른 순
간에는 우리가 목표를 달성할 수 없다고 느낄 것이고, 오해받았고, 비난받았거
나, 사회적으로 고립되었다고 느낄 것이다. 우리 자신의 두뇌는 자기연민적이기
보다는 자기비판적이고, 자기혐오의 상태가 될 것이다. 그러한 상태에서 우리는
쉽게 우울한 상태로 미끄러질 수 있다.

세 가지 감정조절시스템

우울증은 뇌의 상태이므로(Gilbert, 1984, 1989, 1992, 2007b) 뇌의 상태가 신경생
리학적으로 어떻게 생성되는지 아는 것은 우리로 하여금 뇌 상태를 더 잘 이해
하고, 우울증의 강력한 해독제가 될 수 있는 연민과 지혜의 치유적 기질을 배양
하는 방법을 개발하는 데 도움을 줄 수 있다. 세 가지 감정조절시스템은 뇌의 긍
정적 · 부정적 상태 두 경우 모두에 있어서 중요한 역할을 한다(Depue & Morrone-
Strupinsky, 2005). 각각의 시스템은 특정한 촉매작용과 효과를 가진 특별한 기능
을 가지고 있다. 세 가지 감정조절시스템은([그림 18-1] 참조) 다음과 같다.

1. 위협탐지와 대응 시스템
2. 추진하고, 자원을 찾고, 성취하고, 활성화하는 시스템
3. 만족하고, 진정시키고, 친화하는 시스템

각각의 시스템은 설명보다 훨씬 복잡하며 느낌들의 혼합을 만들어 내기 위해
서 끊임없이 상호작용하고, 심지어 느낌들 간의 충돌을 유발한다. 예를 들어, 잠
재적 성적 대상에게 다가가서 만나고 싶어 하지만, 동시에 거절당할까 봐 불안
해한다. 그러한 정서들의 균형은 짝짓기 게임의 정서적 색깔을 결정할 것이고,

또는 그렇게 하기 위해서 애를 쓸 것인지 말 것인지도 결정해 줄 것이다.

위협시스템

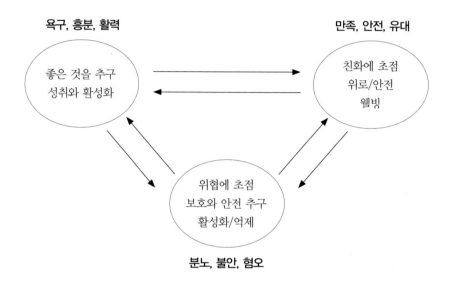

[그림 18-1] 세 가지 주요한 감정조절시스템 간의 상호작용. Gilbert(2009c, p. 22)

우리가 소위 '우리의 공장 세팅our factory setting'이라고 말하는 가장 기본적인 시스템은 우리를 보호하는 것이 목적인 위협시스템이다. 이것은 쥐, 토끼, 그리고 원숭이가 위협을 관리하는 두뇌작용과 비슷한데, 진화의 시간을 역으로 거슬러 올라가 여러 가지 수정과정을 통해 기본적 디자인과 구조를 구성할 수 있다 (LeDoux, 1998; Panksepp, 1998). 이 시스템의 주요 영역 중 하나는 편도체amygdala인데, 이는 의식적 생각이 일어나기 전에 위협이나 실망을 나타내는 신호에 매우 빠르게 반응한다. 이 위협시스템은 편향되게 주의를 집중해서 방어적 감정(예, 불안, 분노)을 활성화시키고, 방어적 행동(예, 싸우거나, 얼어붙거나, 도망가는)을 생성한다

(LeDoux, 1998). 우리는 긍정적인 자극보다 위협을 더 빨리 감지하고 반응하며, 긍정적인 것보다 고통스러운 사건을 보다 쉽게 기억해 낸다(Baumeister, Bratslavsky, Finkenauer, & Vohs, 2001). 만일 쇼핑몰에서 아홉 명의 점원이 당신에게 친절했으나 한 명이 무례했다면, 당신은 아홉 명의 친절한 점원(90%)을 만났다는 사실보다는 한 명의 무례한 점원을 기억하여 그것에 대해서 파트너에게 이야기하고, 그에 대하여 곱씹어 생각할 수 있다. 이것이 위협시스템의 본질이다. 우리를 위협하는 것에 놀랍도록 집중하고, 위협에 집중된 생각과 반추의 소용돌이에 사로잡힌다.

전형적으로 정신건강 문제에는 위협시스템이 관여하고 있으므로(Gilbert, 1989, 1993) 우울한 사람은 이 부분에서 민감성이 증가되어 있다. 특히 아동기에 학대와 관련된 무서운 경험은 위협을 처리하는 시스템에 영구적으로 영향을 줄 수 있고, 이는 훗날 우울증에 걸릴 가능성을 증가시키는 위험요소가 된다(Bale et al., 2010). 우리는 또한 우울증은 위협에 초점을 맞춘 주제를 끊임없이 반추하는 작용과 관련이 있으며, 이것이 위협시스템을 지속적으로 자극한다는 사실을 알고 있다(Cheung, Gilbert, & Iron, 2004; Watkins, 2008). 따라서 유전자와 초기 경험의 결합으로 우리의 뇌는 우리가 잘못한 게 아님에도 불구하고, 위협의 가능성에 매우 집중하고, 쉽게 스트레스를 받으며, 우울해지도록 한다.

욕구와 성취시스템

우울증은 단지 위협과 스트레스를 받는 느낌에 국한된 것이 아니고, 때때로 '쾌감상실'이라 불리는 긍정적인 감정과 희망의 상실과도 관계되어 있다. 이 상태는 두 가지 이유로 통상적으로 생각하는 것보다 더욱 복잡하다. 쾌감상실은 다른 개념과 관련되어 있을 뿐 아니라(예, 긍정적인 느낌[예, 기쁨]의 상실과 구별되는 욕구와 동기의 상실), 또한 두 가지 다른 유형의 긍정적인 느낌과 감정시스템을 가지고 있다. 이들 두 시스템 간의 차이점은 우울증에 걸린 사람과 작업하고, 연민심을 경감시키는 힘을 이해하는 데 매우 중요하다.

드퓌와 모로네 스트러핀스키(Depue & Morrone-Strupinsky, 2005)는 욕구, 자원 찾기, 성취, 그리고 활성화시스템을 만족, 안전, 소속감, 그리고 위로시스템과 구별했다. 추진시스템은 특히 도파민과 연결되어 있고, 실제 보상에 대한 기대에 의해 촉발될 수 있다. 예를 들어, 우리가 복권에 당첨되어 백만장자가 된다면, 우리는 적어도 하루 이틀 정도는 도파민의 활성화와 연합된 가벼운 조증, 폭주하는 생각, 흥분상태, 잠자기 어려운 상태가 될 가능성이 크다. 반대로, 패배, 좌절, 조절할 수 없는 스트레스는 도파민을 대폭 감소시켜 우리를 기진맥진하게 만들고, 무감각해지거나 즐거움을 기대할 수 없게 만들 것이다(진화적 설명을 위해 Gilbert의 1992, 2005, 2007b 연구 참조).

서양 사회가 스트레스와 피로감을 증가시키는 더 많이 성취하고, 더 많이 소유하고자 하는 욕구에 지속적으로 집중하고, 유명 인사를 미화하는 미디어, 그리고 물질적이고 경쟁적인 컴퓨터 게임으로 얼마나 이 도파민시스템을 심각하게 자극하는지에 대한 글이 많이 있다(Pani, 2000). 서양 사회는 지난 30년 동안에 정신건강이 악화되었음을 보여 주는 명백한 지표와 더불어, 협동과 공동체 건설의 내적인 목표를 희생시켜서 자기승진, 자기충족, 그리고 성취의 외적인 목표를 조장하는 듯이 보인다(Twenge & Campbell, 2009). 이러한 발견은 개인의 정신상태가 사회적이고 문화적인 가치와 담론, 그리고 구조와 연결되어 있다는 것을 아주 명백하게 나타낸다.

우울증은 자기 스스로를 가치 없고, 부적절하고, 실패자로 보고, 그 상태를 자신과 동일시할 때 더욱 심각해진다. 실패했다고 느끼는 것과 자신을 실패자로 보는 것은 매우 다르다. 이 상태는 아마도 학대나 부적절하고, 쓸모없고, 또는 나쁘다는 낙인으로부터 오는 패배감과 무력감에 대한 기억들이 드러나 버린 것일 수도 있다.

만족, 안전, 그리고 소속시스템

만족시스템은 욕구시스템과 주관적으로 아주 다르다. 그것은 웰빙, 평화로움, 그리고 고요함과 관련된 긍정적인 감정을 일으킨다. 이 시스템을 신경화학적으로 보면 뉴로펩티드neuropeptides, 특별히 옥시토신oxytocin과 엔도르핀endorphins과 관련되어 있다(Carter, 1998; Depue & Morrone-Strupinsky, 2005). 많은 전통적 지혜는 만족하고 연민적인 마음을 개발하는 데 초점을 두고 있다(Hofmann, Grossman, & Hinton, 2011). 이러한 입장은 빼앗고, 쟁취하고, 자신과 타인을 평가하고, 점수와 순위를 매기는 경쟁적인 서양적 가치와는 완전히 상반된다. 이것은 열망이 없는 마음상태가 아니고(예, 달라이 라마는 영적 가치를 증장시키기 위해 전 세계를 여행했다), 찾고, 갈망하는 욕구시스템에 대해 주의를 기울이고, 자각하고, 어떻게 관여할 것인지에 대한 마음의 상태다.

최근의 연구에 의하면, 만족, 안전감, 그리고 행복의 느낌을 뒷받침하는 것으로 보이는 엔도르핀과 옥시토신 시스템이 포유류의 애착과 사회적 소속감이 진화하는 동안에 채택되었다는 사실을 보여 준다(Bell, 2001; Depue & Morrone-Strupinsky, 2005; Wang, 2005). 사실 사랑받고, 배려받고, 그리고 지지받는 느낌은 아마도 만족과 웰빙의 가장 중요한 요인의 하나다(Mikulincer & Shaver, 2007). 덧붙여서 사회적으로 소속되는 경험은 우리의 위협감을 조절하는 데 근본적인 역할을 할 수 있다. 이것은 또한 유아가 부모 가까이에 있으려고 하고, 부모는 아이의 욕구와 신체적 상태를 보호하고 조절하는 포유류의 유아애착의 진화가 신경호르몬인 '옥시토신'의 중요한 진화역할과 더불어 교감과 부교감 신경 시스템 조절의 주요한 변화를 보여 주는 경우다(Porges, 2007).

옥시토신이 애착행동을 촉진시키고, 신뢰와 친화의 가능성에 개방하도록 한다는 좋은 증거가 있다(Cater, 1998; MacDonald & MacDonald, 2010). 유아, 어린이, 또는 어른이 스트레스를 받을 경우에 신체적 애정(말의 어조와 잡아 주고, 껴안아 주는 것)은 고통을 진정시켜 주는 옥시토신과 엔도르핀 시스템을 자극한다. 평온하게 하는 애착의 과정이 어린 시절을 거치면서 반복되면 감정과 기분을 조절하고, 좌절 또는 실패의 무게에 의해서 무너지지 않게 하며, 자아에 대한 긍정적 감각을 발달시키는 능력에 중요한 효과를 미치는 신경생리적 경로의 성장을 자극한다(Cozolino, 2007; Siegel, 2001). 웰빙의 느낌과 우리로 하여금 안전감을 느끼게 도와주는 유대감과 관련된 엔도르핀-옥시토신 시스템(Carter, 1998; Wang, 2005)은 명상이나 초월적인 상태와 연합된 축복과 연대감의 토대가 될 수 있다(Coxhead, 1985). 소속감의 경험은 위협 반응을 하향 조정하는 편도체 안의 옥시토신 수용체를 통해 위협과 스트레스에 강력한 영향을 미친다(Kirsch et al., 2005). 우리가 태어난 날부터 죽는 날까지 타인에 대한 친절은 우리의 두뇌와 몸에 중요한 생리적 영향력을 갖게 된다(Cozolino, 2007, 2008). 자기친절 역시 마찬가지이며, 이는 자기비판 또는 자기증오와는 대조적이다(Neff, 2003a, 2003b, 2011b).

인간은 몇천 년 전부터 친절의 중요성을 이해하고 있음에도 불구하고, 우리의 두뇌가 최적으로 기능하기 위해 친절이 필요하도록 생물학적으로 구성되어 있다고 보기 시작한 것은 최근에 와서다. 우리는 몸과 두뇌가 친절을 감지하고 생리적으로 반응하게 고안된 종이다(Gilbert, 2009a; Mikulincer & Shaver, 2007; Wang, 2005). 연민과 친절을 단순히 부드럽고 폭신폭신한 좋은 것으로만 일축하는 것은 비과학적이고 현명하지 못한 일이다. 비록 사람들이 연민심을 드러내고 경험하는 것에 대하여 여러 가지 두려움을 가지고 있다고 하더라도(Gilbert, McEwan, Matos, & Rivis, 2011), 생리학, 심리학, 그리고 사회적 연구로부터의 과학적인 증거는 연민이 우리의 몸과 마음의 관계에 강력한 영향을 가지고 있다는 사실을 보여 주고 있다(Carter, 1998; Cozolino, 2007; Wang, 2005).

우울증

우리에게 영향을 주는 세 가지 조절시스템의 입장에서 우울증을 보면, 우울증에 걸린 사람은 위협 과정(즉, 그들은 걱정, 분노, 성급함, 그리고 두려움을 더 쉽게 경험하곤 한다)이 증가하고, 나머지 두 유형의 긍정적인 영향이 감소하는 경향이 있다. 욕구시스템이 감소하면 내면이 죽어 가고, 동기를 상실하고, 즐기거나, 기대하거나, 흥미를 느끼는 능력이 감소하는 것을 경험할 것이다. 음식, 섹스, 그리고 휴일이 무의미하게 보이거나 너무 버겁게 느껴질 수 있다. 세상이 회색, 검은색, 그리고 죽은 듯이 보인다. 깊은 우울감에 빠져 있으면 매일 아침 깨어나는 것을 슬퍼하면서 두려움에 가득 차 있을 수 있다. 다시 말해, 무능하고 패배한 실패자로 느낄 것이다.

위로와 소속감시스템이 제 역할을 못하면, 우리는 스스로를 다른 이들에게서 차단하고, 단절하고, 외롭고, 고립하고, 사랑받지 못하고, 그리고 쓸모없는 존재로 느끼게 된다. 즉, 보살핌을 받는다거나 이해받는다고 느끼기 힘들다. 우리와 다른 사람들 사이에 어떤 장애물이 있는 것 같다. 심지어는 하나의 시스템이나 혹은 다른 시스템(패배 혹은 유대감의 상실)에 더욱 적용된 형태의 우울증이 될 수 있는데, 물론 이런 시스템의 혼합은 매우 미세할 수 있다.

우울한 두뇌 상태에 대한 잠재력은 진화를 통하여 우리 안에 만들어졌다. 그것은 우리의 잘못이 아니며, 비난하지 않은 채 연민적인 알아차림을 함으로써 우리는 그러한 마음의 상태와 동일시하지 않는 법을 배울 수 있다. 이것은 물이 파란색, 노란색 또는 초록색으로 물들어 있지만 물 자체에는 색깔이 없는 것과 같다. 따라서 몸의 모든 느낌과 자기평가시스템이 우울한 뇌 상태에 물들 수 있다. 그러나 우울한 상태는 본질적인 자아와는 분리될 수 있다. 즉, 경험하는 자는 경험과 분리될 수 있다.

반추하는 마음

우리가 우울할 때, 마음이 어떻게 진화하고, 신경시스템이 어떻게 기능하는지에 대한 생물학적 관점은 우리를 지혜롭게 만든다. 우리의 정신과정을 올바르게 보는 것, 우울한 두뇌상태는 반추하는 능력, 미래에 대한 비관적인 예상, 그리고 자기평가를 포함한다. 이런 과정은 스트레스가 가득한 사건에 마음을 빼앗기거나 자기비판적이고 자기부정적 평가로 위협시스템을 끊임없이 작동시킨다. 우리의 자각하는 마음은 불안, 분노, 그리고/또는 우울의 기본적인 방어를 작동시키고, 유지하면서 가속, 증폭시킬 수 있다. 우리가 성적인 장면을 상상하는 것이 뇌하수체에 영향을 주는 생리적 자극을 촉진시켜 우리 몸에 변화를 야기하는 것처럼, 우리가 자기비판적 또는 희망이 없다는 생각에 초점을 맞추는 것은 뇌를 특정한 방식으로 자극한다. 우리의 생각, 환상, 그리고 반추는 세 가지 영향 조절시스템 간의 균형과 관계에 영향을 준다. 인간에게만 유일하게 존재하는 머릿속에서의 창조된 세상은—우리가 살고 있는—기본적인 진화 생리학적 시스템을 자극함으로 인해서 우리의 마음을 고통 속에 가둘 수 있다(Gilbert, 2009a, 2010c; Siegel, 2010a, 2010b).

치료에서 연민심과 지혜 발달시키기

연민심은 우리가 매우 고통스러운 정신 상태로 갈 수 있는 두뇌를 가지고 있으며, 그것은 우리가 선택한 것이 아니라는 사실, 그리고 우리는 모두 삶의 흐름 속에 붙잡혀 있다는 통찰에서 일어날 수 있다. 그것은 절대적으로 우리의 잘못이 아니다. 우리는 때때로 우울하도록 고정되어 있다. 환자가 이 기본적인 사실을 깊은 수준에서 진정으로 이해하게 될 때(그리고 이것은 치료사가 적당한 순간에 부드러운 목소리로 천천히 "당신 잘못이 아니에요."라고 다정하게 반복하는 방법으로 촉진될 수 있다), 환자가 투쟁과 비난을 내려놓고 울먹이는 것은 드문 일이 아니다.

지혜는 또한 우리가 진화 과정의 한 부분이라는 통찰로부터 발달할 수 있다. 우리는 내장된 프로그램과 사회적 환경에 의한 존재다. 서로 다른 환경에서 자라왔기 때문에 우리는 각기 자신에 대해서 다른 견해를 가지고 있다. 나는 자주 환자들에게 다음과 같은 이야기를 한다. "만약 내가 멕시코 마약조직에서 태어났다면, 나는 지금 죽었거나, 다른 사람을 죽였거나, 감옥에 있거나, 또는 갑부가 되어 있을 수도 있다. 이것은 그런 환경에 있는 젊은 남자들에게 주어질 수 있는 길이다. 연민심초점치료에 관심을 가진 심리학 교수 폴 길버트Paul Gilbert는 결코 존재할 수 없었을 것이다."

연민심에 초점을 둔 치료법

연민심초점치료CFT(Gilbert, 2000, 2009b, 2010a, 2010b)가 사람들에게 세 가지 영향 조절시스템에 대하여 가르친다는 것은 연민심초점치료 배경에 어긋난다. 이 접근법의 첫 번째 과제는 개인사를 명확한 표현으로 서술해서 최근의 문제를 이해하는 것이다. 다음은 핵심적인 외부적(즉, 사회적 관계) 그리고/또는 내부적 위협(도움이 안 되는, 거슬리는, 반추적 사고, 공포스러운 느낌과 기억들)을 다루는 것이다. 거기에 더해서, 치료사는 사람들이 그들의 인생에 더 참여하고 적극적으로 되도록 도와주면서 욕구시스템을 자극하려고 한다. 그러나 연민심초점치료CFT의 입장에서 보면, 위로를 주는 소속감시스템은 너무 기본적이기에 모든 개입은 연민, 친절, 격려, 그리고 지지의 정신을 경험할 것을 필요로 한다. 그리고 우울증을 겪고 있는 많은 사람들, 특히 자기비판과 수치심이 높은 사람들은 특별히 힘겨울 것이다(Gilbert, 2007a, 2010b).

연민심초점치료는 회복하고자 하는 개인의 노력의 느낌질감feeling tone에 초점을 맞추고 있다. 인지적 접근방법을 사용하는 사람들은 환자들에게 부정적인 생각은 단지 개인적인 생각일 뿐이고, 대안을 생각해 보고 다른 관점에서 고려하거나 친구가 동일한 상황에 있다면 그들이 어떻게 말해 줄 것인지를 상상하는 것으로 검증해 볼 수 있다고 조언할 것이다. 주의-초점attention-focused 치료는 좀 더 불교의 입장에서 판단이나 생각 없이 어떻게 바라보는지 그 방법을 가르치고, 내용 또는 감정적 맥락과 지나치게 동일시하지 않기 위해 마음챙김을 배양시키도록 할 것이다(Allen & Knight, 2005; Williams, Teasdale, Segal, & Kabat-Zinn, 2007). 그러나 연민심초점치료에서는 대안적인 생각을 고려하려고 노력하기보다 감정적 경험에 치중한다. 예를 들어, "우울하기 때문에 침대에 누워 있다는 것은 이해가 가지만 자리에서 일어나면 기분이 좀 더 나아지고 좋아지는 데 도움이 될 거야."라는 생각은 한쪽 귀로는 중립적으로 들리지만, 실제로는 상당히 공격적인 방식("자, 좀 일어나, 게으름뱅이야!")으로 했거나, 아니면 우울증의 어려움에 대해서 진정으로 따뜻하고 연민적인 이해를 가지고 침대에서 일어나도록 하기 위해서 친절한 격려로 했을 수도 있다. 연민심초점치료에서 핵심은 친절하고 도움이 되는 관심, 생각, 느낌, 형상화, 감각초점, 동기화, 그리고 행동에 초점을 맞추는 것이다. 어떠한 개입에서도 친절함을 느끼고 돌보려는 의도를 강조한다(Gilbert, 2000, 2009a, 2009b, 2010a, 2010b).

연민심초점치료는 연민적인 '다른 이'가 위협과 고통에 대한 반응을 달래고 진정시키기 위한 안전한 기반을 제공할 수 있고(엄마가 아이에게 제공하듯), 외적 세계와 내적 세계 둘 다에 대한 느낌을 탐색하고 참여를 촉진시킬 수 있는 진화된 애착과 소속감을 느끼는 과정에 기초를 두고 있다(Feeney & Thrush, 2008). 마찬가지로 자아에 대한 내적인 연민심을 창조함으로써 고통스러운 느낌과 기억에 대한 작업을 할 때 안전한 기반을 만들 수 있다. 이것은 특히 일반적으로 감정을 회피하는 사람(예, 감정표현 불능증으로 인한 고통)과 느낌에 대해 생각하면 압도되거나 놀라는 사람에게 중요하다. 그러한 어려움은 감정이입(자신의 느낌과 다른 사람의 느낌을 이해하는 것)과 **정신화/메타인지**(자기 자신과 다른 사람의 의도, 욕망, 그리고 신념과 관련된 행동에 대하여 생각할 수 있는)와 관련되어 있다(Allen, Fonagy, & Bateman, 2008; Lysaker, Gumley, & Dimaggio, 2011 참조). 그런 어려움은 마음챙김과 연민적인 통찰과 지혜의 발달을 명백하게 방해한다.

연민심으로 우울한 마음 작업하기

연민심초점치료^{CFT}에서의 실습은 위로시스템과 연결된 내면의 '안전한 기반'을 창조하고, 정신화^{mentalize} 능력을 향상시키고, 어려운 느낌들과 관계를 맺도록 도울 수 있게 고안되었다. 우리는 일차적으로 연민적 이미지와 초점화된 주의를 이용한다. 이미지는 언어를 사용하는 것보다 우리의 생리작용에 더 강력한 효과를 줄 수 있다(Stopa, 2009). 연민심초점치료에서 이미지는 다음에 기술한 여러 가지 다양한 범주에 초점을 맞춘다. 이에 대한 자세한 설명과 많은 다른 이미지 훈련은 길버트(Gilbert, 2009a, 2009c, 2010c)와 연민적 마음 웹사이트(www.compassionatemind.co.uk)의 훈련 도구에서 발견할 수 있다.

내적인 연민적 자아 발달시키기

이 분야의 실습 목적은 마치 배우가 역할에 몰입하고자 할 때와 마찬가지로 '연민적인 자아'의 느낌을 창조하는 것이다. 여기서 개인은 연민적인 주의, 생각, 느낌, 그리고 행동에 집중한다. 이 집중은 감정적인 도전을 고려한 새로운 시각을 제공하는데, 소위 말하는 '화난 자아' 또는 '걱정하는 자아'와는 상당히 구별되는 관점이다. 연민적인 자아를 발달시키는 방법의 하나로 다음을 소개한다.

- 이완된 자세로 앉아서 편안하게 호흡하세요. 천천히 리듬을 느끼고, 내쉬는 숨을 조금 길게 가져옵니다. 몸이 점차로 느긋해지도록 하세요.

- 이제 당신 자신을 연민적인 사람이라고 상상합니다. 당신이 진정으로 연민적인 사람으로서 가지고 있을 모든 자질에 대하여 생각해 보세요. 그리고 그것을 가졌다고 상상하세요. 마치 배우처럼, 당신이 누군가에게 친절했을 때를 떠올려서 그 사람의 자세, 얼굴 표정, 분위기를 자신의 것으로 해 보세요.

- 이제는 당신이 현명하다고 상상해 보세요. 몸에 집중하세요. 모든 사람은 행복하기 위하여 애쓰고 있고, 우리는 우리에게 일어나는 모든 일을 조절할 수 있는 것이 아닙니다. 사람으로서 우리가 지닌 약점은 비난의 대상이 아니고, 거대한 진화의 흐름에 의하여 '우리는 그저 여기서 우리 자신을 발견할 뿐'이라는 사실을 알고 있다고 생각하면서 당신의 몸에서 일어나는 것을 느껴 보세요.

- 그러한 이해에서 일어나는 신뢰, 힘, 권한을 가진 당신 자신을 상상하세요. 권한과 신뢰의 감각에 집중하고, 당신 자신과 다른 사람들의 고통을 덜어 주고, 웰빙을 증진시키고 싶어 하는 당신의 자연스러운 소망에 집중해 보세요.

- 그런 마음의 상태와 자아의 감각을 비춰 보세요.

- 시간을 잠시 내려놓고 연민적인 자아와 접촉하고, 그 감각을 느끼고, 마침내 연민적인 자아 그 자체가 되어 봅니다.

타인을 향해 흘러가는 연민

이 범주의 훈련은 앞에서 다룬 연민적인 자아를 불러일으키는 실습을 배운 후에 이루어진다. 여기서의 초점은 다른 사람에 대한 연민을 경험하고, 어떻게 그러한 느낌이 유대감과 안전함으로 이끌 수 있는가를 경험하는 것이다. 예를 들면, 다음과 같다.

- 당신을 자연스럽게 미소 짓게 만드는 살아 있는 존재에게로 마음을 가져갑니다. 사랑스러운 아이, 애완동물, 또는 사랑하는 친구가 될 수도 있습니다.

- 이 삶을 함께 살아가고 있는 우리 모두가 고통과 상처, 불행에 얼마나 연약한 존재인지 기억하세요.

- 당신의 연민 어린 자아와 만나고 사랑하는 사람들이 행복하고, 고통으로부터 해방되기를 바라면서 그들에 대하여 따뜻한 마음을 보내세요. 만약 타인의 행복으로 인한 기쁨과 같은 긍정적인 느낌이 일어난다면 그것에 집중해 보세요.

- 따뜻함과 호의의 느낌이 당신의 몸과 마음을 통해 흐를 때, 그 호의를 당신이 아는 사람이나 사랑하는 사람들에게로 확장해 보세요.

- 만약 원한다면, 본 적은 있지만 알지는 못하는 사람을 당신의 연민의 원 안으로 포함시켜 볼 수 있습니다.

- 다른 사람을 향한 연민 어린 느낌의 경험을 즐겨 봅니다.

결국 당신은 어떤 형태로든 어려움을 겪고 있는 사람들에게 좋은 바람을 보내고 싶어 할 것이다. 이것은 진전된 훈련으로 연민심초점치료의 초급단계에서는 자주 쓰이지 않는다. 이것은 불교의 전통적인 자애명상과는 비슷하면서도 다르다(Germer, 2009; Salzberg, 1997). 그러나 당신이 훈련하기를 원한다면, 연민적인 마음의 상태를 창조하도록 시도하라. 느낌상태는 왔다가 가므로 초점과 의도가 중요하다는 것을 명심해야 한다.

자기 안으로 흘러 들어오는 연민

여기서 우리는 타인에게서 연민을 받을 때 발생하는 안정감과 안도감에 익숙해지면서 우리가 받는 친절에 마음을 집중한다. 우리는 사람들이 우리에게 친절했을 때의 '특별한 에피소드'나 '사건'을 회상할 수 있을 것이다. 또 다른 일련의 실습에서는 당신의 가슴속에서 당신이 가장 마음에 둔 '이상적인 연민적 존재'를 창조하고 상상하는 데 집중할 수 있다.

> • 당신의 마음속에 무조건적인 수용, 온화함, 온건한 강함, 그리고 지혜의 자질을 가지고 있는 돌봄과 연민심에서 이상적인 사람의 이미지를 상상하세요. 인간의 약점을 초월해서 나이, 성별, 부모로서의 자질 기타 등등, 당신에게 딱 맞는 이미지를 떠올려 봅니다. 핵심은 연민적인 모습의 느낌을 떠올리는 것입니다. 신체적인 특징의 정확성은 그다지 중요하지 않습니다.
>
> • 이제 당신의 연민적인 이상형이 가지고 있는 내적 지혜로 당신의 주의를 가져갑니다. 당신의 웰빙을 바라는 그녀 혹은 그의 힘과 친절함, 그리고 완전한 헌신을 느껴 봅니다. 연민심에서 당신의 이상형이 당신에게 뭐라고 말하는지, 또는 당신이 지금 직면하고 있는 도전을 생각하면서 이 이상적 존재와 당신이 어떻게 연결될 수 있을까요?

이 실습은 연민적인 붓다의 이미지(관세음보살, 또한 티베트정통에서 'chenrezig'으로 알려져 있음)를 처방된 방식으로 사용하는 티베트불교의 훈련법과 유사하다 (Vessantara, 1993; Choden과 개인적 대화에서). 또한 세상의 울음소리를 듣는 '관세음 보살Kuan Yin'과 같은 중요한 여성상도 시각화에 사용할 수 있다(Karcher, 2001). 자애와 연민심(연민적 이미지를 포함하여)에 관한 명상은 강력한 심리학적(Fredrickson, Cohn, Coffey, Pek, & Finkel, 2008; 3장 참조), 신경생리학적(Lutz, Brefczynski-Lewis, Johnstone, & Davidson, 2008; 8장 참조) 효과를 줄 수 있다는 증거가 증가하고 있다. 한편, 이제 문화적 중요성과 의미를 담고 있는 전통적으로 처방된 이미지와 비교해서 연민심에 대한 자기 자신의 이미지를 어떻게 창조할 것인가를 탐구하고 있다.

이미지에 근거한 많은 치료법들은 앞에 기술한 것과 유사한 훈련법을 사용한 다(Frederick & McNeal, 1999). 연민심초점치료에서 연민적인 이미지를 다루는 작업의 주안점은 이미지와 관련된 두뇌구조를 자극하는 것이다. 이 경우에는 안전성/위로 시스템을 자극한다. 성적 이미지나 무서운 이미지와 같은 다른 유형의 이미지들은 그들 각각의 독특한 방식으로 두뇌와 몸에 영향을 미친다. 우리의 주의가 어디로 어떻게 향하도록 선택하는가는 웰빙에 중요한 영향을 미친다.

자신을 향한 연민심

우울증을 극복하는 핵심적인 도전 과제 중 하나는 자기비판(심지어 자기증오)을 자기이해와 자기연민으로 바꾸는 것이다. 자신과 새로운 관계를 연습하는 한 가지 방법은 우선 '연민적인 자신'을 떠올리고, 그런 다음 마음의 눈으로 자신을 바라보는 것을 상상하면서 우울한 상태를 향해 연민심을 발달시키도록 노력하는 것이다. 그렇게 하면서 '당신이 행복하기를, [자신의 이름을 말하며] 당신이 고통으로부터 자유롭기를, [자신의 이름을 말하며] 당신이 성장하기를, [자신의 이름을 말하며]'라고 말한다.

우리는 또한 '화난 자아' '걱정하는 자아' '자기비판적인 자아' 또는 다른 사람과의 관계에서 힘겨운 기억이나 상황과 같이 문제가 되는 우리 자신의 일부분에 연민적인 자아를 이용할 수 있다(13장 참조). 다음의 예를 보자.

- 당신의 연민적인 자아와 (앞에서처럼) 몇 분 동안 관계를 맺으십시오.

- 지금 당신 자신이나 힘겨운 상황에 집중하세요. 예를 들어, 불안하거나, 화가 날 때, 그리고 누군가와 다툴 때의 경우를 들 수 있습니다. 걱정하고, 화나고, 또는 다투고 있는 자신의 모습을 마음의 눈으로 잠시 그려 봅니다. 그때 당신의 얼굴은 어떤 표정을 짓고 있는지, 어떻게 말하고 있는지, 그리고 어떻게 행동하기를 원하는지 주목하세요.

- 이제 연민적인 자아의 눈을 통해서 그러한 당신의 측면을 바라보며 당신 자신의 문제되는 부분으로 연민심을 보내세요. 당신의 연민적인 권위, 지혜, 돌봄의 느낌으로 당신의 불안하고 화나는 부분 또는 당신의 갈등을 도울 수 있도록 연민심을 보내는 일에 집중합니다.

- 지속적으로 연민심을 보낼 때, 당신의 그 부분이 어떻게 반응하는지 알아차립니다.

- 당신이 힘든 감정에 얽매여 있을 때, 당신은 그냥 천천히 부드럽게 호흡으로 돌아와서 당신의 연민적인 자아에 잠시 다시 집중합니다.

이와 같은 자기연민 훈련은 특히, 우울증을 앓는 환자에게는 다소 어려울 수 있다. 아동기에 주된 양육자와의 관계를 유지하기 위해서 내면화된 부정적인 핵심 신념은 흔히 무가치함이나 공포감으로 드러날 가능성이 있다(7장 참조). 그러나 진정한 연민적인 의도와 욕구에 점차적으로 노출되는 과정을 통해서 그러한 감정의 장애물은 인식되고 변환될 수 있다.

연민심초점치료CFT는 연민적인 마음상태가 가지고 있는 '안전기반'을 사용해서 힘겨운 감정을 경험하고 둔감하게 만든다. 그렇게 하지 않으면 강력한 감정이나 충격적인 기억에 압도되어 정신적인 외상을 초래할 수 있기 때문이다. 연민심은 두렵거나 압도하는 것에 관여하는 용기와 지지를 발달시킴으로써 힘겨운 경험을 사라지게 하려는 것이 아니다. 이것은 고대 불교 훈련인 '마구니 먹이 주기'와 유사하다(Allione, 2008). 거머(Germer, 2009)는 치료장면에서 자기연민을 발달시키기 위하여 처음에는 마음챙김을 이용하여 안전하게 알아차림의 닻을 마련하고, 그다음에 자애수행으로 이동해서 자기연민을 발전시키는 탁월한 훈련을 제공한다(Allen & Knight, 2005 참조).

지혜와 연민심의 재고

오늘날 우리의 느낌과 기분은 진화된 두뇌에 근간이 있음을 안다. 그러한 두뇌는 우리에 의하여 고안된 것이 아니라 삶의 흐름 속에 있다. 우리의 생각하고 느끼는 경향성은 생존과 유전자 복제를 위한 목적에서 진화된 것이지 행복을 위한 것은 아니다. 지혜의 시각을 통해 우리는 분노, 불안, 그리고 우울이 기본적인 뇌의 설계와 관련이 있음을 알 수 있지만, 그것들이 곧 '우리' 자체는 아니다. 그러한 감정들과 기분이 나오게 하는 우리의 능력은 절대적으로 우리의 잘못이 아니다. 심지어 우리들 중에는 우울증에 대한 유전적 성향이 내재된 사람이 있다. 그렇다고 우리가 속수무책의 상태에 있는 것은 아니다. 이 책에서 입증하듯이, 동서양 양쪽으로부터 얻어진 지혜와 연민심 훈련은 진화와 사회적으로 형성된 마음의 웰빙을 증진시키는 데 효과적으로 관여하도록 우리를 도와줄 수 있다.

우리는 통찰과 수행으로 우리의 정신패턴에 영향을 줄 수 있다. 지혜로운 연민심은 우리로 하여금 긍정적, 부정적 경험 둘 다를 동일시하지 않으면서 온전하게 다룰 수 있도록 허용한다. 때때로 다른 사람과 유대감을 느끼려는 용기와 능력은 실패하고, 희망의 양초는 꺼져 가는 듯하지만, 다행히도 우리는 우리 자신과 다른 사람을 향한 연민심을 훈련할 수 있고, 그럼으로써 긍정적인 느낌의 손실에 대응할 수 있는 정서시스템을 자극할 수 있다. 자연은 강력한 치유 에이전트인 자애를 만들어 온 것 같다(Hofmann et al., 2011).

19장. 정신적 외상 다루기: 마음챙김과 연민심

존 브리에르[John Briere]

> 과거는 결코 죽지 않는다. 그것은 심지어 과거도 아니다.
> ─윌리엄 폴크너(William Faulkner, 1951/1975, p. 80)

부처님의 가르침에 따르면, 인생에서 기쁨과 성취감을 주는 측면은 고통과 상실의 경험과 불가분의 관계에 있다. 어떤 사람은 역경으로 인해 특히 마음에 상처를 받거나 불안정해진다. 많은 어린이가 학대당하고, 사랑받지 못하거나 버려지고, 어른들은 재난, 전쟁, 폭행, 고문, 또는 사랑하는 사람의 충격적인 죽음을 견디어 낸다. 실제로 북아메리카에서 절반 이상의 사람이 그들의 인생에서 한 번 또는 그 이상의 중대한 악조건의 사건을 겪는다고 한다(Kessler, Sonnega, Bromet, Hughes, & Nelson, 1995). 분류 기준이 다소 임의적이기는 하지만, 이와 같은 극단적인 경험을 '정신적 외상─트라우마'라고 한다.

정신적 외상의 반응

정신적 외상을 일으킬 만큼의 심각한 사건이나 상실이 발생하면, 개인을 위급한 상태로 밀어 넣고, 생존과 관련된 생물학적 시스템을 작동시키며 엄청난 불안을 유발하기에 대개는 즉각적인 생존을 위해서 자각을 집중시킨다(Charney, Friedman, & Deutch, 1995; Siegel, 2005). 또한 정신적 외상과 연합된 정서, 인지, 감각을 수반하고, 회상, 침투적 사고, 고통스러운 느낌, 그리고 외상 후 스트레스의 여러 측면을 촉발시키고 상기시키는 기억이 형성된다(Briere, 2004). 어떤 경우에는 그러한 기억이 끊임없이 활성화되면서 만성적인 불안, 우울, 또는 분노를 일으킨다. 정신적 외상은 또한 우리들 대부분이 가지고 있다고 가정하는 안전, 미래, 그리고 때로는 다른 사람에 대한 선량한 마음을 손상시킬 수 있다(Foa, Ehlers, Clark, Tolin, & Orsillo, 1999; McCann & Pearlman, 1990). 결국 정신적 외상은 실존적인 위기와 관련되어 있다. 강간, 심장마비, 또는 트라우마적 상실은 그로 인해서 피해를 받은 사람으로 하여금 완전히 고립된 느낌을 갖게 하고, 돌이킬 수 없는 변화를 가져오게 하며, 삶과 웰빙이 파괴되었다는 자각 속에 빠지게 함으로써 보편적인 현실구조를 부숴 버린다.

감당하기 힘든 경험에 직면하게 된 많은 정신적 외상 생존자들은 자연히 그들에게 일어났던 일에 대한 생각과 느낌, 그리고 기억을 회피하고 싶어 한다. 그것은 확장된 슬픔 또는 두려움을 병리적으로 만들고, 희생자를 원망하며, 그리고 고통스러운 경험에 대한 반응으로 정서적 둔감화와 외면화를 조장하는 경향성을 가진 서양 문화에서는 특히 그러하다. 그 결과, 정신적 외상을 겪는 사람은 만성적인 압박감, 생각, 기억, 또는 약물남용이나 자신과 타인에게 해를 끼치는 행동을 하게 된다(예, Briere, Hodges, & Godbout, 2010). 그러한 반응은 종종 추가적인 고통과 연합되기도 한다. 왜냐하면 그러한 반응은 2차적인 문제를 유발할 뿐만 아니라 고통이 진행되거나 적응되는 정도를 감소시키기 때문이다.

　　정신적 외상만큼이나 오래된 인간의 연민심은 이러한 문제에 대해 도움을 줄 수 있다. 이 장에서는 정신적 외상을 치료하는 데 있어서 연민심의 역할을 탐색할 것이다. 나는 조건 없는 돌봄, 익숙함, 그리고 수용과 함께 자기 자신과 내담자에 대한 치료사의 전체적인 마음챙김이 정서적 · 인지적으로 진행되는 정신적 외상을 지원하는 새로운 경험을 제공할 수 있다고 생각한다.

정신적 외상에 대한 치료적 접근

　　서양의 임상의들은 보통 외상(트라우마) 관련 기억과 감정, 부정적 자아귀인 self attribution, 그리고 방어적 회피전략을 정신질환 장애의 증상으로 보고, 이 범위에 대한 치료적 개입을 발전시켜 왔다. 이러한 개입에는 노출치료법(Foa & Rothbaum, 1998), 인지치료법(Resick & Schnicke, 1993), 그리고 관계치료법(Pearlman & Courtois, 2005)이 포함된다. 이 중 앞의 둘은 내담자의 외상기억에 대한 정서적 · 인지적 처리를 증가시켜 침입적이고 고통스러운 특질을 감소시켜 주고, 문제회피 반응의 동기역량을 약화시키는 기법을 포함한다. 세 번째 치료법인 관계심리치료는 치료관계의 중요성을 강조하는데, 특히 외상 후의 어려움을 다루는데 있어서 치료적응과 비판단적인 태도를 강조한다. 이 세 가지 접근법은 모두 일반적으로 어느 정도 중복된다. 노출치료법은 보통 인지과정을 포함하고(Foa & Rothbaum, 1998), 인지치료법은 보통 노출을 포함하며(Resick & Schnicke, 1993), 인지와 노출치료 둘 다 긍정적인 치료관계 내에서 최상의 효과를 내고(Cloitre et al., 2010), 관계치료법은 내재적으로 정서적 · 인지적 과정을 포함한다(Briere & Scott, 기사에서; Fulton & Siegel, 2005).

　　흥미롭게도 심리치료 결과를 다룬 문헌에서 찾아낸 중대한 발견은 치료에 있어서 긍정적 치료관계와 익숙한 치료사가 가장 도움이 되는 치료요소이며, 이들은 흔히 특정한 개입의 효과를 초월한다는 사실이다(Lambert & Barley, 2001;

Martin, Garske, & Davis, 2000). 실제로 수십 년 전 로저스(1957)에 의하여 처음 기술된 치료사들의 태도와 자질은 외상 경험이 있는 개인을 치료하는 데 특별히 효과적인 특질을 가지고 있는 것으로 보인다(Cloitre, Stovall-McClough, Miranda, & Chemtob, 2004).

연민심

연민심과 비판단적 태도의 가치에 대해서는 적어도 두 가지 관점에서 기술되어 왔다. 즉, 관계심리치료(앞에서 설명한 대로)와 불교심리학을 포함한(이에 한정된 것은 아님) 영적 또는 명상 분야에서다.[17] 이 접근법들은 지난 수십 년 동안 결합되어 왔고, 특히 불교심리학과 수행법은 정신분석에서부터(예, Bobrow, 2010; Epstein, 2007) 인지행동치료(예, Hayes, Follette, & Linehan, 2004; Segal, Williams, & Teasdale, 2002)에 이르는 일반 심리학적 개입의 범주와 통합되어 왔다.

불교적 관점에서 연민은 고통을 완화하고 웰빙을 증진시키고자 하는 열망을 느끼는 것으로felt desire, 타자(와 본인 자신)의 곤경과 고통에 대한 비판단적 자각과 이해로 정의될 수 있다. 비록 내담자의 경험과 어려움에 대한 이해를 필요로 한다는 점에서는 공감과 비슷하지만, 연민심은 실제 또는 가정된 자질이나 '사랑스러움'과 상관없이 타인을 향한 무조건적인 돌봄, 친절, 그리고 온화함의 느낌을 수반하는 긍정적인 정서상태를 포함한다는 점에서 차이가 있다(1장 참조).

서양의 심리치료 유형에 적용될 때, 연민심은 흔히 '마음챙김'에 근거를 두는 것으로 보인다. 판단 없이 수용하는 자세로 내적 경험과 당면한 환경에 대해 열

---

17 연민심과 비판단적인 사랑의 주제는 때로 상반된 혼합을 보일지라도, 기독교, 유대교, 힌두교 그리고 이슬람교를 포함한 많은 다른 전통에서도 발견될 수 있다.

린 태도로 순간순간에 초점을 두고 알아차림을 유지하는 역량이다(2장 참조). 마음챙김적 자각은 임상의들이 자신의 생각, 느낌, 반응의 주관적인 본질을 더 잘 이해할 수 있게 해 줄 뿐 아니라, 특이한 내담자의 수준에 적응하도록 도와준다(Germer, 2005c; Morgan & Morgan, 2005). 그렇게 함으로써 심각하게 역전이 될 수 있는 판단이나 행동을 발생시키기 전에 적절한 입장을 가질 수 있도록 해 준다(Briere & Scott, 기사에서; Shapiro & Carlson, 2009). 수용과 비판단적 태도를 가지고, 느끼고, 소통하면서 내담자에게 상냥하고, 사랑스럽고, 역전이적이지 않은 주의에 집중하는 학습 가능한 능력의 조합은 필수적이지는 않더라도 결정적으로 중요하다. 왜냐하면 정신적 외상으로부터 살아남은 사람들은 자신의 개인사와 고통에 충분히 관여하는 동시에 자신이 타고난 가치와 능력을 인정하고 수용하는 것이 매우 중요하기 때문이다.

트라우마 생존자를 위한 혜택

비록 연민적인 주의가 분명히 모두에게 긍정적 영향을 미친다고 할지라도, 몇몇 일화에서 보여지는 트라우마 생존자에게 미친 연민수행의 영향은 특히 주목할 만하다. 특히, 대인관계에서 발생한 트라우마는 다른 사람과 자기 자신으로부터의 소외를 가져오고, 더 심한 학대를 예상하게 되면서 사람들 사이에서의 정상적 유대와 관계에 지속적인 단절을 가져온다. 그런데 연민적인 주의는 유대감에 대한 재발달을 고무시키기 때문에 때로는 생존자가 그것을 받아들이기 힘겨워 하더라도 엄청난 효과를 가져올 수 있다(Gilbert, 2009b).

심리적 트라우마를 겪은 사람에 대한 연민의 효과에 대한 실증적인 문헌은 거의 없고, 특별히 외상 생존자와 관련해서 연민심을 논의하는 경우도 거의 없다(Gilbert, 2009a, 2009c). 이 장의 나머지 부분은 일반적인 연민 관련 문헌과 나 자신(그리고 다른 사람)의 임상 경험에 의지해서 불운에 노출된 사람에 대해 종종 관찰은 했으나 잘 문서화되지 않은 사려 깊고 능숙한 치료사 반응과 웰빙의 증가 관계를 논의할 것이다. 나는 치료사의 연민적인 태도가 트라우마를 가진 내담자에게 미치는 직접적 효과와 치료사의 향상된 치료 효율성에서 오는 간접적 효과 두 가지를 모두 보여 주고자 한다.

● 직접적 효과

앞서 기술한 대로, 정신적 외상으로부터 생존한 사람들은 자신, 다른 사람, 그리고 세상에 대한 경험을 바꾸어 놓는 사건을 하나 이상 경험했다. 그런 사건들은 전형적으로 정신적 외상을 겪은 사람이 아니면 거의 경험하지 않는 수준의 두려움, 공포, 또는 무력감을 초래한다(American Psychiatric Association, 2000). 예를 들어, 고문이나 강간과 관련된 공포는 극한의 두려움, 통제할 수 없는 고통스러운 기억, 그리고 인간과 장래에 대한 기대를 근본적으로 변화시킨다. 그 결과 현실에 대한 생존자의 경험을 드라마틱하게 바꾸어 놓게 된다. 극도의 정신적 외상과 관계된 고통과 아픔은 시간과 함께 없어질 수도 있지만 그렇지 않을 수도 있다. 생존자들은 현재의 환경이 그들의 과거 트라우마를 상기시키게 되면, 그들은 다시 과거의 경험을 겪게 된다. 그와 같이 끔찍한 기억의 의미를 폴크너(Faulkner, 1951/1975)가 다른 맥락에서 아주 근접하게 잘 표현했다. "과거는 결코 죽지 않는다. 그것은 심지어 과거가 아니다."(p. 80)

정신적 외상과 관련된 한결같은 괴로움은 정신장애의 증거로 볼 수 있지만, 어떤 면에서 생존자들은 실제로 일어날 수 있는 일에 대한 원치 않는 자각만큼 왜곡된 현실감각으로부터 고통을 받지는 않는다. 고문에 의한 희생자는 권력을 가진 자가 무엇을 할 수 있는지 알고 있고, 강간 희생자는 성폭행하고 파괴할 수 있는 인간의 역량을 잊을 수 없으며, 근친상간 피해자나 매 맞는 아내는 사랑한다고 생각했던 사람으로부터 얼마나 심하게 상처받을 수 있는지에 대해서 그들만이 가지고 있는 지식이 있다. 그렇기 때문에 정신적 외상과 관련된 관점과 기대가 항상 왜곡된 이해를 가져오는 것은 아니다. 비록 지나친 일반화일 수도 있지만, 그들은 세상이 본질적으로 친절하다는 과거의 믿음을 재수정하는 일에 있어서 더 정확할 수도 있다. 게다가 부정, 약물남용, 또는 자기학대와 같이 정신적 외상과 관련된 생존자들의 불충분하고 일시적인 고통 해결방법은 그들의 기분을 좋게 한다. 그 방법은 비논리적이거나, 심지어 어쩌면 병리적인 것이 아니라, 외부적으로 보이지는 않지만 내부적으로 압도하고 있는 경험을 극복하려는 반응이다(Briere, 2002). 생존자의 '부적응적' 행동들은 문제해결과 적응, 즉 잠재적으로 새로운 학습에 대한 반응을 반영하는 현실에 바탕을 둔 것이라는 사실은 좋은 소식이다.

정서적 과정   트라우마와 반대 관계인 배려심에 대한 강력한 정서적 효과는 정신역동 맥락(예, Fonagy, Gergely, Jurist, & Target, 2002)에서의 많은 이론가와 실천수행자, 그리고 트라우마 전문가(예, Courtois, 2010; Dalenberg, 2000)에 의해서 논의되어 왔다. 일반적으로 치료관계는 본래의 정신적 외상과 표면적인 유사성으로 인해서(예, 내담자와 치료사 간의 힘의 불균형, 치료사의 특성, 또는 취약 가능성), 내담자의 외상 관련 기억, 관계도식, 그리고 조건화된 정서적 반응을 활성화시킨다고 한다.

일단 그러한 현상이 발생되면, 현재 관계에서의 연민심과 안전에 대한 이질적 경험은 과거 외상과의 고통스러운 정서적 연합을 약화시킬 수 있다. 그러한 정서적 과정은 여러 단계의 과정을 통해서 발생한다. 치료사의 뚜렷하고 한결같은 무조건적 배려는, ① 내담자의 선천적인 애착시스템과 관계를 맺는데, 이 시스템은 중요한 관계를 맺고 있는 대상으로부터 오는 사랑의 관심에 민감하고, 그것에 의해서 촉발된다(Bowlby, 1988). ② 위협인지시스템의 활동을 하향 조절하는 생물학적 자기위로 회로를 활성화시킨다(Gilbert, 2009b; 18장 참조). ③ 트라우마를 연상시키는 자극과 연합된 고전적으로 조건화된 불안은 궁극적으로 역조건화와 소거로 안내한다. 실제로 연민심이 불안/스트레스를 감소시키는 효과는 트라우마 과정을 초월해서 신경생물학에 미치는 긍정적 효과로 확장된다(예, Lutz, Brefczynski-Lewis, Johnstone, & Davidson, 2008).

인지적 과정 연민심은 또한 외상 생존자로 하여금 자신의 가정과 후속행동을 업데이트할 수 있는 새로운 정보를 제공함으로써 인지수준에 영향을 미치는 것으로 보인다. 무조건적인 배려, 수용, 마음챙김적 자각, 그리고 적응을 제공함으로써 연민적인 임상의는 생존자의 지각과 반응체계에 변화를 제공하고, 비록 내담자의 초기 외상을 위한 해독제는 아니라 할지라도 적어도 초기 외상과는 반대되는 효과를 가져올 수 있다. 이 치료관계는 그 자체로 그때와 지금 사이의 불일치에 대한 자각을 증가시키는 비언어적 인지치료 수단이 된다. 다른 사람들은 상처를 주고, 폭력을 행사하고, 거부적이었던 반면에, 치료사들은 적극적으로 지지하고, 돌봐 주고 수용한다. 한때 위험하고 폭력적이었다면, 이제는 안전함이 있다. 생존자가 혼돈과 강력한 부정적 정서에 노출되었다면, 치료사는 안정감, 고요함, 그리고 타자중심적인 애정과 관심을 투영한다.

비록 생존자의 경향성이 대인관계에 대한 애착을 피하더라도,[18] 사회적 존재로서, 그리고 이전의 개인적 박탈결과(Bowlby, 1988)로서 그들은 진화적 유산(Gilbert, 2009b; Schore, 1994)에 의해서 불가피하게 대인관계의 애착을 필요로 한다. 생존자는 곤경에 사로잡혀 있다. 회피와 고립은 친밀한 상황에서 받을 수 있는 상처에 대비한 방어지만, 그러한 행동은 공허감, 외로움, 그리고 우울과 연

---

18 불교적 견지에서 애착은 문제의 소지가 있는 것으로 보이나, 여기서 이 단어는 친밀함의 맥락에서 긍정적인 현상으로써 대인관계를 표현하기 위해 사용한 용어다. 관계적 애착이 불교에서 말하는 애착(예, 집착, 강박, 강한 소유에 관여하는)이 될 수 있는 특정 부분은 논쟁이 되고 있는 주제다. 나는 이 둘은 서로 다른 현상이라고 믿는다.

합되어 있고, 유대감과 관련이 있는 자기존중감과 웰빙을 방해한다(Cacioppo & Patrick, 2008; 12장). 내담자가 감당할 수 있는 수준에서의 돌봄, 긍정적 관심, 기꺼이 관계를 맺고자 하는 의지를 보여 줌으로써 연민적인 치료사는 트라우마 학습의 예외가 된다. 예를 들어, 성적으로 학대했던 아버지나 폭력적인 배우자와는 달리, 남성 치료사는 자기를 좋아해 주고, 배려해 주고, 이용하지 않고, 침범하지 않고, 실제로 위험하지도 않게 여겨진다. 만일 그런 예외가 존재한다면, 모든 남성이 반드시 가해자는 아니라는, 즉 과거의 공포로부터 끌어낸 결론이 잠정적으로 수정되고 제한될 수 있다.

대인관계 트라우마 생존자들은 피해 상황에서 평가절하되고, 거부되고, 치욕감을 느끼며, 그 결과 자신은 수용받을 수 없고, 학대받을 만하다는 믿음을 가지게 된다(Briere, 1992; McCann & Pearlman, 1990). 생존자들의 트라우마 관련 반응(예, 외상 후 스트레스, 우울, 혹은 관계에서의 문제)과 극복전략(예, 약물남용 혹은 분열)은 병리적이거나 안 좋게 보이는 결과를 낳고, 사회로부터 전형적으로 낙인찍히게 된다. 다행히 치료사의 트라우마 생존자에 대한 조건 없는 수용은 그러한 어려움에 의미 있는 영향을 줄 수 있다. 치료사가 말과 행동으로 조건 없는 긍정적 관심과 배려를 전달함으로써 생존자는 트라우마와는 전혀 다른 경험을 할 수 있는 기회를 가지게 되고, 피해와 관련해서 자신에 대한 부정적인 결론을 점차 감소시키게 된다. 예를 들어, 수치심은 자신이 나쁜 인간이라는 가정을 유발하게 함으로써 다른 사람과 거리를 유지하도록 만든다. 연민과 수용이 있는 치료상황에서는 그러한 반응이 감소하는 경향을 보인다(Gilbert, 2009b). 생존자의 이력과 외상 후 반응이 점진적으로 표현되고, 정상화되고, 포용을 받으면서 자신이 수용받지 못한다는 판단이 감소된다. 그 결과, 비밀과 회피반응이 줄어들고 궁극적으로 훨씬 더 큰 인지적 · 정서적 처리과정에 이르게 된다.

이 상황에서 수용은 두 가지 요소에 관여할 수 있다. 치료사가 내담자를 한 인간으로서 무조건적으로 분명하게 수용하는 것은 내담자로 하여금 행복과 웰빙을 누릴 권리가 있다고 여기게 하고(비록 치료사들이 내담자 자신, 또는 남들에 대한 파괴적 행동까지 포용할 필요는 없다 하더라도), 내담자는 치료사의 지지를 통해 특히 압도적이고 잠재적으로 낙인된 트라우마 내용을 '그냥' 혹은 '단순한' 고통스러운 기억으로 통합하게 된다. 이와 같이 과거의 고통스러운 사건에 얽매이지 않는 기억은(즉, 연합된 인지와 정서가 덜 활성화되는) 치료사가 생존자의 경험을 판단하지 않고 그냥 바라봐 주고, 기꺼이 공유하는 상황에서 트라우마가 기억되고 재검토될 때 발생한다. 치료적 연민과 수용이 트라우마 기억과 관련된 오명과 개인적인 부정이 줄어들 때, 그러한 기억은 서서히 수치심과 회피를 유발하는 힘을 잃어버리게 되고, 그 이상의 처리과정과 통합을 촉진시킨다.

● 간접적 효과

연민심은 또한 치료사의 작업 효율성을 지지하는 조건을 창조함으로써 트라우마 생존자를 돕는다. 임상의가 생존자를 향해 자애심을 확장하면 임상의는 자신의 마음을 무장해제하거나, 흐트러지거나, 개인적으로 흥분하지 않고도 특히 마음챙김의 상황에서 엄청난 아픔과 고통에 노출될 수 있게 해 주는 온화하고 긍정적인 느낌을 가질 수 있다. 트라우마 치료는 흔히 고통에 대한 내담자의 경험을 직접적·언어적으로 표현하는 것을 촉진시킬 때 가장 효과적이기 때문에, 고통스럽고 상처받은 것을 듣고 있는 동안에 반응하지 않는 치료사의 능력은 환자로 하여금 보다 완벽하게 적응할 수 있는 환경에서 정서적 고통을 처리할 수 있는 기회를 증가시킨다. 마음챙김 자세는 치료사로 하여금 표현된 정서적 고통을 단순한 정서적 고통으로 보다 명료하게 볼 수 있도록 해 준다. 본질적으로 부정적인 것도 아니고, 역전이를 촉발하는 것도 아닌, 내담자가 자신의 과거 사건을 소화할 수 있도록 하고, 궁극적으로는 고통이 감소되는 경험을 할 수 있는 하나의 과정으로 볼 수 있게 해 준다(Briere & Scott, 기사에서). 그런 의미에서 내담자의 고통은 '나쁜' 것으로 여겨지지 않기 때문에 임상의는 나쁜 방향으로 영향을 받거나 내담자의 입장에서 정신적 외상을 받지도 않는다.

연민심의 영향은 내담자에게만 국한된 것이 아니다. 연민적 관계를 발생시키는 것은 보다 나은 치료사가 되게 할 뿐만 아니라, 한 인간으로서 성장하고 웰빙이 증가하는 경험을 할 수 있게 하는 진정한 이익을 치료사에게 제공한다(Gilbert, 2009a; Salzberg, 1997; D. J. Siegel, 2010a). 14대 달라이 라마 성하는 "다른 사람이 행복하기를 바란다면, 연민심을 훈련하라. 만일 당신이 행복해지고 싶다면, 연민심을 훈련하라."라고 말했다(Dalai Lama & Cutler, 2009). 많은 사람들이 설명했듯이, 연민심은 다른 사람이 고통 속에 있을 때 그들에 대한 사랑과 수용의 느낌 경험(a felt experience)에 관여할 뿐만 아니라, 자신을 향해서도 유사한 느낌을 갖도록 해 준다. 그래서 타인에게 한 대로 되돌려 받게 되는 것이고, 연민적인 상담자는 평온함을 경험하게 되고, (언뜻 보기엔 역설적이지만) 자신에 대해서 자기중심적이지 않은 감사를 경험하게 된다. 그러한 경험의 비이기적 측면은 다른 사람과 마찬가지로 자신도 가치 있는 존재이기에 배려의 대상으로서 자신과 타자를 이원적으로 지각하는 것을 서서히 경감시킨다. 그러나 어느 전통에서 성취되었든, 타인에 대한 무조건적이고 탈중심적인 돌봄은 서로 더욱더 도움을 줄 수 있는 방식으로 임상의가 바탕을 다지고, 자신의 웰빙을 증가시키는 부수적 효과를 가지고 있다.

중심 찾기

많은 이들이 언급해 왔듯이, 마음챙김과 연민심에 대해서 글을 쓰거나 읽는 것과 그것을 직접 경험하는 것에는 아주 다른 차이가 있다. 다음 부분은 공공 건강관리 시스템에서 트라우마 전문가이자 선생으로서 그러한 자질을 배양하기 위해서 노력하는 내 개인적인 경험을 간단하게 적어 보았다.

나와 내 동료가 만난 대부분의 사람은 가난, 노숙, 약물중독, 또는 심각한 정신병의 합병증으로 고생하고 있었다. 성적이거나 혹은 신체적 폭력, 중대한 손실, 약물과다, 또는 자살 시도 등에 따라서 다양한 것이 긴급 서비스로 제공된다. 어떤 이들은 에이즈를 앓고 있고, 어떤 이들은 화상전문센터의 환자들이었으며, 또 어떤 이는 정치적 탄압 또는 고문을 받았던 과거를 가지고 있었다. 또다른 이들은 매춘부, 범죄 조직원, 또는 범죄자로 취급받고 있었다.

이 작업의 임상적·영성적인 문제들은 주로 의견 수렴이 이루어진다. 객관적인 평가와 개입을 허용하는 동시에 연민과 수용적인 관심을 지원하는 방법이 가능하도록 할 수 있을까? 그리고 그런 고통에 직면하고 있는 우리 자신의 경험을 어떻게 이야기하고 관련지을 수 있을까?

상처받은 사람과 공감적인 유대가 가능한 상태에 접근할 수 있을 때, 내가 더 도움이 되는 것 같다. 사실은 부분적으로나마 현재의 문제들이 재해석되어 왔기 때문에 그것이 바람직한 것 같다. 이러한 입장에서 나는 환자의 고통을 근본적으로는 부정적인 것으로 보지 않고 객관적인 사실로 보았으며, 어떤 경우에는 심지어 회복과 성장을 위한 기회로 보았다. 이것은 트라우마 생존자들의 고통이 어떤 방식으로든 무시되어야 한다는 것을 의미하는 것이 아니다. 그러나 사람들이 끔찍한 사건으로부터 추측할 수 있는 낙인찍기, 무력감, 그리고 혼란을 수용하고 강화하는 것은 거의 도움이 되지 않는다. 대신, 힘들지만 때로는 믿을 수 없을 만큼의 상처가 일어났다는 사실을 인정하는 동시에, 개인의 내재적인 힘, 적응능력, 그리고 미래에 대한 희망을 암시하는 현재 계속되는 신호와 소통하는 것이 중요하다. 내담자의 시련과 고통은 '그저' 고통 그 자체일 뿐이지, 내담자가 수집한 꼬리표를 위한 증거는 아니다(모순되게도 나는 뒤에 진단 차트에 그러한 꼬리표들을 붙이겠지만). 생존자는 자신이 받고 있는 상처의 총합 이상이다. 나는 내담자와 거리를 두는 임상의가 되는 것을 그만두고, 내담자가 직면하고 있는 경험과 미래의 회복을 위해서 공간과 상황을 제공하는 역할을 담당하게 되었다. 이는 내담자(와 내)가 삶의 나약함과 무상을 마주하고 앉아 있는 것을 요구하는 과정이었다.

가능하다면 나는 상담 초기 몇 분 동안 내 앞에 있는 사람에게 당장 필요한 것을 진단할 뿐만 아니라, 내 안에 떠오르는 지배적인 느낌과 생각, 욕구를 알아차리면서 나 자신의 내적 경험을 확인하는 데 그 시간을 할애하려고 한다. 나는 내담자를 실제 있는 그대로 보기를 희망한다. 이 시점에서 한때 어려움이나 고통을 겪은 어떤 사람—그가 겪은 것은 나에게도 일어날 수 있고, 누구에게나 일어날 수 있는 시나리오인데, 다만 지금 시점에서는 바로 내 앞에 앉아 있는 내담자가 겪은 것뿐이라고. 만약 일이 다르게 진행되었다면, 나 자신이 가장 상처받고 '혼란을 겪는' 내담자가 될 수도 있었을 것이다.—혹은 심지어 내담자에게 상처를 준 사람이 될 수도 있었을 것이다. 그와 같은 생각은 치료사로서의 내가 돕고자 하는 사람들과는 근본적으로 다른 사람이라거나 혹은 뭔가 더 나은 사람이라는 망상을 깨는 데 도움을 준다.

한 측면에서 보면, 정신적 외상, 정신병, 또는 약물남용은 문제다. 그러나 문제는 사람이 아니다. 그리고 고통은 어떤 방식으로든 결국에는 변화하거나 사라지게 되어 있다. 사실 고통의 경험은 종종 고통으로부터 벗어 나오는 출구로 전환된다. 내가 이런 관점을 갖게 되면, 나는 의도적으로 돌봄에 관여하거나 관여하지 않는 방식에 초점을 맞출 수 있게 된다. 나는 인간이 고통스럽지 않기를 바라고(비록 내가 그것에 대한 영향력이 거의 없을지라도), 그리고 우리는 궁극적으로 모두 '기분이 나쁘거나 상처를 받는' 같은 처지의 사람이라는 사실을 나는 알고 있다. 만일 우리가 이것에 주의를 기울이면 연민심이 자라난다. 연민심이 확장되면서 고통의 측면이 서서히 변화하고 자양분 부족으로 사라질 때까지 내담자(와 내)가 고통스러운 느낌과 생각을 점차로 직면하고, 관계하며, 수용하도록 만든다.

연민심 배양하기

트라우마 생존자들뿐만 아니라 임상의에게도 중요한 긍정적인 효과를 가지고 있는 연민심을 어떻게 개발할 수 있을까?

서양의 임상훈련 프로그램은 치료사가 객관적이고, 공감적으로 적절하게 대처하고, 가능한 범위 안에서 환자에게 무조건적인 긍정적 관심을 가질 것을 기대하고 있다. 그러나 훈련을 받는 사람들이 그러한 목표를 달성할 수 있도록 도움을 주는 경우는 거의 없다(Fulton, 2005). 그것은 흔히 임상의들은 단순하게 그렇게 해야 된다는 말을 듣는 것으로 충분한 것처럼, 그렇게 하는 방법을 지적으로 배울 수 있다거나 또는 비판단적이고 적절히 대처하는 것은 몇몇 치료사들의 타고난 특징일 뿐, 대부분의 치료사들은 심리치료를 훈련해야만 된다거나 또는 연민적, 수용적, 그리고 비판단적으로 느낄 수 없다면, 그런 척하는 법을 배워야 한다고 가정하는 것 같다. 그러나 불행하게도 그런 접근법은 반드시 옳거나 효과적이지 않다. 비록 '타고난 치료사'처럼 보일지라도 분명히 대부분의 전문가들은 그들이 그렇게 해야 한다고 듣는 것만으로는 곧바로 그와 같은 심리적 역량에 도달할 수 없고, 충분한 훈련을 거친 후에라야 유능한 임상의가 될 수 있는 잠재적 자질을 가질 수 있다. 그리고 내담자(특히, 트라우마 생존자, 이를테면 대인기피증이 있는)가 다른 사람으로부터 진심이 없는 보살핌과 관심을 받는다면, 안심하기보다는 상담자를 더욱 불신하는 결과를 낳게 될 것이다. 결국 정규적으로 잘못 보여 주는 보살핌은 비정상적인 노력과 에너지를 요구하고, 치료사에 대해서 부정적인 정서적 영향을 미칠 수 있다.

다행히 불교와 여타의 영적인 전통들이 가르치는 통찰과 방법들은 여기에 도움을 줄 수 있다. 왜냐하면 불교문헌에서는 연민과 마음챙김 발달이 공통된 주제이기 때문이다. 비록 일정 수준의 연민심은 인간조건의 일부로서 존재하지만, 그 능력을 확장하는 것은 대부분 장기간에 걸쳐 확장된 내적 성찰, 논의, 변별의 상황에서 일어날 수 있는 일종의 숙련된 기술이라고 제안한다.

명상과 마음챙김 훈련

불교적 관점에서 연민심과 무조건적 배려심을 계발하는 일차적 길은 명상을 통해서다. 이 책의 다른 장에서 기술되어 있는 것처럼, 규칙적 명상훈련과 명상에 대한 스승, 책 또는 CD는 이러한 접근법을 유지할 수 있는 사람들에게 여러 가지 것을 성취할 수 있게 해 준다. 첫째, 명상은 전형적으로 한 가지 과정에 집중하는 법(흔히 자신의 호흡에)과 현재 순간에 주의를 두는 법, 그리고 집착하지 않은 채 생각과 느낌들이 오고 가도록 하는 방법을 배우는 것을 포함하고 있기 때문에 마음챙김은 명상의 공통된 부산물이다(Germer, 2005c; 2장; 이 과정에 대한 다른 관점을 보려면 Siff, 2010 참조). 명상을 하는 사람은 자기 자신과 자신의 내적 경험에 대한 판단이 일어났다 사라지는 것을 허용하고, 좋다거나 나쁘다고 판단하지 않은 채 자신의 계속되는 경험에 점차 주의를 기울일 수 있게 된다.

티즈데일, 시걸, 그리고 윌리엄스(Teasdale, Segal, & Williams, 1995)와 그 외의 사람들이 기술했던 것처럼, 명상과정에서 일어나는 현상은 '메타인지적 자각' metacognitive awareness이다. 자신의 생각과 느낌을 관찰, 반영하고, 그러한 내적 과정은 가장 즉각적인 마음의 산물이지 반드시 진실된 실제 상태에 대한 증거가 아니라는 사실을 배우는 능력이 성장한다. 메타인지적 자각이 성장함에 따라, 심지어 개인은 매우 강렬한 인지와 정서적 과정들의 일시적인 본질을 구별하기 시작하고, 정서적 반응, 침투적 경험, 그리고 인지나 신념이 반드시 실제일 필요가 없다는 사실을 발견하기 시작한다. 그것은 현재보다는 과거와 더 관련이 있을 수 있다는 것이다. 명상을 하는 치료사의 관점에서 보면, 임상의가 자기 자신의 과거 경험과 내적인 산란함에 의해서 덜 방해받을 때, 내담자의 경험에 주의를 더 잘 기울일 수 있고, 더 잘 적응하는 결과를 가져온다.

덧붙여서 이러한 명상에 기반한 마음챙김의 요소들은 적절한 치료적 관계를 위해서 요구되는 많은 것을 생산하면서 치료사로 하여금 보다 익숙하고 반응적이지 않은 방식으로 내담자를 인식하고 대처하도록 한다. 그러나 이들 결과는 주로 인지적이고, 주의적 영역에서 일어난다. 그러한 결과는 혼란과 판단을 줄여 준다. 특히 연민심과 연합된 보살핌을 일으키는 것은 아니다. 다행히 명상은 여기서도 유용할 수 있다. 첫째, 많은 명상가는 마음챙김이 성장할수록 연민심도 함께 일어나는 것을 경험한다(Shapiro & Carlson, 2009). 그렇게 함께 발생하는 과정의 본질이 무엇인지는 명확하지 않다. 그러나 다른 사람과 자신을 보살피는 능력은 아마도 자연스럽게 존재하는 것으로 보이는 정신생물학적 애착 과정의 기능인 것 같다. 반면에 그러한 반응을 온전하게 표현하기 위해서는 경험을 판단하고, 그 판단에 자기중심적 욕구와 관심을 주입시키는 것을 포함해서 개인적인 경험의 역사와 문화적으로 훈련된 것에 의한 간섭을 감소시켜 줄 필요가 있다. 마음챙김 자각은 자기 자신의 행복과 다른 사람의 행복이 밀접하게 공존하는 것으로 보이는 비이원적인 현상의 본질에 대한 깨달음을 가장 먼저 가져온다고 주장한다(예, Dalai Lama, 1995, 4장 참조). 비록 이 통찰이 그 자체로 돌봄을 일으키는 것은 아니지만, 그것은 자신으로부터 타자에게로, 그리고 타자로부터 자신에게로 느낌을 전이시키는 의도를 지원한다.

마지막으로, 어떤 명상수행은 특별히 자기중심적이지 않은 사랑과 다른 사람에 대한 긍정적인 관심을 발달시키는 것을 목표로 한다. 예를 들어, 남방불교의 자애명상metta bhavana(Germer, 2009; Salzberg, 1997)과 티베트의 통렌(tonglen, 주고 받기)(Chödrön, 2000; 7장) 수행법은 명상을 통해서 연민심을 배양하는 것이 핵심이다. 메타metta 명상에서 수행자는 자신을 향한 사랑의 느낌을 찾아내어 강화시키고 (비록 서양인들은 다른 문화권에 있는 사람들에 비해서 자기 자신을 사랑하는 느낌에 접근하는 데 어려움을 가지고 있는 것으로 보이지만), 그런 다음에 그러한 느낌을 소중하게 여기는 사람들(예, 지인 또는 동료)에게 적용하고, 그다음에는 보다 중립적인 사람들, 그다음에는 불편한 사람이나 적, 그리고 마지막에는 모든 살아 있는 존재에게 적용한다(3장). 통렌tonglen과 통렌의 서양식 변형에서는 명상할 때 이 세상과 특정한 사람의 고통과 아픔을 자신이 '들이마시고' 사랑과 연민, 그리고 행복을 그들에게 돌아가도록 '내뱉는다'(7장). 경험적 관점에서 그러한 수행은 수행자가 사랑의 느낌을 찾아내고, 확인하고, 그리고 자라나게 한다. 그런 다음 자신과 다른 사람에게 적용한다. 수행을 통해서 사랑의 영향에 집중하고 진작시키는 연습은—영적으로나 종교적인 의도와는 상관없이—특히 마음챙김이 현존할 때, 그러한 느낌이 보다 경험적으로 두드러지고, 쉽게 생성되는 것으로 보인다.

조력자를 위한 성찰

- 눈을 감고 1~2분 동안 앉아 있어 보세요. 마음을 좀 더 편안하게 가지세요. 일과 걱정거리는 잠시 내려놓고 호흡에 집중하세요.

- 주의를 당신이 하고 있는 일로 가져옵니다. 모든 고통하는 사람을 떠올리고, 심리치료, 약물, 영적 안내를 통해서든, 또는 삶과 투쟁하는 사람의 부모나 친구가 되어 주든, 그들을 도와주기 위해서 당신이 하고 있는 일을 떠올려 봅니다. 그들이 덜 고통스러워하고, 행복해지고, 삶에서 평화로운 감각을 갖기를 바라는 당신의 의도를 깊이 생각해 봅니다.

- 당신의 연민심이 자라나게 하세요. 고통스러운 상황에 사로잡혀서 어떤 방식으로든 최선을 다하고 있는 모든 존재를 향해서 …… 그들에게 보살피는 느낌을 보내 보세요. 그리고 비록 지금 이 특정한 순간에는 운이 좋아서 겪고 있지는 않지만, 그들과 크게 다르지 않은 당신 자신에게도 보살피는 느낌을 보내 보세요.

- 그 사람들 가운데 한 사람을 마음으로 가져옵니다. 그 사람의 힘겨움이 특별히 지금 당장 당신에게 중요한 어떤 사람을. 그 사람이 느끼고 있을 느낌을 한번 느껴 보세요. 그 사람의 고통 속에서 길을 잃지 않도록 하세요. 당신이 수립한 돌봄의 장소에 굳건하게 바탕을 두고 바라보세요. 당신 스스로 그 고통을 느끼게 하되 그것에 사로잡히지 않도록 합니다.

- 그 사람의 경험을 떠올려 봅니다. 당신이 상처받았을 때, 상처가 나쁜 것이 아니라는 점을 주목하세요. 그 사람의 고통은 회복의 일부이고, 분명 삶의 한 부분입니다. 그것은 반

드시 지나가게 되어 있습니다. 반드시 변화하거나 떨어져 나갈 것입니다. 고통과 보살핌의 모든 복잡함 속에서 지금 이 순간 그 사람과 함께할 수 있음에 감사함을 느껴 보세요.

- 일어나는 감사한 마음을 받아들여 보세요. 당신이 있는 곳에 있을 수 있고, 당신이 하고 있는 일을 할 수 있다는 사실이 얼마나 행운인가요. 당신의 직업이나 인간관계는 특별한 선물입니다. 비록 항상 그렇게 보이지는 않겠지만 말입니다. 당신이 다른 사람의 고통에 개입할 수 있는 영광스러운 경험을 직접 할 수 있는지 보세요. 그것은 다르게 일어날 수도 있습니다. 어쩌면 당신은 덜 의미 있거나 덜 유익한 뭔가를 하면서 끝나 버릴지도 모릅니다. 그러나 기억하십시오. 당신은 항상 도와주고 싶어 하고, 도울 수 있을 만큼 운이 좋은 사람이라는 사실을 말입니다.

비명상적인 연민심 훈련

명상을 떠나서(또는 명상에 더해서) 연민심의 어떤 측면은 보다 교훈적으로 학습될 수 있다. 예를 들어, 연민초점치료법compassion-focused therapy: CFT(Gilbert, 2009a, 2009b)에서 전반적인 치료철학과 개입접근은 심각한 수치심, 자기비난, 그리고 우울로 고생하는 내담자를 위한 치료법으로 개발되었다(CFT의 자세한 설명은 18장을 참조 바람). 길버트는 연민심은 임상의에게 연민적 태도(예, 웰빙에 대한 관심, 공감, 그리고 비판단)와 기술(예, 연민적 관심, 연민적 추론, 그리고 연민적 행동)의 확장을 증진시키는 방식을 제공하는 일종의 학습 가능한 기술세트라고 주장한다. 이런 태도와 기술은 아동기에 학대받은 경험이 있는 성인에 대한 연민초점치료의 관점을 고려할 때 특히 트라우마 생존자들과의 작업에 도움이 된다(Gilbert, 2009b).

덜 구조화된 방식으로 임상의로 하여금 고통, 무상(비영원성), 연기(상호의존성), 그리고 자기중심적이지 않은 사랑과 같은 현상의 실존적 타당성을 인식하도록 도와줌으로써 연민심은 증가될 수 있다. 많은 불교 전통에서 그와 같은 통찰은 학생이 자기 스승과 소통하거나, 붓다가 가르친 존재의 본질에 관한 불법dharma의 다양한 측면에 관해 연구하고, 성찰하고, 그리고 명상할 때 발달한다. 우리

문화권에서는 14대 달라이 라마(1998)와 같은 전통적인 스승이나 또는 타라 브랙Tara Brach(2003; 2장 참조), 페마 쵸드론Pema Chödrön(2000), 존 카밧진John Kabat-Zinn(1994), 그리고 잭 콘필드Jack Kornfield(2008b)와 같은 서양 작가들에 의해서 제공된 책과 CD, 그리고 DVD를 통해서 발달시킬 수도 있다.

그와 같이 교훈적이고 탐구적인 훈련은 인과관계(예, 신성의 행위를 통한, 혹은 아리스토텔레스가 언급한 자발적 '제1 원인First Cause')와는 반대로, 경험과 행동은 구체적인 조건과 원인으로부터 발생한다는 개념을 의미하는 '연기dependent arising'(Bodhi, 2005)를 설명하는 데 특별히 도움이 된다. 이러한 탐구는 흔히 정신병리학 또는 악이 태생적이라는 견해와는 대조적으로, 이전의 원인과 영향 때문에 사람들이 현재 상태에 있다는 깨달음으로 이끈다. 이전에 거부당했거나 병든 행동이 조건화되는 인과관계의 측면들이 조사될 때, 개인을 비난(어쩌면 병명을 붙이는 것까지도)하는 것이 어렵게 되고, 그들을 덜 판단하게 된다. 그러한 통찰은 임상의가 적어도 지적으로 이해하기에 그다지 어렵지 않다. 왜냐하면 심리학은 사람들이 행동하는 방식에는 특별한 이유가 있다고 가정하기 때문이다. 특히 트라우마의 경우에 스승/상담가, 그리고 치료사 사이의 대화는 내담자가 겪는 장애, 부적절한 행동, 역기능, 그리고 나쁜 행동들은 내담자의 성향(유전적·환경적 원인에 의한), 트라우마와 관련된 아픔과 고통을 극복하려는 반응, 그리고 불교심리학에서 주장하듯이 사물을 보거나 행동하는 데 필요한 정보부족이나 더 나은 선택의 결핍에서 일어나는 개념을 강조한다. 그러한 논의는 또한 학대하는 부모나 강간, 살인자에서부터 타인에게 폭력을 행사하는 사람들이 본질적으로 악해서라기보다는 인과관계와 다양한 인간 조건—트라우마19의 경우를 포함해서—에 반응하는 것이라는 개념을 촉진시킨다(Briere, 기사에서).

19 이러한 관점은 특히 치료사가 생존한 내담자 역시 성폭행이나 폭행의 가해자라는 사실을 발견하게 되었을 때 도움이 된다.

보다 직접적인 임상상황에서 스승, 상담가, 또는 슈퍼바이저는 이러한 논의를 진행하기 위해서 치료사의 보고 또는 치료회기의 비디오테이프를 이용할 수 있다. 임상의가 내담자에게 불가피하게(연기적) 발생하는 역전이 반응을 탐색할 때, 임상의의 메타인지적 자각은 증가하고, 판단은 감소하기를 희망하면서 스승은 내담자의 행동과 치료사가 하는 반응에 대한 조건화된/역사적 측면을 지적할 수 있는 기회가 많이 있다. 많은 경우에 스승은 임상의가 처음 전문적 일을 시작했을 때 했던, 그러나 임상훈련을 객관적이게 함으로써 그 힘을 잃어버리게 하는 방식으로 내담자를 돌보도록 허용하는 기회가 있을 것이다. 연민심이 순진함의 표현이나 임상적인 상식의 결여가 아니라, 타당한 임상적 목표가 될 때, 치료사들은 때때로 그들의 연민심을 다시 북돋울 수 있다. 그렇게 북돋우는 것은 임상의가 내담자에게 적용하도록 격려하는 태도나 반응을 상담가나 슈퍼바이저가 직접적으로 모범을 보여 준다면 더 쉽게 일어날 것이다.

어떤 치료사들은 전문가 훈련을 하는 과정에서 연민심이 자란다. 왜냐하면 그들의 일 자체에 은연중에 내포되어 있기 때문이다. 이는 특별히 어려운 시기를 겪고 있는 사람과 함께하려는 자발적인 결정이다. 엄청나게 힘들거나 곤경에 처한 사람을 상대로 하는 일을 함으로써 —예를 들면, 죽음을 앞둔 사람이나 엄청나게 정신적 외상을 겪고 있는 사람— 임상의는 혼돈과 위기로부터 발생할 수 있는 미묘한 기회뿐만 아니라, 고통의 구성요소와 인과관계를 보다 명료하게 볼 수 있다. 그런 일은 임상의에게 실질적인 방식으로 무상(비영원성)을 경험하게 하고, 우리는 부숴지기 쉬운 존재일 뿐 아니라 이해와 사랑을 받을 가치가 있는 존재라는 깨달음을 성장시킨다. 우리는 여기에 오래 머물지는 않지만, 강렬하고 어떤 면에서는 경외감을 불러일으키는 과정에 관여하고 있다. 우리의 문화권에서 부정하거나 무시하는 경향이 있는 것을 경험하는 사람을 우리가 도와주고 함께할 때, 우리 모두 하나라는 사실을 깨달아 가면서 우리 자신과 다른 사람을 깊은 수준에서 함께 돌보는 기회를 갖게 된다.

20장. 커플치료의 핵심

리처드 보로프스키|Richard Borofsky
앤트라 보로프스키|Antra K. Borofsky

> 한 인간이 다른 인간을 사랑하는 일은 이는 우리 인간이 할 수 있는 모든 일 중에서도 가장 어려운 일이며, 가장 궁극의, 최후의 시험이자 증명이다. 다른 모든 일은 그 일을 위한 준비에 불과하다.
>
> −라이너 마리아 릴케(Rainer Maria Rilke, 1954, p. 41)

친밀한 커플관계는 서로에 대한 사랑의 충만함과 힘겨움 둘 다를 일깨워 준다. 한편으로, 사랑은 우리 안에 있는 최상의 것을 드러내고 생기를 불어넣어 준다. 사랑을 통해 우리는 우리의 연민심과 배려심의 범위를 확대할 수 있고, 우리 자신과 서로에 대한 본질적 선함에 대한 믿음이 깊어질 수 있다. 어떤 일이 생기더라도 함께라면 현존의 충만함을 찾을 수 있고, 미래에 직면할 용기를 발견할 수 있다.

다른 한편으로, 친밀한 관계는 사랑하고 사랑받는 우리의 역량을 제한하는 모든 것을 드러낸다. 그러한 한계는 흔히 반려자, 부모, 형제와 같은 중요한 사람들과의 고통스러운 경험을 낳는 결과를 초래하고, 그 경험은 치유되지 않는 정서적 상처로 남기도 한다. 친밀한 관계에서 발생하는 상처를 주는 경험 가운데에는 고통스러운 단절, 차이의 충돌, 힘의 불균형, 그리고 정서적 박탈감, 수치심, 버림받음, 폭력, 배신의 경험 등이 있다. 그러한 경험들은 흔히 현재 관계의 맥락 안에 통합되고, 변형될 때까지 반복된다.

사랑은 또한 우리의 정서발달의 한계를 극복하게 한다. 친밀한 관계가 유지되는 동안, 배우자는 서로 더욱 차이가 생겨나고 연결된다. "안전한 의존과 자율성은 이원적이기보다는 동전의 양면이다."(Johnson, 2009, p. 263) 잠재적으로 이 둘은 도전적이다. 차이에 대한 경험은 본질적으로는 불편하고 흔히 괴로운 것이다. 왜냐하면 그것은 안전감과 안전한 애착을 위협할 수 있기 때문이다. 보다 깊은 유대감에 대한 경험은 두렵고, 괴로운 경험과 유사할 수 있다. 왜냐하면 그것은 우리의 분리되고 자율적인 자아에 대한 감각을 위협하기 때문이다. 시간이 지남에 따라 사랑은 하나가 되고, 둘이 되는 우리의 역량을 확장시켜 준다.

사랑하는 관계는 또 다른 이유로 우리를 당혹하게 할 수 있다. 볼비(Bowlby, 1980)는 "애착관계의 형성, 유지, 붕괴, 그리고 갱신 기간 중에 가장 강한 감정이 발생한다."라고 지적했다(p. 60). 그것은 흔히 안전감과 흥분, 연결감과 자율성, 또는 자유와 책임 등의 모순되는 갈망을 불러일으키기 때문에 친밀한 파트너 관계는 개인의 내적갈등과 개인 간의 갈등이 무성한 장소다. 이에 더해, 무엇이 사랑이고, 어떻게 느껴야 하며, 그리고 무엇처럼 보여야 하는지에 대한 이상적인 기대뿐 아니라, 소중히 간직하고 있는 자기이미지에 자주 도전을 받는다. 마지막으로, 사랑의 본질 자체가 끝없이 확장되는 것이기 때문에 사랑의 관계는 궁극적으로 우리 안에 버림을 받았거나, 부모를 잃었거나, 사랑받지 못했던 모든 것들과 함께 우리의 가장 깊은 취약점을 노출시킨다.

이 모든 이유로 친밀한 커플관계는 위협적이고 힘겨울 수 있다. 또 같은 이유로, 커플관계와 커플치료가 연민심과 지혜를 배양하는 특별한 상황을 제공할 수도 있다.

연민심

당신의 가장 깊은 내면에 친절함이 있다는 사실을 알기 전에 또 다른 가장 깊은 내면에는 슬픔이 있다는 사실을 알아야만 한다.

-나오미 시햅 나이(Naomi Shihab Nye, 1995, p. 42)

커플치료의 중요한 부분은 파트너로 하여금 그들의 취약점을 다룰 수 있도록 도와주는 것이다. 커플이 현재 보여 주는 문제가 무엇이든지 간에 우리는 두 파트너가 서로의 취약점을 인정하고, 수용하고, 균형을 맞추며, 공유하는 데 어려움을 가지고 있다고 가정한다. 여기서 '취약점vulnerabilities'이란 단어는 공통적으로 무력감이나 나약함에 대한 감각을 갖는 광범위한 경험을 포함한다. 치료를 받으러 오는 커플은 신체적 장애, 질병, 또는 상해에서부터 공포, 욕망, 상실, 패배와 부적절감, 수치심과 모욕감, 거부, 외로움, 상처, 실망, 혼란과 무력감에 이르기까지 모든 취약점에 관해 이야기할 수 있다. 우리의 목적은 커플이 그들의 취약점을 연민심을 배양하는 수단으로 사용할 수 있도록 도와주는 것이다. 우리의 목적을 달성하기 위해서 우리는 두 사람의 친밀한 동반자 관계에서 취약점이 어떤 가혹한 방식으로 드러나더라도 서로 함께하고, 자애로운loving-kindness 마음이 일어나는 방식으로 공유하도록 도와준다.

'연민심compassion'이라는 단어는 사전적으로 '고통을 함께 나누는 것'이다. 여기서 열정passion의 원뜻은 '그리스도의 열정'에서처럼, 아픔이나 고통의 의미를 가지고 있다. 접두사 com은 '함께'를 의미한다(1장 참조). 그래서 연민은 공유라는 단어의 의미로, 고통스럽고 취약한 경험을 나누는 능력이다. 즉, 서로의 취약점을 전체적으로 감수하는 것은 물론이고, 서로 말하고, 듣는 것이다. 커플에게 이것이 가능할 때, 일종의 연금술적인 변화가 일어날 수 있다. 둘은 각자의 취약점 또는 고통에 대하여 부담을 느끼기보다는 희망적으로 느낄 수 있다. 고대 유대인 속담에 "홀로 감당하는 슬픔은 두 배가 되고, 함께하면 반이 된다."라고 충고

한다. 연민심의 역설적인 산술에 의해서 커플의 취약점이 함께 더해지면 커플의 전체 취약점 수준은 감소되고, 두 사람 사이의 유대감—연민의 결속—은 깊어진다.

취약점은 가장 깊은 수준에서의 연결을 요구하기 때문에 연민심이 발생한다. 즉, 각자의 취약점은 자연스럽게 관계욕구를 발생시키는데, 이는 우리 자신 또는 또 다른 누군가에 의하여 어떤 방식으로든 도움을 받거나 또는 함께하기를 바라는 욕구다. 라이너 마리아 릴케가 한 젊은 시인에게 쓴 편지에 '아마도 우리를 두렵게 하는 모든 것의 가장 깊은 본질에는 우리의 사랑을 원하는 무력한 뭔가가 있다.'라고 썼다(1984, p. 92). 우리가 원하고 필요로 하는 사랑은 취약점과 취약점에 수반되는 욕구들이 방어나 두려움 또는 수치심이 없이 공유될 수 있을 때 자연스럽게 나타난다. 사랑과 취약점이 서로 어우러져서 연민심이 발생한다.

취약점이 사랑의 유대와 관심을 불러일으키는 것처럼, 사랑은 취약점이 성장하는 것을 필요로 한다. 취약점과 요구를 열린 가슴으로 공유하는 것은 사랑이 새로워지고 유지되는 원리 가운데 하나다. 배우자들은 그들이 서로에게 갈망하거나 요구하던 사랑이 매우 진실되고 자연스럽게 서로 자신의 취약점을 드러내고 반응하는 모습으로 나타난다는 사실을 발견하고 놀란다.

그와 같은 방식으로 연민심을 발전시키는 방법을 배우는 것이 파트너와 그들의 관계를 변형시킬 수 있다. 한 사람의 배우자가 그 사람의 가장 깊은 취약점을 받아들이고 감내할 수 있다는 느낌은 안전과 결속에 대한 깊은 경험을 발생시킨다. 이것은 커플로 하여금 개인의 신경증적 패턴뿐만 아니라 관계를 맺을 때 반복적으로 발생하는 부정적인 패턴을 드러내는 것을 가능하게 만든다. 그 가운데 대다수는 관계에서의 상처로 인해서 발생한 것이다. 또한 배우자에 대한 연민심이 증가하면 변화를 거부했던 저항감이 기꺼이 돕고자 하는 진실된 의지 또는 오랫동안 사람들이 원해 왔던 방식으로 변화하려는 진정한 의지로 바뀌게 된다. 연민심은 일단 발생이 되면, 심오하고 강력한 변화의 동기가 된다.

지 혜

미지의 세계를 포함하지 않는 파라다이스, 진실로 완전한 장소는 없다.
-제인 허쉬필드(Jane Hirshfield, 2008, p. 23)

지혜는 알지 못함에 대한 개방을 의미한다(1장과 10장 참조). 이 열린 자세와 겸손함은 더 많이 배우고 자각하는 것을 가능하게 한다. 커플관계에서 지혜는 우리 모두는 맹점을 가지고 있고, 우리의 자각은 한계가 있으며, 그러한 자각의 한계는 우리의 배우자를 방해할 수 있고, 심지어는 상처가 될 수 있다는 사실을 받아들이는 것과 관련이 있다. 관계에서 배우자들이 서로에 대해서 가지고 있는 대부분의 불평은 상대방의 자각을 증가시키고자 하는 바람이거나 아니면 적어도 상대가 어떤 방식으로든 자각하지 못하고 있다는 사실을 인식하기를 바라는 마음에서다.

그들이 만약 자신의 자각과 앎의 한계를 인식하지 못한다면, 친밀한 배우자들은 인도의 우화에서처럼 장님이 각자 자기가 만진 코끼리의 부분을 전체로 오해하는 것과 같다. 코끼리 다리를 만져 본 사람은 코끼리는 일종의 나무 같다고 결론 내린다. 코끼리의 꼬리를 만져 본 또 다른 사람은 코끼리는 밧줄과 같다고 말한다. 기타 등등. 그들은 언쟁을 하지만, 그들에게는 더 큰 그림을 볼 수 있도록 해 주는 시야가 없으므로 그들의 언쟁은 해결될 수가 없다. 즉, 그들에게는 코끼리에 대한 개인적이고 부분적인 이해는 불완전하다는 것을 알도록 해 주는 자각과 지혜가 결핍되어 있다.

커플치료는 우화에서 장님들이 서로를 도와주는 것과 비슷하다. 즉, 그들은 매 순간 자각하고 있는 것과 경험하는 것을 상대에게 자기 방식으로 느낀 것을 알아차림하면서 설명하고, 종국에는 자신과 서로의 관계에 대해서 더욱 완전하게 이해하게 된다. 메리 캐서린 베트슨Mary Catherine Bateson은 그것을 '통찰'이라고 부른다. 그녀가 쓴 '통찰'은 '서로 이야기하도록 하는 것을 배우면서 너의 것과 나의 것, 친숙한 것과 낯선 것, 새로운 것과 오래된 것을 나란히 경험하게 하는 이해의 깊이를 의미한다'(1994, p. 14). 커플치료에서 우리의 목적은 양 파트너가 자기 개인의 진실을 나란히 놓고, 서로에게 말하고 들을 수 있도록 돕는 것이다. 그렇게 함으로써 자신의 앎과 자각의 한계에 대한 겸손함이 증가하고, 따라서 더 큰 그림, 더 완전한 자각, 그리고 더 깊은 이해가 일어나도록 하는 것이다.

지혜는 또한 현실의 본질을 분명하게 보고, 인간조건에 대한 힘든 진실—우리의 도덕성의 진실 또는 인생은 긍정적 경험과 부정적 경험의 혼합이라는 진실—을 수용하는 것을 의미한다. 친밀한 동반자 관계는 —그렇지 않기를 바라는 우리의 바람에도 불구하고— 영감과 고난, 가능성과 한계, 안전과 취약함, 충만함과 실망, 즐거움과 아픔의 혼합이다. 보다 크고 지혜로운 사랑과 관계의 관점에서 이와 같은 모든 상반된 짝과 극단은 평화롭게 공존할 수 있다. 보다 크고 지혜로운 관점에서 사랑은 모든 것을 포용하기 때문에 반대되는 것은 없다.

커플치료

커플치료에서 우리가 달성하려고 하는 목표는 두 가지다. 첫 번째는 두 배우자가 방어나 두려움 없이 안전하게 있으면서 서로를 명료하게 볼 수 있도록 꾸준히 자각하는 현존을 제공하는 것이다. 이것은 치우침이 없는 자각의 빛, 마음챙김의 현존이다. 아일랜드 시인 윌리엄 버틀러 예이츠William Butler Yeats가 기술했듯이, 이런 마음챙김의 현존은 강력하고 힘이 있는 효과를 가지고 있다. 그는 "우리의 마음은 고요한 물처럼 자신의 이미지를 볼 수 있고, 더욱 명료한 순간을 살 수 있고, 심지어 고요하기 때문에 더 치열한 삶의 순간을 살 수 있도록 마음을 결정할 수 있다."라고 기술하고 있다. 우리는 우리의 고요한 주의가 사랑과 취약점이 서로 만나 뒤섞일 수 있는 그릇이나 용광로를 제공하고, 우리의 마음챙김 현존이 설사 그 자체로는 반응하지 않을지라도 사랑과 취약점을 연민심으로 변환시키는 촉진제로 작용하기를 희망한다. 우리는 또한 두 배우자가 시간이 지남에 따라 자신과 서로에 대해서, 심지어 상처를 주고 있거나, 놀라거나, 화가 났을 때조차도 마음챙김의 고요한 거울이 되는 방법을 배우도록 고무시킬 수 있기를 희망한다. 이것은 그들의 '공감적 배려'와 '관점 전환' 능력을 증가시킨다(Block-Lerner, Adair, Plumb, Rhatigan, & Orsillo, 2007).

우리의 두 번째 목표는 서로가 지금 당장 느끼는 것이 무엇이든지 간에 마음챙김을 공유함으로써 배우자 사이에 깊은 정서적 교환을 촉진하는 것이다. 이 교환은 자신에 대해서 '느낌감각felt sense'을 가지고 있고(Gendlin, 1981, p. 32), 마음챙김을 하면서—그 느낌이 얼마나 고통스러운가에 관계없이—신뢰롭게 서로의 느낌을 주고받는 방법을 배우는 것이 필요하다. 이는 나란조(Naranjo, 1970)가 '언어화된 명상……자기노출의 행위로서 대인관계 상황 속으로 실어나르는 명상'으로(p. 54; Kramer, 2007에서도 볼 수 있음) 기술하고 있다. 우리는 이러한 정서적 교환의 과정을 통해서 변화가 일어날 것이고(Borofsky & Borofsky, 1994; Johnson, 2004), 그러한 교환은 관계를 통해서 연민심과 지혜가 깊어질 수 있는 강력한 수단이 된다고 가정한다.

칼과 패트리샤, 1부

칼Carl과 패트리샤Patricia는 6년 전에 결혼했고, 그들 사이에는 2세 된 아들과 4세 된 딸이 있다. 둘째 아이에게 발달 장애가 있고, 자폐증이 의심된다. 패트리샤는 전업 주부고, 칼은 기술 회사의 영업사원이며, 일주일에 2~4일은 출장을 간다. 이 커플은 둘째 아이를 임신한 이후로 2년 동안 부부관계를 가진 적이 없다. 이들 사이의 경직된 감정과 단절은 고통스러운 것이 분명하다.

몇몇의 배경 정보를 모은 후에 우리는 그들의 관심을 서로에게 직접적으로 향하도록 요청했다.

리치: 저는 당신들이 잠깐 동안 서로를 바라보았으면 합니다. (일시 멈춤) 약 2초 정도 서로 바라봐 주세요. 그리고 어떤 느낌인지 알아차려 보세요.

칼: (우리에게는) 불편합니다.

앤트라: 그 말을 패트리샤에게 직접 해 주시겠어요?

칼: (잠시 멈춘 후 긴장하고 초조하게 그녀를 보면서) 당신을 보는 것이 어색해. 편하지가 않아.

리치: 당신의 몸 어디에서 어색함을 느끼나요?

칼: (리치에게, 혼란스러워하면서) 무슨 뜻이지요?

리치: 당신의 얼굴, 가슴에서 어색함을 느끼나요? 아니면 다른 어떤 곳에서 어색함을 느끼나요? (천천히, 연민심을 가지고) 당신이 어떻게 불편함을 느끼는지 아내에게 보여 주고 알려 줌으로써 아내가 당신이 어떻게 불편함을 느끼는지 이해하고 배려하는 데 도움이 될 것입니다.

칼: (패트리샤에게, 연약해 보이도록 표정을 지으면서) 우리가 서로 낯선 사람처럼 된 것이 정말 고통스러워. (잠깐 동안 먼 곳을 바라보다가 다시 패트리샤를 쳐다본다.) 내 얼굴 전체가 뻣뻣한 것 같아. 일종의 가면처럼. (잠시 멈춤) 지금은 목구멍에 덩어리가 느껴져.

패트리샤: (울기 시작하면서) 내가 당신이 필요했을 때, 당신이 그곳에 없었기 때문에 난 화가 났었어.

앤트라: (친절하게) 패트리샤, 당신은 지금도 화가 난 상태인가요?

패트리샤: (천천히 앤트라에게) 아니에요, 지금은 아니에요. (잠시 멈춤) 아니…… 지금은 슬퍼요.

앤트라: 칼이 당신의 슬픔을 보게 하세요. (잠시 멈춤) 당신이 지금 얼마나 슬

픈지 칼이 보고 있는 것을 알 수 있겠어요?

패트리샤: (조용히 울면서 칼을 본다) 당신이 그리웠어. 정말 당신이 그리웠어.

칼: (조용히 그리고 천천히 손을 내밀어 패트리샤의 손을 잡는다.)

연민적 진실

앞의 교환에서 우리는 칼과 패트리샤가 현재 순간에서 직접적으로 서로 만나는 경험을 갖도록 도와주고자 하였다. 이를 촉진시키기 위하여 우리는 개인적인, 현재, 그리고 명백한 것에 집중하였다. 우리는 이 세 가지 특질을 '연민적 진실'이라고 부른다. 왜냐하면 이 세 가지 특질은 어떤 언어적 교환으로부터 연민 의지compassion will를 발생할 가능성을 증가시키기 때문이다.

첫째, 상대에 대해 얘기하는 것보다 자신의 개인적 경험에 대해 얘기하는 것이 방어를 감소시킨다. 두 배우자가 그들 자신의 인식, 이해, 느낌, 그리고 반응에 대해 책임을 지고, 그것을 자신의 것으로 받아들일 때, 서로 다른 두 가지 현실을 나란히 받아들이는 것이 더 쉬워지고, 서로에게 귀를 기울일 수 있게 된다.

둘째, 우리는 두 배우자가 지금 이 순간 실제로 일어나는 것에 집중할 수 있도록 도와주고자 한다. 앤트라는 패트리샤에게 지금 자신이 화가 나 있는 것이 아니라 실제로는 슬프다는 사실을 알아차릴 수 있게 질문한다. 그리고 칼이 지금 자신의 슬픔을 보고 있다는 것을 자각할 수 있도록 질문한다. 그와 같이 현재 순간에 대한 강조는 과거에 일어났던 기억이나 서로 일반화하는 것에 대한 반응이 아니라, 실제로 현재 그들 사이에 일어나는 것에 기반을 두도록 만든다. 서로 현재에 머무를 수 없는 배우자들은 불가피하게도 과거를 반복하고 그들이 찾을 수 없는 미래를 갈망하는 데 갇혀 있게 된다. 두 배우자가 현재 겪고 있는 경험이 즐거운 것이든 즐겁지 않은 것이든, 또는 이 둘이 섞인 것이든 간에 그 속으로 들어가도록 도와주고, 그러한 경험을 서로 직접적으로 알아차리면서 접촉할 수 있도록 현재로 가져오게 함으로써 뭔가 새로운 것이 나타나고, 그 새로운 것이 연민심과 지혜를 보다 깊어지게 한다.

마지막으로, 우리는 칼과 패트리샤가 자신의 몸의 감각과 느낌에 집중하도록 요청했다. 연민적인 반응은 우리가 그것에 대한 보고를 듣는 것보다 직접 그 사람의 신체적 경험을 뚜렷하게 느끼거나 볼 수 있을 때 발생하기 쉽기 때문이다. 그런 이유에서 리치는 칼에게 자기 몸에서 일어나는 어떤 특정한 감각에 주목하도록 하고 그것을 패트리샤에게 설명함으로써 그가 느끼는 어색함과 고통받는 느낌을 패트리샤가 직접적으로 감지하고, 칼의 느낌에 대해서 배려할 수 있도록 했다.

이러한 모든 개입은 칼과 패트리샤가 현재 순간에서 각자가 지닌 취약점을 방어하지 않은 채 열린 마음으로 만날 수 있게 도와주도록 고안된 것이다. 우리는 그들이 서로 상처를 주고 있다는 사실을 뚜렷하게 감지하고, 안전하게 고통에 함께 머무를 수 있도록 도와주고자 했다.

동시에 우리는 그들이 자기 자신과 상대가 겪고 있는 경험의 증인이 되도록 돕고자 한다. 지혜는 자동적으로 반응하는 것이 아니라 알아차리면서 바라볼 수 있는 능력을 요구하고 자신의 고통뿐만 아니라 타인의 고통을 포용하는 더 큰 그림을 보는 열린 태도를 필요로 한다(1장과 10장 참조). 그들 모두가 고통받고 있다는 것이 서로 명백하게 체험되고, 서로의 고통을 나누기 시작할 때, 단절에 대한 치유가 일어나기 시작한다.

칼과 패트리샤, 2부

앤트라: 저는 당신들이 상처를 받아 왔고, 거기에는 서로 간의 불신이 있다는

것을 느낄 수 있었습니다(잠시 멈춤). 여러분이 신뢰감을 회복하는 법을 배우는 데 도움이 되는 것을 시도해 보았으면 합니다(그녀 앞에 있는 테이블에서 돌달걀 하나를 든다). 이 돌달걀을 쥐고 있다가 상대방에게 주어 보세요(패트리샤는 얼떨떨해 보였다. 칼은 미심쩍은 표정이었다).

앤트라: 신뢰는 우리가 서로 주고받는 방식에 의해서 소통됩니다. 뭔가 중요한 것을 상대에게 맡기는 것처럼, 아무 말 없이 '아주 천천히' 이 돌을 주고받으세요. 그렇게 하면서 자신과 상대방 둘 다에 대한 자각을 유지하도록 노력합니다.

앤트라는 리치와 함께 시연했는데, 그녀는 두 눈을 감고, 깊게 숨을 들이마신 후 주의를 집중하면서 달걀을 들더니 잠시 쥐고 있었다. 그러고 나서 눈을 뜨고, 리치의 손바닥에 돌달걀을 부드럽게 놓더니 잠시 동안 그의 손을 잡았다. 잠시 후 그녀는 잡은 손을 풀었다. 리치는 그의 손으로 돌달걀을 조심스럽게 잡고, 받았다는 것을 인식하고 나서는 앤트라를 바라보며 "고맙습니다."라고 말했다. 리치는 눈을 감고, 숨을 깊게 들이쉬고, 눈을 뜨기 전에 주의를 집중하고 나서 앤트라에게 돌달걀을 전했다.

처음에는 주저하고 어색했지만, 칼과 패트리샤는 돌달걀을 주고받았다. 몇 번의 주고받음 후에 그들은 보다 조용하게 집중하면서 안정되어 갔고, 서로 어떻게 주고받는지 명료하게 느끼기 시작했다.

리치: 이제 당신들이 어떻게 노력해 왔는지에 대해서 서로에게 이야기해 보세요. 당신이 상대방의 손에 매번 돌을 놓을 때, 지금까지 공유하기 힘들었던 상대방이 진정으로 이해해 주었으면 했던 것에 대해서 말해 보세요.

패트리샤: (잠깐 동안 생각하더니 조심스럽게 달걀을 칼의 손에 놓으며) 아이들을

돌봐야 하는 부담이 너무 많이 내 몫으로 떨어진 것에 대해서 화가 났어.

리치: (칼에게) 마음을 열고 그것을 받을 수 있는지 보세요. 심지어 그것을 듣는 것이 고통스러울지라도, 당신이 패트리샤와 함께 그 고통을 감수할 수 있는지 보세요. 그럴 의지가 있다면, '예.'라고 말해 보세요. 그 '예.'라는 대답은 패트리샤로 하여금 당신이 들을 의지가 있다는 사실을 알게 하고, 패트리샤에게 그것이 어떻게 받아들여지고, 그것이 당신의 입장과 어떻게 나란히 함께할 수 있는시 알게 힐 것입니다. '예.'라고 한다고 해서 당신이 패트리샤와 같은 방식으로 상황을 봐야 하거나 동의한다는 것을 의미하는 것은 아닙니다.

칼: (패트리샤를 조심스럽게 쳐다보며, 그녀로부터 달걀을 받고는 주저하면서 대답한다.) 글쎄…… 아마도……(잠시 멈춤). 글쎄, 맞아…… 예…… 나는 당신이 말하는 것을 들을 수 있어. 나는 당신과 함께 그 말을 받아들일 수 있어(눈을 감고, 숨을 깊이 들이쉬고 난 후 패트리샤의 손바닥에 달걀을 조심스럽게 놓는다). 내가 무엇을 하든 간에 충분치 않다고 할까 봐 두려웠어. 내가 패배자처럼 느껴졌어.

앤트라: (패트리샤에게) 패배자가 되는 그 느낌을 기꺼이 함께 받아들이고 있는지를 칼이 알게 하세요.

패트리샤: (느낌이 가라앉도록 두면서) 그래. 나는 이것을 기꺼이 듣겠어. (잠시 멈춤) 당신이 나를 비난하지 않는다면. 그래, 나는 당신의 이야기를 당신과 같이 기꺼이 받아들이겠어(칼이 자기에게 준 돌을 두 손으로 잡고 자기의 가슴으로 가져간다).

칼: 고마워. 감사하게 생각해.

패트리샤: (울기 시작하더니 그 돌을 칼의 손에 되돌려 주기 위해서 손을 뻗으면서) 의사와 약속하고는 혼자 병원에 가는 것이 나에게는 너무나 힘든

일이었어. 난 너무 겁이 났고 혼란스러웠어.

칼: (부드럽게) 그래, 나는 지금 당장 이것을 기꺼이 당신과 함께 감내할게.

패트리샤: (좀 더 울면서) 고마워! 고마워!

칼: (돌을 다시 패트리샤에게 전하면서) 내가 좀 더 집에 머무를 수 있는 일을 찾지 못해서 당신과 함께 가지 못한 것이 죄스러워. 난 내 일이 정말 싫어. 덫에 빠진 느낌이야.

패트리샤: (칼의 눈을 깊게 쳐다보며, 두 사람이 돌을 함께 잡으면서) 알아. 그렇게 화내서 미안해. 당신의 잘못이 아닌 걸 알아. 당신이 최선을 다한 것도 알아. 우리 둘 다 그래 왔어.

주고받기

칼과 패트리샤 사이의 개입은 그들 사이의 교환(나눔)을 구성하고 촉진시키려는 의도에서였다. 그 교환은 몇 가지 수준에서 일어나고 있다. 우선, 그들 각자가 가장 속상한 것이 무엇인지를 설명하는 말들의 교환이다. 예를 들어, 패트리샤는 아이들에 대한 양육의 짐을 홀로 지는 것에 화가 났다고 칼에게 말하고, 칼은 일에 묶여 있는 기분을 패트리샤에게 말했다. 그러나 말로 표현한 것만이 아니라 그들은 또한 그들의 느낌, 즉 실제적이고 뚜렷한 고통의 경험을 주고받았다. 마지막으로, 그들은 열린 마음으로 꾸준히 집중하고 신뢰하면서 서로의 고통스러운 느낌들에 대한 주의집중의 질quality of attention을 주고받는 방법을 배웠다. 우리의 경험으로 보건대, 성공적인 교환을 위해서 가장 중요한 특징은 주의집중의 질이다.

둘 사이에서 돌달걀을 건네주고 건네받는 간단한 구조는 교환의 과정을 보다 알아차리고 의식하도록 도와준다. 이 구조는 그들로 하여금 성공적인 교환의 핵심 요소들을 알아차리면서 실행하는 법을 배우도록 도와준다. 커플치료에 관한 우리의 모델(Borofsky & Borofsky, 1994)에서 우리는 성공적인 교환이 일어나는 데 필요한 네 부분의 주기와 네 부분의 받기를 확인해 왔다. 이들 각 부분은 하나의 특징적인 주의집중의 질을 가지고 있다.

주 기

● 모으기

우리의 개인적인, 현재의, 두드러진 경험을 자각하고, 그것에 대한 감각을 모으기 위해서 —우리가 주의를 기울여야 하는 살아 있고, 실제적이며, 당면한 내적 경험들— 내면의 주의를 유지하는 것은 교환되는 것을 보다 신선하고 진정성 있게 만들고, 연민적인 연결로 안내한다.

● 제공하기

우리의 주의를 내면의 느낌감각으로부터 천천히 이동해서 용기가 필요한 상대—특히 우리가 취약하다고 느끼는—에게로 확대시킨다. 우리가 말이나 접촉, 또는 대상을 제공할 때, 상대방의 친절함을 믿으려는 우리의 의지를 꾸준히 전달하는 그런 제공이 되어야 한다.

● 목표 향하기

상대방에게 접촉을 제공할 때, 우리는 무엇을 주고 있는지 정확하게 목표를 정해야 한다. 우리의 주의가 어디로 가고 있는지—예를 들어, 한쪽 눈의 눈동자 또는 접촉하고자 하는 손— 정확하게 목표를 정하여 우리 자신에 대한 감각을 잃어버리지 않고 상대방에 대한 우리의 주의를 날카롭게 집중해야 한다. 그것은 받는 이에게 자기가 만나고 있고, 보이고, 개인적으로 주어진다는 경험을 주는 것이다. 이렇게 자신과 상대방에 대해 집중되고 동시적인 자각은 접촉의 시냅스, 직접적인 연결의 순간을 창조한다. 자신과 상대방에 대한 동시적 알아차림은 접촉의 시냅스와 직접적인 결속의 순간을 창출한다.

● 놓아 버리기

교환이 완성되기 위해서 우리는 상대에게 준 것이 무엇이든 완벽하게 놓아 버려야 한다. 놓아 버리는 것은 받는 이의 반응을 조정하고자 하는 욕구를 버리는 것과 관계되어 있다. 우리 자신의 내면으로 주의를 되돌려서 이완하는 것은 받는 이가 어떤 방식으로든 자신에게 진실로 자유롭게 반응할 수 있다는 사실을 전달하는 것이다. 이것은 존중, 즉 받는 이에 대한 진정한 타자성에 대한 자각을 전달하는 것이다. 놓아 버림이 완성되면 거기에는 만족감과 완성감이 있다.

받 기

● 필요로 하기

받기 위해서 우리는 먼저 우리가 뭔가를 필요로 한다는 사실을 감지하고 인정해야 한다. 각자의 취약점 안에 있는 관계적 욕구를 감지, 수용하고, 주의를 가지고 그 욕구가 우리의 파트너를 향해서 닿을 수 있게 하고, 그 욕구를 신뢰롭게 제공함으로써, 상대의 연민심이 일깨워지게 하는 것이 가능하다.

● 개방

우리가 필요로 하는 것을 받기 위해서 우리의 주의는 열려 있어야 하고, 수용적이어야 한다. 우리의 주의가 상대방에게 도달한 다음에는 곧바로 우리 자신에게로 되돌아와서 필요로 하는 것을 받아들일 수 있는 내적인 공간이 열려 있도록 이완되어야만 한다. 이것은 과거의 실망과 분노를 내려놓고, 지금 당장 새로운 뭔가를 받아들이는 가능성으로 확장하는 것을 필요로 한다.

● 환영하기

환영하기는 우리 자신 바깥에 있는 뭔가를 안으로 들어오게 하고, 이 유입이 받아들여질 때, 완전한 접촉과 살아 있음을 경험하게 한다. 현재 순간에 유용한 것을 온전히 환대하기 위해서 우리는 모든 생각, 기대, 그리고 선호를 버려야 한다. 이것은 실제로 여기에 있는 것을 알아차리고, 신뢰하고, 음미하는 것과 관련되어 있다.

● 감사

공감과 감사를 느끼는 것으로 받기의 과정은 완성된다. 이것은 상대방과의 연결을 놓아 버리고, 접촉에너지를 우리 자신에게로 가져오는 것이다. 여기서 우리는 받은 것을 흡수하고, 우리 자신의 것으로 만들 수 있다. 이것은 깊은 감사의 느낌감각felt sense을 가능하게 하는 충만감과 만족감을 창조한다.

이 여덟 개의 구성요소가 현존할 때, 교환은 보다 훌륭한 연민심과 지혜로 인도될 가능성이 엄청나게 증가한다. 이들 요소 중에 어느 하나라도 빠지게 되면,

긍정적인 결과가 나올 가능성은 줄어든다. 주고받는 과정을 세밀하게 살펴보면, 교환이 어떻게 방해받고 개입하는지 정확하게 확인할 수 있다. 우리는 교환 그 자체의 '내용'보다는 마음챙김을 하면서 주고받는 '과정'에 참여한다. 그 내용이 사랑과 같은 긍정적인 감정이거나 분노와 같은 부정적인 감정이든 관계없이 우리는 주로 감정이 어떻게 소통되는지에 초점을 맞춘다.

친밀한 배우자와 취약점 공유하기

- 두 사람 모두에게 소중한 조그마한 물건을 선택한 후(예, 특별한 장소에서 가져온 돌, 결혼반지) 번갈아 가면서 마음챙김을 하며 서로 주고받는다. 이 물건을 상대에게 줄 때, 앞에서 다루었던 주는 것의 네가지 측면—모으기, 제공하기, 목표 향하기, 놓아 버리기—에 주의를 집중하세요. 신뢰감을 창조하는 방식으로 이 물건을 주고받는 훈련을 하세요.

- 두 눈을 감고 잠시 동안 최근에, 혹은 단 한 번도 당신의 파트너와 이야기할 수 없었던 당신 마음속 깊은 취약점에 대해서 생각해 보세요.

- 둘 중 한 사람이 상대방에게 손을 내밀어 천천히 마음챙김하면서 상대의 손바닥에 물건을 놓습니다. 그 물건을 함께 잡고 있는 동안, 주는 이는 받는 이에게 자신의 취약점을 말로 표현합니다.

- 취약점이 공유되면, 받는 파트너는 간단히 "나는 기꺼이 이것을 당신과 함께하겠다."라고 말합니다. 그리고 난 후, 주는 사람은 그 물건을 받는 사람에게 내려놓습니다.

- 두 사람 모두 눈을 감고 몇 차례 호흡합니다. 받은 사람이 자신의 취약점을 말할 준비가 될 때까지 공유한 취약점으로 인한 충격을 흡수합니다.

- 여러분 사이에 연민이 깊어지는 것을 느낄 때까지 천천히 교대로 계속합니다.

결 론

선을 배우는 학생, 시인, 남편과 아내 가운데 누구도 무엇을 위해서 그들이 머물러 있는지 확신적으로 알지 못한다. 그러나 그들이 머무는 건 자신이 무엇을 위해 머무는지 알아내기 위해서 '잠시 동안'이라는 사실은 모두가 알고 있다. 자신이 머물러 있지 말아야 하는 것을 찾아내기 위해서 머물지 않는 것은 모든 훈련에 대한 믿음이다.

그러한 믿음은 소위 말하는 낙천주의와는 아무런 관련이 없다. 전통적인 결혼식이 주장하는 대로 우리가 찾아내기 위해 머무르는 모든 것들이 우리에게 행복을 주지는 않는다. 믿음은 오히려 머무름으로써 오직 머무름으로써 우리는 진리에 관한 뭔가를 배울 것이며, 그 진리는 알아서 좋은 것이고, 그것은 항상 우리가 생각했던 것과는 다르고 더 크다.

-웬들 베리(Wendell Berry, 2005, p. 98)

커플치료는 친밀한 배우자들이 현재 무엇이 일어나는지 간에 그것과 함께 머무를 수 있도록 도와주고, 공유할 수 있게 도와준다. 그렇게 함으로써 각자의 경험과 공동의 경험이 모두 보다 연민적이고, 지혜롭고, 사랑하는, 전체적 인간이 되어 가는 방법을 배우는 데 공헌한다는 믿음을 강하게 해 줄 수 있다(Borofsky, 2011).

로마의 극작가 테렌스(Terence, 2001)는 "나는 인간이고, 나에게 이해가 되지 않는 인간은 없다."라는 유명한 글을 썼다(p. 186). 어떤 사람도 우리에게 외계인처럼 이해가 되지 않는 사람이 없을 때, 인간조건 전체가 우리의 교과과정이 된다. 예를 들어, 슬픔은 우리에게 상실에 대한 통렬한 진실을 가르치고, 다른 사람의 위로와 친절을 받아들이도록 우리를 개방시킨다. 기쁨은 충만함과 자유의 가능성 안에서 믿음을 새롭게 한다. 두려움은 우리의 유약함을 직면하게 하고, 용기 있고 연민적인 마음으로 사는 방법을 배울 수 있게 한다. 사랑은 우리 자신보다 뭔가 더 큰 존재뿐 아니라, 우리가 깊이 잊을 수 없게 서로서로 연결되어 있다는 사실을 확신시켜 준다. 그리고 순간순간 무엇이 일어나든지 마음챙김을 하면서 지켜보는 우리의 능력은 우리 존재가 우리의 생각, 느낌, 그리고 조건화된 행동과 반응의 습관, 그 이상이라는 사실을 학습하게 해 준다. 궁극적으로 마음챙김은 우리가 자유롭고 견고하게 안전하다는 사실을 보여 준다.

자신의 경험을 넓고 깊이 마음챙김하면서 공유하는 것을 배움으로써 커플들은 자신의 인간성의 지평을 넓혀 갈 수 있다. 인간의 조건에 가슴 깊이 전적으로 개방하는 것은 연민심과 지혜가 함께 가지고 있는 특징이다.

PART 5

상담실 안과 주변

연민심과 지혜는 우리가 일상의 삶 속에서 겪는 무수한 기쁨과 슬픔을 우리 자신과 다른 사람에게 스트레스를 더하지 않고 충분히 관계를 맺도록 허용한다. 연민심과 지혜는 꾸준히 반복해서 훈련하면 존재 방식으로서의 인격적 특질로 발달시킬 수 있다. 그러한 미덕은 치료에서뿐만 아니라 일상생활에서도 훈련할 필요가 있다.

21장에서는 자녀를 기르는 것이 어떻게 아이와 함께 마음챙김의 현존을 실습할 수 있는 기회로 사용될 수 있는가를 기술하고, 연민심(그리고 자기연민)과 지혜(특히 평정심)를 발달시키는 방향으로 진행될 수 있는지를 설명한다. 22장에서는 치료사들에게 세계의 종교는 내담자를 포함해서 많은 사람들에게 지혜와 연민심의 엄청난 보고이자, 치료와 일상에 활용될 수 있는 자원이라는 사실을 상기시킨다. 마지막으로, 23장에서는 개인과 집단의 고통을 완화하는 중요한 수단으로서, 그리고 치료시간 동안 연민심과 지혜를 훈련하는 방법으로서의 윤리적 행동에 대해 지적하고 있다.

21장. 지혜와 연민심의 길로서
마음챙김 육아

트루디 굿맨Trudy Goodman
수잔 카이저 그린랜드Susan Kaiser Greenland
다니엘 시겔Daniel J. Siegel

나의 경우 또한 연민심의 씨앗은 나의 어머니에 의해 뿌려졌다.
-텐진 갸초, 14대 달라이 라마(2010a)

연민심과 지혜를 일상의 삶의 구조 속에 통합시키는 작업은 시간과 인내심, 창조성, 그리고 많은 훈련이 요구된다. 아이를 기르는 일도 마찬가지다.

최근의 연구에서는 마음챙김의 상태나 연민상태와 같은 특별한 정신상태를 의도적으로 창조하는 것은 시간이 지남에 따라 지속적인 성격특성으로 발달될 수 있다는 사실을 보여 준다(3장과 8장 참조). 게다가 두 사람의 뇌가 상호작용하는 방식을 조사했을 때, 한 사람의 마음상태가 주변에 있는 다른 사람의 마음에 유사한 틀을 불러일으킬 수 있다는 사실을 알려 준다(Rizzolatti, Fadiga, Gallese, & Fogassi, 1996). 부모가 좀 더 연민적이고, 지혜롭고, 그리고 알아차림을 하려고 노력하는 것은 아이가 자신의 감정, 생각, 그리고 행동을 알고 관리하는 능력에 중요한 영향을 미친다는 사실을 시사한다(Bluth & Wahler, 2011; vander Oord, Bögels, & Peijnenburg, 2011).

이 장에서 우리의 가설은 마음챙김 훈련이 자신과 다른 사람을 향해 연민심을 가득 채우고, 순간순간의 경험을 둘러싼 공간—일상의 사건에 대응하는 방식을 보다 지혜롭게 선택할 수 있게 하는 공간—을 개방함으로써 지혜의 근간을 창조하는 존재방식을 배양한다는 것이다. 마음챙김을 배양하는 기초로 양육보다 더 나은 훈련법은 없다. 실제로 미국의 명상지도 선구자인 잭 콘필드(Jack Kornfield, 2008a)는 가족생활을 '고급훈련'이라고 자주 언급했다. 아이를 키우는 일은 부모에게 무아적 사랑, 엄청난 애착, 비통한 상실감과 같은 인생에서 가장 심오하고 가슴 아픈 정서적 경험을 직접적으로 체험하는 관계를 갖게 한다. 이런 경험은 마음챙김, 연민, 그리고 지혜를 필요로 하고, 그것을 배양할 수 있는 완벽한 기회를 만든다. 그런데 그러한 자질을 만들기 위해서 부모는 아이들과 상호작용하는 일상 속에서 무엇을 알아야 할까? 이 장은 몇 가지 제안을 제공한다.

도전과 기회

마음챙김 훈련은(방석 위에서 혹은 일상의 삶 속에서) 순간순간의 경험에 대해 친절하고 정제된 자각을 가져오는 일과 관련이 있다(2장 참조). 감각, 느낌과 같은 내적 경험이든 또는 광경이나 소리와 같은 외적 지각이든 관계없다. 그러나 어떤 경험이든 우리는 의도적으로 자각의 초점을 선택하고, 그런 다음 일정한 시간 동안 선택한 대상에 머문다. 달라이 라마는 마음챙김을 우리가 집중을 유지하도록 도와주는 정신적 능력으로 간주한다. "물론 마음챙김의 현존 상태가 필요합니다. …… 그리고 그런 방법으로 마음은 선택된 대상에 집중할 수 있습니다." (2009b) 또한 우리는 마음챙김하며 우리의 행동방식을 의식적이고 연민적인 선택을 하도록 할 수 있다. 마음챙김의 순간들은 상당히 일반적이지만 연민적인 자각특질을 지속하는 일은 굉장히 드물다. 그렇게 희귀한 특질을 우리는 아이를 돌보는 데서 가장 명확하게 볼 수 있다.

> "처음 양육하는 데 가장 힘겨운 것은 태어난 순간부터 하루 24시간, 한 주에
> 7일간을 자신의 모든 존재와 생존을 나에게 완전히 의존해야 하는, 나에게 애착
> 된 하나의 작은 생명체가 있다는 것으로, 그건 그야말로 엄청난 충격이었다. 나
> 는 준비된 것이 전혀 없었고, 나는 나의 자유와 정체성의 상실에 압도되었다. 아
> 이가 태어나기 전에는 내가 누구인지 분명했었다. …… 지금은 모르겠다."[20]

양육은 어떤 것보다도 엄격하고 심화된 마음챙김 훈련 프로그램이다. 밤낮을
가리지 않고 끊임없이 지속되는 양육의 책임은 정서적·육체적 요구의 끝없는
행렬을 낳는다. 어린아이를 가진 부모는 무슨 일이 있어도 하루 24시간, 일주일
에 7일 동안 고갈, 스트레스, 그리고 긴장감 속에서 계속 생활한다.

마음챙김은 양육에 중요한 방식으로 많은 방식의 도움을 준다(Bögels, Lehtonen,
& Restifo, 2010). 부모로서 필연적으로 직면하는 도전은 우리를 현재의 순간으로
부터 멀어져서 쓸려 버리고, 십 대인 딸의 기분과 아들의 거친 친구들, 아기의
피부 발진과 같은 일에 대한 걱정으로 마음챙김이 없는 생각에 빠지게 한다. 그
러나 조심스럽게 다시 초점을 맞추고 현재 순간에 일어나고 있는 것에 차분하게
머물면서 우리는 우리의 심장과 마음을 진정시킬 수 있다.

마음을 훈련시킬 수 있는 기회로 이해하면서 반복되는 세탁, 점심, 그리고 주
의를 요구하는 어린아이들의 요청에 응하는 일들을 재구성하면서 거룩하게 감
당해 낼 수 있다. 미라 카밧진(Myla Kabat-Zinn, 1998)이 썼듯이,

---

20 지금 이 일화와 추후에 나오는 일화들은 아이들과 가족이 함께 마음챙김 수련을 하는
사람들로 구성된 온라인 커뮤니티/사회 단체(www.mindfulnesstogether.net)에 게재했던 조
사에 대한 답변에서 발췌하였다. 우리는 "육아에서 가장 힘겨운 것이 무엇이었나요?"와
"지혜로운 부모가 되는 데 무엇이 도움이 되었나요?"라는 두 가지 질문을 했다.

주의 깊은 양육은 당신 삶의 구조를 진실로 검증하고자 하는 욕구를 필요로
한다. 우리 가족의 삶을 보고 우리 자신에게 "이것이 정말 우리 모두를 위한 일
인가?"라고 묻는다면, 그것은 아마도 선택을 의미할 것이다……. 우리 모두 그
안에서 지지를 필요로 한다. 어떤 입장에서는 우리에게 주어진 압박 때문에 아이
와의 관계에서 연결된 인간존재로서 진정으로 사랑하기보다는 그저 아이의 삶을
관리하는 사람이 되곤 한다.

어떤 엄마가 미혼모로 힘겨운 씨름을 했다. 자신이 외롭고 우울함을 느끼는
동안 자기가 마음속에 그리던 사랑하는 엄마가 될 수 없다는 사실을 슬퍼했다.
"마음챙김명상에서 나의 깊은 슬픔과 만난 후, 나는 놀이터와 식료품 가게에서
만났던 다른 엄마들의 눈에서 비슷한 뭔가를 발견하기 시작했다."라고 그녀는 회
상했다. "마치 내가 일반적인 어머니들이 느끼는 공통된 감정의 경험을 공유하고
있는 것처럼 나는 외로움을 덜 느끼기 시작했다. 그러면서 한 인간으로서의 나에
대한 감각이 서서히 확장되어 갔다. "아, 이게 외로운 인간존재가 되는 것이구나,
그냥 이런 거구나, 그게 이런 거구나……. 그리고 이것은 단순히 '나'의 문제가 아
니구나." 그것이 마음챙김 육아가 지혜와 연민을 낳는 한 가지 방법이다. 우리는
고통의 공통점을 안다. 그것은 우리가 더 이상 모든 경험을 개인적인 소유물("이
게 나야, 나만 그런 거야.")로 규정하지 않도록 돕는 것이다.

마음챙김적 자각을 통한 연민심과 지혜의 진전은 수천 년 동안 부모들에 의해
서 무수히 반복되어 왔다. 우리는 열린 눈과 열린 가슴으로 순간순간의 경험을
그저 받아들이는 것으로 시작한다. 자아에 대한 우리의 감각이 포위되어 있을
때 —"나는 아이를 기를 만한 사람이 못 돼!" "나는 해낼 수 없어!"— 우리는 우
리 자신에 대한 연민심을 확장시킨다. 그리고 그 연민심을 다른 사람에게로 확
장시킨다. 우리는 사례를 통해서나 아이들의 삶에서 일어나는 문제를 통해서 아
이들을 지혜롭게(우리에게 운이 따른다면!) 인도하면서 우리가 아는 것을 우리 아이

들에게 가르칠 수 있다.

내적 그리고 외적 마음챙김

마음챙김명상의 핵심 교재인『염처경satipatthana-sutta』, 즉 알아차림을 확립하는 경은『내적으로, 그리고 외적으로 마음챙김하며 응시하기』를 추천한다(Analayo, 2003, pp. 94-95). 내적 마음챙김은 일반적으로 방석이나 의자에 앉아서 호흡의 움직임을 몸으로 느끼며, 점차 자각의 영역을 다른 몸의 감각, 정서, 생각으로 확장하는 일과 관련되어 있다. 젊은 부모들의 경우에 내적 마음챙김을 하기는 힘들다.

"나는 그때는 그것을 깨닫지 못했어요. 아이가 생기기 전에는 현재에 머무는 것이 나에게는 너무나 자연스러웠습니다. 스키를 탈 때, 나는 백 퍼센트 스키를 탔었습니다. 일을 할 때는 백 퍼센트 일을 했고요. 남편과 외출을 할 때는 …… 당신은 이해가 될 것입니다."

"아이가 생기면 우리가 현재에 머무를 수 있는 것들을 쉽게 변화시켜 버리는 뭔가가 일어납니다. 그것은 마치 동시에 여러 가지 일을 하는 두뇌가 박차를 가하는 것과 같아요. 예를 들어, 햇살이 아름다운 오후에 나는 두 살짜리 아이와 공원에 있습니다. 이웃과 만나 반 토막짜리 문장으로 된 단편적인 대화를 나눕니다. 왜냐하면 우리는 아이들이 놀이기구에서 떨어지지 않도록 주의를 기울여야 하기 때문이지요. 동시에 나는 휴대전화로 남편이 언제 집으로 오는지, 일이 끝나면 그가 네 살짜리 아이를 어린이집에 가서 데리고 올 수 있는지를 확인합니다. 그러면서 한편으로는 머릿속으로 저녁준비를 계획하고, 식품점에 가야 하는

지, 뭐가 더 필요한지, 내일 직장에서 있을 미팅에 대해서 생각하고, 오늘 운동을 하지 않은 것에 대해 불편감을 느끼고, 지난달 전화비는 냈는지 걱정합니다. 나는 전적으로 두 살짜리 아이와 공원에 있는 것이 아닙니다!"

"아이들과 함께 현 순간에 충실하게 머무는 것은 많은 시간, 노력, 그리고 인내가 필요합니다. 그러나 나는 의도적으로 나의 아이들과 현재에 머물 필요가 있다는 사실을 깨닫고 있습니다. 그러기 위해서는 거의 일정표를 짜야 하는 형편이에요. 아침에 일어나면 나는 나 자신에게 아이들이 학교에 갈 때까지 그들에게 온전히 충실할 것이라고 혼잣말을 합니다. 컴퓨터도 하지 않고, 전화도 하지 않고, 세탁도 하지 않겠다고. 바쁜 세상과 삶에서 그건 여간 힘든 게 아니지만, 아침 시간에는 하루를 함께하기 위한 기준을 정합니다. 그러나 그것을 지키기에는 우리 모두가 너무나 바빠요."

관계적인 마음챙김(12장 참조)인 외적 마음챙김은 특별히 부모들이 훈련하기에 더 쉽고, 심지어 훨씬 더 유용하다. 이런 종류의 마음챙김은 너무 자주 간과되지만, 그것은 하나의 필수적인 기술이다. 현재에 머물고, 자각하고, 그리고 주변 환경에서 일어나는 것(내 몸이 어느 공간에 있는지 알거나 혹은 아이들의 표정과 몸짓을 통해서 그들의 기분을 세심하게 관찰하는 것)에 초점을 맞추고, 조율하는 방법을 배우는 것은 내적 마음챙김의 경험을 보완하고 향상시킨다. 사실 내적인 마음챙김 훈련 동안에 우리 자신에게 맞추기 위해서 사용하는 그 두뇌회로가 바로 대인관계에서 다른 사람들과 조율하기 위해서 우리가 사용하는 회로다(Siegel, 2007). 좌선명상이든 일상의 삶 속에서 하는 명상이든 내적 환경에 스스로를 적응시킴으로써 우리는 대인관계에서 적응하는 역량을 증가시키게 된다. 어떻게 그렇게 될까?

마음챙김 훈련이 내적 마음챙김에 국한될 때, 도움이나 관심을 원하는 아이의 요구가 반갑지 않은 침범으로 느껴질 수 있다. 왜냐하면 그 요구에 반응하기 위해서는 주의의 방향을 바꾸어야 하기 때문이다. 그러나 우리의 시간과 현존을 필요로 하는 아이의 요구를 또 다른 시각에서 보는 방법은 외적 마음챙김을 훈련하는 기회로 보는 것이다. 예를 들어, 우리가 마음챙김하면서 당근을 썰고 있는데, 아이가 관심을 가져 달라고 요구한다면, 우리의 자각은 내적이고 개인적인 당근-초점의 경험으로부터 외적인 대인관계적 환경(아이에게 주의를 보내는 것)으로 전환되고, 아이의 요구는 그저 끊임없이 그 형태와 외형이 변하고 있는 인생의 또 다른 표현이 될 뿐이다.

부모는 자신의 내적 경험(내적 마음챙김)뿐만 아니라, 그들 주변의 사람들에게까지(외적 마음챙김) 마음챙김을 할 때, 보다 차분해지고, 반응하기 전에 잠시 멈추며, 바로 그 순간에 일어나는 것이 무엇이든 명료하게 보게 된다. 예를 들어, 서둘러 아이들을 학교에 데려다 줄 때도 마음챙김 상태가 되면 밖에서 아이에게 일어나는 일뿐만 아니라 내면에서 일어나는 일도 알아차리게 된다. 이것은 어린 아이들을 돌보느라 탈진한 상태인 데도 맑은 눈으로 관찰하거나, 감정적인 반응이 일어나도 침착하게 있는 것을 의미하는 것이 '아니다'. 만일 탈진이나 반사적 반응이 일어나면 우리는 그저 그것을 알아차리게 된다. 강한 감정은 우리의 경험에서 피할 수 없는 부분이지만, 그렇다고 그러한 감정들이 우리의 시야를 가릴 필요는 없다. 마음챙김을 하는 육아훈련에서는 긴장되고 불편한 마음상태를 포함하여 무엇이든지 우리의 경험에서 두드러지고 생생한 것은 자각을 받을 가치가 있는 대상이다. "아, 혼란스럽군." "절망적이야." "내가 사랑하는 아이에 대한 분노로군."

이 훈련을 '깊게 쳐다보기'라고 부른다(Hanh, 1999). 있는 그대로, 그저 한순간만이라도 자신과 남들에 대한 판단을 내려놓고, 현재 순간의 경험에 휴식하는 과정은 우리가 가장 중요한 것을 기억하도록 돕고, 때때로 내면의 명료한 곳으로부터 나오는 육아의 격렬한 파도를 탈 수 있도록 도와준다. 우리는 진실로 우리가 누군지를 상기할 수 있고 잘 돌볼 수 있는 어른이 되어 점차로 자신감이 생겨난다.

다음의 시각적 실험은 마음챙김 효과에 대한 좋은 예를 제공하는데, 아이들에게도 시연해 볼 수도 있다.

명료한 마음 활동

• 깨끗한 유리 실린더를 물로 가득 채우고, 탁자 위에 놓은 후, 당신의 아이에게 그것을 살펴보게 한 다음, 반대편에 무엇이 보이는지 물어보세요. 그들은 아마도 당신 혹은 탁자 위에 놓여 있는 뭔가가 보인다고 할 것입니다.

• 베이킹 소다 한 컵을 물에 붓고, 실린더를 흔듭니다. 지금은 어떻게 보이나요? 그들은 여전히 반대편을 볼 수 있나요? 아마도 아닐 것입니다. 베이킹 소다는 물을 흐리게 하고, 그들의 시야를 흐리게 합니다. 물속의 베이킹 소다처럼 생각, 감정, 그리고 스트레스를 주는 일상의 사건들은 우리의 관점을 흐리게 할 수 있습니다.

• 1분이나 2분 뒤에 물을 다시 보세요. 당신이 그것을 가만히 놔두었을 때 무슨 일이 일어났나요? 오랜 시간 동안 물을 가만히 놓아둘수록 더 많은 베이킹 소다가 바닥에 가라앉고 물은 더 깨끗해집니다. 곧 모든 베이킹 소다는 실린더 바닥에 가라앉을 것이고, 당신의 아이는 다시 유리 실린더를 통하여 볼 수 있게 됩니다. 베이킹 소다가 완전히 없어진 것인가요? 아닙니다. 그것은 실린더 바닥에 자리 잡고 있으며, 더 이상 물을 흐리게 하지 않습니다.

베이킹 소다가 실린더에서 없어진 것이 아닌 것처럼, 인생의 모든 힘겨움은 당신이 마음챙김을 훈련한다고 해도 없어지지 않습니다. 그러나 마음챙김은 우리에게 일상의 힘겨움을 조정하는 방법을 제공합니다. 안정적인 리듬으로 호흡하며 휴식함으로써 일상의 삶에서 오는 생각, 감정, 스트레스, 그리고 중압감은 가라앉고, 우리의 시야는 더 명료해집니다 (Kaiser Greenland, 2010).

불편을 인내하는 역량 구축하기

폴 러셀Paul Russell(Pizer 2006에서 인용)은 심리치료에서 '위기'를 언급했는데, 이것은 육아에도 똑같이 적용된다. 위기는 우리 아이들이 겪는 고통스러운 감정으로 인한 불편함, 또는 우리 자신의 극심한 감정에 의해서 우리의 능력이 시험에 들 때 발생하는 감정적 위기를 말한다. 우리는 아이들을 정말로 많이 사랑하기 때문에 그들이 행복하기를 바라는 강렬한 갈망을 가지고 있다. 그러므로 때때로 우리 아이들이 힘들어하거나, 우리를 힘겹게 할 때 우리는 가슴이 부숴질 것 같은 격렬한 감정을 느끼고, 참아 내기가 어렵다. 아이들에 대한 사랑은 우리의 가슴을 채운다. 그러나 그러한 충족감은 인간의 취약점에 대한 자각과 아이들을 보호하고자 하는 갈망을 수반한다. 우리 아이가 삶을 위협하는 위기에 직면하게 되면 우리는 그들을 대신해서 무슨 일이든 할 것이다.

> "부모로서 겪었던 가장 힘겨운 일 가운데 하나는 나의 인생 그 자체보다 더 소중한 내 아이들의 웰빙을 책임져야 한다고 느끼는 데서 오는 불안을 관리하는 것이다. 때때로 그 불안은 배경소음과도 같다(학교 식당에서 급식담당 아줌마가 우리 애를 구박해서 기가 죽으면 어쩌지? 놀이터에서 떨어지면 어째? 충치가 있으면 어쩌지? 다른 아이들이 그를 괴롭히진 않을까?). 그 외에도 불안은 눈앞에 있고, 마음 한가운데에 있어서 떨쳐 버리기가 매우 힘들다(그들에게 끔찍한 일이 일어나면 어쩌나? 나한테 끔찍한 일이 생기진 않을까? 우리 가운데 누가 죽으면 어쩌나?). 이 작은 생명체에 대한 나의 사랑은 너무 깊어서 나는 그들이 행복하고, 건강하고, 생기 있고, 사랑하고, 사랑받기를 간절히 원하고, 그들의 웰빙에 대한 나의 소망이 예측 불가능한 삶의 일로 인해서 무너질까 봐 너무나 많이 걱정된다."

존재에 대한 수용적 모드 vs 반사적 반응 모드

만일 우리가 아이들에게 우리의 '편재된 불안'의 그늘 밖에서 놀 수 있는 안전하고 보호받는 공간을 제공하기를 원한다면, 우리는 먼저 우리 자신의 내면에서 안전함을 느낄 수 있는 방법을 찾아야 한다.

우리의 두뇌는 두 가지 근본적인 존재의 상태 또는 방식을 가지고 있다. 이는 수용적 또는 반사적 반응이다. 우리가 수용적인 모드를 작동할 때, 우리의 신경 시스템은 이완되고, 발생하는 사건에 대해서 열린 마음상태가 된다. 이것이 마음챙김 상태이고, 연민적인 상태다(14장과 18장 참조). 우리가 반사적 반응 모드를 작동했을 때는, 마음챙김 없이 우리의 감정은 반영할 수도 없을 정도로 너무나 빠르고 강하게 흐른다. 우리는 위험 대비책으로, 싸우거나-도피하거나-얼어붙는 반사적 반응태세가 되어 열린 마음상태는 닫혀 버린다. 반대로, 마음챙김적 자각의 수용적 상태는 정서적 안전지대를 제공하고, 멈추고, 깊이 호흡하고, 내적 및 외적으로 마음챙김이 될 수 있는 피난의 순간을 제공하고, 그리고 고통스러운 자녀를 진정시켜 줄 뿐만 아니라, 우리 자신의 불편함을 충분히 감내할 수 있는 자기위로를 제공해 준다. 우리는 지금 당장 일어나고 있는 것에 열려 있게 된다.

수용적 모드와 반사적 반응 모드 사이의 차이점을 보여 주는 다음의 간단한 실습을 시도해 볼 수 있다.

예 또는 아니요

다음의 단어들을 듣고 당신이 상상할 때 느껴지는 것을 알아차려 보세요.

• 첫째, 거칠고 빠르게 듣는다고 상상합니다. "아니요. 아니요. 아니요. 아니요. 아니요. 아니요!"
[몇 분 동안 이 느낌을 지니고 있습니다.]

• 이제 차분하고 부드럽고, 그리고 천천히 듣는다고 상상합니다. "예. 예. 예. 예. 예. 예. 예!"
[몇 분 동안 이 느낌을 지니고 있습니다.]

많은 사람들이 '아니요.'는 그들을 투쟁-도피-얼어붙음의 반사적 반응 상태로 데려가는 것을 발견하고, '예.'는 개방성, 차분함, 그리고 명료함의 수용적 감각으로 전환해 주는 것을 발견한다.

안팎으로 철저한 육아

부모가 되는 것은 인간이 느낄 수 있는 가장 강렬한 감정상태에 우리를 노출시키고, 강한 반응을 자주 유발시킨다. 어린 시절부터 우리 두뇌에 뿌리박힌 반사적 반응패턴은 우리가 부모가 되었을 때 재가동된다(Siegel & Hartzell, 2003). 우리는 우리 자신의 성장기를 다시 체험하게 되고, 우리 부모의 잘못을 반복하지 않을 것이라는 강렬한 희망 속에서 최선을 다한다. 좀 더 마음을 챙기고 연민적인 상태가 되고자 하는 훈련을 통해서 수용적이 되는 것은 순간순간 덜 스트레스 받고, 덜 반응적이며, 그래서 더 현명한 방법으로 우리 아이들을 양육하도록 도와준다(Bögels, Hoogstad, van Dun, de Schutter, & Restifo, 2008).

아이들이 성장함에 따라 우리는 우리 자신의 발전단계를 되풀이하게 된다. 우리는 모두 한때 어린아이였고, 우리가 어린아이였을 때 어떻게 취급받았는지 기억하고 있다. 이 기억들은 우리가 현명하게 육아하는 능력을 지지하거나 또는 약화시킨다(그리고 우리로 하여금 정서적으로 침착성을 잃게 하는 원인이 되게 할 때가 너무나 많다). 부모와 자식의 관계에 관한 연구에서 실제로 자신의 어린 시절이 우리가 성인으로 발달하는 데 어떤 영향을 미쳤는가를 이해하는 능력은 우리의 자녀가 우리에게 얼마나 안전하게 애착을 형성할 수 있는가를 예측할 수 있는 가장 좋은 척도가 된다고 제안한다(Cassidy & Shaver, 2010). 최근 연구들은 또한 우리 자신의 아동기를 이해할 때 일어나는 '성인의 애착안정adult security of attachment'이 우리가 얼마나 자주 마음챙김이 되는가와 관련이 있다는 사실을 밝히고 있다. 어린 시절에 '남겨진 문제들' 또는 '미해결된 정신적 외상이나 상실'은 우리로 하여금 너무 자주 또는 너무 강하게 반응적이 되게 하는 위험을 가져온다. 그것들은 의식적 또는 무의식적인 기억에 의해 촉발되어 우리를 자동적으로 반응하게 만들고, 뭔가를 절대로 하지 않겠다고 말하거나 행동하게 만든다. 이것 역시 마음챙김 훈련이 우리를 우아하게 도와줄 수 있다.

　　"나에게 가장 힘겨운 부분은 내가 할 수 있었던 것만큼 친절하고, 참을성 있게, 또는 다정하게 상황을 다루지 못했다는 것을 느낄 때, 자신에 대해 실망하는 것이었어요. 그리고 더 잘할 수 있다는 것을 알고 있으면서도 그다음 날 그것을 다시 반복하는 겁니다. 나는 절대로 나의 엄마처럼 행동하지 않겠다고 말했고(비판적이고, 참을성 없으며, 화를 잘 내는), 대부분의 경우에 나의 엄마처럼 행동하지 않았어요. 그러나 때때로 그렇게 행동하고, 새벽 3시에 깨어나서는 그렇게 하지 않았으면 좋았을 것을 하고 바라요(……그것은 그다음 날 나를 피곤하게 하고, 심지어 더 반복하게 해요). 좋은 엄마가 되는 것보다 더 중요한 것은 나에게 '없어요.' (…… 나는 오랜 직장생활에서도 이런 식으로 느껴 본 적이 없기에 이와 같은 부적절한 느낌이 내게는 생소해요)."

　　"내 아이가 청소년기가 되어 감에 따라 나는 나의 그 시기의 경험들을 내려놓는 작업을 하는 중입니다. 나는 가끔 나 자신의 청소년기를 다시 경험하고 있는 나는 발견했고, 그것은 좋지가 않아요. 부정적인 것을 제외하고는 드러낼 만한 본보기가 없어요. 그래서 나는 그들에게 나의 사랑은 끊이지 않고, 그들을 향한 나의 신뢰와 존중은 진심이며, 나는 그들이 자기 자신을 찾아가도록 최선을 다할 것이라는 생각을 전하려는 마음으로 반복해서 다시 돌아와요."

　이렇게 '반복하여 다시 돌아오기'는 힘겨운 감정을 진정시키고 달래는 방법을 우리가 알고 있다는 사실을 기억하면서 마음챙김하는 것을 기억하는 것이다. 그것은 친절과 연민심의 경험을 유지하려는 의도를 가지고 우리의 아픔을 향해서 마

음챙김하는 반본능적인 행위다. 그것은 모순이다. 그러나 임상의와 마음챙김 수행
자들은 불편함을 직면하는 가장 효과적인 방법은 판단하기보다 이해하려는 의도
를 가지고 직면하는 것이라는 사실을 알고 있다(Leyro, Zvolensky & Bernstein, 2010).

수용적으로 되는 것을 배우는 것은 치유와 완전한 현존을 위한 여행의 핵심이
다. 마음챙김 훈련에 관한 연구들은 전뇌활동의 기준선에서 '좌측 이동'은 8주간
의 훈련 뒤에 일어난다는 사실을 밝혔다. 이 두뇌 이동은 마음챙김 수행자가 도
전적인 상황으로부터 물러나기보다 그 상황에 다가가는 것이라고 한다. 그것은
또한 정신적 회복의 신경 특징이기도 하다(Davidson & Kabat-Zinn, 2004; D. J. Siegel,
2010b).

불편함에 직면하는 훈련을 통해서 마음챙김과 연민심은 '가슴으로 사는 삶의
방식으로 체화된 경험'이 된다. 내적으로 투쟁하거나 힘겨움으로부터 달아나고
자 하는 마음에 휩쓸리는 대신에, 우리 자신의 감정, 기억과 함께 더 온전하게
현존하는 것을 배운다. 직접적이고 수용적으로 직면함으로써 내적 자각은 변화
를 위한 일종의 관문이 된다.

우리는 아이들에게 안전하고 효과적으로 불편함에 관여하는 본보기를 보여
줄 수 있다. 우리는 아이의 신경시스템이 우리 자신의 수용적 상태와 공명하고,
부분적으로는 거울신경에 의해 조정된다는 사실을 믿는다. 행동을 단순히 모방
하는 것을 넘어서서 거울신경은 이론상 한 사람이 다른 사람의 내적 상태를 자
극할 수 있도록 고안된 구조다. 이는 성인과 아이 둘 모두에게 시사하는 바가 크
다. 어린아이들은 단순히 우리가 행동하는 것만 배우는 것이 아니라, 어떤 상태
로 존재하는가도 배운다(Iacoboni, 2008).

부모가 자기 아이와 계속해서 함께하고자 하는 의지는(심지어 우리가 성공하지 못
했을 때조차도), 소아과 의사이자 정신분석가인 도널드 위니캇(D. W. Winnicott, 1960)
이 묘사했던 '충분히 좋은 양육환경'을 창조한다. 즉, 아이들이 그들 자신의 불
편함을 견디고, 자기 자신이 되며, 성장하도록 허용하는 환경이다. 부모들은 한

국불교 선사인 숭산 스님(1987)의 가르침을 통해서 용기를 낼 수 있을 것이다. "100번 넘어지면 101번 일어나라." 결론적으로, '충분히 좋은' 양육환경이야말로 아이 자신의 마음 안에 피난처로 내재화될 것이다.

지혜로운 자세: 부모들을 위한 평정심

불교심리학에서 전통적으로 마음챙김과 연합되어 있는 요소 가운데 하나가 평정심이다. 평정심의 팔리어의 어원은 'upekkha'로 '주의 깊게 보다.'를 의미한다. 또 다른 번역으로는 '순응적' '안정적' '유연' 그리고 '동요하지 않는'으로 정의되는 '배려하는 마음'이다(Mu Soeng, 2010, p. 82). 어떻게 부모들이 특히 자녀의 아픔과 대면해서 이 '배려하는' 태도를 발전시킬 수 있을 것인가?

일단 부모의 마음챙김이 강해지면, 그들은 반사적인 반응을 멈추고, 내적·외적으로 더욱더 자각할 수 있는 능력을 갖게 된다. 그렇게 되면, 부모는 자신의 정서적 불편함에 반사적으로 반응하지 않고 참아 낼 수 있으며, 연민적 호기심으로 '배려하는' 다음 단계로 나아갈 수 있다.

한 젊은 어머니가 마음챙김 훈련을 시작했다. 그녀는 자기 아이들에게 고함을 지를 때, 자신에게서 아주 나쁜 감정을 느끼곤 했다. 그러나 최근에 수치심과 비난에 잠기는 대신에 그녀는 자신의 느낌에 대해 호기심을 갖게 되었다. 자기 경험을 인식하고, 이름을 붙이는 작업이 자기 자신에게 보다 연민적이 되고, 자신의 감정을 촉발시키는 것을 지켜보게 되었다.

1. **수면부족** 수면부족은 안전하게 운전하고, 부엌에서 안전하게 머물고, 뜨겁고 날카로운 물건을 피하고, 친절하게 답변하고, 짜증 내지 않고, 압도감을 느끼지 않는 등의 능력에 영향을 끼친다. 명상은 나에게 극도로 지친 상태에서도 심

지어 마음을 조절하고 주의를 훈련시키는 어떤 기술을 주었다.

2. **무기력**   아이들이 내가 하라는 대로 하지 않을 때(유모차에 앉기, 신발 신기, 칭얼거리거나 불평하지 않기), 나는 무력감을 느낀다. 구슬리고, 위협하고, 달래고, 다시 지적하고, 회유하고, 재미있게 해 주고, 온화하게 이야기하는 등, 여러 차례 시도한 후, 나는 가끔 불쑥 소리를 지른다. 이것은 효과가 있다. 그러나 우리 모두가 기분이 나쁘다. 그런데 나는 샤론 살스버그Sharon Salzberg에게 이야기하러 갔다가 그녀가 말한 뭔가가 내 귀를 사로잡았다. "분노의 이면에는 무기력이 있다." 이제 나는 내가 완전히 힘을 잃은 상황일 때 가장 화가 난다는 사실을 알았고, 그래서 무력하다고 느낄 때, 나는 '그래, 이제 주의하자. 너는 곧 엄청나게 화를 내려 한다!'라고 생각한다.

또 다른 부모는,

"내게는 세 아이가 있다. 열 살, 일곱 살의 두 활달한 남자아이와 네 살짜리 딸이다. 마음챙김 훈련은 나에게 무척 중요하고, 아이들과 나의 관계를 긍정적인 방식으로 형성하게 해 준다. 나에게 힘겨운 순간들은 모두 아이들이 나의 관심을 끌기 위해서 하는 요청들에서 비롯된다. 내가 당근을 씻을 때는 당근의 아름다운 색깔을 알아차리고, 질감을 느끼면서 호흡하고, 현존하다가, 철퍼덕…. 나는 당장 나를 필요로 하는 세 아이들의 다급한 목소리와 함께 칼곤Calgon21 광고의 한복판에 던져지게 된다. 솔직히 나는 아이들의 요구에 신속하게 응하는 것(심각한 의료적 요구를 포함해서)이 양육에서 가장 힘겨운 부분이라고 생각한다."

부모로서 우리는 '어떻게 감정의 혼란을 헤쳐 나가 사려 깊고, 자애로운 반응

---

21 목욕과 미용 제품 회사로 스트레스에 싸인 주부들을 상대로 '나를 멀리 데려가 달라(take me away)!'는 광고 문구로 1980년대에 인기를 끌었다.—역자에 의해 첨가된 내용임.

을 발견할 수 있을까?' '어떻게 하면 아이와 적당한 거리를 유지할 수 있을까?
가깝지만 지나치게 반응하지 않고, 또 내 반응으로부터 아이를 밀어내어 거리를
두지 않으면서 반응할 수 있을까?'라는 의문이 든다. 이 도전은 새로운 것이 아
니다. 이미 수천 년 전, 붓다는 극단적인 반응에 사로잡히지 않고, 감정의 홍수
를 어떻게 조절할 수 있는지에 대해서 비슷한 질문을 받았다. 하지만 "세존이시
여, 앞으로 밀고 나가지도 않고, 머무르지도 않으면서 어떻게 홍수를 건널 수 있
습니까?" 붓다가 대답했다. "내가 앞으로 밀고 나가면 혼란스럽고 지치게 된다.
내가 머뭇거리고 뒤로 물러서면 가라앉게 된다. 그래서 나는 앞으로 밀거나, 머
뭇거리거나, 머무르지 않고 홍수를 건넜다"(Thanissaro Bhikku, 2011).

붓다는 현존함으로 지혜로운 속도를 발견했다. 과거에 서성거리지도 않고, 미
래를 향해 돌진하지도 않았다. 우리도 인내심을 갖고, 침착하게 마음챙김을 하
면서 한 번에 한 걸음씩 훈련함으로써 그렇게 할 수 있다.

> "여덟 살짜리 아들과 여섯 살짜리 딸을 기르면서 가장 힘겨운 것은 매일의 일
> 속에서 참을성과 자신감을 찾는 것이에요. 제 아들은 특히, 감정표현이 극도로
> 강한 성격이에요. 저는 쉽게 반응적하지 않는 방법으로 아이를 양육하기 위해서
> 항상 충분하게 중심을 유지하려고 노력하는데, 그것은 매우 힘이 들어요. 실패에
> 대한 두려움이 시작되고, 감정이 뒤따라 일어나요. 그래서 저는 아들에게 가끔
> 나 자신의 감정을 조절하듯이 '진정하렴.' 그리고 '자제해 보렴.'이라고 부탁해요."

위축되지 않은 솔직함으로 이 어머니는 자기 아이에게 자기가 피해 가는 방식
으로 아이가 행동하도록 어떻게 부탁하는가를 묘사하고 있다.

아이들의 고통과 뒤섞이지 않고 그들의 고통을 전환하는 방법을 알지 못할
때, 우리는 아이들이 우리들로 하여금 감정이 폭발하게 했다고 너무 쉽게 비난
하게 된다. 거리를 유지하려고 애쓰다 보면, 우리는 지나치게 멀리 뒤로 물러나

서 방관하게 된다. 이는 아이가 혼자 남겨졌다고 느낄 정도로 지나치게 분리하게 되는 것이다. 아니면, 고통을 고쳐 보려고 너무 가까이 가기도 한다.

> "듣는 것, 아이들을 고치고자 하는 강한 욕구, 아이들의 아픔, 그들의 고통을 대신 가져가려는 욕구, 그래서 아이들이 더 이상 그 상태에 있을 필요가 없게 하고자 하는 욕구 없이 그냥 계속해서 듣고만 있는 것은 어렵다."

완전하지 않음에 대한 신뢰

마음챙김의 모든 순간은 자신감 혹은 신뢰의 순간이고, 그것은 불안하거나 주저하는 마음의 상태가 아니다. …… 이것은 즉시 평화롭고, 쾌활하며, 유연하고, 역량이 있으며, 도덕적으로 올바른 마음의 상태다.

-앤드루 올렌스키(Andrew Olendzki, 2010, p. 173)

불교심리학에서 마음챙김은 친절, 평정심, 그리고 신뢰를 포함하는 정신적 요소의 지지를 수반한다. 팔리어로 saddha, 신뢰는 '가슴 둘 곳'을 의미한다. 그것은 또한 '믿음' 또는 '확신'으로도 번역된다. 자기연민은 saddha 없이는 불가능하고, 인간이 필연적으로 실패하거나 부적절함을 느낄 때 오는 죄책감과 수치심에 대한 필수적인 해독제다(6장 참조).

달라이 라마(2009b)는 자기비판, 비난과 수치심의 기저에는 완벽에 대한 기대가 있고, 우리가 완벽하게 되는 것에 실패할 때, 자신에게 화가 난다고 했다.

> 타자의 웰빙에 대한 진실된 관심을 발달시키기 위해서는 첫째, 자신의 웰빙에 대한 관심, 자기 자신의 웰빙이 거기에 있어야 한다. 비록 의식수준의 정신상태는 자신을 향한 비판과 미움이지만 밑바닥에는 일종의 기대나 완벽에 대한 이상

이 있을 것이다. 그리고 나서 자신을 실패로 보게 되면, 당신은 지나치게 비판적

이 되고, 자신에게 분노하고, 미워하게 된다.

어떤 이상적인 수준의 완벽에 도달해야 된다고 느끼는 부모가 가지고 있는 압박감은 자기 자신에 대한 신뢰로부터 멀어지게 한다. '충분히 좋은' 부모에 대한 위니캇Winnicott의 개념은 앞에서 언급했듯이, 양육의 요구를 긍정적인 시각에 두고, 양육에 대한 죄책감을 완화시킨다. 그는 어머니의 '일상적인 헌신'에 관해 말했다(Phillips, 1989, p. 140). 어머니의 일상적인 헌신은 공통된 경험이기 때문에 우리는 그 매일의 특별한 헌신을 일상적이라고 부른다. 차라리 뭔가 다른 일을 하는 것이 낫다고 생각할 때, 당신은 기저귀를 갈고 또 갈아야 하고, 오직 원하는 것이라고는 소파에 웅크리고 앉아 책을 읽고 싶은 것이 전부라고 생각하고 있을 쯤에 이유식을 준비하고 또 준비해야 하는 상황이 된다. 자각과 연민심을 가지고 친절하게 자기 자신과 연결됨으로써 부모들은 있는 그대로의 자기 자신을 수용하는 데 방해가 되는 태도("나는 이기적이야." "나는 이것을 잘하지 못해!")가 자연스럽게 사라지는 것을 발견하게 된다. 융 학파 분석가인 캐티 샌포드(Katie Sanford, 2010)가 설득력 있게 기술했듯이, 우리는 친밀한 함정은 피한다. "우리가 되어야만 한다고 여기는 것으로 우리 자신을 몰고 가면, 우리는 우리가 될 수 있는 사람으로 되는 기회를 놓치게 된다."

부모들은 자기연민과 자기용서의 가치를 신뢰함으로써 완벽주의, 기대, 그리고 자기비판의 굴레를 극복할 수 있다. 이것은 우리 자신이 '마땅히 그래야 하는 것'의 너무나 흔한 습관을 내려놓는 방법이다. 한 부모는 그것에 대하여 다음과 같이 이야기한다.

"저는 그냥 있는 그대로의 그들을 사랑하고 최선을 다하는 것이야말로 그들에게 어울리는 마음챙김의 길에 있도록 하기에 충분할 것이라는 믿음을 선택합니

다(아, 그리고 기도해요, 아주 많이)."

또 다른 부모는 적어도 우리가 우리 자신을 온전하게 수용할 때, 완벽하지 않음의 완벽함에 대해서 이야기한다.

"제게는 열두 살짜리와 아홉 살짜리 아이가 있습니다. 양육하는 데 가장 힘겨운 것 중의 하나는 제 아이들이 그들 자신의 개인적인 자유/성공/깨달음에 대한 동기와 같은 자기 내면의 진정한 지침을 발견하도록 도와주는 것이에요. 저는 그들이 스스로 알아내도록 내버려 두는 것과 건강한 마음챙김 훈련을 통해서 그들을 안내하는 것 사이에서 균형을 잡는 것이 힘이 든다는 사실을 발견합니다. 완벽한 세상에서는 나는 항상 일관되고, 차분하게 마음챙김 상태에 있을 것이며, 그들은 마법같이 평화롭고, 동기부여가 되고, 자신의 길을 갈 테지요. 그러나 현실에서 우리는 인간이고, 역설적이게도 우리의 결함에 완벽함이 있는 것 같아요."

완벽하려는 압박감을 놓아 버리는 것은 현명하고 힘을 얻는 것이다. 그것은 우리 자신과 아이들을 조율할 수 있게 하는 수용적인 마음의 상태를 창조하는 방법이다. 또 우리에게 주어진 축복을 이해하고 감사하면서 더 많은 자유를 느끼게 한다. 삶의 현실에 대항해서 싸우는 것을 멈출 때, 우리는 편안하고 우아한 시간을 즐길 수 있다. 나아가서 우리 자신의 평화로운 가슴의 시원한 그늘 속에서 우리와 함께 쉴 수 있도록 우리의 아이들을 초대할 수 있다.

"저는 자신이 현재 순간에 머무르는 것에 대해서 비판적이라는 사실을 발견했어요. 그리고 나 자신에게 말하는 것과 믿는 것을 마음챙김하고, 제가 진정으로 염원하는 부모-자녀의 관계와 비교하면서 그것이 제 몸과 마음에 창조해 내는 것을 마음챙김하는 것을 발견합니다. 그 외에, 저와 다섯 살짜리 아들, 제 남편으

로 인해서 힘겨운 감정에 휩싸이게 될 때는 그들을 멀리 보내 버리고 싶은 유혹
에 저항하는 경우입니다. …… 어떻게 거기에 머무르고, 그들과 함께 순간순간의
자각으로 현존하며, 존재하는 것에 대해서 판단하지 않고, 일어나는 욕구의 아름
다움을 그냥 허용하고, 그들을 변화시키려고 하거나 더 좋게 하려는 욕구로부터
자유롭고, …… 있는 그대로의 그들 자체가 아닌, 뭔가 다른 것으로 만들려는 계
획을 내려놓고, 그리고 일어나고 있는 것의 아름다움을 신뢰하고, 심지어 그것이
쉽게 파악될 수 있는 것보다 더 깊은 수준에서 일어난다고 할지라도.”

현명한 부모는 또한 아이들이 자신의 길을 찾아갈 거라고 신뢰한다. 건강하게
성장할 것이라는 믿음은 부모에게 용기와 자유를 준다.

　　“여기서의 핵심은 내버려 두기에 있다고 생각해요. 왜냐하면 제 아들의 경우,
그가 동료관계에서 겪는 고난을 극복하는 방법을 배우게 될 거라고 믿기 위해서
애쓰고 있기 때문이죠. 제 아이는 고등학교 2학년 때까지 자기 나이에 비해서 너
무 작아서 자주 놀림거리가 되고 몇 차례 괴롭힘을 당했어요. 저는 그 아이가 스
스로를 감당하고 자신의 길을 찾아낼 능력이 있다는 것을 믿는 법을 배워야 했고,
그는 결국 해냈습니다. 그러나 우리는 몇 년간 아주 고통스런 시간을 보냈지요.”

부모는 아이들과 함께 삶의 혼란스럽고, 고되고, 아름다운 길에 대한 믿음을
배울 때 불편함을 참을 수 있게 된다. 지혜는 부모가 불편함을 자신의 개인적인
것으로 받아들이지 않고, 연민적인 호기심을 가지고 대하는 법을 배울 때 생겨
난다. 마음챙김하는 삶의 길을 내딛는 우리는 발을 헛디디고, 넘어지고, 뒤죽박
죽되는 경험을 통해서 언제 잡고, 언제 놓아 주어야 하는가를 배운다. 문제들은
대개 해결되지만 결코 완벽하거나 충분히 잘 되지는 않는다고 믿는다. 그러나
햇빛, 흙, 그리고 물이 주어지면 식물은 자라는 방법을 발견하게 된다.

아이의 두뇌 통합시키기

심리치료 전문가들이 불교의 명상수행 전통이 가지고 있는 고대의 지혜를 수용하고, 그것을 신경과학과 통합함으로써(8장과 14장 참조) 육아에 대한 우리의 이해 또한 풍부해졌다. 부모-자녀 관계는 '대인관계 신경생물학' 또는 '사회적 신경과학'의 도구를 사용하여 연구되고 있다. 이러한 접근법 안에서 정서적 웰빙은 통합과정의 결과물로 여겨진다(Siegel, 2007). 시스템의 다른 요소들을 연결함으로써 통합은 우리가 세상에서 유연하고 적응적으로 기능하도록 해 준다.

육아에 대한 과학적 연구를 통해서 아이를 보살피는 사람이 그 아이의 고유한 자아를 존중하고, 친절하고, 연민적으로 소통할 때, 안전한 애착이 형성된다는 사실을 보게 된다(Bretherton & Beeghly, 1982; Fonagy & Target, 1997; Grienenberger, Slade, & Kelly, 2005; Meins et al., 2002). 그러한 아동기의 통합적 관계는 사회발달, 정서발달, 그리고 인지발달에 긍정적 결과를 낳는 것과 관련이 있다(Siegel, 1999; Siegel & Hartzell, 2003). 안전한 애착은 쾌활한 아이를 만든다.

두뇌영역으로 관심을 돌려 보면, 안전한 애착에 관여하는 것으로 보이는 통합섬유질이 마음챙김명상에 관여한다는 사실을 발견하게 된다. 이들은 서로 다른 신경영역을 연결하는 섬유질이다. 가장 통합적인 두뇌영역 가운데 하나는 앞머리 중앙의 바로 뒤에 달려 있다. 마음챙김과 양육에 관련이 있는 아홉 가지의 기능이 중앙의 전전두엽 영역에서 발생한다. 아홉 가지 기능은 신체조정, 다른 사람들과의 조율, 감정조절, 공포 진정시키기, 유연해지기, 과거, 현재, 미래를 통찰적으로 연결하기, 다른 사람의 정신적 경험에 공감하는 경험, 도덕적으로 행동하고/느끼기(심지어 혼자 있을 때도 더 큰 사회적 선으로 행동/생각하는 것) 그리고 몸의 지혜에 접근하는 통찰력 또는 개방적인 상태다.

흥미롭게도 중앙의 전전두엽 영역의 통합적인 아홉 가지 기능은 모두 마음챙김 훈련의 결과와 동일하다. 마음챙김 훈련을 의학 분야에 소개하는 데 개척자 역할을 한 존 카밧진John Kabat-Zinn은 이 기능들이 '마음챙김 상태'가 되는 방법이라고 언급했다(Ackerman, Kabat-Zinn, & Siegel, 2005). 처음 여덟 가지 기능은 안전한 부모-자녀 관계에서 이루어지는 결과라는 사실이 입증되었다(Cassidy & Shaver, 2010; Siegel, 2007). (아홉 번째 기능인 직관은 아직 연구가 이루어지지 않았다.) 많은 정신건강 전문가들은 이 리스트를 웰빙의 구성요소로 본다. 최근 지혜 전통의 수행자들은 이 리스트가 또한 그들의 선배들이 가르쳤던 지혜롭고 친절한 인생을 사는 방법의 핵심내용을 기술하고 있다고 한다(D. J. Siegel, 개인적 대화에서, 2011).

아이들은 자기 가족 내에서만 발달경험을 하는 것이 아니다. 그들의 두뇌는 학교에서 친구와 함께할 때, TV를 보는 동안, 그 외의 모든 장소에서 성장하고 있다. 우리는 마음챙김적 반영reflection, 정서회복력emotional resilience, 그리고 치유적 관계healing relationship —일련의 새로운 R들의 묶음—가 부모와 교사, 그리고 아이들과 상호 소통하는 모든 사람을 위한 기반이 될 수 있는 미래를 학수고대한다. 우리가 깊이 관계를 맺고 있는 생리심리사회적 자아를 이해하고 포용하는 법을 배울 때, 아마도 다음 세대는 그들 자신과 서로에 대한 사랑의 책임을 더 잘 준비할 것이다. 연민심과 지혜로 성장하는 것을 더 잘 준비할 것이다.

아이들을 잘 양육하는 데 필요한 지혜와 연민심을 배양하기 위해서는 지속적으로 수행에 전념할 필요가 있다. 거의 모든 부모가 이 과업에 성공하기를 원하지만, 많은 경우에 좋은 지도나 지침이 부족하다. 마음챙김 훈련과 거기서 이끌어 낸 통찰력이 도움이 될 수 있다. 육아의 즐거움과 도전은 날마다 현존하고, 내려놓고, 개인적으로 받아들이지 않고, 아이들을 명료하게 보고, 우리의 가슴을 열 수 있는 기회를 제공한다. 우리 자신의 만족과 성공, 그리고 우리가 사랑하는 아이들의 정서적 웰빙을 위해 풍부한 보상을 가져다줄 수 있는 훈련이다.

22장. 심리치료에서 종교전통의 지혜에 의지하기

케니스 파거먼트Kenneth I. Pargament
캐럴 앤 페이진Carol Ann Faigin

신이시여, 내가 일어나도록 도우소서. 넘어지는 것은 혼자 할 수 있나이다.
-유대교 속담

서 막

"당신은 내가 함께했던 치료사 중에서 최고예요."

나는 내담자의 이러한 말을 칭찬으로 받아들이지 않는다. 오히려 내가 곤경에 빠져 있다는 사실로 받아들인다.[22] 나는 수개월 동안 메리Mary와 함께 작업해 왔다. 기독교 여성인 나의 동료 치료사는 메리를 치료하는 데 있어 자기가 할 수 있는 만큼 다했으니 메리가 남성과 함께 작업해 보는 것이 필요하다고 생각하고는 내게 소개했다. 메리는 영성과 심리치료의 통합에 관심이 있는 유대인 남자

---

[22] 메리는 Kenneth I. Paragament에게 심리치료를 받았다.

치료사를 보러 온다는 것을 알고 있었다.

첫인상은 틀릴 수 있지만, 어쨌든 메리는 19세기의 여교사처럼 보였고, 그 인상이 내 마음속에 남았다. 화장기가 전혀 없는 몹시 야윈 얼굴에 금발머리를 심하게 뒤로 넘겨서 35세의 자기 나이보다 더 들어 보였다. 그리고 딱 부러지는 문장과 날카로운 톤으로 말해서 마치 어느 순간이라도 나를 쏘아붙일 것 같아서 편하지 않은 사람이라는 느낌을 받았다.

메리는 자신을 헌신적인 가톨릭 신자로 소개했지만, 자기 문제가 종교와는 아무런 관련이 없다고 했다. 지난 15년 동안 메리는 자기에게 맞는 남편감을 찾아 정착해서 가정을 이루려고 노력했다. 그러나 메리는 계속 절망했다. 35세의 나이, 날카로운 분노와 절망의 순간들, 그리고 공황발작으로 점철된 메리는 절망적인 상태였다. 그녀의 '생물학적 시계는 똑딱'거리고 있었고, 무엇이 문제인지 실마리조차 찾지 못했다. 첫 번째 회기 중에 한번은 '모든 남자는 쓰레기다'라고 선언했고, 또 다른 때는 자기 자신을 '치명적인 결함이 있는' 사람으로 묘사했다.

나는 메리와 함께 그녀의 로맨틱 역사를 탐험하면서 몇 회기를 보냈다. 메리는 다양한 남자와 데이트를 해 왔지만, 그들과의 관계패턴은 일관되었다. 한 번 또는 두 번의 데이트만에 메리는 새로운 파트너에게 홀딱 빠져 버렸다. 그는 '완벽한 남자'였고, 천국에서 자기에게 보내진 사람이었다. 메리는 그들과 함께할 미래—약혼, 결혼, 그리고 아이들—에 대해서 공상하기 시작했다. 그러나 그 모든 것은 자기 혼자서 하는 생각일 뿐, 상대방은 그렇게 생각하는지조차 알지 못했다. 몇 개월이 지나지 않아서 메리의 남자 친구는 데이트에 늦게 나타나고, 센스 없는 발언, 다른 여자에게 눈길 주기 등 어리석은 짓을 했다. 그럴 때마다 메리는 폭풍이 몰아치듯이 반응했고, '모든 남자는 쓰레기다.'라는 자신의 만트라를 반복하면서 짧은 관계는 끝이 났다. 독신에 대한 두려움과 자신의 생물학적 시계의 똑딱거림이 메리를 다시 데이트의 세계로 돌아오게 하기 전까지 메리는 자기의 '상처를 핥으면서' 여러 달 동안 우울한 은둔 상태로 보낸다고 말했다.

15년간 이 패턴이 계속되어 왔던 것이다.

그런데 지금 메리는 내가 자기와 함께 작업했던 치료사 가운데 최고의 치료사라고 나에게 말하고 있는 것이다. 메리의 인생에서 내가 숭배적인 헌신의 제단에 놓인 가장 최근의 남자라는 것을 인식하는 데 특별한 치료적 통찰을 요하는 것은 아니었다. 그러나 나는 제단 위에서의 나의 시간이 그녀가 퇴짜 놓은 구혼자들만큼이나 짧을 것을 알고 있었다. 나는 무엇인가를 해야 했고, 빨리 해야 했다.

나는 메리 자신의 종교적 전통 안에 있는 지혜와 자원에 의지하는 개입을 선택했다.

막 간

내담자로 하여금 그들 자신의 종교적 자원에 접근하도록 돕는 일은 대부분의 심리치료사들에게 친숙하지 않은 영역이다. 예를 들어, 하나의 집단으로서의 심리학자들은 일반 사람들에 비해서 상대적으로 상당히 덜 종교적(Shafranske, 2001)이기 때문에 세계의 종교에 내포된 풍부한 자원을 알지 못한다. 이 문제는 임상심리학 대학원 프로그램에서 학생들에게 종교와 영성에 관한 훈련을 제공하는 비율이 아주 낮다는 사실과도 관련이 있다(Brawer, Handal, Fabricatore, Roberts, & Wajda-Johnston, 2002). 그러나 문제는 친숙하지 않은 정도 이상이다. 프로이트Freud에서 스키너Skinner와 엘리스Ellis에 이르기까지 이 분야는 종교에 대한 반감이 오랜 전통으로 이어져 왔다. 아마도 심리학은 스스로를 일종의 자연과학으로 정립하고, 훈련방식이 유사한 철학이나 신학과는 구분하기 위해서 노력하는 가운데 성장해 왔는지도 모른다. 종교를 일종의 조정자, 보호자, 부정의 형태로 보는 전형적인 관념은 정신건강 전문가들 사이에는 여전히 흔한 일이다. 심지어 그러한 틀에 박힌 관념은 경험적으로 지지되지 않았음에도 불구하고 말이다 (Pargament, 1997). 어쨌든 종교는 많은 사람들에게 유용한 잠재적 자원으로 설명 되는 것이 보다 정확할 것이다.

조직화된 종교는 신도들에게 모범적인 행동, 도덕과 윤리, 미덕, 영적인 대처 방법, 다른 사람들과의 연결, 믿음체계, 의식, 기도와 명상을 통해서 더 높은 힘 과의 소통을 위한 방법을 제공한다. 이런 믿음과 수행은 정서적 위안, 의미와 목 적, 보호, 타자와의 친밀감, 정체성, 치유, 자기조절, 그리고 성스러움과의 연결 을 제공함으로써 수없이 많은 중요한 기능을 제공한다. 이를테면 영적인 정화의 식은 심지어 죄책감, 죄악, 의심, 그리고 자기비난의 가장 깊은 상처로부터도 용 서와 치유를 일으키는 강력한 자원이다. 유대교는 10일간의 참회의 날을 제공하 고, 미국 원주민의 영성은 스웨트로지sweat lodge를 통한 치유의 힘을 제공하고, 가톨릭은 신부를 통한 고해성사를 제공하고, 이슬람은 믿음의 다섯 개 기둥 가 운데 하나인 알라로부터 용서를 위한 개인적 기도를 제공하고, 불교는 연민적인 마음수행을 제공하고, 그리고 기독교는 개인적 기도를 통한 고해를 제공한다. 종교적 믿음과 수행은 또한 종교적인 구조로 수립된 조직 바깥에서 영적으로 개 체화되고 표현될 수 있다는 사실을 추가적으로 이해하는 것은 중요하다.

하나의 커다란 경험적 연구단체는 종교적 자원이 여러 가지 주된 심리적, 육 체적 도전에 직면한 사람들의 건강과 웰빙에 이익이 된다고 지적해 왔다(보다 자 세한 내용은 Ano & Vasconcelles, 2005; Pargament, 1997 참조). 그러한 자원은 명상, 기도, 종교의 긍정적인 측면의 재구성, 종교적이고 영적인 지지, 의식훈련, 용서 등을 포함하고 있다. 재닌 존스Janine Jones가 실행했던 놀라운 연구를 살펴보면(2007), 그 연구는 도심지역 프로젝트로 가난과 범죄율이 높은 도시 안의 공동체에 살 고 있는 71명의 아프리카계 미국 아이들(7~9세)이 종교적으로 극복하는 힘에 대 해서 기술하고 있다. 이들 중 많은 비율의 아이들이 이방인들이나 자기들이 아 는 사람들이 무기로 폭행을 당하거나 살해당하는 장면을 목격한 적이 있다고 한다. 그들도 역시 쫓기거나 협박당하고, 무기로 위협당하거나 두들겨 맞는 등 폭력 범죄의 희생자였다. 존에 의하면, 이 경험들은 복합적인 외상 후 스트레스 장애PTSD를 야기하기에 충분할 만큼 심각했다. 그러나 그러한 위험요소들에도 불구하고 아이들이 영성(영적 믿음, 교회 참가, 기도, 영적 지지와 극복방법 사용)에 의지함으로써 지역사회의 심각한 폭력에 노출되었어도 복합적인 외상 후 스트레스 장애가 발달하지 않았다. 반면에, 동일한 지역사회에서 폭력에 노출된 낮은 영성을 가진 아이들은 복합적인 외상 후 스트레스 장애가 더 쉽게 발달되는 경향을 보였다. 이런 주목할 만한 연구는 영적 믿음, 종교수행, 그리고 영적극복의 보호적인 역할을 강조한다.

종교는 사람들이 인생의 중대한 스트레스 요인을 만났을 때, 의지할 수 있는 대응자원의 혼합체에 뭔가를 더 보태어 주는 것이 아니다. 종교적이고 영적인 지지는 단순히 보다 통상적인 지지사례로 보일 수 있다. 초월적인 의미체계는 그냥 세속적인 의미체계의 하나의 단순한 부분집합으로 이해될 수도 있다. 그러나 여러 경험적 연구들은 종교적인 자원들이 건강과 웰빙에 특유한 기여를 한다고 주장한다. 심지어 세속적 대응자원의 효과를 제외하고도 종교적 자원만에 의한 기여가 있다고 한다. 예를 들어, 나이 든 사람의 전체 표본과 작업하면서 크라우제(Krause, 2006)는 재정적 압박감이 자가진단 건강에 미치는 영향에 대한 완충장치로서 교회 구성원으로부터 받는 정서적 지지의 역할과 교회 구성원이 아닌 사람으로부터 받는 정서적 지지와 비교했다. 교회에 기반한 정서적 지지는 완충장치의 효과가 있었지만 세속적인 경우는 그렇지 않았다. 이러한 발견을 해석하면서 크라우제는 교회에 기반을 둔 지지의 차별성을 강조했다. 교회 기반의 지지가 특별히 도움이 되는 이유는 영적 세계관과 신에 대한 헌신, 일련의 성스러운 믿음, 가치, 그리고 극복방법, 공유하는 종교적 원칙, 의식, 기억들, 그리고 종교적 권위로 스며들게 하는 지지를 집단 내에서 공유하도록 하기 때문이다(p. S36).

종교적 자원이 중요하다고 해도, 내담자들이 실제로 종교와 영성의 주제가 치료에 도입되는 것을 원하는지에 대한 의문이 일어날 수 있다. 그들은 아마 미국에서 교회가 정치적 체계와는 분리되어 있는 것처럼, 믿음의 문제도 심리적 문제와 치료로부터 분리되는 것을 선호하는 것으로 보인다. 실험 연구들이 이 질문에 답을 하고 있는데, 그들이 발견한 바에 의하면 대부분의 미국 사람들은 치료에서 영적인 문제를 다루는 접근법을 선호하는 것으로 나타났다. 예를 들어, 심리치료를 받고자 하는 내담자에 대한 한 연구에서 절반이 넘는(55%) 사람이 상담에서 자신의 종교적이고 영적인 문제에 대해서 이야기하고 싶어 한다는 것이다(Rose, Westefeld, & Ansley, 2001). 유사한 연구에서 린드그렌과 코지(Lindgren & Coursey, 1995)는 심각한 정신증을 앓는 내담자 표본의 2/3가 자신의 삶과 회복에 영향을 미치는 종교적이고 영적인 문제에 대해서 치료사와 이야기하는 것에 관심이 있어 한다는 사실을 발견했다.

영성을 치료에 통합시킴으로써 상담자가 심리치료의 효율성을 증진시킬 수 있다는 증거 또한 축적되고 있다(보다 자세한 사항은 Pargament, 2007 참고). 최근 31개의 연구결과들을 메타 분석한 결과, 스미스, 바츠, 그리고 리처드(Smith, Bartz, & Richards, 2007)는 영성과 통합된 치료가 내담자들의 불안, 우울, 스트레스, 그리고 섭식 장애를 극복하는 데 유익하다는 사실을 발견했다.

그 일례가 에반츠, 바이텔, 마골린(Avants, Beitel, & Margolin, 2005)에 의하여 개발되었는데, 약물사용과 에이즈 바이러스 위험감수 행동을 치료하는 데 영성이 중요한 역할을 제공함을 강조하는 일종의 새로운 인지행동치료다. 영적 자기스키마self-schema, 3-S라 불리는 이 8주 치료는 영적으로 유연하기 때문에 어느 종교를 가지고 있든지, 또는 종교가 없는 사람이든 관계없이 적용할 수 있다. '해롭게 하지 마라.'는 불교의 가르침에 의지해서 만들어진 이 3-S 치료법은 중독은 그 사람의 진정한 본성이 아니라는 것과 각 사람은 타고난 지혜를 가지고 있다는 사실을 가르친다. 자기개념을 '중독자'에서 '영적 자아'로 전환함으로써 개인적인 치유의 자원을 활용하도록 배운다. 영적 자아는 불교 전통을 토대로 영적, 사회적으로 바람직한 열 개의 덕목을 발달시키는 과정을 통해서 촉진된다. 즉, 계율morality, 자애loving-kindness, 평정심equanimity, 강한 투지strong determination, 진실truth, 인욕tolerance, 노력effort, 자제력renunciation, 보시generosity, 그리고 지혜wisdom 다. 이러한 영적 자질들의 통달은 자각훈련, 매일의 명상, 마음챙김 훈련, 그리고 자연발생적 긍정과 기도를 통해서 발달된다(16장의 중독 관련 치료접근법 참조). 3-S 치료법에서 많은 참가자들은 마약사용(코카인 또는 헤로인)이 유의미하게 줄었고, 마약에 대한 갈망이 줄어든 것을 경험하였으며, 금욕과 에이즈를 예방하고자 하는 동기가 증가했다. 이렇게 영적으로 통합된 치료법이 얼마나 도움이 되었느냐는 질문에 한 내담자는 "자유다. 내 진정한 자아는 중독자가 아니라 영성임을 알고 얻게 된 자유다. 그것은 자유 그 자체다."라고 대답했다(Avants et al., 2005, p. 176).

이런 고무적인 발견에도 불구하고, 치료에서 내담자가 영적 자원에 의지하는 것을 도와주는 것은 도전적인 일이다. 아마도 가장 큰 방해물은 표면상 종교적이거나 영적인 사람들을 포함해서 많은 내담자들에게 영성의 자원이 충분히 개발되어 있지 않다는 사실이다. 조지 갤럽 주니어와 닥터 마이클 린드세이(George Gallup, Jr., & D. Michael Lindsay, 1999)는 미국에서 영성의 보급을 가리키는 전국 조사결과에 대해서 유감스러운 듯이 논평했다. "미국에서 영성은 3천 마일로 퍼져 있지만, 그 깊이는 단지 3인치밖에 안 된다."(p. 45)라고 했다. 미국 문화에서의 자립심과 카페테리아식의 영성은 많은 사람을 종교적 공동체의 지혜와 지지로부터 유리된 채로 개인적인 믿음을 고르고 선택하도록 만들었다. 그 결과, 전 범위에 걸친 인생의 도전에 효과적으로 대응하는 데 필요한 넓이와 깊이, 통합이 결여된 종교적 틀, 또는 방향체계를 갖게 되었다(Pargament, 2007). 두 가지 예를 고려해 보면, 하나는 종교적인 의미를 창출하는 역량의 한계와 관련되어 있고, 다른 한 가지는 신이나 더 높은 권능에 대한 이해가 부족하다는 것이다.

전쟁에서 정신적 외상 경험에 노출된 많은 전쟁 퇴역 군인들은 "왜 내가 살아남았나?" "어떻게 신은 인간들을 그렇게 고통스럽게 내버려 두었나?" "어떻게 나는 나 자신의 행동이나 다른 이들의 행동을 내 종교적 책임과 조화시킬 수 있는가?"와 같은 심오한 영적 의문들과 싸운다(Tick, 2005). 이와 같은 극히 어려운 질문들에 대해서 의미 있는 대답을 제공할 수 있는 종교적인 참조 틀이 없다면, 심리적, 사회적, 그리고 신체적 투쟁이 종교적인 중압감에 의해 혼합된다는 사실을 발견할 수 있다. 실제로, 정신건강 전문가들은 군인과 퇴역군인들의 종교적 투쟁(Pargament & Sweeney, 2011)과 '도덕적 상처'(Litz et al., 2009)를 예상하고 표현하도록 도와주는 서비스를 확대하기 시작했다.

또 다른 문제는 사람들이 더 높은 권능이나 그들이 신성하다고 믿고 있는 대상에 대한 좁은 견해로 인해서 발생한다. 필립스(Phillips, 1997)는 복잡한 인생의 딜레마를 효과적으로 다루는 데 도움을 주지 못하는 '작은 하느님'의 여러 가지 실례를 제공한다. 거기에는 어떤 대가도 요구하지 않고 한계가 없는 안식과 위안을 제공하는 천국의 가슴으로서 신의 이미지, 결점이 없는 완벽함을 요구하는 절대 완벽의 신, 현대생활로부터 상대적으로 떨어져 있는 나이 든 원로, 그리고 궁극적 처벌을 끊임없이 위협하는 비판적이고 부정적인 내면의 소리로 작용하는 내면의 경찰관 등이 있다. 이런 종류의 작은 신은 사람들에게 삶의 요구들을 극복하는 데 필요한 강하고 믿을 수 있는 자원을 제공하지 못한다.

많은 내담자의 경우, 영적 자원이 충분히 발달되어 있지 않기 때문에 치료사의 입장에서는 기술이 필요하고, 내담자가 치료에서 종교전통의 지혜에 성공적으로 의지하기 위해서는 '영적 훈련'이 요구된다. 그러나 이러한 작업은 내담자가 사회적 지원 네트워크, 신체적 훈련, 또는 자기확신을 발달시키는 것과 같은 자원들에 접근할 수 있도록 도와주는 것과 별다른 차이가 없다. 종교전통에서의 지혜는 간단하게 더 큰 건강과 웰빙으로 가는 잠재적 가치가 있는 또 하나의 길을 보여 준다.

대단원

상호작용 1

메리가 내게 자기를 상담해 준 치료사 중에 최고라고 말한 지 얼마 지나지 않아서 나는 말하였다. "당신은 사람을 두 가지 범주로 설명하고 있다는 느낌을 받았어요. 성자로 받아들이거나 죄인으로 받아들이거나."

메리는 잠시 동안 생각하더니 말했다.

"아니요! 저는 사람을 천사와 악마라고 생각해요."

나는 충분히 근접하다고 생각했다. 나는 계속해서 말했다.

"글쎄요, 제 관점에서 보자면 당신은 세 번째 범주를 빠트린 것 같아요."

"그게 뭔가요?" 그녀가 물었다.

"인간 존재요."라고 나는 대답했다. "저는 개인적으로 그렇게 많은 천사 또는 악마를 만난 적은 없지만, 내면에 천사 같은 부분과 악마 같은 부분을 조금씩 가지고 있는 수많은 인간이라는 존재와 만나 왔어요."

메리는 그것에 대해 생각하느라 조용히 앉아 있었다. 그것은 그녀에게 새로운 것이었다. 메리는 오랜 세월 동안 사람을 좋고 나쁜, 두 종류로 나누어 왔다. 메리의 아버지는 그런 흑백논리를 가진 사람이었다. 그는 가끔 몇 주 동안 메리와 그에게 무관심했다. 또 다른 때는 화를 내며 비판적이었다. 그런데 반면에, 메리는 자기 아버지가 사랑해 주고, 보호해 준다고 느끼며, 따뜻하고 가까웠던 순간 역시 기억해 냈다. "저는 완벽한 소녀가 되려고 노력했지만, 그에겐 늘 부족했어요." 인지적 수준에서 메리는 낭만적 관계를 통해서 불가능한 꿈(자기가 결코 가져 본 적이 없는 '완벽한 아버지'를 찾는 시도)을 추구하고 있다는 사실을 인식하게 되었다. 그러나 그 통찰이 메리의 깊은 정서적 수준에는 닿지 못하고 있었다.

인간 존재라는 사람의 세 번째 범주 개념을 언급함으로써 나는 메리가 자기 아버지뿐만이 아니라 잠재적인 낭만적 배우자와 사람에 대해서 더 분화된 시각을 갖도록 용기를 북돋아 주려고 시도했다. 그러나 그 과정에서 메리에게 도움이 필요하다는 것을 나는 알고 있었다.

상호작용 2

"메리, 나는 당신이 독실한 종교인이라는 것을 알고 있어요."라고 말했다. "그리고 내 눈에는 당신의 종교적 전통이 사람을 인간 존재로 대할 수 있도록 당신을 도와줄 수 있는 훌륭한 자원을 가지고 있다고 보입니다. 알다시피 사람은 내면에 천사 같은 면과 악마 같은 면을 조금씩 가지고 있어요."

"좋아요, 내가 물어볼게요." 메리는 반농담조로 말했다. "그게 뭔가요?"

"용서." 나는 말했다.

메리는 다시 잠시 멈추더니 이어서 말했다, "저는 그것을 잘했던 적이 전혀 없어요."

용서는 기독교 신학의 초석임에도 불구하고, 메리는 이 종교적 자원에 익숙하지 않았다. 메리는 교리문답 시간에 읽고, 로마 가톨릭 교구에서 들었던 연민, 은총, 그리고 은혜에 대해서 일부만 공감했다. 그러나 이러한 개념들은 메리 자신의 경험과 신에 대한 이해와는 분리되어 있었고, 제거되어 있었다. 사실 신에 대한 메리의 시각은 자기 아버지의 어두운 측면과 다르지 않았다. 신은 자기가 잘못을 하면 맹렬하게 달려들 준비태세를 하고 있는 비판적인 존재였다.

메리는 종교적인 방향체계의 폭과 깊이, 그리고 통합이 결여된 징후를 많이 보여 주고 있었다. 천주교에 대한 메리의 이해는 좁고 피상적이었다. 메리의 초월적 경험은 제한되어 있었다. 메리의 신은 연민, 관심, 용서의 가능성 없이 요구하고, 감독하고, 처벌하는 '작은 신'이었다.

나는 메리에게 용서에 대해서 좀 더 알아볼 의향이 있는지 물었다. 그녀는 동의했다.

용서에 집중하기

그 후 몇 개월 동안, 메리와 나는 많은 시간을 함께 용서에 대해서 이야기했다. 나는 메리가 열성적으로 연구하고 싶어 하는 주제에 관해서 『용서는 인간이 하는 것이다To Forgive Is Human』(McCullough, Sandage, & Worthington, 1997)와 같은 몇 가지 읽을 만한 책을 추천해 주었다. 우리는 화, 분노, 보복에 대한 초점을 수용, 연민, 그리고 내려놓음으로 변화하는 데 관여하는 과정으로서의 용서에 대해서 이야기했다. 메리는 그러한 생각을 힘겨워했다. 메리는 자기 아버지, 하나님, 그리고 다른 남자의 사랑을 얻기 위한 희망으로 자신을 완벽하게 만들기 위해서 인생을 보냈다. 그러한 추구를 포기하는 것은 메리에게 혼란과 방향 상실감을 가져왔다. 자기에게 필요했던 사랑을 발견하기 위해서 완벽하고자 애쓰는 메리에게 나는 인간을, 결함이 있음에도 불구하고 누구나 사랑을 받을 자격은 있다는 종교적 전통에 있는 지혜에 관심을 가지도록 메리를 이끌었다. 우리가 연민, 사랑, 그리고 용서의 개념에 대해서 논의함으로써 그러한 개념들이 메리가 다른 사람을 대하는 방식뿐만 아니라 메리 자신을 대하는 방법에도 잘 적용된다는 사실을 발견했다. 우리는 계속해서 메리가 자기 아버지와 벌을 내리는 신으로부터 경험했던 무자비한 비판에 대해서 이야기했고, 자기가 실수를 했을 때 다른 사람들에게 용서받는 기분을 느꼈던 시간을 생각해 냈다. 메리는 비판보다는 연민심으로 자기의 실수를 대해 주었던 사람들에 대한 기억을 떠올렸을 때 울음을 터트렸다(6장의 실습에서 연민적인 편지 실습과 유사한 과정임).

"그것이 용서입니다." 나는 말했다.

우리가 이런 대화를 나누는 동안, 메리는 신체적으로 변화하기 시작했다. 메리는 얼굴이 당겨질 정도로 머리카락을 뒤로 팽팽하게 묶었던 고무 밴드를 제거

했고, 머리카락이 어깨까지 자연스럽게 내려오도록 내버려 두었다. 또 날카로운 인상을 부드럽게 해 주는 화장을 하기 시작했다. 그리고 더욱 자주 미소 지었고, 편하게 이야기했다.

우리의 대화는 로맨틱한 관계로 이동했다. 메리는 여전히 능력 있는 남자를 만나 결혼해서 가정을 이루고 싶어 했다. 이번에는 더 잘 준비되어 있는 것처럼 보였다. 나는 메리가 남자를 만났을 때 무엇을 기대하는지에 대해서 이야기를 나누었다.

상호작용 3

"좋아요, 당신은 훌륭한 남자를 만나게 될 것이고, 그는 완벽하다고 생각하기 시작할 거예요. 그러나 당신은 그가 앞서 나가고, 바보 멍청이 같은 짓을 한다는 것을 알았어요. 그러면 이제 어떻게 할 거죠?" 나는 물었다.

"글쎄요, 제 첫 번째 반응은 '모든 남자는 쓰레기다.'라는 습관적 패턴을 보이겠지요. 그다음에는 구석에 박혀서 벌레 씹은 기분이 되어 있겠지요. 하지만 지금은 더 나은 방법을 알고 있다고 생각해요." 메리가 말했다.

"무엇을 할 건데요?" 나는 밀어 붙였다.

"나는 그가 천사나 악마가 아니라, 인간 존재라는 것을 기억하도록 노력할 것이고, 인간 존재이자 신의 자녀 가운데 한 사람으로 이해와 연민으로 그를 대하도록 노력하겠지요." 메리가 말했다.

"당신은 우리가 여기에서 했던 것처럼 논의하거나 설명할 수 있을 겁니다."라고 나는 제안했다.

"당신이 몇 개월 전에 나에게 그렇게 말했다면, 나는 당신을 비웃었을 거예요. 그러나 지금은 그것이 내가 실제로 시도해 보고 싶은 일이에요."

"나는 당신이 상당히 잘할 것이라고 예상합니다." 나는 답변했다.

　　나는 언제나 '빠른 혹은 기적적인' 치료를 표방하는 작가나 연설가에게 의심을 가져왔다. 나 스스로 거의 경험해 본 적이 없었다. 엔진이 작동하기 전에 몇 번의 준비가 필요한 것처럼, 시작과 멈춤이 있는 변화는 시간이 걸리는 경향이 있다. 그러나 메리는 예외였다. 그녀와의 상호작용을 한 후 그 주에 메리는 콘서트에서 한 남자를 만났다. 그는 메리의 미소에 매력을 느껴 대화를 시작할 용기를 냈고, 데이트를 신청했다. 그들은 몇 달간 데이트를 했고, 우리가 예상했던 대로 좋음과 싫음을 경험했다. 그러나 이번에는 메리는 관계를 유지했고, 연민과 용서의 교훈을 실습했다. 둘은 그들의 차이를 극복할 수 있었으며, 1년 후에 약혼했다. 그때 메리는 치료를 끝냈다. 이따금씩 나는 따뜻한 미소를 짓고 있는 메리, 그녀의 남편, 그리고 그들의 두 개구쟁이 아이들이 담긴 가족사진으로 만든 연하장을 받는다.

결 론

　　내담자들은 빈손으로 치료받으러 오지 않는다. 그들은 그들 자신의 자원과 함께 더 큰 사회와 문화적인 맥락에 내재된 자원도 가지고 온다. 종교는 많은 사람들에게 그러한 지혜의 보고 중 하나다. 그러나 많은 내담자는 자신의 종교적 자원에 충분히 다가가지 못한다. 치료사들은 내담자들이 더욱 접근가능하고 통합된 종교적 틀을 발달시키도록 도와줌으로써 가치 있는 역할을 할 수 있다.

　　만일 그러한 과정에 저항이 있다면, 그 저항은 내담자보다는 치료사로 인해서 오기 쉽다. 그러나 우리가 알고 있듯이 정신건강 전문가가 치료에 종교적·영적 이슈를 왜 통합해야 하는지에 대한 좋은 이유가 있다. 핵심은 심리치료에서 종교적인 지혜 전통에 의지하는 것은 이치적으로 아주 타당하다.

　　지금은 이 분야에서 발달된 문헌자료들이 있지만, 치료에 종교적인 통합을 하는 것에 관해서는 배울 것이 많이 있다. 종교와 영성의 문제에 관해서 어떻게 우리 자신을 더욱 충분하게 교육시킬 것인지, 어떻게 종교적 자원과 문제에 다가갈 것인지, 어떻게 내담자를 자신의 종교 공동체와 관련지을 것인지, 이 영역에서 내담자의 자율성을 존중하면서 어떻게 종교적인 자원과 문제를 이야기할 것인지, 종교적이거나 세속적인 관점을 내담자에게 부과하는 위험과 그 주제를 다 같이 방치하는 데서 오는 위험을 어떻게 피할 것인지, 그리고 종교 영역에 대한 치료사 자신이 가지고 있는 편견과 그것이 치료과정에 미치는 잠재적 영향력을 어떻게 확인하고 다룰 것인지와 같은 구체적인 질문이 포함된다.

심리치료에 나타나는 지혜와 연민은 생물학적, 심리학적, 사회학적, 그리고 영적인, 인간 본질의 전 범위를 이해하는 데 토대를 두고 있다.

23장. 연민심과 지혜: 윤리를 통한 성장

스테파니 모건Stephanie P. Morgan

> 정말로 중요한 자유는 주의와 자각, 규율, 노력, 그리고 타자에 대한 진심 어린 배려와 관련되어 있다. …… 무수하게 반복하고 반복해서 상당히 작은 매력적이지 않은 방법으로, 매일.
>
> ―데이비드 포스터 월리스(David Foster Wallace, 2008, p. W14)

이 책을 통틀어서 실로 엮듯이 통합되고 있는 연민심과 지혜, 이 둘은 흔히 윤리행동으로 표현된다. 여기 마지막 장에서는 치료사로서 우리가 지혜, 연민적인 행위의 발달과 표현에 미치는 윤리 훈련의 힘에 초점을 맞출 것이다. 연민심을 가르치는 것은 세계의 주요 종교적 전통을 망라해서 상당히 일관되지만(Dalai Lama, 2010b), 불교에서의 윤리훈련은 그 가르침이 신성한 근원으로부터 전해지는 것이 아니라 내적 및 외적 경험에 대한 직접적 탐색으로부터 나온다는 점에서 일반적이지 않다. 그래서 불교의 윤리훈련은 세속적이고, 경험적인 심리치료에 곧바로 적용가능하다. 모든 전통에 존재하는 윤리행동은 가치가 있다. 왜냐하면 그것은 우리 자신과 타자의 내면에 있는 고통을 완화시켜 주기 때문이다. 이 장에서는 임상현장에 생동감과 성장, 그리고 통합을 더해 줄 수 있는 일종의 고성능 렌즈로서 작용하고 있는 불교의 윤리수행을 소개할 것이다.

서양의 심리치료 전통은 역사적으로 윤리를 정신건강 치료에 통합시키는 것을 피해 왔다(중대한 위법행위로 규정함으로써 임상의를 제재하는 것을 넘어서). 그렇게 거리를 두는 데는 많은 요인이 작용했겠지만, 두 가지 우려가 핵심적인 것으로 보인다. 바로 종교의 권한 내에 있는 도덕성을 떠나서 심리학과 정신의학을 과학으로 적법하게 할 필요성, 그리고 가치를 강조하는 심리치료 접근은 개인적인 자유를 제한할 수 있다는 우려다. 그러나 지난 10년 동안, 긍정 심리학 분야에서 이루어진 연구는 행복과 웰빙에 윤리적 고려가 관련이 있다고 지적한다(Dahlsgaard, Peterson, & Seligman, 2005; Peterson & Seligman, 2004). 보다 최근에는 윤리훈련을 치료에서 마음챙김을 발달시키는 데 결정적인 것으로 소개해 오고 있다(Monteiro, Nuttall, & Musten, 2010). 이 장에서는 그러한 경향에 의지해서 심리치료사에게 윤리훈련의 중요성과 관련성을 보여 줄 것이다.

숙련된 행동을 위한 지침

불교수행에서 도덕적 행위는 다섯 개의 기본 계율을 관찰하는 것으로 배양된다(Hanh, 1998). 계율은 금지라기보다는 숙련된 삶을 위해 필요한 지침이다. 전통적으로 5계는 살생, 절도, 간음, 거짓말, 그리고 해로운 것의 사용을 규제하는 구조로 짜여 있다. 지난 수십 년 동안, 선사로서 그리고 스승으로서 역할을 해 온 틱낫한(Thich Nhat Hanh, 2007) 스님은 이 다섯 개의 기본 계율을 현대인의 삶의 현실과 도전에 맞게 재공식화했다. 이 재공식화에서 숙련된 행동에 대한 지침에는 제한된 행동뿐만 아니라 지켜야 할 행동도 포함시켰다.

1. 살생을 규제한다. − 연민적 행동, 생명에 대한 존중
2. 도둑질을 규제한다. − 공정함, 보시에 대한 관심

3. 간음을 규제한다. – 성적 에너지에 대한 숙련됨

4. 거짓말을 자제한다. – 진실되고 숙련된 말

5. 해로운 것의 사용을 규제한다. – 소비에 대한 자각

불교심리학의 관점에서, 지혜와 연민의 배양—깨어 있는 마음과 가슴의 발달—은 세 가지 범주—집중samadhi, 통찰prajna, 그리고 도덕적 행동sila—에서의 훈련을 필요로 한다. 전통적으로 세 가지 요소 훈련이자 '삼학threefold training'이라고 부르는 이 차원들은 상호의존되어 있어서 각각은 나머지 다른 두 요소의 효능성을 강화시켜 준다. 계율을 지켜 나가면 집중에 도움이 되는 고요함과 안정의 효과가 있다. 더 큰 집중은 더 깊은 통찰력으로 인도하고, 거꾸로 통찰력이 깊어지면 계율에 대한 이해와 삶에서 구체적으로 실현하는 능력이 뛰어나게 된다. 틱낫한 스님은 이 세 차원의 훈련을 '상호 간의 상태/존재inter-are'라고 부르면서 서로를 강화시키는 상호작용을 언급했다(Hanh, 2007, p. 2). sila 또는 도덕훈련은 우리의 이해력을 추진·발달시키며, 다른 한편으로 그것은 우리의 이해에 대한 표현이기도 하다(Fischer, Drolma, & Olendzki, 2010). 소위 말해서 우리가 계율을 작동시키고, 계율은 우리를 작동시킨다. 그에 더해서 각각의 계율은 참가하고, 수행하고, 배우는 기회를 제공하면서 하나의 연속체를 나타내는 것으로 이해된다. 이는 지혜와 방편적 수단을 정제시키고 증진시킨다. 계율을 실천하는 것은 반영, 자기행동의 의도, 원인과 결과에 대한 자각과 관련이 있다.

이 수행법은 가벼운 접촉을 돌보는 것에 관여한다. 실제로 계율을 지키는 것은 불가능하다는 사실을 이해하면서 우리는 진정한 겸손과 독선이 없는 상태를 배양한다. 우리는 실패할 것을 알지만, 우리의 이해가 깊어짐에 따라서 우리가 보다 능숙하게 행동하게 될 것이라는 사실을 알고 5계를 수행한다. 계율수행은 우리가 '수행의 가장자리'라 부르는 곳으로 점차 우리 자신을 개방시킨다. 이러한 가장자리에서 우리는 분별력을 기른다. 우리는 우리 행동의 원인, 조건, 그리

고 결과에 대해서 더 많이 이해하게 된다. 명상수행에서 단순히 호흡과 함께하려고 노력하다 보면 한결 진전이 있어지듯이, 몇 번이고 다시 시작하려는 우리의 의지를 표현한다.

우리를 도와주는 간단한 연습으로 시작해 볼 수 있다.

계율수행 시작하기

• 잠시 호흡을 하고, 당신이 현재 순간의 경험을 살펴봅니다.

• 이제 스스로에게 질문합니다. '심리치료를 하는 나의 의도는 무엇인가?' 깊이 탐색해 보도록 자신에게 잠시 시간을 준 후, 반영과 함께 휴식합니다.

• 당신의 의도에 대한 자각이 떠오르면, 그것을 받아들입니다.

계율수행은 우리 자신과 우리의 내담자, 모든 존재들의 고통을 완화하고자 하는 절실한 의도를 가지고 지지하는 마음을 증가시키면서 하루하루를 살아가는 방식으로 이해할 수 있다. 다음에서 우리는 5계가 각각 우리의 임상작업을 새롭고 분명하게 하는 지혜와 연민을 어떻게 배양하도록 도와주는지 그 작용방식에 초점을 맞출 것이다.

첫 번째 계율: 생명에 대한 존중

히포크라테스 선서Hippocratic oath를 보면 '첫째, 해를 끼치지 마라.'라고 쓰여 있다. 이것은 분명히 심리치료사로서의 우리 의도와 동일하다. 좀 더 자세히 들여다보면, 우리는 이 계율을 지키는 것이 불가능한 것임을 알게 된다. 우리가 땅에 발을 내딛는 순간 우리는 생명을 죽인다는 사실을 깨닫게 된다. 또 우리가 숨을 들이마실 때마다 공기 속에 있는 미생물을 죽인다. 나의 동료 에드 예츠Ed Yeats는 현명하게 경고한다. "우리가 해를 끼칠 수 있는 우리의 역량을 인식하지 못할 때, 우리는 가장 위험한 존재다."(개인적 대화에서, 1995). 이 계율을 임상적으로 적용해 보면, 우리의 행동은 우리의 의도와는 관계없이 해가 될 수 있다는 사실을 알게 된다.

분노 작업하기

회기 중에 화가 일어날 때, 우리는 우리 자신의 화를 어떻게 다루어야 하는가? 그 화가 현재임을 알아차리는 것이 첫 번째 단계다. 이러한 경험의 측면을 거부한다면, 우리는 공감의 감소, 능숙하지 않은 반응, 또는 내담자와 거리 두기 등과 같은 방식으로 화에 휘둘리기 쉽다. 상담예약을 취소하는 패턴이 있는 내담자와 작업을 하면서 다시 스케줄을 잡으려는 내담자의 전화에 대해서는 그에게 다시 전화하는 시간이 다른 일반적인 경우보다 느리게 반응하는 내 자신을 발견한다. 나 자신의 패턴을 자각하게 되면 서로 간의 탐색을 위해서 그 문제를 치료에 가지고 오는 것이 가능하게 된다.

때때로 우리의 화는 내담자와 공유해야 하는 중요한 정보가 될 수 있다. 왜냐하면 그것이 관련된 상호관계 문제에 실마리를 줄 수 있기 때문이다. 그러나 그것을 전달할 때 최대한의 배려가 필요하다. 내담자 알리Ali는 나에게 큰 금액의 돈을 빚지고 있었다. 알리는 자기의 재정사정이 나아지면 빚을 청산하겠다고 했다. 알리가 할부금을 상환하기 시작했을 때 마치 나에게 선물이라도 주는 것처럼 지나치게 말했다. 처음에 나는 그의 태도에 기분이 나빴지만 표현하지는 않았다. 그러나 그러한 태도가 계속되었을 때, 나는 그 문제를 꺼냈다. 나는 빌려주었던 돈을 받는 과정이 기분이 나빠서 돈 받는 것을 연기하고 싶은 느낌이 들었던 사실을 말했다. 처음에는 비록 어색하고 순조롭지 않았지만, 이 상호 간의 대화는 알리의 권리의식과 많은 관계에서 어려움을 유발하는 방식에 대한 건설적인 탐색으로 안내했다.

미묘한 형태의 학대

우리가 몇 명의 내담자와 작업하고 있는가 하는 상담 건수에서 한 발짝 물러나서 우리가 내담자들에게 제공하고 있는 치료의 질을 점검하는 것은 유용한 일이다. 우리는 모두 시간엄수, 전화에 반응하기, 회기를 끝내는 방식 등에 관해서 우리 나름의 기준을 가지고 있다. 자기의 기준은 정해져 있는데, 어떤 내담자에게는 조금 더 낮은 잣대로 대하고 있지는 않는지? 우리가 누군가와의 약속을 좀 더 쉽게 바꿀 수 있거나, 몇 분 늦더라도 편안해한다는 사실을 알아차렸을 때, 그렇게 좀 덜 배려하는 행동을 알아차리는 데 집중하게 되면 보다 성의 있는 관심을 기울일 수 있다. 우리의 성실하지 못한 태도로 인해서 내담자의 선의를 이용하거나 또는 그들에게 친숙함을 빙자한 교묘한 형태의 무시를 재현할 수가 있다. 이 첫 번째 계율을 지니고 작업을 할 때, 얻게 되는 훌륭한 측면은 그것이 우리를 이 미묘한 수준까지 검증하도록 하고, 우리의 의도와 행동 사이의 일관성을 증가시킨다는 점이다.

치료가 끝난 후

치료가 끝난 후에도 우리는 여러 가지 방식으로 우리의 내담자들에게 계속 존재한다. 긍정적인 연결의 치유능력은 형식적 치료사건보다 훨씬 오래간다. 이전의 내담자가 다시 연락한다면, 이유가 어떻든지 우리 쪽에서 반응을 하지 않는 것은 그들에게 관계와 배려의 진정성에 대한 의문을 남길 수 있다. 이것은 해롭다. 그것은 밝혀지든 밝혀지지 않든 관계없이 단순히 이전의 내담자가 실망한다는 문제가 아니다. 우리가 반응하지 않는 것이 치료에 다시 그림자를 드리울 수 있고, 그들로 하여금 치료가 진짜인가에 대한 의문을 갖게 한다.

일 년간의 휴식 동안에 나는 몇 년 전에 치료를 끝내고 그 후 다른 주로 이사한 이전의 내담자로부터 길고 사랑스러운 편지를 받았다. 편지에는 그녀가 쓴 소설이 동봉되어 있었다. 나는 답을 하지 않은 것에 대해서 상당한 죄책감을 느끼면서 1년이라는 시간을 보냈다. 내가 답장을 미룬 것은 무시해서가 아니었다. 그보다는 그 책을 다 읽을 때까지는 연락할 수 없다고 느꼈다. 마침내 나의 그런 생각으로 인해서 내가 나 자신과 내담자에게 해를 입혔다는 사실을 깨닫게 되었다. 나는 그녀가 책을 보내 준 것에 감사하고 잘되기를 바라면서 나의 지연된 답변을 편지로 써서 보냈다. 모순되게도 우리는 때로 우리 자신에 대해 불공평하고 비현실적으로 기대하기 때문에 능숙하지 못할 때가 있다. 우리의 삶은 종종 요구로 인해 복잡해진다. 우리가 제공할 수 있고 할 수 있는 것에 대해서 겸손함이 중요하다. 해롭게 하지 않는 수행은 우리 자신에게도 잘 적용된다.

두 번째 계율: 돈과 형평성

무엇 때문에 우리는 돈을 받는가

치료산업에서 내담자와 우리 자신 모두에게 공정하려는 시도로서, 우리는 "그들이 무엇을 위해 우리에게 돈을 지불하는가?"라고 질문할 수 있다. 아마도 내담자가 우리에게 돈을 지불하는 이유 중 하나는 능숙한 주의라는 사실에 우리 모두가 동의할 수 있을 것이다. 우리는 우리의 주의를 제공하고자 하지만, 조앤 핼리팩스(Joan Halifax, 1993)가 말했듯이 우리는 '제멋대로인 마음과 잘 잊어버리는 가슴'(p. 144)을 가지고 있다. 비록 대충 말했지만 우리가 이 계율을 지키고자 할 때 우리의 부주의를 통해서 우리 내담자의 것을 훔치면 안 된다. 시간은 소중하다. 당신이 한 회기에 50분을 한다면, 당신의 시간 비율을 생각하고 50으로 나누어 보라. 만약 상담비가 100달러라면, 내담자는 분당 2달러를 지불하는 셈이다. 우리가 만일 슈퍼에 가서 장을 볼 목록을 생각하느라 주의가 다른 곳에 가 있다면 우리의 내담자는 자기가 지불한 만큼 충분한 가치를 얻지 못한 것이다. 치료 중에 우리의 부주의가 다른 요소들을 가리키고 있다면 그것은 또 다른 차원의 자각을 추가하게 된다. 다시 말하지만, 계율작업이 우리 자신을 비난하는 것이 아니다. 그것은 우리의 동기, 행동, 그리고 원인과 결과를 주의 깊게 살피는 것이다.

우리가 내담자의 시간을 부당하게 이용하는 또 다른 경우가 있다. 나는 한때 내 집에 딸린 사무실에서 조경사인 짐Jim과 상담을 한 일이 있다. 짐은 집 안으로 걸어 들어오면서 정원에 대해 자주 이야기를 했다. 나는 우리 집 정원에 있는 솔 송나무를 죽이는 해충에 대해서 물어보지 않았는데, 그것은 내가 지나치게 상담자 윤리를 훈련했던 한 예로 기억하고 있다. 이 경우에는 때때로 미묘한 차이를 보이는 이슈다. 개인의 정체성을 확인하는 대화와 우리 자신의 목적을 위해서 누군가의 전문지식과 시간을 이용하는 것은 다르다.

비슷한 문제가 만족과 관련해서 일어난다. 내담자가 즐겁거나 재미있어 할 때, 우리는 뒤로 물러나 앉아 그 순간을 즐긴다. 누군가가 사랑에 빠졌을 때, 우리는 모든 흥분적인 세부사항을 즐겁게 듣는다. 이것은 우리의 분별력에 대한 민감하고 미묘한 이슈다. 우리의 즐거움이 반드시 문제가 되는 것은 아니다. 사람들은 너무나 즐겁고 싶어 한다. 그러한 역동은 둘 다 적절한 약이 될 수도 있다. 그러나 우리는 우리 내부에서 무엇이 일어나고 있고, 그 순간에 우리의 동기가 무엇인지 추적하기를 원한다. 우리는 우리가 묻고 있는 질문과 왜 그러한 질문을 하는지에 대해 마음챙김을 할 수 있다. 만일 우리가 쓸모없는 호기심이나 우리의 특별한 이익을 만족시키기 위해서 질문한다면 통제하는 것이 훨씬 공정하다. 동료 한 사람이 한번은 유명한 분석가인 그의 치료사에게 질문했던 것을 나에게 말해 주었다. "이 질문은 나를 위한 것입니까, 당신을 위한 것입니까?"

보 수

공정성과 관련된 두 번째 계율은 우리의 보수를 가져갈 수 있게 하는 시각을 제공한다. 우리가 하는 일에서 돈을 받는 것은 필수적이고 타당하다. 지불과 시간을 둘러싼 경계는 폴 러셀(Paul Russell, 1996, p. 202)이 말한 '요구로부터 자유'로운 방식으로 내담자와 앉아 있게 한다. 이것의 가치는 과대평가될 수 없다. 우리가 내담자에게서 어떤 것도 요구하지 않고, 우리의 내담자가 우리를 위해서 어떤 것도 할 필요가 없는 관계를 위해서 내담자는 돈을 지불한다. 그러나 보수와 지불의 복잡한 경계에서 이 두 번째 계율을 훈련하는 것은 다음과 같은 것에 관여하는 것이다.

- 우리의 작업을 하나의 생태적인 시스템으로 보기. 높은 보수는 우리로 하여금 낮은 보수를 위해서 어떤 서비스를 제공할 수 있도록 한다. 사회복지 훈련에서 무료업무의 전통은 전문가의 특징이다. 이 계율을 훈련하는 것은 우리의 시간과 노력으로 하는 보시훈련과 관련되어 있다.
- 우리가 있는 길이 어느 쪽인지 알고, 돈에 관해서 우리가 학습한 것과 취약점을 알기. 우리가 돈에 너무 많이 신경을 쓰는가? 우리는 이 문제에 대해서 충분하게 의식하지 못하고 있는가? 우리가 우리 자신의 경향성을 자각하지 못한다면, 그것이 치료에 작용하게 될 것이다.
- 언제 보수와 관련해서 특별한 타협을 하는지 알아차리기. 현실은 변할 수 있다는 사실을 아주 분명하게 할 필요가 있다. 재검토를 위한 미래 시간을 잡아 두는 것이 능숙한 행동이다.

- 우리는 언제 돈을 모으려고 지나치게 노력하고, 하나라도 쓸 때 주저하는
  지 알아차리기. 각각의 태도는 내담자 또는 치료와 관련해서 검증되지 않은
  느낌을 암시할 수 있다. 내가 누군가에게 지폐 한 장을 주는 것을 주저하
  는 때가 내가 치료에서 막혀 있는 첫 번째 징조라는 것을 알게 되었다. 이
  는 슈퍼비전을 받을 때나 내담자와 함께 있을 때 그 문제를 보다 직접적으
  로 볼 필요가 있다는 신호다.

세 번째 계율: 성생활의 능숙함

이 계율은 내담자와 성적 관계로 얽히는 것은 어떤 것이든 금지해야 한다는
것을 의미한다. 이 영역에 대한 조사와 훈련을 좀 더 개선하고자 하는 것은 성적
에너지의 힘에 대한 인식과 그 영역에서 연민심과 지혜를 발달시키려는 책임에
대한 인식과 관련이 있다. 치료사로서 내담자를 사랑하되 안전하게 사랑하는 것
은 대단한 선물이다. '안전하게 사랑하는 것'은 우리 내담자들이 사랑과 욕망을
포함한 전 범위의 느낌을 가질 수 있도록 하는 것을 의미한다. 알아차림은 우리
가 전 범위에 걸친 표현에 일관되게 머물고, 수용적이도록 도와주며, 한편으로
는 우리의 자리를 벗어나지 않도록 돕는다.

그러한 계율과 함께 작업하면서 우리는 우리 자신의 만족을 위해서 우리 내담
자를 이용하지 않으려고 노력한다. 만일 우리가 특정 내담자와 상담할 것을 예
상하면서 우리 자신의 외모나 다른 어떤 방식으로 뭔가 평소와 다르게 행동한다
면, 그것은 우리의 내적 과정에 대한 추가적인 주의가 필요하다는 것을 의미한
다. 우리의 행동이 어떤 갈망, 결핍 또는 우리 자신의 인생에 대한 관심을 요구
하는 차원의 느낌을 가리키고 있는가?

시시덕거리는 에너지

계율과 함께 작업하는 일은 또한 추파를 던지는 에너지가 우리와 어떻게 관련이 있는지에 대한 의문을 제기한다. 추파를 던지는 에너지는 치료시간의 안과 밖에서 상당히 많은 다양한 것을 시사한다. 그것은 인생의 기쁨이고 활력인가? 둔감하고 습관적인 관계방식인가? 관심을 받는 고통의 회피인가? 그것은 공격성이 숨겨진 형태인가? 우리 가운데 많은 이들은 성적 에너지에 대한 반응의 편안함과 불편함이 우리의 자각과 탐색을 억제할 수 있다. 우리는 반사적으로 문을 닫아 버리거나 낮은 자각으로 참여함으로써 단절될 수도 있다. 지혜롭게 항해하려면 주의와 훈련이 필요하다.

농담은 삶을 긍정적이게 할 수 있다. 어떤 이와 시간을 초과하여 상담하고 난 후 어느 날부터인지 나는 그를 보다 매력적인 사람으로 신선하게 보고 있는 것을 알았을 때가 그 경우임을 알아차렸다. 그렇게 새로운 에너지를 알아차리는 것은 종종 사람이 보다 덜 우울해지고, 덜 안달하면서 기분이 좋아지는 전조로 작용하기도 한다.

시시덕거리는 에너지가 저변에 있는 취약점에 대한 방어처럼 느껴진다면, 우아하게 인정하는 것이 숙련된 행동일 수 있다. 예를 들어, "당신이 나에게 시시덕거리는 것을 나는 칭찬으로 느껴지는데, 아마도 당신의 마음은 다른 종류의 관심을 필요로 하는지도 모릅니다." 시시덕거림이 무딘 느낌이거나 무디어지는 느낌일 때 그 이면에는 적대감이 있을 것이다. 이런 형태의 시시덕거림에 효과적으로 반응하려고 할 때 우리는 흔히 묶인 느낌이 들고 기분도 불편해진다. 그러한 때 실존적인 관점의 도입은 도움이 될 수 있다. 나는 때때로 나이를 먹거나 죽음을 가져오는 방법을 사용한다. 60대의 힘이 넘치는 대표이사와 작업하면서 나는 그의 익살스러운 모습 앞에서 무력감과 헛된 느낌으로 투쟁을 했었다. 어느 날 나는 단순하게 "당신도 알다시피 우리는 둘 다 늙어 가고 있어요."라고 말했다. 이 실존적 진실은 굉장한 타협 효과를 가져왔고, 우리의 연결을 뭔가 진실에 기반하도록 만들었다.

네 번째 계율: 숙련된 말

숙련된 말과 관련된 네 번째 계율은 아마도 심리치료에 가장 영향력이 있을 것이다. 우리가 말하는 것이나 말하지 않는 것은 치료 만남에서 하나의 핵심적인 특징이다. 가장 중요한 것은 신뢰성이 치료관계에서 최우선되는 힘이라는 것이다.

정 직

지혜롭고 경험이 많은 위빠사나 명상 지도자인 조지프 골드스타인Joseph Goldstein은 우리가 이 계율을 완벽하게 지킨다면 그것은 하나의 충분한 훈련이 될 것이라고 말했다. 이는 깨달음을 가져오기에 충분한 자각과 분별력을 배양한다는 것을 의미한다. 우리는 항상 조금씩 거짓말을 한다. 계율훈련은 우리로 하여금 직접적으로 거울을 보게 한다. 우리가 세금을 환급받을 때 무엇을 합리화하고, 또는 우리의 보험을 다룰 때 얼마나 흠잡을 데가 없는가? 우리가 우리 내담자에게 덜 정직할 때, 어떤 영향을 주게 될 것인가?

'벌거벗은 솔직함'은 우리의 일을 진전시킨다. 나는 내가 치료를 받던 한순간을 기억한다. 나는 아래를 내려다보면서 뭔가에 대해서 이야기를 하고 있었는데 갑자기 위를 올려다보게 되었다. 그때 내 치료사의 주의가 산만하다는 것을 느꼈다. 내가 물었다. "당신은 어디에 갔었나요?" 그녀는 대답했다. "멀리는 아니에요." 나는 그녀의 반응을 좋아했다. 왜냐하면 나는 그 순간에 온전한 만남을 느꼈기 때문이다. 그녀의 솔직함은 우리 관계의 친밀성과 진실함의 감촉을 풍부하게 만들었다.

때때로 우리는 하지도 않은 일을 하려고 한다는 식으로 말하면서 좀 덜 솔직할 때가 있다. 이것은 부차적인 접촉, 위탁정보, 보험사업 등의 영역에서 일어날 수 있다. 우리는 뭔가 할 거라고 말해 놓고 한 주가 지나도 하지 않는 경우가 있다. 상담회기에서 우리가 요구받거나, 아니면 우리 스스로 "전화가 계속 어긋나네요."라든가, 아니면 "아직 직접 말을 못했네요."라는 식으로 실제로는 하지 않았으면서 노력을 했다는 식으로 말한다. 우리는 내담자들에게 솔직하기를 요구하면서 우리가 반드시 그렇게 다가가지는 않는다. 그런 경우에는 접촉과 친밀함이 떨어지는 것을 경험하게 되고, 덜 현존하게 되고, 덜 유용하게 된다.

솔직함이 부족하면 우리가 내담자의 자유를 제한할 수 있다. 심리치료에서 우리는 내담자가 자유롭게 생각할 수 있고, 느끼고, 자신을 표현할 수 있는 수용적인 환경을 발전시키고자 한다. 우리가 임시방편으로 속이는 것을 내담자들이 느끼면, 그들은 우리가 도전받기를 원치 않는다는 사실을 감지하게 될 것이다. 그것은 우리를 보호하기 위해서 내담자들에게 공모할 것을 주문하는 것이다. 나는 휴가를 떠나는 일과 같이 뭔가 좋은 것을 부정적으로 느끼도록 하고 싶어 하는 것을 관찰했다. 그러나 우리 자신이 뭔가에 대해서 좋지 않게 느낄 때, 내담자들이 그것에 대해서 어떻게 느끼는가를 듣기 위해서 마음을 여는 것은 힘든 일이다.

우리가 앞으로 나아갈 수 있고, 우리의 실수를 인정할 수 있을 때, 그것은 흔히 불편함과 더 큰 친밀감 둘 다를 가져온다. 몇 달 전, 내가 평소에 일하지 않는 시간에 전화 약속을 잡았다. 나는 몇 시간이 지난 후에 기억을 해냈다. 내가 내담자에게 전화할 준비가 되었을 때, 나는 일어난 일에 대해서 유리한 방향으로 돌릴 수 있는 여러 가지 방법을 생각해 냈다. 물론 어떤 것도 그다지 만족스럽지 않았다. 왜냐하면 모두가 사실이 아니었기 때문이다. 나는 그녀에게 전화해서 말했다. "진Jean, 내가 완전히 잊어버렸었어." 우리는 최상의 시도를 해 보았지만 그에 미치지 못할 때, 이 계율은 우리를 있는 그대로 진실하도록 만든다. 책임져야 하는 치료 상황에서 사람들은 대개 우리가 범하기 쉬운 잘못을 용서할 수 있다. 분명히 벌거벗은 정직함이 적절하지 않고 상처를 줄 때도 있다. 그러나 우리의 자그마한 착한 거짓말에 대한 동기는 스티븐 핑커(Steven Pinker, 2008)의 묘사―'자신을 천사의 입장에 놓는 형편없는 경향성'(p. 58)―가 아주 잘 반영해 준다.

경솔한 언행의 자제

숙련된 말의 계율을 지키는 일은 경솔한 말에 대한 조사를 포함한다. 필요 없는 것을 이야기하는 것은 순간의 풍요로움을 약화시킬 수 있다. 때로 침묵의 공유가 표현의 깊이를 낳을 수 있을 때, 침묵의 감촉은 최상의 평온함으로 남게 한다. 우리가 내담자와 침묵으로 온전히 함께할 수 있을 때, 단지 존재하는 것만으로도 그들이 자유를 찾도록 도울 수 있다.

우리는 회기를 시작할 때와 마칠 때 더욱 반사적인 패턴의 말에 빠지기 쉽다. 따뜻함을 전하고자 할 때는 사회적이고 관습적으로 수다스럽게 '인사'하는 것보다는 내담자를 환영하듯 온전히 받아들이며 눈을 마주치는 것이 더욱 효과적으로 전해진다. 사람들은 때때로 친밀한 인사를 통해서 상담에 쉽게 들어가는 경향이 있지만 대화를 유발하는 동기가 무엇인지 의식하는 일은 중요하다. 마찬가지로 상담의 끝에는 더욱 조심스럽게 말해야 할 필요가 있다. 상담을 마치고 나가는 사람을 예의상 문 밖으로 배웅하면서 내가 덜 현존하면서 사회적 조건에 따라 작별인사를 한다면 상담의 효과가 잘 유지되지 않을 수 있다. 숙련되게 말하는 것을 훈련하는 것은 우리의 주의를 치료대면의 일부인 과도기적 상호작용으로 확장시키는 것을 지지한다.

내담자가 다른 사람에 대해서 이야기할 때

내담자가 다른 사람에 대해 불평을 할 때, 우리는 어떻게 듣고 반응하는가? 우리는 자주 줄타기를 한다. 때로 우리는 피상적인 공감의 형태에 빠져 내담자의 주관적 의견을 존중할 뿐 아니라, 거기서 더 나아가 내담자가 누군가를 원망하고 비난하는 것에 맞장구를 칠 수도 있다. 우리는 모두 그런 순간에 민감해질 수 있다. 그것은 누군가를 희생시켜서 결속의 품격을 떨어뜨리는 것이다.

다른 한편으로는 우리가 나서서 정확히 말하지 않는다면, 우리는 다른 사람에게 중대한 해를 끼칠 수 있다. 만일 누군가가 잘못 취급받았다면, 기꺼이 말을 하는 것이 대단히 중요하다. 부끄러워서 피하거나 조용한 입장을 취하는 것은 고통에 관여하는 것을 거부하는 표시일 수 있다. 때로 내담자가 자신의 목소리를 발견하도록 돕기 위해서 우리의 목소리가 필요하다. "이것은 해로워요." 또는 "그런 일은 결코 일어나지 않아요."라고 먼저 말할 필요가 있다. 다음의 질문들은 이 영역에서 우리의 자각을 정제하는 데 도움을 줄 수 있을 것이다.

- 그 사람의 경향 또는 성향은 어떠한가? 그가 다른 사람을 비난하고 책임을 회피하는 경향이 있는가? 또는 반대로 자기비난의 경향이 있고, 지나치게 책임지려고 하는가?
- 교환의 파동은 무엇인가? 살아 있고, 삶과 발견을 향해 나아가고 있는가, 아니면 고정되고 죽은 가치를 가지고 있는가?
- 우리가 한 사람과 마주 앉아 있을 때, 그 사람은 하나의 커다란 망조직의 맥락 안에서 주관적으로 상호작용하면서 살고 있는 사람이라는 사실을 염두에 두고 있는가? 만일 우리가 그와 같이 보다 넓은 진실을 자각한다면, 우리는 은연중에 그 진실을 우리의 반응에 가져올 것이다.

내담자의 경험을 지나치게 인정하거나 반대로 공감을 억제함으로써 우리의 위치를 벗어났다는 것을 자각할 때, 그 문제에 대해서 직접적으로 말을 하는 것이 현명한 태도다. 만일 우리가 생산적이지 않은 비난에 연루된 것을 느낀다면, 우리는 "당신이 느끼고 있는 것을 내가 수용하고 동의해 주기를 바라나요?"라고 물을 수 있다. 반대로, 우리의 내담자가 뭔가 충분한 소리를 내지 못하고 있다고 느낀다면, 우리는 "나는 그것에 대해서 당신보다 뭔가가 더 많이 느껴지는군요. 당신이 말하고 있는 것 중 어떤 것이 당신의 경험인가요?"라고 물을 수 있다.

폭로

명상 스승들은 흔히 숙련된 말하기는 두 가지 질문을 요구한다고 충고한다. '정직한가?' 그리고 '숙련되었나?' 우리는 정직하게 관찰해 왔다. 털어놓기를 탐색하는 것은 우리를 숙련된 질문으로 데려간다. 그 정보가 도움이 되고, 우리와 함께하는 내담자의 한정된 시간을 그런 방식으로 사용하는 것이 유용한가?

최근에 나는 한 남자와 상담을 시작했다. 그는 메리 올리버Mary Oliver라는 멋진 시인이 자신의 시를 직접 낭송했다는 것을 방금 들었다는 이야기로 첫 회기를 시작했다. 메리 올리버가 『야생 거위들(Wild Geese)』이라는 책을 막 읽기 시작할 때, 군중들로부터 갈채를 받았는데, 마치 록 콘서트장 같았다고 그 내담자는 계속해서 말했다. 우연의 일치로 바로 그날, 나의 아들이 학교에서 같은 시를 낭송하게 되었다. 나는 이러한 우연에 대해서 그에게 이야기하고 싶은 욕망이 올라오는 것을 느꼈다. 그러나 나는 말하지 않았다. 나는 내 욕구가 일어났다가 사라지도록 내버려 두었다. 나는 그런 나의 욕구가 그와 연결되기 위해서라고 스스로에게 말할 수 있었겠지만, 그러나 우리는 이미 연결되어 있었다. 사실, 그 욕구는 나의 아들에 대한 자부심과 더 많이 결부되어 있었다. 그리고 실제로 그는 거위에 대한 이야기에서 금방 최근에 일어난 고통에 대한 이야기로 옮겨 갔다.

나의 '폭로에 대한 폭로'에 솔직해지기 위해서 나는 이 이야기에 동반되는 예를 추가해야겠다. 한 내담자는 나에게 그의 아들이 남부 스페인의 아름다운 지역을 여행한 얘기와 그가 봤던 슬라이드에 대한 이야기를 행복하게 말했다. 마침 나 자신이 그곳을 가 본 적이 있기에 나는 불쑥 내뱉었다. "나도 거길 간 적이 있어요. 정말 아름다웠어요." 아주 자주, 우리가 이렇듯 자발적인 방식으로 털어놓을 때, 조지프 골드스타인(Joseph Goldstein, 2010)이 말한 "'나 여기 있어요.'라고 말하고 싶은 억누를 수 없는 자만심을 품은 욕망"을 느낀다. 그런 말은 좀처럼 내담자의 경험에 보탬이 되지 않는다.

폭로와 관련해서 어렵지 않으면서 빠른 비결은 없음에도 불구하고, 절제하려는 경향은 우리에게 동기에 대한 자각과 결과를 고려하는 공간과 시간을 제공한다. 분명히 폭로하지 않는 것이 현실 검증의 부재를 불러올 때, 침묵은 해로운 것이 된다. 덧붙여 누군가 우리에게 요청을 할 때는 질문이나 직접적으로 답을 하는 것이 상호작용과 존중을 경험하도록 도와주는 경우가 되기도 한다. 우리가 폭로를 할 것인지 말 것인지 의문스러울 때, 우리는 또한 제3의 선택을 할 수 있다. 그것은 우리가 고려하고 있는 과정을 공유하는 것이다.

다섯 번째 계율: 마음챙김적 소비

이 계율은 우리의 마음과 그리고 추가하자면 가슴을 흐리게 하는 것은 어떤 물질이든 사용을 금지하는 것과 관련이 있다. 물론 우리가 약물남용으로 고통하고 있다면, 다른 사람과 온전하게 앉아 있을 수 있는 역량을 방해하는 일정 수준의 고통이 있다.

보다 광범위하게, 그리고 틱낫한 스님의 설명에 따르면, 이 계율은 우리가 소비하는 모든 것에 적용된다. 그것은 감각과 함께 우리가 받아들이는 것을 검증하도록 개방한다. 속담에서 말하듯, '우리가 먹는 것이 바로 우리 자신이다.' 우리 자신을 잘 돌볼 때, 우리는 우리 일에 최선을 다하고 있는 것이다. 우리가 먹는 음식의 건강에 더해서, 우리가 읽는 자료들, 우리가 받아들이는 미디어, 우리의 전체적 자아를 성장시키는 정도를 조사할 수 있다. 이 영역을 좀 더 가까이에서 보면, 우리는 마음챙김적 소비가 임상작업뿐만 아니라, 우리의 전체적인 웰빙에 미치는 영향을 알 수가 있다.

　우리는 모두 삶의 환경으로 힘겨워하며 소진된 기분을 느낄 때가 있다. 치료시간에 우리가 충분히 현존하지 못하거나 추가적인 자극을 공급해 줄 무엇인가를 찾고 있는 것을 알아차린다. 내담자에게 반응하기 위해서가 아니라, 우리 자신의 에너지를 환기시키려는 시도에서 많은 질문을 하거나 지나치게 적극적인 우리 자신을 발견할 수 있다. 또는 다른 곳에서 찾아야만 하는 것을 우리의 내담자에게서 찾을 수도 있다. 와켄틴(Warkentin, 1972)이 말한 것처럼 "우리 마음을 보살피지 않는다면, 우리는 환자들에게 빈손만을 제공할 것이다."(p. 254) 진실한 돌봄이 영화에서처럼 항상 입에 맞게 낭만적으로 충족되는 것이 아니라는 점을 우리는 마음챙김을 통해서 깨닫게 된다. 음악으로 활기를 되찾거나, 자연에서 조용한 시간을 보내거나, 혹은 우정을 돈독히 하는 등의 활동이 필요할 수 있다. 계율을 지키며 일하는 동안, 우리는 원인과 결과, 언제 우리 자신을 돌봐야 하고, 언제 그러하지 않아야 하는지를 보게 된다. 몇 년 전, 한 동료가 일주일간의 명상수행을 마친 후에 업무로 복귀했다. 그는 그의 내담자 중 한 사람(수행에 대해서는 모르는)이 회기 중에 그를 보고 "당신은 다르게 듣고 있네요."라고 말했다고 했다.

　아주 힘겨운 내담자와 함께 작업을 할 때는 상담회기를 전후해서 자유시간을 가지는 등의 추가적인 돌봄이 필요하다. 지혜롭고 영감을 주는 책을 사무실에 비치하고, 회기 사이에 읽는 것도 돌봄이 될 수 있다. 특별히 힘겨운 내담자와 상담을 할 때 회기 전에 바깥을 산책하는 것이 도움이 된다는 것을 발견했다. 걷는 것은 나에게 보다 안정된 느낌을 주고, 온전한 전념의 감각을 느끼게 해서 내담자와 함께 앉아 있는 데 도움이 된다. 걷는 것은 또한 우리가 함께 앉아 있는 사람이 누구든지 상관없이 뭔가 공유할 수 있는 우리의 기본적인 인간애를 강하게 상기시켜 줄 수 있다.

안드레아Andrea는 최근에 유방암 진단을 받고 겁에 질린 40대의 내담자다. 그녀는 거의 숨을 쉴 수 없는 것처럼 느꼈다. 안드레아는 자기 인생을 완전히 혼자 내버려 두는 것으로 자신의 병과 미래의 불확실성을 다루었다. 자기의 예후가 암울해 보일 때, 안드레아는 위빠사나 명상 지도자인 나라얀 리벤슨-그래디Narayan Liebenson-Grady와 함께 작업하고 있었다. 안드레아는 나라얀이 "무슨 일이 일어나든 당신은 당신의 가슴을 보살필 수 있어요."라고 말했다고 전했다. 마음챙김적 소비에 대한 이 다섯 번째 계율은 순간순간 우리의 삶에서 우리가 하는 선택들이 우리의 마음과 가슴을 성장시키는지 아닌지 검증할 수 있도록 해 준다.

다섯 가지 계율 작업하기

우리는 어떻게 해야 계율 수행을 우리의 개인적, 그리고 전문적 삶의 부분으로 만들 수 있을까? 많은 사람이 다음과 같은 연습구조가 도움이 될 수 있다는 사실을 발견한다.

5주간 5계 훈련

• 개인적 삶과 임상작업, 양쪽 모두에서 5주 동안 한 주에 한 개씩 초점을 맞추는 계율을 선택합니다.

• 첫 번째 주에는 가장 잘 지켜진다고 느끼는 계율 하나를 선택하세요. 마지막 주에는 가

장 힘든 계율을 선택합니다. 이 같은 순서로 5주간의 계율을 배열합니다.

• 계율을 지키려는 당신의 의도를 환기하면서 하루를 시작하세요. 하루의 마지막에는 되돌아봅니다. "어떤 원인과 조건이 계율 수행을 더 어렵게, 또는 덜 어렵게 만들었을까?"

• 가벼운 마음으로 해 보세요.

우리는 다섯 가지 계율에 대한 이해와 수행이 우리의 임상훈련에 정보를 줄 수 있는 특별한 방법을 살펴보았다. 물론 거기에는 더 폭넓고 깊은 의미가 함축되어 있다. 우리가 이와 같은 검증과 수행의 관점을 적극적으로 수용할 때, 성장하게 되는 진실성은 우리가 누군가와 어떻게 함께 앉아 있어야 하는지를 알려준다. 계율 수행은 다음과 같다.

• 신뢰를 발달시킨다. 우리 자신을 더 신뢰하고, 덜 두려워하며, 우리의 내담자들과 더욱 온전하게 관계하도록 한다.

• 진정한 겸손을 배양한다. 왜냐하면 우리 자신의 실패와 수행의 경계를 친밀하게 자각하기 때문이다.

• 우리의 개입이 상호관계와 존경에 기반을 두게 한다. 내담자가 다른 길을 가고 있다는 사실을 알아차렸을 때, 우리는 또한 우리 자신의 매일의 발걸음을 자각하고, 같은 땅을 밟고 있다는 사실을 자각한다.

• 불안과 걱정에 덜 얽매이면서 더욱 현재에 머물도록 한다. 우리 앞에 있는 내담자에게 좀 더 자유롭게 주의를 기울인다.

• 지혜와 연민심 안에서 우리의 역량이 성장하고 있다는 자신감을 키운다. 더 많이 수행할수록 우리는 더 많이 알아차리고 이해할 수 있다.

5계는 심리치료 현장과 우리의 삶에 가치 있는 지지를 제공할 수 있다. 달라이 라마(2001a)는 "5계가 초보적인 명상수행으로 보이지만 행복을 추구하는 데 필요한 근본적인 변화를 가져오는 가장 효과적인 방법이라는 사실을 나는 믿는다."(p. 35)라고 말했다.

참고문헌

Abercrombie, H. C., Glese-Davis, J., Sephton, S., Epel, E., Turner-Cobb, J. M., & Spiegel, D. (2004). Flattened cortisol rhythms in metastatic breast cancer patients. *Psychoneuroenocrinology, 29*(8), 1082-1092.

Aberson, C. L., Healy, M., & Romero, V. (2000). Ingroup bias and self-esteem: A meta-analysis. *Personality and Social Psychology Review, 4,* 157-173.

Ackerman, D., Kabat-Zinn, J., & Siegel, D. J. (2005, March 19). Panel discussion at the Psychotherapy Networker Symposium, Washington DC.

Adams, C. E., & Leary, M. R. (2007). Promoting self-compassionate attitudes toward eating among restrictive and guilty eaters. *Journal of Social and Clinical Psychology, 26,* 1120-1144.

Adyashanti. (2006). *True meditation.* Boulder: Sounds True.

Aimone, J., Deng, W., & Gage, R. (2010). Adult neurogenesis: Integrating theories and separating functions. *Trends in Cognitive Sciences, 14*(7), 325-337.

Ainsworth, M., Blehar, M., Waters, E., & Wall, S. (1978). *Patterns of attachment: A psychological study of the strange situation.* Mahwah, NJ: Erlbaum.

Aitken, R. (1982). *Taking the path of Zen.* San Francisco: North Point Press.

Allen, J., Fonagy, P., & Bateman, A. (2008). *Mentalizing in clinical practice.* Washington, DC: American Psychiatric Association.

Allen, N. B., & Knight, W. E. J. (2005). Mindfulness, compassion for self and compassion for others: Implications for understanding the psychopathology and treatment of depression. In P. Gilbert (Ed.), *Compassion: Conceptualisations, research and use in psychotherapy* (pp. 239-262). London: Routledge.

Allione, T. (2008). *Feeding your demons.* New York: Little, Brown.

American Psychiatric Association. (2000). *Diagnostic and statistical manual of mental disorders* (4th ed.). Washington, DC: Author.

Amodio, D. M., Harmon-Jones, E., Devine, P. G., Curtin, J. J., Hartley, S. L., & Covert, A. E. (2004). Neural signals for the detection of unintentional race bias. *Psychological Science, 15,* 88-93.

Analayo, V. (2003). *Satipatthana: The direct path to realization.* Cambridge, UK: Windhorse.

Ano, G. A., & Vasconcelles, E. B. (2005). Religious coping and psychological adjustment to stress: A meta-analysis. *Journal of Clinical Psychology, 61*, 1-20.

Arch, J. J., & Craske, M. G. (2008). Acceptance and commitment therapy and cognitive behavioral therapy for anxiety disorders: Different treatments, similar mechanisms? *Clinical Psychology: Science and Practice, 15*, 263-279.

Ardelt, M. (2000a). Antecedents and effects of wisdom in old age. *Research on Aging, 22*(4), 360-394.

Ardelt, M. (2000b). Intellectual versus wisdom-related knowledge: The case for a different kind of learning in the later years of life. *Educational Gerontology, 26*, 771-789.

Ardelt, M. (2003). Empirical assessment of a three-dimensional wisdom scale. *Research on Aging, 25*, 275-324.

Ardelt, M. (2004). Wisdom as expert knowledge system: A critical review of a contemporary operationalization of an ancient concept. *Human Development, 47*, 257-285.

Armstrong, K. (2010). *Twelve steps to a compassionate life.* New York: Knopf.

Aron, A. R., Fletcher, P. C., Bullmore, E. T., Sahakian, B. J., & Robbins, T. W. (2003). Stop-signal inhibition disrupted by damage to right inferior frontal gyrus in humans. *Nature Neuroscience, 6*, 115-116.

Aronson, H. (1980). *Love and sympathy in Theravada Buddhism.* Delhi: Motilal Banarsidass.

Assagioli, R. (1975). *Psycosynthesis: A manual of principles and techniques.* London: Turnstone Press. (Original work published 1965)

Avants, S. K., Beitel, M., & Margolin, A. (2005). Making the shift from "addict self" to "spiritual self": Results from a stage I study of spiritual self-schema (3-S) therapy for the treatment of addiction and HIV risk behavior. *Mental Health, Religion and Culture, 8*(3), 167-177.

Baer, R. A. (2003). Mindfulness training as a clinical intervention: A conceptual and empirical review. *Clinical Psychology: Science and Practice, 10*, 125-143.

Baer, R. A. (Ed.). (2006). *Mindfulness-based treatment approaches: Clinician's guide to evidence base and applications.* Burlington, MA: Academic Press.

Baer, R. A. (Ed.). (2010a). *Assessing mindfulness and acceptance processes in clients: Illuminating the theory and practice of change.* Oakland, CA: New Harbinger Press.

Baer, R. A. (2010b). Self-compassion as a mechanism of change in mindfulness and acceptance-based treatments. In R. Baer (Ed.), *Assessing mindfulness and acceptance processes in clients: Illuminating the theory and practice of change* (pp. 135-153). Oakland, CA: Context Press/New Harbinger.

Baker, E. (2003). *Caring for ourselves: A therapist's guide to personal and professional well-being.* Washington, DC: American Psychological Association.

Bale, T. L., Baram, T. Z., Brown, A. S., Goldstein, J. M., Insel, T. R., McCarthy, M. M. et al. (2010). Early life programming and neurodevelopmental disorders. *Biological Psychiatry, 68*, 314-319.

Baltes, P. B. (2004). *Wisdom as orchestration of mind and virtue.* Berlin: Max Planck Institute for Human Development.

Baltes, P. B., Gluck, J., & Kunzmann, U. (2002). Wisdom: Its structure and function in regulating successful life span development. In C. R. Snyder & S. J. Lopez (Eds.), *Handbook of positive psychology* (pp. 327-347). Oxford, UK: Oxford University Press.

Baltes, P. B., & Smith, J. (1990). Toward a psychology of wisdom and its ontogenesis. In R. Sternberg (Ed.), *Wisdom: Its nature, origins and development* (pp. 87-120). Cambridge, UK: Cambridge University Press.

Baltes, P. B., Smith, J., & Staudinger, U. M. (1992). Wisdom and successful aging. In T. Sonderegger (Ed.), *Nebraska Symposium on Motivation* (Vol. 39, pp. 123-167). Lincoln: University of Nebraska Press.

Baltes, P. B., & Staudinger, U. M. (1993). The search for a psychology of wisdom. *Current Directions in Psychological Science, 2*, 75-80.

Baltes, P. B., & Staudinger, U. M. (2000). Wisdom: A metaheuristic (pragmatic) to orchestrate mind and virtue toward excellence. *American Psychologist, 55*(1), 122-136.

Banks, A. (2010). The neurobiology of connecting. *Work in Progress.* Wellesley, MA: Stone Center Working Paper Series.

Barasch, M. I. (2005, March). Desmond Tutu on compassion. *Psychology Today.* Available at: www.psychologytoday.com/articles/200504/desmond-tutu-compassion.

Barlow, D. H. (2002). *Anxiety and its disorders: The nature and treatment of anxiety and panic.* New York: Guilford Press.

Barks, C., with Moyne, J. (Trans.). (1995). *The essential Rumi.* San Francisco: Harper.

Barnhofer, T., Chittka, T., Nightingale, H., Visser, C., & Crane, C. (2010). State effects of two forms of meditation in prefrontal EEG asymmetry in previously depressed individuals. *Mindfulness, 1*, 21-27.

Barret, W. (Ed.). (1996). *Zen Buddhism.* New York: Doubleday.

Bartlett, J. (2002). *Bartlett's familiar quotations: A collection of passages, phrases, and proverbs traced to their sources in ancient and modern literature* (17th ed.). New York: Little, Brown.

Bateson, M. C. (1994). *Peripheral visions: Learning along the way.* New York: HarperCollins.

Batson, C. (1991). *The altruism question: Towards a social-psychological answer.* Hillsdale, NJ: Erlbaum.

Batson, C. (2002). Addressing the altruism question experimentally. In S. G. Post, L. G. Underwood, J. P. Schloss, & W. B. Hurlbut (Eds.), *Altruism and altruistic love: Science, philosophy, and religion in dialogue* (pp. 89-105). New York: Oxford University Press.

Baumeister, R. F., Bratslavsky, E., Finkenauer, C., & Vohs, K. D. (2001). Bad is stronger than good. *Review of General Psychology, 5*, 323-370.

Baumeister, R. F., Smart, L., & Boden, J. M. (1996). Relation of threatened egotism to violence and aggression: The dark side of high self-esteem. *Psychological Review, 103*, 5-33.

Bayda, E. (with Bartok, J.). (2005). *Saying yes to life (even the hard parts)*. Boston: Wisdom.

Beck, S. (2002). Dao de jing. *Wisdom Bible*. Retrieved April 20, 2010, from www.san.beck.org/Laotzu.html#1.

Begley, S. (2007). *Train your mind, change your brain*. New York: Ballantine Books.

Belin, D., & Everitt, B. J. (2008). Cocaine seeking habits depend upon dopamine-dependent serial connectivity linking the ventral and dorsal striatum. *Neuron, 57*, 432-441.

Bell, D. C. (2001). Evolution of care giving behavior. *Personality and Social Psychology Review, 5*, 216-229.

Ben Ze'ev, A. (2000). Why do I feel bad when you feel bad?: Pity, compassion, and mercy. In *The subtlety of emotions* (pp. 327-352). Cambridge, MA: MIT Press.

Bennett-Goleman, T. (2001). *Emotional alchemy: How the mind can heal the heart*. New York: Three Rivers Press.

Berger, A., Kofman, O., Livneh, U., & Henik, A. (2007). Multidisciplinary perspectives on attention and the development of self-regulation. *Progress in Neurobiology, 82*(5), 256-286.

Berlin, A., Brettler, M., & Fishbane, M. (2004). *The Jewish study bible*. Oxford, UK: Oxford University Press.

Bernanos, G. (2002). *Diary of a country priest*. Cambridge, MA: Da Capo Press.

Berry, W. (2005). Poetry and marriage. In *Standing by words* (pp. 92-105). Berkeley, CA: Counterpoint.

Beyer, S. (Ed. and Trans.). (1974a). *The Buddhist experience: Sources and interpretations*. Encino, CA: Dickenson.

Beyer, S. (Trans.). (1974b). *The meditations of a bodhisattva: Kamalashila's Bhavanakrama*. Encino, CA: Dickenson.

Birnie, K., Speca, M., & Carlson, L. (2010). Exploring self-compassion and empathy in the context of mindfulness-based stress reduction (MBSR). *Stress and Health, 26*, 359-371.

Birren, J. E., & Fisher, L. M. (1990). The elements of wisdom: Overview and integration. In R. J. Sternberg (Ed.), *Wisdom: Its nature, origins, and development* (pp. 317–332). New York: Cambridge University Press.

Birren, J. E., & Svensson, C. M. (2005). Wisdom in history. In R. J. Sternberg & J. Jordan (Eds.), *A handbook of wisdom: Psychological perspectives* (pp. 3–31). New York: Cambridge University Press.

Bishop, S. R., Lau, M., Shapiro, S., Carlson, L., Anderson, N. D., Carmody, J. et al. (2004). Mindfulness: A proposed operational definition. *Clinical Psychology: Science and Practice, 11,* 191–206.

Blaine, B., & Crocker, J. (1993). Self-esteem and self-serving biases in reactions to positive and negative events: An integrative review. In R. F. Baumeister (Ed.), *Self-esteem: The puzzle of low self-regard* (pp. 55–85). Hillsdale, NJ: Erlbaum.

Blatt, S. J. (1995). Representational structures in psychopathology. In D. Cicchetti & S. Toth (Eds.), *Rochester Symposium on Developmental Psychopathology: Emotion, cognition, and representation* (Vol. 6, pp. 1–34). Rochester, NY: University of Rochester Press.

Block-Lerner, J., Adair, C., Plumb, J. C., Rhatigan, D. L., & Orsillo, S. M. (2007). The case for mindfulness-based approaches in the cultivation of empathy: Does nonjudgmental, present-moment awareness increase capacity for perspective-talking and empathic concern? *Journal of Marital and Family Therapy, 33*(4), 501–516.

Bluck, S., & Glück, J. (2005). From the inside out: People's implicit theories of wisdom. In R. J. Sternberg & J. Jordan (Eds.), *A handbook of wisdom: Psychological perspectives* (pp. 84–109). New York: Cambridge University Press.

Bluth, K., & Wahler, R. G. (2011). Does effort matter in mindful parenting? *Mindfulness, 2,* 175–178.

Bobrow, J. (2010). *Zen and psychotherapy: Partners in liberation.* New York: Norton.

Bodhi, B. (Trans.). (2000). *The connected discourses of the Buddha.* Boston: Wisdom.

Bodhi, B. (2005). *In the Buddha's words: An anthology of discourse form the Pali Conon.* Boston: Wisdom.

Bögels, S., Hoogstad, B., van Dun, L., de Schutter, S., & Restifo, K. (2008). Mindfulness training for adolescents with externalizing disorders and their parents. *Behavioural and Cognitive Psychotherapy, 36,* 193.

Bögels, S. M., Lehtonen, A., & Restifo, K. (2010). Mindful parenting in mental health care. *Mindfulness, 1,* 107–120.

Bohart, A., Elliot, R., Greenberg, L., & Watson, J. (2002). Empathy. In J. C. Norcross (Ed.), *Psychotherapy relationships that work: Therapist contributions and responsiveness to patients* (pp. 89-108). New York: Oxford University Press.

Bohart, A., & Greenberg, L. (1997). Empathy and psychotherapy: An introductory overview. In A. C. Bohart & L. S. Greenberg (Eds.), *Empathy reconsidered: New directions in psychotherapy* (pp. 3-31). Washington, DC: American Psychological Association.

Bokar Rinpoche. (1991). *Chenrezig, lord of love: Principles and methods of deity meditation.* San Francisco: ClearPoint Press.

Bolla, K., Ernst, M., Kiehl, K., Mouratidis, M., Eldreth, D., Contoreggi, C. et al. (2004). Prefrontal cortical dysfunction in abstinent cocaine abusers. *Journal of Neuropsychiatry and Clinical Neuroscience, 16,* 456-464.

Borkovec, T. D., Alcaine, O. M., & Behar, E. (2004). Avoidance theory of worry. In R. G. Heimberg, C. L. Turk, & D. S. Mennin (Eds.), *Generalized anxiety disorder: Advances in research and practice* (pp. 77-108). New York: Guilford Press.

Borkovec, T. D., & Sharpless, B. (2004). Generalized anxiety disorder: Bringing cognitive-behavioral therapy into the valued present. In S. C. Hayes, V. M. Follette, & M. M. Linehan (Eds.), *Mindfulness and acceptance: Expanding the cognitive-behavioral tradition* (pp. 209-242). New York: Guilford Press.

Borofsky, R. M. (2011). Marriage as a path of compassion. In A. Miller (Ed.), *Right here with you: Bringing mindful awareness into our relationships* (pp. 169-179). Boston: Shambhala.

Borofsky, R. M., & Borofsky, A. K. (1994). Giving and receiving. In G. Wheeler & S. Bachman (Eds.), *On intimate ground: A Gestalt approach to working with couples.* San Francisco: Jossey-Bass.

Bowen, S., Chawla, N., & Marlatt, G. A. (2011). Mindfulness-based relapse prevention for addictive behaviors. New York: Guilford Press.

Bowen, S., & Marlatt, G. A. (2009). Surfing the urge: Brief mindfulness-based intervention for college student smokers. *Psychology of Addictive Behaviors, 23,* 666-671.

Bowlby, J. (1969). *Attachment and loss: Vol. 1. Attachment.* London: Hogarth Press.

Bowlby, J. (1973). *Attachment and loss: Vol. 2. Separation.* London: Hogarth Press.

Bowlby, J. (1980). *Attachment and loss: Vol. 3. Loss, sadness, and depression.* New York: Basic Books.

Bowlby, J. (1988). *A secure base: Parent-child attachment and healthy human development.* New York: Basic Books.

Brach, T. (2003). *Radical acceptance: Embracing your life with the heart of a Buddha.* New York: Bantam Books.

Brach, T. (2012). *True refuge: Three gateways to a fearless heart.* New York: Bantam Books.

Brawer, P. A., Handal, P. J., Fabricatore, A. N., Roberts, R., & Wajda-Johnston, V. A. (2002). Training and education in religion/spirituality within APA-accredited clinical psychology programs. *Professional Psychology: Research and Practice, 33,* 203-206.

Brefczynski-Lewis, J. A., Lutz, A., Schaefer, H. S., Levinson, D. B., & Davidson, R. J. (2007). Neural correlates of attentional expertise in long-term meditation practitioners. *Proceedings of the National Academy of Sciences of the United States of America, 104,* 11483-11488.

Bretherton, I., & Beeghly, M. (1982). Talking about internal states: The acquisition of an explicit theory of mind. *Developmental Psychology, 18*(6), 906-921.

Brickman, P., & Campbell, D. T. (1971). Hedonic relativism and the good society. In M. H. Appley (Ed.), *Adaptation-level theory: A symposium.* New York: Academic Press.

Briere, J. (1992). *Child abuse trauma: Theory and treatment of the lasting effects.* New bury Park, CA: Sage.

Briere, J. (2002). Treating adult survivors of severe childhood abuse and neglect: Further development of an integrative model. In J. E. B. Myers, L. Berliner, J. Briere, C. T. Hendrix, T. Reid, & C. Jenny (Eds.), *The APSAC handbook on child maltreatment* (2nd ed., pp. 175-202). Newbury Park, CA: Sage.

Briere, J. (2004). *Psychological assessment of adult posttraumatic states: Phenomenology, diagnosis, and measurement* (2nd ed.). Washington, DC: American Psychological Association.

Briere, J. (in press). When people do bad things: Evil, suffering, and dependent origination. In A. Bohart, E. Mendelowitz, B. Held, & K. Schneider (Eds.), *Humanity's dark side: Explorations in psychotherapy and beyond.* Washington, DC: American Psychological Association.

Briere, J., Hodges, M., & Godbout, N. (2010). Traumatic stress, affect dysregulation, and dysfunctional avoidance: A structural equation model. *Journal of Traumatic Stress, 23,* 767-774.

Briere, J., & Scott, C. (in press). *Principles of trauma therapy: A guide to symptoms, evaluation, and treatment* (2nd ed.). Thousand Oaks, CA: Sage.

Brody, A. L., Saxena, S., Mandelkern, M. A., Fairbanks, L. A., Ho, M. L., & Baxter, L. R. (2001). Brain metabolic changes associated with symptom factor improvement in major depressive disorder. *Biological Psychiatry, 50,* 171-178.

Brown, S., Nesse, R., Vinokur, A., & Smith, D. (2003). Providing social support may be more beneficial than receiving it: Results from a prospective study of mortality.

Psychological Science, 14(4), 320-327.

Brugman, G. M. (2006). *Wisdom and aging.* Amsterdam: Elsevier.

Brunet, E., Sarfati, Y., Hardy-Bayle, M. C., & Decety, J. (2000). A PET investigation of the attribution of intentions with a nonverbal task. *NeuroImage, 11,* 157-166.

Bryan, T., & Bryan, J. (1991). Positive mood and math performance. *Journal of Learning Disabilities, 24,* 490-494.

Buddhaghosa. (1975). *The path of purification (Visuddhi Magga)* (Bhikkhu Nanamoli, Trans.). Kandy, Sri Lanka: Buddhist Publication Society.

Burns, A. B., Brown, J. S., Sachs-Ericsson, N., Plant, E. A., Curtis, J. T., Fredrickson, B. L. et al. (2008). Upward spirals of positive emotion and coping: Replication, extension, and initial exploration of neurochemical substrates. *Personality and Individuals Differences, 44,* 360-370.

Buss, D. M. (2000). The evolution of happiness. *American Psychologist, 55,* 15-23.

Cacioppo, J., & Patrick, W. (2008). *Loneliness: Human nature and the need for social connection.* New York: Norton.

Cahn, B. R., & Polich, J. (2006). Meditation states and traits: EEG, ERP, and neuroimaging studies. *Psychological Bulletin, 132*(2), 180-211.

Caplan, M. (2009). *Eyes wide open: Cultivating discernment on the spiritual path.* Louisville, CO: Sounds True.

Carlson, L. E., Speca, M., Patel, K. D., & Goodey, E. (2003). Mindfulness-based stress reduction in relation to quality of life, mood, symptoms of stress, and immune parameters in breast and prostate cancer outpatients. *Psychosomatic Medicine, 65,* 571-581.

Carlson, L. E., Speca, M., Patel, K. D., & Goodey, E. (2004). Mindfulness-based stress reduction in relation to quality of life, mood, symptoms of stress, and levels of cortisol, dehydroepiandrosterone sulfate (DHEAS), and melatonin in breast and prostate cancer outpatients. *Psychoneuroendocrinology, 29,* 448-474.

Carmody, J., & Baer, R. A. (2008). Relationships between mindfulness practice and levels of mindfulness, medical and psychological symptoms and well-being in a mindfulness-based stress reduction program. *Journal of Behavioral Medicine, 31,* 23-33.

Carnelley, K., & Rowe, A. (2007). Repeated priming of attachment security influences later views of self and relationships. *Personal Relationships, 14,* 307-320.

Carnelley, K., & Rowe, A. (2010). Priming a sense of security: What goes through people's minds. *Journal of Social and Personal Relationships, 27*(2), 253-261.

Carson, J., Carson, K., Gil, K., & Baucom, D. (2004). Mindfulness-based relationship enhancement. *Behavior Therapy, 35*(3), 471-494.

Carter, C. S. (1998). Neuroendocrine perspectives on social attachment and love. *Psychoneuroendorinlogy, 23,* 779-818.

Cassell, E. J. (2005). Compassion. In C. R. Snyder & S. J. Lopez (Eds.), *Handbook of positive psychology* (pp. 434-445). Oxford, UK: Oxford University Press.

Cassidy, J., & Shaver, P. R. (Eds.). (2010). *Handbook of attachment: Theory, research, and clinical applications* (2nd ed.). New York: Guilford Press.

Cattaneo, L., & Rizzolatti, G. (2009). The mirror neuron system. *Archives of Neurology, 66,* 557-560.

Cattell, R. B. (1971). *Abilities: Their structure, growth, and action.* New York: Houghton Mifflin.

Center for Ethical Deliberation. (2011). *Ancient Greek ethics.* Greeley: University of Northern Colorado. Retrieved from mcb.unco.edu/ced/perspectives/ancient-greek.cfm.

Chambers, R., Gullone, E., & Allen, N. B. (2009). Mindful emotion regulation: An integrative review. *Clinical Psychology Review, 29,* 560-572.

Charney, D. S., Friedman, M. J., & Deutch, A. Y. (1995). *Neurobiological and clinical consequences of stress: From normal adaption to PTSD.* Philadelphia: Lippincott Williams & Wilkins.

Cheung, M. S. P., Gilbert, P., & Irons, C. (2004). An exploration of shame, social rank, and rumination in relation to depression. *Personality and Individual Differences, 36,* 1143-1153.

Chödrön, P. (2000). *When things fall apart: Heart advice for difficult times.* Boston: Shambhala.

Chödrön, P. (2001a). *Start where you are: A guide to compassionate living.* Boston: Shambhala.

Chödrön, P. (2001b). *Tonglen.* Halifax, NS, Canada: Vajradhatu.

Christopher, J. C., Chrisman, J. A., Trotter-Mathison, M. J., Schure, M. B., Dahlen, P., & Christopher, S. B. (2011). Perceptions of the long-term influence of mindfulness training on counselors and psychotherapies: A qualitative inquiry. *Journal of Humnaistic Psychology, 51,* 318-349.

Clarkin, J. F., Levy, K. N., Lenzenweger, M. F., & Kernberg, O. F. (2007). Evaluating three treatments for borderline personality disorder: A multiwave study. *American Journal of Psychiatry, 164,* 922-928.

Clayton, V. P. (1975). Erickson's theory of human development as it applies to the aged: Wisdom as contradictory cognition. *Human Development, 18,* 119-128.

Clayton, V. P. (1982). Wisdom and intelligence: The nature and function of knowledge in the later years. *International Journal of Aging and Development, 15,* 315-321.

Clayton, V. P., & Birren, J. E. (1980). The development of wisdom across the life span: A reexamination of an ancient topic. In P. B. Baltess & O. G. Brim, Jr. (Eds.), *Life-span development and behavior* (Vol. 3, pp. 103-135). New York: Academic Press.

Cloitre, M., Stovall-McClough, K. C., Miranda, R., & Chemtob, C. M. (2004). Therapeutic alliance, negative mood regulation, and treatment outcome in child abuse-related posttraumatic stress disorder. *Journal of Consulting and Clinical Psychology, 72*, 411-416.

Cloitre, M., Stovall-McClough, K. C., Nooner, K., Zorba, P., Cherry, S., Jackson, C. L. et al. (2010). Treatment for PTSD related to childhood abuse: A randomized controlled trial. *American Journal of Psychiatry, 167*, 915-924.

Cohn, M. A., & Fredrickson, B. L. (2010). In search of durable positive psychology interventions: Predictors and consequences of long-term positive behavior change. *Journal of Positive Psychology, 5*, 355-366.

Cohn, M. A., Fredrickson, B. L., Brown, S. L., Mikels, J. A., & Conway, A. M. (2009). Happiness unpacked: Positive emotions increase life satisfaction by building resilience. *Emotion, 9*, 361-368.

Collins, N. (1996). Working models of attachment: Implications for explanation, emotion, and behavior. *Journal of Personality and Social Psychology, 71*, 810-832.

Collins, N., & Feeney, B. (2000). A safe haven: An attachment theory perspective on support seeking and caregiving in intimate relationships. *Journal of Personality and Social Psychology, 78*, 1053-1073.

Collins, P. (1990). *Black feminist thought: Knowledge, consciousness and the politics of empowerment.* Boston: Unwin Hyman.

Congdon, E., & Canli, T. (2005). The endophenotype of impulsivity: Reaching consilience through behavioral, genetic, and neuroimaging approaches. *Behavioral and Cognitive Neuroscience Reviews, 4*, 262-281.

Connors, G. J., Maisto, S. A., & Donovan, D. M. (1996). Conceptualizations of relapse: A summary of psychological and psychobiological models. *Addiction, 91*, 5-13.

Conze, E. (1958). *Buddhist wisdom: The diamond Sutra and the heart sutra.* London: Allen & Unwin.

Conze, E. (Trans.). (1973). *The perfection of wisdom in eight thought lines and its verse summary.* Bolinas, CA: Four Seasons Foundation.

Conze, E. (Trans.). (1979). *The large sutra on perfect wisdom with the divisions of the Abhisamayalankara.* Delhi: Motilal Banarsidass.

Cooney, R. E., Joormann, J., Atlas, L. Y., Eugène, F., & Gotlib, I. H. (2007). Remembering the good times: Neural correlates of affect regulation. *NeuroReport, 18*, 1771-1774.

Coopersmith, S. (1967). *The antecedents of self-esteem.* San Francisco: Freeman.

Cosley, B., McCoy, S., Saslow, L., & Epel, E. (2010). Is compassion for others stress buffering? Consequences of compassion and social support for physiological reactivity to stress. *Journal of Experimental Social Psychology, 46,* 816-823.

Courtois, C. A. (2010). *Healing the incest wound: Adult survivors in therapy* (2nd ed.). New York: Norton.

Coxhead, N. (1985). *The relevance of bliss.* London: Wildwood House.

Cozolino, L. (2008). *The healthy aging brain: Sustaining attachment, attaining wisdom.* New York: Norton.

Cozolino, L. (2010). *The neuroscience of psychotherapy: Healing the social brain.* New York: Norton.

Cree, M. (2010). Compassion-focused therapy with perinatal and mother-infant distress. *International Journal of Cognitive Therapy, 3*(2), 159-171.

Creswell, J. D., Way, B. M., Eisenberger, N. I., & Lieberman, M. D. (2007). Neural correlates of dispositional mindfulness during affect labeling. *Psychosomatic Medicine, 69,* 560-565.

Crocker, J., & Canevello, A. (2008). Creating and undermining social support in communal relationships: The role of compassionate and self-image goals. *Journal of Personality and Social Psychology, 95,* 555-575.

Crocker, J., & Park, L. E. (2004). The costly pursuit of self-esteem. *Psychological Bulletin, 130,* 392-414.

Csikszentmihalyi, M. (1990). *Flow: The psychology of optimal experience.* New York: Harper & Row.

Cunningham, W. A., Johnson, M. K., Raye, C. L., Chris, G. J., Gore, J. C., & Banaji, M. R. (2004). Separable neural components in the processing of black and white faces. *Psychological Science, 15,* 806-813.

Dae Soen Su Nim. (1987). *The whole world is a single flower.* Lecture at the First International Conference, Sudeoksa Temple, Korea.

Dahl, J., Wilson, K. G., & Nilsson, A. (2004). Acceptance and commitment therapy and the treatment of persons at risk for long-term disability resulting from stress and pain symptoms: A preliminary randomized trial. *Behavior Therapy, 35,* 785-801.

Dahlsgaard, K., Peterson, C., & Seligman, M. (2005). Shared virtue: The convergence of valued human strengths across culture and history. *Review of General Psychology, 9*(3), 203-213.

Dalai Lama, XIV. (1995). *The power of compassion.* New York: HarperCollins.

Dalai Lama, XIV. (1999). Love, compassion, and tolerance. In R. Carlson & B. Shield (Eds.), *For the love of God.* Novato, CA: New World Library.

Dalai Lama, XIV. (2000). *Transforming the mind.* New York: Thorsons/Element. Retrieved February 19, 2011, from www.dalailama.com/teachings/training-the-mind/verse-7.

Dalai Lama, XIV. (2001a). *Ethics for a new millennium.* New York: Riverhead Books.

Dalai Lama, XIV. (2001b). *An open heart: Practicing compassion in everyday life.* Boston: Little, Brown.

Dalai Lama, XIV. (2003). *Lighting the path: The Dalai Lama teaches on wisdom and compassion.* South Melbourne, Australia: Thomas C. Lothian.

Dalai Lama, XIV. (2005, November). *Science at the crossroads.* Presentation at the annual meeting of the Society for Neuroscience, Washington, DC. Retrieved February 5, 2011, from www.dalailama.com/messages/buddhism /science-at-the-crossroads.

Dalai Lama, XIV. (2008). *Worlds in harmony: Compassionate action for a better world* (2nd ed.). Berkeley, CA: Parallax Press.

Dalai Lama, XIV. (2009a). *The art of happiness in a troubled world.* New York: Random House/Crown.

Dalai Lama, XIV. (2009b, May). *Meditation and psychotherapy: Cultivating compassion and wisdom.* Panel discussion at Harvard Medical School conference, Boston.

Dalai Lama, XIV. (2010a). *Freedom must for human creativity.* Retrieved April 10, 2011, from www.dalailama.com/news/post/508-freedom-must-for-human-creativity.

Dalai Lama, XIV. (2010b, May 25). Many faiths, one truth. *New York Times,* Op-Ed, p. A27. Available at: www.nytimes.com/2010/05/25/opinion/25gyatso.html?scp=1&sq=many+faiths%2C+one+truth&st=nyt.

Dalai Lama, XIV. (2010c). *Training the mind: Verse 1.* Retrieved December 18, 2010, from www.dalailama.com/teachings/training-the-mind/verse-1.

Dalai Lama, XIV. (2011). Compassion and the individual. Retrieved September 9, 2011, from www.dalailama.com/messages/compassion.

Dalai Lama, XIV., & Cutler, H. (2009). Preface to the 10th anniversary edition by His Holiness the Dalai Lama, *The art of happiness: A handbook for living.* New York: Riverhead Books.

Dalenberg, C. (2000). *Countertransference and the treatment of trauma.* Washington, DC: American Psychological Association.

Darwin, C. (2010). *The works of Charles Darwin: Vol. 21. The descent of man, and selection in relation to sex (part one).* New York: NYU Press. (Original work published 1871)

Davidson, R. J. (2007, October). *Changing the brain by transforming the mind: The impact of compassion training on the neural systems of emotion.* Paper presented at the Mind and Life Institute Conference, Emory University, Atlanta, GA.

Davidson, R. J. (2009, May). *Neuroscientific studies of meditation.* Paper presented at the Harvard Medical School conference Meditation and Psychotherapy: Cultivating Compassion and Wisdom, Boston.

Davidson, R. J., & Harrington, A. (2001). *Visions of compassion: Western scientists and Tibetan Buddhists examine human nature.* Oxford, UK: Oxford University Press.

Davidson, R. J., & Kabat-Zinn, J. (2004). Alterations in brain and immune function produced by mindfulness meditation: Three caveats. Response to letter by J. Smith. *Psychosomatic Medicine, 66*(1), 149-152.

Davidson, R. J., Kabat-Zinn, J., Schumacher, J., Rosenkranz, M., Muller, D., Santorelli, S. F. et al. (2003). Alterations in brain and immune function produced by mindfulness meditation. *Psychosomatic Medicine, 65,* 564-570.

de Carvalho, M. R., Dias, C. P., Cosci, F., de-Melo-Neto, V. L., Bevilaqua, M. C., Gardino, P. F. et al. (2010). Current findings of fMRI in panic disorder: Contributions for the fear neurocircuitry and CBT effects. *Expert Review of Neurotheraeutics, 10,* 291-303.

Decety, J., & Jackson, P. L. (2004). The functional architecture of human empathy. *Behavioral and Cognitive Neuroscience Reviews, 3,* 71-100.

Deci, E. L., & Ryan, R. M. (1995). Human autonomy: The basis for true self-esteem. In M. H. Kernis (Ed.), *Efficacy, agency, and self-esteem* (pp. 31-49). New York: Plenum Press.

Delton, A., Krasnow, M., Cosmides, L., & Tody, J. (in press). Evolution of direct reciprocity under uncertainty can explain human generosity in one-shot encounters. *Proceedings of the National Academy of Sciences.*

Depue, R. A., & Morrone-Strupinsky, J. V. (2005). A neurobehavioral model of affiliative bonding. *Behavioral and Brain Sciences, 28,* 313-395.

Descartes, R. (1988). *Descartes: Selected philosophical writings* (J. Cottingham, R. Stoothoff, & D. Murdoch, Trans.). New York: Cambridge University Press. (Original work published 1641)

de Silva, P. (2000). Buddhism and psychotherapy: The role of self-control strategies. *Journal of Humanistic Buddhism, 1,* 171.

de Vignemont, F., & Singer, T. (2006). The empathic brain: How, when and why? *Trends in Cognitive Sciences, 10,* 435-441.

Diener, E., & Biswas-Diener, R. (2002). Will money increase subjective well-being? *Social Indicators Research, 57,* 119-169.

Dilgo Khyentse Rinpoche. (1992). *The heart treasure of the enlightened ones.* Boston: Shambhala.

Dimeff, L. A., Comtois, K. A., & Linehan, M. M. (1998). Dialectical behavior therapy for substance abusers with borderline personality disorder: Applications in primary care.

In B. H. Graham & T. K. Schultz (Eds.), *Principals of addiction medicine* (pp. 1063-1079). Arlington, VA: American Society of Addiction Medicine.

DiNoble, A. (2009). *Examining the relationship between adult attachment style and mindfulness traits.* Unpublished doctoral dissertation, California Graduate Institute of the Chicago School of Professional Psychology.

Dreimeyer, J., Boyke, J., Gaser, C., Büchel, C., & May, A. (2008). Changes in gray matter induced by learning-revisited. *PLoS One, 3*(7), e2669.

Dunn, E. W., Aknin, L. B., & Norton, M. L. (2008). Spending money on others promotes happiness. *Science, 319,* 1687-1688.

Dunn, J. R., & Schweitzer, M. E. (2005). Feeling and believing: The influence of emotion on trust. *Journal of Personality and Social Psychology, 88,* 736-748.

Durant, W. (1935). *Our oriental heritage.* New York: Simon & Schuster.

Dweck, C. S. (1986). Motivational processes affecting learning. *American Psychologist, 41, 1040-1048.*

Easterbrook, G. (2003). *The progress paradox: How life gets better while people feel worse.* New York: Random House.

Eisenberg, N., Fabes, R., Bustamante, D., Mathy, R., Miller, P., & Lindholm, E. (1988). Differentiation of vicariously induced emotional reactions in children. *Developmental Psychology, 24,* 237-246.

Eisenberg, N., Fabes, R., Schaller, M., Carlo, G., & Miller, P. A. (1991). The relations of parental characteristics and practices to children's vicarious emotional responding. *Child Development, 62,* 1393-1408.

Eisenberg, N., Fabes, R. A., Murphy, B., Karbon, M., Maszk, P., Smith, M., et al. (1994). The relations of emotionality and regulation to dispositional and situationsl empathy-related responding. *Journal of Personality and Social Psychology, 66,* 776-797.

Eisenberg, N., & Lieberman, M. (2004). Why rejection hurts: A common neural alarm system for physical and social pain. *Trends in Cognitive Science 8, 294-300.*

Eisenberger, N., & Miller, P. (1987). The relation of empathy to prosocial and related behaviors. *Psychological Bulletin, 101,* 91-119.

Ekman, P. (2010). Darwin's compassionate view of human nature. *Journal of the American Medical Association, 303*(6), 557-558.

Engel, A. K., Fries, P., Konig, P., Brecht, M., & Singer, W. (1999). Temporal binding, binocular rivalry, and consciousness. *Consciousness and Cognition, 8*(2), 128-151.

Epstein, M. (1995). *Thoughts without a thinker.* New York: Basic Books.

Epstein, M. (2007). *Psychotherapy without the self: A Buddhist perspective.* New Haven, CT: Yale University Press.

Ericsson, A. (1998). The scientific study of expert levels of performance: General implications for optimal learning and creativity. *High Ability Studies, 9*(1), 75-100.

Ericsson, A., Prietula, M., & Cokely, E. (2007, July-August). The making of an expert. *Harvard Business Review*, pp.1-7.

Erikson, E. H. (1950). *Childhood and society.* New York: Norton.

Erikson, E. H. (1959). Identity and the life cycle. *Psychological Issues, 1*, 1-173.

Erikson, E. H., & Erikson, J. M. (1998). *The life cycle completed.* New York: Norton. (Original work published 1982).

Estrada, C. A., Isen, A. M., & Young, M. J. (1997). Positive affect facilitates integration of information and decreases anchoring in reasoning among physicians. *Organizational Behavior and Human Decision Processes, 72*, 117-135.

Everitt, B. J., Belin, D., Economidou, D., Pelloux, Y., Dalley, J. W., & Robbins, T. W. (2008). Neural mechanisms underlying the vulnerability to develop compulsive drug-seeking habits and addiction. *Philosophical Transactions of the Royal Society of London: Series B, Biological Sciences, 12*(363), 3125-3135.

Fain, J. (2011). *The self-compassion diet.* Boulder, CO: Sounds True.

Farb, N. A., Anderson, A. K., Mayberg, H., Bean, J., McKeon, D., & Segal, Z. V. (2010). Minding one's emotions: Mindfulness training alters the neural experssion of sadness. *Emotion, 10*(1), 25-33.

Farb, N. A., Segal, Z. V., Mayberg, H., Bean, J., McKeon, D., Fatima, Z. et al. (2007). Attending to the present: Mindfulness meditation reveals distinct neural modes of self-reference. *Social Cognitive and Affective Neuroscience, 2*(4), 313-322.

Faulkner, W. (1975). *Requiem for a nun.* New York: Vintage. (Original work published 1951)

Feeney, B. C., & Thrush, R. L. (2008). Relationship influences on exploration in adulthood: The characteristics and functions of a secure base. *Journal of Personality and Social Psychology, 98*, 57-76.

Fehr, B., Sprecher, S., & Underwood, L. (2009). *The science of compassionate love: Theory, research, and applications.* West Sussex, UK: Wiley-Blackwell.

Feshbach, N. (1997). Empathy: The formative years-implications for clinical practice. In A. C. Bohart & L. S. Greenberg (Eds.), *Empathy reconsidered: New directions in psychotherapy* (pp. 33-59). Washington, DC: American Psychological Association.

Figley, C. (2002). Compassion fatigue: Psychotherapists' chronic lack of self-care. *Journal of clinical Psychology, 58*, 1433-1441.

Fischer, N., Drolma, L. P., & Olendzki, A. (2010, Summer). Forum: Sex, lies, and Buddhism. *Buddhadharma.* Available at: http://bdtest1.squarespace.com/web-archive/2010/8/8/forum-sex-lies-and-buddhism.html.

Fiske, S., Cuddy, A., Glick, P., & Xu, J. (2002). A model of (often mixed) stereotype content: Competence and warmth respectively follow from perceived status and competition. *Journal of Personality and Social Psychology, 82,* 878–902.

Fledderus, M., Bohlmeijer, E., & Pieterse, M. (2010). Does experiential avoidance mediate the effects of maladaptive coping styles on psychopathology and mental health? *Behavior Modification, 34*(6), 503–519.

Fletcher, P. C., Happe, F., Frith, U., Baker, S. C., Dolan, R. J., Frackowiak, R. S., et al. (1995). Other minds in the brain: A functional imaging study of "theory of mind" in story comprehension. *Cognition, 57,* 109–128.

Foa, E. B., Ehlers, A., Clark, D. M., Tolin, D. F., & Orsillo, S. M. (1999). The Posttraumatic Cognitions Inventory (PTCI): Development and validation. *Psychological Assessment, 11,* 303–314.

Foa, E. B., & Rothbaum, B. O. (1998). *Treating the trauma of rape: Cognitive-behavioral therapy for PTSD.* New York: Guilford Press.

Fonagy, P., Gergely, G., Jurist, E. L., & Target, M. (2002). *Affect regulation, mentalization, and the development of the self.* New York: Other Press.

Fonagy, P., & Target, M. (1997). Attachment and reflective function: Their role in self-organization. *Development and Psychopathology, 9,* 679–700.

Fossati, P., Hevenor, S. J., Graham, S. J., Grady, C., Keightley, M. L., Craik, F., et al. (2003). In search of the emotional self: An fMRI study using positive and negative emotional words. *American Journal of Psychiatry, 160,* 1938–1945.

Franklin, B. (2005). *The autobiography of Benjamin Franklin, including Poor Richard's Almanac, and familiar letters.* New York: Cosimo Classics. (Original work published 1793)

Franklin, T. R., Acton, P. D., Maldjian, J. A., Gray, J. D., Croft, J. R., Dackis, C. A., et al. (2002). Decreased gray matter concentration in the insular, orbitofrontal, cingulated, and temporal cortices of cocaine patients. *Biological Psychiatry, 51,* 134–142.

Frederick, C., & McNeal, S. (1999). *Inner strengths: Contemporary psychotherapy and hypnosis for ego strengthening.* Mahwah, NJ: Erlbaum.

Fredrickson, B. L. (1998). What good are positive emotions? *Review of General Psychology, 2,* 300–319.

Fredrickson, B. L. (2001). The role of positive emotions in positive psychology: The broaden-and-build theory of positive emotions. *American Psychologist, 56,* 218–226.

Fredrickson, B. L. (2009). *Positivity.* New York: Three Rivers Press.

Fredrickson, B. L., & Branigan, C. (2005). Positive emotions broaden the scope of attention and thought-action repertoires. *Cognition and Emotion, 19,* 313–332.

Fredrickson, B. L., Cohn, M. A., Coffey, K. A., Pek, J., & Finkel, S. M. (2008). Open hearts build lives: Positive emotions, induced through loving-kindness meditation, build consequential personal resources. *Journal of Personality and Social Psychology, 95,* 1045-1062.

Fredrickson, B. L., & Joiner, T. (2002). Positive emotions trigger upward spirals toward emotional well-being. *Psychological Science, 13,* 172-175.

Fredrickson, B. L., Mancuso, R. A., Branigan, C., & Tugade, M. M. (2000). The undoing effect of positive emotions. *Motivation and Emotion, 24,* 237-258.

Freud, S. (1933). *New introductory lectures on psychoanalysis.* New York: Norton.

Freud, S. (1957). Remembering, repeating and working-through (further recommendations on the technique of Psycho-Analysis II). In J. Strachey (Ed.), *The standard edition of the complete psychological works of Sigmund Freud: Vol. 14 (1911-1913): The case of Schreber, papers on technique and other works* (pp. 145-156). London: Hogarth Press.

Fulton, P. R. (2005). Mindfulness as clinical training. In C. K. Germer, R. D. Siegel, & P. R. Fulton (Eds.), *Mindfulness and psychotherapy* (pp. 55-72). New York: Guilford Press.

Fulton, P. R., & Siegel, R. D. (2005). Buddhist and Western psychology: Seeking common ground. In C. K. Germer, R. D. Siegel, & P. R. Fulton (Eds.), *Mindfulness and psychotherapy* (pp. 28-52). New York: Guilford Press.

Gallagher, H. L., Happé, F., Brunswick, N., Fletcher, P. C., & Frith, C. D. (2000). Reading the mind in cartoons and stories: An fMRI study of "theory of mind" in verbal and nonverbal tasks. *Neuropsychologia, 38,* 11-21.

Gallup, G., Jr., & Lindsay, D. M. (1999). *Surveying the religious landscape: Trends in U. S. beliefs.* Harrisburg, PA: Morehouse.

Gambrel, L., & Keeling, M. (2010). Relational aspects of mindfulness: Implications for the practice of marriage and family therapy. *Contemporary Family Therapy: An International Journal, 32*(4), 412-426.

Gardner, H. (1983). *Frames of mind: The theory of multiple intelligences.* New York: Basic Books.

Gardner, H. (1999). Are there additional intelligences?: The case for naturalist, spiritual, and existential intelligences. In J. Kane (Ed.), *Education, information, and transformation* (pp. 111-131). Upper Saddle River, NJ: Prentice-Hall.

Gardner, H. (2006). *Multiple intelligences: New horizons in theory and practice.* New York: Basic.

Garland, E. L., Fredrickson, B. L., Kring, A. M., Johnson, D. P., Meyer, P. S., & Penn, D. L. (2010). Upward spirals of positive emotions counter downward spirals of negativity: Insights from the broaden-and-build theory and affective neuroscience on the treatment of emotion dysfunctions and deficits in psychopathology. *Clinical*

Psychology Review, 30, 849-864.

Garland, E. L., Gaylord, S., & Park, J. (2009). The role of mindfulness in positive reappraisal. *Journal of Science and Healing, 5*, 37-44.

Gehart, D., & McCollum, E. (2007). Engaging suffering: Towards a mindful revisioning of family therapy practice. *Journal of Marital and Family Therapy, 33*(2), 214-226.

Gendlin, E. (1981). *Focusing.* New York: Bantam Books.

Germer, C. K. (2005a). Anxiety disorders: Befriending fear. In C. K. Germer, R. D. Siegel, & P. R. Fulton (Eds.), *Mindfulness and psychotherapy* (pp. 152-172). New York: Guilford Press.

Germer, C. K. (2005b). Mindfulness: What is it? What does it matter? In C. K. Germer, R. D. Siegel, & P. R. Fulton (Eds.), *Mindfulness and psychotherapy* (pp. 3-27). New York: Guilford Press.

Germer, C. K. (2005c). Teaching mindfulness in therapy. In C. K. Germer, R. D. Siegel, & P. R. Fulton (Eds.), *Mindfulness and psychotherapy* (pp. 113-119). New York: Guilford Press.

Germer, C. K. (2009). *The mindful path to self-compassion: Freeing yourself from destructive thoughts and emotions.* New York: Guilford Press.

Germer, C. K., & Neff, K. (2011, July). *Mindful self-compassion training (MSC).* Paper presented at the Max-Planck Institute for Human and Cognitive Brain Sciences conference, Berlin, Germany.

Germer, C. K., Siegel, R. D., & Fulton, P. R. (Eds.). (2005). *Mindfulness and psychotherapy.* New York: Guilford Press.

Gifford, E. V., Kohlenberg, B. S., Hayes, S. C., Antonuccio, D. O., Piasecki, M. M., Rasmussen-Hall, M. L., et al. (2004). Acceptance-based treatment for smoking cessation. *Behavior Therapy, 35*, 689-705.

Gilbert, P. (1984). *Depression: From psychology to brain state.* London: Erlbaum.

Gilbert, P. (1989). *Human nature and suffering.* Hove, UK: Erlbaum.

Gilbert, P. (1992). *Depression: The evolution of pwerlessness.* Hove, UK: Erlbaum.

Gilbert, P. (1993). Defence and safety: Their function in social behaviour and psychopathology. *British Journalof Clinical Psychology, 32*, 131-153.

Gilbert, P. (2000). Social mentalities: Internal "social" conflicts and the role of inner warmth and compassion in cognitive therapy. In P. Gilbert & K. G. Bailey (Eds.), *Genes on the couch: Explorations in evolutionary psychotherapy* (pp. 118-150). Hove, UK: Brenner-Routledge.

Gilbert, P. (2005). *Compassion: Conceptualisations, research and use in psychotherapy.* London: Routledge.

Gilbert, P. (2007a). Evolved minds and compassion in the therapeutic relationship. In P. Gilbert & R. Leahy (Eds.), *The therapeutic relationship in the cognitive behavioural psychotherapies* (pp. 106-142). London: Routledge.

Gilbert, P. (2007b). *Psychotherapy and counselling for depression* (3rd ed.). London: Sage.

Gilbert, P. (2009a). *The compassionate mind: A new approach to life's challenges.* Oakland, CA: New Harbinger Press.

Gilbert, P. (2009b). Introducing compassion focused therapy. *Advances in Psychiatric Treatment, 15,* 199-208.

Gilbert, P. (2009c). *Overcoming depression* (3rd ed.). New York: Basic Books.

Gilbert, P. (2010a). Compassion focused therapy. *International Journal of Cognitive Therapy, 3,* 95-210.

Gilbert, P. (2010b). *Compassion focused therapy: The CBT distinctive features series.* London: Routledge.

Gilbert, P. (2010c). An introduction to compassion focused therapy in cognitive behavior therapy. *International Journal of Cognitive Therapy, 3*(2), 97-112.

Gilbert, P., & Bailey, K. (Eds.). (2000). *Genes on the couch: Explorations in evolutionary psychotherapy.* Hove, UK: Brunner-Routledge.

Gilbert, P., & Irons, C. (2005a). Focused therapies and compassionate mind training for shame and self-attacking. In P. Gilbert (Ed.), *Compassion: Conceptualisations, research and use in psychotherapy* (pp. 263-325). London: Routledge.

Gilbert, P., & Irons, C. (2005b). Therapies for shame and self-attacking, using cognitive, behavioural, emotional imagery and compassionate mind training. In P. Gilbert (Ed.), *Compassion: Conceptualisations, research and use in psychotherapy* (pp. 263-325). London: Routledge.

Gilbert, P., McEwan, K., Matos, M., & Rivis, A. (2011). Fears of compassion: Development of three self-report measures. *Psychology and Psychotherapy: Theory, Research and Practice, 84,* 239-255.

Gilbert, P., & Procter, S. (2006). Compassionate mind training for people with high shame and self-criticism: Overview and pilot study of a group therapy approach. *Clinical Psychology and Psychotherapy, 13,* 353-379.

Gilboa, A. (2004). Autobiographical and episodic memory-one and the same?: Evidence from prefrontal activation in neuroimaging studies. *Neuropsychologia, 42,* 1336-1349.

Gillath, O., Shaver, P., & Mikulincer, M. (2005). An attachment-theoretical approach to compassion and altruism. In P. Gilbert (Ed.), *Compassion: Conceptualisations, research and use in psychotherapy* (pp. 121-147). London: Routledge.

Gilligan, C. (1982). *In a different voice.* Cambridge, MA: Harvard University Press.

Glaser, A. (2005). *A call to compassion: Bringing Buddhist practices of the heart into the soul of psychology.* Lake Worth, FL: Nicolas-Hays.

Glück, J. (2008). Wisdom project descriptions. In *Defining wisdom: A project of the University of Chicago.* Retrieved October 15, 2010, from *wisdomresearch.org/Arete/gluck.aspx.*

Glück, J., & Bluck, S. (2011). Laypeople's conceptions of wisdom and its development: Cognitive and integrative views. *Journal of Gerontology. Series B, Psychological Sciences and Social Sciences, 66*(3), 321-324.

Goel, V., Grafman, J., Sadato, N., & Hallett, M. (1995). Modeling other minds. *NeuroReport, 6,* 1741-1746.

Goetz, J. (2010). *Buddhist conceptions of compassion: Annotated bibliography.* Berkeley: University of California. Retrieved February 10, 2011, from greatergood.berkeley.edu/research/research_compassion_goetz2.html.

Goetz, J., Keltner, D., & Simon-Thomas, S. (2010). Compassion: An evolutionary analysis and empirical review. *Psychological Bulletin, 136*(3), 351-374.

Goldin, P. R., & Gross, J. J. (2010). Effects of mindfulness-based stress reduction (MBSR) on emotion regulation in social anxiety disorder. *Emotion, 10,* 83-91.

Goldin, P. R., Manber-Ball, T., Werner, K., Heimberg, R., & Gross, J. J. (2009). Neural mechanisms of cognitive reappraisal of negative self-beliefs in social anxiety disorder. *Biological Psychiatry, 66,* 1091-1099.

Goldin, P. R., McRae, K., Ramel, W., & Gross, J. J. (2008). The neural bases of emotion regulation: Reappraisal and suppression of negative emotion. *Biological Psychiatry, 63,* 577-586.

Goldstein, J. (2010, May). *The meditative journey.* Paper presented at the Harvard Medical School conference on meditation and psychotherapy, Boston.

Goldstein, J., & Kornfield, J. (1987). *Seeking the heart of wisdom: The path of insight meditation.* Boston: Shambhala.

Goleman, D. (2003). *Destructive emotions: How can we overcome them?* New York: Bantam Dell.

Goleman, D. (2006). *Social intelligence: The new science of human relationships.* New York: Bantam Books.

Gombrich, R. (1992). Dating the Buddha: A red herring revealed. In H. Betchert (Ed.), *The dating of the historical Buddha, Part 2* (pp. 237-259). Gottingen, Germany: Vandenhoeck & Ruprecht.

Goss, K., & Allen, S. (2010). Compassion focused therapy for eating disorders. *International Journal of Cognitive Therapy, 3*(2), 141-158.

Greenberg, L. S. (1983). Toward a task analysis of conflict resolution in Gestalt Therapy. *Psychotherapy: Theory, Research and Practice, 20*(2), 190-201.

Greene, J. D., Nystrom, L. E., Engell, A. D., Darley, J. M., & Cohen, J. D. (2004). The neural bases of cognitive conflict and control in moral judgment. *Neuron, 44,* 389-400.

Greene, J. D., Sommerville, R. B., Nystrom, L. E., Darley, J. M., & Cohen, J. D. (2001). An fMRI investigation of emotional engagement in moral judgment. *Science, 293,* 2105-2108.

Grepmair, L., Mitterlehner, F., Lowe, T., Bachler, E., Rother, W., & Nickel, M. (2007). Promoting mindfulness in psychotherapists in training influences the treatment results of their patients: A randomized, double blind, controlled study. *Psychotherapy Psychosomatics, 76,* 332-338.

Grienenberger, J., Slade, A., & Kelly, K. (2005). Maternal reflective functioning, mother-infant affective communication, and infant attachment: Exploring the link between mental states and observed caregiving behavior in the intergenerational transmission of attachment. *Attachment and Human Development, 7*(3), 299-311.

Grof, S. (1975). *Realsm of the human unconscious.* New York: Viking.

Grof, S. (1998). *The cosmic game.* Albany: State University of New York Press.

Gumley, A., Braehler, C., Laithwaite, H., MacBeth, A., & Gilbert, P. (2010). A compassion focused model of recovery after psychosis. *International Journal of Cognitive Therapy, 3*(2), 186-201.

Gunaratana, H. (1991). *Mindfulness in plain English.* Boston: Wisdom.

Gusnard, D. A., Akbudak, E., Shulman, G. L., & Raichle, M. E. (2001). Medial prefrontal cortex and self-referential mental activity: Relation to a default mode of brain function. *Proceedings of the National Academy of Sciences of the United States of America, 98,* 4259-4264.

Gusnard, D. A., & Raichle, M. E. (2001). Searching for a baseline: Functional imaging and the resting human brain. *Nature Reviews Neuroscience, 2,* 685-694.

Halifax, J. (1993). The road is your footsteps. In T. N. Hanh, *For a future to be possible: Commentaries on the five wonderful precepts.* Berkeley, CA: Parallax Press.

Hall, S. S. (2007, May 6). The new middle ages: The older-and-wiser hypothesis. *New York Times Magazine.* Available at www.nytimes.com/2007/05/06/magazine/06Wisdom-t. html?scp=1&sq=the%20new%20middle%20ages:%20the%20older-and-wiser%20 hypothesis&st=cse.

Hangartner, D. (2011, July). *Cultivating compassion from a Buddhist perspective.* Paper presented at the How to Train Compassion conference, Max-Planck Institute, Berlin.

Hanh, T. N. (1976). *The miracle of mindfulness: A manual on meditation.* Boston:

Beacon Press.

Hanh, T. N. (1998). *The heart of the Buddha's teachings.* Berkeley, CA: Parallax Press.

Hanh, T. N. (1999). *The heart of the Buddha's teaching: Transforming suffering into peace, joy and liberation.* New York: Three Rivers Press.

Hanh, T. N. (2000). *Creating true peace: Ending violence in yourself, your family, your community and the world.* New York: Free Press.

Hanh, T. N. (2003). *Joyfully together: The art of building a harmonious community.* New York: Parallax Press.

Hanh, T. N. (2007). *For a future to be possible: Buddhist ethics for everyday life.* Berkeley, CA: Parallax Press.

Hanson, R., & Mendius, R. (2009). *Buddha's brain: The practical neuroscience of happiness, love, and wisdom.* New York: New Harbinger.

Harbaugh, W. T., Mayr, U., & Burghart, D. R. (2007). Neural responses to taxation and voluntary giving reveal motives for charitable donations. *Science, 316,* 1622–1625.

Harderwijk, R. (2011). The wisdom of emptiness. Retrieved from *viewonbuddhism.org/wisdom_emptiness.html.*

Hariri, A. B., Bookheimer, S. Y., & Mazziotta, J. C. (2000). Modulating emotional responses: Effects of a neocortical network on the limbic system. *NeuroReport, 11,* 43–48.

Harris, R. (2009). *ACT made simple: An easy-to-read primer on acceptance and commitment therapy.* Oakland, CA: New Harbinger.

Harter, S. (1999). *The construction of the self: A developmental perspective.* New York: Guilford Press.

Hartmann, H. (1958). *Ego psychology and the problem of adaptation.* New York: International Universities Press.

Harvey, P. (1990). *An introduction to Buddhism: Teachings, history and practices.* New York: Cambridge University Press.

Harvey, P. (2000). *An introduction to Buddhist ethics.* New York: Cambridge University Press.

Hayes, S. C. (2004). Acceptance and commitment therapy and the new behavior therapies: Mindfulness, acceptance, and relationship. In S. C. Hayes, V. M. Follette, & M. M. Linehan (Eds.), *Mindfulness and acceptance: Expanding the cognitive-behavioral tradition.* New York: Guilford Press.

Hayes, S. C., Follette, V. M., & Linehan, M. M. (Eds.). (2004). *Mindfulness and acceptance: Expanding the cognitive-behavioral tradition.* New York: Guilford Press.

Hayes, S. C., Strosahl, K. D., & Wilson, K. G. (1999). *Acceptance and commitment therapy: An experiential approach to behavior change.* New York: Guilford Press.

Hayes, S. C., Villatte, M., Levin, M., & Hildebrandt, M. (2011). Open, aware, and active: Contextual approaches as an emerging trend in the behavioral and cognitive therapies [Online posting]. *Reviews in Advance, 16*(51).

Hayes, S. C., Wilson, K. G., Gifford, E. V., Follette, V. M., & Strosahl, K. (1996). Experiential avoidance and behavioral disorders: A functional dimensional approach to diagnosis and treatment. *Journal of Consulting and Clinical Psychology, 64,* 1152–1168.

Heatherton, T. F., & Polivy, J. (1990). Chronic dieting and eating disorders: A spiral model. In J. H. Crowther, D. L. Tennenbaum, S. E. Hobfoll, & M. A. P. Stephens (Eds.), *The etiology of bulimia nervosa: The individual and familial context* (pp. 133–155). Washington, DC: Hemisphere.

Hein, G., & Singer, T. (2008). I feel how you feel but not always: The empathic brain and its modulation. *Current Opinion in Neurobiology, 18*(2), 153–158.

Heine, S. J., Lehman, D. R., Markus, H. R., & Kitayama, S. (1999). Is there a universal need for positive self-regard? *Psychological Review, 106,* 766–794.

Hick, S. F., & Bien, T. (Eds.). (2008). *Mindfulness and the therapeutic relationship.* New York: Guilford Press.

Hillman, J. (2003). Foreword. In Heraclitus, *Fragments* (pp. xi–xviii). New York: Penguin Classics.

Hirshfield, J. (2008). *Hiddenness, uncertainty, surprise: Three generative energies of poetry.* Northumberland, UK: Bloodaxe Books.

Hobbes, T. (1962). *Leviathan* (T. Oakeshott, Ed.). New York: Oxford University Press. (Original work published 1651)

Hoffman, M. (1981). Is altruism part of human nature? *Journal of Personality and Social Psychology, 40,* 121–137.

Hofmann, S., & Asmundson, G. (2008). Acceptance and mindfulness-based therapy: New wave or old hat? *Clinical Psychology Review, 28*(1), 1–16.

Hofmann, S., Grossman, P., & Hinton, D. (2011). Loving-kindness and compassion meditation: Potential for psychological interventions. *Clinical Psychology Review, 31,* 1126–1132.

Holliday, S. G., & Chandler, M. J. (1986). *Wisdom: Explorations in adult competence.* Basel, Switzerland: Karger.

Hollis-Walker, L., & Colosimo, K. (2011). Mindfulness, self-compassion, and happiness in non-meditators: A theoretical and empirical examination. *Personality and Individual Differences, 50*(2), 222–227.

Hölzel, B. K., Carmody, J., Vangel, M., Congleton, C., Yerramsetti, S. M., Gard, T., et al. (2011).

Mindfulness practice leads to increases in regional brain gray matter density. *Psychiatry Research: Neuroimaging, 191,* 36-42.

Hölzel, B. K., Lazar, S. W., Gard, T., Schuman-Olivier, Z., Vago, D. R., & Ott, U. (2011). How does mindfulness meditation work?: Proposing mechanisms of action from a conceptual and neural perspective. *Perspectives on Psychological Science, 6,* 537-559.

Hölzel, B. K., Ott, U., Gard, T., Hempel, H., Weygandt, M., Morgen, K., et al. (2008). Investigation of mindfulness meditation practitioners with voxed-based morphometry. *SCAN, 3,* 55-61.

Hooker, T., & Hooker, L. (2004). Sumer: Origins, civilisation and myths. *Bath Royal Literary and Scientific Institution Proceedings.* Retrieved from www.brlsi.org/proceed05/antiquity1104.html.

Horn, N. R., Dolan, M., Elliott, R., Deakin, J. F., & Woodruff, P. W. (2003). Response inhibition and impulsivity: An fMRI study. *Neuropsychologia, 41,* 1959-1966.

Horney, K. (1950). *Neurosis and human growth: The struggle toward self-realization.* New York: Norton.

Horney, K. (1967). The flight from womanhood. In H. Kelman (Ed.), *Feminine psychology* (pp. 54-70). New York: Norton. (Original work published 1926)

Huettel, S. A., Stowe, C. J., Gordon, E. M., Warner, B. T., & Platt, M. L. (2006). Neural signatures of economic preferences for risk and ambiguity. *Neuron, 49,* 765-775.

Hui, H. C., & Yee, C. (1994). The shortened individualism and collectivism scale: Its relationship to demographic and work-related variables. *Journal of Research in Personality, 28,* 409-424.

Hume, D. (1978). *A treatise of human nature.* New York: Oxford University Press. (Original work published 1888)

Hutcherson, C. A., Seppala, E. M., & Gross, J. J. (2008). Loving-kindness meditation increases social connectedness. *Emotion, 8,* 720-724.

Hyde, K. L., Lerch, J., Norton, A., Forgeard, M., Winner, E., Evans, A. C., et al. (2009). Musical training shapes structural brain development. *Journal of Neuroscience, 29*(10), 3019-3025.

Iacoboni, M. (2008). *Mirroring people.* New York: Farrar, Giroux & Strauss.

Immordino-Yang, M., McColl, A., Damasio, H., & Damasio, A. (2009). Neural correlates of admiration and compassion. *Proceedings of the National Academy of Sciences, 106*(19), 8021-8026.

Izard, C. E. (1977). *Human emotion.* New York: Plenum Press.

Jackson, S. W. (1990). *Melancholia and depression: From Hippocratic times to modern times.* New Haven, CT: Yale University Press.

Jager, W. (1994). *Contemplation: A Christian path.* Liguori, MO: Liguori.

Jager, W., & Quarch, C. (2000). *Die Welle ist das Meer: Mystische Spiritualität* [The wave is the sea: Mystical spirituality]. Freiburg, Germany: Herder.

James, W. (2007). *The principles of psychology, Vol. 1.* New York: Cosimo. (Original work published 1890)

James, W. (2010). *The varieties of religious experience.* Seattle: Pacific Publishing Studio. (Original work published 1902)

Jeste, D. V., Ardelt, M., Blazer, D., Kraemer, H. C., Vaillant, G., & Meeks, T. W. (2010). Expert consensus on the characteristics of wisdom: A Delphi method study. *Gerontologist, 50*, 668-680.

Jeste, D. V., & Harris, J. C. (2010). Commentary: Wisdom—a neuroscience perspective. *Journal of the American Medical Association, 304*, 1602-1603.

Jeste, D. V., & Vahia, I. (2008). Comparison of the conceptualization of wisdom in ancient Indian literature with modern views: Focus on the Bhagavad Gita. *Psychiatry, 71*, 197-209.

Jinpa, T., Rosenberg, E., McGonigal, K., Cullen, M., Goldin, P., & Ramel, W. (2009). *Compassion cultivation training (CCT): An eight-week course on cultivating compassionate heart and mind.* Unpublished manuscript, Center for Compassion and Altruism Research and Education, Stanford University, Stanford, CA.

Johanson, G. (2009). Nonlinear science, mindfulness, and the body in humanistic psychotherapy. *The Humanistic Psychologist, 37*(2), 159-177.

Johnson, D. P., Penn, D. L., Fredrickson, B. L., Kring, A. M., Meyer, P. S., Catalino, L. I. et al. (2011). A pilot study of loving-kindness meditation for the negative symptoms of schizophrenia. *Schizophrenia Research, 129*, 137-140.

Johnson, D. P., Penn, D. L., Fredrickson, B. L., Meyer, P., Kring, A., & Brantley, M. (2009). Loving-kindness meditation to enhance recovery from negative symptoms of schizophrenia. *Journal of Clinical Psychology, 65*(5), 1-11.

Johnson, K. J., & Fredrickson, B. L. (2005). We all lock the same to me: Positive emotions eliminate the own-race bias in face recognition. *Psychological Science, 16*, 875-881.

Johnson, S. (2004). *The practice of emotionally focused couples therapy: Creating connection* (2nd ed.). New York: Brunner-Routledge.

Johnson, S. (2009). Extravagant emotion: Understanding and transforming love relationships in emotionally focused therapy. In D. Fosha, D. J. Siegel, & M. Solomon (Eds.), *The healing power of emotion: Affective neuroscience, development, and clinical practice* (pp. 257-279). New York: Norton.

Jones, E. E., & Nisbett, R. E. (1971). *The actor and the observer: Divergent perceptions of the causes of behavior*. New York: General Learning Press.

Jones, J. M. (2007). Exposure to chronic community violence: Resilience in African American children. *Journal of Black Psychology, 33*(2), 125-149.

Jordan, J. (1995). Relational awareness: Transforming disconnection. *Work in Progress, No. 76*. Wellesley, MA: Stone Center Working Paper Series.

Jordan, J. (2005). The quest for wisdom in adulthood: A psychological perspective. In R. J. Sternberg & J. Jordan (Eds.), *A handbook of wisdom: Psychological perspectives* (pp. 160-188). New York: Cambridge University Press.

Jordan, J. (2010). *Relational-cultural therapy*. Washington, DC: American Psychological Association.

Jordan, J. V. (1997). (Ed.). *Women's growth in diversity: More writings from the Stone Center*. New York: Guilford Press.

Jordan, J. V., Kaplan, A. G., Miller, J. B., Stiver, I. P., & Surrey, J. L. (Eds.). (1991). *Women's growth in connection: Writings from the Stone Center*. New York: Guilford Press.

Jordan, J. V., Walker, M., & Hartling, L. M. (Eds.). (2004). *The complexity of connection: Writings from the Stone Center's Jean Baker Miller Training Institute*. New York: Guilford Press.

Jung, C. G. (1938). *The collected works of C. G. Jung, Vol. 11: Psychology and religion: West and East* (R. F. C. Hull, Trans.). Princeton, NJ: Princeton University Press.

Jung, C. G. (1969). *The collected works of C. G. Jung, Vol. 8: The structure and dynamics of the psyche* (2nd ed.). (R. F. C. Hull, Trans.). Princeton, NJ: Princeton University Press.

Jung, C. G. (1981). *The collected works of C. G. Jung, Vol. 9: The archetypes and the collective unconscious* (R. F. C. Hull, Trans.). Princeton, NJ: Princeton University Press.

Kabat-Zinn, J. (1982). An outpatient program in behavioral medicine for chronic pain patients based on the practice of mindfulness meditation: Theoretical considerations and preliminary results. *General Hospital Psychiatry, 4*, 33-47.

Kabat-Zinn, J. (1990). *Full catastrophe living: Using the wisdom of your body and mind to face stress, pain and illness*. New York: Dell.

Kabat-Zinn, J. (1994). *Wherever you go, there you are*. New York: Hyperion.

Kabat-Zinn, J. (2003). Mindfulness-based interventions in context: Past, present, and future. *Clinical Psychology: Science and Practice, 10*(2), 144-156.

Kabat-Zinn, J., Lipworth, L., & Burney, R. (1985). The clinical use of mindfulness meditation for the self-regulation of chronic pain. *Journal of Behavioral Medicine, 8*, 163-190.

Kabat-Zinn, J., Massion, A. O., Kristeller, J., Peterson, L. G., Fletcher, K. E., Pbert, L., et al.

(1992). Effectiveness of a meditation-based stress reduction program in the treatment of anxiety disorders. *American Journal of Psychiatry, 149,* 936-943.

Kabat-Zinn, M. (1998). *Mindful parenting: Interview with Jon and Myla Kabat-Zinn.* Yes! blog. Retrieved April 10, 2011, from www.yesmagazine.org/issues/millennium-survival-guide/mindful-parenting.

Kahill, S. (1988). Symptoms of professional burnout: A review of the empirical evidence. *Canadian Psychology/Psychologie Canadienne, 59,* 284-297.

Kaiser Greenland, S. (2010). *The mindful child.* New York: Free Press.

Kane, A. (2010). A grounded theory study of mindfulness and self-compassion as they relate to clinical efficacy and clinician self-care. *Dissertation Abstracts International, 70*(9-B), 5826.

Karcher, S. (2001). *The Kuan Yin oracle: The voice of the goddess of compassion.* London: Piatkus.

Kauer, J. A., & Malenka, R. C. (2007). Synaptic plasticity and addiction. *Nature Reviews Neuroscience, 8,* 844-858.

Keats, J. (1987). Letter to "my darling brothers." In R. Gittings (Ed.), *The letters of John Keats.* Oxford, UK: Oxford University Press. (Original letter dated 1818)

Kelly, A. C., Suroff, D., & Shapira, L. (2009). Soothing oneself and resisting self-attacks: The treatment of two intrapersonal deficits in depression vulnerability. *Cognitive Therapy and Research, 33,* 301-313.

Kelly, A. C., Zuroff, D. C., Foa, C. L., & Gilbert, P. (2009). Who benefits from training in self-compassionate self-regulation?: A study of smoking reduction. *Journal of Social and Clinical Psychology, 29,* 727-755.

Keltner, D. (2009). *Born to be good: The science of meaningful life.* New York: Norton.

Kennedy, S. H., Konarski, J. Z., Segal, Z. V., Lau, M. A., Bieling, P. J., McIntyre, R. S., et al. (2007). Differences in brain glucose metabolism between responders to CBT and venlafaxine in a 16-week randomized controlled trial. *American Journal of Psychiatry, 164,* 778-788.

Kernis, M. H., Cornell, D. P., Sun, C. R., Berry, A., & Harlow, T. (1993). There's more to self-esteem than whether it is high or low: The importance of stability of self-esteem. *Journal of Personality and Social Psychology, 65,* 1190-1204.

Kessler, R. C., Sonnega, A., Bromet, E., Hughes, M., & Nelson, C. B. (1995). Posttraumatic stress disorder in the National Comorbidity Survey. *Archives of General Psychiatry, 52,* 1048-1060.

Khong, B., & Mruk, C. (2009). Editor's introduction to special issue on mindfulness in psychology. *The Humanistic Psychologist, 37*(2), 109-116.

Kim, J., Kim, S., Kim, J., Joeng, B., Park, C., Son, A., et al. (2011). Compassionate attitude towards others' suffering activates the mesolimbic neural system. *Neuropsychologia, 47,* 2073-2081.

Kim, S. H., & Hamann, S. (2007). Neural correlates of positive and negative emotion regulation. *Journal of Cognitive Neuroscience, 19,* 776-798.

Kingston, J., Clarke, S., & Remington, B. (2010). Experiential avoidance and problem behavior: A meditational analysis. *Behavior Modification, 34*(2), 145-163.

Kipling, R. (1999). If. In *The Collected Poems of Rudyard Kipling* (p. 605). London: Wordsworth Editions. (Original work published 1910)

Kirsch, P., Esslinger, C., Chen, Q., Mier, D., Lis, S., Siddhanti, S., et al. (2005). Oxytocin modulates neural circuitry for social cognition and fear in humans. *Journal of Neuroscience, 25,* 11489-11493.

Kitchener, K. S., & Brenner, H. G. (1990). Wisdom and reflective judgment: Knowing in the face of uncertainty. In R. J. Sternberg (Ed.), *Wisdom: Its nature, origins, and development* (pp. 212-229). New York: Cambridge University Press.

Klimecki, O., & Singer, T. (in press). Empathic distress fatigue rather than compassion fatigue?: Integrating findings from empathy research in psychology and social neuroscience. In B. Oakley, A. Knafo, G. Madhavan, & D. S. Wilson (Eds.), *Pathological altruism.* New York: Oxford University Press.

Knutson, B. (2004). Behavior: Sweet revenge? *Science, 305,* 1246-1247.

Kok, B. E., Coffey, K., Cohn, M. A., Algoe, S. B., Catalino, L. I., Vacharkulksemsuk, T., et al. (2011). *Made for loving: Vagal tone predicts responsiveness to loving-kindness meditation and loving-kindness meditation increases vagal tone.* Manuscript in preparation.

Kok, B. E., & Fredrickson, B. L. (2010). Upward spirals of the heart: Autonomic flexibility, as indexed by vagal tone, reciprocally and prospectively predicts positive emotions and social connections. *Biological Psychology, 85,* 432-436.

Koons, C. R., Robins, C. J., Tweed, J. L., Lynch, T. R., Gonzalez, A. M., Morse, J. Q., et al. (2001). Efficacy of dialectical behavior therapy in women veterans with borderline personality disorder. *Behavior Therapy, 32,* 371-390.

Kopelman, S., Rosette, A. S., & Thompson, L. (2006). The three faces of Eve: Strategic displays of negative, positive, and neutral emotions in negotiations. *Organizational Behavior and Human Decision Processes, 99,* 81-101.

Kornfield, J. (2008a, February). Lecture at Spirit Rock Meditation Center, Woodacre, CA.

Kornfield, J. (2008b). *The wise heart: A guide to the universal teachings of Buddhist psychology.* New York: Bantam.

Krain, A. L., Wilson, A. M., Arbuckle, R., Castellanos, F. X., & Milham, M. P. (2006). Distinct neural mechanisms of risk and ambiguity: A meta-analysis of decision-making. *NeuroImage, 32,* 477–484.

Kramer, D. A. (1990). Conceptualizing wisdom: The primacy of affect-cognition relations. In R. J. Sternberg (Ed.), *Wisdom: Its nature, origins, and development* (pp. 279–313). New York: Cambridge University Press.

Kramer, D. A. (2000). Wisdom as a classical source of human strength: Conceptualization and empirical inquiry. *Journal of Social and Clinical Psychology, 19,* 83–101.

Kramer, G. (2007). *Insight dialogue: The interpersonal path to freedom.* Boston: Shambhala.

Krause, N. (2006). Exploring the stress-buffering effects of church-based and secular social support on self-rated health in late life. *Journal of Gerontology: Social Sciences, 61B,* S35–S43.

Kristeller, J., & Johnson, T. (2005). Science looks at spirituality: Cultivating loving kindness—a two-stage model of the effects of meditation on empathy, compassion, and altruism. *Zygon, 4*(2), 391–407.

Krüger, E. (2010). *Effects of a meditation-based programme of stress reduction on levels of self-compassion.* Master's thesis, School of Psychology, Bangor University, Wales, UK.

Kruger, J., & Dunning, D. (1999). Unskilled and unaware of it: How difficulties in recognizing one's own incompetence lead to inflated self-assessments. *Journal of Personality and Social Psychology, 77*(6), 1121–1134.

Kunzmann, U., & Baltes, P. B. (2005). The psychology of wisdom: Theoretical and empirical challenges. In R. J. Sternberg & J. Jordan (Eds.), *A handbook of wisdom: Psychological perspectives* (pp. 110–135). New York: Cambridge University Press.

Kupperman, J. J. (1990). Morality, ethics, and wisdom. In R. J. Sternberg & J. Jordan (Eds.), *A handbook of wisdom: Psychological perspectives* (pp. 245–271). New York: Cambridge University Press.

Kuyken, W., Watkins, E., Holden, E., White, K., Taylor, R. S., Byford, S., et al. (2010). How does mindfulness-based cognitive therapy work? *Behaviour Research and Therapy, 48,* 1105–1112.

Kwok, V., Niu, Z., Kay, P., Zhou, K., Mo, L., Jin, Z., et al. (2011). Learning new color names produces rapid increase in gray matter in the intact adult human cortex. *Proceedings of the National Academy of Sciences, 108*(16), 6686–6688.

Labouvie-Vief, G. (1990). Wisdom as integrated thought: Historical and developmental perspectives. In R. J. Sternberg (Ed.), *Wisdom: Its nature, origins, and development* (pp.

52-83). New York: Cambridge University Press.

Ladner, L. (2004). *The lost art of compassion: Discovering the practice of happiness in the meeting of Buddhism and psychology*. New York: HarperCollins.

Lajoie, D. H., & Shapiro, S. Y. (1992). Definitions of transpersonal psychology: The first twenty-three years. *Journal of Transpersonal Psychology, 24*(1), 79-98.

Lambert, C. (2007). The science of happiness: Psychology explores humans at their best. *Harvard Magazine, 109*(3), 26.

Lambert, M. J., & Barley, D. E. (2001). Research summary on the therapeutic relationship and psychotherapy outcome. *Psychotherapy, 38,* 357-361.

Langemann, R., & Yamaner, S. (2011, July). *How to train compassion with the model of nonviolent communication*. Paper presented at the Max-Planck Institute for Human and Cognitive Brain Sciences conference, Berlin, Germany.

Langer, E. J. (1989). *Mindfulness*. Cambridge, MA: Merloyd Lawrence Books.

Layard, R. (2010). Measuring subjective well-being: How should human happiness and life satisfaction be assessed? *Science, 327,* 534-553.

Lazar, S. W., Kerr, C. E., Wasserman, R. H., Gray, J. R., Greve, D. N., Treadway, M. T., et al. (2005). Meditation experience is associated with increased cortical thickness. *NeuroReport, 16,* 1893-1897.

Lazarus, R. (1991). *Emotion and adaptation*. Oxford, UK: Oxford University Press.

Leary, M. R., Tate, E. B., Adams, C. E., Allen, A. B., & Hancock, J. (2007). Self-compassion and reactions to unpleasant self-relevant events: The implications of treating oneself kindly. *Journal of Personality and Social Psychology, 92,* 887-904.

Ledi, S. (1999). *The manuals of Dhamma*. Igatpuri, India: Vipassana Research Institute.

LeDoux, J. (1998). *The emotional brain*. London: Weidenfeld & Nicolson.

Lee, D. A. (2005). The perfect nurturer: A model to develop a compassionate mind within the context of cognitive therapy. In P. Gilbert (Ed.), *Compassion: Conceptualisations, research and use in psychotherapy* (pp. 326-351). Hove, UK: Routledge.

Levitt, J. T., Brown, T. A., Orsillo, S. M., & Barlow, D. H. (2004). The effects of acceptance versus suppression of emotion on subjective and psychophysiological response to carbon dioxide challenge in patients with panic disorder. *Behavior Therapy, 35,* 747-766.

Levy, B. R., Slade, M. D., Kunkel, S. R., & Kasl, S. V. (2002). Longevity increased by positive self-perceptions of aging. *Journal of Personality and Social Psychology, 83*(2), 261-270.

Lewin, R. (1996). *Compassion: The core value that animates psychotherapy*. Lanham, MD: Jason Aronson.

Leyro, T., Zvolensky, M., & Bernstein, A. (2010). Distress tolerance and psychopathological symptoms and disorders: A review of the empirical literature among adults. *Psychological Bulletin, 136*(4), 576-600.

Lieberman, M. D. (2007). Social cognitive neuroscience: A review of core processes. *Annual Review of Psychology, 58,* 259-289.

Lieberman, M. D., Eisenberger, N. I., Crockett, M. J., Tom, S. M., Pfeifer, J. H., & Way, B. M. (2007). Putting feelings into words: Affect labeling disrupts amygdala activity in response to affective stimuli. *Psychological Science, 18,* 421-428.

Linden, M. (2008). Posttraumatic embitterment disorder and wisdom therapy. *Journal of Cognitive Psychotherapy: An International Quarterly, 22*(1), 4-14.

Lindgren, K. N., & Coursey, R. D. (1995). Spirituality and serious mental illness: A two-part study. *Psychosocial Rehabilitation Journal, 18,* 93-111.

Linehan, M. M. (1993a). *Cognitive-behavioral treatment of borderline personality disorder.* New York: Guilford Press.

Linehan, M. M. (1993b). *Skills training manual for treating borderline personality disorder.* New York: Guilford Press.

Linehan, M. M. (1994). Acceptance and change: The central dialectic in psychotherapy. In S. C. Hayes, N. S. Jacobson, V. M. Follette, & M. J. Dougher (Eds.), *Acceptance and change: Content and context in psychotherapy* (pp. 73-87). Reno, NV: Context Press.

Linehan, M. M. (1997). Validation and psychotherapy. In A. C. Bohart & L. S. Greenberg (Eds.), *Empathy reconsidered: New directions in psychotherapy* (pp. 353-392). Washington, DC: American Psychological Association.

Linehan, M. M., Armstrong, H. E., Suarez, A., Allmon, D., & Heard, H. L. (1991). Cognitive-behavioral treatment of chronically parasuicidal borderline patients. *Archives of General Psychiatry, 48,* 1060-1064.

Linehan, M. M., Comtois, K. A., Murray, A. M., Brown, M. Z., Gallop, R. J., Heard, H. L., et al. (2006). Two-year randomized controlled trial and follow-up of dialectical behavior therapy vs. therapy by experts for suicidal behaviors and borderline personality disorder. *Archives of General Psychiatry, 63,* 757-766.

Linehan, M. M., & Dimeff, L. A. (1995, November). *Dialectical behavior therapy for women with borderline personality disorder and substance abuse.* Symposium conducted at the annual convention of the Association for the Advancement of Behavior Therapy, Washington, DC.

Linehan, M. M., Dimeff, L. A., Reynolds, S. K., Comtois, K. A., Welch, S. S., Heagerty, P., et al. (2002). Dialectical behavior therapy versus comprehensive validation therapy plus 12-step for the treatment of opioid-dependent women meeting criteria for borderline personality disorder. *Drug and Alcohol Dependence, 67,* 13-26.

Linehan, M. M., McDavid, J. D., Brown, M. Z., Sayrs, J. H., & Gallop, R. J. (2008). Olanzapine plus dialectical behavior therapy for women with high irritability who meet criteria for borderline personality disorder: A double-blind, placebo-controlled study. *Journal of Clinical Psychiatry, 69,* 999-1005.

Linehan, M. M., & Schmidt, H. I., II. (1995). The dialectics of effective treatment of borderline personality disorder. In W. O. O'Donohue & L. Krasner (Eds.), *Theories in behavior therapy: Exploring behavior change* (pp. 553-584). Washington, DC: American Psychological Association.

Linehan, M. M., Schmidt, H., III, Dimeff, L. A., Craft, J. C., Kanter, J., & Comtois, K. A. (1999). Dialectical behavior therapy for patients with borderline personality disorder and drug-dependence. *American Journal on Addiction, 8,* 279-292.

Linehan, M. M., & Shaw-Welch, S. (2002, November). *Dialectical behavior therapy (DBT) for suicidal clients meeting criteria for borderline personality disorder (BPD).* Symposium conducted at the annual convention of the Association for Advancement of Behavior Therapy, Reno, NV.

Litz, B. T., Stein, N., Delaney, E., Lebowitz, L., Nash, W. P., Silva, C., et al. (2009). Moral injury and moral repair in war veterans: A preliminary model and intervention strategy. *Clinical Psychology Review, 29,* 695-706.

Lowens, I. (2010). Compassion focused therapy for people with bipolar disorder. *International Journal of Cognitive Therapy, 3*(2), 172-185.

Lutz, A., Brefczynski-Lewis, J., Johnstone, T., & Davidson, R. J. (2008). Regulation of the neural circuitry of emotion by compassion meditation: Effects of meditative expertise. *Public Library of Science, 3*(3), 1-5.

Lutz, A., Greischar, L. L., Perlman, D. M., & Davidson, R. J. (2009). BOLD signal in insula is differentially related to cardiac function during compassion meditation in experts vs. novices. *NeuroImage, 47,* 1038-1046.

Lutz, A., Greischar, L. L., Rawlings, N. B., Ricard, M., & Davidson, R. J. (2004). Long-term meditators self-induce high-amplitude gamma synchrony during mental practice. *Proceedings of the National Academy of Sciences of the United State of America, 101,* 16369-16373.

Lykins, E. L., & Baer, R. A. (2009). Psychological functioning in a sample of long-term practitioners of mindfulness meditation. *Journal of Cognitive Psychotherapy, 23,* 226-241.

Lynch, T. R., Trost, W. T., Salsman, N., & Linehan, M. M. (2007). Dialectical behavior therapy for borderline personality disorder. *Annual Review of Clinical Psychology, 3,* 181-205.

Lysaker, P., Gumley, A., & Dimaggio, G. (2011). Metacognitive disturbances in persons with severe mental illness: Theory, correlates with psychopathology, and models of psychotherapy. *Psychology and Psychotherapy: Theory, Research and Practice, 84*, 1-8.

Lyubomirsky, S. (2008). *The how of happiness: A scientific approach to getting the life you want.* New York: Penguin Press.

Macdonald, K., & MacDonald, T. M. (2010). The peptide that binds: A systematic review of oxytocin and its prosocial effects in humans. *Harvard Review of Psychiatry, 18*, 1-21.

Magnus, C. M. R., Kowalski, K. C., & McHugh, T.-L. F. (2010). The role of self-compassion in women's self-determined motives to exercise and exercise-related outcomes. *Self and Identity, 9*, 363-382.

Makransky, J. (2007). *Awakening through love: Unveiling your deepest goodness.* Boston: Wisdom.

Marlatt, G. A. (Ed.). (2002). *Harm reduction: Pragmatic strategies for managing high-risk behaviors.* New York: Guilford Press.

Marlatt, G. A., & Gordon, J. R. (Eds.). (1985). *Relapse prevention: Maintenance strategies in the treatment of addictive behaviors.* New York: Guilford Press.

Martin, D. J., Garske, J. P., & Davis, M. K. (2000). Relation of the therapeutic alliance with outcome and other variables: A meta-analytic review. *Journal of Consulting and Clinical Psychology, 68*, 438-450.

Maslow, A. H. (1968). *Toward a psychology of being.* New York: Van Nostrand.

Maslow, A. H., & Lowry, R. (Ed.). (1973). *Dominance, self-esteem, self-actualization: Germinal papers of A. H. Maslow.* Monterey, CA: Brooks/Cole.

Mason, M. F., Norton, M. I., Van Horn, J. D., Wegner, D. M., Grafton, S. T., & Macrae, C. N. (2007). Wandering minds: The default network and stimulus-independent thought. *Science, 315*, 393-395.

Mathalon, D. H., Pfefferbaum, A., Lim, K. O., Rosenbloom, M. J., & Sullivan, E. V. (2003). Compounded brain volume deficits in schizophrenia-alcoholism comorbidity. *Archives of General Psychiatry, 60*, 254-252.

May, G. G. (1982). *Will and spirit: A contemplative psychology.* San Francisco: Harper & Row.

McCann, I. L., & Pearlman, L. A. (1990). *Psychological trauma and the adult survivor: Theory, therapy, and transformation.* New York: Brunner/Mazel.

McCarthy, M. (1995). Estrogen modulation of oxytocin and its relation to behavior. *Advances in Experimental Medicine and Biology, 395*, 235-245.

McCullough, M. E., Sandage, S. J., & Worthington, E. L., Jr. (1997). *To forgive is human: How to put your past in the past.* Downers Grove, IL: InterVarsity Press.

McKay, M., & Fanning, P. (1987). *Self-esteem.* Oakland, CA: New Harbinger.

McLellan, A. T., Lewis, D. C., O'Brien, C. P., & Kleber, H. D. (2000). Drug dependence, a chronic mental illness: Implications for treatment, insurance, and outcomes evaluation. *Journal of the American Medical Association, 284,* 1689-1695.

McMahon, D. (2007). *The pursuit of happiness: A history from the Greeks to the present.* London: Penguin.

Mcmain, S. F., Links, P. S., Gnam, W. H., Guimond, T., Cardish, R. J., Korman, L., et al. (2009). A randomized trial of dialectical behavior therapy versus general psychiatric management for borderline personality disorder. *American Journal of Psychiatry, 166,* 1365-1374.

Meeks, T. W., & Jeste, D. V. (2009). Neurobiology of wisdom: A literature overview. *Archives of General Psychiatry, 66,* 355-365.

Meins, E., Fernyhough, C., Wainwright, R., Das Gupta, M., Fradley, E., & Tuekey, M. (2002). Maternal mind-mindedness and attachment security as predictors of theory of mind understanding. *Child Development, 73*(6), 1715-1726.

Mennin, D. S., Heimberg, R. G., Turk, C. L., & Fresco, D. M. (2005). Preliminary evidence for an emotion regulation deficit model of generalized anxiety disorder. *Behavior Research and Therapy, 43,* 1281-1310.

Merriam-Webster. (2006). Merriam-Webster On-line Dictionary. Available at *www.m-w. com/dictionary/validation.*

Merriam-Webster. (2011). *Webster's Third New International Dictionary, Unabridged.* Springfiled, MA: Author.

Merton, T. (2008). *Choosing to love the world: On contemplation.* Louisville, CO: Sounds True.

Mikulincer, M., & Shaver, P. R. (2007). *Attachment in adulthood: Structure, dynamics, and change.* New York: Guilford Press.

Miller, A. L., Rathus, J. H., & Linehan, M. M. (2006). *Dialectical behavior therapy with suicidal adolescents.* New York: Guilford Press.

Miller, G. (2009). Neuroscience: A quest for compassion. *Science, 324,* 458-459.

Miller, J. (1986). *Toward a new psychology of women.* Boston: Beacon Press.

Miller, J., & Stiver, I. (1997). *The healing connection: How women form relationships in therapy and in life.* Boston: Beacon Press.

Miller, W. R., & Rollnick, S. (1991). *Motivational interviewing: Preparing people to change addictive behavior.* New York: Guilford Press.

Moll, J., Krueger, F., Zahn, R., Pardini, M., Oliveira-Souza, R., & Grafman, J. (2006). Human fronto-mesolimbic networks guide decisions about charitable donation.

Proceedings of the National Academy of Sciences, 103, 15623-15628.

Mongrain, M., Chin, J., & Shapira, L. B. (in press). Practicing compassion increases happiness and self-esteem. *Journal of Happiness Studies.*

Monroe, K. (2002). Explicating altruism. In S. G. Post, L. G. Underwood, J. P. Schloss, & W. B. Hurlbut (Eds.), *Altruism and altruistic love: Science, philosophy, and religion in dialogue* (pp. 51-64). New York: Oxford University Press.

Montague, P. R., & Berns, G. S. (2002). Neural economics and the biological substrates of valuation. *Neuron, 36*, 265-284.

Monteiro, L., Nuttall, S., & Musten, F. (2010). Five skillful habits: An ethics-based mindfulness intervention. *Counseling and Spirituality, 29*(1), 91-104.

Morgan, W. D., & Morgan, S. T. (2005). Cultivating attention and empathy. In C. K. Germer, R. D. Siegel, & P. R. Fulton (Eds.), *Mindfulness and psychotherapy* (pp. 73-90). New York: Guilford Press.

Mosewich, A. D., Kowalski, K. C., Sabiston, C. M., Sedgwick, W. A., & Tracy, J. L. (2011). Self-compassion: A potential resource for young women athletes. *Journal of Sport and Exercise Psychology, 33*, 103-123.

Murphy, T. J., Pagano, R. R., & Marlatt, G. A. (1986). Lifestyle modification with heavy alcohol drinkers: Effects of aerobic exercise and meditation. *Addictive Behaviors, 11*, 175-186.

Myers, D. (2000). The funds, friends, and faith of happy people. *American Psychologist, 55*, 56-67.

Nairn, R. (2009, September). *Lecture as part of foundation training in compassion.* Kagyu Samye Ling Monastery, Dumfriesshire, Scotland.

Nanamoli, B., & Bodhi, B. (Trans.). (1995). *The middle length discourses of the Buddha.* Boston: Wisdom.

Naranjo, C. (1970). Present-centeredness: Technique, prescription, and ideal. In J. Fagan & I. L. Shepherd (Eds.), *Gestalt therapy now.* Palo Alto, CA: Science and Behavior Books.

Neely, M. E., Schallert, D. L., Mohammed, S. S., Roberts, R. M., & Chen, Y. (2009). Self-kindness when facing stress: The role of self-compassion, goal regulation, and support in college students' well-being. *Motivation and Emotion, 33*, 88-97.

Neff, K. (2009). Self-compassion. In M. R. Leary & R. H. Hoyle (Eds.), *Handbook of individual differences in social behavior* (pp. 561-573). New York: Guilford Press.

Neff, K. D. (2003a). Development and validation of a scale to measure self-compassion. *Self and Identity, 2*, 223-250.

Neff, K. D. (2003b). Self-compassion: An alternative conceptualization of a healthy attitude toward oneself. *Self and Identity, 2*, 85-102.

Neff, K. D. (2011a). Self-compassion, self-esteem, and well-being. *Social and Personality Compass, 5*, 1-12.

Neff, K. D. (2011b). *Self-compassion: Stop beating yourself up and leave insecurity behind.* New York: William Morrow.

Neff, K. D., & Beretvas, S. N. (in press). The role of self-compassion in romantic relationships. *Self and Identity.*

Neff, K. D., Hseih, Y., & Dejitthirat, K. (2005). Self-compassion, achievement goals, and coping with academic failure. *Self and Identity, 4*, 263-287.

Neff, K. D., Kirkpatrick, K., & Rude, S. S. (2007). Self-compassion and its link to adaptive psychological functioning. *Journal of Research in Personality, 41*, 139-154.

Neff, K. D., & McGeehee, P. (2010). Self-compassion and psychological resilience among adolescents and young adults. *Self and Identity, 9*, 225-240.

Neff, K. D., Pisitsungkagarn, K., & Hseih, Y.-P. (2008). Self-compassion and self-construal in the United States, Thailand, and Taiwan. *Journal of Cross-Cultural Psychology, 39*, 267-285.

Neff, K. D., & Pommier, E. (in press). The relationship between self-compassion and other-focused concern among college undergraduates, community adults, and practicing meditators. *Self and Identity.*

Neff, K. D., & Rude, S. S., & Kirkpatrick, K. (2007). An examination of self-compassion in relation to positive psychological functioning and personality traits. *Journal of Research in Personality, 41*, 908-916.

Neff, K. D., & Vonk, R. (2009). Self-compassion versus global self-esteem: Two different ways of relating to oneself. *Journal of Personality, 77*, 23-50.

Neff, K. D., Yarnell, L., & Pommier, E. (2011). *The relationship between self-compassion and other-focused concern.* Unpublished manuscript.

Negi, L. (2009). *Emory compassion meditation protocol.* Unpublished manuscript, Emory University, Atlanta, GA.

Nesse, R. (2000). Is depression and adaptation? *Archives of General Psychiatry, 57*, 14-20.

Nielsen, L., & Kaszniak, A. W. (2006). Awareness of subtle emotional feelings: A comparison of long-term meditators and nonmeditators. *Emotion, 6*, 392-405.

Nietzsche, F. (2010). *Beyond good and evil.* New York: Tribeca Books. (Original work published 1923)

Nisargadatta, S. (1973). *I am that.* Durham, NC: Acorn Press.

Nishijima, G., & Cross, C. (2006). *Master Dogen's Shobogenzo.* Charleston, SC: BookSurge.

Nolen-Hoeksema, S. (1991). Responses to depression and their effects on the duration of depressive episodes. *Journal of Abnormal Psychology, 100*, 569-582.

Norcross, J. (Ed.). (2002). *Psychotherapy relationships that work: Therapist contribution and responsiveness to patient.* New York: Oxford University Press.

Nussbaum, M. (1996). Compassion: The basic social emotion. *Social Philosophy and Policy, 13*, 27-58.

Nussbaum, M. (2001). *Upheavals of thought: The intelligence of emotions.* New York: Cambridge University Press.

Nyanamoli, B. (Trans.). (1964). *The path of purification (Visuddhimagga) by Buddhaghosa.* Colombo, Ceylon: A. Semage.

Nyanatiloka, B. (1972). *Buddhist dictionary: A manual of Buddhist terms and doctrines.* Colombo, Sri Lanka: Frewin & Co.

Nye, N. S. (1995). Kindness. In *Words under the words: Selected poems.* Portland, OR: Far Corner Books.

Nyklicek, I., & Kuijpers, K. F. (2008). Effects of mindfulness-based stress reduction intervention on psychological well-being and quality of life: Is increased mindfulness indeed the mechanism? *Annals of Behavioral Medicine, 35*, 331-340.

Ochsner, K. N., Bunge, S. A., Gross, J. J., & Gabrieli, J. D. (2002). Rethinking feelings: An fMRI study of the cognitive regulation of emotion. *Journal of Cognitive Neuroscience, 14*, 1215-1229.

Olendzki, A. (2005). The roots of mindfulness. In C. K. Germer, R. D. Siegel, & P. F. Fulton (Eds.), *Mindfulness and psychotherapy* (pp. 241-261). New York: Guilford Press.

Olendzki, A. (2010). *Unlimiting mind: The radically experiential psychology of Buddhism.* Boston: Wisdom.

Oliner, S. (2002). Extraordinary acts of ordinary people: Faces of heroism and altruism. In S. G. Post, L. G. Underwood, J. P. Schloss, & W. B. Hurlbut (Eds.), *Altruism and altruistic love: Science, philosophy, and religion in dialogue* (pp. 51-64). New York: Oxford University Press.

Oliver, M. (1986). *Dream work.* Boston: Atlantic Monthly Press.

Orsillo, S. M., & Roemer, L. (2011). *The mindful way through anxiety: Break free from chronic worry and reclaim your life.* New York: Guilford Press.

Orzech, K. M., Shapiro, S. L., Brown, K. W., & McKay, M. (2009). Intensive mindfulness training-related changes in cognitive and emotional experience. *Journal of Positive Psychology, 4*, 212-222.

Osbeck, L. M., & Robinson, D. N. (2005). Philosophical theories of wisdom. In R. J. Sternberg & J. Jordan (Eds.), *A handbook of wisdom: Psychological perspectives* (pp.

61–83). New York: Cambridge University Press.

Oveis, C., Horberg, E., & Keltner, D. (2009). *Somatic markers in compassion.* Unpublished manuscript.

Oxford English Dictionary: 11th Edition. (2008). New York: Oxford University Press.

Oxford English Dictionary. (2010). New York: Oxford University Press. Retrieved February 26, 2011, from www.oed.com.ezp-prod1.hul.harvard.edu/viewdictionaryentry/Entry/229491.

Pagnoni, G., Cekic, M., & Guo, Y. (2008). Thinking about not-thinking: Neural correlates of conceptual processing during Zen meditation. *PLoS ONE, 3*(9), e3083.

Pani, L. (2000). Is there an evolutionary mismatch between the normal physiology of the human dopaminergic system and current environmental conditions in industrialized countries? *Molecular Psychiatry, 5,* 467–475.

Panksepp, J. (1998). *Affective neuroscience.* New York: Oxford University Press.

Panksepp, J. (2011). The neurobiology of social loss in animals: Some keys to the puzzle of psychic pain in humans. In G. MacDonald & L. Jensen-Campbell (Ed.), *Social pain: Neuropsychological and health implications of loss and exclusion* (pp. 11–51). Washington, DC: American Psychological Association.

Pargament, K. I. (1997). *The psychology of religion and coping: Theory, research, practice.* New York: Guilford Press.

Pargament, K. I. (2007). *Spiritually integrated psychotherapy: Understanding and addressing the sacred.* New York: Guilford Press.

Pargament, K. I., & Sweeney, P. J. (2011). Building spiritual fitness in the military: An innovative approach to a vital aspect of human development. *American Psychologist, 66,* 58–64.

Patsiopoulos, A., & Buchanan, M. (2011). The practice of self-compassion in counseling: A narrative inquiry. *Professional Psychology: Research and Practice, 42*(4), 301–307.

Pauley, G., & McPherson, S. (2010). The experience and meaning of compassion and self-compassion of individuals with depression or anxiety. *Psychology and Psychotherapy: Theory, Research, and Practice, 83,* 129–143.

Pearlman, L. A., & Courtois, C. A. (2005). Clinical applications of the attachment framework: Relational treatment of complex trauma. *Journal of Traumatic Stress, 18,* 449–459.

Pennington, B. (1980). *Centering prayer.* Garden City, NY: Doubleday.

Perner, J., & Lang, B. (1999). Development of theory of mind and executive control. *Trends in Cognitive Sciences, 3,* 337–344.

Peterson, C., & Seligman, M. (2004). *Character strengths and virtues: A handbook and classification.* Washington, DC: American Psychological Association.

Phan, K. L., Fitzgerald, D. A., Nathan, P. J., Moore, G. J., Uhde, T. W., & Tancer, M. E. (2005). Neural substrates for voluntary suppression of negative affect: A functional magnetic resonance imaging study. *Biological Psychiatry, 57,* 210-219.

Phillips, A. (1989). *Winnicott.* Cambridge, MA: Harvard University Press.

Phillips, J. B. (1997). *Your God is too small.* New York: Touchstone Books.

Piaget, J. (1972). *The psychology of intelligence.* Totowa, NJ: Littlefield-Adams.

Pinker, S. (2008, January 13). The moral instinct. *New York Times Magazine,* pp. 32-58.

Pizer, S. (2006). Repetition, negotiation, relationship: An introduction to the work of Paul L. Russel, MD. *Contemporary Psychoanalysis, 42,* 579-587.

Poldrack, R. A. (2002). Neural systems for perceptual skill learning. *Behavioral and Cognitive Neuroscience Reviews, 1*(1), 76-83.

Pommier, E. (2010). The compassion scale. *Dissertation Abstracts International, 72*(04), UMI 3445994.

Porges, S. W. (1995). Orienting in a defensive world: Mammalian modifications of our evolutionary heritage—a polyvagal theory. *Psychophysiology, 32,* 301-318.

Porges, S. W. (2001). The polyvagal theory: Phylogenetic substrates of a social nervous system. *International Journal of Psychophysiology, 42,* 123-146.

Porges, S. W. (2007). The polyvagal perspective. *Biological Psychology, 74,* 116-143.

Post, S. (2002). The tradition of agape. In S. G. Post, L. G. Underwood, J. P. Schloss, & W. B. Hurlbut (Eds.), *Altruism and altruistic love: Science, philosophy, and religion in dialogue* (pp. 51-64). New York: Oxford University Press.

Power, M. (2004). *Mood disorders: A handbook of science and practice.* Chichester, UK: Wiley.

Powers, J. (2007). *Introduction to Tibetan Buddhism.* Ithaca, NY: Snow Lion.

Powers, T. A., Koestner, R., & Zuroff, D. C. (2007). Self-criticism, goal motivation, and goal progress. *Journal of Social and Clinical Psychology, 26,* 826-840.

Putnam, R. (2000). *Bowling alone: The collapse and revival of American community.* New York: Simon & Schuster.

Rad, G. (1972). *Wisdom in Israel.* New York: Abington Press.

Raes, F. (2010). Rumination and worry as mediators of the relationship between self-compassion and depression and anxiety. *Journal of Personality and Individual Differences, 48,* 757-761.

Raes, F. (2011). The effect of self-compassion on the development of depression symptoms in a nonclinical sample. *Mindfulness, 2*(1), 33-36.

Rahula, W. (1974). *What the Buddha taught.* New York: Grove Weidenfeld.

Raichle, M. E., MacLeod, A. M., Snyder, A. Z., Powers, W. J., Gusnard, D. A., & Shulman, G. L. (2001). A default mode of brain function. *Proceedings of the National Academy of Sciences of the United States of America, 98*, 676-682.

Raque-Bogdan, R., Ericson, S., Jackson, J., Martin, H., & Bryan, N. (2011). Attachment and mental and physical health: Self-compassion and mattering as mediators. *Journal of Consulting Psychology, 58*(2), 272-278.

Ray, R. (2001). *Secret of the vajra world: The tantric Buddhism of Tibet.* Boston: Shambhala.

Readers Digest Association. (1973). *The last two million years.* New York: Author.

Resick, P. A., & Schnicke, M. K. (1993). *Cognitive processing therapy for rape victims: A treatment manual.* Newbury Park, CA: Sage.

Ricard, M. (2010). The difference between empathy and compassion. *HuffPost Living.* Retrieved October 15, 2010, from www.huffingtonpost.com/matthieuricard/could-compassion-meditati_b_751566.html.

Rich, S. (2010, November). fMRI predicts outcome to talk therapy in children with an anxiety disorder. Paper presented at the annual meeting of the Society for Neuroscience, San Diego, CA. Available at explore.georgetown.edu/news/?ID=54076& PageTemplateID=295.

Rilke, R. M. (1954). *Letters to a young poet* (M. D. H. Norton, Trans.). New York: Norton.

Rilke, R. M. (1984). *Letters to a young poet* (S. Mitchell, Trans.). New York: Vintage Books.

Rilling, J., Gutman, D., Zeh, T., Pagnoni, G., Berns, G., & Kilts, C. (2002). A neural basis for social cooperation. *Neuron, 35*, 395-405.

Ringenbach, R. (2009). A comparison between counselors who practice meditation and those who do not on compassion fatigue, compassion satisfaction, burnout and self-compassion. *Dissertation Abstracts International: Selection B: The Sciences and Engineering, 70*(6-B), 3820.

Rizzolatti, G., & Craighero, L. (2004). The mirror-neuron system. *Annual Review of Neuroscience, 27*, 169-192.

Rizzolatti, G., Fadiga, L., Gallese, V., & Fogassi, L. (1996). Premotor cortex and the recognition of motor actions. *Cognitive Brain Research, 3*, 131-141.

Rizzolatti, G., & Sinigaglia, C. (2010). The functional role of the parieto-frontal mirror circuit: Interpretations and misinterpretations. *Nature Reviews Neuroscience, 11*(6), 264-274.

Robb, C. (2006). *This changes everything: The relational revolution I psychology.* New York: Farrar Strauss.

Robinson, D. N. (1990). Wisdom through the ages. In R. J. Sternberg (Ed.), *Wisdom: Its nature, origins, and development.* New York: Cambridge University Press.

Robinson, D. N. (1995). *An intellectual history of psychology.* Madison, WI: University of Wisconsin Press.

Roemer, L., & Orsillo, S. M. (2009). *Mindfulness- and acceptance-based behavioral therapies in practice.* New York: Guilford Press.

Roemer, L., Orsillo, S. M., & Salters-Pedneault, K. (2008). Efficacy of an acceptance-based behavior therapy for generalized anxiety disorder: Evaluation in a randomized controlled trial. *Journal of Consulting and Clinical Psychology, 76,* 1083-1089.

Rogers, C. (1951). A research program in client-centered therapy. *Research Publications of the Association for Research in Nervous and Mental Disease, 31,* 106-113.

Rogers, C. (1957). The necessary and sufficient conditions of therapeutic personality change. *Journal of Consulting Psychology, 21,* 95-103.

Rogers, C. (1959). A theory of therapy, personality and interpersonal relationships as developed in the client-centered framework. In S. Koch (Ed.), *Psychology: A study of a science.* New York: McGraw-Hill.

Rogers, C. (1961). *On becoming a person: A therapist's view of psychotherapy.* Boston: Houghton Mifflin.

Rose, E. M., Westefeld, J. S., & Ansley, T. N. (2001). Spiritual issues in counseling: Clients' beliefs and preferences. *Journal of Counseling Psychology, 48,* 61-71.

Rothschild, B. (2000). *The body remembers: The psychophysiology of trauma and trauma treatment.* New York: Norton.

Rowe, G., Hirsh, J. B., & Anderson, A. K. (2007). Positive affect increases the breadth of attentional selection. *Proceedings of the National Academy of Sciences USA, 104,* 383-388.

Rubia, K. (2009). The neurobiology of meditation and its clinical effectiveness in psychiatric disorders. *Biological Psychology, 82,* 1-11.

Rudd, M. D., Joiner, T. E., & Rajab, M. H. (2001). *Treating suicidal behavior: An effective time-limited approach.* New York: Guilford Press.

Rumi, J. (1996). *The essential Rumi* (C. Barks, Trans.). New York: HarperCollins.

Rumi, J., Green, M., & Barks, C. (1997). *The illuminated Rumi.* New York: Broadway Books.

Rumi, J., & Helminski, K. (Trans.). (2000). *Love is a stranger: Selected lyric poetry of Jelaluddin Rumi.* Boston: Shambhala Press.

Russell, P. (1996). Process with involvement: The interpretation of affect. In L. E. Lifson (Ed.), *Understanding therapeutic action: Psychodynamic concepts of cure.* Hillsdale,

NJ: Analytic Press.

Safer, D. L., Telch, C. F., & Chen, E. Y. (2009). *Dialectical behavior therapy for binge eating and bulimia.* New York: Guilford Press.

Safran, J. D. (Ed.). (2003). *Psychoanalysis and Buddhism: An unfolding dialogue.* Boston: Wisdom.

Safran, J. D. (1998). *Widening the scope of cognitive therapy: The therapeutic relationship, emotion, and the process of change.* Northvale, NJ: Jason Aronson.

Salmivalli, C., Kaukiainen, A., kaistaniemi, L., & Lagerspetz, K. M. J. (1999). Self-evaluated self-esteem, peer-evaluated self-esteem, and defensive egotism as predictors of adolescents' participation in bullying situations. *Personality and Social Psychology Bulletin, 25,* 1268-1278.

Salzberg, S. (1997). *Lovingkindness: The revolutionary art of happiness.* Boston: Shambhala.

Salzberg, S. (2011). *Real happiness: The power of meditation.* New York: Workman.

Samson, D., Apperly, I. A., & Humphreys, G. W. (2007). Error analyses reveal contrasting deficits in "theory of mind": Neuropsychological evidence from a 3-option false belief task. *Neuropsychologia, 45,* 2561-2569.

Samson, D., Apperly, I. A., Kathirgamanathan, U., & Humphreys, G. W. (2005). Seeing it my way: A case of a selective deficit in inhibiting self-perspective. *Brain, 128,* 1102-1111.

Sanderson, C., & Linehan, M. M. (1999). Acceptance and forgiveness. In W. R. Miller (Ed.), *Integrating spirituality into treatment: Resources for practitioners* (pp. 199-216). Washington, DC: American Psychological Association.

Sanford, K. (2010, May). Lecture at the Hammer Museum, University of California, Los Angeles.

Schanche, E., Stiles, T., McCollough, L., Swartberg, M., & Nielsen, G. (in press). The relationship between activating affects, inhibitory affects, and self-compassion in patients with cluster C personality disorders. *Psychotherapy: Theory, Research, Practice, Training.*

Schaef, A. W. (2000). *Meditations for living in balance: Daily solutions for people who do too much.* New York: HarperCollins.

Schmitz, T. W., De Rosa, E., & Anderson, A. K. (2009). Opposing influences of affective state valence on visual cortical encoding. *Journal of Neuroscience, 29,* 7199-7207.

Schopenhauer, A. (1966). *The world as will and representation.* New York: Dover. (Original work published 1844)

Schore, A. N. (1994). *Affect regulation and the origin of the self: The neurobiology of emotional development.* Mahwah, NJ: Erlbaum.

Schroevers, M. J., & Brandsma, R. (2010). Is learning mindfulness associated with improved affect after mindfulness-based cognitive therapy? *British Journal of Psychology, 101,* 95-107.

Schwartz, R. C. (2001). *Introduction to the internal family systems model.* Oak Park, IL: Trailheads Publications, The Center for Self-Leadership.

Schwartz, R. C. (1995). *Internal family systems therapy.* New York: Guilford Press.

Sedikides, C. (1993). Assessment, enhancement, and verification determinants of the self-evaluation process. *Journal of Personality and Social Psychology, 65,* 317-338.

Segal, Z. V., Williams, J. M. G., & Teasdale, J. D. (2002). *Mindfulness-based cognitive therapy for depression: A new approach to preventing relapse.* New York: Guilford Press.

Seitz, R. J., Nickel, J., & Azari, N. P. (2006). Functional modularity of the medial prefrontal cortex: Involvement in human empathy. *Neuropsychology, 20,* 743-751.

Seitz, R. J., Schäfer, R., Scherfeld, D., Friederichs, S., Popp, K., Wittsack, H. J., et al. (2008). Valuating other people's emotional face expression: A combined functional magnetic resonance imaging and electroencephalography study. *Neuroscience, 152,* 713-722.

Sephton, S. E., Sapolsky, R. M., Kraemer, H. C., & Spiegel, D. (2000). Diurnal cortisol rhythm as a predictor of breast cancer survival. *Journal of the National Cancer Institute, 92,* 994-1000.

Shafranske, E. P. (2001). Religious beliefs, attitudes, and personal and professional practices of physicians and psychologists specializing in rehabilitation medicine. In T. G. Plante & A. C. Sherman (Eds.), *Faith and health: Psychological perspectives* (pp. 311-338). New York: Guilford Press.

Shankaracharya. (2004). *The Bhagavad Gita with the commentaries of Adi Sri Shankaracharya.* Chennai, India: Samata Books.

Shapira, L., & Mongrain, L. (2010). The benefits of self-compassion and optimism exercises for individuals vulnerable to depression. *Journal of Positive Psychology, 5*(5), 377-389.

Shapiro, S. L., Astin, J. A., Bishop, S. R., & Cordova, M. (2005). Mindfulness-based stress reduction for health care professionals: Results from a randomized trial. *International Journal of Stress Management, 12,* 164-176.

Shapiro, S. L., Brown, K. W., & Biegel, G. M. (2007). Teaching self-care to caregivers: Effects of mindfulness-based stress reduction on the mental health of therapists in training. *Training and Education in Professional Psychology, 1,* 105-115.

Shapiro, S. L., & Carlson, L. E. (2009). *The art and science of mindfulness: Integrating mindfulness into psychology and the helping professions.* Washington, DC: American

Psychological Association.

Shapiro, S. L., Carlson, L. E., Astin, J. A., & Freedman, B. (2006). Mechanisms of mindfulness. *Journal of Clinical Psychology, 62,* 373-386.

Shapiro, S. L., & Izett, C. D. (2008). Meditation: A universal tool for cultivating empathy. In S. F. Hick & T. Bien (Eds.), *Mindfulness and the therapeutic relationship* (pp. 161-175). New York: Guilford Press.

Sharpe, E. J. (1986). *Comparative religion: A history.* London: Duckworth.

Shaver, P., Schwartz, J., Kirson, D., & O'Connor, C. (1987). Emotion knowledge: Further exploration of a prototype approach. *Journal of Personality and Social Psychology, 52,* 1061-1086.

Shem, S., & Surrey, J. (1998). *We have to talk: Healing dialogues between women and men.* New York: Basic Books.

Siegel, D. J. (1999). *The developing mind: How relationships and the brain interact to shape who we are.* New York: Guilford Press.

Siegel, D. J. (2001). Toward an interpersonal neurobiology of the developing mind: Attachment relationships, "mindsight," and neural integration: *Infant Mental Health Journal, 22,* 67-94.

Siegel, D. J. (2007). *The mindful brain: Reflection and attunement in the cultivation of well-being.* New York: Norton.

Siegel, D. J. (2010a). *The mindful therapist: A clinician's guide to mindsight and neural integration.* New York: Norton.

Siegel, D. J. (2010b). *Mindsight: The new science of personal transformation.* New York: Bantam.

Siegel, D. J., & Hartzell, M. (2003). *Parenting from the inside out: How a deeper self-understanding can help you raise children who thrive.* New York: Tarcher/Penguin.

Siegel, R. D. (2005). Psychophysiological disorders: Embracing pain. In C. K. Germer, R. D. Siegel, & P. R. Fulton (Eds.), *Mindfulness and psychotherapy* (pp. 173-196). New York: Guilford Press.

Siegel, R. D. (2009). *Positive psychology: Harnessing the power of happiness, personal power and mindfulness.* Boston: Harvard Medical School.

Siegel, R. D. (2010). *The mindfulness solution: Everyday practices for everyday problems.* New York: Guilford Press.

Siegel, R. D., Allison, K. C., & Allison, S. M. (Eds.). (2009). *Positive psychology: Harnessing the power of happiness, personal strength, and mindfulness.* Boston: Harvard Health.

Siff, J. (2010). *Unlearning meditation: What to do when the instructions get in the way.*

Boston: Shambhala.

Singer, T., Kiebel, S. J., Winston, J. S., Dolan, R. J., & Frith, C. D. (2004). Brain responses to the acquired moral status of faces. *Neuron, 41,* 653-662.

Singer, W. (2005, November). Paper presented at the Mind and Life Institute conference, Washington, DC.

Singer, T., & Decety, J. (2011). Social neuroscience of empathy. In J. Decety & J. T. Cacioppo (Eds.), *The Oxford handbook of social neuroscience.* New York: Oxford University Press.

Sinha, R., Lacadie, C., Skudlarski, P., Fulbright, R. K., Rounsaville, B. J., Kosten, T. R., et al. (2005). Neural activity associated with stress-induced cocaine craving: A functional magnetic resonance imaging study. *Psychopharmacology, 183,* 171-180.

Smith, J., & Baltes, P. B. (1990). Wisdom-related knowledge: Age/cohort differences in response to life-planning problems. *Developmental Psychology, 26,* 494-505.

Smith, J., Staudinger, U. M., & Baltes, P. B. (1994). Occupational settings facilitative of wisdom-related knowledge: The sample case of clinical psychologists. *Journal of Consulting and Clinical Psychology, 64,* 989-1000.

Smith, T. B., Bartz, J., & Richards, P. S. (2007). Outcomes of religious and spiritual adaptations to psychotherapy: A meta-analytic review. *Psychotherapy Research, 17*(6), 643-655.

Soeng, M. (2007, Fall). How deep (and sad) is your love? *Buddhadharma,* p. 65.

Soeng, M. (2010). *The heart of the universe.* Somerville, MA: Wisdom.

Sogyal Rinpoche. (2002). *The Tibetan book of living and dying.* New York: Harper-Collins.

Soler, J., Pascual, J. C., Campins, J., Barrachina, J., Puigdemont, D., Alvarez, E., et al. (2005). Double-blind, placebo-controlled study of dialectical behavior therapy plus olanzapine for borderline personality disorder. *American Journal of Psychiatry, 162,* 1221-1224.

Solomon, J. L., Marshall, P., & Gardner, H. (2005). Crossing boundaries to generative wisdom. In R. J. Sternberg & J. Jordan (Eds.), *A handbook of wisdom: Psychological perspectives* (pp. 272-296). New York: Cambridge University Press.

Sommerville, J. A., & Decety, J. (2006). Weaving the fabric of social interaction: Articulating developmental psychology and cognitive neuroscience in the domain of motor cognition. *Psychonomic Bulletin and Review, 13,* 179-200.

Soto, D., Funes, M. J., Guzman-Garcia, A., Warbrick, T., Rotshtein, P., & Humphreys, G. W. (2009). Pleasant music overcomes the loss of awareness in patients with visual neglect. *Proceedings of the National Academy Science USA, 106,* 6011-6016.

Stahl, B., & Goldstein, E. (2010). *A mindfulness-based stress reduction workbook.*

Oakland, CA: New Harbinger Press.

Staudinger, U. M. (1999). Older and wiser?: Integrating results on the relationship between age and wisdom-related performance. *International Journal of Behavioral Development, 23*(3), 641-664.

Staudinger, U. M., & Baltes, P. B. (1996). Interactive minds: A facilitative setting for wisdom-related performance. *Journal of Personality and Social Psychology, 71*, 746-762.

Staudinger, U. M., & Glück, J. (2011). Psychological wisdom research: Commonalities and differences in a growing field. *Annual Review of Psychology, 62*, 215-241.

Staudinger, U. M., Smith, J., & Baltes, P. B. (1992). Wisdom-related knowledge in a life review task: Age differences and the role of professional specialization. *Psychology and Aging, 7*(2), 271-281.

Staw, B. M., & Barsade, S. G. (1993). Affect and managerial performance: A test of the sadder-but-wiser vs. happier-and-smarter hypothesis. *Administrative Science Quarterly, 38*, 304-331.

Steptoe, A., Wardle, J., & Marmot, M. (2005). Positive affect and health-related neuroendocrine, cardiovascular, and inflammatory processes. *Proceedings of the National Academy of Sciences of the United States of America, 102*(18), 6508-6512. Retrieved May 21, 2010, from www.pnas.org.

Sternberg, E. (2011). *Approaches to defining mechanisms by which altruistic love affects health.* Stony Brook, NY: The Institute for Research on Unlimited Love. Retrieved April 15, 2011, from www.unlimitedloveinstitute.org/publications/pdf/whitepapers/Mechanisms_Altruistic.pdf.

Sternberg, R. J. (1990a). Understanding wisdom. In R. J. Sternberg (Ed.), *Wisdom: Its nature, origins, and development.* New York: Cambridge University Press.

Sternberg, R. J. (Ed.). (1990b). *Wisdom: Its nature, origins, and development.* New York: Cambridge University Press.

Sternberg, R. J. (1998). A balance theory of wisdom. *Review of General Psychology, 2*(4), 347-365.

Sternberg, R. J. (2001). Why schools should teach for wisdom: The balance theory of wisdom in educational settings. *Educational Psychologist, 36*, 227-245.

Sternberg, R. J. (2002). Smart people are not stupid, but they sure can by foolish: The imbalance theory of foolishness. In R. J. Sternberg (Ed.), *Why smart people can be so stupid* (pp. 232-242). New Haven, CT: Yale University Press.

Sternberg, R. J. (2003). *Wisdom, intelligence, and creativity, synthesized.* New York: Cambridge University Press.

Sternberg, R. J. (2005a). Foolishness. In R. J. Sternberg & J. Jordan (Eds.), *A handbook of wisdom: Psychological perspectives* (pp. 331-352). New York: Cambridge University Press.

Sternberg, R. J. (2005b). Older but not wiser?: The relationship between age and wisdom. *Ageing International, 30*(1), 5-26.

Sternberg, R. J. (2005c). What is wisdom and how can we develop it? In D. L. Evans, E. Foa, R. Gur, H. Hendin, C. O'Brien, M. E. P. Seligman, et al. (Eds.), *Treatments that work for adolescents* (pp. 664-674). New York: Oxford University Press.

Sternberg, R. J. (in press). Personal wisdom in the balance. In M. Ferrari & N. Weststrate (Eds.), *Personal wisdom.* Amsterdam: Springer.

Sternberg, R. J., & Jordan, J. (Eds.). (2005). *A handbook of wisdom: Psychological perspectives.* New York: Cambridge University Press.

Sternberg, R. J., & Lubart, T. (2001). Wisdom and creativity. In J. E. Birren & K. W. Schaie (Eds.), *Handbook of the psychology of aging* (pp. 500-522). New York: Academic Press.

Stewart, P. (1964). *Jacobellis v. Ohio,* 378 U.S. 184.

Stopa, L. (2009). *Imagery and the threatened self: Perspective on mental imagery and the self in cognitive therapy.* London: Routledge.

Stosny, S. (1995). *Treating attachment abuse: A compassionate approach.* New York: Springer.

Stott, R. (2007). When the head and heart do not agree: A theoretical and clinical analysis of rational-emotional dissociation (RED) in cognitive therapy. *Journal of Cognitive Psychotherapy, 21,* 37-50.

Sullivan, W. (1972, March 29). The Einstein papers: A man of many parts. *New York Times,* p. 1.

Surrey, J. L. (2005). Relational psychotherapy, relational mindfulness. In C. K. Germer, R. D. Siegel, & P. R. Fulton (Eds.), *Mindfulness and psychotherapy* (pp. 91-110). New York: Guilford Press.

Surya Das, L. (2011). Wisdom in Buddhism. In *New dharma talks of Lama Surya Das.* Unpublished manuscript.

Sussman, R., & Cloninger, C. (Eds.). (2011). *Origins of altruism and cooperation.* New York: Springer.

Suzuki, D. T. (1998). *The Buddha of infinite light.* Boston: Shambhala.

Suzuki, S. (1973). *Zen mind, beginner's mind.* New York: John Weatherhill.

Suzuki, S. (2007). *Zen is right here: Teaching stories and anecdotes of Shunryu Suzuki.* Boston: Shambahal.

Sy, T., Cote, S., & Saavedra, R. (2005). The contagious leader: Impact of the lader's mood on the mood of group members, group affective tone, and group process. *Journal of Applied Psychology, 90,* 295-305.

Takahashi, M., & Overton, W. F. (2005). Cultural foundations of wisdom: An integrated developmental approach. In R. J. Sternberg & J. Jordan (Eds.), *A handbook of wisdom: Psychological perspectives* (pp. 32-60). New York: Cambridge University Press.

Talarico, J. M., Berntsen, D., & Rubin, D. C. (2009). Positive emotions enhance recall of peripheral details. *Cognition and Emotion, 23,* 380-398.

Tang, W., Geng, X., Stein, E., Yang, Y., & Posner, M. (2010). Short-term meditation induces white matter changes in the anterior cingulate. *Proceedings of the National Academy of Scienccs, 107*(35), 15649-15652.

Tarchin, S. (1999). *Achieving bodhichitta: Instructions of two great lineages combined into a unique system of eleven categories* (pp. 63-98). Howell, NJ: Mahhayana Sutra and Tantra Press.

Taris, T. W. (2000). Dispositional need for cognitive closure and self-enhancing beliefs. *Journal of Social Psychology, 140,* 35-50.

Tarrier, N. (2010). Broad minded affective coping (BMAC): A "positive" CBT approach to facilitating positive emotions. *International Journal of Cognitive Therapy, 3,* 64-76.

Taylor, S. E., Klein, L. C., Lewis, B. P., Gruenewald, T. L., Gurung, R. A., & Updegraff, J. A. (2000). Biobehavioral responses to stress in females: Tend-and-befriend, not fight-or-flight. *Psychological Review, 107,* 411-429.

Taymiyyah, I., Al-Ani, S., & Tel, A. (1999). *Kitab al-Iman: Book of faith.* Bloomington, IN: Iman.

Teasdale, J. D., Segal, Z. V., Williams, J. M., Ridgeway, V. A., Soulsby, J. M., & Lau, M. A. (2000). Prevention of relapse/recurrence in major depression by mindfulness-based cognitive therapy. *Journal of Consulting and Clinical Psychology, 68,* 615-623.

Teasdale, J. D., Segal, Z. V., & Williams, M. G. (1995). How does cognitive therapy prevent depressive relapse and why should attentional control (mindfulness training) help? *Behaviour Research and Therapy, 33,* 25-39.

Terence. (2001). *The woman of Andros, the self-tormentor, the eunuch* (Vol. I). Cambridge, MA: Harvard University Press.

Tesser, A. (1999). Toward a self-evaluation maintenance model of social behavior. In R. F. Baumeister (Ed.), *The self in social psychology* (pp. 446-460). New York: Psychology Press.

Thakar, V. (2003). *Blossoms of friendship.* Berkeley, CA: Rodmell Press.

Thanissaro Bhikku. (Trans.). (2011). *Ogha-tarana Sutta: Crossing over the flood.* Retrieved

April 10, 2011, from www.accesstoinsight.org/tipitaka/sn/sn01/sn01.001.than.html.

Thayer, J. F., & Sternberg, E. (2006). Beyond heart rate variability: Vagal regulation of allostatic systems. *Annals of New York Academy of Sciences, 1088,* 361-372.

Thompson, B. L., & Waltz, J. (2008). Self-compassion and PTSD symptom severity. *Journal of Traumatic Stress, 21,* 556-558.

Thondup, T. (1995). *Enlightened journey: Buddhist practice as daily life.* Boston: Shambahala.

Tiberius, V. (2010). The Rosewood report: Questions about wisdom, part 1. *Defining wisdom: A project of the University of Chicago.* Retrieved from wisdomresearch.org/forums/t/846.aspx.

Tick, E. (2005). *War and the soul: Healing our nation's veterans from post-traumatic stress disorder.* Wheaton, IL: Quest Books.

Tirch, D. (2011). *The compassionate mind guide to overcoming anxiety.* London: Constable.

Tononi, g., & Edelman, G. M. (1998). Consciousness and complexity. *Science, 282,* 1846-1851.

Trilling, D. (1982). *Mrs. Harris: Death of the Scarsdale diet doctor.* New York: Penguin.

Trivers, R. (1971). The evolution of reciprocal altruism. *Quarterly Review of Biology, 46,* 35-57.

Tsoknyi Rinpoche. (2004). *Carefree dignity: Discourses on training the mind.* Berkeley, CA: North Atlantic Books.

Tugade, M. M., & Fredrickson, B. L. (2004). Resilient individuals use positive emotions to bounce back from negative emotional experiences. *Journal of Personality and Social Psychology, 86,* 320-333.

Turner, R. M. (2000). Naturalistic evaluation of dialectical behavioral therapy-oriented treatment for borderline personality disorder. *Cognitive and Behavioral Practice, 7,* 413-419.

Twenge, J. M., & Campbell, W. K. (2009). *The narcissism epidemic: Living in the age of entitlement.* New York: Free Press.

Twenge, J. M., Gentile, B., DeWall, C. N., Ma, D., Lacefield, K., & Schurtz, D. R. (2010). Birth cohort increases in psychopathology among young Americans, 1938-2007: A cross-temporal meta-analysis of the MMPI. *Clinical Psychology Review, 30,* 145-154.

Uddin, L. Q., Iacoboni, M., Lange, C., & Keenan, J. P. (2007). The self and social cognition: The role of cortical midline structures and mirror neurons. *Trends in Cognitive Sciences, 11,* 153-157.

Underwood, L. (2009). Compassionate love: A framework for research. In B. Fehr, S.

Sprecher, & L. G. Underwood (Eds.), *The science of compassionate love* (pp. 3-26). West Sussex, UK: Wiley-Blackwell.

Urry, H. L., van Reekum, C. M., Johnstone, T., Kalin, N. H., Thurow, M. E., Schaefer, H. S., et al. (2006). Amygdala and ventromedial prefrontal cortex are inversely coupled during regulation of negative affect and predict the diurnal pattern of cortisol secretion among older adults. *Journal of Neuroscience, 26,* 4415-4425.

Vaillant, G. (2003). *Aging well: Surprising guideposts to a happier life from the landmark Harvard study of adult development.* New York: Little, Brown.

Van Dam, T., Sheppard, S., Forsyth, J., & Earleywine, M. (2011). Self-compassion is a better predictor than mindfulness of symptom severity and quality of life in mixed anxiety and depression. *Journal of Anxiety Disorders, 25,* 123-130.

van den Heuvel, O. A., Veltman, D. J., Groenewegen, H. J., Cath, D. C., van Balkom, A. J., van Hartskamp, J., et al. (2005). Frontal-striatal dysfunction during planning in obsessive-compulsive disorder. *Archives of General Psychiatry, 62,* 301-309.

van der Oord, S., Bögels, S., & Peijnenburg, D. (2011). The effectiveness of mindfulness training for children with ADHD and mindful parenting for their parents. *Behavioural and Cognitive Psychotherapy, 39,* 193.

Veenhoven, R. (2008). Healthy happiness: Effects of happiness on physical health and the consequences for preventive health care. *Journal of Happiness Studies, 9,* 449-464.

Verheul, R., van den Bosch, L. M. C., Koeter, M. W. J., de Ridder, M. A. J., Stijnen, T., & van den, B. W. (2003). Dialectical behaviour therapy for women with borderline personality disorder: 12-month, randomised clinical trial in The Netherlands. *British Journal of Psychiatry, 182,* 135-140.

Vessantara. (1993). *Meeting the Buddhas: A guide to Buddhas, bodhisattvas and tantric deities.* New York: Windhorse.

Viorst, J. (1986). *Necessary losses.* New York: Simon & Schuster.

Vivino, B., Thompson, B., Hill, C., & Ladany, N. (2010). Compassion in psychotherapy: The perspective of therapists nominated as compassionate. *Psychotherapy Research, 19*(2), 157-171.

Wachholz, A., & Pearce, M. (2007). Compassion and health. In T. G. Plante & C. E. Thoresen (Eds.), *Spirit, science and health* (pp. 115-128). Westport, CT: Praeger.

Wadlinger, H. A., & Isaacowitz, D. M. (2006). Positive mood broadens visual attention to positive stimuli. *Motivation and Emotion, 30,* 87-99.

Wallace, A., & Wallace, V. (Trans.). (1997). *A guide to the bodhisattva way of life by Santideva.* Ithaca, NY: Snow Lion.

Wallace, D. F. (2008, September 19). David Foster Wallace on life and work. *Wall Street*

Journal.

Wallin, D. J. (2007). *Attachment in psychotherapy.* New York: Guilford Press.

Wang, S. (2005). A conceptual framework for integrating research related to the physiology of compassion and the wisdom of Buddhist teachings. In P. Gilbert (Ed.), *Compassion: Conceptualisations, research and use in psychotherapy* (pp. 75-120). London: Brunner-Routledge.

Warkentin, J. (1972). The paradox of being alive and intimate. In A. Burton (Ed.), *Twelve therapists.* San Francisco: Jossey-Bass.

Watkins, E. (2008). Constructive and unconstructive repetitive thought. *Psychological Bulletin, 134,* 163-206.

Watson, B. (1993). *The lotus sutra.* New York: Columbia University Press.

Waugh, C. E., & Fredrickson, B. L. (2006). Nice to know you: Positive emotions, self-other overlap, and complex understanding in the formation of a new relationship. *Journal of Positive Psychology, 1,* 93-106.

Wei, M., Liao, K., Ku, T., & Shaffer, P. (in press). Attachment, self-compassion, empathy, and subjective well-being among college students and community adults. *Journal of Personality.*

Weibel, D. T. (2007). *A loving-kindness intervention: Boosting compassion for self and others.* Doctoral dissertation, Ohio University.

Welford, M. (2010). A compassion focused approach to anxiety disorders. *International Journal of Cognitive Therapy, 3*(2), 124-140.

Wells, A. (1999). A metacognitive model and therapy for generalized anxiety disorder. *Clinical Psychology and Psychotherapy, 6,* 86-95.

Wells, H. K. (1972). Alienation and dialectical logic. *Kansas Journal of Sociology, 3,* 7-32.

West, M. L. (1963). *Shoes of the fisherman.* New York: Morrow.

Williams, D. C., & Levitt, H. M. (2007). A qualitative investigation of eminent therapists' values within psychotherapy: Developing integrative principles for moment-to-moment psychotherapy practice. *Journal of Psychotherapy Integration, 17,* 159-184.

Williams, J., & Lynn, S. (2010). Acceptance: An historical and conceptual review. *Imagination, Cognition, and Personality, 30*(1), 5-56.

Williams, J. G., Stark, S. K., & Foster, E. E. (2008). Start today or the very last day?: The relationships among self-compassion, motivation, and procrastination. *American Journal of Psychological Research, 4,* 37-44.

Williams, J. M. (2010). Mindfulness and psychological process. *Emotion, 10,* 1-7.

Williams, J. M. G., Teasdale, J. D., Segal, Z. V., & Kabat-Zinn, J. (2007). *The mindful way through depression: Freeing yourself from chronic unhappiness.* New York: Guilford

Press.

Wilson, K. G., & Murrell, A. R. (2004). Values work in acceptance and commitment therapy. In S. C. Hayes, V. M. Follette, & M. M. Linehan (Eds.), *Mindfulness and acceptance: Expanding the cognitive-behavioral tradition* (pp. 120-151). New York: Guilford Press.

Winnicott, D. (1960). The theory of the parent-child relationship. *International Journal of Psychoanalysis, 41*, 585-595.

Witkiewitz, K., & Bowen, S. (2010). Depression, craving and substance use following a randomized trial of mindfulness-based relapse prevention. *Journal of Consulting and Clinical Psychology, 78*, 362-374.

Wolman, B. B. (1973). *Handbook of general psychology.* New York: Prentice Hall.

Woodward, F. L. (1979). *The book of the gradual sayings.* London: Pali Text Society.

World Health Organization. (2011). Depression. Geneva: Author. Available at www.who.int/mental_health/management/depression/definition/en/.

Yarnell, L. M., & Neff, K. D. (in press). Self-compassion, interpersonal conflict resolutions, and well-being. *Self and Identity.*

Yeats, W. B. (2004). *The Celtic twilight.* Mineola, NY: Dover. (Original work published 1902)

Ying, Y. (2009). Contribution of self-compassion to competence and mental health in social work students. *Journal of Social Work Education, 45*, 309-323.

Young, J. E., Klosko, J. S., & Weishaar, M. E. (2003). *Schema therapy: A practitioner's guide.* New York: Guilford Press.

Zayas, V., Mischel, W., Shoda, Y., & Aber, J. L. (2011). Roots of adult attachment: Maternal caregiving at 18 months predicts adult peer and partner attachment. *Social Psychological and Personality Science, 2*, 289-297.

찾아보기

내 용

편저자 소개

Christopher K. Germer, PhD.

크리스토퍼 K. 거머 박사는 임상 심리학자이자 개업의로, 마음챙김, 수용, 그리고 연민심 기반 심리치료 전문가다. 그는 1978년부터 명상의 원리와 수행을 심리치료에 통합해 오고 있다. 거머 박사는 하버드 의과대학의 심리학 임상지도자이고, 명상과 심리치료 연구소의 설립 멤버다. 그는 마음챙김과 자기연민에 관해서 국제적으로 가르치고 있고, (Ronald D. Siegel, Paul R. Fulton과 함께) 전문서적 『마음챙김과 심리치료』를 공동 편집했으며, 『자기연민에 이르는 마음챙김의 길: 파괴적 생각과 감정으로부터 자유로워지기』의 저자다.

Ronald D. Siegel, PsyD.

로널드 D. 시걸 박사는 하버드 의과대학의 심리학 임상 조교수로 1984년부터 가르쳐 왔다. 그는 오랫동안 마음챙김명상을 수련했으며, 명상과 심리치료 연구소의 이사와 교수를 역임하고 있다. 시걸 박사는 매사추세츠 주 링컨에서 개인 상담소를 운영하는 가운데 마음챙김과 심리치료, 마음-몸 치료를 국제적으로 가르치고 있다. 그는 『마음챙김 해결책: 매일의 문제를 위한 매일의 수행』의 저자이자 『마음챙김과 심리치료』의 공동 편집자다.

기고자 소개

Antra K. Borofsky, EdM.
앤트라 K. 보로프스키는 매사추세츠 주 케임브리지에서 결혼과 가족치료사로 개인 상담소를 운영하고 있다.

Richard Borofsky, EdD.
리처드 보로프스키 박사는 매사추세츠 주 케임브리지에서 커플치료를 전문으로 하는 개인 상담소를 운영하는 임상 심리학자다.

Sarah Bowen, PhD.
사라 보웬 박사는 G. 앨런 마라의 지도 아래 박사학위를 받은 워싱턴 대학의 중독행동 연구센터의 연구원이다.

Tara Brach, PhD.
타라 브랙 박사는 임상 심리학자이자 불교명상, 정서치유, 그리고 영적 깨달음에 대한 선도적인 서양 스승이다.

John Briere, PhD.
존 브리에르 박사는 남부 캘리포니아 대학, 켁 의과대학의 정신과 부교수, 정신적 외상 프로그램 감독, 로스앤젤레스 시-USC 의학센터 감독, 트라우마 스트레스 국제연구회 회장을 역임했다.

B. Rael Cahn, MD, PhD.
라엘 칸 박사는 캘리포니아 어바인 대학의 정신과 수련의이자 연구원이다. 또 인도 리시케 시에 있는 명상 연구원의 과학 공동 감독이다.

Richard J. Davidson, PhD.
리처드 J. 데이비드슨 박사는 윌리엄 제임스와 빌라스의 심리학과 정신과 연구교수다. 와이즈먼 센터의 건강 마음 연구센터 설립자이자 센터장이다.

Elissa Ely, MD.
엘리사 엘리 박사는 매사추세츠 정신건강 센터 정신과 의사로, 보스턴 글로브에 지난 30년간 매달 기고했다.

Jack Engler, PhD.
잭 엥글러 박사는 하버드 의학대학의 심리학 임상 지도자이자 매사추세츠 주 케임브리지에서 개인 상담소를 운영하고 있다.

Carol Ann Faigin, PhD.
캐럴 앤 페이진 박사는 메인 주 중심가에서 외상 및 스트레스 장애 및 다른 외상과 관련된 장애 치료를 전문으로 다루는 개인 상담소를 운영하는 임상 심리학자다.

Barbara L. Fredrickson, PhD.
바바라 L. 프레드릭슨 박사는 채플 힐에 있는 노스캐롤라이나 대학의 뛰어난 심리학 교수이고, 긍정적 정서와 정신생리학 실험실의 감독이다.

Paul R. Fulton, EdD.
폴 R. 풀톤 박사는 터프건강계획의 정신건강 전 감독자다. 또한 명상과 심리치료 연구원의 자격 인증 프로그램의 설립 회원이자 회장을 역임했으며, 현재는 감독을 맡고 있다.

Christopher K. Germer(편저자 소개 참조)

Paul Gilbert, PhD.
폴 길버트 박사는 영국 더비 대학의 임상 심리학 교수이자 연구단체의 수장이다.

Trudy Goodman, PhD.
트루디 굿맨 박사는 위빠사나(통찰) 명상훈련과 세속적인 마음챙김 교육을 위한 비영리 단체인 인사이트LA의 설립자이자 이사다.

Susan Kaiser Greenland, JD.
수잔 카이저 그린랜드 박사는 내면의 아이 마음챙김적 자각 프로그램의 저자이자 내면의 아이 재단 설립자이며, 이사였다. 그녀는 UCLA의 마음챙김적 자각연구 센터에서 주도한 내면의 아이 프로그램의 공동 연구 개발자다.

Dilip V. Jeste, MD.

딜립 V. 제스트 박사는 에스텔레와 에드가 레위 노화의 의장이자 정신의학과 신경과학의 특별교수다. 샘과 로즈스테인 노화 연구소의 감독이며, 샌디에이고 캘리포니아 대학의 노인병학 정신과 과장이다. 또한 미국 정신의학회 회장이다.

Judith V. Jordan, PhD.

주디스 V. 조던 박사는 웨슬리 대학의 여성을 위한 웨슬리 센터에 있는 진 베이커 밀러 훈련 연구소의 창립 학자이자 감독이며, 하버드 의과대학의 정신과 조교수다.

Marsha M. Linehan, PhD.

마샤 M. 리네한 박사는 행동연구와 치료소의 감독이다. 시애틀에 있는 워싱턴 대학의 심리학과 정신과, 행동과학 분야의 교수다.

Anita Lungu, PhD.

아니타 런구 박사는 컴퓨터 과학 분야에서 학위를 받았고, 마샤 M. 리네한의 지도를 받으며 워싱턴 대학에서 임상심리학 분야의 박사과정을 밟고 있다.

M. Kathleen B. Lustyk, PhD.

M. 캐슬린 B. 러스틱 박사는 시애틀 퍼시픽 대학(SPU)의 심리학과 교수이자 워싱턴 대학(UW)의 심리학과 간호학 겸임 부교수다. 그녀는 SPU 여성 건강 실험실의 선임 연구원이자 개발자다.

John Markransky, PhD.

존 마크란스키 박사는 보스턴 대학의 불교와 비교 신학의 부교수이고, 네팔에 있는 불교 연구를 위한 최끼 니마 린포체 센터의 수석 교수 고문이다.

G. Alan Marlatt, PhD.

G. 앨런 말라트 박사는 2011년에 사망하기 전까지 중독 행동 연구센터의 감독이었고, 워싱턴 대학의 심리학 교수였다.

Thomas W. Meeks, MD.

토머스 W. 믹스 박사는 샌디에이고 캘리포니아 대학에서 노인 정신의학부의 임상 조교수다.

Stephanie P. Morgan, MSW, PsyD.

스테파니 P. 모건 박사는 명상과 심리치료 연구소의 교수다.

Kristin D. Neff, PhD.
크리스틴 D. 네프 박사는 오스틴 텍사스 대학에서 인간발달과 문화를 연구하는 부교수다.

Andrew Olendzki, PhD.
앤드루 올렌스키 박사는 불교 연구를 위한 베레 센터의 이사이자 수석학자다.

Susan M. Orsillo, PhD.
수잔 M. 오실로 박사는 서폭 대학의 심리학 교수이자 『마음챙김과 수용 기반 행동주의 치료의 실재』와 『불안을 통한 마음챙김의 길』의 공동 저자다.

Kenneth I. Pargament, PhD.
케니스 I. 파거먼트 박사는 텍사스 의학 센터의 영성과 건강 연구소 방문 석학이고, 볼링 그린 주립대학의 임상 심리학 교수다.

Lizabeth Roemer, PhD.
리자베스 뢰머 박사는 보스턴 매사추세츠 대학의 심리학 교수다.

Daniel J. Siegel, MD.
다니엘 J. 시걸 박사는 UCLA 의과대학의 정신과 임상 교수이자 문화, 뇌, 그리고 개발 센터의 교수며, 마음챙김적 자각 연구센터의 공동 감독이다.

Ronald D. Siegel(편저자 소개 참조)

Robert J. Sternberg, PhD.
로버트 J. 스턴버그 박사는 오클라호마 주립대학의 교무처장이자 수석 부회장이고, 독일 하이델 베르크에 있는 하이델베르크 대학의 심리학과의 심리학 명예 교수다.

Janet Surrey, PhD.
재닛 서리 박사는 웨슬리 대학의 스톤센터에 있는 진 베이커 밀러 훈련 연구소의 창립 학자이고, 앤도버-뉴턴 신학 대학과 명상과 심리치료 연구원의 이사다.

역자 소개

서광스님(Seogwang Snim)

서광스님은 미국 ITP에서 자아초월 심리학으로 박사학위를 받았으며, 불교심리학, 선치료에 기반을 둔 마음치유 전문가다. 불교명상과 수행, 정신치료를 접목하는 일에 관심이 있으며, 사단법인 한국명상심리상담연구원을 설립하여, 불교와 선의 원리를 응용해서 자신이 직접 개발한 프로그램과 MSC 등을 통해서 명상심리상담사, 자아초월심리상담사를 양성하고 있다. 저서로는 『나를 치유하는 마음여행』『치유하는 불교읽기』『치유하는 유식읽기』 등이 있으며, 현재 청도 운문승가대학에서 학인스님들을 지도하고 있다.

김나연(Kim Nayeon)

김나연은 이화여자대학교에서 수학교육을 전공하고, 동 대학원에서 '인지행동상담기법을 이용한 수학불안처치에 관한 연구'로 석사학위를 받았다. 현재 고등학교 교사로 11년째 재직 중이다. 동국대학교 불교대학원 명상심리상담학과를 수료하고, 한국명상심리상담연구원에서 연구원으로 활동하고 있다.